注册道路工程师专业考试
城市道路工程标准规范摘录汇编

北京市市政工程设计研究总院有限公司
上海市政工程设计研究总院（集团）有限公司 编

中国建筑工业出版社

图书在版编目（CIP）数据

注册道路工程师专业考试城市道路工程标准规范摘录汇编 / 北京市市政工程设计研究总院有限公司，上海市政工程设计研究总院（集团）有限公司编. -- 北京 ：中国建筑工业出版社， 2025. 6. -- ISBN 978-7-112-31346-4

Ⅰ. U415-65

中国国家版本馆 CIP 数据核字第 20258E06T2 号

本书以现行全国勘察设计注册土木工程师（道路工程）考试大纲为依据，摘选了部分与城市道路设计相关的、最新标准规范和法律法规中的相关条文，共涉及 14 本现行城镇建设国家、行业标准及相关文件规定。本书可供参加全国勘察设计注册土木工程师（道路工程）考试考生使用，又可供从事道路工程勘察设计工作的专业技术人员在实际工作中参考。本书为所有考生必备的考试用书。

责任编辑：毕凤鸣　何玮珂

责任校对：李美娜

注册道路工程师专业考试

城市道路工程标准规范摘录汇编

北京市市政工程设计研究总院有限公司
上海市政工程设计研究总院（集团）有限公司　编

*

中国建筑工业出版社出版、发行(北京海淀三里河路 9 号)

各地新华书店、建筑书店经销

北京鸿文瀚海文化传媒有限公司制版

建工社（河北）印刷有限公司印刷

*

开本：787 毫米×1092 毫米　1/16　印张：47¾　字数：879 千字

2025 年 7 月第一版　　2025 年 7 月第一次印刷

定价：**140.00** 元

ISBN 978-7-112-31346-4

（45378）

如有内容及印装质量问题，请与本社读者服务中心联系

电话：（010）58337283　QQ：2885381756

（地址：北京海淀三里河路 9 号中国建筑工业出版社 604 室　邮政编码：100037）

目　　录

一、城市道路交通工程项目规范
GB 55011－2021

中华人民共和国国家标准

城市道路交通工程项目规范

Project code for urban road and transportation engineering

GB 55011－2021

主编部门：中华人民共和国住房和城乡建设部
批准部门：中华人民共和国住房和城乡建设部
施行日期：2 0 2 2 年 1 月 1 日

目 次

1 总则

1.0.1 为规范城市道路交通工程建设、运营及养护，保障道路交通安全和基本运行效率，制定本规范。

1.0.2 城市道路交通工程项目必须执行本规范。

1.0.3 城市道路交通工程建设应以社会效益、环境效益与经济效益协调统一为原则，遵循以人为本、绿色低碳、和谐有序的建设理念。

1.0.4 工程建设所采用的技术方法和措施是否符合本规范要求，由相关责任主体判定。其中，创新性的技术方法和措施，应进行论证并符合本规范中有关性能的要求。

2 基本规定

2.0.1 城市道路交通工程建设应与城市发展布局、经济发展状况、人口规模及分布相协调，以合理的道路网络和密度形成道路交通体系，满足使用者的城市交通出行需求，并应与周边建、构筑物和各种管线相协调。

2.0.2 城市道路交通工程的通行能力、承载能力、安全控制要求及防灾减灾能力应满足人员、车辆通行的预期要求。

2.0.3 城市道路交通工程用地和空间安排应满足交通设施、管线布设、排水设施、照明设施等的布置需要，各类设施布置应协调、合理。

2.0.4 城市道路交通工程应具备人员、车辆通行所需的安全性、舒适性、耐久性、与周边环境的协调性及抵御规定重现期自然灾害的性能。

2.0.5 对地震动峰值加速度为 $0.05g$ 及以上地区的道路工程构筑物应进行抗震设防。

2.0.6 城市道路人行系统应设置无障碍设施。

2.0.7 城市道路交通工程项目建设应对工程质量、施工安全、消防安全、职业健康、生态环境保护及资源节约等建立完善的管理制度和切实可行的技术保障措施。

2.0.8 城市道路工程在运营使用过程中不得随意变更使用功能及荷载标准，当确实需要改变其使用性质或提升荷载等级时，应进行检测、评估和鉴定，必要时还应采取加固等技术措施。道路工程的主要结构及构筑物达到设计工作年限或遭遇重大灾害后，应进行技术鉴定，确定满足使用要求后继续使用。

2.0.9 城市道路交通工程及其附属设施应明确养护目标，建立设施技术档案，并应定期实施养护，保障道路工程在交付使用后运行期内其基本功能符合运行指标的要求。应制定突发事件及灾害应急预案。当道路交通工程及其附属设施因结构或设施损坏危及人员和车辆安全时，应立即限制交通并进行修复。

2.0.10 城市道路工程的建设及运营养护应保护水源地、文物、古树名木等。

3 路线

3.1 一般规定

3.1.1 城市道路应按道路在道路网中的地位、交通功能以及对沿线的服务功能等，分为快速路、主干路、次干路和支路四个等级。

3.1.2 各等级城市道路的设计速度应符合表3.1.2的规定，设计速度的选用应根据道路功能和交通量，结合地形、沿线土地利用性质等因素综合论证确定。

表3.1.2 各等级城市道路的设计速度

道路等级	快速路			主干路			次干路			支路		
设计速度（km/h）	100	80	60	60	50	40	50	40	30	40	30	20

3.1.3 道路的设计车辆外廓尺寸和运行性能应具有代表性。机动车设计车辆类型及其外廓尺寸应符合表3.1.3-1的规定，非机动车设计车辆类型及其外廓尺寸应符合表3.1.3-2的规定。

表3.1.3-1 机动车设计车辆类型及其外廓尺寸

车辆类型	总长（m）	总宽（m）	总高（m）	前悬（m）	轴距（m）	后悬（m）
小客车	6	1.8	2.0	0.8	3.8	1.4
大型客车	12	2.5	4.0	1.5	6.5	4.0
铰接客车	18	2.5	4.0	1.7	5.8+6.7	3.8

表3.1.3-2 非机动车设计车辆类型及其外廓尺寸

车辆类型	总长（m）	总宽（m）	总高（m）
自行车	1.93	0.60	2.25
三轮车	3.40	1.25	2.25

3.1.4 道路建筑限界应根据设计车辆确定。道路建筑限界内不得有任何

物体侵入。道路建筑限界应符合本规范附录 A 的规定，并应符合下列规定：

1 道路最小净高应满足机动车、非机动车和行人的通行要求，并应符合表 3.1.4 的规定。建设条件受限时，只允许小客车通行的城市地下道路，最小净高不应小于表 3.1.4 括号内规定值。对需要通行设计车辆以外特殊车辆的道路，最小净高应满足特殊车辆通行的要求。

表 3.1.4 道路最小净高

道路种类		通行车辆类型、行人	最小净高（m）
机动车道	混行车道	小客车、大型客车、铰接客车	4.5
	小客车专用车道	小客车	3.5（3.2）
非机动车道		自行车、三轮车	2.5
人行道		行人	2.5

2 当隧道内不需设置检修道时（图 A.0.1c），建筑限界道路两侧侧向净宽边线应按侧向净宽 W_l 边线控制。

3 不同净高要求的道路间的衔接过渡区域，应设置指示、诱导标志及防撞等设施。

3.1.5 道路路线应避开泥石流、滑坡、崩塌、地面沉降、塌陷、地震断裂活动带等自然灾害易发区；当不能避开时，必须采取保障施工安全和运营安全的工程和管理措施。

3.1.6 道路路线应根据土地利用、征地拆迁、文物保护、环境景观等因素合理确定。

3.1.7 道路路线应与地形地物、地质水文、地域气候、生态环境、自然景观以及地下管线、行车安全、排水通畅等要求结合，合理确定路线线位和线形技术指标，平面应顺适，纵断面应均衡，横断面应合理。

3.1.8 道路路线应协调道路与桥梁、隧道、轨道交通、地下管线、地下空间、综合管廊、城市景观等的关系，结合交通组织，合理确定路线方案，并应与相邻工程合理衔接。

3.1.9 城市道路上的行人及非机动车交通系统应与道路沿线的居住区、商业区、城市广场、交通枢纽等内部相关设施合理衔接，构成完整的交通系统。

3.2 平　　面

3.2.1 道路平面应做好直线与平曲线的衔接，合理设置缓和曲线、超高、加宽等。圆曲线的最小半径应满足车辆在曲线部分的安全、舒适通行需要；当圆曲线范围设超高时，应设置超高缓和段。

3.2.2 道路平面应结合交通组织，合理布置交叉口、出入口、分隔带和缘石开口、公共交通停靠站、人行过街设施等。

3.2.3 各等级道路的停车视距不应小于表 3.2.3 的规定。

表 3.2.3　停车视距

设计速度（km/h）	100	80	60	50	40	30	20
停车视距（m）	160	110	70	60	40	30	20

3.3 纵　断　面

3.3.1 应根据道路等级、设计速度，综合建设条件、交通安全、经济效益、节能减排、环保要求等因素，合理确定道路纵断面技术指标，并应做好土石方平衡，保障路基稳定、管线覆土、防洪排涝的需要。

3.3.2 机动车道和非机动车道的最大纵坡应分别满足所在地区气候条件下安全行车、环保等要求；当采用最大纵坡时，应限制其最大坡长；最小纵坡应满足路面排水要求。

3.4 横　断　面

3.4.1 道路横断面应按城市道路等级、服务功能、交通特性、交通组织方式，结合各种控制条件合理布设，应分别满足人行道、非机动车道、机动车道、分车带、设施带等宽度的要求；并应与轨道交通线路、综合管廊、低影响开发设施、环保设施、地上杆线及地下管线布设等相协调。

3.4.2 快速路整体式断面必须设置中央分隔带或中间分隔设施。

3.4.3 具有街道功能的道路横断面应优先布置行人、非机动车和公共交通设施，红线范围内的人行道应与街道空间一体化。

3.4.4 机动车道宽度应符合下列规定：

1 一条机动车道的最小宽度应按设计车辆类型、设计速度及交通特性，综合考虑通行安全性、道路条件等因素确定。

2 机动车道路面宽度应包括车行道宽度及两侧路缘带宽度。当路面中设置分隔设施时，应包括分隔设施宽度。

3.4.5 城市道路应设置安全便捷的行人和非机动交通设施，人行道有效通行宽度不应小于 1.5m；非机动车道单向行驶的有效通行宽度不应小于 1.5m，双向行驶的有效通行宽度不应小于 3.0m。

3.4.6 设计速度大于 40km/h 的道路，非机动车道与机动车道之间应设置物理隔离设施。

3.4.7 长度大于1000m的隧道，严禁将机动车道与非机动车道或人行道设置在同一孔内；当长度小于或等于1000m的隧道需设置非机动车道或人行道时，非机动车道或人行道与机动车道之间必须设置物理隔离设施。

4 交叉

4.0.1 道路与道路或轨道交通线路交叉形式应根据道路网布局、相交道路等级和轨道交通线路性质、交通特性、安全要求及有关技术、经济和环境效益等分析确定，并应与周围环境相协调，合理确定用地规模。

4.0.2 道路交叉口应根据相交道路、轨道交通线路的交通组织、几何设计要素、交通工程设施和交通管理方式等合理布置，满足各交通方式的通行需求，并应为行人和非机动车提供安全通过人行横道的条件。

4.0.3 当道路与道路或轨道交通线路交叉符合下列条件时，应设置立体交叉；

1 城市快速路与所有等级道路交叉；

2 道路与全封闭运行的城市轨道交通线路交叉；

3 道路与高速铁路、客运专线、铁路车站、铁路编组站交叉；

4 行驶有轨或无轨电车的道路与铁路交叉。

4.0.4 城市道路与轨道交通线路或公路立体交叉时，建筑限界应符合下列规定：

1 当城市道路下穿时，应符合本规范第3.1.4条的规定；

2 当城市道路上跨时，应符合轨道交通线路或公路建筑限界的要求。

4.0.5 道路与道路的平面交叉口应符合视距三角形停车视距的规定。视距三角形范围内，不应有妨碍机动车驾驶员识别与判断的障碍物。

4.0.6 无人看守或未设置自动信号的铁路道口应根据列车设计速度确定瞭望视距三角形。视距三角形范围内，不应有任何妨碍机动车驾驶员视线的障碍物。

4.0.7 在互通式立交匝道出入口处，应设置变速车道。立交范围内出入口间距设置应避免分合流交通对主路交通的干扰，并应为分合流交通加减速及转换车道提供安全可靠条件。当出入口间距不足时，应设置辅助车道或集散车道。

4.0.8 当行人与非机动车穿越快速路或有封闭要求的道路时，必须采用立体交叉的方式。

4.0.9 双向6车道及以上的城市主干路道路交叉口，没有设置过街人行天桥或地下通道的，应在人行横道设置安全岛。

5 路基路面

5.0.1 路基路面应根据道路功能、技术等级和交通荷载，结合沿线地形、地质、水文、气候、路用材料等条件进行设计；应使用节能减排路面设计，选择技术先进、经济合理、安全可靠、方便施工的路基路面结构，合理采用路面材料再生利用技术。采用工业废渣时应进行环保评价，避免污染自然环境。

5.0.2 路面结构设计应以双轮组单轴载 100kN 为标准轴载。对有特殊荷载使用要求的道路，应根据具体车辆选用适当的轴载和计算参数。

5.0.3 道路路面结构设计工作年限应根据道路等级及路面类型确定，各种类型路面结构的设计工作年限应符合表 5.0.3 的规定。

表 5.0.3 道路路面结构设计工作年限（年）

道路等级	路面结构类型	
	沥青路面	水泥混凝土路面
快速路	15	30
主干路	15	30
次干路	15	20
支路	10	20

5.0.4 路基路面应具有足够的强度和稳定性及良好的抗永久变形能力和耐久性。路面面层应满足平整、耐磨、抗滑与低噪声等表面特性的要求。路基顶面设计回弹模量值，快速路、主干路不应小于 30MPa，次干路、支路不应小于 20MPa。

5.0.5 路面结构应符合下列规定：

1 沥青路面在设计工作年限内路表计算弯沉值不应大于设计弯沉值；对于次干路及以上等级道路，无机结合料稳定材料基层层底拉应力不应大于材料的容许抗拉强度，沥青层剪应力不应大于材料的容许抗剪强度，沥青稳定类材料基层层底拉应变不应大于材料的容许拉应变。

2 水泥混凝土路面的面层应以设计工作年限内行车荷载和温度梯度综合作用下不产生疲劳断裂作为设计标准，并应以最大荷载和最大温度梯度综合作用下临界荷位处不产生极限断裂作为验算标准；贫混凝土或碾压混凝土应以设计工作年限内行车荷载作用下不产生疲劳断裂作为设计标准。

3 水泥混凝土强度应以 28d 龄期的抗弯拉强度标准值控制，水泥混凝土及钢纤维混凝土抗弯拉强度标准值不应小于表 5.0.5 的规定。

表 5.0.5　水泥混凝土及钢纤维混凝土抗弯拉强度标准值

交通等级	特重、重	中	轻
水泥混凝土的抗弯拉强度标准值（MPa）	5.0	4.5	4.5
钢纤维混凝土的抗弯拉强度标准值（MPa）	6.0	5.5	5.0

5.0.6 路基路面排水应满足道路总体排水的要求，并应结合沿线地形、地质、水文、气候等自然条件，设置必要的地表排水和地下排水设施，并应形成合理、完整的排水系统。透水路面应结合降雨强度、路基透水系数、路基强度要求、雨水排放及利用措施等协调设置。

5.0.7 路基防护应根据道路功能、工程地质、水文地质条件，合理选择岩土的物理力学参数，采取相应防护措施，并应与环境景观相协调。

5.0.8 路基支挡结构应满足各种设计荷载组合下支挡结构的稳定、坚固和耐久性要求；支挡结构类型选择、设置位置和范围，应安全可靠、经济合理、便于施工养护；结构材料应符合耐久、耐腐蚀的要求。

5.0.9 软土、黄土、膨胀土、红黏土、盐渍土等特殊土地区的路基，应查明特殊土的分布范围与地层特征，特殊土的物理、力学和水力特性，以及道路沿线的水文与地质条件，合理确定路基处理或处治的方案，使其具有良好的抗变形能力和稳定性要求。

5.0.10 路基填筑应按不同性质的土进行分类分层压实；路基高边坡施工应制定专项施工方案。

5.0.11 路面施工应符合下列规定：

1 热拌普通沥青混合料施工环境温度不应低于 5℃，热拌改性沥青混合料施工环境温度不应低于 10℃。沥青混合料分层摊铺时，应避免层间污染。

2 水泥混凝土路面抗弯拉强度应达到设计强度，并应在填缝完成后开放交通。

6 桥梁

6.0.1 桥位选择应满足城市防洪和通航要求。

6.0.2 跨越河流、城市道路、公路、轨道交通线路的跨线桥梁，桥梁建筑限界和桥下净空应根据相交道路、线路及航道的性质、功能、等级和要求确定。

6.0.3 桥位应与燃气输送管道、输油管道，易燃、易爆和有毒气体等危险品工厂、车间、仓库保持安全距离。当桥位上空设有架空高压电线无法避开时，桥梁主体结构（构筑物）与架空电线之间应满足安全距离要求。

6.0.4 桥梁应根据道路等级和结构重要性程度，在项目建设前期确定结构设计工作年限，并应根据环境条件进行耐久性设计。桥梁设计工作年限应符合表 6.0.4 的规定。

表 6.0.4　桥梁设计工作年限

类别	设计工作年限（年）	类 别
1	30	小桥（涵洞）
2	50	中桥、重要小桥（涵洞）
3	100	特大桥、大桥、重要中桥

6.0.5 桥梁设计应根据道路的功能、等级和发展要求等具体情况选用设计荷载。汽车荷载和人群荷载的计算图式、荷载等级及其标准值、加载方法等应符合本规范附录 B 的规定。

6.0.6 桥梁敷设的管线应符合下列规定：

1 不得在桥上敷设污水管、压力大于 0.4MPa 的燃气管和运送其他可燃、有毒或腐蚀性液体或气体的管道；

2 不得在地下通道内敷设电压高于 10kV 配电电缆、燃气管和运送其他可燃、有毒或腐蚀性液体或气体的管道；

3 应对敷设于桥梁的管线发生故障和事故时次生影响的可控性进行评估，保障桥梁安全。

6.0.7 桥梁人行道栏杆的净高不应小于 1.10m，当桥梁临空侧为人行非机动车混行道或非机动车道时，栏杆的净高不应低于 1.40m。当采用竖直杆件做栏杆时，杆件间的净距不应大于 110mm。人行道栏杆与桥梁主体结构的连接强度应满足受力要求，作用在人行道栏杆扶手上的竖向荷载应为 1.2kN/m，水平向外荷载应为 2.5kN/m，两者应分别计算且不与其他活荷载叠加。

6.0.8 桥梁结构应根据结构上可能同时出现的作用，按承载能力极限状态和正常使用极限状态进行最不利作用组合计算，并应同时满足构造和施工工艺的要求。

6.0.9 当桥梁按承载能力极限状态设计时，根据结构的重要性、结构破坏时可能产生的后果严重性，应采用不低于表 6.0.9 规定的设计安全等级。

表 6.0.9 设计安全等级

安全等级	结构类型	类 别	结构重要性系数
一级	重要结构	特大桥、大桥、中桥、重要小桥	1.1
二级	一般结构	小桥	1.0

6.0.10 桥梁应根据结构形式、在城市路网中位置的重要性，进行抗震分类和设防。

6.0.11 对技术特别复杂的特大桥梁的地震动参数，应按地震安全性评价确定，其他各类桥梁的地震动参数，应根据国家现行有关规定确定。对基本地震峰值加速度分区 0.30g 及以上地区的单跨跨径超过 150m 的特大桥应进行地震安全性评价，并应进行专门抗震设计。

6.0.12 当桥梁采用减震或隔震时，减震或隔震支座应具有足够的刚度和屈服强度，应满足使用荷载要求。相邻上部结构之间应设置足够的间隙。

6.0.13 桥梁结构支承体系应满足桥梁的受力和变形要求。

6.0.14 对位于通航河流或有漂流物的河流中的桥梁墩台应采取防撞措施。

6.0.15 桥梁结构应满足抗倾覆安全度的要求，并应避免局部构件失效引起的整体倒塌。

6.0.16 桥梁引道及引桥与两侧街区的衔接布设应满足消防、救护、抢险的要求。

6.0.17 桥梁和地道应设置防水措施和排水系统。

6.0.18 位于生态环境敏感区和饮用水源保护区的桥梁，应采取环境保护措施。

6.0.19 当桥梁基础的基坑施工，存在危及施工安全和周围建筑安全风险时，应制定基坑围护设计、施工、监测方案及应急预案。

6.0.20 水中设墩的桥梁汛期施工时，应制定渡汛措施及应急预案。

6.0.21 当运输和安装桥梁长大构件影响道路交通安全时，应制定专项施工方案。

6.0.22 单孔跨径不小于 150m 的特大桥，施工前应根据建设条件、桥型、结构、工艺等特点，针对技术难点和质量安全风险点编制专项施工方案、监测方案和应急预案，验收时应针对结构承载能力进行检测。

7 隧道

7.1 一般规定

7.1.1 隧道应在勘测、调查资料基础上，根据地形、地质、水文、气象、地震条件、交通量及其构成、施工、运营和维护等综合因素确定建设方案，并应与地面、地下建（构）筑物以及各种管线做好协调。

7.1.2 隧道总体布置和设备设施配置，应满足日常运营、管理和防灾救援等要求。

7.1.3 隧道平纵线形应根据地形地貌、工程地质、水文地质、路线走向、洞口位置、沿线障碍物、施工工法等因素确定，并应满足车辆行驶安全要求。

7.1.4 隧道出入口距地面道路交叉口的距离，应满足车辆安全通行要求。

7.1.5 隧道横断面应根据线路技术标准、建筑限界、设备布置、结构设计、施工工法、防灾和运营养护等要求确定。

7.1.6 隧道内不应敷设易燃、易爆、危险品管道。

7.1.7 隧道防灾设计应包括交通安全设施、交通监控、灾害报警、通风排烟、安全疏散与救援、防灾供电与应急照明、消防给水与灭火、防淹没、应急通信以及主体结构保护措施等。

7.1.8 隧道防火灾应按一座隧道同一时间发生一处火灾设防。

7.1.9 隧道应根据交通量、交通特性、火灾规模、自然环境条件、封闭段长度和线形等综合因素确定防火灾方案和应急救援策略。

7.1.10 危化品车辆应在监管和保护状态下通过隧道。

7.2 主体结构

7.2.1 隧道主体结构应根据工程特点以及沿线建设条件，通过技术、经济、工期、环境影响等综合评价，选择安全可靠、经济合理的结构形式和实施方案。

7.2.2 隧道主体结构设计工作年限应为100年，并应根据环境条件进行耐久性设计。

7.2.3 隧道结构应满足工程实施的可行性及运营安全要求。

7.2.4 隧道结构设计应根据使用条件、荷载特性、结构或构件类型及施工方法，按正常使用阶段和施工阶段分别进行结构强度、刚度和稳定性计算。

7.2.5 进行过工程场地地震安全性评价的工程，抗震设防烈度及地震动参数应根据安全性评价结果确定。

7.2.6 主体结构的防水等级不应低于二级，应根据环境条件、环境作用等级、设计工作年限、结构特点、施工方法等因素确定防水措施，并应满足结构安全、耐久性和使用要求。

7.2.7 隧道施工应根据地质条件、隧道主体结构以及周边环境等因素，针对技术难点和质量安全风险点编制专项施工方案、监测方案和应急预案，并应实施全过程动态管理。

7.3 设 备 设 施

7.3.1 隧道通风系统日常运营时隧道内的一氧化碳（CO）、烟雾等污染物浓度应满足卫生标准和行车安全要求。

7.3.2 隧道通风系统应满足洞口、集中排风井等污染空气排放处的环境保护要求。

7.3.3 给水系统应满足隧道消防用水及运营管理的要求。

7.3.4 隧道应设置独立的排水系统，应排除渗漏水、雨水、清洗水及消防水等。

7.3.5 隧道内的一级供电负荷应采用双重电源供电，一级负荷中特别重要负荷除由双重电源供电外，尚应增设应急电源。

7.3.6 隧道照明标准应与交通流量、设计车速相匹配，满足交通安全及节能要求。

7.3.7 隧道应根据规模和管理需要设置运营管理设施，隧道运营管理设施应具备交通监控、环境与设备监控、事件报警与联动控制、应急通信、指挥调度等功能。

8 公共电汽车设施及客运枢纽

8.1 一 般 规 定

8.1.1 公共电汽车设施应根据城市道路网形态、土地功能布局、出行结构特征等交通因素，结合道路条件进行设置。

8.1.2 公共交通走廊应设置专用公共交通路权。

8.1.3 公共交通车站应根据城市综合交通体系构成、公共交通线网布局等要求，并应结合沿线客流集散点及各类交通接驳设施布局设置。

8.2 快速公共汽车交通（BRT）

8.2.1 快速公共汽车交通系统应由专用车道、车站、车辆、智能公交系统、运营服务、停车场等组成。

8.2.2 快速公共汽车交通系统应根据路网布局、线路功能、客流量、项目所在区域的综合客运体系、近远期发展等确定。快速公共汽车交通（BRT）系统分级标准应符合表 8.2.2 的规定。应依照选择的级别确定相应的车道、车站等系统组成设施的设计标准。

表 8.2.2 快速公共汽车交通（BRT）系统分级标准

特征参数	级别		
	一级	二级	三级
运送速度 V（km/h）	≥25		≥20
单向客运能力（万人次/h）	≥1.5	≥1.0	≥0.5

8.2.3 专用车道应布置在道路中央或道路两侧，与其他车道应采用物理隔离或车道标线分隔；专用车道宽度不应小于 3.5m。

8.2.4 专用车道应符合道路交通安全规定，应满足发生事故时的安全救援要求。

8.2.5 车站应根据客流集散规模，合理安排过街设施和周边行人、非机动车接驳设施。

8.2.6 智能公交系统应能提供快速公交车辆的信号优先服务。

8.3 有轨、无轨电车交通设施

8.3.1 有轨、无轨电车交通设施应满足正常运营状态、非正常运营状态和紧急运营状态下安全运营的要求。

8.3.2 有轨电车专用车道应设置专用车道标志、标线或路缘石。在有轨电车通行的平面交叉路口，应设置有轨电车专用的信号灯、停车线、车道线。

8.3.3 交叉口智能控制系统应提供有轨电车的信号优先服务。

8.4 公共交通专用车道

8.4.1 公共交通专用车道应按客流需求及高峰小时特征分为分时段和全时段公共交通专用车道两个等级。

8.4.2 应依据道路沿线用地性质、交通负荷、路段高峰小时公交客运量及客流分布特征等，确定公共交通专用车道、车站设置方式及路口优先模式。

8.5 公共交通站（场、厂）

8.5.1 公共交通首末站的规模应按线路所配的营运车辆总数确定，同时应考虑线路发展的需要。

8.5.2 应结合道路条件合理组织公共交通首末站车辆行驶流线，并制定交通控制方案。

8.5.3 位于建成区的公交场站应根据客流需求设置站内乘客上下车、候车及站牌等设施。

8.5.4 停靠站设置的运营线路数或最大停靠车辆数不应大于停靠站的车道通行能力。当主要集散站运营线路或最大停靠车辆数超标时，应分设车站。

8.5.5 应根据线路特征、运营要求、周边环境及车辆等条件确定停靠站站台形式、车站布局与位置；停靠站规模应根据客流规模确定，并应满足乘客上下车、候车及设置站牌、候车亭等设施需求；公交站台最小长度近端站和中途站不应小于停靠车辆车身总长度，远端站在此基础上应增加3m～5m。

8.5.6 停车场应能为线路营运车辆下线后提供合理的停放空间和必要设施，并应按规定对车辆进行低级保养和重点小修作业。

8.5.7 停车场应同步建设充电桩等充电设施；充电设施规模应根据停放电动公交车辆规模确定。

8.5.8 保养厂应能承担营运车辆的高级保养任务及相应的配件加工、修制和修车材料、燃料的储存、发放等。

8.5.9 公共交通站（场、厂）的建筑及设备设计应满足建筑防火的要求。

8.6 客 运 枢 纽

8.6.1 枢纽总平面布置应符合下列规定：

1 航空、铁路、客运港口枢纽的总平面应以其专属区为核心进行布置，其他枢纽总平面应以主客流优先进行布置；

2 当枢纽设有维修、加油加气、充电等附属设施时，其布设应与公共区适度分离。

8.6.2 枢纽的机动车和行人出入口应分别设置，其个数应根据进出车辆及人员的数量进行设置；同时应满足道路开口要求和防灾要求。

8.6.3 枢纽交通组织设计应包括高峰期间应急出入口设计及应急交通组

织方案设计。

9 其他设施

9.1 排水、照明及绿化设施

9.1.1 城市道路应建设满足雨水设计重现期的排水系统。有积水风险的道路低洼点和下穿道路应按内涝防治标准建设道路雨水系统，自流排放时出水口必须安全可靠。

9.1.2 城市道路应配套建设满足道路安全使用和节能环保要求的照明系统。

9.1.3 道路绿化不得侵入道路建筑限界，不得遮挡标志、信号灯。

9.2 城市广场、路内停车设施

9.2.1 城市广场应与广场周边的人行、车行交通组织相协调，城市广场车行出入口必须满足视距通视条件，视距三角形范围内不得有任何妨碍机动车驾驶员视线的障碍物。

9.2.2 在城市救灾和应急疏散功能的道路上不得设置路内停车位。设置路内停车位时，应保障道路通行功能，并应根据道路交通运行状况及时动态调整。

9.2.3 地铁、公交站点附近的道路设施带应设置自行车停车区，停车容量根据使用需求确定，自行车停车区的布置不得影响车辆和行人的正常通行。

9.3 交通安全和管理设施

9.3.1 城市道路的交通安全和管理设施应与道路土建工程同步建设。

9.3.2 城市道路交通安全和管理设施设计应根据道路总体设计和交通组织设计方案进行，应根据道路所处的地形和环境条件采取相应的措施。临近学校、幼儿园、医院、养老院等路段应结合人行过街设施设置交通安全设施。

9.3.3 交通标志和标线应向交通参与者提供交通路权、通行规则及路径指示等信息。

9.3.4 交通标志及其支架不得侵入道路建筑限界，其版面信息不得被其他物体遮挡。防护设施应满足道路建筑限界及停车视距要求。

9.3.5 交通标志版面和标线的信息应满足一致性、连续性、逻辑性、协调性及视认性的要求。隧道内的应急、消防、避险等指示标志，应采用主动发光标志或照明式标志。

9.3.6 交通标志结构应满足强度、变形和稳定性要求。交通标线材料应具备抗滑、耐磨和环保性能。

9.3.7 不能提供足够路侧安全净距的快速路，必须设置路侧防撞护栏；当路基整体式断面中间带宽度小于或等于12m时，快速路的中央分隔带必须连续设置防撞护栏。各级道路特大桥、大桥、高架桥、高路堤段、临水临空段、车辆越出路外可能发生二次事故的路段应设置安全防护设施。

9.3.8 快速路主线分流端、匝道出口端部应设置相应的防撞设施；各级道路隧道内主线分流端、匝道出口端部应设置相应的防撞设施。

9.3.9 人行道与一侧地面存在高差，行人跌落会发生危险时，应设置人行护栏。

9.3.10 跨越城市轨道交通线、铁路、高速公路、一级公路、城市快速路的桥梁人行道外侧应设置防落物设施。

9.3.11 对有被撞击危险的桥梁墩柱，应采取防撞措施。

9.3.12 防撞设施应根据道路等级、道路设施类型、所处部位和环境进行设置，并应符合相应的防撞等级和技术指标的要求。邻近干线铁路、水库、油库、电站等需要特殊防护的路段，应提高设施防撞等级。

9.3.13 交通流交叉及合流处易发生危险或影响交通有序高效通行时应设置交通信号灯。交通信号灯及其支架不得侵入道路建筑限界。交通信号灯应能被道路使用者清晰识别，其视认范围内不应存在盲区。

9.3.14 城市中隧道（中、长、特长隧道）、特大桥梁和城市快速路应建设交通监控系统。

9.3.15 交通监控系统配置应按道路性质和监控系统特性划分等级，具备相应的信息采集、分析处理、信息发布和交通控制管理，以及与其他信息系统进行信息交换和资源共享的功能。

附录A 道路建筑限界

A.0.1 道路建筑限界应为道路上净高线和道路两侧侧向净宽边线组成的空间界线（图A.0.1）。

A.0.2 建筑限界顶角宽度 E 不应大于机动车道或非机动车道的侧向净宽 W_l。

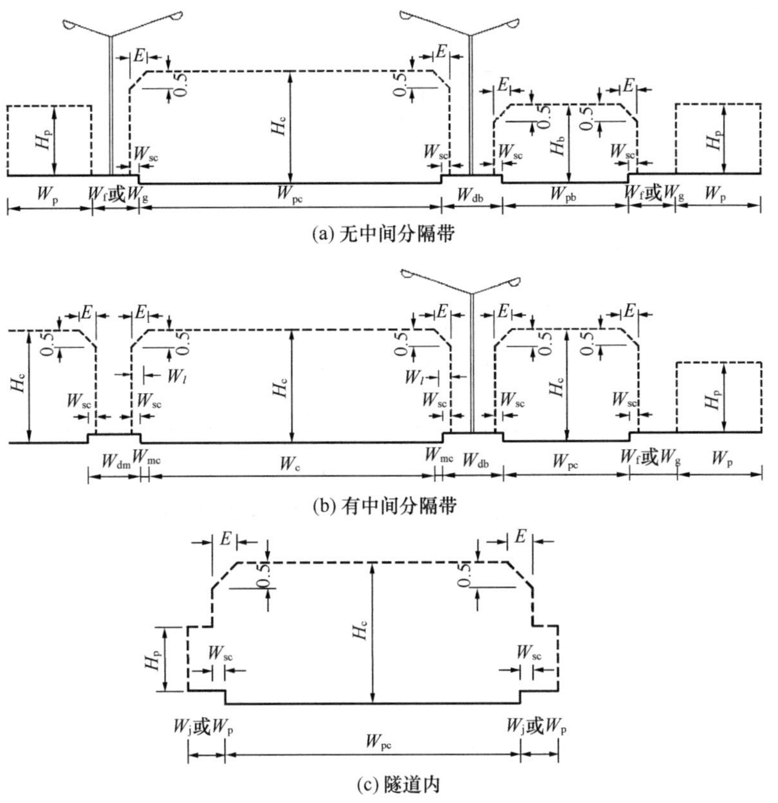

图 A.0.1　道路建筑限界

H_c—机动车车行道最小净高；H_b—非机动车车行道最小净高；H_p—人行道最小净高；E—建筑限界顶角宽度；W_c—机动车道或机非混行车道的车行道宽度；W_{pc}—机动车道或机非混行车道的路面宽度；W_{pb}—非机动车道的路面宽度；W_{mc}—机动车道路缘带宽度；W_{sc}—安全带宽度；W_l—侧向净宽，为路缘带宽度和安全带宽度之和；W_{dm}—中间分隔带宽度；W_{db}—两侧分隔带宽度；W_g—绿化带宽度；W_f—设施带宽度；W_p—人行道宽度；W_j—检修道宽度

附录 B　荷载

B.0.1　汽车荷载的计算图式、荷载等级及其标准值、加载方法等应符合下列规定：

1　汽车荷载应分为城—A 级和城—B 级两个等级。

2　汽车荷载应由车道荷载和车辆荷载组成。车道荷载应由均布荷载和集中荷载组成。桥梁结构的整体计算应采用车道荷载，桥梁结构的局部加载、桥台和挡土墙等的计算应采用车辆荷载。车道荷载与车辆荷载的作用不得叠加。

3　车道荷载的计算（图 B.0.1-1）应符合下列规定：

1）城—A 级车道荷载的均布荷载标准值 q_k 应为 10.5kN/m。集中

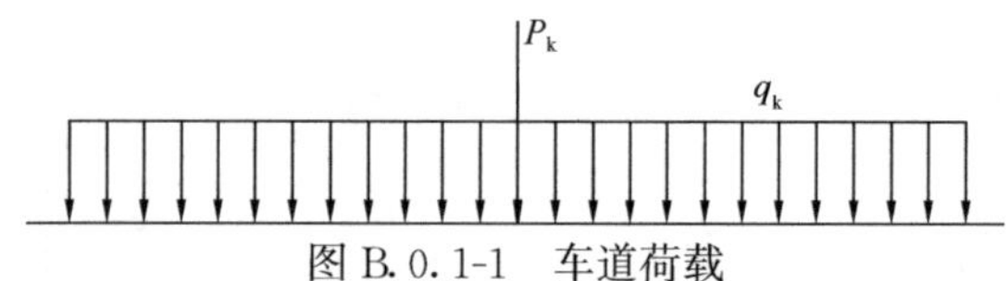

图 B. 0. 1-1　车道荷载

荷载标准值 P_k 的选取：当桥梁计算跨径小于或等于 5m 时，P_k=270kN；当桥梁计算跨径大于或等于 50m 时，P_k=360kN；当桥梁计算跨径在 5m～50m 之间时，P_k 值应采用直线内插求得。当计算剪力效应时，集中荷载标准值 P_k 应乘以 1.2 的系数。

2）城—B 级车道荷载的均布荷载标准值 q_k 和集中荷载标准值 P_k 应按城—A 级车道荷载的 75%采用。

3）车道荷载的均布荷载标准值应满布于使结构产生最不利效应的同号影响线上；集中荷载标准值应只作用于相应影响线中一个最大影响线峰值处。

4　车辆荷载的立面、平面布置及标准值应符合下列规定：

1）城—A 级车辆荷载的立面、平面、横桥向布置（图 B. 0. 1-2）及标准值应符合表 B. 0. 1-1 的规定。

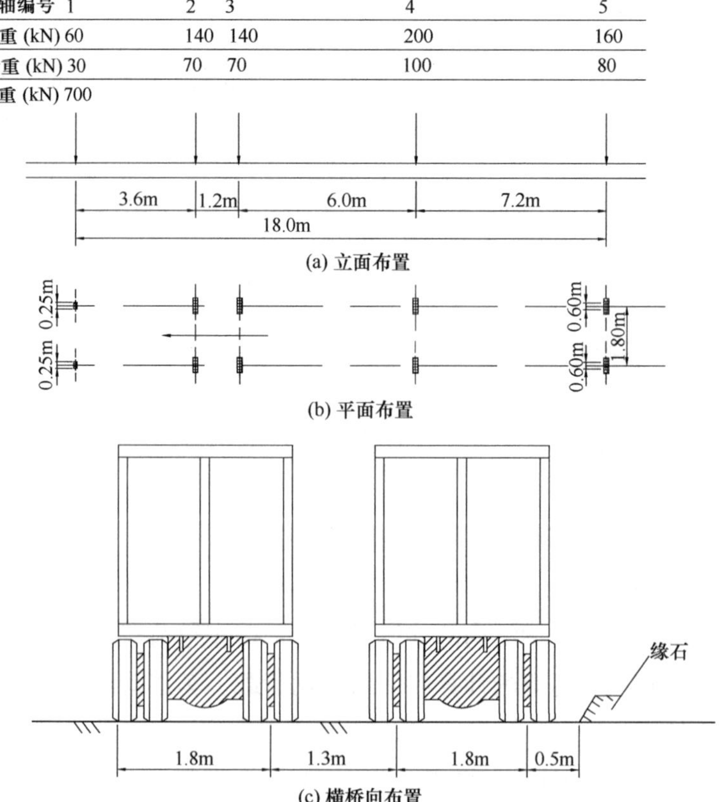

图 B. 0. 1-2　城—A 级车辆荷载的立面、平面、横桥向布置

表 B. 0. 1-1 城—A 级车辆荷载

车轴编号	单位	1	2	3	4	5
轴重	kN	60	140	140	200	160
轮重	kN	30	70	70	100	80
纵向轴距	m	3.6	1.2	6.0	7.2	
每组车轮的横向中距	m	1.8	1.8	1.8	1.8	1.8
车轮着地的宽度×长度	m	0.25×0.25	0.6×0.25	0.6×0.25	0.6×0.25	0.6×0.25

2）城—B 级车辆荷载的立面、平面、横桥向布置（图 B. 0. 1-3）及标准值应符合表 B. 0. 1-2 的规定。

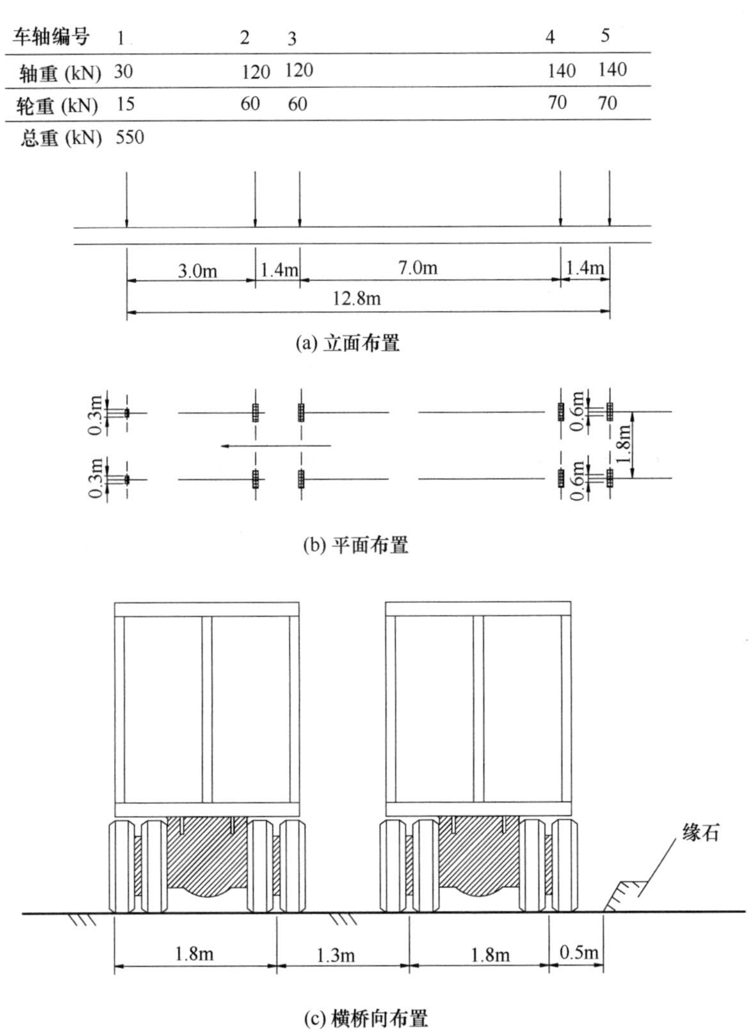

图 B. 0. 1-3 城—B 级车辆荷载立面、平面、横桥向布置

表 B.0.1-2　城—B 级车辆荷载

车轴编号	单位	1	2	3	4	5
轴重	kN	30	120	120	140	140
轮重	kN	15	60	60	70	70
纵向轴距	m		3.0	1.4	7.0	1.4
每组车轮的横向中距	m	1.8	1.8	1.8	1.8	1.8
车轮着地的宽度×长度	m	0.3×0.2	0.6×0.2	0.6×0.2	0.6×0.2	0.6×0.2

B.0.2　梁、桁架、拱及其他大跨结构的人群荷载 W 应采用下列公式计算，且 W 值在任何情况下不得小于 2.4kPa：

当加载长度 L＜20m 时：

$$W=4.5\,\frac{20-w_{p}}{20} \tag{B.0.2-1}$$

当加载长度 20m≤L≤100m 时：

$$W=\left(4.5-2\,\frac{L-20}{80}\right)\left(\frac{20-w_{p}}{20}\right) \tag{B.0.2-2}$$

式中：W——单位面积的人群荷载（kPa）；

L——加载长度（m）；

w_{p}——单边人行道宽度（m）；在专用非机动车桥上取 1/2 桥宽，大于 4m 时仍按 4m 计。

B.0.3　非机动车道和专用非机动车桥的设计荷载应根据使用过程中可能发生的荷载工况选取。

中华人民共和国国家标准

城市道路交通工程项目规范

GB 55011－2021

起　草　说　明

目　次

本条文说明不具备与标准正文同等的法律效力，仅供使用者作为理解和把握标准规定的参考。

1 总 则

1.0.1 本条阐述了制定本规范的目的。城市道路交通工程是保障人民生活和社会经济发展的生命线，是保障公众出行需求和交通安全的重要基础设施，其建设过程也与公众生活密切相关，本规范规定了城市道路交通工程建设、运营及养护的基本功能、性能和技术要求。

1.0.2 城市道路交通工程是指以城市道路及其公共交通设施为对象而进行的规划、勘察、设计、施工、养护与管理等全过程的技术活动，其工程实体包括了道路、桥梁（涵洞）、隧道、交通设施、公共交通场站、客运枢纽、广场、停车场及相关配套设施（如排水、照明、消防、监控等）。本规范所规定的，是城市道路交通工程在勘察、设计、施工、养护与管理等技术活动中的基本要求，是城市道路交通工程建设必须执行的。

1.0.3 规定了城市道路交通工程建设的共性要求及应遵循的基本原则，强调了城市道路交通工程建设在社会效益、环境效益与经济效益方面应综合协调的要求；技术标准的设定既要考虑满足功能、性能要求，又应本着节俭节约的原则；强调了以人为本的设计理念。

1.0.4 工程建设强制性规范是以工程建设活动结果为导向的技术规定，突出了建设工程的规模、布局、功能、性能和关键技术措施，但是，规范中关键技术措施不能涵盖工程规划建设管理采用的全部技术方法和措施，仅仅是保障工程性能的“关键点”，很多关键技术措施具有“指令性”特点，即要求工程技术人员去“做什么”，规范要求的结果是要保障建设工程的性能，因此，能否达到规范中性能的要求，以及工程技术人员所采用的技术方法和措施是否按照规范的要求去执行，需要进行全面的判定，其中，重点是能否保证工程性能符合规范的规定。

进行这种判定的主体应为工程建设的相关责任主体，这是我国现行法律法规的要求。《建筑法》《建设工程质量管理条例》《建筑节能条例》等以及相关的法律法规，突出强调了工程监管、建设、规划、勘察、设计、施工、监理、检测、造价、咨询等各方主体的法律责任，既规定了首要责任，也确定了主体责任。在工程建设过程中，执行强制性工程建设规范是各方主体落实责任的必要条件，是基本的、底线的条件，有义务对工程规划建设管理采用的技术方法和措施是否符合本规范规定进行判定。

同时，为了支持创新，鼓励创新成果在建设工程中应用，当拟采用的新技术在工程建设强制性规范或推荐性标准中没有相关规定时，应当对拟采用的工程技术或措施进行论证，确保建设工程达到工程建设强制性规范规定的工程性能要求，确保建设工程质量和安全，并应满足国家对建设工程环境保护、卫生健康、经济社会管理、能源资源节约与合理利用等相关基本要求。

2 基 本 规 定

2.0.1 规定了城市道路交通工程建设的规模及选址要求，规定了与项目周边建、构筑物协调的要求，是城市道路工程建设必须遵循的基本要求。

2.0.2 规定了城市道路交通工程建设的功能要求，是道路交通工程建设必须达到的功能性基本要求。此处的“预期”指规划设计阶段的预期实现目标，如交通量预测、灾害重现期等。

2.0.3 规定了道路红线及空间范围内应合理布置各类设施以满足道路总体空间的功能要求。道路作为城市居民的出行通道，不仅需要具备保障出行安全的交通设施和照明设施，同时还承载着市政管线（包括给排水、燃气、通信、电力、供热等）排布的功能。

2.0.4 规定了城市道路交通工程建设的性能要求，是道路交通工程建设必须达到的结构及设施性能的基本要求。条文中所指的自然灾害一般包括地震、洪水、风、潮、泥石流等，需要结合工程具体地形地貌、所处环境位置，结合工程勘察、气象资料确定。

2.0.5 规定了城市道路交通工程建设的抗震性能要求，是道路交通工程建设必须达到的结构及设施性能的基本要求。

2.0.6 规定了城市道路交通工程建设的功能性能要求，是保障残疾人和老年人等行动不便者在城市区域基本活动的要求，是《中华人民共和国残疾人保障法》在道路交通工程建设中的具体体现。人行系统中的无障碍设施设置范围主要包括人行道、人行横道、公交车站等，以及跨越快速路、高速公路的人行天桥及地道。通用的技术要求按照《无障碍通用规范》条款执行。

2.0.7 规定了城市道路交通工程建设中施工阶段的管理措施和技术保障措施的总体要求。道路交通建设工程中施工阶段涉及安全、质量、环保等多个环节，切实可行的管理制度和技术措施是基本保障要求。

2.0.8 规定了城市道路交通工程运营过程中的安全保证技术措施，是道路工程运营阶段必须满足的基本要求。首次规定不得随意改变道路工程设施的使用功能和荷载标准的强制性要求，目的是保障城市道路交通工程中各类结构设施在设计工作年限内的性能安全。

2.0.9 本条规定了保障城市道路交通工程中各类结构设施功能性能安全

的技术措施的总体要求。城市道路交通工程中桥梁、隧道、路面等结构为达到预期的设计工作年限，需要在运营使用的全过程中进行养护，包括检查、检测、评估、养护维修以及档案资料管理和安全防护管理等工作。并对道路交通工程及其附属设施发生危及人身安全时应采取的强制措施进行了规定。

2.0.10 规定对道路工程建设及运营养护过程中涉及文物、古树名木和水源地等的保护提出了明确的要求，属重要技术措施。

文物是不可再生的文化资源，《中华人民共和国文物保护法》规定了我国境内受国家保护的文物种类，并做出“基本建设、旅游发展必须遵守文物保护工作的方针，其活动不得对文物造成损害”的规定。

2000年9月1日中华人民共和国建设部发布的《城市古树名木保护管理办法》，规定了受保护的古树名木的范围及保护要求，规定“新建、改建、扩建的建设工程影响古树名木生长的，建设单位必须提出避让和保护措施。城市规划行政部门在办理有关手续时，要征得城市园林绿化行政部门的同意，并报城市人民政府批准”。

水源是市民赖以生存的资源，建设过程中要依法依规对水源地进行保护。

3 路　　线

3.1 一 般 规 定

3.1.1 规定了城市道路路网布局的要求以及分级的原则。道路等级是道路设计的先决条件，是确定道路功能、选择设计速度的基本条件。每条道路在路网中承担的作用应由整个路网决定。因此，道路等级一般在规划阶段确定。在设计阶段，需要对道路等级提高或降低时，均须经相关主管部门审批后变更。

3.1.2 规定了各等级道路可采用的设计速度。设计速度是道路设计时确定路线几何线形的基本要素，它是在气候条件良好，车辆行驶只受道路本身条件影响时，具有中等驾驶技术水平的人员能够安全、舒适驾驶车辆的速度。设计速度一经选定，道路设计的所有相关要素，如平曲线半径、视距、超高、纵坡、竖曲线半径等指标均要与其配合以获得均衡设计。因此，为了保证城市道路上各种交通方式的行车安全和通行能力的要求，根据城市道路的交通特点，规定了各级城市道路设计速度的可选择范围。

快速路为保障通达性一般应选用80km/h或100km/h的设计速度，在道路线性条件受地形、拆迁等限制时经方案比选及技术经济论证可采用

60km/h 的设计速度。

主、次干路设计速度的选取应考虑道路在路网中的作用、沿线用地性质及保障行人和非机动车过街安全性等因素，对于沿线存在人流活动密集的商业区、医院、学校、车站等的道路应选取较低的设计速度。

3.1.3 规定了道路设计车辆的确定原则。控制道路几何设计的关键因素是行驶车辆的物理性能和各种车辆的组成比例。研究各种类型的车辆，建立类型分级，并选择具有代表性的车辆用于设计。这些用于控制道路几何设计，符合国家车辆标准的，具有代表性质量、外廓尺寸和运行性能的车辆，称之为设计车辆。目前按国家车辆标准生产出来的车辆类型较多，设计时只能依据道路交通功能、主要服务对象和车种组成来确定几类作为机动车设计车辆。本规范中的设计车辆依据中华人民共和国公共安全行业标准《机动车类型术语和定义》GA 802－2014 对车辆类型进行了分类，采用了国家标准《道路车辆外廓尺寸、轴荷及质量限值》GB 1589－2004 规定的车辆外廓尺寸的最大限值。与目前现行的城市道路标准及公路行业标准中的相关规定一致。修订后的《汽车、挂车及汽车列车外廓尺寸、轴荷及质量限值》GB 1589－2016 对部分车辆外廓尺寸的最大限值进行了局部修订，但不影响以其作为道路设计车辆确定的相关道路指标，为与现行标准一致，本标准仍采用国家标准《道路车辆外廓尺寸、轴荷及质量限值》GB 1589－2004 规定的车辆外廓的最大限值。

表 3.1.3-1 中机动车设计车辆外廓各部分尺寸含义如下：

1. 总长：车辆前保险杠至后保险杠的距离；
2. 总宽：车厢宽度（不包括后视镜）；
3. 总高：车厢顶或装载顶至地面的高度；
4. 前悬：车辆前保险杠至前轴轴中线的距离；
5. 轴距：双轴车时，为从前轴轴中线到后轴轴中线的距离；铰接车时分别为前轴轴中线至中轴轴中线、中轴轴中线至后轴轴中线的距离；
6. 后悬：车辆后保险杠至后轴轴中线的距离。

非机动车设计车辆结合现行使用情况和管理要求，只列入自行车和三轮车两类。表 3.1.3-2 非机动车设计车辆外廓各部分尺寸含义如下：

1. 总长：自行车为前轮前缘至后轮后缘的距离；三轮车为前轮前缘至车厢后缘的距离；
2. 总宽：自行车为车把宽度；三轮车为车厢宽度；
3. 总高：自行车为骑车人骑在车上时，头顶至地面的高度；三轮车为载物顶至地面的高度。

3.1.4 规定了确定道路建筑限界的要求，明确道路建筑限界是为保证车辆和行人正常通行，因此规定在道路一定宽度和高度范围道路建筑限界内不允许有任何设施及障碍物侵入。在道路最小净高的规定中，从规范拟定的设计车辆来看，车辆总高从 2.0m～4m，相差 2.0m，跨度较大。城市中车辆总高在 3m 以下的车辆大约占 50%，北京、上海等城市已达到 90%以上。随着城市规模的扩大，在交通管理上，实行了区域化管理，部分区域限定了大型车的行驶范围。因此，在这些城市中，已出现了限高 2.5m、3m、3.2m、3.5m 等工程实例。设计车辆最小净高标准应根据设计车辆总高加上 0.5m 竖向安全行驶距离确定，不包括以后加铺、积雪等因素的影响。但小客车的最小净高标准除了考虑设计车辆的车高要求外，同时还考虑了驾驶员的视觉感受，以及结合了城市消防和应急车辆特殊通行的要求。结合实际需求，道路最小净高按确定的设计车辆，分车型提出了 3.5m(3.2m)、4.5m 两个标准。最小净高 3.2m 依据《城市地下道路工程设计规范》CJJ 221－2015 中的第 3.5.2 条中的规定，仅限于条件受限时，只供小客车通行的城市地下道路可采用。

3.1.5　规定了路线走向应避开地质灾害区域的要求和必须穿越时应采取避免灾害影响、保障工程安全的措施。

3.1.6　规定了城市道路路线设计满足城市路网布局的技术措施。强调路线设计应满足土地利用、文物保护、环境景观等方面的综合要求。

城市道路线形受用地开发、征地拆迁、社会环境、景观、美学、文物保护、社区、公众参与等因素的影响，对于文物、名树古木要考虑保护，特别是改建道路，应考虑各方面的综合要求。道路线形对交通安全、行驶顺适具有重要作用。不适当的线形将会造成事故，并增加养护及运行费用。因此设计时，应根据地形、地质、地物及各控制条件，按照道路等级和设计速度，采用适当的线形技术指标，进行组合设计和优化设计，避免相邻线形指标变化过大，正确处理好线形的连续性与均衡性。

3.1.7　规定了城市道路路线设计的基本要求和满足功能要求的技术措施，以及路线技术指标选取和平纵横性能方面要求。道路是由平面、纵断面、横断面组成的工程实体，三者之间有着密切的内在联系，任何一项都不应是单独设计，而应是相互影响、相互补充，应根据设计速度、交通组成，结合地形条件，合理运用技术指标，对路线的平纵横三个方面进行综合设计。平纵线形组合是指在满足汽车运动学和力学要求的前提下，研究如何满足视觉和心理方面的连续性、舒适感，研究与周围环境的协调和良好的排水条件。所以，线形设计不仅要符合技术指标要求，而且路线设计受地形、地质、地物、景观、管线、安全、排水等条件控制。因此，规定路线设计不仅要符合技术指标要求，而且应进行协调和组合，适应地形地物和周边环境，使道路线形设计更加合理。

3.1.8 规定了路线总体设计的技术措施。路线方案是道路设计的核心，应遵照统筹规划、集约布置、近远结合、综合利用的原则进行总体设计，强调了设计的系统性、全面性、合理性，按各阶段建设目标和功能要求，协调本项目与外部项目以及社会、环境之间的内外关系，处理道路与各专业之间的关系，合理确定路线方案。

3.1.9 规定了城市道路内的行人和非机动车交通应与道路周边的居住区、商业区、城市广场、交通枢纽等互联互通，形成系统性的行人及非机动车设施，实现行人及非机动车通行的功能和性能要求。道路将为周边用地的行人与非机动车的出行提供服务，需要与居住区、商业区、城市广场、交通枢纽等内部的人行道与非机动车通道有效贯通，并且形成完整的交通系统，才能实现城市道路的基本功能。

3.2 平 面

3.2.1 规定了路线平面线形设计的要求。道路平面线形由直线和平曲线组成。直线的几何形态灵活性差，有僵硬不协调的缺点，且很难适应地形的变化。直线段太长，驾驶员会感到疲倦，注意力不易集中，成为交通肇事的起因。平曲线间的直线长度亦不宜过短，过短直线段使驾驶员操纵方向盘有困难，对行车不安全。

平曲线由圆曲线和缓和曲线组成，为使汽车能安全、顺适地由直线段进入曲线，要合理选用圆曲线半径，并根据半径大小设置超高和加宽。同时车辆从直线段驶入平曲线或平曲线驶入直线段，为了缓和行车方向和离心力的突变，确保行车的舒适和安全，在直线和圆曲线间或半径相差悬殊的圆曲线之间需设置符合车辆转向行驶轨迹和离心力渐变的缓和曲线。

因此，在平面线形设计中，不仅要合理选用各种线形指标，更重要的是要处理好各种线形间的衔接，以保证车辆安全、舒适的行驶。设计人员应根据地形、地物、环境、安全、景观，合理运用直线、圆曲线、缓和曲线。

3.2.2 规定了平面设计与交通组织设计的关系，以及实现交通组织设计的技术措施。城市道路具有路网密度高、流量大、干扰多的特点，因此平面设计应根据道路功能和服务对象、交通组成和交通流特点，采用交通工程理念和手段，进行交通组织设计，合理布置交叉口、出入口、分隔带和缘石开口、公交停靠站、人行过街设施等，合理进行路权分配与时空一体化设计。

3.2.3 规定了路线平纵指标选择应满足视距的要求。为了保证行车安全，应使驾驶员能看到前方一定距离的道路路面，以便及时发现路面上有障碍物或对向来车，使汽车在一定的车速下能及时制动或避让，从而避免事故。驾驶人从发现障碍物开始到决定采取某种措施的这段时间段内汽车沿路面所行驶的最短行车距离，称为视距。视距有停车视距、会车视距、错车视距和超车视距等。在城市道路设计中，主要考虑停车视距。

视距是道路设计的主要技术指标之一，在道路的平面上和纵断面上都应保证必要的视距。如平面上挖方路段的弯道和内侧有障碍物（绿植、隔声屏等）的弯道，以及在纵断面上的凸形竖曲线顶部、地下道路及立交桥下凹形竖曲线底部处，均可能存在视距不足的问题，设计时应加以验算。

3.3 纵 断 面

3.3.1 规定了路线纵断面设计的要求。城市道路的纵断面设计受道路网控制高程、道路净空、沿街建筑高程、地下管线布置、沿线地面排水等因素的控制，应综合考虑各控制条件，兼顾汽车运营经济效益等因素影响，山地城市道路还需考虑土石方平衡，合理确定路面设计高程。

3.3.2 规定了道路最大、最小纵坡的设置要求。为保证车辆能以适当的车速在道路上安全行驶，即上坡时顺利，下坡时不致发生危险的纵坡最大限制值为最大纵坡。道路最大纵坡的大小直接影响行车速度和安全、道路的行车使用质量、运输成本以及道路建设投资等问题，它与车辆的行驶性能有密切关系。最大纵坡值的选取应考虑各种机动车辆的动力性能、道路等级、设计速度、地形条件等。

在建成区道路的纵断面设计中，道路纵坡应考虑与沿线的建筑、地块高程的协调，最小纵坡的设置应避免造成道路积水。

3.4 横 断 面

3.4.1 规定了横断面设计的原则。横断面设计应在了解规划意图、红线宽度、道路性质后，调查收集交通量（车流量与人流量）、流向、车辆组成种类、行车速度等，推算道路设计通行能力。同时根据交通性质、交通发展要求与地形条件，并考虑地上、地下管线的敷设、沿街绿化布置等要求，以及结合市内的通风、日照、城市用地条件等，在确定的道路红线宽度范围内，综合研究分析确定横断面形式与各组成部分尺寸，并考虑节约用地。

3.4.2 规定了城市快速路机动车交通通行安全的功能要求和性能要求。城市快速路设计速度为 60km/h、80km/h、100km/h，行车速度快，一旦发生事故安全风险大。为了确保行车安全，上下行机动车道之间必须设中央分隔带予以分隔。

3.4.3 规定了完整街道的功能要求，以及满足功能的技术措施。强调城市街道应以人为本、注重公共空间环境品质的要求，树立“窄马路、密路网”的城市道路布局理念。根据街道功能划分，进行交通功能设施、步行与活动空间、附属功能设施、沿街建筑界面等一体化设计，强调空间界面围合、功能活动多样，迎合慢行交通需求，协调好与地下空间、出入口、消防等关系，以满足街区制道路全要素建设需求。

3.4.4 机动车道的宽度主要取决于设计车辆的宽度、横向安全距离（车身边缘与相邻部分边缘之间横向净距）以及车辆行驶时的摆动宽度。横向安全距离取决于车辆在行驶中摆动与偏移的宽度，以及车身与相邻车道或人行道路缘石边缘必要的安全间隔。其值与车速、路面质量、驾驶技术以及交通秩序等因素有关。

现行的行业标准中规定了各车型及车道类型对应不同设计速度情况下，一条机动车道宽度的最小宽度值。考虑到全国各地建设条件、交通管理等因素的差异性，规范中未将车道宽度值纳入，只规定了确定车道宽度的原则和技术措施。在具体的实施中，可依据现行行业标准并充分考虑车辆行驶安全性和驾乘人员舒适性，结合地方交通特性和实验验证指标选取。

机动车道路面宽度除包括车行道宽度及两侧路缘带宽度外，还应根据具体的断面布置，包括应急车道、变速车道以及分隔物等设施所需的宽度。

3.4.5 规定了城市道路内为行人和非机动车提供的通道必须安全与便捷；规定了人行道和非机动车道的最小有效通行宽度，实现通行的功能和性能要求的最低技术指标。按照行人和非机动车的基本通行要求，为了在通行过程中实现安全、正常的通行，在道路路权的分配上，人行道和非机动车道必须有最小的有效通行宽度的规定，才能避免行人、非机动车、机动车的相互干扰，才能实现城市道路的基本功能。

人行道的最小有效通行宽度按 1 个行人和 1 辆轮椅车并行考虑；单向通行的非机动车道最小有效通行宽度按 1 辆自行车正常骑行考虑；双向通行的非机动车道最小有效通行宽度按 2 辆自行车对向骑行考虑。

3.4.6 非机动车的骑行速度一般为 15km/h～20km/h，当机动车与非机动车同路幅布置时，如果两者的速度差大于 20km/h，发生事故的概率会增加，而且事故的严重性也会增大，因此，两者速度差较大时，应对各自的路权采用设施分隔。

3.4.7 规定了城市隧道中满足交通通行安全的功能和性能要求的技术指

标，以及相关的技术措施。长度大于1000m的行驶机动车的隧道，考虑到汽车尾气的污染，对通风的要求比较高，且行人和非机动车交通与机动车在同一孔内通行存在较大的安全隐患，因此禁止与机动车在同一孔内设置非机动车和行人通道；长度小于或等于1000m的隧道，若要求设置非机动车和行人通道，必须在机动车与非机动车和行人之间设置安全隔离设施，保证各自的通行安全。

4 交　叉

4.0.1 规定了交叉口的选型原则。道路交叉口交叉形式在规划阶段基本确定，设计时应根据相交道路类型、功能要求、交通流量和流向及相关控制条件等，具体选定合适的交叉类型，并对总体布局予以优化。

4.0.2 规定了交叉口的设计原则。交叉口的交通组织通过总体布局来组织分配各交通流的通行路径，通过交通管理措施来组织分配各交通流的通行次序，要综合考虑机动车、非机动车、行人及行动不便者的交通不同需求以及各种公共交通转换的便捷，保障行人和非机动车通过交叉口的安全性。

4.0.3 规定了道路与道路、轨道交通线路相交时，设置立体交叉的条件。道路交叉口的类型选择直接影响设计的技术标准、规模、工程造价和占地面积。以往交叉口修建使用中出现少数因规模、标准欠妥而致占地、投资过大，或难以适应规划年限内交通需求增长等问题。为此，本次规定为除按本行业相关规范、规程设计立交外，还应通过相关论证，对危及交通安全的道路等级不高的平交口进行立交的改建。

1 城市快速路为连续流交通，为保证其安全通行，与其他等级道路相交时，应采用立体交叉。与一些低等级道路相交时，若低等级道路没有贯通连接的需求，也常采用辅路与相交道路右进右出的衔接方式。

2 规定了道路与城市轨道交通设置立体交叉的条件。目前城市轨道交通发展迅速，种类较多，行业标准《城市公共交通分类标准》CJJ/T 114－2017中，将城市轨道交通分为地铁、轻轨、单轨、有轨电车、磁浮、自动导向轨道和市域快速轨道等七大系统。因城市轨道交通行车时间短、车流密集，为了保证轨道与道路的通行安全，要求城市各级道路与全封闭运行的城市轨道交通线路交叉时，必须设置立体交叉。

3、4 规定了道路与铁路设置立体交叉的条件。各级道路与高速铁路、客运专线、铁路车站、铁路编组场交叉时，以及行驶有轨或无轨电车的道路与铁路交叉时，必须设置立体交叉。根据《中华人民共和国铁路法》的有关规定，考虑到铁路运量逐年增加，行车速度逐年提高等特点，为减少平交道口人身事故发生，确保行车安全，规定道路与除与前面规定的铁路设施交叉必须采用立体交叉外，在与其他等级铁路交叉时，也应当优先考虑立交。

4.0.4 规定了城市道路与轨道交通、铁路、公路交叉时桥下净空的技术指标。轨道交通、铁路、公路净空要求均不相同，应作出满足各自净空高度要求的规定。

城市道路上跨铁路时，铁路的建筑限界除应符合国家标准《标准轨距铁路建筑限界》GB 146.2 的规定外，还应考虑所跨不同类别铁路的具体要求，如有双层集装箱运输要求的铁路，应满足双层集装箱运输限界的要求；近些年来修建的较高时速客货共线铁路和高速客运专线等对基本建筑限界高度也有不同要求。道路上跨城市轨道交通时，城市轨道交通建筑限界需根据采用的车辆类型及其设备限界、设备安装尺寸、安全间隙和有无人行通道、有无隔声屏障、供电制式及接触网柱结构设计尺寸等计算确定，现行国家标准《城市轨道交通技术规范》GB 50490 中有相应规定。

4.0.5 规定了平面交叉口范围内保证行车安全的设计要求。汽车驶近平面交叉口时，驾驶员应能辨识交叉道路上车辆的行驶情况，以便能顺利地驶过交叉口或及时停车，避免发生交通事故。这段距离必须大于或等于停车视距。

4.0.6 规定了无人看守或未设置自动信号的铁路道口通行安全的技术指标。为保证无人看守或未设置自动信号的铁路道口的安全度，降低事故率，道口应有良好的瞭望视距。

4.0.7 规定了立交匝道与道路主线衔接的技术措施。为了避免车辆进出主线加速、减速、交织的运行状态变化对主线车流产生影响，需设置相应不同功能的车道，满足车辆运行状态的变化。

4.0.8 本条规定了城市快速路与有封闭要求的道路（有封闭要求的道路是指禁止行人和非机动车进入的道路设施）中行人和非机动车过街的技术措施。考虑到城市快速路设计车速高，交通特性为连续通行，行车连续不间断，为了保证安全，行人和非机动车穿越时必须采用立体交叉的交通方式。

4.0.9 规定了主干路等大型道路交叉口人行横道步行距离长，不能保障行人一次安全通过时，应在路中设人行横道安全岛。

目前，一些城市道路路口断面车道数多、宽度大，道路交叉口车流量较大，行人过街步行距离较长，存在着行人与机动车发生碰撞冲突的隐患。规范编制组在调研中发现，很多主干路的道路交叉口都没有设置安全岛，行人通过路口的时间较为紧张，特别是对老年人更显不足。道路交叉口设置人行横道安全岛、人行过街天桥、地下通道等措施，可有效增加行人过街的安全性。

本条内容借鉴了国外相关的技术规定。美国各州道路和运输工作者协会（AASHTO）发布的《公路和街道线形设计手册》规定“在有四条或以上车道的地方，应考虑设置中心式（中间地带）岛”。美国国家城市交通官员协会（NACTO）发布的《全球街道设计指南》规定“当行人必须穿过三条甚至更多车道或者狭窄的街道时，车速和车流量使人们无法一次性通过（或通过过程中无法确保人身安全），在这些地方应设置行人安全岛”。日本道路协会（JARA）发布的《道路构造令解说与运用》规定“在行人横过距离长的交叉口，要为在1次绿灯时间内不能横过的行人考虑设置交通岛，以确保行人可退避到行车道中央的地方”；“人行横道的长度应设在15m以内。如果超过此长度，就应在中间设置交通岛等，应注意不增大一次横越的距离”。

安全岛要与道路线形通过渠化措施合理衔接，避免影响机动车行驶安全性。安全岛应有足够的行人驻留空间及防护设施，保障行人安全。

5 路 基 路 面

5.0.1 规定了路基路面的设计原则和技术要求。路基路面性能不仅取决于其结构和材料，而且与路基相对高度、压实状况、排水设施及自然因素密切相关。路基路面结构方案的设计应做好前期调查、分析工作，结合沿线地形、地质、材料等自然条件，因地制宜、合理选材，保证路基路面具有足够的强度、稳定性和耐久性。同时保证路面具有平整、抗滑等特性。

5.0.2 规定了道路路面结构设计的标准轴载取值要求。路面上行驶的车辆种类很多，轴载大小不同，对路面造成的损害相差很大。因而，对路面结构设计来说，不仅是总的累计作用次数，更重要的是轴载的大小和各级轴载在整个车辆组成中所占的比例。为方便计算，必须选用一种轴载作为标准轴载，一般来说应选用道路轴载中所占比例较大，对路面的影响也较大的轴载作为标准轴载。目前我国城市道路和公路标准中均采用双轮组单轴载100kN为标准轴载，相当于国际的中等水平。

标准轴载计算参数为：双轮组单轴载100kN，以BZZ-100表示，轮胎压强为0.7MPa，单轴轮迹当量圆半径r为10.65cm，双轮中心间距为3r。

近些年发展起来的快速公共交通专用道，以及一些连接工业区、码头、港口或仓储区的城市道路，其上运行的车辆以重载、超载车为主，其接地压强可达0.8MPa～1.1MPa，相应的车轮着地的面积也有一定的增加。设计时可根据实测汽车的轴重、轮胎压力、接触面当量圆半径资料，经论证适当提高荷载参数。

5.0.3 路面结构的设计工作年限是设计规定的一个时期，即路面结构在正常设计、正常施工、正常使用、正常维护下按预期目的使用，完成预定功能的工作年限。不同路面类型选用不同的设计工作年限，以保证在设计工作年限内路面平整并具有足够强度。设计工作年限应与路面等级、面层类型及交通量相适应。

5.0.4 规定了保证路基强度和稳定性的性能指标。路基是路面结构的基础，支持路面结构承受行车荷载的作用。为保证路面结构的耐久性，不产生因路基塑性变形所引起的过量沉降变形或裂缝等病害，路面结构对路基提出的基本要求是：稳定、密实、均质，具有足够的强度、稳定性、抗变形能力和耐久性。

5.0.5 规定了保证路面强度的技术要求。路面结构设计应满足结构整体强度刚度要求，沥青层或无机结合料稳定材料基层抗疲劳开裂和沥青层抗变形的要求。应根据道路等级与类型选择路表弯沉值、沥青稳定类材料基层沥青层层底拉应变、无机结合料稳定材料基层层底拉应力和沥青层剪应力作为沥青路面结构设计指标。水泥混凝土路面结构设计应以面层板在设计工作年限内，在行车荷载和温度梯度综合作用下，不产生疲劳断裂作为设计标准。

5.0.6 规定了路基路面排水的要求。路基路面排水是整个道路排水系统的一个重要部分，不仅应满足道路排水总体设计的要求和标准，而且应形成合理、完整的排水系统，及时排除路表降水和路面结构层的内部积水，疏干路基和边坡，以确保路基路面的长期性能。

5.0.7 规定了路基防护设计的技术措施指标要求。暴露在自然界中的路基和路基边坡长期承受水、日照、冻融等自然因素的反复作用，强度和稳定性随之降低。在路基稳定性满足要求的前提下，为了预防和减少各种自然因素的影响，确保路基性能的长期有效，路基防护是不可缺少的工程措施。路基防护包括路基边坡坡面防护和浸水路堤冲刷防护两大类。防护设计要考虑不同措施的适用条件，以及对周围环境景观的影响。路基防护工程是防止路基病害、保证路基稳定的重要措施。规定中强调了应根据道路功能，结合当地气候、水文、地质等情况，采取相应的防护措施，确保路基稳定。

深挖、高填路基边坡路段，往往存在着稳定性隐患，因此强调必须查明工程地质情况，根据地质勘察成果进行稳定性分析，针对其工程特性进行路基防护设计，确保边坡稳定。

5.0.8 规定了保证路基支挡结构稳定的技术要求。路基支挡结构是道路的重要工程，支挡结构是否稳定关系到车辆及人员人身安全。路基设计应保证支挡结构稳定，减少道路灾害，确保行车安全。为提高边坡稳定性或收缩边坡而设置的支挡结构，在各种荷载组合作用下具有足够的强度、稳定性和耐久性，是设计的基本要求。支挡结构的类型繁多，可根据现场的地形、地质、水文等具体情况，结合工程技术条件，从技术可靠、经济合理、环境和谐、便于养护的原则出发，选择最合适的结构形式。支挡结构材料的选用可视结构类型而定。加筋土挡土墙所用的土工合成材料或金属拉带，锚杆挡土墙和锚定板挡土墙所用的钢材拉筋，受水和其他化学成分的作用影响，易产生腐蚀。因而，根据保障支挡结构长效稳定的需要，提出了结构材料耐久、耐腐蚀的要求。

5.0.9 规定了特殊土路基的设计原则。软土、黄土、膨胀土、红黏土、盐渍土等特殊土路基，其稳定、变形及可能产生的工程问题与特殊土的地层特征、物理、力学和水理特性以及道路沿线工程地质、水文地质条件有关。因此，条文强调特殊土路基设计应充分重视岩土工程勘察与分析，应有针对性地进行个别验算与方案设计。

5.0.10 本条规定了路基施工质量与安全方面的基本要求。道路建设和使用过程中路基塌陷现象较多，主要原因是施工过程疏于控制，没有按照规定程序和检验标准进行检验和验收，因此本条对易引发安全和质量事故的关键环节予以强调，以引起重视，加强规范管理。

5.0.11 本条规定了路面施工技术与管理的基本要求，制定路面技术与管理基本措施，对于沥青混合料压实的环境温度要求是最低要求，从而保证路面施工质量。

6 桥　　梁

6.0.1 城市桥梁是城市道路中的重要构筑物，应根据城市路网布局、道路功能、等级、通行能力、抗洪、防灾要求，结合地形环境、河流水文、河床地质、通航要求、河堤防洪、环境影响的需求，以及航运条件下桥梁的安全性进行设计，以保证桥梁能长期、充分地发挥在城市交通中的作用。

6.0.2 桥梁的建筑界限应符合本规范道路建筑界限的要求，以避免在路桥结合部位出现颈缩（突变）现象，更好地改善道路线形、行车视距，保障行车安全、提高服务水平。桥下净空应符合通航标准，跨线桥梁应符合与其相交的城市道路、公路、铁路等建筑限界的规定，同时应考虑排洪、流冰、漂流物、冰塞以及河床冲淤等情况。

6.0.3 为确保桥梁、地下通道结构的安全运营，避免发生危及桥梁或地下通道自身和桥上或地下通道内通行的车辆、行人安全的重大燃爆事故，避免大风、雷雨或极端低温时桥位上空架空高压输电线路对桥梁正常运营存在不安全因素，本规范对危险源的安全距离作出最低限制要求。

6.0.4 规定了城市桥梁工程建设中主体结构的设计工作年限要求。设计工作年限是体现桥梁结构耐久性的重要指标。

设计工作年限是在总结以往实践经验基础上，考虑设计、施工和维护的难易程度，以及结构一旦失效所造成的经济损失和对社会、环境的影响基础上确定的，是桥梁结构耐久性的重要指标。在设计工作年限内，桥梁主体结构在正常设计、正常施工、正常使用、正常维护下，桥梁必须满足预定的安全性、耐久性和适用性功能的要求。

6.0.5 规定了城市桥梁汽车及人群荷载。通过对城市桥梁车辆荷载标准、公路桥涵汽车荷载标准，以及两种荷载标准对梁式桥（包括简支梁、连续梁）产生的荷载效应和荷载效应组合进行详细的比较分析，结合《公路桥涵设计通用规范》JTG D60－2015 版的有关规定，并进行城市桥梁相关荷载研究后，提出本条文。

6.0.6 为确保桥梁（含地下通道）结构的运营安全，对于敷设在桥梁、地道内管线发生故障和事故时次生影响的可控性，应作可行性、安全性专题论证和评估，并报请主管部门批准。

6.0.7 规定了人行道栏杆的荷载要求及构造要求。考虑到人行道栏杆存在受到行人拥挤和推靠的可能性，对人行道及桥梁人行道栏杆的水平推力进行了规定；为保障行人安全及行走感受，对桥梁人行道及人行桥栏杆的高度进行了规定；同时，考虑幼儿在栏杆旁行走不至于钻出栏杆危及生命安全，对竖直杆件类栏杆间的净距作出规定，提高栏杆的安全性能。

6.0.8 为满足桥梁结构在目标工作年限内的功能、性能要求，需要确定采用何种作用荷载、如何组合、至少要求哪几个方面的核算内容等。

6.0.9 根据建设目标年限及重要性程度通过提高桥梁的安全度等级，达到提高性能保证率的目的。城市桥梁在进行持久状况和短暂状况承载能力极限状态设计时，根据结构破坏可能产生的后果的严重程度划分结构的安全等级，并利用结构重要性系数来体现不同情况的桥梁可靠度差异。

6.0.10 规定了道路工程中结构的抗震性能和采取抗震技术措施的要求。按照遭受地震后，城市桥梁破坏可能造成的人员伤亡、经济损失和社会影响程度及城市桥梁在抗震救灾中的作用等因素，将城市桥梁划分为不同的类别，采取不同的设防标准，是我国抗震防灾工作的基本对策之一。

6.0.11 由于技术特别复杂的特大桥梁工程范围大，场地地震动参数空间变化对这类桥梁的地震响应影响大，按照现行国家标准《中国地震动参数区划图》GB 18306 的规定不能得到桥梁场地地震动空间变化，应采用“工程场地地震安全性评价”方法确定地震动参数。

6.0.12 明确了减震或隔震支座的性能要求和相应的构造措施。

6.0.13 本条属于保障桥梁工程的功能及性能的条款，对于独柱支撑梁桥及曲线桥梁，特别是独柱支承的曲线梁桥，在温度变化、收缩、徐变、预加力、制动力、离心力等情况作用下，其平面变形与曲线梁桥的曲率半径、墩柱的抗推刚度、支承体系的约束情况及支座的剪切刚度密切相关，在设计中应采用满足梁体受力和变形要求的合理支承形式，并在墩顶设置防止梁体外移、倾覆的限位构造等。

6.0.14 桥梁墩柱受船舶撞击，对桥梁安全影响很大，严重者将导致船毁人亡。位于通航河流中的桥梁墩台应根据通航航道等级及代表船型对应的船撞力进行防撞设计。

6.0.15 桥梁倾覆和结构连续整体倒塌将对人民生命和财产造成巨大损失，故桥梁结构应具有足够的抗倾覆安全度，并采取防止梁体外移、倾覆的限位构造等措施。

6.0.16 桥梁引道及引桥与两侧街区的衔接应留有足够宽度，满足消防、救护、抢险的需求。

6.0.17 本条规定是保障桥梁设计使用寿命的重要技术措施，也是桥梁耐久性设计的重要技术措施。防水材料技术指标及通用技术按照通用技术规范《建筑和市政工程防水通用规范》要求执行。

6.0.18 桥梁设计应满足环境保护的要求。对于位于生态环境敏感区和饮用水源保护区的桥梁应采用全面的保护措施，防止桥梁在全寿命周期内对上述区域的影响，设计中必须考虑相应的防护措施，最大程度降低工程对上述区域的影响。

6.0.19 规定了保证桥梁基础施工质量与安全的基本措施。在桥梁基础施工中出现基坑坍塌，进而危及周围建筑安全，将对人民生命和财产造成巨大损失，不利于社会稳定，因此对易引发安全和质量事故的关键环节必须采取技术措施予以控制。

6.0.20 规定了保证水中设墩桥梁渡洪施工质量与安全的基本措施。

6.0.21 规定了城市中运输与吊装长大构件的技术和管理基本措施，应能够保障施工专项方案的可行性，保证施工项目周围交通的安全畅通和施工现场的吊装安全。

6.0.22 对单孔跨径不小于 150m 的特大桥在施工前及验收时提出了基本要求。在桥梁建设和运营中出现结构倾覆或安全事故，将对人民生命和财产造成巨大损失，考虑到建设经济因素，故只对单孔跨径不小于 150m 的特大桥在施工前、验收时提出了最低安全性要求。

7 隧道

7.1 一般规定

7.1.1 规定了隧道设计应考虑的涉及隧道规模、性能的主要因素。隧道建设时，必须通过勘测、调查资料取得地形、地质、水文、气象、地震条件等，这是隧道建设的基本条件；交通量预测参数是隧道建设规模的依据，同时隧道沿线的保护建筑和构筑物等可能制约隧道线位。隧道设计应根据上述这些条件，确定合理的建设方案。

7.1.2 规定了隧道布局及设备设施配置应当满足管理和安全方面的基本功能要求。由于隧道空间封闭，其设备配置和安全设施要求较敞开道路段复杂得多，必须重视隧道使用者在特定环境下涉及行车安全的各种复杂因素。因此除了满足交通功能自身的需求外，隧道的总体布置与设备设施配置还应围绕隧道的运营安全、维护便捷及突发事故时的防灾救援进行统筹考虑。

7.1.3 对隧道的平纵线形及其安全性作了基本规定。地形地貌、工程地质、水文地质、沿线障碍物及施工工法等因素均会影响隧道的平纵线形设计，是隧道建设必须考虑的要素。同时，隧道段的平曲线、凹形竖曲线设置不当，还会影响停车安全视距。因此，平纵线形尚需满足行车安全要求。

7.1.4 规定了隧道出入口与地面道路交叉口距离应满足行车安全要求。隧道出入口通常处于坡道段，出入口与地面交叉口要有足够的距离以避免车辆队列停在坡道上带来的行车安全隐患；另一方面还要考虑出入口与交叉路口的蓄车距离，城市道路交通量大，蓄车距离不足会导致车辆常态化阻塞在隧道内，增加隧道安全运营的压力。

7.1.5 规定了隧道横断面确定应考虑的基本因素。隧道横断面除应符合线路技术标准、建筑限界的要求外，还需为通风、照明、消防、监控等设备及运营管理、防灾等设施提供空间，且应满足洞内路面、排水、装修的需求，并结合隧道施工工艺，预留适当的施工误差，确定安全、合理、经济的隧道横断面。

7.1.6 对隧道内敷设管道的种类进行了限制。隧道通行机动车，一旦发生火灾，损失、社会影响重大，因此需严格管控火灾风险，要求易燃、易爆、危险品管道不应与交通隧道合建。

7.1.7 规定了隧道防灾设计应采取的要主要技术措施。隧道防灾为多工种协同的综合体系，包括人员疏散与救援的设计、行车安全诱导、交通监控、灾害报警、通风排烟、防灾供电与应急照明、消防给水与灭火、防淹没、应急通信以及主体结构保护措施等内容。

7.1.8 规定了隧道防火灾设计的基本前提。这是对隧道火灾防护能力的要求，且对隧道规模有重大影响。一座隧道的范围系指该隧道的上下行车行空间（含匝道）、通过匝道或立交贯通的整个封闭段（地下）车行空间以及与隧道主体合建的设备区。本条所指同一时间发生一处火灾的范围不包括道路交通隧道与其他功能（如过境高压电缆、轨道交通等）共建的区域。

7.1.9 规定了隧道防火灾设计方案确定的基本要求。隧道是否要进行防火灾设计、火灾设防规模等与隧道长度、交通量以及是否通行危险品车等涉及火灾风险的因素相关。防火灾设计需综合考虑这些要素后确定，以便火灾设防规模与风险性相符。

7.1.10 规定了城市隧道运行管理中对危化品车的通行管理要求。隧道内一旦发生重大火灾事故，后果及影响重大，修复困难。隧道严禁危化品车辆通行是隧道防火灾设计的重要前提，对投资和规模影响重大，同时也是隧道安全运行的重要管理措施。考虑到越江、湖（海）或穿山的隧道，有可能通道资源稀缺，若危化品车必须通过，需在严格管控下通过，确保安全。

7.2 主 体 结 构

7.2.1 规定了隧道结构性能要求。隧道结构施工工法较多，结构选型与施工工法有一定的依从关系，结构设计前，必须综合水文地质、环境、埋深、工期和造价等因素，选择安全可靠、经济合理的施工工法，由此确定隧道结构型式。

7.2.2 本条是对隧道的性能要求。隧道是大型交通工程，建设成本高，一旦主体结构发生毁坏，会造成群死群伤和巨大的物质损失，同时长时间停运、影响交通。为保证隧道结构体安全，实现工程全寿命周期内价值的最大化，对隧道设计工作寿命提出要求。该设计工作年限是指在一般维护条件下，能保证结构工程正常使用的时间段，即必须保证正常维护下具有足够的耐久性。结构设计的荷载值及耐久性措施均应依据设计工作年限确定。

7.2.3 本条从工程实施的可行性和运行安全的角度对主体结构设计和施工作出了规定。隧道的结构型式根据所选用的施工工法确定，施工工法的比选不仅要考虑建设成本和建设难度、城市景观和环境保护，确保工程实施可行性，还要考虑建成后车辆的行驶安全、运营费用，以及运营管理和养护维修的费用，完善的隧道设计是工程运营安全的重要保证。

7.2.4 规定了隧道结构设计的技术要求。隧道结构上的作用和受力与施工方法、结构形式等密切相关，在施工和使用期的不同阶段有多种受力状况，因此应按施工阶段和正常使用阶段分别进行结构强度、刚度和稳定性计算。

7.2.5 对工程抗震设防烈度的取值作出了规定。抗震设防烈度是隧道抗震设计的重要参数，按照相关部门规定特殊设防类和已进行工程场地地震安全性评价的工程应采用经主管部门批准的抗震设防烈度结果取值。

7.2.6 对主体结构防水提出了要求。主体结构的防水等级不低于二级是对隧道结构防水设计的最低要求，是保证结构使用寿命和安全的重要技术措施。防水材料技术指标及通用技术按照通用技术规范《建筑与市政工程防水通用规范》要求执行。

7.2.7 规定了隧道施工过程进行风险防范的技术与管理基本要求。专项施工方案、监测方案和安全应急预案以及全过程动态管理是隧道施工安全与质量以及经济合理的重要保障措施。

7.3 设 备 设 施

7.3.1 对隧道内空气环境应满足的基本条件作出了规定。汽车在隧道内行驶时排放出以一氧化碳（CO）、颗粒物为代表的污染物在隧道内集聚，达到一定浓度会影响司乘人员健康、影响行车视距。控制隧道内污染物浓度在合理限度范围内是隧道必须具备的基本功能。当隧道内的污染物浓度过高时，可采用加大隧道有效通风量或者采用净化设备削减目标污染物等技术措施，使之达标。

7.3.2 规定了隧道污染空气排放应当满足环境保护的基本要求。建设在城市或人员集聚区域的隧道，必须考虑隧道排出的污染空气对周边敏感建筑的影响，满足环境保护特别是大气环境要求。达到一定规模的城市隧道污染空气不允许在隧道洞口和通过低排风井直接对外排放，需要在洞口设置集中高排风井或将原来较低的排风井加高。当设置高排风井有困难时，可采取分散式排放或设净化设备削减敏感污染物等技术措施。这些环境保护措施对隧道的总体布局、规模、投资、运维费用及社会稳定等影响重大，在城市隧道建设中至关重要。

7.3.3 规定了隧道给水系统的基本功能要求。满足隧道用水需求，是保证隧道日常运营和消防安全的基本措施。

7.3.4 规定了隧道排水系统的基本功能要求。及时排除隧道积水，是保证隧道正常安全运营的基本措施。可设置排水沟、排水管收集雨水和各类废水，通过重力流或压力流排放。

7.3.5 规定了一级负荷的基本供电要求。隧道内的一级负荷为隧道正常使用及防灾时需要运行的重要负荷。一级负荷中特别重要负荷是指隧道失去正常运行电源或发生灾害时能够确保隧道内车辆及人员有序疏散的重要负荷，一般包括监控系统、变电所操作电源及应急照明等。因此特别重要负荷尚需增加第三路电源，第三路电源可以是不间断电源装置（UPS）、应急电源装置（EPS）、蓄电池等。供电电源的可靠性是隧道安全运行及防灾、疏散设备运行的重要保证，对隧道的总体布局、规模等影响较大，故作出相关规定。

7.3.6 规定了隧道照明需满足的基本要求。不同的交通流量、设计车速对应不同的隧道照明设计标准，相互匹配才能确保行驶人员有良好的视觉环境，确保安全驾驶。

7.3.7 规定了隧道运营管理设施设置的基本条件和功能。

隧道运营管理设施是对隧道交通、机电设备等运行情况进行集中监控、管理的设备系统。当隧道规模较大、机电设备配置复杂、交通负荷较高时，设置隧道运营管理设施对隧道进行集中监控管理是保证安全运营的必要措施。

运管管理设施的交通监控功能包括交通信息监测、车道控制、诱导信息发布、视频图像监视等。环境与设备监控功能包括对隧道内一氧化碳浓度、能见度、温湿度、照度、亮度等环境参数的监测和对隧道通风、给水排水、照明、供配电、监控、通信设备运行状态的遥信、遥测和遥控。事件报警与联动控制功能包括对隧道火灾、交通事故等事件的检测、报警以及对防灾设备的联动控制。应急通信设施包括有线电话、有线广播、无线通信等。这些功能的设置与隧道日常运营养护以及突发事件时的应急处置密切相关，隧道运营管理设施作为实现监控策略下达、对外协调沟通、防灾救灾的应急指挥中心，应具备上述功能。

8　公共电汽车设施及客运枢纽

8.1　一　般　规　定

8.1.1 规定了在城市道路中对公共电汽车系统的布局要求，并提出应统筹考虑公共电汽车设施设计。

8.1.2 规定了设置公共交通专用车道，保障公交优先的技术措施。公共交通走廊是指根据专项研究、规划或环境需求提出，并由城市建设管理部门纳入城市公共交通线网布局的能提供高品质公共交通服务的城市交通廊道。对于该类公共交通走廊应当保障专用的道路空间资源。专用路权是公共交通运行速度和可靠性的重要保障，也是专用道运输能力的决定因素。公共交通走廊必须设置专用路权，减少平面交叉口干扰，保障公交出行的时间可控性。

8.1.3 规定了公共交通停靠站站位设计的一般原则。停靠车站应设置在主要客流点或者接驳设施附近，便于行人抵达或换乘其他交通工具。

8.2 快速公共汽车交通（BRT）

8.2.1 快速公共汽车交通系统就是以大容量高性能公共电汽车沿专用车道按照班次运行，由智能调度、信号优先控制等公共交通智能系统控制的中运量快速客运方式。强调了车站、车道、车辆、智能公交系统、运营服务元素，只有这些要素共同组成一个系统，才能达到快速、运量大的效果。对于采用电力驱动的车辆，还需要配置架空接触线网或超级电容供电设施。

8.2.2 运送速度和客运能力是区别快速公交系统和普通公交系统最主要的评价指标，参考国外建设手册、一些成功案例以及常用的公共运输能力分级指标，将快速公交系统分为三级。

8.2.3 根据国标车辆的技术参数确定公交专用道行驶段车道宽度不应小于3.5m，车站区域因为站区行车速度慢，停靠车道可以采用3.25m或者3.0m（困难条件下）。

8.2.4 当营运车辆发生故障时，应迅速将故障车辆移出专用车道，专用车道隔离设施应考虑牵引车进出和车辆疏散的要求。因涉及紧急情况处理，故进行强制规定。

8.2.5 由于快速公交系统吸引和疏散的客流量较大，所以应合理安排过街设施和周边行人、非机动车接驳设施。

8.2.6 智能公共交通系统中控制与调度系统应能与平面交叉口的信号控制机或控制中心相互配合，对交叉口信号控制系统的绿信比等参数进行调整，为快速公交车辆提供信号优先服务。在进行优先控制方案设计时要考虑到交叉口延误对营运时间的影响程度、线路在公共客运系统中的重要程度、线路客流量以及交叉口道路和交通运行状况等综合因素。

8.3 有轨、无轨电车交通设施

8.3.1 本条规定了有轨、无轨电车在各种运营状态下的安全运营要求。

有轨、无轨电车的运营不仅要考虑正常的运营状态，还要考虑系统故障状态时的非正常运营状态以及遇到突发事件时的紧急运营状态，同时根据不同的运营状态应考虑对应的技术措施和设施设置。

8.3.2 规定了有轨电车交通工程技术措施。平面交叉口交通控制分为标志标线控制和信号控制。为加强有轨电车行驶线路沿线平面交叉口的安全，要求所有的交叉口采用信号控制。

8.3.3 采用信号控制的交叉口应通过智能控制系统实现有轨电车的优先通行。实施考虑要素参见第8.2.6条条文说明。

8.4 公共交通专用车道

8.4.1 公共交通专用车道按公交客流量、公交车流量指标可分为路外侧、路内侧及路中形式；按照高峰时段特征可分为分时段和全时段公共交通专用车道。

8.4.2 因公交专用道需要占用道路资源，为保障运行效率，需要依据道路沿线用地性质、道路交通特征、公交客流量、公交车流量等设置公交专用道，同时需要保障设置的公交专用道具备必要的服务水平。

8.5 公共交通站（场、厂）

8.5.1 规定了公交首末站规模确定的原则。首末站的占地面积按照每辆标准车占地不小于100m^2计算。这个指标是全国各大中城市从建站经验中总结的实用数据。考虑到首末站最少服务一条运营线路，并且还有办公用地的需求，建议最小规模不小于1000m^2。设置无轨电车首末站时，用地面积可考虑乘以1.2的系数。

8.5.2 规定突出了公交首末站交通组织的必要性。较大规模的公交首末站，需要考虑线路的运营特征以及周边环境的道路条件，采用合理的分级循环原则组织公交车进出流线。

8.5.3 城市建成区公交场站多位于客流集中区域，为满足客流需求，应在场站内设置首末站，并提供乘客上下车、候车及站牌、候车亭等设施。

8.5.4 主要集散站指设置在如城市中心区、CBD等地区，周边道路条件有限、交通量大、线路乘客登降量大的车站。本条规定了公交中途站技术指标，强调了公交中途站停靠能力。主要集散站的共站线路建议不超过6条或高峰小时最大停靠车辆数不应超过80辆；当超过该规模时，应分设车站。

8.5.5 规定了公交停靠站基本设置要求。停靠站有路侧非港湾式、路侧港湾式及路中式。同时站台还根据和平面交叉口关系分为进口站，出口站及路段站。在设计中应结合设计要素，合理选择站台形式与站台位置。车站本身设计要突出以人为本的理念，公交站台要兼顾候车区和通行区的需求。远端站因站台与路口出口侧行人过街设施连接形成出站路径，需要将站台延长。

8.5.6 规定了公交停车场的主要功能。

8.5.7 规定了公交停车场功能指标，强调了公交停车场的充电功能，适应新能源公交车的需要。

8.5.8 规定了公交保养厂功能指标，建设中应合理确定各类功能空间，满足公交车维护、保养的需要。

8.5.9 因半封闭的燃油、燃气公交车停车场、汽车保养厂以及充电桩等设备设施隐含火灾风险，本条规定公共交通站（场、厂）的建筑及设备消防应满足建筑防火的要求。

8.6 客运枢纽

8.6.1 本章中的客运枢纽是指在城市客运交通系统中，为多种交通方式或同一种公共交通方式多条线路的客流提供集散换乘的场所。

本条规定了枢纽的交通组织原则、枢纽的功能、布局要求。影响枢纽功能布局的因素很多，但交通需求是其中需要考虑的主要因素。交通枢纽核心区的布局应体现交通一体化、设施一体化、用地集约化，应保证枢纽内部交通与外部交通衔接顺畅、以人为本、公共交通优先、人车分流、有序组织。

8.6.2 规定了枢纽的出入口的设置技术要求。机动车和行人出入口应分别设置，避免流线干扰，保障行人安全。

8.6.3 规定了枢纽的应急设计要求。枢纽是人流集散的中心，应考虑特殊状态下人流疏散问题，避免事故发生。

9 其他设施

9.1 排水、照明及绿化设施

9.1.1 规定了应建设完善的城市道路排水系统，在地面要保证人行和车行的安全；在路面以下，对路基的防水、排水系统也必须有效，确保道路路基的稳定，以及在道路低洼点建立相对独立的排水系统与可靠的排水设施，实现安全通行的功能和性能要求。

城市道路的排水极其重要，路面积水将影响交通安全甚至中断交通，路基渗水或者浸泡将影响其稳定甚至造成塌方，道路建设需要构建完善的排水设施，解决好路面与路基的排水，消除道路的交通安全和结构安全隐患，为行人与行车提供正常服务，才能实现城市道路的基本功能。道路低洼点是道路排水的重点与难点，道路积水将影响交通安全甚至中断交通，严重时将造成生命和财产损失，需要对排水设施的可靠性作出严格规定，应按照实际情况建设自流排水或者强制排水的可靠系统，并且与城市排水系统贯通，形成完善的道路排水系统，才能实现城市道路的基本功能。

9.1.2　规定了城市道路应同步建设道路照明系统。按照国家和行业标准，对照明设施的采购、安装、管理必须符合规定要求，对相关设备的技术标准、节能环保标准、耐久性、管养便利性等应满足相应规范，并与整个城市的照明形成系统，在道路建设时同步建成使用，实现道路的基本功能和性能要求。

道路照明已经有专门的规范，本条强调照明系统作为道路的主要配套设施，应与道路建设同步完成，同时其设备要满足国家与行业的规定要求，尤其是节能环保的相关规定，才能实现城市道路的基本功能。

9.1.3　规定了城市道路内的乔木、灌木、花草的布置，不能影响交通的安全通行，包括人行、非机动车和机动车交通的通行净空，行车与停车安全视距，标志标线、信号灯正常使用等，从而实现道路上各种方式通行的功能和性能要求。

道路内的乔木、灌木、花草的布置将影响到交通的安全通行，尤其是植物不断生长将侵占道路净空，遮挡交叉口视距、标志标线、信号灯等设施，严重时将引发交通安全事故，因此要强调在绿化布置时，应考虑以上因素，同时对后期的管理也提出要求，对影响交通的绿化应修剪或者移除，才能实现城市道路的正常运营。

9.2　城市广场、路内停车设施

9.2.1　规定了城市广场的行人、非机动车和机动车交通应与广场周边的居住区、商业区、交通枢纽等互联互通，形成系统性的人行及车行设施，并且在机动车的视距三角形范围内，不得有阻挡视线的物体，保证广场的交通功能和性能要求。

城市广场包括了各种功能的广场，其中与道路密切相关的是交通广场，其主要功能为集散各种交通方式的公共空间，为周边用地的行人、非机动车和机动车交通的出行提供服务，需要形成相互协调的交通系统，才能实现城市交通广场的基本功能。城市广场与相交道路和周边用地的行人、非机动车、机动车关系复杂，容易发生交通安全事故，本条强调了广场出入口选址布置的基本要求，以提供保证城市交通广场安全的基本功能与性能。

9.2.2 我国各类城市停车位供需矛盾日益突出，为缓解停车难，充分挖掘既有道路资源，规定部分条件许可的路段和区域可设置路侧停车位。

城市道路系统在路段、时空、区域交通运行状态存在较大的不均匀性，为充分利用发掘道路现有资源，在不影响道路系统服务水平的前提下，在有条件的道路设置路侧停车位，对缓解城市停车难，改善路侧停车秩序、避免路边乱停车、提高交通管理水平意义重大。本条是设置路侧停车位的依据。

9.2.3 规定了方便接驳换乘，规范自行车停车秩序，保证交通畅通，实现绿色出行的技术要求。

绿色交通体系是道路交通的重要组成部分，以人为本的先进理念应得到贯彻。自行车系统作为绿色交通体系的一环，涉及自行车专有骑行通道和停车区，为方便换乘、规范自行车停车秩序，保证交通畅通，特规定了在交通枢纽和地铁、公交站点、大型公共服务设施应设置自行车停车区。并对自行车停车区的规模进行了界定。

9.3 交通安全和管理设施

9.3.1 交通监控、服务设施和管理设施等的设置与交通量发展及路网发展状况有关。当交通量较小时，交通监控设施的需求较少，可以缓建。考虑到交通监控设施中相关的基础工程、管道敷设等在道路主体工程完成建设并投入运营后再实施会影响道路正常运行，同时，对已建工程开挖也会造成浪费。所以，当计划设置交通监控管理等设施时，相关的基础工程一般应同主体工程施工时一并预留或预埋。

9.3.2 城市道路（包括公共停车场及城市广场）根据不同的道路性质和规划要求，不同的沿线环境和交通特征进行的总体设计和交通组织设计方案是道路交通设施设计的依据，城市道路交通安全和管理设施设计应对此予以落实并保证交通安全和通畅。本文规定了城市道路交通安全和管理设施设计与道路总体设计和交通组织设计的关系，以确保交通安全和管理设施设计符合总体设计和交通组织设计的要求，满足功能性和安全有序的要求。山区道路由于地形限制可能采用路线的极限指标，应根据实际情况采取保障交通安全的措施。

按照《中华人民共和国道路交通安全法》第 34 条规定，临近学校、幼儿园、医院、养老院等路段应设置人行过街设施及交通安全设施，确保老人、学生、儿童等聚集区域的交通安全。

9.3.3 交通法规是交通参与者必须遵循的交通法律规定，一切违反交通法规的行为均应视为违法行为。交通标志应体现其与交通法规之间的关系并落实法规要求。

交通路权概念不仅应用在交通事故处理中，更重要的是应用在事先的交通控制措施中，设置简明、正确的交通标志和标线指示交通路权、通行规则及路径等信息，消除或减少交通冲突，预防交通事故，保障道路交通安全、畅通，是交通标志和标线设计的基本要求。

9.3.4 为保证道路交通安全，规定了标志、安全设施的设置要求：（1）交通标志等的设置不能侵入道路建筑限界，防止人、车碰撞相关设施而发生交通事故；（2）交通安全设施自身的功能不应受影响，因此规定交通标志版面信息不得被桥墩、柱、树木等其他物体遮挡，如果有物体对交通标志遮挡，轻者会引起道路上车辆车速降低，交通秩序和交通流紊乱，重者会造成交通冲突，甚至交通事故；（3）道路沿线布置的交通防护设施（如防撞墙、声屏障等），也要满足停车视距的要求。

9.3.5 交通标志和标线所载信息的可靠识别是交通有序和安全运行的必要条件。标志和标线的信息内容要简明准确，便于道路使用者识认和理解。也应在不利环境条件下（包括夜晚、雨天以及环境的长期影响）能够清晰地识别。隧道内发生紧急情况时，由于人本身不具备照射反光识认指示标志的能力，有必要规定逃生和救险指示标志采用主动发光标志或照明式标志。隧道内应急、消防、避险指示标志，主要包括紧急电话、消防设备、人行横洞、行车横洞、紧急停车带、疏散等指示标志，这些标志应采用主动光标志或照明式标志。

9.3.6 交通标志结构可靠是保证交通标志信息发布功能的基本条件，因此提出交通标志的强度、刚度和稳定性要求。对交通标线材料提出此性能要求，是为了保证在实现交通标线功能作用的前提下，还应具备安全、耐久、环保和方便施工的性能。

9.3.7 如果路侧有足够安全净距，提供足够宽的无阻碍的路侧恢复区，驶出路外的车辆完全可以靠自己恢复正常行驶，不会酿成严重事故。当路侧没有足够安全净距时，失控车辆碰撞护栏所造成的损伤程度要小于越出路外的损伤程度，因此必须设置防撞护栏。城市道路交通事故统计资料表明：车辆冲撞路侧（右侧）和中央分隔带（或左边路侧）的事故比例大致相当；而且车辆一旦越过中央分隔带闯入对向车道，很容易发生和对向车辆相撞的重大交通事故，因此，中央分隔带设置防撞护栏是非常必要的。桥梁及临水临空段相对于路基段而言，车辆越出桥外的事故往往要严重很多，因此，为了降低事故造成的损失，桥梁及临水临空路段应设置安全防护设施。

9.3.8 由于快速路车辆快速行驶的性质以及道路隧道视线条件的限制，

决定了快速路中央及路侧、快速路及道路隧道分流的端部都是交通安全防护设计考虑的重要部位。

9.3.9 人行安全是道路交通安全的重要方面。人行道与一侧地面因有高差而使行人是否存在跌落危险取决于多种因素，如高差值、人行道外侧地面的类型是硬质铺面还是土质地面、人行道边是直立坡面还是较缓的坡面等，使得行人跌落受损伤的结果很不相同。设计中应针对具体情况采取相应措施。

9.3.10 上跨的桥梁人行道外侧防落物设施设置的目的，是为了防止桥梁上的行人不经意间撒落硬物、桥上杂物被风吹到桥下、桥上车辆装载的物品撒落到桥下，造成快速行驶的车辆以较高的相对速度与硬物相撞，或散落的物品造成车辆非正常行驶，造成交通事故和对公民人身和财产的伤害。防落物设施包括防落物网、玻璃或金属格栅防护板以及设置桥梁地袱等工程措施，应结合防护设施的重要性及城市景观要求设置。

9.3.11 对于距离道路行驶限界较近的桥梁墩柱、主梁、隧道洞口入口处两侧和顶部、交通标志支撑结构等限界结构，有被超越车行道行驶界限的车辆撞击的安全隐患，为保护行驶车辆、行人以及限界结构的安全，有必要设置限界结构防撞设施。

9.3.12 城市道路交通事故统计资料表明：车辆冲撞路侧（右侧）和中央分隔带（或左边路侧）的事故比例大致相当；车速越快，事故损失一般也越大。防撞护栏作为重要的道路交通安全设施，应该进行正确、合理的设计，为城市道路交通安全起到积极的作用，实现防撞护栏的功能和目标。决定设置路侧护栏的关键因素是车辆越出路外的事故严重程度。防撞护栏等级的选择不仅应考虑车辆越出路外的危险程度，也应该考虑车辆碰撞护栏的碰撞能量大小。在车辆构成相类似的情况下，车速越高，碰撞能量一般也越大。由此，根据需设置护栏路段的设计速度和道路等级，以及越过护栏的危险程度，确定护栏防撞等级的选取办法。相对于路基段而言，车辆越出桥外的事故往往要严重很多，因此，为了降低事故造成的损失，对于桥梁路段防撞护栏的设置要求要高于一般路基段。当车辆在邻近或跨越干线铁路、水库、油库、电站等特殊路段上发生碰撞护栏事故时，因车辆一旦越过护栏，有可能引发严重的二次事故，因此必须最大程度地保证上述路段的安全性，需要根据具体情况对防撞护栏进行特殊设计。

9.3.13 当道路等级高、车流量大、交通流复杂情况下采用无信号灯通行不能保证交通安全或显著影响交通效率时，采用信号灯控制是必要的。交通信号灯应能被所有的道路使用者，包括机动车、非机动车、行人等清晰、准确地识别。对于行人信号灯，尤其要确保儿童、老人、残障人士能清晰、准确地识别和方便地使用。应防止车辆、行道树、交通标志等对信号灯的遮挡，必要时应在不同位置设置多组信号灯，确保交通秩序和安全。

9.3.14 为保证中、长、特长隧道、特大桥梁和城市快速路的运行效率和交通安全，规定了设置交通监控系统的要求。

9.3.15 规定了设置交通监控系统的交通设施种类和应配置的内容，及应达到的功能和性能要求。通常情况下，城市道路的等级规模是根据交通需求确定的，因此道路等级与交通量成正比，交通监控系统配置等级应与之相适应。同时道路交通监控系统建设应具备与相邻道路交通监控系统及城市其他信息管理系统进行信息交换和资源共享的功能。鼓励城市道路交通监控系统采用5G、大数据、云计算等信息技术，提升信息化和智能化水平。

二、城市道路工程设计规范
CJJ 37－2012（2016 年版）

中华人民共和国行业标准

城市道路工程设计规范

Code for design of urban road engineering

CJJ 37－2012

（2016 年版）

批准部门：中华人民共和国住房和城乡建设部
施行日期：2 0 1 2 年 5 月 1 日

目　　次

1 总则

1.0.1 为适应我国城市道路建设和发展的需要，规范城市道路工程设计，统一城市道路工程设计主要技术指标，指导城市道路专用标准的编制，制定本规范。

1.0.2 本规范适用于城市范围内新建和改建的各级城市道路设计。

1.0.3 城市道路工程设计应根据城市总体规划、城市综合交通规划、专项规划，考虑社会效益、环境效益与经济效益的协调统一，合理采用技术标准。遵循和体现以人为本、资源节约、环境友好的设计原则。

1.0.4 城市道路工程设计除应符合本规范外，尚应符合国家现行有关标准的规定。

2 术语和符号

2.1 术语

2.1.1 主路 main road

快速路或主干路中与辅路分隔，供机动车快速通过的道路。

2.1.2 辅路 side road

集散快速路或主干路交通，设置于主路两侧或一侧，单向或双向行驶交通，可间断或连续设置的道路。

2.1.3 设计速度 design speed

道路几何设计（包括平曲线半径、纵坡、视距等）所采用的行车速度。

2.1.4 设计年限 design life

包括确定路面宽度而采用的远期交通量的年限与为确定路面结构而采用的保证路面结构不需进行大修即可按预定目的使用的设计使用年限两种。

2.1.5 通行能力 traffic capacity

在一定的道路和交通条件下，单位时间内道路上某一路段通过某一断面的最大交通流率。

2.1.6 服务水平 level of service

衡量交通流运行条件及驾驶人和乘客所感受的服务质量的一项指标，通常根据交通量、速度、行驶时间、行驶（步行）自由度、交通中断、舒适和方便等指标确定。

2.1.7 彩色沥青混凝土路面 colorful asphalt concrete pavement

脱色沥青与各种颜色石料或树脂类胶结料、色料和添加剂等材料在特定的温度下拌合形成的具有一定强度和路用性能的新型沥青混凝土路面。

2.1.8 降噪路面 reducing noise pavement

具有减低轮胎和路面摩擦产生的噪声功能的路面。

2.1.9 透水路面 pervious pavement

能使降水通过空隙率较高、透水性能良好的道路结构层路面。

2.2 符　　号

H_c——机动车车行道最小净高；

H_b——非机动车车行道最小净高；

H_p——人行道最小净高；

E——建筑限界顶角宽度；

W_r——红线宽度；

W_c——机动车道或机非混行车道的车行道宽度；

W_b——非机动车道的车行道宽度；

W_{pc}——机动车道或机非混行车道的路面宽度；

W_{pb}——非机动车道的路面宽度；

W_{mc}——机动车道路缘带宽度；

W_{mb}——非机动车道路缘带宽度；

W_l——侧向净宽；

W_{sc}——安全带宽度；

W_{dm}——中间分隔带宽度；

W_{sm}——中间分车带宽度；

W_{db}——两侧分隔带宽度；

W_{sb}——两侧分车带宽度；

W_a——路侧带宽度；

W_p——人行道宽度；

W_g——绿化带宽度；

W_f——设施带宽度；

V/C——在理想条件下，最大服务交通量与基本通行能力之比；

S_c——铁路平交道口机动车驾驶员侧向最小瞭望视距；

S_s——铁路平交道口机动车距路口停止线的距离。

3 基本规定

3.1 道路分级

3.1.1 城市道路应按道路在道路网中的地位、交通功能以及对沿线的服务功能等，分为快速路、主干路、次干路和支路四个等级，并应符合下列规定：

1 快速路应中央分隔、全部控制出入、控制出入口间距及形式，应实现交通连续通行，单向设置不应少于两条车道，并应设有配套的交通安全与管理设施。

快速路两侧不应设置吸引大量车流、人流的公共建筑物的出入口。

2 主干路应连接城市各主要分区，应以交通功能为主。

主干路两侧不宜设置吸引大量车流、人流的公共建筑物的出入口。

3 次干路应与主干路结合组成干路网，应以集散交通的功能为主，兼有服务功能。

4 支路宜与次干路和居住区、工业区、交通设施等内部道路相连接，应解决局部地区交通，以服务功能为主。

3.1.2 在规划阶段确定道路等级后，当遇特殊情况需变更级别时，应进行技术经济论证，并报规划审批部门批准。

3.1.3 当道路为货运、防洪、消防、旅游等专用道路使用时，除应满足相应道路等级的技术要求外，还应满足专用道路及通行车辆的特殊要求。

3.1.4 道路应做好总体设计，并应处理好与公路以及不同等级道路之间的衔接过渡。

3.2 设计速度

3.2.1 各级道路的设计速度应符合表 3.2.1 的规定。

表 3.2.1 各级道路的设计速度

道路等级	快速路			主干路			次干路			支路		
设计速度（km/h）	100	80	60	60	50	40	50	40	30	40	30	20

3.2.2 快速路和主干路的辅路设计速度宜为主路的 0.4 倍～0.6 倍。

3.2.3 在立体交叉范围内，主路设计速度应与路段一致，匝道及集散车道设计速度宜为主路的 0.4 倍～0.7 倍。

3.2.4 平面交叉口内的设计速度宜为路段的 0.5 倍～0.7 倍。

3.3　设 计 车 辆

3.3.1　机动车设计车辆及其外廓尺寸应符合表 3.3.1 的规定。

表 3.3.1　机动车设计车辆及其外廓尺寸

车辆类型	总长（m）	总宽（m）	总高（m）	前悬（m）	轴距（m）	后悬（m）
小客车	6	1.8	2.0	0.8	3.8	1.4
大型车	12	2.5	4.0	1.5	6.5	4.0
铰接车	18	2.5	4.0	1.7	5.8+6.7	3.8

注：1　总长：车辆前保险杠至后保险杠的距离。
　　2　总宽：车厢宽度（不包括后视镜）。
　　3　总高：车厢顶或装载顶至地面的高度。
　　4　前悬：车辆前保险杠至前轴轴中线的距离。
　　5　轴距：双轴车时，为从前轴轴中线到后轴轴中线的距离；铰接车时分别为前轴轴中线至中轴轴中线、中轴轴中线至后轴轴中线的距离。
　　6　后悬：车辆后保险杠至后轴轴中线的距离。

3.3.2　非机动车设计车辆及其外廓尺寸应符合表 3.3.2 的规定。

表 3.3.2　非机动车设计车辆及其外廓尺寸

车辆类型	总长（m）	总宽（m）	总高（m）
自行车	1.93	0.60	2.25
三轮车	3.40	1.25	2.25

注：1　总长：自行车为前轮前缘至后轮后缘的距离；三轮车为前轮前缘至车厢后缘的距离；
　　2　总宽：自行车为车把宽度；三轮车为车厢宽度；
　　3　总高：自行车为骑车人骑在车上时，头顶至地面的高度；三轮车为载物顶至地面的高度。

3.4　道路建筑限界

3.4.1　道路建筑限界应为道路上净高线和道路两侧侧向净宽边线组成的空间界线（图 3.4.1）。顶角抹角宽度（E）不应大于机动车道或非机动车道的侧向净宽（W_l）。

3.4.2　道路建筑限界内不得有任何物体侵入。

3.4.3　道路最小净高应符合表 3.4.3 的规定。

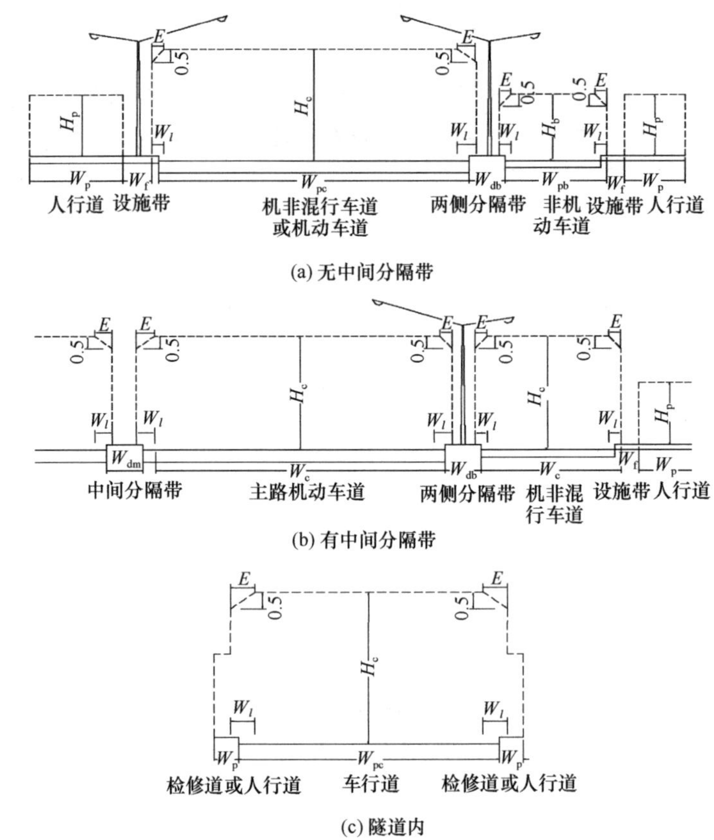

图 3.4.1　道路建筑限界

表 3.4.3　道路最小净高

道路种类	行驶车辆类型	最小净高（m）
机动车道	各种机动车	4.5
	小客车	3.5
非机动车道	自行车、三轮车	2.5
人行道	行人	2.5

3.4.4　对通行无轨电车、有轨电车、双层客车等其他特种车辆的道路，最小净高应满足车辆通行的要求。

3.4.5　道路设计中应做好与公路以及不同净高要求的道路间的衔接过渡，同时应设置必要的指示、诱导标志及防撞等设施。

3.5　设 计 年 限

3.5.1　道路交通量达到饱和状态时的道路设计年限为：快速路、主干路应为 20 年；次干路应为 15 年；支路宜为 10 年～15 年。

3.5.2 各种类型路面结构的设计使用年限应符合表 3.5.2 的规定。

表 3.5.2 路面结构的设计使用年限（年）

道路等级	路面结构类型		
	沥青路面	水泥混凝土路面	砌块路面
快速路	15	30	—
主干路	15	30	—
次干路	15	20	—
支 路	10	20	10(20)

注：砌块路面采用混凝土预制块时，设计年限为 10 年；采用石材时，为 20 年。

3.5.3 桥梁结构的设计使用年限应符合表 3.5.3 的规定。

表 3.5.3 桥梁结构的设计使用年限

类　　别	设计使用年限（年）
特大桥、大桥、重要中桥	100
中桥、重要小桥	50
小桥	30

注：对有特殊要求结构的设计使用年限，可在上述规定基础上经技术经济论证后予以调整。

3.6 荷 载 标 准

3.6.1 道路路面结构设计应以双轮组单轴载 100kN 为标准轴载。对有特殊荷载使用要求的道路，应根据具体车辆确定路面结构计算荷载。

3.6.2 桥涵的设计荷载应符合现行行业标准《城市桥梁设计规范》CJJ 11 的规定。

3.7 防 灾 标 准

3.7.1 道路工程应按国家规定工程所在地区的抗震标准进行设防。

3.7.2 城市桥梁设计宜采用百年一遇的洪水频率，对特别重要的桥梁可提高到三百年一遇。

对城市防洪标准较低的地区，当按百年一遇或三百年一遇的洪水频率设计，导致桥面高程较高而引起困难时，可按相交河道或排洪沟渠的规划洪水频率设计，且应确保桥梁结构在百年一遇或三百年一遇洪水频率下的安全。

3.7.3 道路应避开泥石流、滑坡、崩塌、地面沉降、塌陷、地震断裂活动带等自然灾害易发区；当不能避开时，必须提出工程和管理措施，保证道路的安全运行。

4 通行能力和服务水平

4.1 一 般 规 定

4.1.1 道路通行能力和服务水平分析应符合下列规定：

1 快速路的路段、分合流区、交织区段及互通式立体交叉的匝道，应分别进行通行能力分析，使其全线服务水平均衡一致。

2 主干路的路段和与主干路、次干路相交的平面交叉口，应进行通行能力和服务水平分析。

3 次干路、支路的路段及其平面交叉口，宜进行通行能力和服务水平分析。

4.1.2 交通量换算应采用小客车为标准车型，各种车辆的换算系数应符合表 4.1.2 的规定。

表 4.1.2 车辆换算系数

车辆类型	小客车	大型客车	大型货车	铰接车
换算系数	1.0	2.0	2.5	3.0

4.2 快 速 路

4.2.1 快速路应根据交通流行驶特征分为基本路段、分合流区和交织区，应分别采用相应的通行能力和服务水平。

4.2.2 快速路基本路段一条车道的基本通行能力和设计通行能力应符合表 4.2.2 的规定。

表 4.2.2 快速路基本路段一条车道的通行能力

设计速度（km/h）	100	80	60
基本通行能力（pcu/h）	2200	2100	1800
设计通行能力（pcu/h）	2000	1750	1400

4.2.3 快速路基本路段服务水平分级应符合表 4.2.3 的规定，新建道路应按三级服务水平设计。

表 4.2.3 快速路基本路段服务水平分级

设计速度（km/h）	服务水平等级		密度［pcu/（km·ln）］	平均速度（km/h）	负荷度 V/C	最大服务交通量［pcu/（h·ln）］
100	一级（自由流）		≤10	≥88	0.40	880
	二级（稳定流上段）		≤20	≥76	0.69	1520
	三级（稳定流）		≤32	≥62	0.91	2000
	四级	（饱和流）	≤42	≥53	≈1.00	2200
		（强制流）	>42	<53	>1.00	—
80	一级（自由流）		≤10	≥72	0.34	720
	二级（稳定流上段）		≤20	≥64	0.61	1280
	三级（稳定流）		≤32	≥55	0.83	1750
	四级	（饱和流）	≥50	≥40	≈1.00	2100
		（强制流）	<50	<40	>1.00	—
60	一级（自由流）		≤10	≥55	0.30	590
	二级（稳定流上段）		≤20	≥50	0.55	990
	三级（稳定流）		≤32	≥44	0.77	1400
	四级	（饱和流）	≤57	≥30	≈1.00	1800
		（强制流）	>57	<30	>1.00	—

4.2.4 快速路设计时采用的最大服务交通量应符合下列规定：

1 双向四车道快速路折合成当量小客车的年平均日交通量为 40000pcu～80000pcu。

2 双向六车道快速路折合成当量小客车的年平均日交通量为 60000pcu～120000pcu。

3 双向八车道快速路折合成当量小客车的年平均日交通量为 100000pcu～160000pcu。

4.3 其他等级道路

4.3.1 其他等级道路根据交通流特性和交通管理方式，可分为路段、信号交叉口、无信号交叉口等，应分别采用相应的通行能力和服务水平。

4.3.2 其他等级道路路段一条车道的基本通行能力和设计通行能力应符合表 4.3.2 的规定。

表 4.3.2　其他等级道路路段一条车道的通行能力

设计速度（km/h）	60	50	40	30	20
基本通行能力(pcu/h)	1800	1700	1650	1600	1400
设计通行能力(pcu/h)	1400	1350	1300	1300	1100

4.3.3　信号交叉口服务水平分级应符合表 4.3.3 的规定，新建道路应按三级服务水平设计。

表 4.3.3　信号交叉口服务水平分级

服务水平 / 指标	一级	二级	三级	四级
控制延误（s/veh）	＜30	30～50	50～60	＞60
负荷度（V/C）	＜0.6	0.6～0.8	0.8～0.9	＞0.9
排队长度（m）	＜30	30～80	80～100	＞100

4.3.4　无信号交叉口可分为次要道路停车让行、全部道路停车让行和环形交叉口三种形式。次要道路停车让行交叉口通行能力应保证次要道路上车辆可利用的穿越空档能满足次要道路上交通需求。

4.4　自 行 车 道

4.4.1　不受平面交叉口影响的一条自行车道的路段设计通行能力，当有机非分隔设施时，应取 1600veh/h～1800veh/h；当无分隔时，应取 1400veh/h～1600veh/h。

4.4.2　受平面交叉口影响的一条自行车道的路段设计通行能力，当有机非分隔设施时，应取 1000veh/h～1200veh/h；当无分隔时，应取 800veh/h～1000veh/h。

4.4.3　信号交叉口进口道一条自行车道的设计通行能力可取为 800veh/h～1000veh/h。

4.4.4　路段自行车道服务水平分级应符合表 4.4.4 的规定，设计时宜采用三级服务水平。

表 4.4.4　路段自行车道服务水平分级

服务水平 / 指标	一级（自由骑行）	二级（稳定骑行）	三级（骑行受限）	四级（间断骑行）
骑行速度（km/h）	＞20	20～15	15～10	10～5
占用道路面积（m^2）	＞7	7～5	5～3	＜3
负荷度	＜0.40	0.55～0.70	0.70～0.85	＞0.85

4.4.5　交叉口自行车道服务水平分级应符合表 4.4.5 的规定，设计时宜采用三级服务水平。

表 4.4.5　交叉口自行车道服务水平分级

服务水平 指　标	一级	二级	三级	四级
停车延误时间（s）	＜40	40～60	60～90	＞90
通过交叉口骑行速度（km/h）	＞13	13～9	9～6	6～4
负荷度	＜0.7	0.7～0.8	0.8～0.9	＞0.9
路口停车率（%）	＜30	30～40	40～50	＞50
占用道路面积（m^2）	8～6	6～4	4～2	＜2

4.5　人 行 设 施

4.5.1　人行设施的基本通行能力和设计通行能力应符合表 4.5.1 的规定。行人较多的重要区域设计通行能力宜采用低值，非重要区域宜采用高值。

表 4.5.1　人行设施基本通行能力和设计通行能力

人行设施类型	基本通行能力	设计通行能力
人行道，人/(h・m)	2400	1800～2100
人行横道，人/(hg・m)	2700	2000～2400
人行天桥，人/(h・m)	2400	1800～2000
人行地道，人/(h・m)	2400	1440～1640
车站码头的人行天桥、人行地道，人/(h・m)	1850	1400

注：hg 为绿灯时间。

4.5.2　人行道服务水平分级应符合表 4.5.2 的规定，设计时宜采用三级服务水平。

表 4.5.2　人行道服务水平分级

服务水平 指　标	一级	二级	三级	四级
人均占用面积(m^2)	＞2.0	1.2～2.0	0.5～1.2	＜0.5
人均纵向间距(m)	＞2.5	1.8～2.5	1.4～1.8	＜1.4
人均横向间距(m)	＞1.0	0.8～1.0	0.7～0.8	＜0.7
步行速度(m/s)	＞1.1	1.0～1.1	0.8～1.0	＜0.8
最大服务交通量[人/(h・m)]	1580	2500	2940	3600

5 横断面

5.1 一 般 规 定

5.1.1 横断面设计应按道路等级、服务功能、交通特性，结合各种控制条件，在规划红线宽度范围内合理布设。

5.1.2 横断面设计应满足远期交通功能需要。分期修建时应近远期结合，使近期工程成为远期工程的组成部分，并应预留管线位置，控制道路用地，给远期实施留有余地。城市建成区道路不宜分期修建。

5.1.3 改建道路应采取工程措施与道路交通管理相结合的方法布设横断面。

5.2 横断面布置

5.2.1 横断面可分为单幅路、两幅路、三幅路、四幅路及特殊形式的断面（图 5.2.1）。

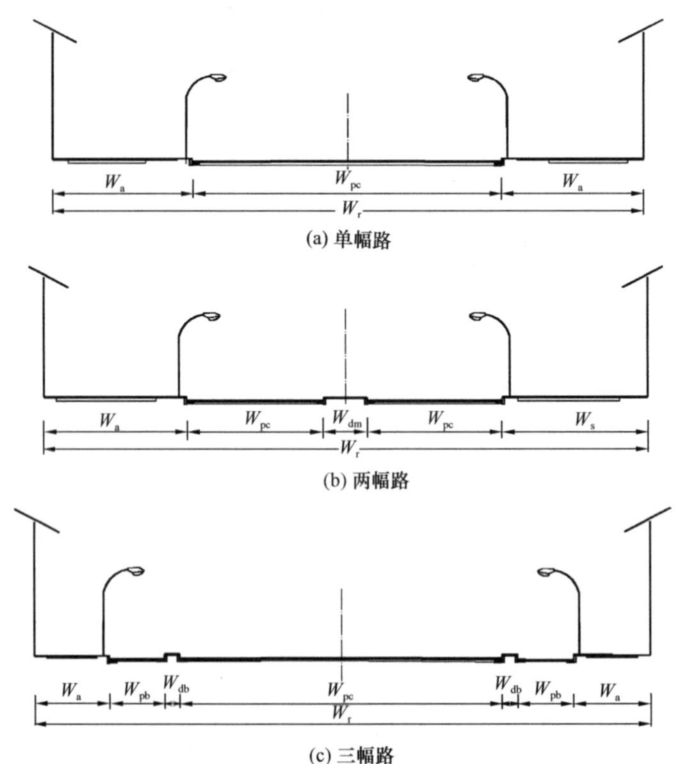

图 5.2.1 横断面形式（一）

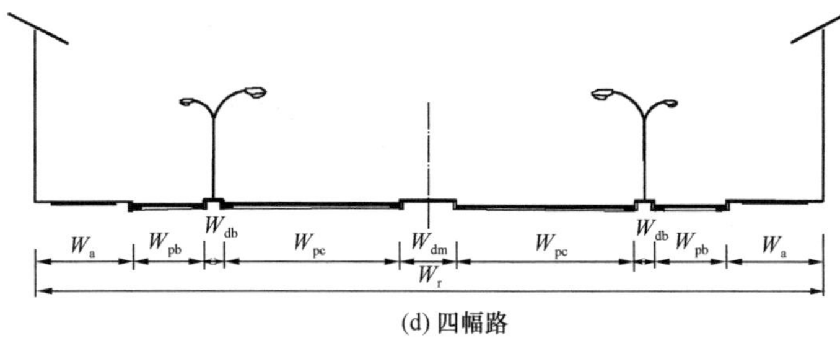

(d) 四幅路

图 5.2.1 横断面形式（二）

5.2.2 当快速路两侧设置辅路时，应采用四幅路；当两侧不设置辅路时，应采用两幅路。

5.2.3 主干路宜采用四幅路或三幅路；次干路宜采用单幅路或两幅路，支路宜采用单幅路。

5.2.4 对设置公交专用车道的道路，横断面布置应结合公交专用车道位置和类型全断面综合考虑，并应优先布置公交专用车道。

5.2.5 同一条道路宜采用相同形式的横断面。当道路横断面变化时，应设置过渡段。

5.2.6 桥梁与隧道横断面形式、车行道及路缘带宽度应与路段相同。

5.2.7 特大桥、大中桥分隔带宽度可适当缩窄，但应满足设置桥梁防护设施的要求。

5.3 横断面组成及宽度

5.3.1 横断面宜由机动车道、非机动车道、人行道、分车带、设施带、绿化带等组成，特殊断面还可包括应急车道、路肩和排水沟等。

5.3.2 机动车道宽度应符合下列规定：

1 一条机动车道最小宽度应符合表 5.3.2 的规定。

表 5.3.2 一条机动车道最小宽度

车型及车道类型	设计速度（km/h）	
	＞60	≤60
大型车或混行车道（m）	3.75	3.50
小客车专用车道（m）	3.50	3.25

2 机动车道路面宽度应包括车行道宽度及两侧路缘带宽度，单幅路及三幅路采用中间分隔物或双黄线分隔对向交通时，机动车道路面宽度还应包括分隔物或双黄线的宽度。

5.3.3 非机动车道宽度应符合下列规定：

1　一条非机动车道宽度应符合表 5.3.3 的规定。

表 5.3.3　一条非机动车道宽度

车辆种类	自行车	三轮车
非机动车道宽度（m）	1.0	2.0

2　与机动车道合并设置的非机动车道，车道数单向不应小于 2 条，宽度不应小于 2.5m。

3　非机动车专用道路面宽度应包括车道宽度及两侧路缘带宽度，单向不宜小于 3.5m，双向不宜小于 4.5m。

5.3.4　路侧带可由人行道、绿化带、设施带等组成（图 5.3.4），路侧带的设计应符合下列规定：

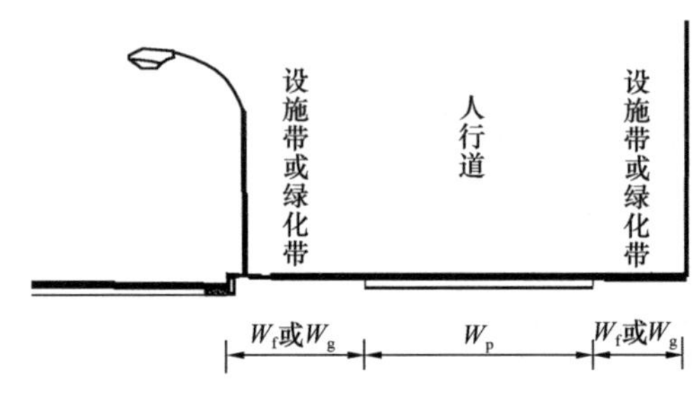

图 5.3.4　路侧带

1　人行道宽度必须满足行人安全顺畅通过的要求，并应设置无障碍设施。人行道最小宽度应符合表 5.3.4 的规定。

表 5.3.4　人行道最小宽度

项　目	人行道最小宽度（m）	
	一般值	最小值
各级道路	3.0	2.0
商业或公共场所集中路段	5.0	4.0
火车站、码头附近路段	5.0	4.0
长途汽车站	4.0	3.0

2　绿化带的宽度应符合现行行业标准《城市道路绿化规划与设计规范》CJJ 75 的相关要求。当绿化带内设置雨水调蓄设施时，绿化带的宽度还应满足所设置设施的宽度要求。

3　设施带宽度应包括设置护栏、照明灯柱、标志牌、信号灯、城市公共服务设施等的要求，各种设施布局应综合考虑。设施带可与绿化带结合设置，但应避免各种设施间，以及与树木的相互干扰。当绿化带设置雨水调蓄设施时，应保证绿化带内设施及相邻路面结构的安全，必要时，应采取相应的防护及防渗措施。

5.3.5 分车带的设置应符合下列规定：

1 分车带按其在横断面中的不同位置及功能，可分为中间分车带（简称中间带）及两侧分车带（简称两侧带），分车带由分隔带及两侧路缘带组成（图5.3.5）。

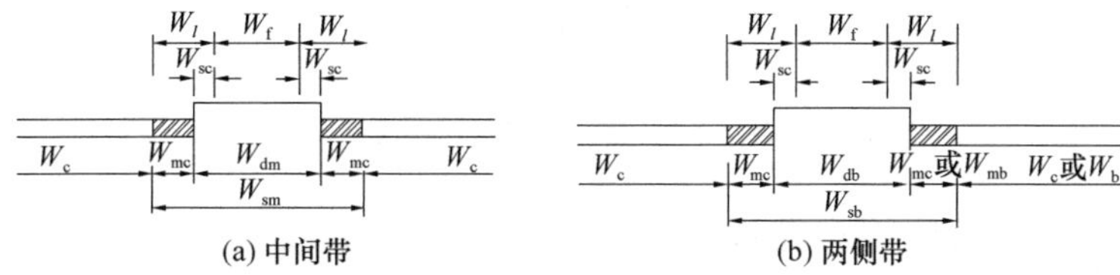

图5.3.5　分车带

2 分车带最小宽度应符合表5.3.5的规定。

表5.3.5　分车带最小宽度

类　　别		中间带		两侧带	
设计速度(km/h)		≥60	<60	≥60	<60
路缘带宽度(m)	机动车道	0.50	0.25	0.50	0.25
	非机动车	—	—	0.25	0.25
安全带宽度 W_{sc}(m)	机动车道	0.25	0.25	0.25	0.25
	非机动车	—	—	0.25	0.25
侧向净宽 W_l(m)	机动车道	0.75	0.50	0.75	0.50
	非机动车	—	—	0.50	0.50
分隔带最小宽度(m)		1.50	1.50	1.50	1.50
分车带最小宽度(m)		2.50	2.00	2.50(2.25)	2.00

注：1　侧向净宽为路缘带宽度与安全带宽度之和；
2　两侧带分隔带宽度中，括号外为两侧均为机动车道时取值；括号内数值为一侧为机动车道，另一侧为非机动车道时的取值；
3　分隔带最小宽度值系按设施带宽度为1m考虑的，具体应用时，应根据设施带实际宽度确定；
4　当分隔带内设置雨水调蓄设施时，宽度还应满足所设置设施的宽度要求。

3 分隔带应采用立缘石围砌，需要考虑防撞要求时，应采用相应等级的防撞护栏。当需要在道路分隔带中设置雨水调蓄设施时，立缘石的设置形式应满足排水的要求。

5.3.6 当快速路单向机动车道数小于3条时，应设不小于3.0m的应急车道。当连续设置有困难时，应设置应急停车港湾，间距不应大于500m，宽度不应小于 3.0m。

5.3.7 路肩设置应符合下列规定：

1 采用边沟排水的道路应在路面外侧设置保护性路肩，中间设置排水沟的道路应设置左侧保护性路肩。

2 保护性路肩宽度自路缘带外侧算起，快速路不应小于 0.75m；其他等级道路不应小于 0.50m；当有少量行人时，不应小于 1.50m。当需设置护栏、杆柱、交通标志时，应满足其设置要求。

5.4 路拱与横坡

5.4.1 道路横坡应根据路面宽度、路面类型、纵坡及气候条件确定，宜采用1.0%～2.0%。快速路及降雨量大的地区宜采用1.5%～2.0%；严寒积雪地区、透水路面宜采用 1.0%～1.5%。保护性路肩横坡度可比路面横坡度加大 1.0%。

5.4.2 单幅路应根据道路宽度采用单向或双向路拱横坡；多幅路应采用由路中线向两侧的双向路拱横坡、人行道宜采用单向横坡，坡向应朝向雨水设施设置位置的一侧。

5.5 缘　石

5.5.1 缘石应设置在中间分隔带、两侧分隔带及路侧带两侧，缘石可分为立缘石和平缘石。

5.5.2 立缘石宜设置在中间分隔带、两侧分隔带及路侧带两侧。当设置在中间分隔带及两侧分隔带时，外露高度宜为 15cm～20cm；当设置在路侧带两侧时，外露高度宜为 10cm～15cm。排水式立缘石尺寸、开孔形状等应根据设计汇水量计算确定。

5.5.3 平缘石宜设置在人行道与绿化带之间，以及有无障碍要求的路口或人行横道范围内。

6 平面和纵断面

6.1 一 般 规 定

6.1.1 平面和纵断面设计应符合城市路网规划、道路红线、道路功能，并应综合考虑土地利用、文物保护、环境景观、征地拆迁等因素。

6.1.2 平面和纵断面应与地形地物、地质水文、地域气候、地下管线、排水等要求结合，并应符合各级道路的技术指标，应与周围环境相协调，线形应连续与均衡。

6.1.3 城市快速路、主干路应做好路线的线形组合设计，各技术指标应恰当、平面顺适、断面均衡、横断面合理；各结构物的选型与布置应合理、实用、经济。

6.2 平面设计

6.2.1 道路平面线形由直线、平曲线组成，平曲线由圆曲线、缓和曲线组成，应处理好直线与平曲线的衔接，合理地设置缓和曲线、超高、加宽等。

6.2.2 道路圆曲线最小半径应符合表6.2.2的规定。一般情况下应采用大于或等于不设超高最小半径值；当地形条件受限制时，可采用设超高最小半径的一般值；当地形条件特别困难时，可采用设超高最小半径的极限值。

表6.2.2 圆曲线最小半径

设计速度（km/h）		100	80	60	50	40	30	20
不设超高最小半径（m）		1600	1000	600	400	300	150	70
设超高最小半径（m）	一般值	650	400	300	200	150	85	40
	极限值	400	250	150	100	70	40	20

注：“一般值”为正常情况下的采用值；“极限值”为条件受限时，可采用的值。

6.2.3 平曲线与圆曲线最小长度应符合表6.2.3的规定。

表6.2.3 平曲线与圆曲线最小长度

设计速度（km/h）		100	80	60	50	40	30	20
平曲线最小长度（m）	一般值	260	210	150	130	110	80	60
	极限值	170	140	100	85	70	50	40
圆曲线最小长度（m）		85	70	50	40	35	25	20

6.2.4 直线与圆曲线或大半径圆曲线与小半径圆曲线之间应设缓和曲线。缓和曲线应采用回旋线，缓和曲线最小长度应符合表6.2.4-1的规定。当设计速度小于40km/h时，缓和曲线可采用直线代替。

表6.2.4-1 缓和曲线最小长度

设计速度（km/h）	100	80	60	50	40	30	20
缓和曲线最小长度（m）	85	70	50	45	35	25	20

当圆曲线半径大于表6.2.4-2不设缓和曲线的最小圆曲线半径时，直

线与圆曲线可直接连接。

表 6.2.4-2　不设缓和曲线的最小圆曲线半径

设计速度（km/h）	100	80	60	50	40
不设缓和曲线的最小圆曲线半径（m）	3000	2000	1000	700	500

6.2.5　当圆曲线半径小于本规范表 6.2.2 中不设超高最小半径时，在圆曲线范围内应设超高。最大超高横坡度应符合本规范表 6.2.5 的规定。当由直线段的正常路拱断面过渡到圆曲线上的超高断面时，必须设置超高缓和段。

表 6.2.5　最大超高横坡度

设计速度（km/h）	100，80	60，50	40，30，20
最大超高横坡（%）	6	4	2

6.2.6　当圆曲线半径小于或等于 250m 时，应在圆曲线内侧加宽，并应设置加宽缓和段。

6.2.7　视距应符合下列规定：

1　停车视距应大于或等于表 6.2.7 规定值，积雪或冰冻地区的停车视距宜适当增长。

2　当车行道上对向行驶的车辆有会车可能时，应采用会车视距，其值应为表 6.2.7 中停车视距的两倍。

3　对货车比例较高的道路，应验算货车的停车视距。

4　对设置平、纵曲线可能影响行车视距路段，应进行视距验算。

表 6.2.7　停 车 视 距

设计速度（km/h）	100	80	60	50	40	30	20
停车视距（m）	160	110	70	60	40	30	20

6.2.8　分隔带及缘石开口应符合下列规定：

1　快速路中间分隔带在枢纽立交、隧道、特大桥及路堑段前后，应设置中间分隔带紧急开口。开口最小间距不宜小于 2km，开口长度宜采用 20m～30m，开口处应设置活动护栏。两侧分隔带开口应符合进出口最小间距要求。

2　主干路的两侧分隔带断口间距宜大于或等于 300m，路侧带缘石开口距交叉口间距应大于进出口道展宽段长度。

6.3 纵断面设计

6.3.1 机动车道最大纵坡应符合表 6.3.1 的规定，并应符合下列规定：

表 6.3.1 机动车道最大纵坡

<table>
<tr><td colspan="2">设计速度
(km/h)</td><td>100</td><td>80</td><td>60</td><td>50</td><td>40</td><td>30</td><td>20</td></tr>
<tr><td rowspan="2">最大纵坡
(%)</td><td>一般值</td><td>3</td><td>4</td><td>5</td><td>5.5</td><td>6</td><td>7</td><td>8</td></tr>
<tr><td>极限值</td><td>4</td><td>5</td><td colspan="2">6</td><td>7</td><td colspan="2">8</td></tr>
</table>

1 新建道路应采用小于或等于最大纵坡一般值；改建道路、受地形条件或其他特殊情况限制时，可采用最大纵坡极限值。

2 除快速路外的其他等级道路，受地形条件或其他特殊情况限制时，经技术经济论证后，最大纵坡极限值可增加 1.0%。

3 积雪或冰冻地区的快速路最大纵坡不应大于 3.5%，其他等级道路最大纵坡不应大于 6.0%。

6.3.2 道路最小纵坡不应小于 0.3%；当遇特殊困难纵坡小于 0.3%时，应设置锯齿形边沟或采取其他排水设施。

6.3.3 纵坡的最小坡长应符合表 6.3.3 规定。

表 6.3.3 最 小 坡 长

设计速度（km/h）	100	80	60	50	40	30	20
最小坡长（m）	250	200	150	130	110	85	60

6.3.4 当道路纵坡大于本规范表 6.3.1 所列的一般值时，纵坡最大坡长应符合表 6.3.4 的规定。道路连续上坡或下坡，应在不大于表 6.3.4 规定的纵坡长度之间设置纵坡缓和段。缓和段的纵坡不应大于 3%，其长度应符合本规范表 6.3.3 最小坡长的规定。

表 6.3.4 最 大 坡 长

<table>
<tr><td>设计速度（km/h）</td><td>100</td><td>80</td><td colspan="3">60</td><td colspan="3">50</td><td colspan="3">40</td></tr>
<tr><td>纵坡（%）</td><td>4</td><td>5</td><td>6</td><td>6.5</td><td>7</td><td>6</td><td>6.5</td><td>7</td><td>6.5</td><td>7</td><td>8</td></tr>
<tr><td>最大坡长（m）</td><td>700</td><td>600</td><td>400</td><td>350</td><td>300</td><td>350</td><td>300</td><td>250</td><td>300</td><td>250</td><td>200</td></tr>
</table>

6.3.5 非机动车道纵坡宜小于 2.5%；当大于或等于 2.5%时，纵坡最大坡长应符合表 6.3.5 的规定。

表 6.3.5 非机动车道最大坡长

纵坡（%）		3.5	3.0	2.5
最大坡长（m）	自行车	150	200	300
	三轮车	—	100	150

6.3.6 各级道路纵坡变化处应设置竖曲线，竖曲线宜采用圆曲线，竖曲线最小半径与竖曲线最小长度应符合表 6.3.6 规定。一般情况下应大于或等于一般值；特别困难时可采用极限值。

表 6.3.6 竖曲线最小半径与竖曲线最小长度

设计速度（km/h）		100	80	60	50	40	30	20
凸形竖曲线（m）	一般值	10000	4500	1800	1350	600	400	150
	极限值	6500	3000	1200	900	400	250	100
凹形竖曲线（m）	一般值	4500	2700	1500	1050	700	400	150
	极限值	3000	1800	1000	700	450	250	100
竖曲线长度（m）	一般值	210	170	120	100	90	60	50
	极限值	85	70	50	40	35	25	20

6.3.7 在设有超高的平曲线上，超高横坡度与道路纵坡度的合成坡度应小于或等于表 6.3.7 的规定。

表 6.3.7 合 成 坡 度

设计速度（km/h）	100，80	60，50	40，30	20
合成坡度（%）	7.0	7.0	7.0	8.0

注：积雪或冰冻地区道路的合成坡度应小于或等于 6.0%。

6.4 线形组合设计

6.4.1 线形组合应满足行车安全、舒适以及与沿线环境、景观协调的要求，平面、纵断面线形应均衡，路面排水应通畅。

6.4.2 线形组合设计应符合下列规定：

1 应使线形在视觉上能自然地诱导驾驶员的视线，并应保持视觉的连续性。

2 应避免平面、纵断面、横断面极限值的相互组合设计。

3 平、纵面线形应相互对应，技术指标大小均衡连续，以及与之相邻路段各技术指标的均衡、连续。

4 条件受限时选用平面、纵断面的各接近或最大、最小值及其组合时，应考虑前后地形、技术指标运用等对实际运行速度的影响。

5 横坡与纵坡应组合得当，并应利于路面排水和行车安全。

7 道路与道路交叉

7.1 一 般 规 定

7.1.1 道路与道路交叉可分为平面交叉和立体交叉。交叉形式应根据道路网规划、相交道路等级及有关技术、经济和环境效益的分析合理确定。

7.1.2 道路交叉口设计应符合下列规定：

1 应保障交通安全，使交叉口车流有序、畅通、舒适，并应兼顾景观。

2 应兼顾所有交通使用者的需求，处理好与其他交通方式的衔接。

3 应合理确定建设规模，分期建设时，应近远期结合。

4 应综合考虑交通组织、几何设计、交通管理方式和交通工程设施等内容。

5 除考虑本交叉口流量、流向以外，还应分析相邻或相关交叉口的影响。

6 改建设计应同时考虑原有交叉口情况，合理确定改建规模。

7.1.3 道路交叉口设计应符合现行行业标准《城市道路交叉口设计规程》CJJ 152 的规定。

7.2 平 面 交 叉

7.2.1 平面交叉口应按交通组织方式分类，并应符合下列规定：

1 平 A 类：信号控制交叉口

平 A_1 类：交通信号控制，进口道展宽交叉口；

平 A_2 类：交通信号控制，进口道不展宽交叉口。

2 平 B 类：无信号控制交叉口

平 B_1 类：支路只准右转通行的交叉口；

平 B_2 类：减速让行或停车让行标志管制交叉口；

平 B_3 类：全无管制交叉口。

3 平 C 类：环形交叉口。

7.2.2 平面交叉口的选型，应符合表 7.2.2 的规定。

表 7.2.2　平面交叉口选型

平面交叉口类型	选　　型	
	推荐形式	可选形式
主干路-主干路	平 A_1 类	—
主干路-次干路	平 A_1 类	—
主干路-支路	平 B_1 类	平 A_1 类
次干路-次干路	平 A_1 类	—
次干路-支路	平 B_2 类	平 A_1 类或平 B_1 类
支路-支路	平 B_2 类或平 B_3 类	平 C 类或平 A_2 类

7.2.3　平面交叉口设计应符合下列规定：

1　新建平面交叉口不得出现超过 4 叉的多路交叉口、错位交叉口、畸形交叉口以及交角小于 70°（特殊困难时为 45°）的斜交交叉口。已有的错位交叉口、畸形交叉口应加强交通组织与管理，并应加以改造。

2　平面交叉口的交通组织和渠化方式应根据相交道路等级、功能定位、交通量、交通管理条件等因素确定。信号交叉口平面设计应与信号控制方案协调一致，渠化设计不应压缩行人和非机动车的通行空间。

3　交叉口附近设置公交停靠站时，应根据公交线路走向、道路类型、交叉口交通状况，结合站点类别、规模、用地条件合理确定。应保证乘客安全，方便换乘、过街，有利于公交车安全停靠、顺利驶出，且不影响交叉口的通行能力。

4　地块及建筑物机动车出入口不得设在交叉口范围内，且不宜设在主干路上，宜经支路或专为集散车辆用的地块内部道路与次干路相通。

5　桥梁、隧道两端不宜设置平面交叉口。

7.2.4　平面交叉口范围内道路平面线形宜采用直线；当需采用曲线时，其曲线半径不宜小于不设超高的最小圆曲线半径。

7.2.5　平面交叉口范围内道路竖向设计应保证行车舒顺和排水通畅，交叉口进口道纵坡不宜大于 2.5%，困难情况下不应大于 3%，山区城市道路等特殊情况，在保证安全的情况下可适当增加。

7.2.6　交叉口渠化进口道车道数应大于上游路段的车道数，每条车道的宽度不宜小于 3.0m；出口道车道数应与上游各进口道同一信号相位流入的最大进口车道数相匹配，车道宽度宜与路段一致。

7.2.7　交叉口视距三角形范围内不得存在任何妨碍驾驶员视线的障碍物。

7.3 立体交叉

7.3.1 立体交叉口应根据相交道路等级、直行及转向（主要是左转）车流行驶特征、非机动车对机动车干扰等分类，主要类型及交通流行驶特征宜符合表 7.3.1 的规定，分类应符合下列规定：

1 立 A 类：枢纽立交

立 A_1 类：主要形式为全定向、喇叭形、组合式全互通立交；

立 A_2 类：主要形式为喇叭形、苜蓿叶形、半定向、组合式全互通立交。

2 立 B 类：一般立交

主要形式为喇叭形、苜蓿叶形、环形、菱形、迂回式、组合式全互通或半互通立交。

3 立 C 类：分离式立交

表 7.3.1 立体交叉口类型及交通流行驶特征

立体交叉口类型	主路直行车流行驶特征	转向车流行驶特征	非机动车及行人干扰情况
立 A 类（枢纽立交）	连续快速行驶	较少交织、无平面交叉	机非分行，无干扰
立 B 类（一般立交）	主要道路连续快速行驶，次要道路存在交织或平面交叉	部分转向交通存在交织或平面交叉	主要道路机非分行，无干扰；次要道路机非混行，有干扰
立 C 类（分离式立交）	连续行驶	不提供转向功能	—

7.3.2 立体交叉口选型应根据交叉口在道路网中的地位、作用、相交道路的等级，结合交通需求和控制条件确定，并应符合表 7.3.2 的规定。

表 7.3.2 立体交叉口选型

立体交叉口类型	选型	
	推荐形式	可选形式
快速路-快速路	立 A_1 类	—
快速路-主干路	立 B 类	立 A_2 类、立 C 类
快速路-次干路	立 C 类	立 B 类
快速路-支路	—	立 C 类
主干路-主干路	—	立 B 类

注：当城市道路与公路相交时，高速公路按快速路、一级公路按主干路、二级和三级公路按次干路、四级公路按支路，确定与公路相交的城市道路交叉口类型。

7.3.3 立交范围内快速路主路基本车道数应与路段基本车道数连续一致，匝道车道数应根据匝道交通量确定，进出口前后应保持主路车道数平衡，不能保证时应在主路车道右侧设置辅助车道。

7.3.4 立交范围内主路横断面车行道布置宜与主路路段相同。当设集散车道时，集散车道应布置在主路机动车道右侧，其间宜设分车带。主路变速车道路段的横断面应根据变速车道平面设计形式确定。

7.3.5 立交范围内主路平面线形标准不应低于路段标准，在进出立交的主路路段，其行车视距宜大于或等于1.25倍的停车视距。

7.3.6 立交匝道出入口处，应设置变速车道。变速车道分直接式与平行式两种，减速车道宜采用直接式，加速车道宜采用平行式。

7.3.7 立交范围内出入口间距应能保证主路交通不受分合流交通的干扰，并应为分合流交通加减速及转换车道提供安全可靠的条件。立交出入口间距不足时，应设置集散车道。

7.3.8 设有辅路系统的道路相交，当交叉口设置为枢纽立交时，立交区应设置与主路分行的辅路系统；当交叉口设置为具有明显集散作用的一般立交时，其辅路系统可与匝道布置结合考虑。

7.3.9 立交范围内非机动车系统应连续，可采用机非混行或机非分行的形式。

7.3.10 立交范围内人行系统应满足人行道最小宽度要求，并应布设无障碍设施。

7.3.11 立交范围内公交车站的设置应与路段综合考虑，并应设置为港湾式。

8 道路与轨道交通线路交叉

8.1 一般规定

8.1.1 道路与轨道交通线路交叉可分为平面交叉和立体交叉。交叉形式应根据道路与轨道交通线路的性质、等级、交通量、地形条件、安全要求等因素综合确定，应优先采用立体交叉。

8.1.2 道路与轨道交通线路交叉工程需分期修建时，应考虑近远期结合。

8.1.3 道路与轨道交通线路交叉设计应合理利用地形，减少工程量，节约用地。

8.1.4 道路与轨道交通线路交叉宜采用正交，当需斜交时，交叉角应大于或等于45°。

8.2 立体交叉

8.2.1 道路与铁路交叉时，应符合下列规定：

1 快速路和重要的主干路与铁路交叉时，必须设置立体交叉。

2 对行驶有轨电车或无轨电车的道路与铁路交叉，必须设置立体交叉。

3 主干路、次干路、支路与铁路交叉，当道口交通量大或铁路调车作业繁忙时，应设置立体交叉。

4 各级道路与旅客列车设计行车速度大于或等于 120km/h 的铁路交叉，应设置立体交叉。

5 当受地形等条件限制，采用平面交叉危及行车安全时，应设置立体交叉。

6 道路与铁路交叉，机动车交通量不大，但非机动车和行人流量较大时，可设置人行立体交叉或非机动车与行人合用的立体交叉。

8.2.2 各级道路与城市轨道交通线路交叉时，必须设置立体交叉。

8.2.3 道路与轨道交通立体交叉的建筑限界应符合下列规定：

1 道路下穿时，道路的建筑限界应符合本规范第 3.4 节的要求。

2 道路上跨时，轨道交通的建筑限界应符合现行铁路和城市轨道交通建筑限界标准的要求。

8.2.4 桥梁等构筑物的设置应满足道路、轨道交通视距的要求。

8.2.5 与轨道交通立体交叉的道路应设置交通安全防护设施，同时应符合国家现行相关规范的要求。

8.3 平面交叉

8.3.1 次干路、支路与运量不大的铁路支线、地方铁路、工业企业铁路交叉时，可设置平交道口。平交道口不应设置在铁路道岔处、站场范围内、铁路曲线段以及道路与铁路通视条件不符合行车安全要求的路段上。

8.3.2 通过道口的道路平面线形应为直线。从最外侧钢轨外缘算起的道路直线段最小长度应大于或等于 30m。

8.3.3 道路与铁路平交时，应优先设置自动信号控制或有人值守道口。

8.3.4 无人值守或未设置自动信号的平交道口视距三角形范围内（图 8.3.4），严禁有任何妨碍机动车驾驶员视线的障碍物，机动车驾驶员要求的最小瞭望视距（S_c）应符合表 8.3.4 规定。

表 8.3.4　平交道口最小瞭望视距

路段旅客列车设计行车速度（km/h）	机动车驾驶员侧向最小瞭望视距 S_c（m）
100	340
80	270
70	240
55	190
40	140

注：机动车驾驶员侧向视距系按停车视距 50m 计算的，如有特殊应另行计算确定。

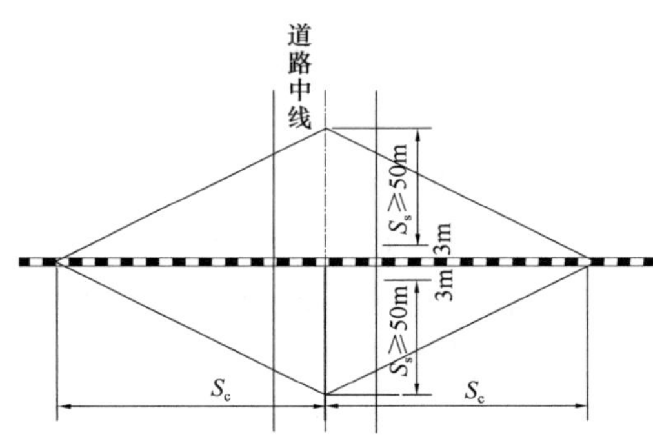

图 8.3.4　道口视距三角形

8.3.5　道口两侧应设平台，并应符合下列规定：

1　自最外侧钢轨外缘至最近竖曲线切点间的平台长度应大于或等于 16m。

2　紧接道口平台两端的道路纵坡不应大于表 8.3.5 的数值。

表 8.3.5　紧接道口平台两端的道路纵坡（%）

道路类型	机动车与非机动车混行车道	机动车道
一般值	2.5	3.0
极限值	3.5	5.0

8.3.6　道口铺面铺设应符合现行国家标准《铁路线路设计规范》GB 50090 的规定。

8.3.7　道口安全防护设施应符合下列规定：

1　有人看守道口应设置道口看守房，并应设置电力照明以及栏木、有线或无线通信、道口自动通知、道口自动信号、遮断信号等安全预警设备。

2　无人看守道口应设置警示标志，并应根据需要设置道口自动信号和道口监护设施。

3 道口两侧的道路上除应按规定设置护桩外，还应设置交通标志、路面标线、立面标志，电气化铁路的道口应在道路上设置限界架。

8.3.8 道路与有轨电车道交叉道口应符合下列规定：

1 交叉道口处的通视条件应符合道路与道路平面交叉的规定。

2 交叉道口处的道路线形宜为直线。

3 道口有轨电车道的轨面标高宜与道路路面标高一致。

4 应作好平交道口的交通组织设计，处理好车流、人流的关系，合理布设人行道、车行道及有轨电车车站出入通道，并应按规定设置道口信号、行车标志、标线等交通管理设施。交叉道口信号应按有轨电车优先的原则设置。

9 行人和非机动车交通

9.1 一 般 规 定

9.1.1 行人及非机动车交通系统应安全、连续、舒适，不宜中断或缩减人行道及非机动车道的有效通行宽度。

9.1.2 行人及非机动车交通系统应与道路沿线的居住区、商业区、城市广场、交通枢纽等内部的相关设施紧密结合，构成完整的交通系统。

9.1.3 行人交通系统应设置无障碍设施，并应符合现行行业标准《城市道路和建筑物无障碍设计规范》JGJ 50 的规定。

9.2 行 人 交 通

9.2.1 行人交通设施应包括人行道、步行街以及人行横道、人行天桥和人行地道等过街设施，设施的设置应根据行人流量和流线确定。

9.2.2 人行过街设施的布设应与公交车站的位置结合。在学校、幼儿园、医院、养老院等附近，应设置人行过街设施。

9.2.3 人行道的设计应符合本规范第 5.3 节的规定。

9.2.4 人行横道的设置应符合下列规定：

1 交叉口处应设置人行横道，路段内人行横道应布设在人流集中、通视良好的地点，并应设醒目标志。人行横道间距宜为 250m～300m。

2 当人行横道长度大于 16m 时，应在分隔带或道路中心线附近的人行横道处设置行人二次过街安全岛，安全岛宽度不应小于 2.0m，困难情况下不应小于 1.5m。

3 人行横道的宽度应根据过街行人数量及信号控制方案确定，主干路的人行横道宽度不宜小于 5m，其他等级道路的人行横道宽度不宜小于 3m。宜采用 1m 为单位增减。

4 对视距受限制的路段和急弯陡坡等危险路段以及车行道宽度渐变路段，不应设置人行横道。

9.2.5 人行天桥和人行地道的设置应符合下列规定：

1 快速路行人过街必须设置人行天桥或人行地道，其他道路应根据机动车交通量和行人过街需求设置人行天桥或人行地道。

2 在商业或车站、码头等区域人行天桥或人行地道的设置宜与两侧建筑物或地下开发相结合。有特殊需要时，可设置专用过街设施。

3 当自行车过街交通量不大时，人行天桥和人行地道可设置推行自行车过街的坡道。

4 人行天桥和人行地道的其他设置条件应符合现行行业标准《城市人行天桥与人行地道技术规范》CJJ 69 的规定。

9.2.6 步行街的设计应符合下列规定：

1 步行街的规模应适应各重要吸引点的合理步行距离，步行距离不宜超过 1000m。

2 步行街的宽度可采用 10m～15m，其间可配置小型广场。步行道路和广场的面积，可按每平方米容纳 0.8 人～1.0 人计算。

3 步行街与两侧道路的距离不宜大于 200m，步行街进出口距公共交通停靠站的距离不宜大于 100m。

4 步行街附近应有相应规模的机动车和非机动车停车场，机动车停车场距步行街进出口的距离不宜大于 100m，非机动车停车场距步行街进出口的距离不宜大于 50m。

5 步行街应满足消防车、救护车、送货车和清扫车等的通行要求。

9.3 非机动车交通

9.3.1 主干路非机动车道应与机动车道分隔设置；当次干路设计速度大于或等于 40km/h 时，非机动车道宜与机动车道分隔设置。

9.3.2 非机动车道的设计应符合本规范第 5.3 节的规定。

9.3.3 非机动车专用路的设计速度宜采用 15km/h～20km/h，并应设置相应的交通安全、排水、照明、绿化等设施。

10 公共交通设施

10.1 一 般 规 定

10.1.1 道路设计中应包括与道路相关的公共交通专用车道和车站的设计。

10.1.2 公交专用车道的设计应与城市道路功能相匹配，合理使用道路资源。

10.1.3 公交车站应与周边行人、非机动车系统统一设计，并根据需求设置非机动车停车区域。

10.2 公共交通专用车道

10.2.1 公共交通专用车道可分为快速公交专用车道和常规公交专用车道。

10.2.2 快速公交专用车道的设计应符合下列规定：

1 快速公交专用车道可布置在道路中央或道路两侧，中央专用车道按上下行有无物体隔离又可分为分离式和整体式，应优先选用中央整体式专用车道。

2 快速公交专用车道当单独布置时，设计速度可采用 40km/h～60km/h；当与其他车道同断面布置时应与道路的设计速度协调统一。

3 快速公交专用车道单车道宽度不应小于 3.5m。

4 快速公交专用车道与其他车道应采用物体或标线分隔，分离式单车道物体隔离连续长度不应大于 300m。

5 快速公交系统应优先通过平交路口。

6 快速公交专用车道的设计应符合现行行业标准《快速公共汽车交通系统设计规范》CJJ 136 的有关规定。

10.2.3 常规公交专用车道的设计应符合下列规定：

1 主、次干路每条车道交通量大于 500pcu/h 及公交车辆大于 90 辆/h 时，宜设置常规公交专用车道。

2 常规公交专用车道宜设置在最外侧车道上。

3 常规公交专用车道单车道宽度不应小于 3.5m。

4 常规公交专用车道在平交路口宜连续设置。

10.3 公共交通车站

10.3.1 快速公交车站的设计应符合下列规定：

1 车站应结合快速公交规划设置，同时应与常规公交及城市轨道交通等其他交通系统合理衔接。

2 车站可分为单侧停靠车站和双侧停靠车站，双侧停靠的站台宽度不应小于5m，单侧停靠的站台宽度不应小于3m。

3 多条线路在停靠车站区间应单独布置停车道，停车道的宽度不应小于3m。

4 站台长度应满足车辆停靠、人流集散及相关设施布设的要求。

5 车辆停靠长度应根据车辆停靠数量和车型确定，最小长度应满足两辆车同时停靠的要求，车辆长度应根据选择的车型确定。

6 乘客过街可采用平面或立体过街方式。

7 车站设计应符合现行行业标准《快速公共汽车交通系统设计规范》CJJ 136的有关规定。

10.3.2 常规公交车站的设计应符合下列规定：

1 车站应结合常规公交规划、沿线交通需求及城市轨道交通等其他交通站点设置。城区停靠站间距宜为400m～800m，郊区停靠站间距应根据具体情况确定。

2 车站可为直接式和港湾式，城市主、次干路和交通量较大的支路上的车站，宜采用港湾式。

3 道路交叉口附近的车站宜安排在交叉口出口道一侧，距交叉口出口缘石转弯半径终点宜大于50m。

4 站台长度最短应按同时停靠两辆车布置，最长不应超过同时停靠4辆车的长度，否则应分开设置。

5 站台高度宜采用0.15m～0.20m，站台宽度不宜小于2m；当条件受限时，站台宽度不得小于1.5m。

10.3.3 出租车停靠站的设计应符合下列规定：

1 交通繁忙、行人流量大、禁止随意停车的地段，应设置出租车停靠站。

2 停靠站应结合人行系统设置，方便上落，同时应减少对道路交通的干扰。

3 停靠站应根据道路交通条件宜采用直接式或港湾式。

10.3.4 公共交通车站应设置无障碍设施，并应符合现行行业标准《城市道路和建筑物无障碍设计规范》JGJ 50的规定。

11　公共停车场和城市广场

11.1　一 般 规 定

11.1.1　公共停车场和城市广场的位置、规模应符合城市规划布局和道路交通组织需要，合理布置。

11.1.2　公共停车场和城市广场的内部交通组织及竖向设计应与周边的交通组织和竖向条件相适应。

11.1.3　公共停车场和城市广场应设置无障碍设施，并应符合现行行业标准《城市道路和建筑物无障碍设计规范》JGJ 50 的规定。

11.2　公共停车场

11.2.1　在大型公共建筑、交通枢纽、人流车流量大的广场等处均应布置适当容量的公共停车场。

11.2.2　公共停车场的规模应按服务对象、交通特征等因素确定。

11.2.3　停车场平面设计应有效地利用场地，合理安排停车区及通道，应满足消防要求，并留出辅助设施的位置。

11.2.4　按停放车辆类型，公共停车场可分为机动车停车场与非机动车停车场。

11.2.5　机动车停车场的设计应符合下列规定：

1　机动车停车场设计应根据使用要求分区、分车型设计。如有特殊车型，应按实际车辆外廓尺寸进行设计。

2　机动车停车场内车位布置可按纵向或横向排列分组安排，每组停车不应超过 50veh。当各组之间无通道时，应留出大于或等于 6m 的防火通道。

3　机动车停车场的出入口不宜设在主干路上，可设在次干路或支路上，并应远离交叉口；不得设在人行横道、公共交通停靠站及桥隧引道处。出入口的缘石转弯曲线切点距铁路道口的最外侧钢轨外缘不应小于 30m。距人行天桥和人行地道的梯道口不应小于 50m。

4　停车场出入口位置及数量应根据停车容量及交通组织确定，且不应少于 2 个，其净距宜大于 30m；条件困难或停车容量小于 50veh 时，可设一个出入口，但其进出口应满足双向行驶的要求。

5　停车场进出口净宽，单向通行的不应小于 5m，双向通行的不应小于 7m。

6 停车场出入口应有良好的通视条件，视距三角形范围内的障碍物应清除。

7 停车场的竖向设计应与排水相结合，坡度宜为0.3%～3.0%。

8 机动车停车场出入口及停车场内应设置指明通道和停车位的交通标志、标线。

11.2.6 非机动车停车场的设计应符合下列规定：

1 非机动车停车场出入口不宜少于2个。出入口宽度宜为2.5m～3.5m。场内停车区应分组安排，每组场地长度宜为15m～20m。

2 非机动车停车场坡度宜为0.3%～4.0%。停车区宜有车棚、存车支架等设施。

11.3 城市广场

11.3.1 城市广场按其性质、用途可分为公共活动广场、集散广场、交通广场、纪念性广场与商业广场等。

11.3.2 广场设计应按城市总体规划确定的性质、功能和用地范围，结合交通特征、地形、自然环境等进行，应处理好与毗连道路及主要建筑物出入口的衔接，以及和四周建筑物协调，并应体现广场的艺术风貌。

11.3.3 广场设计应按高峰时间人流量、车流量确定场地面积，按人车分流的原则，合理布置人流、车流的进出通道、公共交通停靠站及停车等设施。

11.3.4 广场竖向设计应符合下列规定：

1 竖向设计应根据平面布置、地形、周围主要建筑物及道路标高、排水等要求进行，并兼顾广场整体布置的美观。

2 广场设计坡度宜为0.3%～3.0%。地形困难时，可建成阶梯式。

3 与广场相连接的道路纵坡宜为0.5%～2.0%。困难时纵坡不应大于7.0%，积雪及寒冷地区不应大于5.0%。

4 出入口处应设置纵坡小于或等于2.0%的缓坡段。

11.3.5 广场与道路衔接的出入口设计应满足行车视距的要求。

11.3.6 广场应布置分隔、导流等设施，并应配置完善的交通标识系统。

11.3.7 广场排水应结合地形、广场面积、排水设施，采用单向或多向排水，且应满足城市防洪、排涝的要求。

12 路基和路面

12.1 一 般 规 定

12.1.1 路基、路面设计应根据道路功能、类型和等级，结合沿线地形地质、水文气象及路用材料等条件，因地制宜、合理选材、节约资源。应使用节能降耗型路面设计和积极应用路面材料再生利用技术，并应选择技术先进、经济合理、安全可靠、方便施工的路基路面结构。

12.1.2 路基、路面应具有足够的强度和稳定性以及良好的抗变形能力和耐久性。同时，路面面层还应满足平整和抗滑的要求。

12.1.3 快速路、主干路的路基、路面不宜分期修建。对初期交通量较小的道路，以及软土地区、湿陷性黄土地区等可能产生较大沉降的路段，可按“一次设计，分期修建”的原则实施。

12.1.4 路基、路面排水设计应根据道路排水总体设计的要求，结合沿线水文、气象、地形、地质等自然条件，设置必要的地表排水和地下排水设施，并应形成合理、完整的排水系统。

12.2 路 基

12.2.1 道路路基应符合下列规定：

1 路基必须密实、均匀，应具有足够的强度、稳定性、抗变形能力和耐久性；并应结合当地气候、水文和地质条件，采取防护措施。

2 路基工程应节约用地、保护环境，减少对自然、生态环境的影响。

3 路基断面形式应与沿线自然环境和城市环境相协调，不得深挖、高填；同时应因地制宜，合理利用当地材料和工业废料修筑路基。

4 路基工程应包括排水系统、防排水设施和防护设施的设计。

5 对特殊路基，应查明情况，分析危害，结合当地成功经验，采取相应措施，增强工程可靠性。

12.2.2 路基设计回弹模量和湿度状况应符合下列规定：

1 快速路和主干路路基顶面设计回弹模量值不应小于 30MPa；次干路和支路不应小于 20MPa；当不满足上述要求时，应采取措施提高回弹模量。

2 路基设计中，应充分考虑道路运行中的各种不利因素，采取措施减小路基回弹模量的变异性，保证其持久性。

3 道路路基应处于干燥或中湿状态；对潮湿或过湿路基，必须采取措施改善其湿度状况或适当提高路基回弹模量。

12.2.3 路基设计高度应符合下列规定：

1 路基设计高度应使路肩边缘的路基相对高度不低于路基土的毛细水上升高度，并应满足冰冻的要求。

2 沿河及浸水路段的路基边缘标高，不应低于路基设计洪水频率的水位加壅水高、波浪侵袭高度和0.5m的安全高度。

12.2.4 土质路基压实度应符合表12.2.4规定。对以下情形，可通过试验路检验或综合论证，在保证路基强度和稳定性要求的前提下，适当降低路基压实度标准。

1 特殊干旱或特殊潮湿地区。

2 专用非机动车道、人行道。

表 12.2.4 土质路基压实度

填挖类型	路床顶面以下深度（cm）	路基最小压实度（%）			
		快速路	主干路	次干路	支路
填方	0～80	96	95	94	92
	80～150	94	93	92	91
	＞150	93	92	91	90
零填方或挖方	0～30	96	95	94	92
	30～80	94	93	—	—

注：表中数值均为重型击实标准。

12.2.5 路基防护应根据道路功能，结合当地气候、水文、地质等情况，采取相应防护措施，并应符合下列规定：

1 路基防护应采取工程防护与植物防护相结合的防护措施，并应与景观相协调。

2 深挖、高填、沿河等路段的路基边坡，必须根据其工程特性进行路基防护设计。对存在稳定性隐患的路基，应进行稳定性分析；当稳定性不满足要求时，必须采取加固措施。

3 路基支挡结构设计应满足各种设计荷载组合下支挡结构的稳定、坚固和耐久；结构类型选择及设置位置的确定应安全可靠、经济合理、便于施工养护；结构材料应符合耐久、耐腐蚀的要求。

12.2.6 对软土、黄土、膨胀土、红黏土、盐渍土等特殊土地区的路基设计，应查明特殊土的分布范围与地层特征、特殊土的物理、力学和水理特性，以及道路沿线的水文与地质条件；进行路基变形分析和稳定性验算；应合理确定特殊地基处理或处治的设计方案，满足路基变形和稳定性要求。

12.3 路　　面

12.3.1 路面可分为面层、基层和垫层。路面结构层所选材料应满足强度、稳定性和耐久性的要求，并应符合下列规定：

1 面层应满足结构强度、高温稳定性、低温抗裂性、抗疲劳、抗水损害及耐磨、平整、抗滑、低噪声等表面特性的要求。

2 基层应满足强度、扩散荷载的能力以及水稳定性和抗冻性的要求。

3 垫层应满足强度和水稳定性的要求。

12.3.2 路面面层类型的选用应符合表 12.3.2 的规定，并应符合下列规定：

表 12.3.2　路面面层类型及适用范围

面层类型	适用范围
沥青混凝土	快速路、主干路、次干路、支路、城市广场、停车场
水泥混凝土	快速路、主干路、次干路、支路、城市广场、停车场
贯入式沥青碎石、上拌下贯式沥青碎石、沥青表面处治和稀浆封层	支路、停车场
砌块路面	支路、城市广场、停车场

1 道路经过景观要求较高的区域或突出显示道路线形的路段，面层宜采用彩色。

2 综合考虑雨水收集利用的道路，路面结构设计应满足透水性的要求，并应符合现行行业标准《透水砖路面技术规程》CJJ/T 188、《透水沥青路面技术规程》CJJ/T 190 和《透水水泥混凝土路面技术规程》CJJ/T 135 的有关规定。

3 道路经过噪声敏感区域时，宜采用降噪路面。

4 对环保要求较高的路段或隧道内的沥青混凝土路面，宜采用温拌沥青混凝土。

12.3.3 沥青混凝土路面设计应符合下列规定：

1 沥青混凝土路面的设计应包括面层类型选择与结构层组合设计，各结构层材料组成设计，材料与结构层设计参数确定，结构层厚度计算，路面内部排水设计等。

2 沥青混凝土路面设计应选用多种损坏模式作为临界状态，并应选用多项设计指标进行控制。

3 城市广场、停车场、公交车站、路口或通行特种车辆的路段，沥青路面结构应根据车辆运行要求进行特殊设计。

12.3.4 水泥混凝土路面设计应符合下列规定：

1 水泥混凝土路面的设计应包括面层类型选择与结构层组合设计，接缝构造、配筋和排水设计，各结构层材料组成设计，路面厚度计算，路面表面特性设计等。

2 水泥混凝土路面结构应采用行车荷载和温度梯度综合作用产生的疲劳断裂作为设计指标。

3 水泥混凝土面层应满足强度和耐久性的要求，表面应抗滑、耐磨、平整。面层宜选用设接缝的普通水泥混凝土。面层水泥混凝土的抗弯拉强度不得低于 4.5MPa，快速路、主干路和重交通的其他道路的抗弯拉强度不得低于 5.0MPa。混凝土预制块的抗压强度非冰冻地区不宜低于 50MPa，冰冻地区不宜低于 60MPa。

4 当水泥混凝土路面总厚度小于最小防冻厚度，或路基湿度状况不佳时，需设置垫层。

5 水泥混凝土路面应设置纵、横向接缝。纵向接缝与路线中线平行，并应设置拉杆。横向接缝可分为横向缩缝、胀缝和横向施工缝，快速路、主干路的横向缩缝应加设传力杆；在邻近桥梁或其他固定构筑物处、板厚改变处、小半径平曲线等处，应设置胀缝。

6 水泥混凝土面层自由边缘，承受繁重交通的胀缝、施工缝，小于 90°的面层角隅，下穿市政管线路段，以及雨水口和地下设施的检查井周围，面层应配筋补强。

7 其他水泥混凝土面层类型可根据适用条件按表 12.3.4 选用。

表 12.3.4 其他水泥混凝土面层类型的适用条件

面层类型	适用条件
连续配筋混凝土面层、预应力水泥混凝土路面	特重交通的快速路、主干路
沥青上面层与连续配筋混凝土或横缝设传力杆的普通水泥混凝土下面层组成的复合式路面	特重交通的快速路
钢纤维混凝土面层	标高受限制路段、收费站、桥面铺装
混凝土预制块面层	广场、步行街、停车场、支路

12.3.5 非机动车道路面设计应符合下列规定：

1 非机动车道的路面应根据筑路材料、施工最小厚度、路基土类型、水文地质条件及当地工程经验，确定结构层组合和厚度，满足整体强度和稳定性的要求。

2 非机动车道同时有机动车行驶时，路面结构应满足机动车行驶的要求。

3 处于潮湿地带及冰冻地区的道路，非机动车道路面应设垫层。

12.3.6 人行道和广场的铺面应满足稳定、抗滑、平整、生态环保和城市景观的要求，其设计应实用、经济、美观、耐久。

12.3.7 停车场铺面应满足稳定、耐久、平整、抗滑和排水的要求，其设计应符合下列要求：

1 设计内容和方法与相应的机动车道水泥混凝土路面、沥青混凝土路面相同。

2 根据停车场各区域性质和功能的不同，铺面结构的设计荷载应视实际情况确定。

3 采用沥青混凝土面层，宜提高沥青面层的抗车辙性能。

4 采用水泥混凝土面层，应设置胀缝，其间距及要求均与车行道相同。

12.4 旧路面补强和改建

12.4.1 当路面的结构承载能力、平整度、抗滑能力等使用性能退化、其承载能力不能满足交通需求时，应进行结构补强或改建。

12.4.2 旧路面结构补强和改建设计，应调查旧路面的结构性能、使用历史，以及路面环境条件，并应依据路面的交通需求，以及材料、施工技术、实践经验和环境保护要求等，通过技术经济分析论证确定。

12.4.3 旧路面的补强和改建设计应符合下列要求：

1 当路面平整度不佳，抗滑能力不足，但路面结构强度足够，结构损坏轻微时，沥青路面宜采用稀浆封层、薄层加铺等措施，水泥混凝土路面宜采用刻槽、板底灌浆和磨平错台等措施恢复路面表面使用性能。

2 当路面结构破损较为严重或承载能力不能满足未来交通需求时，应采用加铺结构层补强。

3 当路面结构破损严重，或纵、横坡需作较大调整时，宜采用新建路面，或将旧路面作为新路面结构层的基层或下基层。

12.4.4 旧沥青混凝土路面的加铺层宜采用沥青混合料。加铺层厚度应按补足路面结构层总承载能力要求确定，新旧路面之间必须满足粘结要求。

12.4.5 当旧水泥混凝土路面的断板率较低、接缝传荷能力良好，且路面纵、横坡基本符合要求、板的平面尺寸和接缝布置合理时，可选用直接式水泥混凝土加铺层；否则，应采用分离式水泥混凝土加铺层。

当旧水泥混凝土路面强度足够，且断板和错台病害少时，可选择直接加铺沥青面层的方案，并应根据交通荷载、环境条件和旧路面的性状等，选择经济有效的防治反射裂缝的措施。

13 桥梁和隧道

13.1 一 般 规 定

13.1.1 桥梁设计应符合城市规划的要求，根据道路功能、等级、通行能力及防洪抗灾要求，结合水文、地质、通航、环境等条件进行综合设计。当需分期实施时，应保留远期发展余地。

13.1.2 隧道设计应符合城市规划、城市地下空间利用规划、环境保护和城市景观的要求，并应综合考虑区域内人文环境、地形、地貌、地质与地质灾害、水文、气象、地震、交通量及其组成，以及运营和施工条件。

13.1.3 桥上或隧道内的管线敷设应符合下列规定：

1 不得在桥上敷设污水管、压力大于 0.4MPa 的燃气管和其他可燃、有毒或腐蚀性的液体、气体管。当条件许可时，可在桥上敷设电讯电缆、热力管、给水管、电压不高于 10kV 配电电缆、压力不大于 0.4MPa 的燃气管，但必须按国家有关现行标准的要求采取有效的安全防护措施。

2 严禁在隧道内敷设电压高于 10kV 配电电缆、燃气管及其他可燃、有毒或腐蚀性液体、气体管。

13.2 桥 梁

13.2.1 城市桥梁设计应符合下列规定：

1 特大桥、大桥桥位应选择河道顺直稳定、河床地质良好、河槽能通过大部分设计流量的河段，不宜选择在断层、岩溶、滑坡、泥石流等不良地质地带。中小桥桥位宜按道路的走向进行布置。

2 桥梁设计应遵循安全、适用、经济、美观和有利环保的原则，并应因地制宜、就地取材、便于施工和养护。

3 桥梁建筑应符合城市规划的要求，并应与周围环境协调。

4 桥梁应根据工程规模和不同的桥型结构设置照明、交通信号标志、航运信号标志、航空障碍标志，防雷接地装置以及桥面防水、排水、检修、安全等附属设施。

13.2.2 桥梁可按其多孔跨径总长或单孔跨径的长度，分为特大桥、大桥、中桥和小桥等四类，桥梁分类应符合表 13.2.2 的规定。

表 13.2.2 桥梁分类

桥梁分类	多孔跨径总长 L（m）	单孔跨径 L_k（m）
特大桥	$L>1000$	$L_k>150$
大桥	$1000\geqslant L\geqslant 100$	$150\geqslant L_k\geqslant 40$
中桥	$100>L>30$	$40>L_k\geqslant 20$
小桥	$30\geqslant L\geqslant 8$	$20>L_k\geqslant 5$

注：1 单孔跨径系指标准跨径，梁式桥、板式桥为两桥墩中线之间桥中心线的长度或桥墩中线与桥台台背前缘线之间桥中心线的长度，拱式桥为净跨径。

2 梁式桥、板式桥的多孔跨径总长为多孔标准跨径的总长，拱式桥为两岸桥台内起拱线间的距离，其他形式桥梁为桥面系车道长度。

13.2.3 桥梁的桥面净空限界应符合本规范第 3.4 节的规定。

13.2.4 桥下净空应符合下列规定：

1 通航河流的桥下净空应符合国家现行通航标准的要求。

2 不通航河流的桥下净空应根据设计洪水位、壅水和浪高或最高流冰面确定；当在河流中有形成流冰阻塞的危险或有流放木筏、漂浮物通过时，应按当地的具体情况确定。

3 立交、跨线桥桥下净空应符合被交叉的城市道路、公路、城市轨道交通和铁路等建筑限界的规定。

13.2.5 桥梁及其引道的平、纵、横技术指标应与路线总体布设相协调，各项技术指标应符合路线布设的要求，并应符合下列规定：

1 桥上纵坡机动车道不宜大于 4.0%，非机动车道不宜大于 2.5%；桥头引道机动车道纵坡不宜大于 5.0%。

2 高架桥桥面应设不小于 0.3%的纵坡；当条件受到限制，桥面为平坡时，应沿主梁纵向设置排水管，排水管纵坡不应小于 0.3%。

3 当桥面纵坡大于 3.0%时，桥上可不设排水口，但应在桥头引道上两侧设置雨水口。

13.3 隧　　道

13.3.1 隧道设计应符合下列规定：

1 隧道设计应处理好与地面建筑、地下管线、地下构筑物之间的关系。

2 隧道设计应减少施工阶段和运营期间对环境的不利影响，并应符合同期规划的近、远期城市建设对隧道及行车安全的影响。

3 隧道的埋深、平面和出入口位置应根据道路总体规划、交通疏解与周边道路服务能力、环境、地形及可能发生的变化条件确定。

4 对特长隧道应作防灾专项设计。

13.3.2 隧道可按其封闭段长度 L 分类，并应符合表 13.3.2 的规定。

表 13.3.2 隧 道 分 类

隧道分类	特长隧道	长隧道	中隧道	短隧道
隧道长度 L（m）	$L>3000$	$3000\geqslant L>1000$	$1000\geqslant L>500$	$L\leqslant 500$

注：封闭段长度系指隧道两端洞口之间暗埋段的长度。

13.3.3 隧道建筑限界除应符合本规范第 3.4 节道路建筑限界的规定，尚应符合下列规定：

1 对单向小于 3 车道的长及特长隧道，应设置应急车道，其宽度和距离应符合本规范第 5.3.6 条的规定，在施工方法受到限制的条件下，可采取其他措施。

2 单向单车道隧道必须设应急车道。

3 处于软土地层的隧道应满足长期运营后隧道变形、维修养护对建筑限界影响的要求。

4 隧道内设置的设备系统和管线等设施不得侵入道路建筑限界。

13.3.4 对长度大于 1000m、行驶机动车的隧道，严禁在同一孔内设置非机动车道或人行道；对长度小于等于 1000m 的隧道当需要设置非机动车道或人行道时，必须设安全隔离设施。

13.3.5 隧道及其洞口两端的道路平、纵、横技术指标除应符合本规范相关条款外，尚应符合下列规定：

1 隧道洞口内外侧在不小于 3s 设计速度的行程长度范围内均应保持一致的平纵线形。当条件困难时，应在洞口内外设置线形诱导和光过渡等保证行车安全的措施。

2 洞口外与之相连接的路段应设置距洞口不小于 3s 设计速度的行程长度，且不应小于 50m，宜保持横断面过渡的顺适。

3 当隧道长度大于 100m 时，隧道内的道路最大纵坡不宜大于 3.0%；当受条件限制时，经技术经济论证后最大纵坡可适当加大，但不应大于 5.0%。

4 洞口外道路应满足相应等级道路中视距的要求；当引道设中间分隔带时应采用停车视距。

5 隧道横断面不宜采用对向行车同一孔中的布置；不宜采用同一行驶方向分孔的布置。

13.3.6 隧道应根据地质条件、周边环境等，合理确定结构形式和适应于地层特性和环境要求的施工方法。

13.3.7 隧道防排水设计应保证隧道结构、设备和行车的正常运行和安全，并应防止水土流失和环境保护。

13.3.8 隧道交通工程及沿线设施的技术标准应根据道路功能、类别、交通量、隧道长度等确定，并应符合交通工程及沿线设施总体设计的要求。

13.3.9 对长度大于500m的隧道，应拟定发生交通或火灾事故的应急处理预案。

13.3.10 对长度大于1000m的隧道，应设隧道管理用房，管理用房选址应符合规划要求，并应有利于对隧道进行维护管理。

13.3.11 隧道必须进行防火设计，其防火要求应符合现行国家标准《建筑设计防火规范》GB 50016的规定。

13.3.12 隧道出入口、通风设施等设计应满足国家有关环保的要求，应与周边环境景观相协调。

14 交通安全和管理设施

14.1 一 般 规 定

14.1.1 交通安全和管理设施的设计应确保交通“有序、安全、畅通、低公害”。各项设施应统筹规划、总体设计，并结合城市路网的建设情况等逐步补充、完善。

14.1.2 道路交通安全和管理设施设计应与道路同步规划，同步设计。并应与当地城市规划和交通管理部门相协调和配合。

14.1.3 新建交通安全和管理设施应与现有设施协调和匹配，必要时应对现有设施进行调整和完善。

14.1.4 交通安全和管理设施等级分为A、B、C、D四级，各级道路交通安全和管理设施等级与适用范围应符合表14.1.4的规定。

表14.1.4 交通安全和管理设施等级与适用范围

交通安全和管理设施等级	适用范围
A	快速路，中、长、特长隧道及特大型桥梁
B	主干路
C	次干路
D	支路

14.2 交通安全设施

14.2.1 当交通安全和管理设施等级为A级时，应配置系统完善的标志、标线、隔离和防护设施，并应符合下列规定：

1 中间带必须连续设置中央分隔护栏和必需的防眩设施。

2 桥梁与高路堤路段必须设置路侧护栏。

3 互通式立交及其周边路网应连续设置预告、指路、禁令等标志。

4 分合流路段宜连续设置反光突起路标。

5 进出口分流三角端应有醒目的提示和防撞设施。

14.2.2 当交通安全和管理设施等级为B级时，应配置完善的标志、标线、隔离和防护设施，并应符合下列规定：

1 当主干路无中间带时，应连续设置中间分隔设施；当无两侧带时，两侧应连续设置机动车与非机动车分隔设施。

2 当次干路无中间带时，宜连续设置中间分隔设施；当无两侧带时，两侧宜连续设置机动车与非机动车分隔设施。

3 桥梁与高路堤路段必须设置路侧护栏。

4 互通式立交及其周边地区路网应设置指路、禁令等标志。

5 隔离设施的端头应有明显的提示。

6 平面交叉口应进行交通渠化、人车隔离和设置交通信号灯；支路接入应有限制措施。

14.2.3 当交通安全和管理设施等级为C级时，应配置较完善的标志、标线、隔离和防护设施，并应符合下列规定：

1 主干路宜连续设置中间分隔设施。

2 主、次干路无分隔设施的路段必须施画路面中心线。

3 桥梁与高路堤应设置路侧护栏。

4 平面交叉口应进行交通渠化，并应设置交通信号灯；宜设置行人和机动车、非机动车分隔设施。

14.2.4 当交通安全和管理设施等级为D级时，应配置较完善的标志、标线；宜设置分隔和防护设施；平面交叉口宜进行交通渠化，并宜设置行人和机动车、非机动车分隔设施。

14.2.5 其他情况下配置的交通安全设施，应符合下列规定：

1 在冰、雪、风、沙、坠石、有雾路段等危及运行安全处，应设置警告、禁令标志、视线诱导标、反光突起路标等交通安全设施。

2 对窄路、急弯、陡坡、视线不良、临崖、临水等危险路段，应设置视线诱导、警告、禁令标志和安全防护设施。

3 当学校、幼儿园、医院、养老院门前附近的道路，没有过街设施时，应施画人行横道线，设置提示标志，必要时应设置交通信号灯。

4 铁路与道路平面交叉的道口，应设置警示灯、警告和禁令标志以及安全防护设施。对无人值守的铁路道口，应在距道口一定距离设置警告和禁令标志。

5 道路上跨铁路时，应按铁路的要求设置相应防护设施。

6 快速路、主干路两侧的交通噪声超过国家现行标准《声环境质量标准》GB 3096 的规定时，应有消减噪声措施。

14.2.6 道路两侧和隔离带上的绿化、广告牌、管线等不得遮挡路灯、交通信号灯、交通标志。

14.3 交通管理设施

14.3.1 当交通安全和管理设施等级为 A 级时，应配置完善的信息采集、交通异常自动判断、交通监视、诱导、主线及匝道控制、信息处理及发布等设施。

14.3.2 当交通安全和管理设施等级为 B 级时，宜配置基本的信息采集、交通监视、简易信息处理及发布等监控设施。平面交叉口信号灯形成路网的区域，可采用线控和区域控制。

14.3.3 当交通安全和管理设施等级为 C 级时，在交通繁杂路段、交叉口应设置交通监视装置和信号控制设施。

14.3.4 当交通安全和管理设施等级为 D 级时，可视交通状况设置信号灯等设施。

14.4 配套管网

14.4.1 交通信号机、视频监视器、交通信息诱导装置以及交通信息检测器等电器设备应有可靠的防雷和接地措施。

14.4.2 交通信号及监控设施的供电线路宜就近采用公用变压器。

14.4.3 对设置交通监控和信号控制的交叉路口和人行横道路段，应预埋相应的过街管道。

14.4.4 在城市快速路、主干路上的交通监控设施管线应预留交通监控专用管孔。在次干路上宜预留交通监控专用管孔。

15 管线、排水和照明

15.1 一般规定

15.1.1 道路工程设计应满足各类管线工程的要求，管线工程与道路工程应同步规划、同步设计。

15.1.2 排水工程设计应与区域排水系统相协调，并应满足城市防洪要求。

15.1.3 道路应有安全、高效、美观的照明设施。

15.2 管 线

15.2.1 新建道路应按规划位置敷设所需管线，且宜埋地敷设。

15.2.2 管线工程设计应遵循以下原则：

1 管线类别、管线走向、规模容量、预留接口和敷设方式应满足城市总体规划和管线工程专业规划的要求，并为远期发展适当留有余地。

2 应统筹安排各类管线，合理分配管道走廊，合理处理管线交叉，满足相关专业技术规范的要求。

3 地上杆线宜设置在道路设施带内。架空管线不得侵入道路建筑限界，距离地面高度应符合相关专业技术规范的规定。地下管线除支管接口外，其余部分不应超出道路红线范围。

4 地下管线宜优先考虑布置在非车行道下，不得沿快速路主路车行道下纵向敷设。当其他等级道路车行道下敷设管线时，井盖不应影响行车安全性和舒适性，且宜布置在车辆轮迹范围之外。人行道上井盖等地面设施不应影响行人通行。

15.2.3 各类管线应按规划要求预埋过街管道，过街管道规模宜适当并留有发展余地。重要交叉口宜设置过街共用管沟。在建成后的快速路、主干路下实施过街管道时，宜采用非开挖施工技术。

15.2.4 当管线不便于分别直埋敷设且条件许可时，可建设综合管沟。综合管沟应符合各类管线的专业技术要求和消防、环保、景观、交通等方面的要求，且便于管理维护。

15.2.5 各种地下管线的埋设深度、结构强度和沟槽回填土的压实度应满足道路施工荷载与路面行车荷载的要求。

15.2.6 对道路范围内输送流体的管渠系统，应采取防止渗漏措施。对输送腐蚀性流体的管渠系统还应采取耐腐蚀措施。

15.2.7 当管线跨越桥梁或穿过隧道敷设时，必须符合国家现行有关标准的规定。

15.3 排　水

15.3.1 城市道路排水设计应根据区域排水规划、道路设计和沿线地形环境条件，综合考虑道路排水方式。城市建成区内道路排水应采用管道形式，城市外围道路可采用边沟排水。在满足道路基本功能的前提下，应达到相关规划提出的低影响开发控制目标与指标要求。

15.3.2 道路的地面水必须采取可靠的措施，迅速排除。

15.3.3 当道路的地下水可能对道路造成不良影响时，应采取适当的排除或阻隔措施。道路结构层内可根据需要采取适当的排水或隔水措施。

15.3.4 城市道路排水设计重现期、径流系数等设计参数应按现行国家标准《室外排水设计规范》GB 50014中的相关规定执行。

15.3.5 道路雨水口的形式、设置间距和泄水能力应满足道路排水要求。雨水口的布置方式应确保有效收集雨水，雨水不应流入路口范围，不应横向流过车行道，不应由路面流入桥面或隧道。一般路段应按适当间距设置雨水口，路面低洼点应设置雨水口，易积水地段的雨水口宜适当加大泄水能力。

15.3.6 边坡底部应设置边沟等排水设施，路堑边坡顶部必要时应设置截水沟。

15.3.7 隧道内当需将结构渗漏水、地面冲洗废水和消防废水等排至洞外时，应设置排水设施；当洞外水可能进入隧道内时，洞口上方应设置截水、排水设施。

15.3.8 排水设计应符合现行国家标准《室外排水设计规范》GB 50014的规定。

15.4 照　明

15.4.1 道路照明应采用安全可靠、技术先进、经济合理、节能环保、维修方便的设施。

15.4.2 道路照明应满足平均亮度（照度）、亮度（照度）均匀度和眩光限制指标的要求。此外，道路照明设施还应有良好的诱导性。

15.4.3 曲线路段、平面交叉、立体交叉、铁路道口、广场、停车场、桥梁、坡道等特殊地点应比平直路段连续照明的亮度（照度）高、眩光限制严、诱导性好。

15.4.4 道路照明布灯方式应根据道路横断面形式、宽度、照明要求等进行布置；对有特殊要求的机场、航道、铁路、天文台等附近区域，道路照明还应满足相关专业的要求。

15.4.5 道路照明应根据所在地区的地理位置和季节变化合理确定开关灯时间，并应根据天空亮度变化进行必要修正。宜采用光控和时控相结合的智能控制方式，有条件时宜采用集中控制系统。

15.4.6 照明光源应选择高光效、长寿命、节能及环保的产品。

15.4.7 道路照明设施应满足白天的路容景观要求；灯杆灯具的色彩和造型应与道路景观相协调。

15.4.8 除居住区和少数有特殊要求的道路以外，深夜宜有降低路面亮度（照度）的节能措施。

15.4.9 道路照明设计应符合现行行业标准《城市道路照明设计标准》CJJ 45 的规定。

16 绿化和景观

16.1 一 般 规 定

16.1.1 绿化和景观设计应符合交通安全、环境保护、城市美化等要求，量力而行，并应与沿线城市风貌协调一致。

16.1.2 绿化和景观设施不得进入道路建筑限界，不得进入交叉口视距三角形，不得干扰标志标线、遮挡信号灯以及道路照明，不得有碍于交通安全和畅通。

16.1.3 绿化和景观设计应处理好与道路照明、交通设施、地上杆线、地下管线的关系。

16.1.4 道路设计时，宜保留有价值的原有树木，对古树名木应予以保护。

16.2 绿 化

16.2.1 绿化设计应包括路侧带、中间分隔带、两侧分隔带、立体交叉、平面交叉、广场、停车场以及道路用地范围内边角空地等处的绿化。绿化应根据城市性质、道路功能、自然条件、城市环境等，合理地进行设计。

16.2.2 道路绿化设计应符合下列规定：

1 道路绿化设计应选择种植位置、种植形式、种植规模，采用适当的树种、草皮、花卉。绿化布置应将乔木、灌木与花卉相结合，层次鲜明。

2 道路绿化应选择能适应当地自然条件和城市复杂环境的地方性树种，应避免不适合植物生长的异地移植。设置雨水调蓄设施的道路绿化用地内植物宜根据水分条件、径流雨水水质等进行选择，宜选择耐淹、耐污等能力较强的植物。

3 对宽度小于 1.5m 分隔带，不宜种植乔木。对快速路的中间分隔带上，不宜种植乔木。

4 主、次干路中间分车绿带和交通岛绿地不应布置成开放式绿地。

5 被人行横道或道路出入口断开的分车绿带，其端部应满足停车视距要求。

16.2.3 广场绿化应根据广场性质、规模及功能进行设计。结合交通导流设施，可采用封闭式种植。对休憩绿地，可采用开敞式种植，并可相应布置建筑小品、座椅、水池和林荫小路等。

16.2.4 停车场绿化应有利于汽车集散、人车分隔、保证安全、不影响夜间照明，并应改善环境，为车辆遮阳。

16.2.5 绿化设计应符合现行行业标准《城市道路绿化规划与设计规范》CJJ 75 的规定。

中华人民共和国行业标准

城市道路工程设计规范

CJJ 37－2012

（2016 年版）

条 文 说 明

目　　次

1 总则

1.0.1 本条为制定本规范的目的。在原建设部2003年颁布的《工程建设标准体系（城乡规划、城镇建设、房屋建筑部分）》中，本规范原名为《城镇道路工程技术标准》属于通用标准。在送审过程中，根据《工程建设标准体系》相关内容的调整，《城镇道路工程技术标准》更名为《城市道路工程设计规范》。从通用标准的作用来说，是针对某一类标准化对象制定的覆盖面较大的共性标准，主要为制定专用标准的依据。因此，本规范在章节编排和内容深度组成上较《城市道路设计规范》CJJ 37－90有较大的变化，章节的编排上主要由城市道路工程涵盖的内容组成，内容深度上主要是对城市道路设计中的一些共性标准和主要技术指标进行规定，重在规定控制道路工程规模和技术标准有关的指标，其他相关的技术指标均在相应的专用标准中。考虑到各专用标准的编制进度不一致，本规范的内容既要提纲挈领地反映道路工程覆盖面较大的共性标准，又要适度考虑已编和正在编写中的几本专用规范的具体内容，因此，各章的内容深度稍有差异。

1.0.2 本条为本规范的适用范围。《城市道路设计规范》CJJ 37－90中适用范围描述为“适用于大、中、小城市以及大城市的卫星城等规划区内的道路、广场、停车场设计”。本次编制中考虑到“大、中、小城市以及大城市的卫星城等规划区”均为“城市范围”，因此在文字描述上进行了调整，适用范围没有变化。

1.0.3 本条对道路工程设计的共性要求进行了规定，强调了社会、环境与经济效益的协调统一。同时，提出了以人为本、资源节约、环境友好的设计理念，在综合考虑行人、非机动车、机动车的通行要求下，应优先为非机动车和行人以及公共交通提供舒适良好的环境。

3 基本规定

3.1 道路分级

3.1.1 《城市道路设计规范》CJJ 37－90根据城市道路在道路网中的地位、交通功能以及对沿线建筑物的服务功能等，分为四类：快速路、主干路、次干路、支路。各类道路除城市快速路外，根据城市规模、设计交通量、地形等分为Ⅰ、Ⅱ、Ⅲ级。

本次规范编制通过对国内外城市道路以及公路的分类或分级对比，以及国内目前使用情况的调研，编制了专题报告《道路分类分级和设计速度》，依据专题报告的成果，认为原来的分级只是在道路分类的基础上规定了不同规模的城市可采用的设计速度。不同的设计速度对应不同的通行能力和服务水平，而设计速度是道路线形设计指标的基础，更多的受地形条件的控制，按城市规模确定道路分级，再选用相应的设计速度是没有实际意义的。因此，在编制中，将原来的分类与分级综合考虑，将原来的“分类”采用“分级”表述，取消原来的分级。这样规定与目前我国公路及国外采用分级表述的方式统一。各级道路的定义、功能仍沿用原规定。

3.1.2 道路等级是道路设计的先决条件，是确定道路功能、选择设计速度的基本条件。每条道路在路网中承担的作用应由整个路网决定。因此，道路等级一般在规划阶段确定。在设计阶段，需要对规划道路等级提高或降低时，均需经规划或相关主管部门审批后方可变更。本条规定是为了切实落实规划，保证规划的严肃性和路网的完整性而制定的。

3.1.3 城市道路的功能一般是综合性的，规范也是在此基础上编制的，带有普遍的适用性。当道路作为货运、防洪、消防、旅游等单一功能使用时，由于在道路的设计车辆、交通组成、功能要求等方面存在一些特殊性需求，因此规定有规划等级时除按相应的技术要求执行外，还需满足其特殊性的使用要求。

3.2 设计速度

3.2.1 设计速度是道路设计时确定几何线形的基本要素。它是在气候条件良好，车辆行驶只受道路本身条件影响时，具有中等驾驶技术水平的人员能够安全、舒适驾驶车辆的速度。因此，它与运行速度有密切关系。根据国内外观测研究，当设计速度高时，运行速度低于设计速度；而设计速度低时，运行速度高于设计速度。这也说明设计速度与运行安全有关。

设计速度一经选定，道路设计的所有相关要素如平曲线半径、视距、超高、纵坡、竖曲线半径等指标均与其配合以获得均衡设计。目前，道路设计中采用基于设计速度的路线设计方法。但是，经过多年来的实践，设计人员发现，这种设计方法本身存在一定的缺陷。因为设计速度对一特定路段而言是一固定值，这一值作为基础参数，用于规定路段的最低设计指标，但在实际驾驶行为中，没有一个驾驶员能自始至终的遵守这一固定车速。实际观测结果表明，设计速度的设计方法不能保证线形标准的一致性。针对设计速度方法存在的主要问题，发达国家已广泛运用了以运行速度概念为基础的路线设计方法。运行速度的引入，可以有效地解决路线设计指标与实际行驶速度所要求的线形指标脱节的问题，但由于目前我国尚未对此进行深入的研究，因此，本规范仍采用设计速度的设计方法。但提出了运行速度的概念，以便设计人员在设计中对指标的运用和选取更有针对性和灵活性。

同时，根据专题报告《道路分类分级和设计速度》的结论意见，对《城市道路设计规范》CJJ 37－90中的相关规定，进行了以下修订：

1 为了与国内外术语取得一致性，将《城市道路设计规范》CJJ 37－90采用的“计算行车速度”改为“设计速度”，与其定义更相匹配。

2 快速路设计速度在原规定的80km/h、60km/h基础上，增加了100km/h，与《城市快速路设计规程》CJJ 129－2009一致。

3 主干路设计速度原规定60km/h、50km/h、40km/h、30km/h，本次编制取消了30km/h。

4 次干路设计速度原规定50km/h、40km/h、30km/h、20km/h，本次编制取消了20km/h。

5 支路设计速度范围不作调整。

同等级道路设计速度的选定应根据交通功能、交通量、控制条件以及工程建设性质等因素综合确定。

3.2.2 我国城市快速路和部分以交通功能为主的主干路通常在主路一侧或两侧设置辅路系统，并通过进出口与主路交通进行转换。辅路在路段上一般与主路并行，通常情况下线形设计能满足主路的设计速度要求，但是考虑到其运行的特征，以及为建成后交通管理的限速提供依据，因此有必要规定辅路与主路设计速度的关系。

《城市快速路设计规程》CJJ 129－2009规定“辅路设计速度宜为30km/h～40km/h”。根据国内大量的快速路与主干路辅路设计以及交通管理部门实际管理情况调查，辅路设计可以采用支路、次干路或主干路等级，实际管理中最高限速已达到70km/h，为快速路最高设计速度100km/h的0.7倍。本次规范修编考虑到辅路的运行状况与主路较为密切，采用具体数值规定不太合理，改为以比值的方式规定，对设计速度取值范围也进行了扩大。因此，规定辅路设计速度为主路的0.4倍～0.6倍，涵盖了支路、次干路、主干路的所有设计速度。

3.2.3 该条规定基本与《城市道路设计规范》CJJ 37－90一致。

立交范围内为了保证全线运行的安全性、连续性和畅通性，强调了其主路设计速度应与路段设计速度保持一致。

匝道及集散车道的取值考虑其交通运行特点，应低于主路的设计速度，而且应与主路设计速度取值有关联性。《城市道路设计规范》CJJ 37－

90 中立交匝道设计速度根据不同相交道路主路速度对应给出范围，取值在 20km/h～60km/h，基本为主路设计速度的 0.4 倍～0.75 倍。《公路工程技术标准》JTG B01－2003 根据立交类型和匝道形式确定匝道设计速度，基本为主线设计速度的 0.5 倍～0.7 倍。本次规范修编考虑采用具体数值规定不太合理，改为以比值的方式规定，结合城市道路特点，适当控制立交规模和用地，规定匝道设计速度为驶出主路速度的 0.4 倍～0.7 倍，大致范围为 20km/h～70km/h，使用中应结合立交等级和匝道形式确定。

集散车道为减少出入口对主路交通的影响，通过设置加减速车道与主路相连，其设计速度规定与匝道一致，在设计中宜取中高值。

3.2.4 本条规定与《城市道路设计规范》CJJ 37－90 中一致。

城市道路中的平面交叉口多受信号控制及人行、非机动车的干扰，为保证行车安全，考虑降速行驶。

直行机动车在绿灯信号期间除受左转车（机动车、非机动车）干扰外，较为通畅，可取高值。

左转机动车受转弯半径及对向直行机动车与非机动车的干扰，车速降低较多，可取低值。右转机动车受交叉口缘石半径的控制，另外不论是否设右转专用车道，都受非机动车及行人过街等干扰，要降速，甚至停车，可取低值。

3.3 设 计 车 辆

控制道路几何设计的关键因素是行驶车辆的物理性能和各种车辆的组成比例。研究各种类型的车辆，建立类型分级，并选择具有代表性的车辆用于设计。这些用于控制道路几何设计，符合国家车辆标准的，具有代表性质量、外廓尺寸和运行性能的车辆，称之为设计车辆。城市道路的服务对象主要为机动车、非机动车和行人，因此本节规定了机动车、非机动车的设计车辆及其外廓尺寸。

在我国南方较多城市中，摩托车出行也占有一定的比例，虽然其交通行驶特性与一般机动车差别较大，但由于所占比例不大，交通管理上均按机动车进行管理，而且也不是鼓励发展的交通工具。因此，未作为专门的类型考虑。

近十几年来，出现了一种外形和普通自行车类似的电动自行车，其具有价格便宜、操作简单、节约能源、占用空间小、低噪声等特点，对于追求机动化出行而又买不起汽车的人们来说，成为首选目标，因此，增长趋势较快，目前电动自行车保有量已经达到 1.2 亿辆。从能耗角度看，电动自行车只有摩托车的八分之一、小轿车的十二分之一。从占有空间看，一辆电动自行车占有的空间只有一般私家车的二十分之一，成为非常有效的节能交通工具。但是目前电动自行车在使用和管理上存在两大问题。一是，虽然我国 1997 年 6 月 20 日发布了《电动自行车安全通用技术条件》GB 17761－1999，其中规定“电动自行车最高车速为 20km/h”，在《道路交通安全法实施条例》(2004 年 5 月 1 日实施）中尚未有相应的管理条例，参照电瓶车的要求，最高限速为 15km/h，目前与非机动车共用路权。但目前在国内市场上，部分电动自行车车速已达到 40km/h～50km/h，对非机动车的行驶造成了极大的威胁。二是电动自行车的电池所带来的污染问题尚没有有效的处理方法。基于目前我国对于电动自行车的发展方向尚未有明确的政策和管理手段，因此，在本次规范编制中也未作为专门的类型考虑。

3.3.1 《城市道路设计规范》CJJ 37－90 中按照国家标准《汽车外廓尺寸限界》GB 1589－79 拟定了小型汽车、普通汽车与铰接车三种设计车辆。该标准已在 1989 年和 2004 年进行了两次修订，目前现行标准为《道路车辆外廓尺寸、轴荷及质量限值》GB 1589－2004。本次规范编制对设计车辆的确定进行了调研分析，编制了专题报告《设计车辆的确定》，根据专题报告的结论意见，并结合目前的实际情况，对《城市道路设计规范》CJJ 37－90 中的相关规定，进行了以下修订：

1 依据中华人民共和国公共安全行业标准《机动车类型　术语和定义》GA 802－2008 中对车辆类型术语的规定，《城市道路设计规范》CJJ 37－90 中设计车辆类型术语中“小型汽车”应为“小型普通客车”或“轻型普通货车”，规范中为了与车辆换算系数的标准车型名称以及现行《公路工程技术标准》JTG B01－2003 中的规定取得一致，简称为“小客车”；“普通汽车”应为“大型普通客车”或“重型普通货车”，简称为“大型车”；“铰接车”应为“铰接客车”，简称为“铰接车”。

2 《道路车辆外廓尺寸、轴荷及质量限值》GB 1589－2004 只规定了“乘用车及客车”外廓尺寸最大限值，并且与《城市道路设计规范》CJJ 37－90 采用的普通汽车与铰接车外廓尺寸规定一致，因此，本次编制中，“大型车”及“铰接车”的外廓尺寸仍与原规定一致。由于其中对于小客车没有相应的规定值，根据《城市客车等级技术要求与配置》CJ/T 162－2002 中的规定，用于城市客运的小客车的车长为大于 3.5m，小于 7m，但未有相应的其他外廓尺寸规定。依据专题报告《设计车辆的确定》研究成果，小客车车辆外廓尺寸较原规定范围扩大，本次修订中采用《公路工程技术标准》JTG B01－2003 中规定的小客车外廓尺寸，车长由 5m 调整为 6m，车高由 1.6m 调整为 2.0m，车宽 1.8m 不变。

设计车辆不包括超长、超宽、超高和超重的车辆，实际使用中应根据道路功能和服务对象选定。

3.3.2 《城市道路设计规范》CJJ 37－90 中非机动车设计车辆拟定了自行车、三轮车、板车和兽力车四种。目前我国城市道路中非机动车出行主要以自行车为主，本次编制中保留了自行车和三轮车两种，取消了板车和兽力车。

3.4 道路建筑限界

道路建筑限界是为保证车辆和行人正常通行，规定在道路一定宽度和高度范围内不允许有任何设施及障碍物侵入的空间范围。本次编制中将《城市道路设计规范》CJJ 37－90 中的条文分为三条规定。

3.4.1 规定了不同路幅形式的建筑限界，与《城市道路设计规范》CJJ 37－90 一致。

3.4.2 该条为强制性条文，强调为了确保道路上的车辆和行人的安全，同时也为保证桥隧结构、道路附属设施等的安全，道路建筑限界内不允许有任何物体侵入。

3.4.3 该条为强制性条文，主要为保证行车及桥梁结构的安全。依据专题报告《净空高度标准的确定》结论意见，对《城市道路设计规范》CJJ 37－90 规定的最小净高进行了以下修订。

1 《城市道路设计规范》CJJ 37－90 中规定了无轨电车、有轨电车的最小净高标准，其标准高于规定的设计车辆，主要是考虑其架空线及轨道的设置要求。从目前的调查情况来看，由于技术的提高，其最小净高可减少。本次编制中考虑到最小净高是针对设计车辆制定的，因此，取消了《城市道路设计规范》CJJ 37－90 中无轨电车、有轨电车的最小净高标准。设计中若考虑无轨电车、有轨电车的通行，应根据选定的车辆类型确定其最小净高。

2 《城市道路设计规范》CJJ 37－90 中通行机动车的道路只规定了 4.5m 的最小净高，在实际的运用中，已满足不了所有的需求。首先，随着城市规模的扩大，在交通管理上，实行了区域化管理，限定了大型车的行驶范围，若按最小净高设计，不仅浪费投资，而且不少工程受条件所限，竖向线形指标较低。其次，对现有道路的改扩建工程中，需保留既有桥梁结构的，受既有结构高度的限制，不能满足最小净高的要求。从规范拟定的设计车辆来看，车辆总高从 1.6m～4m，相差 2.4m，跨度较大。而总高在 3m 以下的车辆大约占 50%，北京、上海等城市已达到 90%以上。因此，在这些城市中，已出现了限高 2.5m、3m、3.2m、3.5m 等工程实例。因此，在编制中，最小净高增加了只满足小客车通行的3.5m标准。同时为了保证桥梁结构的安全，避免设计中随便采用低于标准的规定，将其列为强制性条文。

设计车辆最小净高标准根据设计车辆总高加上0.5m竖向安全行驶距离确定，不包括以后加铺、积雪等因素的影响。但小客车的最小净高标准除了考虑设计车辆的车高要求外，同时还考虑了驾驶员的视觉感受，以及结合城市消防和应急车辆特殊通行的要求，因此最小净高规定高于一般原则。

3.4.4 特种车辆是指外廓尺寸、重量等方面超过设计车辆限界的及特殊用途的车辆。从目前的调查分析，常见的几种特种车辆总高均大于设计车辆总高的最大值，如双层公交车辆的车高限制值为4.2m，消防车个别车高略超4m，但不超过4.2m。因此，如经常通行某种特殊超高车辆或专用道路时，在设计中净空高度应按实际通行车辆考虑。

3.4.5 我国城市道路规范与公路规范设计车辆总高均为4m，而在最小净空高度的规定上不一致，城市道路规范采用4.5m；公路规范中高速公路、一级和二级公路采用5m，其他等级道路采用4.5m。因此，出现了许多起从公路驶入城市道路撞坏桥梁设施的交通事故，许多人认为是由于城市道路低于公路净高标准所致。根据《道路交通安全法实施条例》（2004年5月1日实施）中规定“重型、中型载货汽车，半挂车载物，高度从地面起不得超过4m，载运集装箱的车辆不得超过4.2m”，并通过实际调查分析，事故车辆均为超高装载。考虑到城市道路的建设特点，若增加0.5m的净高标准，不仅增加投资，而且会影响到技术指标的选取和工程的可实施性。因此，编制中，未对原规范最小净高进行修订，但是提出了城市道路与公路衔接段设计中应考虑的一些要求。

3.5 设计年限

3.5.1、3.5.2 这两条规定基本与《城市道路设计规范》CJJ 37－90一致。

设计年限包括确定路面宽度而采用的计算交通量增长年限与为确定路面结构而采用的计算累计标准当量轴次的基准年限两种。

1 在确定道路横断面车行道宽度时，远期交通量的年限作为道路设计年限的指标。道路交通量达到饱和时的设计年限按道路等级分为三种：快速路、主干路为20年；次干路为15年；支路为10年～15年。道路等级高则设计年限长。在设计年限内，车行道的宽度应满足道路交通增长的要求，保证车辆能安全、舒适、通畅地行驶。

2 路面结构的设计使用年限是设计规定的一个时期，即路面结构在正常设计、正常施工、正常使用、正常维护下按预期目的使用，完成预定功能的使用年限。不同路面类型选用不同的设计使用年限，以保证在设计使用年限内路面平整并具有足够强度。设计使用年限应与路面等级、面层类型及交通量相适应。

3.6 荷载标准

3.6.1 该条规定基本与《城市道路设计规范》CJJ 37－90 一致。

路面上行驶的车辆种类很多，轴载大小不同，对路面造成的损害相差很大。因而，对路面结构设计来说，不单是总的累计作用次数，更重要的是轴载的大小和各级轴载在整个车辆组成中所占的比例。为方便计算，必须选用一种轴载作为标准轴载，一般来说应选用道路轴载中所占比例较大，对路面的影响也较大的轴载作为标准轴载。目前我国城市道路和公路标准中均采用双轮组单轴载 100kN 为标准轴载，相当于国际的中等水平。

标准轴载计算参数为：双轮组单轴载 100kN，以 BZZ-100 表示，轮胎压强为 0.7MPa，单轴轮迹当量圆半径 r 为 10.65cm，双轮中心间距为 $3r$。

近几年发展起来的快速公共交通专用道，以及一些连接工业区、码头、港口或仓储区的城市道路上，其上运行的车辆以重载、超载车为主，其接地压强可达 0.8MPa～1.1MPa，相应的接地面积也有一定的增加。设计时可根据实测汽车的轴重、轮胎压力、当量圆半径资料，经论证适当提高荷载参数。

3.7 防灾标准

3.7.2 考虑到城市桥梁安全对确保城市交通的重要性，本规范特别规定不论特大、大、中、小桥设计洪水频率一般均采用百年一遇，条文中的特别重要桥梁主要是指位于城市快速路、主干路上的特大桥。

城镇中有时会遇到建桥地区的总体防洪标准低于一百年一遇的洪水频率，若仍按此高洪水频率设计，桥面高程可能高出原地面很多，会引起布置上的困难，诸如拆迁过多，接坡太长或太陡，工程造价增加许多，甚至还会遇上两岸道路受淹，交通停顿，而桥梁高耸，此时可按当地规划防洪标准来确定梁底设计标高及桥面高程。而从桥梁结构的安全考虑，结构设计中如墩、台基础埋置深度，孔径的大小（满足泄洪要求），洪水时结构稳定等，仍须按本规范规定的洪水频率进行计算。

4 通行能力和服务水平

4.1 一 般 规 定

4.1.1 由于道路条件、交通条件、控制条件和交通环境等都会影响道路通行能力和服务水平。因此，需要对条件不同的道路设施及其各组成部分分别进行通行能力和服务水平的分析。本条根据道路设施的重要程度，规定了需要进行通行能力和服务水平分析的道路设施类型。进行通行能力和服务水平分析的目的是确定在特定的运行状况条件下，疏导交通需求所需的道路几何构造，如车道数、车道宽度、交叉类型等，从而更好地指导设计。

1 道路条件包括车道数、车道、路缘带和中央分隔带等的宽度以及侧向净宽、设计速度、平纵线形和视距等。

交通条件包括交通流中的交通组成、交通量以及在不同车道中的交通量分布和上、下行方向的交通量分布。

控制条件是指交通控制设施的形式及特定设计和交通规则。

交通环境主要是指横向干扰程度以及交通秩序等。

2 根据道路设施和交通实体的不同，通行能力可分为机动车道通行能力、非机动车道通行能力和人行设施通行能力。从规划设计和运营的角度，通行能力可分为基本通行能力、实际通行能力和设计通行能力三种。

基本通行能力是指在一定的时段，在理想的道路、交通、控制和环境条件下，道路的一条车道或一均匀段或一交叉路口，期望能通过人或车辆的合理的最大小时流率。

实际通行能力是指在一定的时段，在具体的道路、交通、控制和环境条件下，道路的一条车道或一均匀段上或一交叉路口，期望能通过人或车辆的合理的最大小时流率。

设计通行能力是指在一定时段，在具体的道路、交通、控制及环境条件下，一条车道或一均匀段上或一交叉路口，对应设计服务水平下的最大服务交通流率。

3 服务水平是衡量交通流运行条件及驾驶员和乘客所感受的服务质量的一项指标，通常根据交通量、速度、行走时间、行驶（走）自由度、交通间断、舒适和方便等指标确定。根据服务设施的不同可对道路设施的服务水平分级。服务水平分级是为了说明道路设施在不同交通负荷条件下的运行质量，不同的道路设施，其服务水平衡量指标是不同的。

4.1.2 本次编制中将《城市道路设计规范》CJJ 37－90 中车辆换算系数的规定进行以下修订。

1 将路段及路口的换算系数统一按一个标准考虑。

2 将大型车（原规范中为普通车辆，车辆换算系数为 1.5）分为客、货两类型，车辆换算系数分别采用 2.0 和 2.5。

3 铰接车的车辆换算系数由 2.0（路段）或 2.5（路口）修订为 3.0。

4.2 快 速 路

4.2.1 本条规定了在快速路设计时，不仅要对路段通行能力和服务水平进行分析、评价，还必须对分合流区及交织区进行分析、评价，避免产生“瓶颈”地段，确保整条道路的通行能力和服务水平保持一致。

关于快速路分合流区以及交织区的通行能力分析、评价，由于目前国内尚未有成熟的研究成果，本规范只提出了设计要求，未给出具体的分析方法和内容，可参阅美国《道路通行能力手册》中的相关内容。

4.2.2 本规范快速路通行能力采用国家“十五”重点科技攻关计划《智能交通系统关键技术开发和示范工程》项目（2002BA404A02）—《快速路系统通行能力研究》的成果，与《城市快速路设计规程》CJJ 129－2009 中的规定一致。

4.2.3 城市快速路服务水平分为四级：一级服务水平时，交通处于自由流状态；二级服务水平时，交通处于稳定流中间范围；三级服务水平时，交通处于稳定流下限；四级服务水平时，交通处于不稳定流状态。

城市道路规划、设计既要保证道路服务质量，还要兼顾道路建设的成本与效益。设计时采用的服务水平不必过高，但也不能以四级服务水平作为设计标准，否则将会有更多时段的交通流处于不稳定的强制运行状态，并因此导致更多时段内发生经常性拥堵。因此，规定新建道路采用三级服务水平，与《城市快速路设计规程》CJJ 129－2009 中的规定一致。

4.2.4 目前国内各大中城市均在建设或拟建城市快速路，本规范规定不同规模的快速路适应交通量供参考，以避免不合理的建设。设计适应交通量范围根据设计速度及不同服务水平下的设计交通量确定。

双向四车道、六车道的快速路适应交通量低限采用 60km/h 设计速度时二级服务水平情况下的最大服务交通量，预留一定的交通量增长空间；双向八车道的快速路考虑断面规模较大，标准太低性价比较差，适应交通量低限采用 80km/h 设计速度时二级服务水平情况下的最大服务交通量；高限均为 100km/h 设计速度时三级服务水平情况下的最大服务交通量，与设计服务水平一致。

年平均日交通量按下式计算：

$$AADT=\frac{C_{D}N}{K} \tag{1}$$

式中：$AADT$——预测年的平均日交通量（pcu/d）；

C_{D}——一条车道的设计通行能力（pcu/h）；

N——双向车道数；

K——设计小时交通量系数：设计高峰小时交通量与年平均日交通量的比值。当不能取得年平均日交通量时，可用代表性的平均日交通量代替；新建道路可参照性质相近的同类型道路的数值选用。参考范围取值 0.07～0.12。

按公式（1）计算后，快速路能适应的年平均日交通量如表 1。

表 1　快速路能适应的年平均日交通量

设计速度（km/h）	一条车道设计通行能力（pcu/h）	年平均日交通量（pcu/d）		
		四车道	六车道	八车道
100	2000（三级服务水平）	80000	120000	160000
80	1280（二级服务水平）	—	—	102000
60	990（二级服务水平）	39600	59400	—

4.3 其他等级道路

4.3.1 关于其他等级道路通行能力和服务水平的分析、评价，由于目前国内尚未有成熟的研究成果，本规范只提出了设计要求，未给出具体的分析方法和内容，可参阅美国《道路通行能力手册》中的相关内容。

4.3.2 路段一条车道的基本通行能力规定与《城市道路设计规范》CJJ 37－90 一致。设计通行能力受自行车、车道宽度、交叉口、车道数等的影响，《城市道路设计规范》CJJ 37－90 中道路分类系数为 0.75～0.9，本次编制中道路分类系数统一采用 0.8。

4.3.3 信号交叉口服务水平是根据车辆在信号交叉口受阻情况确定的，一般情况下采用控制延误作为服务水平分级标准。控制延误包括由于信号灯引起的停车延误以及车辆停止和启动经历的减、加速延误。根据实际调查内容的不同，也可选择采用交通负荷系数和排队长度进行分级，使用时可根据情况灵活选择合理适用的指标。

4.4 自 行 车 道

4.4.1～4.4.3 这三条规定基本与《城市道路设计规范》CJJ 37－90 一致。

规定了不同道路状况的路段及信号交叉口处，自行车道的设计通行能力。设计时根据道路条件灵活选用。

4.4.4、4.4.5 路段上，自行车道服务水平采用骑行速度、占用道路面积、交通负荷与车流状况等指标衡量；交叉口自行车道服务水平增加了停车延误时间、路口停车率等指标，使用时可根据情况灵活选用指标。

4.5 人行设施

4.5.1 人行设施的基本通行能力一般以1h、1m宽道路上通过的行人数（人/h·m）表示。人行道、人行横道、人行天桥、人行地道等单位宽度内的基本通行能力可根据行走速度、纵向间距和占用宽度计算。计算公式如下：

$$C_p = \frac{3600 v_p}{S_p b_p} \tag{2}$$

式中：C_p——人行设施的基本通行能力，人/（h·m）；

v_p——行人步行速度，可按表2取值；

S_p——行人行走时纵向间距，取1.0m；

b_p——一队行人占用的横向宽度，m，可按表2取值。

表2 不同人行设施通行能力计算参数推荐值

人行设施	步行速度 v_p（m/s）	一队行人的宽度 b_p（m）
人行道	1.00	0.75
人行横道	1.00～1.20	0.75
人行天桥、地道	1.00	0.75
车站、码头等处的人行天桥、通道	0.50～0.80	0.90

注：1 人行横道的基本通行能力计算结果为绿灯小时行人通行能力。

2 不同人行设施的可能通行能力可通过基本通行能力乘以综合折减系数后得到，推荐的综合折减系数范围为0.5～0.7。

4.5.2 人行道采用人均占用面积作为服务水平分级标准。根据实际调查内容的不同，可参考行人纵向间距、横向间距和步行速度等指标进行分级。

5 横断面

5.1 一般规定

5.1.1 横断面设计应在了解规划意图、红线宽度、道路性质后，首先调查收集交通量（车流量与人流量）、流向、车辆组成种类、行车速度等，推算道路设计通行能力。同时根据交通性质、交通发展要求与地形条件，并考虑地上、地下管线的敷设、沿街绿化布置等要求，以及结合市内的通风、日照、城市用地条件等。综合研究分析确定横断面形式与各组成部分尺寸，在规划部门确定的道路红线宽度范围内进行，并考虑节约用地。

5.1.2 城市道路与城市用地、市政管网设施关系较为密切，改扩建工程难度都较大。因此，在横断面设计时，应尽可能按规划断面一次实施。受投资、拆迁限制，需分期实施时，应做多方案比较，按远期需求预留发展条件。近期应根据现有交通量，考虑正常增长及建成后交通发展确定路面宽度及结构，并根据市政管网规划预留管线位置或预埋过街管线，以免远期实现规划断面时伐树、挪杆或掘路。

5.1.3 在道路改建工程中，若仅靠工程措施提高道路通行能力，难度较大、投资较高、效果也不一定显著。应充分利用已形成的城市道路网，采取工程措施与交通管理措施相结合的办法来提高道路通行能力和保证交通安全。除增辟车行道、展宽道路等工程措施外，还可采取交通管理措施，如设置分隔设施、单向行驶交通组织等。在商业性街道，还可采取限制除公共交通外的机动车及非机动车通行的措施，以保障行人安全。

5.2 横断面布置

5.2.1～5.2.3 影响道路横断面形式与组成部分的因素很多，如城市规模、道路红线宽度、交通量、车辆类型与组成、设计速度、地理位置、排水方式、结构物的位置、相交道路交叉形式等等。从横向布置分类，目前使用的横断面从单幅路到八幅路均有，较为常见的是单幅路、两幅路、三幅路和四幅路。从竖向布置分类，有地面式、高架式或路堑式。本节主要针对横向分类描述。

1 单幅路：机动车与非机动车混合行驶，适用于机动车与非机动车交通量不大的城市道路。由于单幅路断面车道布置的灵活性，在中心城区红线受限时，车道划分可以根据机动车与非机动车高峰错时调剂使用。但应注意在公共汽车停靠站处应采取交通管理措施，以便减少非机动车对公共汽车的干扰。

单幅路适用于机动车交通量不大、非机动车较少、红线较窄的次干路；交通量较少、车速低的支路；以及用地不足、拆迁困难的老城区道路；集文化、旅游、商业功能为一体的且红线宽度在 40m 以上，具有游行、迎宾、集合等特殊功能的主干路，推荐采用单幅路断面。

2 两幅路：机动车与非机动车混合行驶，适用于单向两条机动车道以上，非机动车较少的道路，对绿化、照明、管线敷设均较有利。如中心商业区、经济开发区、风景区、高科技园区或别墅区道路、郊区道路、城市出入口道路。对于横向高差大、地形特殊的道路，可利用地形优势采用上、下行分离式断面。两幅路之间需设分隔带，可采用绿化带分隔。

两幅路适用于机动车交通量不大、非机动车较少的主干路；红线宽度较宽的次干路。

3 三幅路：机动车（设置辅路时，为主路机动车）与非机动车分行，保障了交通安全，提高了机动车的行驶速度。机非分行适用于机动车及非机动车交通量大，红线宽度大于或等于 40m 的道路。主辅分行适用于两侧机动车进出需求量大，红线宽度大于或等于 50m 的主干路。主、辅路或机、非之间需设分隔带，可采用绿化带分隔。

三幅路适用于机动车和非机动车交通量较大的主干路；需设置辅路的主干路；红线宽度较宽的次干路。

4 四幅路：机动车（设置辅路时，为主路机动车）与非机动车分行，保障了交通安全，提高了机动车的行驶速度。适用于机动车车速高，单向机动车车道 2 条以上，非机动车多的快速路与主干路。双向机动车道中间设有中央分隔带，机动车道与非机动车道或辅路间设有两侧带分隔，能保障行车安全。当有较高景观要求时人行道、两侧带、中央分隔带的宽度可适当增加。

四幅路适用于需设置辅路的快速路和主干路；机动车及非机动车交通量较大的主干路。

5.2.4 公交专用车道分为常规公交专用车道和快速公交专用车道两种，常规公交专用车道又分为分时段和全天公交专用车道两种。由于其运行特点不同，对道路和车站设置的要求也相应不同，对横断面的布置影响也较大。因此，在道路上需设置公交专用车道时，应先根据公交专用车道的类型，结合车站布置、道路功能综合选定横断面形式。

5.2.6、5.2.7 道路设计中，为了打造美好的绿化景观效果，在用地允许的条件下，常设置较宽的分隔带。特大桥、大中桥跨度大、投资多，如果整个横断面宽度与道路一致，势必过多的增加投资。为保证行车安全，车行道宽度、路缘带宽度应与道路一致。分隔带宽度在满足桥梁防护设施设置要求的前提下可适当压窄。

5.3 横断面组成及宽度

5.3.2 机动车车道的宽度主要取决于设计车辆车身的宽度、横向安全距离（车身边缘与相邻部分边缘之间横向净距）以及车辆行驶时的摆动宽度。横向安全距离取决于车辆在行驶中摆动与偏移的宽度，以及车身与相邻车道或人行道路缘石边缘必要的安全间隔。其值与车速、路面质量、驾驶技术以及交通秩序等因素有关。

根据中国道路交通安全协会经验交流会反映出的信息显示，近年来国内许多城市已就缩窄车道宽度问题做了试点，3.25m～3.5m 的车道宽度已较普遍的用在改建和条件受限的新建工程中。如上海的高架道路等等，部分地区采取了较为明显的措施，将车道宽度减至 2.7m～2.8m。并且也有不少的研究成果，如北京市市政工程设计研究总院 2008 年完成的《北京市城市道路机动车单车道宽度的研究》，针对北京市的具体情况，对车道宽度变化对运行车辆速度、安全及通过量方面的影响进行研究，提出了车道宽度的合理取值。

从目前的研究成果分析，可以得出以下结论。

1 由于城市交通状况及车辆组成的变化，尤其是车辆性能的提高，横向安全距离以及车速行驶时的摆动宽度，可以适当减小。

2 目前我国的公路和城市道路规范规定的机动车车道宽度标准高于许多国家或地区的车道宽度水平，一些主要国家或地区车道宽度规定值详见表 3。

表 3 主要国家或地区车道宽度表（m）

道路等级＼国家或地区		中国	美国	日本	中国香港	英国	德国
高速公路		3.75	3.6～3.9	3.5	3.65	3.65～3.7	3.5～3.75
城市快速路		3.75	3.6～3.9	3.5	3.65	3.65～3.7	3.5
城市主干路	大型汽车或大、小型汽车混行（V≥40km/h）	3.75	3.3～3.6	3.5	3.65	3.65	3.5
	大型汽车或大、小型汽车混行（V＜40km/h）	3.5	3.3～3.6	3.25～3.5	3.32～3.65	3.5	3.25～3.5
	小客车车道	3.5	3.3～3.6	3.25	3.32	3.35	3.25
城市次干路与支路		3.5	3.3	2.75～3	3.32	3.35	2.75～3.25

3 《城市道路设计规范》CJJ 37－90，表 4 中规定的机动车车道宽度标准高于《公路工程技术标准》JTG B01－2003 中表 5 的规定。

表 4　《城市道路设计规范》CJJ 37－90 规定的机动车车道宽度

车型及行驶状态	计算行车速度（km/h）	车道宽度（m）
大型汽车或大、小型汽车混行	≥40	3.75
	<40	3.50
小型汽车专用线	—	3.50
公共汽车停靠站	—	3.00

表 5　《公路工程技术标准》JTG B01－2003 规定的机动车车道宽度

设计速度（km/h）	120	100	80	60	40	30	20
车道宽度（m）	3.75	3.75	3.75	3.50	3.50	3.25	3.00

综合考虑目前的实际情况，结合相关研究成果和工程实例，车道宽度以设计速度 60km/h 分界，编制中对《城市道路设计规范》CJJ 37－90 的规定修订如下。

设计速度小于或等于 60km/h 时，大型车或混行车道为 3.5m，小客车专用道为 3.25m。虽然这与《城市快速路设计规程》CJJ 129－2009 中规定的大型车或混行车道为 3.75m，小客车专用道为 3.5m 不一致。但考虑这么多年来对于车道宽度有了较为深入的研究成果和较为成功的工程实例，因此在本次编制中进行了修订。

设计速度大于 60km/h 时，大型车或混行车道为 3.75m，小客车专用道为 3.5m。

机动车道路面宽度除包括车行道宽度及两侧路缘带宽度外，还应根据具体的断面布置，包括应急车道、变速车道以及分隔物等设施所需的宽度。

5.3.3　该条规定基本与《城市道路设计规范》CJJ 37－90 一致。

本次编制中非机动车设计车辆取消了兽力车和板车，因此只规定了自行车和三轮车的车道宽度。

一条自行车道的宽度，按自行车车身宽度 0.6m 和根据《中华人民共和国道路交通安全法实施条例》规定的载物宽度，左右各不得超出车把 0.15m 计算，一条自行车车道宽度为 0.95m（0.6＋0.15×2），考虑行驶时的左右摆幅宽度，规定自行车车道宽度采用 1.0m。一般一个方向不少于 2 条自行车道。

一条三轮车道的宽度，按三轮车车身宽度 1.25m 和根据《中华人民共和国道路交通安全法实施条例》规定的载物宽度，左右各不得超出车身 0.2m 计算，一条三轮车车道宽度为 1.65m（1.25＋0.2×2），考虑行驶时的左右摆幅宽度，规定三轮车车道宽度采用 2.0m。

靠边行驶的非机动车，受道路的缘石、护栏、侧墙、雨水进水口、路面平整度和绿化植物的影响，要求设置 0.25m 的安全距离。路侧设置停车时还应充分考虑对其影响。

5.3.4 该条规定与《城市道路设计规范》CJJ 37－90 一致。

车行道最外侧路缘石至道路红线范围为路侧带。路侧带宽度包括人行道、绿化带和设施带。

1 人行道宽度指专供行人通行的部分，应满足行人通行的安全和顺畅。人行道宽度按下式计算。

$$W_p = N_w / N_{w1} \tag{3}$$

式中：W_p——人行道宽度（m）；

N_w——人行道高峰小时行人流量，(P/h)；

N_{w1}——1m 宽人行道的设计通行能力，(P/h·m)。

根据调查资料，我国城市道路中人行道宽度一般为 2m～10m，商业街、火车站、长途汽车站附近路段人流密度大，携带的东西多，因此应比一般路段人行道宽。

人行道宽度除了满足通行需求外，还应结合道路景观功能，力求与横断面中各部分的宽度协调，各类道路的单侧人行道宽度宜与道路总宽度之间有适当的比例，其合适的比值可参考表 6 选用。对行人流量大的道路应采用大值。

表 6 单侧人行道宽度与道路总宽度之比值参考表

道路类别	横断面形式			道路类别	横断面形式		
	单幅式	两幅式	三幅式		单幅式	两幅式	三幅式
快速路		1/6～1/8		次干路	1/4～1/6		1/4～1/7
主干路	1/5～1/7		1/5～1/8	支路	1/3～1/5		

2 绿化带是指在道路路侧为行车及行人遮阳并美化环境，保证植物正常生长的场地。当种植单排行道树时，绿化带最小宽度为 1.5m。

3 设施带是指在道路两侧为护栏、灯柱、标志牌等公共服务设施等提供的场地。不同设施独立设置时占用宽度见表 7。

表 7 不同设施独立设置时占用宽度

项　目	宽度（m）
行人护栏	0.25～0.5
灯柱	1.0～1.5
邮箱、垃圾箱	0.6～1.0
长凳、座椅	1.0～2.0
行道树	1.2～1.5

根据调查我国各城市设置杆柱的设施带宽度多数为1.0m，有些城市为0.5m～1.5m，考虑有些杆线需设基础，宽度较大，设计时应根据实际情况确定，并可与绿化带结合设置。

根据上面所述，绿化带及设施带是人行道的重要组成部分，而现有城市道路中，人行道的宽度规划设计仅为3m～5m宽，未考虑设施和绿化要求，如考虑后人行的有效宽度所剩不多。要求设计中应保证行人、绿化、设施三方面的功能，并给予一定的宽度，这样才能充分体现“以人为本”的原则。

道路范围内采用的低影响开发设施主要以调蓄和截污为主，包括透水路面、下凹式绿化带、生态树穴、环保型雨水口、雨水弃流井、排水U槽、渗透溢流井、渗水盲沟（管）、排水式立缘石等，根据断面布局、市政管线的布置等条件组合设置。若在道路绿化带或分隔带中设置设施，需根据当地降雨和地质条件计算具体尺寸，同时不同类型的设施从构造上对宽度有不同要求，因此对设置低影响开发设施的绿化带或分隔带的宽度在规范中不作具体规定，需根据实际情况计算，满足所设置设施的宽度之和。

当绿化带或分隔带内设置调蓄时，除了应避免各种设施与树木、调蓄设施间，包括构造物基础等宽度之间的干扰外。由于下沉式绿地具有蓄水、净化和缓排功能，雨季水位高，平时湿度大，各种设施除应确保结构稳定安全以外，还要根据防水防潮需求采取适当措施，特别是电气类设施。同时也要防止雨水下渗对道路路基的强度和稳定性造成破坏。

5.3.5 分隔带为沿道路纵向设置的分隔车行道用的带状设施，其作用是分隔交通、安设交通标志、公用设施与绿化等，此外还可在路段为设置港湾停车站，在交叉口为增设车道提供场地以及保留远期路面展宽的可能。分隔带及两侧路缘带组成分车带。路缘带是位于车行道两侧与车道相衔接的用标线或不同的路面颜色划分的带状部分，其作用是保障行车安全。

本次编制中，在满足行车安全的前提下，对《城市道路设计规范》CJJ 37－90中路缘带、安全带按设计速度80km/h、60km/h和50km/h、40km/h三档规定，修订为按设计速度60km/h为界分为两档，与车道宽度的分界一致，也更便于使用。取值除了设计速度50km/h的路缘带宽度由原规定的0.5m修订为0.25m外，其余规定均未变化。

为满足道路行车安全的需要，车行道边一般设置立缘石。当在道路分隔带中设置下沉式绿地时，车行道雨水需汇集进入下沉式绿地，立缘石应设置开口、开孔形式或间断设置，以满足路面雨水通过立缘石流入绿化带的要求。

5.3.6 该条规定与《城市快速路设计规程》CJJ 129－2009的规定稍有不

同，结合目前快速路使用中的具体情况将“连续或不连续停车带”的定义，延伸为“应急车道”的概念，其作用不仅仅是停车，交通拥堵时也可作为交管、消防、救护等特殊车辆通行的车道，因此将原规定的2.5m宽度调整为3.0m。

目前我国已建成的快速路中，从单向两车道与三车道的使用效果看。两车道快速路未设应急车道的，受车辆故障影响较大易造成交通堵塞。而三车道快速路此现象不太严重，这说明其三车道道路在交通量不太大时，其最外侧车道可临时起应急停车带的作用，因此提出交通流量较大时，为保证快速路通行能力、行车安全通畅，单向车道数小于3条时，应设3.0m宽的应急车道。设置时应结合市中心区建筑红线及投资限制，也可按每500m左右设应急停车港湾，以便故障车临时停放而不影响正常车辆行驶。

5.3.7 路肩具有保护及支撑路面结构的功能，城市道路一般与两侧建筑或广场相接，不需要路肩。如果城市道路两侧为自然地面或排水边沟时，应设保护性路肩，以保护路基的稳定和设置护栏、栏杆、交通标志等设施，路肩的宽度应满足设置设施的要求。

5.4 路拱与横坡

5.4.1 路拱坡度的确定应以有利于路面排水和保障行车安全平稳为原则。坡度大小主要视路面种类、表面平整度、粗糙度、道路纵坡大小等而定。道路纵坡大时横坡取小值，纵坡小时取大值；严寒地区路拱设计坡度宜采用小值。路肩的坡度加大1%以利于排水。

5.4.2 采用单向坡时一般采用直线形路拱，双向坡时应采用抛物线加直线的路拱。为便于雨水的收集，道路坡向应朝向雨水设施设置位置的一侧。当道路设置超高时，雨水设施应按道路超高坡向的位置设置，保证道路的安全行驶。

5.5 缘　石

5.5.1～5.5.3 缘石为设在路面边缘的界石。分为平缘石和立缘石。

平缘石是指顶面与路面平齐的路缘石，有标定路面范围、整齐路容、保护路面边缘的作用。适用于出入口、人行道两端及人行横道两端，便于推车、轮椅及残疾人通行。有路肩时，路面边缘也采用平缘石。

立缘石是指顶面高出路面的路缘石，有标定车行道范围和纵向引导排除路面水的作用。其外露高度是考虑满足行人上下及车门开启的要求确定的，一般高出路面10cm～20cm。排水式立缘石尺寸、开孔形状或间断设置的距离应根据汇水量计算确认。

6 平面和纵断面

6.1 一 般 规 定

本次编制按照通用标准的深度和内容要求，依据《城市道路设计规范》CJJ 37－90“平面与纵断面设计”章节，只规定了与控制道路技术标准和建设规模有关的主要技术指标，同时依据《城市快速路设计规程》CJJ 129－2009补充了设计速度100km/h的平纵线形指标，其他的相关技术指标详见行业标准《城市道路路线设计规范》。由于道路平面和纵断面指标主要由车辆性能决定，本次编制中设计车辆没有变化，因此，本章中的规定基本与《城市道路设计规范》CJJ 37－90及《城市快速路设计规程》CJJ 129－2009中的相关内容一致。

6.1.1 城市道路的平面定线受到城市道路网布局、地区控制性详细规划、道路规划红线宽度和沿街已有建筑物等因素的约束，平面线形只能局限在一定范围内调整，定线的自由度要比公路小得多。因此，城市道路网规划对道路定线的指导应充分考虑。

城市道路线形还受用地开发、征地拆迁、社会环境、景观、美学、文物保护、社区、公众参与等因素的影响，对于文物、名树要考虑保留，特别是改建道路，应考虑各方面的综合要求。

6.1.2 道路线形对交通安全、行驶顺适具有重要作用。不适当的线形将会造成事故，并增加养护及运行费用。因此设计时，应根据地形、地质、地物及各控制条件，按照道路等级和设计速度，采用适当的线形技术指标。处理好直线与平曲线的衔接，合理设置缓和曲线、超高、加宽、平纵线形组合，避免相邻线形指标变化过大，正确处理好线形的连续与均衡性。

城市道路的纵断面设计受道路网规划控制标高、道路净空、沿街建筑高程、地下管线布置、沿线地面排水等因素的控制，应综合考虑各控制条件，兼顾汽车营运经济效益等因素影响，山地城市道路还需考虑土石方平衡、合理确定路面设计标高。

道路分期实施时，应满足近期使用要求，兼顾远期发展，减少废弃工程。

6.1.3 城市快速路和主干路与其他等级道路相比，不仅设计速度高，而且设置有各类型立交。不仅要求道路的平纵线形指标高，而且要求各指标间的连续、均衡。因此，要求其路线位置与各控制点、路线平纵线形与地形及各种构造物、路线交叉设置位置、间距等的衔接，协调与横断面之间的关系，从安全性、舒适性角度，强调线形组合及总体设计的要求。

6.2 平面设计

6.2.1 道路平面线形由直线和平曲线组成。直线的几何形态灵活性差，有僵硬不协调的缺点，并很难适应地形的变化。直线段太长，驾驶员会感到厌倦，注意力不易集中，成为交通肇事的起因。平曲线间的直线长度亦不宜过短，过短直线段使驾驶员操纵方向盘有困难，对行车不安全。

平曲线由圆曲线和缓和曲线组成，为使汽车能安全、顺适地由直线段进入曲线，要合理选用圆曲线半径，并根据半径大小设置超高和加宽。同时车辆从直线段驶入平曲线或平曲线驶入直线段，为了缓和行车方向和离心力的突变，确保行车的舒适和安全，在直线和圆曲线间或半径相差悬殊的圆曲线之间需设置符合车辆转向行驶轨迹和离心力渐变的缓和曲线。

因此，在平面线形设计中，不仅要合理选用各种线形指标，更重要的是还要处理好各种线形间的衔接，以保证车辆安全、舒适地行驶。设计人员应根据地形、地物、环境、安全、景观，合理运用直线、圆曲线、缓和曲线。对线形要求高的道路，应采用透视图法或三维手段检查设计路段线形，特别是避免断背曲线。

6.2.2 圆曲线最小半径

本规范规定了圆曲线最小半径有三类：不设超高最小半径、设超高最小半径一般值及极限值。在设计中应首先考虑安全因素，其次要考虑节约用地及投资，结合工程情况合理选用指标。采用小于不设超高最小半径时，曲线段应设置超高，超高过渡段内应满足路面排水要求。

圆曲线最小半径是以汽车在曲线部分能安全而又顺适地行驶所需要的条件而确定的，即车辆行驶在道路曲线部分所产生的离心力等横向力不超过轮胎与路面的摩阻力所允许的界限。圆曲线半径的通用计算公式为：

$$R=\frac{V^2}{127(\mu+i)} \tag{4}$$

式中：R——曲线半径（m）；

V——设计速度（km/h）；

μ——横向力系数，取轮胎与路面之间的横向摩阻系数；

i——路面横坡度或超高横坡度，以小数表示，反超高时用负值。

横向力系数的大小影响着汽车的稳定程度、乘客的舒适感、燃料和轮胎的消耗以及其他方面，所以 μ 值的选用应保证汽车在圆曲线上行驶时的横向抗滑稳定性，以及乘客的舒适和经济的要求。表 8 为不同 μ 值对乘客的舒适程度反映。

表 8　汽车在弯道上行驶时对乘客的舒适感

μ 值	乘客舒适感程度
<0.10	转弯时不感到有曲线存在，很平稳
0.15	转弯时略感到有曲线存在，但尚平稳
0.20	转弯时已感到有曲线存在，并略感到不稳定
0.35	转弯时明显感到有曲线存在，并明显感到不稳定
≥0.40	转弯时感到非常不稳定，站立不住而有倾倒危险感

μ 值的选用还应考虑汽车营运的经济性。根据试验分析，汽车在弯道上行驶时与在直线上行驶相比，当 μ=0.10 时，燃料消耗增加 10%，轮胎磨耗增加 1.2 倍；当 μ=0.15 时，燃料消耗增加 20%，轮胎磨耗增加 2.9 倍。因此，在计算最小圆曲线半径时，μ 值小于 0.15 为宜。

1　不设超高最小半径

我国《公路工程技术标准》JTG B01－2003 采用的 μ 值较小，不设超高的圆曲线最小半径 μ 值按 0.035～0.040 取用，计算出的不设超高的最小半径值较大。以设计速度 60km/h 为例，横坡度 i≤2.0%时，不设超高圆曲线最小半径为 1500m，这样小于 1500m 的半径均需设超高。在城市道路建成区由于两侧建筑已形成，如设超高，与两侧建筑物标高不好配合且影响街景美观，因此城市道路可适当降低标准。结合我国城市道路大型客货车较多、车道机非混行、交叉口多的特点，μ 值可适当加大些，城市道路不设超高的经验数据 μ=0.067，虽然比公路 0.040 大些，但对乘客舒适感程度差别不大，为减少超高，该取值对城市道路是合适的。圆曲线半径计算值与规范采用值见表 9。

2　设超高最小半径一般值

设超高最小半径一般值计算中，μ 值采用 0.067，超高值为 0.02～0.06。圆曲线半径计算值与规范采用值见表 9。

表 9　圆曲线半径计算表

设计速度（km/h）		100	80	60	50	40	30	20
不设超高最小半径（m）	横向力系数 μ	0.067	0.067	0.067	0.067	0.067	0.067	0.067
	路面横坡度 i	−0.02	−0.02	−0.02	−0.02	−0.02	−0.02	−0.02
	$R=\dfrac{V^2}{127(\mu+i)}$	1675	1072	603	419	268	151	67
	R 采用值	1600	1000	600	400	300	150	70

续表 9

<table>
<tr><td colspan="3">设计速度（km/h）</td><td>100</td><td>80</td><td>60</td><td>50</td><td>40</td><td>30</td><td>20</td></tr>
<tr><td rowspan="8">设超高最小半径（m）</td><td rowspan="4">一般值</td><td>横向力系数 μ</td><td>0.067</td><td>0.067</td><td>0.067</td><td>0.067</td><td>0.067</td><td>0.067</td><td>0.067</td></tr>
<tr><td>路面横坡度 i</td><td>0.06</td><td>0.06</td><td>0.04</td><td>0.04</td><td>0.02</td><td>0.02</td><td>0.02</td></tr>
<tr><td>$R=\frac{V^2}{127(\mu+i)}$</td><td>620</td><td>397</td><td>265</td><td>184</td><td>145</td><td>81</td><td>36</td></tr>
<tr><td>R 采用值</td><td>650</td><td>400</td><td>300</td><td>200</td><td>150</td><td>85</td><td>40</td></tr>
<tr><td rowspan="4">极限值</td><td>横向力系数 μ</td><td>0.14</td><td>0.14</td><td>0.15</td><td>0.16</td><td>0.16</td><td>0.16</td><td>0.16</td></tr>
<tr><td>路面横坡度 i</td><td>0.06</td><td>0.06</td><td>0.04</td><td>0.04</td><td>0.02</td><td>0.02</td><td>0.02</td></tr>
<tr><td>$R=\frac{V^2}{127(\mu+i)}$</td><td>394</td><td>252</td><td>149</td><td>98</td><td>70</td><td>39</td><td>17</td></tr>
<tr><td>R 采用值</td><td>400</td><td>250</td><td>150</td><td>100</td><td>70</td><td>40</td><td>20</td></tr>
</table>

3　设超高最小半径极限值

设超高最小半径极限值计算中，μ 值采用 0.14～0.16，超高值为 0.02～0.06。圆曲线半径计算值与规范采用值见表 9。

6.2.3　平曲线与圆曲线最小长度

规定平曲线与圆曲线最小长度的目的是避免驾驶员在平曲线上行驶时，操纵方向盘变动频繁，高速行驶危险，加上离心加速度变化率过大，使乘客感到不舒适。因此，必须确定不同设计速度条件下的平曲线及圆曲线最小长度。

1　平曲线最小长度

《日本公路技术标准的解说与运用》中规定平曲线最小长度为车辆 6s 的行驶距离，能达到缓和曲线最小长度的 2 倍。这实际上是一种极限状态，此时曲线为凸形曲线，驾驶者会感到操作突变且视觉不舒顺。因此最小平曲线长度理论上应大于 2 倍缓和曲线最小长度，即保证平曲线设置缓和曲线最小长度后，还能保留一段长度的圆曲线。在《公路路线设计规范》JTG D20－2006 中，规定了平曲线最小长度的“最小值”，为 2 倍缓和曲线最小长度，“一般值”为“最小值”的 3 倍。本次编制中根据城市道路设计的具体情况，将原规范中的规定作为“极限值”，将缓和曲线的 3 倍作为“一般值”。

2　圆曲线最小长度

圆曲线最小长度为车辆 3s 的行驶距离。

3　平曲线及圆曲线最小长度计算公式为：

$$L_{\min}=\frac{1}{3.6}V_{a}t \tag{5}$$

式中：L_{min}——行驶距离（m）；

V_a——设计速度（km/h）；

t——行驶时间（s）。

平曲线及圆曲线最小长度计算值与规范采用值见表 10。

表 10　平曲线及圆曲线最小长度计算表

设计速度（km/h）		100	80	60	50	40	30	20
平曲线最小长度	计算值（m）	166.7	133	100	83	67	50	33
	采用值（m）	170	140	100	85	70	50	40
圆曲线最小长度	计算值（m）	83.3	67	50	41.7	33.3	25	16.7
	采用值（m）	85	70	50	40	35	25	20

6.2.4　缓和曲线

车辆从直线段驶入平曲线或平曲线驶入直线段，由大半径的圆曲线驶入小半径的圆曲线或由小半径的圆曲线驶入大半径的圆曲线，为了缓和行车方向和离心力的突变，确保行车的舒适和安全，在直线和圆曲线间或半径相差悬殊的圆曲线之间需设置符合车辆转向行驶轨迹和离心力渐变的缓和曲线。行车道的超高或加宽应在缓和曲线内完成，在超高缓和段内逐渐过渡到全超高或在加宽缓和段内逐渐过渡到全加宽。

缓和曲线采用回旋线，是由于汽车行驶轨迹非常近似回旋线，它既能满足转向角和离心力逐渐变化的要求，同时又能在回旋线内完成超高和加宽的逐渐过渡，所以本规范中采用回旋线。回旋线的基本公式如下：

$$RL_s = A^2 \tag{6}$$

式中：R——与回旋线相连接的圆曲线半径（m）；

L_s——回旋线长度（m）；

A——回旋线参数（m）。

1　缓和曲线最小长度

1）按离心加速度变化率计算

即离心加速度从直线上的零增加到进入圆曲线时的最大值，离心加速度变化率限制在一定的范围内。

离心加速度变化率为 $\alpha_p = 0.0214\dfrac{V^3}{RL_s}$（$m/s^3$）

从乘客舒适角度，离心加速度变化率 α_p 经测试知在（0.5～0.75）m/s^3 为好，我国道路设计中采用 $\alpha_p = 0.6m/s^3$，则

$$L_s = 0.035\frac{V^3}{R}(m) \tag{7}$$

式中：V——设计速度（km/h）；

R——设超高最小半径（m）。

2）按驾驶员操作反应时间计算

汽车在缓和曲线上行驶时，行车时间不应过短，应使驾驶员有足够的时间适应线形的变化，也使乘客感到舒适。缓和曲线上行驶时间采用 3s，按下式计算：

$$L_s = \frac{1}{3.6} Vt = 0.833V(\text{m}) \tag{8}$$

回旋线参数及长度应根据线形设计以及对安全、视距、超高、加宽、景观等的要求，选用较大的数值。缓和曲线最小长度系曲率变化需要的最小长度，按公式（7）及公式（8）两者计算的大者，按 5m 的整倍数作为缓和曲线最小长度采用值，见表 11。

表 11　缓和曲线最小长度

设计速度（km/h）		100	80	60	50	40	30	20
缓和曲线最小长度（m）	$L_s = 0.035\frac{V^3}{R}$	87.5	71.7	50.4	43.8	32.0	23.6	14.0
	$L_s = \frac{3V}{3.6} = 0.833V$	83.3	66.6	50.0	41.7	33.3	25.0	16.7
	采用值	85	70	50	45	35	25	20

2　不设缓和曲线的最小圆曲线半径

在直线和圆曲线之间插入缓和曲线后，将产生一个位移量 ΔR，当此位移量 ΔR 与已包括在车道中的富裕宽度相比为很小时，则可将缓和曲线省略，直线与圆曲线可径相连接。设置缓和曲线的 ΔR 以 0.2m 的位移量为界限。当 ΔR <0.2m 可不设缓和曲线，当 ΔR ≥0.2m 时设缓和曲线。从回旋线数学表达式可知：

$$\Delta R = \frac{1}{24} \times \frac{L_s^2}{R}，\text{而} L_s = \frac{V}{3.6} \times t$$

当采用 ΔR =0.2m 及 t=3s 行驶时，即可得出不设缓和曲线的临界半径为：

$$R = 0.144V^2\ (\text{m}) \tag{9}$$

为不影响驾驶员在视觉和行驶上的顺适，不设缓和曲线的最小半径值为式（9）计算值的 2 倍，不设缓和曲线的最小圆曲线半径计算值及采用值见表 12。

表 12　不设缓和曲线的最小圆曲线半径

设计速度（km/h）		100	80	60	50	40	30	20
不设缓和曲线的最小圆曲线半径（m）	2R	2880	1843	1037	720	461	260	115
	采用值	3000	2000	1000	700	500	300	150

设计速度小于 40km/h 时，缓和曲线可用直线代替，用以完成超高或加宽过渡。直线缓和段一端应与圆曲线相切，另一端与直线相接，相接处予以圆顺。

6.2.5　超高和超高缓和段

1　超高值

当采用的圆曲线半径小于不设超高的最小半径时，汽车在圆曲线上行驶时受到的横向力会使汽车产生滑移或倾覆。为了抵消车辆在曲线路段上行驶时所产生的离心力，将圆曲线部分的路面做成向内侧倾斜的超高横坡度，形成一个向圆曲线内侧的横向分力，使汽车能安全、稳定、满足设计速度和经济、舒适地通过圆曲线。超高横坡度由车速确定，但过大的超高往往会引起车辆的横向滑移，尤其在潮湿多雨以及冰冻地区，当弯道车速慢或停止在圆曲线上时，车辆有可能产生向内侧滑移的现象，所以应对超高横坡度加以限制。快速路上行驶的汽车为了克服行车中较大的离心力，超高横坡度可较一般规定值略高。我国《公路路线设计规范》JTG D20－2006 规定，一般地区高速公路、一级公路最大超高横坡度为 8%或 10%，其他等级公路为 8%，积雪或冰冻地区为 6%较安全。

城市道路由于受交叉口、非机动车以及街坊两侧建筑的影响，不宜采用过大的超高横坡度。综合各方面的情况，拟定城市道路最大超高横坡度如下：设计速度 100km/h、80km/h 为 6.0%；设计速度 60km/h、50km/h 为 4.0%，设计速度小于等于 40km/h 为 2.0%。

2　超高缓和段

由直线上的正常路拱断面过渡到圆曲线上的超高断面时，必须在其间设置超高缓和段。超高缓和段长度按下式计算：

$$L_e = b \cdot \Delta i / \varepsilon \tag{10}$$

式中：L_e——超高缓和段长度（m）；

b——超高旋转轴至路面边缘的宽度（m）；

Δi——超高横坡度与路拱坡度的代数差（%）；

ε——超高渐变率，超高旋转轴与路面边缘之间相对升降的比率，见表 13。

表 13 超高渐变率

设计速度（km/h）	100	80	60	50	40	30	20
超高渐变率	1/175	1/150	1/125	1/115	1/100	1/75	1/50

超高缓和段应在回旋线全长范围内进行。当回旋线较长时，超高缓和段可设在回旋线的某一区段范围内，其超高过渡段的纵向渐变率不得小于1/330，全超高断面宜设在缓圆点或圆缓点处。超高缓和段起、终点处路面边缘出现的竖向转折，应予以圆顺。

对设超高的城市道路，一般双向四车道沿中线轴旋转的超高缓和段长度基本能包含适用的一般情况。但是，对以车行道边缘线为旋转轴的或车道数较多或较宽的道路，则可能超高所需的缓和段长度大于曲率变化的缓和段长度，因此在超高缓和段长度与缓和曲线长度两者中取大值作为缓和曲线的计算长度。

对线形要求高的高等级道路，如城市快速路、高架路，回旋线长度应根据线形设计以及对安全、视距、景观等的要求，选用较大的数值。

超高的过渡方式应根据地形状况、车道数、超高横坡度值、横断面形式、便于排水、路容美观等因素决定。单幅路路面宽度及三幅路机动车道路面宜绕中线旋转；双幅路路面及四幅路机动车道路面宜绕中间分隔带边缘旋转，使两侧车行道各自成为独立的超高横断面。

6.2.6 加宽和加宽缓和段

1 加宽值

汽车在曲线上行驶时，各车轮行驶的轨迹不相同。靠曲线内侧后轮的行驶半径最小，靠曲线外侧前轮的行驶曲线半径则最大。所以，汽车在曲线上行驶时所占的车道宽度，比直线段的大。为适应汽车在平曲线上行驶时后轮轨迹偏向曲线内侧的需要，通常小于250m半径的曲线加宽均设在弯道内侧。城市道路弯道上，常因为节省用地或拆迁房屋困难而设置小半径弯道，考虑到对称于设计中心线设置加宽较为有利，而采用弯道内外两侧同时加宽，其每侧的加宽值为全加宽值的1/2。采用外侧加宽势必造成线形不顺，因此宜将外缘半径与渐变段边缘线相切，有利于行车。若弯道加宽值较大，应通过计算确定加宽方式和加宽值。

在规范条文中，未规定具体的加宽值。为便于设计人员使用，在该处给出加宽值的计算方法，供设计人员根据具体情况选用。

根据汽车在圆曲线上的相对位置关系所需的加宽值 b_{w1} 和不同车速汽车摆动偏移所需的加宽值 b_{w2}，城市道路每车道加宽值计算公式如下：

小型及大型车的加宽值 b_w 为：

$$b_{w}=b_{w1}+b_{w2}=\frac{a_{gc}^{2}}{2R}+\frac{0.05V}{\sqrt{R}} \tag{11}$$

铰接车的加宽值 b'_{w} 为：

$$b'_{w}=b'_{w1}+b'_{w2}=\frac{a_{gc}^{2}+a_{cr}^{2}}{2R}+\frac{0.05V}{\sqrt{R}} \tag{12}$$

式中：a_{gc}——小型及大型车轴距加前悬的距离，或铰接车前轴距加前悬的距离（m）；

a_{cr}——铰接车后轴距的距离（m）；

V——设计速度（km/h）；

R——设超高最小半径（m）。

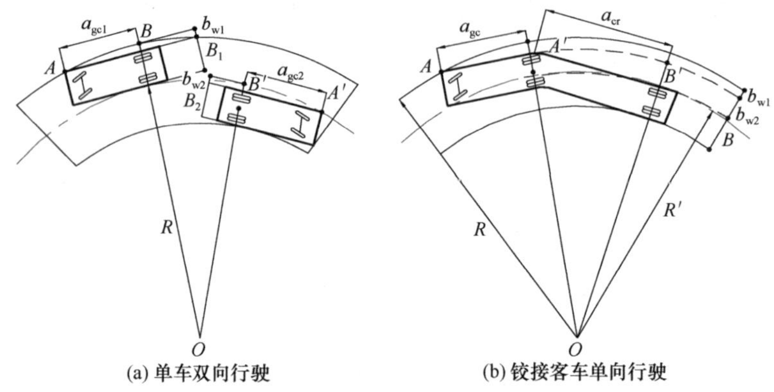

图 1　圆曲线上路面加宽示意图

2　加宽缓和段

在圆曲线范围内加宽，为不变的全加宽值，两端设置加宽缓和段，其加宽值由直线段加宽为零逐渐按比例增加到圆曲线起点处的全加宽值。

加宽缓和段的长度可按下列两种情况确定：

1）设置缓和曲线或超高缓和段时，加宽缓和段长度应采用与回旋线或超高缓和段长度相同的数值。

2）不设回旋线或超高缓和段时，加宽缓和段长度应按加宽侧路面边缘宽度渐变率为 1∶15～1∶30，且长度不得小于 10m 的要求设置。

6.2.7　视距

为了保证行车安全，应使驾驶员能看到前方一定距离的道路路面，以便及时发现路面上有障碍物或对向来车，使汽车在一定的车速下能及时制动或避让，从而避免事故。驾驶人从发现障碍物开始到决定采取某种措施的这段时间段内汽车沿路面所行驶的最短行车距离，称为视距。

视距是道路设计的主要技术指标之一，在道路的平面上和纵断面上都应保证必要的视距。如平面上挖方路段的弯道和内侧有障碍物的弯道，以及在纵断面上的凸形竖曲线顶部、立交桥下凹形竖曲线底部处，均存在视距不足的问题，设计时应加以验算。验算时物高规定为0.1m，眼高对凸形竖曲线规定为1.2m，对凹形竖曲线规定为1.9m。货车存在空载时制动性能差、轴间荷载难以保证均匀分布、一条轴侧滑会引起汽车车轴失稳、半挂车铰接刹车不灵等现象，尤其是下坡路段。货车停车视距的眼高规定为2.0m，物高规定为0.1m。

视距有停车视距、会车视距、错车视距和超车视距等。在城市道路设计中，主要考虑停车视距。若车行道上对向行驶的车辆有会车可能时，应采用会车视距，会车视距为停车视距的2倍。

停车视距由反应距离、制动距离及安全距离组成，按式（13）、式（14）计算：

$$S_s = S_r + S_b + S_a \tag{13}$$

式中：S_r——反应距离（m）；

S_b——制动距离（m）；

S_a——安全距离，取5m。

$$S_s = \frac{Vt}{3.6} + \frac{\beta_s V^2}{254\mu_s} + S_a \tag{14}$$

式中：V——设计速度（km/h）；

t——反应时间，取1.2s；

β_s——安全系数，取1.2；

μ_s——路面摩擦系数，取0.4。

停车视距的计算值及采用值见表14。

表14　停车视距

设计速度（km/h）	S_r（m）	S_b（m）	S_a（m）	S_s计算值（m）	S_s采用值（m）
100	33.34	118.00	5	156.34	160
80	26.67	75.52	5	107.26	110
60	20.00	42.48	5	67.52	70
50	16.67	29.50	5	51.17	60
40	13.33	18.88	5	37.21	40
30	10.00	10.62	5	25.62	30
20	6.67	4.72	5	16.39	20

在平曲线范围内为使停车视距规定值得到保证，应将平曲线内侧横净距范围内的障碍物予以清除，根据视距线绘出包络线图进行检验。

6.2.8 中央分隔带开口是为了使车辆在必要时可通过开口到反方向车道行驶，以供维修、养护、应急抢险时使用。中央分隔带开口间距应视需要而定，本规范只规定了最小间距。开口处应设置活动护栏，避免车辆调头。

两侧分隔带开口是为了使车辆进出道路使用，开口间距应视需要而定，但应保证不影响正常交通的行驶，本规范只规定了最小间距及距离路口的距离。

6.3 纵断面设计

6.3.1 机动车道最大纵坡

该条规定与《城市道路设计规范》CJJ 37－90 一致。

为保证车辆能以适当的车速在道路上安全行驶，即上坡时顺利，下坡时不致发生危险的纵坡最大限制值为最大纵坡。道路最大纵坡的大小直接影响行车速度和安全、道路的行车使用质量、运输成本以及道路建设投资等问题，它与车辆的行驶性能有密切关系。

目前，许多国家都以单位载重量所拥有的马力数（HP/t），即比功率作为衡量汽车爬坡能力的指标，认为 HP/t 数值相同的汽车，其爬坡能力大致相同。

小汽车爬坡能力大，纵坡大小对小汽车影响较小，而载重汽车及铰接车的爬坡能力低，纵坡大小对其影响较大。如以小汽车爬坡能力为准确定最大纵坡，则载重汽车及铰接车均需降速行驶，使汽车性能不能充分发挥，是不经济的；而且还会降低道路通行能力，下坡时更危险。在汽车选型时，既要考虑现状又要考虑发展。

设计最大纵坡应考虑各种机动车辆的动力性能、道路等级、设计速度、地形条件等选用规范中最大纵坡一般值。当受条件限制纵坡大于一般值时应限制坡长，但最大纵坡不得超过最大纵坡极限值。

6.3.2 机动车道最小纵坡

城市道路通常低于两侧街坊，两侧街坊的雨水排向车行道两侧的雨水口，再由地下的连管通到雨水管道排入水体。因此，道路最小纵坡应是能保证排水和防止管道淤塞所需的最小纵坡，其值为 0.3%。若道路纵坡小于最小纵坡值，则管道的埋深必将随着管道的长度而加深。为避免其埋设过深所致的土方量增大和施工困难，所以，规定城市道路的最小纵坡不应小于 0.3%。

6.3.3 机动车道最小坡长

最小坡长的限制是从汽车行驶平顺度、乘客的舒适性、纵断视距和相邻两竖曲线的布设等方面考虑的。如果纵坡太短，转坡太多，纵向线形呈锯齿状，不仅路容不美观，影响临街建筑的布置，而且车辆行驶时驾驶员变换排档会过于频繁而影响行车安全，同时导致乘客感觉不舒适。所以，纵坡坡长应保持一定的最小长度。

《城市道路设计规范》CJJ 37－90 中规定坡长采用不小于 10s 的汽车行驶距离，另外，在一段坡长设置的两个竖曲线不得搭接，故规范采用最小竖曲线半径值与最大纵坡验算最小坡长。根据计算结果，设计速度≤60km/h 时，最小坡长由 10s 的汽车行驶距离决定；设计速度＞60km/h 时，最小坡长由竖曲线半径值与最大纵坡计算值决定。由竖曲线半径值与最大纵坡计算方法，使用了两个极限值。在目前的设计理念中，应尽可能避免各种极限指标的组合使用，而且从实际情况看，原指标也偏大，对于平原区的城市道路设计有一定困难。该指标相对《公路工程技术标准》JTG B01－2003 中规定的最小坡长也偏大。因此，在编制中，统一规定最小坡长为 10s 的汽车行驶距离。该取值与现行《公路工程技术标准》JTG B01－2003 及《城市快速路设计规程》CJJ 129－2009 一致。

加罩道路、老桥利用接坡段、尽端道路及坡差小的路段，最小坡长的规定可适当放宽。

6.3.4 机动车道最大坡长

最大坡长为纵坡大于最大纵坡一般值时，对纵坡坡长的限制长度。本规范采用的纵坡坡长是根据汽车加、减速行程图求得，并参考《公路路线设计规范》JTG D20－2006 与《日本公路技术标准的解说与运用》综合确定。根据不同设计速度、不同坡度做出坡长限制值。当设计速度≤30km/h 时，由于车速低，爬坡能力大，坡长可不受限制。

该条规定与《城市道路设计规范》CJJ 37－90 一致。

6.3.5 非机动车道纵坡和坡长

城市中非机动车主要是指自行车，其爬坡能力低，车道应考虑恰当的纵坡度与坡长，机动车和非机动车混行的车行道应按自行车的爬坡能力控制道路纵坡。

该条规定与《城市道路设计规范》CJJ 37－90 一致。

6.3.6 竖曲线半径和竖曲线长度

1 竖曲线最小半径

当汽车行驶在变坡点时，为了缓和因运动变化而产生的冲击和保证视距，必须插入竖曲线。竖曲线形式可为圆曲线或抛物线。经计算比较，圆曲线与抛物线计算值基本相同，为使用方便，本规范采用圆曲线。竖曲线最小半径计算如下：

凸形竖曲线极限最小半径 R_v（m）用下式计算：

$$R_v = \frac{S_s^2}{2(\sqrt{h_e} + \sqrt{h_o})^2} \tag{15}$$

式中：S_s——停车视距（m）；

h_e——眼高，采用 1.2m；

h_o——物高，采用 0.1m。

凸形竖曲线半径的计算值及采用值见表 15。

表 15　凸形竖曲线半径

设计速度（km/h）	停车视距（m）	极限最小半径（m）	
		计算值	采用值
100	160	6421	6500
80	110	3035	3000
60	70	1229	1200
50	60	903	900
40	40	401	400
30	30	226	250
20	20	100	100

凹形竖曲线极限最小半径 R_c（m）用下式计算：

$$R_c = \frac{V^2}{13a_0} \tag{16}$$

式中：V——设计速度（km/h）；

a_0——离心加速度，采用 0.28m/s^2。

凹形竖曲线半径的计算值及采用值见表 16。

表 16　凹形竖曲线半径

设计速度（km/h）	V^2	$13a_0$	极限最小半径（m）	
			计算值	采用值
100	10000	3.64	2747	3000
80	6400	3.64	1785	1800
60	3600	3.64	989	1000
50	2500	3.64	686	700
40	1600	3.64	439	450
30	900	3.64	247	250
20	400	3.64	109	100

竖曲线一般最小半径为极限最小半径的1.5倍，国内外均使用此数值。“极限值”是汽车在纵坡变更处行驶时，为了缓和冲击和缓和视距所需的最小半径的计算值，设计时受地形等特殊情况限制方可采用。

2 竖曲线最小长度

为了使驾驶员在竖曲线上顺适地行驶，竖曲线不宜过短，应在竖曲线范围内有一定的行驶时间，日本规定行驶时间3s的行驶距离。本规范竖曲线最小长度极限值采用3s的行驶距离，按下式计算：

$$l_v=\frac{V}{3.6}\times 3=0.83V \tag{17}$$

式中：l_v——竖曲线最小长度（m）；

V——设计速度（km/h）。

设计中，为了行车安全和舒适，应采用竖曲线最小长度的“一般值”。“一般值”规定为“极限值”的2.5倍。

6.3.7 合成坡度

纵坡与超高或横坡度组成的坡度称为合成坡度。将合成坡度限制在某一范围内的目的是尽可能地避免陡坡与急弯的组合对行车产生的不利影响。道路设计常以合成坡度控制，合成坡度按下式计算：

$$j_r=\sqrt{i_s^2+j^2} \tag{18}$$

式中：j_r——合成坡度（%）；

i_s——超高横坡度（%）；

j——纵坡度（%）。

6.4 线形组合设计

6.4.1 道路线形设计的习惯做法是先进行平面设计，后进行纵断面设计，这样只能以纵断面来迁就平面。因此，在平面设计时要考虑纵断面设计；同样在纵断面设计时也要与平面线形协调配合。平纵线形组合是指在满足汽车运动学和力学要求的前提下，研究如何满足视觉和心理方面的连续性、舒适感，研究与周围环境的协调和良好的排水条件。所以，线形设计不仅要符合技术指标要求，还应结合地形、景观、视觉、安全、经济性等进行协调和组合，使道路线形设计更加合理。

6.4.2 线形组合设计强调的是在平面设计的同时，考虑纵断面设计的协调性，甚至横断面设计的配合问题。

平纵线形组合原则上应“相互对应”，且平曲线稍长于竖曲线，即所谓的“平包竖”。国内外研究资料表明，当平曲线半径小于2000m、竖曲线半径小于15000m时，平、竖曲线的相互对应对线形组合显得十分重要；

随着平、竖曲线半径的增大，其影响逐渐减小；当平曲线半径大于6000m、竖曲线半径大于25000m时，对线形的影响显得不很敏感。因此，线形设计的“相互对应、且平包竖”的基本要求需视平、竖曲线的半径而掌握其符合的程度。

城市道路由于限制条件多，对于低等级道路不必强求平纵线形的相互对应。

7 道路与道路交叉

7.1 一 般 规 定

7.1.1～7.1.3 道路与道路交叉设计是城市道路设计中比较重要的一部分内容，其交叉形式的选择、交叉口平纵面设计、交叉口的交通管理方式等等，对整条道路甚至周边路网的通行能力和服务水平都有较大的影响。行业标准《城市道路交叉口设计规程》CJJ 152－2010于2011年3月实施，对于道路与道路交叉设计的相关要求，在其中已有详细的规定，本章只对交叉口形式的分类、一些共性的要求以及主要的技术指标进行规定。

7.2 平 面 交 叉

7.2.1 平面交叉口的交通组织通过平面布局来组织分配各交通流的通行路径，通过交通管理来组织分配各交通流的通行次序。平面交叉口设计应包括平面布局方案及交通管理方式，本次编制中，结合交叉口平面布局方案及交通管理方式将平面交叉口分为三大类五小类。

7.2.2 本条按相交道路的等级规定了宜采用的平面交叉口类型。但在城市道路设计中，一般情况下在道路规划阶段已确定平面交叉口类型及用地范围。因此在具体设计中应依据规划条件，结合功能要求与控制条件，选定合适的交叉口类型。

7.2.3 平面交叉口的形式有十字形、T形、Y形、X形、环形交叉、多路交叉、错位交叉、畸形交叉等。通常采用最多的是十字形，形式简单，交通组织方便，适用范围广。由于交叉口形状，在规划阶段已大体确定，设计阶段应在不影响总体布局的前提下予以优化调整。道路交叉角度较小时，交叉口需要的面积较大，并使视线受到限制，行驶不安全且不方便。

《城市道路交通规划设计规范》GB 50220－95及《城市道路设计规范》CJJ 37－90规定交叉口的最小交叉角为45°。根据实际情况，交叉角太小，不利于交通组织管理、不利于土地利用，本次编制参考美国文献将最小交叉角改为 70°。

目前在城市道路平交路口的渠化设计中，常采用压缩行人和非机动车的通行空间来增加机动车道，对行人和非机动车的通行带来较大的不便。本次明确规定在路口渠化设计中，应保证行人和非机动车通行空间的连续性和完整性。

7.2.4、7.2.5　交叉口范围应包括整个交叉口功能区，即：所有相交道路的重叠部分和其上游和下游车道的延伸，包括拓宽和渐变段以及非机动车道、人行道和过街设施，见图 2。

交叉口功能区的定义对交叉口本身的交通运行的机动性和安全性有着重要意义。机动车进入交叉口要进行一系列复杂的操作：反应、减速、排队等待、转向或穿越、加速等等，功能区则是实施这一系列复杂操作的面积范围，或者说是交叉口对其相交道路的影响区域范围。在交叉口功能区之外，车辆以正常速度行驶，其特征符合路段交通特征。因此，对于交叉口的功能区的设计指标要求高于路段的设计标准。

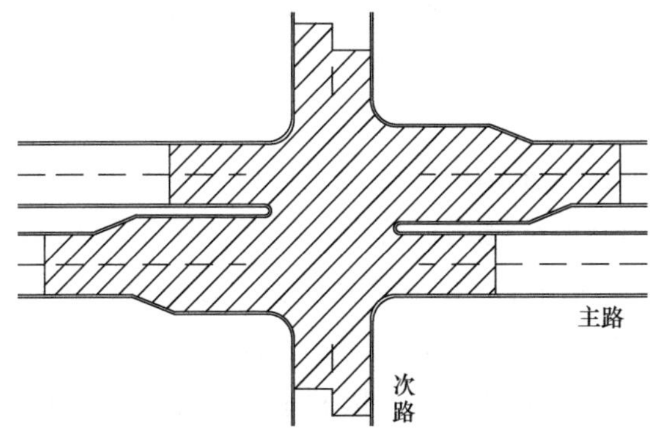

图 2　交叉口范围示意图

7.2.6　交叉口范围内，受相交道路不同流向车流的影响，进口道车流的速度降低，交叉口进口道成为交通瓶颈。为使进口道通行能力与路段的通行能力相匹配，进口车道数应大于路段基本车道数。同时为防止车辆在进口道内因车道过宽而发生抢道现象，可将进口道车道宽度适当减窄。

7.2.7　汽车驶近平面交叉口时，驾驶员应能看清整个交叉道路上车辆的行驶情况，以便能顺利地驶过交叉口或及时停车，避免发生碰撞。这段距离必须大于或等于停车视距（S_s）。视距三角区应以最不利情况绘制，在三角形范围内，不准有任何妨碍视线的各种障碍物。十字形和 X 形交叉口视距三角形范围如图 3。

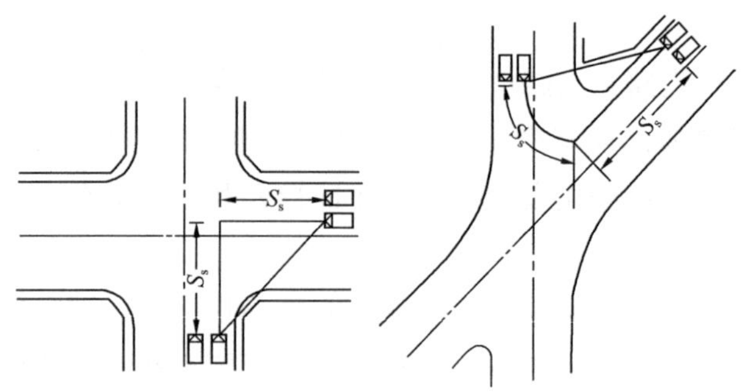

图 3　交叉口视距三角形

7.3　立体交叉

7.3.1　现行的规范中道路立体交叉分为互通式和分离式两大类。《城市道路设计规范》CJJ 37－90 中将互通式立体交叉按照交通流线的交叉情况和道路互通的完善程度分为完全互通式、不完全互通式和环行三种。《公路工程技术标准》JTG B01－2003 按照交通流线的交叉情况、线形的标准将互通式立交分为枢纽互通式和一般互通式，其分类参照欧美国家的方法，较为符合交通流的运行特征。

本规范通过收集大量国内已建立交资料，参照公路及国外相关规范的成果，结合城市道路的交通运行特点，认为《城市道路设计规范》CJJ 37－90 中仅按立交的互通情况分为完全互通和部分互通，不能满足立交的设计要求。由于不同的立交形式，立交的互通标准会形成较大的差异，对通行能力和服务水平都有较大的影响。因此本次编制中将立体交叉按照交通流线的交叉情况，采用直行交通、转向交通和机非干扰程度指标分为枢纽立交和一般立交，更接近于实际情况。

7.3.2　城市道路立交分类及选型直接影响立交功能、规模和工程造价，是立交规划、设计的重要依据之一。以往立交修建使用中出现少数因规模、标准欠妥而致占地、投资过大，或难以适应规划年限内交通需求增长而出现过早饱和、发生交通堵塞等问题。为此，7.3.1 条规定了各类型立交宜选用的立交形式；本条依据交叉口相交道路的等级，规定了宜采用的立交类型。

7.3.3　车道数取决于道路设计通行能力和服务水平，条文不仅规定了立交桥区主路基本车道数应与路段基本车道数一致，而且在主路分合流处，还必须保持车道数的平衡。一般情况下，分合流前后的主线车道数应大于等于分合流后前的主线车道数与匝道车道数之和减 1，当不满足时，应设置辅助车道。

7.3.4　设置集散车道是为了将立交区的交织运行转移至集散车道，集散车道车速较主线低，因此需与主线分隔设置。

7.3.5　立交范围受匝道设置及进出口影响，为提高行驶安全性，线形设计应采用比路段高的技术指标。《公路路线设计规范》JTG D20－2006 中对互通式立交范围线形指标的规定比路段线形指标提高很多。城市道路目前对立交范围的线形指标缺少相关的研究，若采用《公路路线设计规范》JTG D20－2006 的指标，由于城市道路立交及进出口间距较密，交通运行状态与公路不一致，建设条件制约因素较多，很难按其规定值实施。因此，规定互通式立交范围主线线形指标不应低于路段设计的一般值，有条件时尽量取高值。分离式立交主线可不受立交范围线形指标要求的控制。

7.3.6　由于主线的设计速度高于匝道，因而交通流驶出主线需要减速，驶入主线需要加速，为了满足车辆变速行驶的要求，减少对主线正常行驶交通流的干扰，应设置变速车道。

变速车道通常设计成直接式和平行式两种。直接式是以平缓的角度为原则进行设计，变速车道与匝道连接，车辆行驶轨迹平滑。平行式是以增设一条平行主线的变速车道，采用有适当流出角度的三角段与主线连接进行设计。与直接式相比，其起终点明确，三角段部分虽然与车辆的行驶轨迹相符合，但在通过整个变速车道时必须走“S”形路线。不论哪一种形式，只要适当地对主线线型进行分析，并进行合理设计，均能满足变速的要求。

直接式变速车道能提供驾驶员合适的直接驶离主线的行车轨迹，研究表明大部分车辆都能以比较高的速度驶离直行车道，从而减少了由于在直行车道上开始减速而引起追尾事故的发生，故较为广泛地用于减速车道。对于加速车道，驾驶员同样希望由直接式流入，而不愿走“S”形，但是当主线交通量大时，车辆在找流入主线机会的同时需要使用加速车道的全长，而平行式车道除了提供车辆加速功能外，还能给汇流车辆提供更多的时间和机会去寻找空当插入，故加速车道一般采用平行式。因此规定“减速车道宜采用直接式，加速车道宜采用平行式”。

7.3.7　根据交通流流入、流出主路的交通特征，车辆通过出入口时，要经过加速、减速、交织等过程，整个过程中将产生紊流，合理的出入口间距是交通畅通的可靠保障。《快速路设计规程》CJJ 129－2009 及《城市道路交叉口设计规程》CJJ 152－2010 中对于出入口的合理间距均有明确规定。城市道路控制条件较多，设计中经常会遇到不能满足出入口间距的要求，在这种情况下，需设置集散车道，调整出入口的位置，以满足间距需要。

7.3.8　设有辅路系统的快速路与主干路或主干路与主干路相交设置的一般立交，其辅路系统可与匝道布置结合考虑。如两层的苜蓿叶立交、菱形立交等，一般结合路段出入口设置，采用与匝道结合的方式布置辅路系统。对于枢纽型立交要求其系统的连续，桥区内的辅路系统必须单独设置。

7.3.9～7.3.11 立交范围内由于占地较大，行人和非机动车的通行要求不高，在建设条件受限的情况下，经常采用降低行人和非机动车的设计标准解决，造成系统不连续或宽度不足。而且立交区对于公交车站的设置往往考虑不周。因此，在编制中对这三部分设计要求进行了明确规定。

8 道路与轨道交通线路交叉

8.1 一 般 规 定

8.1.1 根据铁路道口事故统计资料和《中华人民共和国铁路法》的有关规定，考虑铁路运量逐年增加，行车速度逐年提高的特点，为减少平交道口人身事故发生，确保行车安全，铁路与道路交叉时，应当优先考虑立交。

8.1.4 轨道线路与道路平面交叉应尽量设计为正交或接近正交，但由于地形条件或拆迁工程等限制需要斜交时，交叉锐角应大于45°，以缩短道口的长度和宽度，并避免小型机动车和非机动车的车轮陷入轮缘槽内的不安全因素。

8.2 立 体 交 叉

8.2.1 道路与铁路立体交叉

1 城市快速路和重要的主干路都是交通功能强，服务水平高，交通量大的骨干道路，进出口实行全控制或部分控制。这些道路和铁路交叉如果采用平面交叉，当道口处于开放状态时，汽车通过道口需限速行驶，严重影响道路的交通功能；当道口处于封闭状态时，会造成严重的交通堵塞。故规定必须采用立交。

2 有轨电车与铁路同为轨道交通，而轨道、结构各异，相交时必须是立交。无轨电车道虽无轨道，但其与铁路交叉处的供电接触网、柱与铁路限界相冲突，也必须设置立体交叉。

3 主干路、次干路、支路与铁路交叉，为避免城市道口因铁路调车作业繁忙而封闭道口累计时间较长，或道路在交通高峰时间内经常发生一次封闭时间较长，而引起道路交通堵塞，避免因延误时间而造成的城市社会经济损失，应设置立体交叉。

4 路段旅客列车设计行车速度120km/h的地段，列车速度高、密度大，列车追踪间隔时间仅几分钟，铁路与道路平面交叉的安全可靠性差，故规定应设置立体交叉。

8.2.2 目前城市轨道交通发展迅速，种类较多，《城市公共交通分类标准》CJJ/T 114－2007中，将城市轨道交通大类分为：地铁、轻轨、单轨、有轨电车、磁浮、自动导向轨道和市域快速轨道等七大系统。因城市轨道交通行车间隔时间短，车流密集，为了保证轨道与道路的通行安全，要求城市各级道路与除有轨电车道外的城市轨道交通线路交叉时，必须设置立体交叉。

8.3 平 面 交 叉

8.3.1 铁路车站是列车交汇、越行、摘挂、集结、编解的场所，道口如设在车站内，由于列车作业的需要，关闭道口的次数增多，封闭时间延长，影响道路的通行能力；另外，在车站上经常有列车阻挡，严重恶化道口瞭望条件，容易造成事故。现行《铁路技术管理规程》规定“在车站内不应设置道口”。《铁路道口管理暂行规定》规定“对现有道口必须整顿，……逐步取消站内道口”。故本条规定在站内不应设置道口。

如果道口设在道岔、桥头和隧道附近，一旦发生道口事故，被撞的机动车和脱轨的列车颠覆在道岔区内、桥下或隧道内时，救援困难，中断铁路行车时间长，造成的损失更大，因此在这些处所不应设置道口。

道口设在铁路曲线上除恶化瞭望条件外，还由于铁路曲线外轨超高破坏道路纵断面的平顺性，超高大时还会因局部坡度过大造成机动车熄火，引发道口事故。故本条规定道口不宜设在曲线上。

8.3.4 据统计，道口事故率与道口瞭望视距相关，当道口交通量相同时，瞭望视距不足的道口事故率偏高。为了提高道口的安全度，降低道口事故率，道口宜设在瞭望条件良好的地点。本条规定的机动车驾驶员侧向最小瞭望视距是指机动车驾驶员在距道口相当于该段道路停车视距并不小于50m处的侧向最小瞭望视距，应大于机动车自该处起以规定速度通过道口的时间内，火车驶至道口的最大距离。

瞭望视距是要求如图4所示两个由视距构成的最小视线三角形范围内要保持良好的视线条件。

S_s是当汽车在公路上行驶时，驾驶员发现有火车驶向道口，立即采取制动措施，使汽车在道口前停下来的最小距离，国家现行标准规定为50m。

S_c是在汽车通过道口所需的时间内火车行驶的最大距离，即：

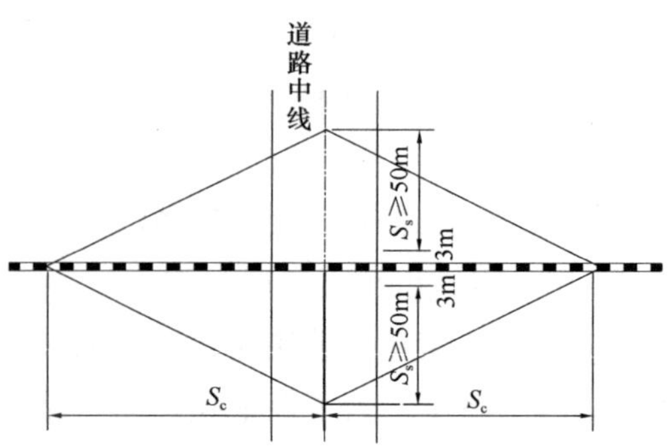

图 4　机动车驾驶员在道口前的瞭望视距示意图

$$S_c = \frac{V_1}{3.6}T \tag{19}$$

式中：S_c——火车行驶的最大距离（m）；

V_1——火车行驶速度，km/h；

T——汽车驾驶员在道口前 50m 发现火车后，匀速通过道口所需的时间（s）。

如图所示，汽车在道口前 50m 处行驶速度取 30km/h，$T=12s$。代入上式得

$$S_c = 3.3V_1 \tag{20}$$

火车司机最小瞭望视距取火车司机反应时间内列车的走行距离与列车的制动距离之和。

8.3.7　有人看守道口除设置道口看守房、栏木和道口照明外，还应设置有线或无线通信、道口自动通知、道口自动信号等安全预警设备。道口看守人员通过这些设备预先了解列车接近道口的情况，及时关闭道口、疏导在道口内的车辆和行人，使列车安全顺利通过道口，这对于瞭望视距不足的道口尤为重要。当道口上有障碍物妨碍列车通过时，道口看守人员还须及时通过无线电话通知相邻的车站和列车，同时开通遮断信号，这样才能保证道口行车安全。

道口自动信号和道口监护设施可以向道路方向发出列车接近的声响和灯光信号，使道路上的车辆、行人及时避让，提高无人看守道口的安全度，故规定无人看守道口可根据需要设置道口自动信号和道口监护设施。

8.3.8　有轨电车道与城市次干道、支路同属城市地面交通系统，且交叉较频繁，考虑次干道、支路的车流量一般比城市快速路、主干道要小，行车速度也较低，故其相交时以设置平面交叉为宜，以避免多处立交工程，可节省大量工程投资，并减小对周边环境和城市景观的影响。道路与有轨电车道平面交叉时，对道路线形及直线段长度的要求，考虑有轨电车速度比火车速度低，同时考虑到城市道路条件的诸多实际困难，对直线段长度

不做具体规定，可因地制宜确定。

对于道路与沿道路敷设的有轨电车道交叉时，因有轨车道与城市次干路，支路不同，它属于客运专线性质，客流量较大，为充分发挥有轨电车的作用，节省乘客出行时间和体现社会效益，故其平面交叉道口应设置有轨电车优先通行信号。

10.2 公共交通专用车道

10.2.1 目前国内外公交系统专用通道根据使用特点，主要包括以下四种形式。

公交专用路：道路上，公交车拥有全部的、排他的使用权，包括单向道路系统中公交逆行专用道，全部封闭的专用通道等。

公交专用车道：在特定的路段上，通过标志、标线画出一条或几条车道给公交车专用，但公交车同时拥有在其他车道的行驶权，根据公交专用车道在道路断面的位置主要可以分为中央公交专用车道和路侧专用车道。

公交专用进口道：在交叉路口进口，专门为公交车设置的进口道，包括只允许公交车转向的管理设施。

公交优先道路：在混合交通中，公交车比其他车辆具有优先使用某条道路的权利，当其他车辆影响公交车的运行时，必须避让公交车辆。

规范只对公交专用车道的内容进行了相关规定。根据我国实际情况，结合不同的公共交通系统对道路的使用要求，将公共交通专用车道统一划分为快速公交专用车道和普通公交专用车道两类。

10.2.2 规定了快速公交专用车道的一般设计原则。

1 中央专用车道受其他车辆干扰最小，路侧专用车道根据道路路幅形式，还可分为主路路侧和辅路内、外侧形式，受其他车辆干扰程度也依次增加。因此优先选用中央专用车道。中央专用车道按上下行有无物体隔离分为整体式和分离式，整体式占用道路空间小，公交车辆运行中车辆有需求时可以借道行驶，故优选中央整体式。

2 由于快速公交专用车道和车站占用较大的城市空间资源，城市支路一般不具备设置大容量公交系统的条件。因此，规定设计速度为40km/h～60km/h。

3 经调研，目前国内大容量快速公交车车体宽度一般为2.55m，根据行驶及安全性要求，单车道的车道不应小于3.5m。

4 分离式单车道当运营车辆发生故障时，会阻碍其他运营车辆。为及时排除故障，应迅速将故障车辆移出专用道。考虑牵引车进出和疏散车上乘客的方便，物体隔离连续长度不应超过300m。

10.2.3 参照行业标准《公交专用车道设置》GA/T 507－2004中的相关规定。

11.2 公共停车场

11.2.2 确定公共停车场规模的依据为服务对象的要求、车辆到达与离去的交通特征、高峰日平均吸引车次总量、停车场地日有效周转次数、平均停放时间、车辆停放不均匀性等，同时要结合城市的性质、规模、服务公共建筑物的位置、城市交通发展规划等综合考虑。

11.2.4 停车场根据停放车辆的类型分为机动车停车场和非机动车停车场；根据停放车辆的场地分为路上停车场和路外停车场；根据服务对象分为公用停车场和专用停车场。规范规定的内容为停放机动车和非机动车的公共停车场。

11.3 城市广场

11.3.1 城市广场是指与城市道路相连接的社会公共用地部分，是车辆和行人交通的枢纽场所，或是城市居民社会活动和政治活动的中心。规范按其用途和性质将其分为公共活动广场、集散广场、交通广场、纪念性广场与商业广场五类。虽然各类广场的功能特性是有差异的，但在广场分类中严格区分各类广场，明确其含义是有困难的。城市中有些广场由于其所处位置及历史形成原因，往往具有多种功能，为了充分发挥广场的作用及使用效益，节约城市用地，应注意结合实际需要，规划多功能综合性广场。

11.3.2、11.3.3 规定了各类广场设计的一般原则。

1 公共活动广场多布置在城市中心地区，作为城市政治、文化活动中心及群众集会场所。应根据群众集会、游行检阅、节日联欢的规模，容纳人数来估算需要场地，并适当考虑绿化及通道用地。

2 集散广场为布置在火车站、港口码头、飞机场、体育馆以及展览馆等大型公共建筑物前面的广场，是人流、车辆集散停留较多的广场。

3 交通广场设在交通频繁的多条道路交叉的大型交叉口或交汇地点的广场，有组织与分散车流的功能。

4 纪念性广场应以纪念性建筑物为主。

5 商业广场应以人行活动为主，合理布置商业、人流活动区。

11.3.4 广场竖向设计不仅要解决场内排水，还要与广场周围的道路标高相衔接，兼顾地形条件、土方工程量大小、地下管线的覆土要求等，并应考虑广场整体布置的美观。

广场最小纵坡控制是为了满足径流排水。最大纵坡控制是考虑停车时手闸制动不溜车。

12　路基和路面

12.1　一 般 规 定

12.1.1、12.1.2　路基路面性能不仅取决于其结构和材料，而且与路基相对高度、压实状况、排水设施及自然因素密切相关。条文强调路基路面结构方案的设计应做好前期调查、分析工作，结合沿线地形、地质、材料等自然条件，因地制宜、合理选材，保证路基路面具有足够的强度、稳定性和耐久性。

12.1.3　快速路、主干路的路基路面不宜分期修建的原因主要是快速路、主干路的交通量大，对路面性能要求高，分期修建不仅影响交通运营及行车安全，而且易造成路面的损坏，产生不良社会影响。

12.1.4　合理、良好的排水对于保证路基路面使用性能和使用寿命具有重要作用。路基路面排水是整个道路排水系统的一个重要部分，不仅应满足道路排水总体设计的要求和标准，而且应形成合理、完整的排水系统，及时排除路表降水和路面结构层的内部积水，疏干路基和边坡，以确保路基路面的长期性能。

12.2　路　　基

12.2.2　路基回弹模量是路面厚度计算中唯一的路基参数，极其重要。对照欧美等国家的相关规范，我国《城市道路设计规范》CJJ 37－90 中规定“路槽底面土基设计回弹模量值宜大于或等于 20MPa，特殊情况下不得小于 15MPa。”的标准明显偏低；而且调查表明，近年来我国城市道路的轴载不断增大，车辆荷载作用于路基的应力水平和传递深度显著提高。因此，条文将快速路和主干路的土基设计回弹模量值提高到 30MPa，以增强路基的抗变形能力，优化路基路面结构的模量组合，不仅可以改善路面结构的受力状况，提高其使用性能，而且可以适当减薄路面厚度，节约投资。

路基干湿类型的确定方法如下：

1　路基干湿类型应根据不利季节路床顶面以下 80cm 深度内路基土的湿度状况确定。

2　非冰冻地区路基的湿度状况主要受地表积水、地下水位或空气相对湿度控制。对新建道路，路基湿度状况可以根据当地的实际条件，结合路基的土组类型，由基质吸力进行预估；对既有道路，路基湿度状况应在不利季节现场测定。

3 冰冻地区路基湿度状况的确定应考虑冰冻的影响。

12.2.3 路基设计高度应考虑相应路段的地表积水和地下水位、路基土的毛细水上升高度和冰冻状况等。沿河路基应考虑洪水的影响。

12.2.4 路基压实度是影响路基性能的重要指标。在路基工作区范围内，压实度越高，回弹模量越高，在行车荷载作用下的永久变形越小；对填方路基而言，压实度越高，由于路堤自身压密变形而引起的工后沉降越小。

《城市道路设计规范》CJJ 37－90 编制时，从必要性、有效性、现实性三方面分析了采用重型压实标准的可行性，提出了采用重型压实标准具有明显的技术、经济优势。但是考虑到当时我国多数城市重型压路机的数量只占总数的 40%～60%，一律执行重型压实标准，会有较大困难，因此，原规范并列了轻型、重型两种压实度标准。经过近 20 年的发展，目前施工中已普遍采用重型压路机，因此，条文取消了轻型压实度标准，统一按重型压实度指标控制。

路基压实度一直备受关注。通过广泛调查，普遍认为原压实度标准偏低，并主张应适当提高路基压实度标准。条文根据各地的建设经验，将路基压实度标准分别提高了 1%～3%，并将填方路基压实度标准控制到路床顶面以下深度 150cm。

为增强条文的适用性和经济性，对几种特殊情形作了补充规定：

1 对于处在特殊气候地区，或者存在重要管线保护等的路基，如施工确有困难，条文规定，在不影响路基基本性能的前提下，本着可靠、可行、经济的原则，适当放宽重型击实的标准。

2 专用非机动车道和人行道的路基荷载相对较低，故压实度标准可按机动车道降低一个等级执行，但必须避免不同部位压实差异可能造成的稳定性隐患或者不均匀变形。

3 对于零填方或挖方以及填方高度小于 80cm 路段，在整个路床（0～80cm）范围内按照一个标准来控制压实，可能操作难度大或者不经济。考虑到车辆荷载沿路基深度的分布特征，可以采用“过渡性压实”的方法来控制不同深度的路基压实，下路床部分的压实标准较上路床部分可略有降低。

12.2.5 路基防护工程是防止路基病害、保证路基稳定的重要措施。规定中强调了应根据道路功能，结合当地气候、水文、地质等情况，采取相应的防护措施，保证路基稳定。

深挖、高填路基边坡路段，往往存在着稳定性隐患，因此强调必须查明工程地质情况，根据地质勘察成果进行稳定性分析，针对其工程特性进行路基防护设计，保证边坡稳定。

12.2.6 软土、黄土、膨胀土、红黏土、盐渍土等特殊土路基多为特殊路基，其稳定、变形及可能产生的工程问题与特殊土的地层特征、物理、力学和水理特性，以及道路沿线工程地质、水文地质条件有关。因此，条文强调特殊土路基设计应充分重视岩土工程勘察与分析，应进行个别验算与设计。

考虑到特殊路基类型多，不同特殊路基的工程特性和问题各不相同，本条文仅作了原则规定。

12.3 路　　面

12.3.2 路面面层类型的选用不仅要考虑道路的类型和等级，更需要考虑不同面层的适用范围。道路设计中应针对不同性质、功能的场所选用相应的铺面类型。

近年来，随着对城市道路环保和景观要求的日益提高，科研人员研发了一批新型沥青混合料，并得到成功应用，如温拌沥青混凝土、大孔隙沥青混凝土、彩色沥青混凝土、透水水泥混凝土路面、透水沥青路面、透水砖路面等。并且已有相应的专用规范。因此，本规范只对各种路面结构的使用条件作原则规定，具体的设计要求，可详见相关规范。

12.3.3 沥青混凝土路面的损坏模式主要有裂缝类、变形类和表层损坏类等三大类。不同损坏模式对应不同的临界状态，因而，采用单一指标进行沥青混凝土路面设计具有明显的局限性。本规范根据国际、国内的研究成果与发展趋势，提倡采用多指标沥青路面设计方法。

关于沥青路面设计方法，从第九版开始的美国的沥青协会设计法、英国的设计法、比利时的设计法等，多指标体系的力学设计法已成为主流；我国近十年来也在不断地研究、完善和推动这一设计方法。该方法采用双圆垂直均布荷载作用下的多层弹性连续体系理论，按设计荷载所产生的应力、应变和位移量不超过路面任一结构层所容许的临界值来选择和确定路面结构的组合和结构层厚度。设计流程如图 5 所示。

12.3.4 水泥混凝土路面结构设计以控制水泥混凝土板不出现结构断裂作为基本准则。引起水泥混凝土路面结构断裂的因素可归纳为行车荷载与环境温度变化。因此，将行车荷载和温度梯度综合作用产生的疲劳断裂作为路面结构设计的极限状态和设计标准。

水泥混凝土路面结构分析采用弹性地基板理论，应考虑各层之间的相互作用，按行车荷载与环境温度变化引起的路面结构层（面层、基层）临

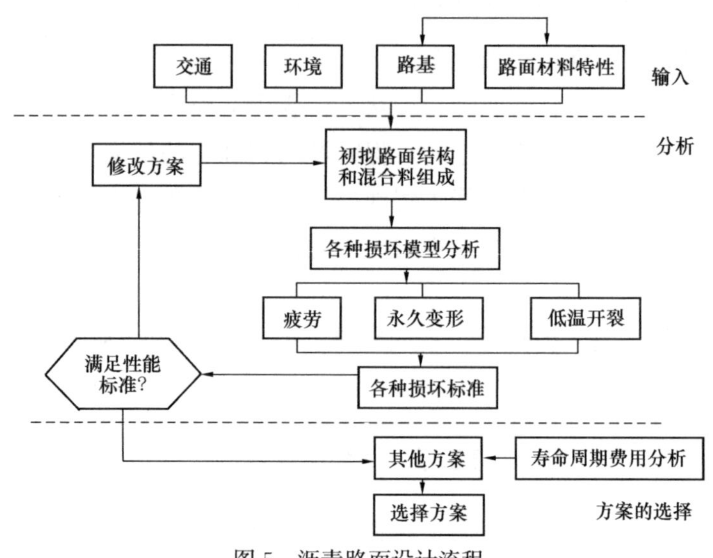

图5 沥青路面设计流程

界荷位处综合疲劳应力不超过材料的弯拉强度来选择和确定结构组合和各结构层厚度。

水泥混凝土面层的耐久性主要指抗冻性。关于面层类型的选择，连续配筋混凝土面层、沥青上面层与连续配筋混凝土或横缝设传力杆的普通水泥混凝土下面层组成复合式路面两种面层类型，具有承载能力大、行车舒适及使用寿命长等优点，但其造价较高。因此，前者仅推荐用于特重交通的快速路、主干路，而后者仅推荐用于特重交通的快速路。

垫层主要设置在温度和湿度状态不良的路段上，以改善路面结构的使用性能。季节性冰冻地区，路面总厚度小于最小防冻厚度时，用垫层厚度补差，可有效地避免或减轻冻胀和翻浆病害；潮湿、过湿路基，设置排水垫层，可疏干路床土，保证基层处于干燥状态。

我国过去出于降低造价和迁就落后的施工技术等原因，水泥混凝土路面绝大多数不设传力杆。不设传力杆的水泥混凝土路面易发生唧泥、错台，进而造成路面板裂断，为了提高水泥混凝土路面使用寿命长和行车舒适性，本条文规定了快速路、主干路的横向缩缝应加设传力杆。

水泥混凝土面层的自由边缘、雨水口和地下设施的检查井周围是薄弱区域，应采用配筋补强。

对面层的水泥混凝土强度、主要技术指标作出最低规定，以保证水泥混凝土路面的基本性能要求，减少设计缺陷的发生。

12.3.5 非机动车道路面结构设计视路面上行驶的交通工具（自行车、摩托车、三轮车及其他等）不同而有所区别。若为专用非机动车道，其设计应按使用功能要求，根据筑路材料、施工最小厚度、路基土类型、水文地质条件及当地经验，确定结构层组合与厚度，达到整体强度和稳定性。若有少量机动车行驶，其设计除应满足非机动车的使用功能要求外，还应满足机动车的使用功能要求，结构组合和厚度确定方法与沥青混凝土路面、水泥混凝土路面的设计方法相同，面层厚度可较机动车道厚度适当减薄。

12.3.6 人行道铺面结构设计主要考虑行人的荷载作用，按使用功能要求确定结构组合和各结构层厚度，达到整体强度和稳定性。

广场铺面设计应视广场的性质、功能和分区不同而有所区别，铺面一般按使用功能要求进行设计，通过铺面结构组合，达到整体强度和稳定性。可采用条石、水泥混凝土步道方砖或机砖、缸砖等作为广场铺面面层。

广场铺面设计采用水泥混凝土或沥青混凝土面层，其设计方法和内容与沥青混凝土路面、水泥混凝土路面相同。

12.3.7 停车场铺面作为停放车辆的场所，其上作用的车辆荷载与一般道路基本相同，因此，铺面设计可参照沥青混凝土路面、水泥混凝土路面的设计方法和内容进行。

根据停车场的性质与功能不同，停车场铺面结构的设计荷载应视实际情况确定。停车场驶入、驶出的车速较小，荷载冲击系数可比车行道路面结构的设计值小。停车场的出入口路面与车场内停车部位的路面重复荷载作用不同，一般应予以区别考虑和加强。停车处主要受静荷作用，受荷时间长，路面承重的工作状态与车行道不同，另外，停车场内车辆启动、制动频繁，采用沥青混凝土面层，应提高路面面层的抗车辙能力，以免夏季路面变形。采用水泥混凝土面层，无论现浇或预制铺装，均应设置胀缝，其胀缝间距及要求与车行道相同，纵、横缝则都要设。

12.4 旧路面补强和改建

12.4.1 路面在使用过程中，由于行车荷载和环境因素不断作用，路面平整度、抗滑能力、承载能力等性能逐渐退化。当不能满足交通的需求时，需采取结构补强或改建以恢复或提高。在旧路面结构补强和改建时，充分利用旧路面的剩余强度，可有效地减少投资。因此，本条文对旧路面补强和改建的条件作了原则规定。

12.4.2 本条规定了旧路面结构补强和改建方案设计中应考虑的因素，强调了技术经济分析的重要性；规定了对不同旧路面状况应采取的补强或改建方案的原则要求。

12.4.3 补强和改建适用于不同的旧路面路况条件。其中，补强适用于路面结构破损较为严重或路面承载能力不能满足未来交通需求的情况；改建适用于路面结构破损严重，或路面纵、横坡需作较大调整的情况。

12.4.5 水泥混凝土路面上加铺沥青面层的技术关键是如何预防旧路面的接缝、裂缝反射穿透加铺面层而形成贯穿性反射裂缝。因此，必须根据道路所在地区的气候特点、交通荷载的大小和繁忙程度、旧路面的性能，尤其是接缝、裂缝两侧的弯沉差等，考察各种防反射裂缝措施的适用性和效果，然后通过技术经济比较作出决策。

13 桥梁和隧道

13.1 一 般 规 定

13.1.1 桥梁的设置，尤其是特大桥、大桥的设置应根据城市道路功能及其等级、通行能力，结合地形、河流水文、河床地质、通航要求、河堤防洪、环境影响等进行综合考虑，并设置完善的防护设施，增强桥梁的抗灾能力。

13.1.2 随着我国经济的发展，城市道路建设中采用隧道穿越水域和山岭的方案越来越多，为指导设计，本次修订对隧道的建设规模与技术标准作了原则性的规定。

隧道位置的选择，直接影响到隧道设计、施工和投资以及竣工后的运营安全和养护管理。因此，对隧道所在区域的地质勘察、地下管线和障碍物探测、水域河床自然变化、人工整治状况及航运、航道规划、城市规划、地下空间利用规划、景观和环境保护、城市道路、交通网络、道路功能定位等工作必须进行深入细致调研和掌握，力求准确、全面。

是否采用隧道方案应综合考虑社会、经济、地质、环保、工程造价等因素进行比选。一般应进行明挖与暗挖隧道施工方案的比较，穿越山岭地区或建筑物等可考虑采用矿山法或盾构法等；穿越水域可考虑围堰明挖法、盾构法、沉管法等；隧道位于路面等无建筑物的环境条件下可采用明挖法、盖挖法等。比选不仅要考虑建设成本和建设难度、城市景观和环境保护，还要考虑建成后车辆的行驶安全、运营费用，以及运营管理和养护维修的费用。

13.1.3 根据国务院颁发的《城市道路管理条例》（1996 年第 198 号令）第四章第二十七条规定：城市道路范围内禁止“在桥梁上架设压力在 4 公斤/平方厘米（0.4 兆帕）以上的煤气管道，10 千伏以上的高压电力线和其他燃爆管线。”对于允许在桥上通过的压力小于 0.4 兆帕燃气管道和电压在 10kV 以内的高压电力线，其安全防护措施应分别符合现行国家标准

《城镇燃气设计规范》GB 50028、《电力工程电缆设计规范》GB 50217 的规定要求。为此本条规定主要是确保桥梁或隧道结构的运营安全，避免发生危及桥梁或隧道自身和在桥上隧道内通行的车辆、行人安全的重大燃爆事故。

13.2 桥　　梁

13.2.1 本条规定了城市桥梁设计应考虑的一般原则。

1 特大桥、大桥的桥位应选择在顺直的河道段，避免设在河湾处，以防止冲刷河岸。同时要求河槽稳定，主槽不宜变迁，大部分流量能在所布置桥梁的主河槽内通过。桥位的选择要求河床地质条件良好、承载能力高、不易冲刷或冲刷深度小。桥位若处在断层地带，要分析断层的性质，如为非活动断层，宜将墩台设置在同一盘上。桥位应尽力避免选择在有溶洞、滑坡和泥石流的地段，否则应采取工程防护措施，确保岸坡稳定。

2 城市桥梁应根据所在城市道路的使用任务、性质和将来发展的需要，按照“安全、适用、经济、美观和有利环保”的原则进行设计。安全是设计的目的，适用是设计的功能需要，必须首先满足；在满足安全和适用的前提下，应根据具体情况考虑经济和美观的要求。同时应注意工程设计的环保要求。

3 城市桥梁设计应按城市规划要求、交通量预测，考虑远期交通量增长需求。城市桥梁应和城市发展环境、风貌相协调。

4 城市桥梁建设应考虑各项必需的附属设施的布置和安排，以免桥梁建成后再重新设置，损伤桥梁结构，或破坏桥梁外观。

13.2.2 与国家现行标准《公路桥涵设计通用规范》JTG D60－2004 中的桥梁分类标准一致。

13.2.4 通航河流的桥下净空，应符合国家现行标准《内河通航标准》GB 50139、《通航海轮桥梁通航标准》JTJ 311 的规定。

非通航河流的桥下净空高度，应根据设计水位、壅水高、浪高、最高流冰面确定，并给以一定的安全储备量。

非通航河流的桥梁跨径，除了应根据水流平面形态特征，河床演变趋势、河段地形地质条件确定外，还应考虑流冰、流木等从桥孔通过。

13.2.5 桥上最大纵坡主要从桥梁结构受力和构造方面考虑，而引道最大纵坡则主要考虑行车方面的要求。在具体应用时，应根据桥型、结构受力特点和构造要求，选用合适的桥上纵坡。通行非机动车时需满足非机动车的行车要求。

桥上最小纵坡主要从满足排水要求考虑，《城市道路设计规范》CJJ 37－

90 和《城市快速路设计规程》CJJ 129－2009 中规定最小纵坡为 0.3%。编制中，考虑到目前城市道路建设中高架桥的应用越来越多，桥梁较长，如果以最小纵坡为 0.3%控制，为了满足竖向设计指标要求，造成桥梁线形起伏，影响美观。因此，规定了条件受限时，可采用平坡，但要满足排水的要求。

13.3 隧　道

13.3.1 隧道埋深的确定对控制建设规模、环境保护、施工安全、运营便捷等方面进行考虑，确定时应根据道路等级、隧道交通功能和服务对象，综合考虑路线走向、路线平纵线形、隧址处环境、洞口、匝道及接线道路、隧道内附属设施的布置等因素。同时，应对隧道出入口位置进行比选。

13.3.2 采用《公路工程技术标准》JTG B01－2003 及《公路隧道设计规范》JTG D70－2004 中的规定。

目前除国际隧道协会按长度将隧道分为特长、长、中、短隧道外，其他像瑞士仅对隧道长度分布范围作了区分，但没有长短之分。德国、澳大利亚仅按长度的不同对隧道内应设置的安全设施提出了要求。其他各国如英国、挪威、日本、法国、瑞典等都是按照隧道长度与交通量这两个指标进行分级的，其目的主要还是为隧道内安全、运营管理设施设置规模提供标准。

我国公路与铁路部门都是按隧道长度进行分类，但其分类长度不同。另外在《公路隧道交通工程设计规范》JTG/T D71－2004 中提出了公路隧道交通工程分级根据隧道长度和隧道交通量两个因素划分为 A、B、C、D 四级。

从国内外隧道分类（级）现状来看，多数国家没有隧道长短之分，隧道内安全设施根据隧道长度、交通量与通行车辆类型，即火灾可能规模及逃生救援的难易程度确定。由此采用的隧道分级有 5 个级别、4 个级别与 3 个级别等多种情况，各级隧道起点长度也不一致，这主要与各国道路等级、交通组成和交通量是相对应的。

单按隧道长度来划分，主要是给人们一个宏观的概念，此种分类方式称为隧道分类。按隧道长度与交通量这两个指标类划分，主要是解决隧道内应设置的营运安全设施规模，体现隧道的安全与重要性，此种分类方式称为隧道分级。

13.3.3 本条参照《公路工程技术标准》JTG B01－2003 中的规定，同时考虑软土中某些隧道工法的技术经济指标以及城市用地紧张，条件受限，并考虑城市隧道交通量大，城市隧道运营维护设施较为完善，管理要求和水平也较高，因此，规定比《公路工程技术标准》要求略低。

13.3.4 长度大于 1000m 行驶机动车的隧道考虑汽车尾气的污染对通风的要求比较高，目前技术条件下，慢速交通通过隧道存在较大的安全隐患，因此禁止与机动车在同一孔内设置非机动车和行人通道；长度小于等于 1000m 的隧道若要求设置非机动车和行人通道时，必须有安全隔离设施。

13.3.5 隧道洞口由于光线的剧烈变化以及道路宽度和行车环境的改变，隧道进出洞口是事故多发地段。因此，洞内一定距离与洞外一定距离保持线形一致是必要的，以保持横断面过渡的顺适，满足车辆行驶轨迹的要求。

隧道入洞前一定距离内，应设置必要的安全设施和视线诱导设施，例如标志、标线、安全护栏、警示牌、信号等，使驾驶人员能预知并逐渐适应驾驶环境的变化。

由于城市中行驶车辆性能较好，车辆爬坡能力等提高，同时考虑城市环境条件较为苛刻，因此隧道纵坡可以适当放宽，在上海、广州等地区一些隧道已有实例。

参照国外相关标准以及国内的科研成果，最大纵坡可适当加大，尽管对最大纵坡值作了适当的放宽，但从行车安全角度考虑，隧道内纵坡仍应尽可能采用较小的纵坡值。当受地形、地质、环境、出入口道路衔接条件等限制，拟加大隧道纵坡时，应根据道路类别、级别、隧道长度，考虑隧道所在地区的气候、海拔、主要车辆类型和交通流组成、隧道运营管理水平、隧道内安全设施配备标准等因素，对纵坡值进行充分论证后，再慎重使用，但隧道最大纵坡不应大于 5%。

隧道平面线形应与隧道前后路线线形协调一致，并尽量均衡。影响隧道行车安全的重要因素是停车视距和车速，因此线形设计必须保证停车视距。长、中隧道以及短隧道的隧道线形应服从路线布设的需要。采用曲线隧道方案时，必须对停车视距进行验算，并尽量避免采用需设加宽的圆曲线半径。

13.3.7 为了预防或消除地表水和地下水对隧道产生的危害，要求隧道设计应进行专门的防水、排水设计，使隧道洞内、洞口与洞外构成完整的防水、排水系统，以保证隧道结构、附属设施的正常使用，以及行车安全。

排、防、截、堵和限量排放措施应综合考虑，根据多年来隧道建设的经验，隧道内的防排水应以“排”为主。以防助排，可以使水流集中，安排地下水流按无害路径排走。截是为了减少对洞内排水防水的负担，截得越彻底，排防越有利，同时应充分考虑排水对周围环境的影响，因此提出

"限量排放"的要求，如隧道周边附近地表植被、地上和地下建（构）筑物及路面沉降等。

13.3.9 城市道路公交车辆等人员交通流量较大，尤其上、下班高峰期间，因此应特别强调隧道事故报警、救援逃生设施等的布置。

13.3.10 城市道路隧道需设置管理用房，在多条隧道邻近的条件下，为考虑资源优化配置，节省土地和人力、物力，设置一处管理用房便于集中管理。

13.3.12 由于城市内建筑物布置和人员较为密集，环境和景观要求较高，道路隧道出入口建筑设计、通风设施的布置不仅必须满足污染空气的排放环保要求，而且应与景观相协调。

14 交通安全和管理设施

14.1 一 般 规 定

14.1.1 交通安全和管理设施是维护交通秩序、预防和减少交通事故、发挥城市道路运输效率的基础设施，是"以人为本"、"方便群众"的具体体现，也是反映城市交通建设、管理水平和文明程度的一个重要方面。交通安全和管理设施的建设规模与技术标准应结合国内生产实际的需要和适度超前；同时要相互匹配，协调发展，形成统一的整体。防止追求过高的技术标准或者随意降低技术标准。交通安全和管理设施应按总体规划、分期实施的原则配置，最重要的是做好前期基础工作，即总体规划设计，依据路网的实施情况逐步补充、完善。

14.1.2 交通安全和管理设施易被人忽视，有时往往到了工程快竣工时，才想到要设置标志、标线等安全设施。特别是当经费不足时，交通安全和管理设施项目往往"首砍其冲"。因此本条强调规划设计，在规划设计指导下工程才有保障。同时交通安全和管理设施是保障道路行车安全的重要手段，同时也是体现城市交通管理的一个窗口，因此，强调在规划设计时，应与当地规划和交管部门协调配合。

14.1.3 在城市道路的设计与建设过程中，一般是随着城市的发展，分条、分段由不同的建设单位建设。一条道路或一段道路的建成通车，都会对一定区域的交通格局带来影响，因此，需对周边已有的一些交通设施进行调整，为了更好地发挥道路使用功能，在此强调应加强对现有设施的协调和匹配。

14.1.4 为了明确各级道路交通安全和管理设施的建设规模和技术标准，

将交通安全和管理设施等级划分为A、B、C、D四级。规定了道路开通运营时，各级道路交通安全和管理设施必须配置的水平。本条系结合我国城市道路的现状特点和实践经验，参照我国现行的公路设计相关标准制定的。

14.2 交通安全设施

14.2.1 A级配置是针对专供汽车连续行驶、控制出入的城市快速路而作的规定。

14.2.2 B级配置是供交通性主干路、次干路而作的规定。这里强调设置机动车与非机动车分离；机动车与非机动车以及行人分离的隔离设施；平面交叉口强调路口的交通渠化以及设置交通信号控制；对沿线支路接入的限制措施是指在支路上设置减速让行或停车让行标志或设置减速路拱或设人行横道线和信号灯控制等。

14.2.3 C级配置是为集散性、服务性的主干路、次干路而作的规定，这类道路往往路口多，人车混行，机非混流，为了维护道路秩序和交通安全更宜交通渠化，信号管理，人车分离，各行其道。

14.2.4 D级配置是为次干路与支路的连接线而作的规定，重点在平交路口和危及安全行车的路段。

14.2.5 其他情况下应配置的交通安全设施作如下说明：

1 我国幅员辽阔，复杂多变的气候条件常给交通运行和安全带来困扰和影响，为了减少这种困扰和影响，各地应结合本地自然条件配置交通安全设施。

2 在危险路段为防止车辆失控或越出道路而造成严重伤害，应当设置视线诱导、警告、禁令标志和安全防护设施。

3 是对交通弱势群体的特殊保护。施画人行横道线，设置提示标志是法律上强制的，必须设置。但这种设置的前提是“没有行人过街设施”。如果有过街设施，则可以让这部分人通过过街设施。

4 是关于铁路与道路平面交叉道口设置交通安全设施的规定。

5 为了保证铁路运营的安全，铁路的设计规范中，对于上跨铁路的桥梁安全设施的设置有相关的规定，因此本条规定了上跨铁路桥梁设施的设置要求。

6 交通噪声要引起人们关注和有所应对。现在道路工程建设中，大多是道路建成后居民受到噪声困扰时才引起注意，因此要求设计者事先应有所预见，主动采取一些降噪措施，如设置绿化带、隔声墙、低噪声路面等等。

14.2.6 绿化是城市道路的一个重要组成部分；若分隔带上的绿篱高而密，会阻隔了驾车人一侧行车视线，作为城市道路还不能完全控制行人从绿篱中横出的情况下，驾车人和行人往往会猝不及防，酿成事故，这类教训是很多的。其次绿篱高而密，驾车人和坐车人的视觉也受到了压抑，因此在交叉口、人行横道和弯道内侧等道路绿化应不妨碍行车视距。

14.3 交通管理设施

14.3.1 A级管理设施是针对快速路配置的。快速路是城市交通网络中的骨架，交通量很大，一旦建成开通就成为离不开、断不得的交通命脉，因此齐全、完善的管理设施是完全必要的。但在开通初期，具体设施可根据服务水平等因素进行降级配置。A级配置首先要加强交通流基本参数（如流量、速度、密度）的检测，配置视频监视器等基础设备，加强信息的采集和处理；以后视交通量增长情况，配置二期设备，最终达到中等或较高规模的设施。

14.3.2 B级管理设施主要在平面交叉口上。纵观国内外城市交通矛盾都集中在平面交叉口上，人车分离、路口渠化是首要工作；交通信号灯控制是规范平交路口各个方向同时到达且相互冲突（或交织）的人车流、在时间上进行通行权分配最常见和最有效的方法；同时也是对道路交通流、快速路的匝道和路段上人行横道等通行权进行分配、控制、疏导、合理组织的有效措施。对信号灯控已形成路网的区域，应考虑协调控制。

15 管线、排水和照明

15.1 一 般 规 定

15.1.1 城市道路是综合管线的载体，应尽量为管线工程提供技术条件。管线种类往往较多，需要统一协调，同步规划、同步设计才能确保总体布局合理。

15.1.2 道路排水工程往往结合区域排水工程建设，是城市排水工程的一部分，应符合城市排水工程的一般要求。

15.1.3 道路照明能为驾驶员及行人创造良好的视看环境，从而达到减少交通事故、保障交通安全、提高运输效率和美化城市环境的效果。

15.2 管　　线

15.2.1 管线埋地敷设可以改善市容景观，净化城市空间，同时提高管线的安全可靠性。

15.2.2 本条对道路管线工程设计提出原则性要求。

1 符合总体规划才能协调各管线单位意见，符合专业规划才能满足管线专业技术要求。

2 指管廊路幅分配和管线交叉的处理应符合相关专业规范对管线排列顺序、覆土深度、水平和垂直净距、防干扰等方面的规定。

3 本条规定了对管线限界的总体要求。

4 为保证行车安全舒适，便于管道检修维护，管线应优先考虑布置在非车行道下。快速路主路上车速较快，井盖可能影响行车，管线管理维护难度大；其余车行道上的井盖通常由于与路面不齐平、井盖盗失、承载力不足或松动等原因，对行车的安全和舒适性有较大影响；人行道上的井盖和其他地上设施由于设置位置不合理以及上述原因，会影响盲人、残疾人轮椅的通行和正常人在光线较暗情况下的通行。

15.2.3 过街管数量不足将影响管线的服务效率，道路建成使用后再施工的难度非常大。规定过街管实施时宜采用非开挖技术，目的是避免开挖破坏路面，影响交通，造成不良社会影响。

15.2.4 综合管沟断面一般较大，一次性投资较多，管理要求较高，其建设往往需结合具体情况论证，本规范不对其设置的条件作具体规定。“条件许可”主要指的是沟道不受地下障碍物影响，不影响城市地下空间的综合开发利用，技术上可行，资金有保障。

15.2.5 管线覆土过深或过浅、交叉净距不足可能对管线安全构成隐患，可能导致管线之间相互干扰，必须采取加固和保护措施。管线及其构筑物侵入道路结构时对路基路面的强度有所削弱，应根据削弱程度采取适当的加固和补强措施。

15.2.6 专业规范从管道工程安全的角度都对此有严格规定，本条从道路和交通安全的角度提出基本要求。

15.2.7 电力、燃气管线跨越桥梁的问题近年来争议较多，相关规范标准进行了适当调整，但设计中仍应注意其限制条件。现行《建筑设计防火规范》GB 50016 对城市交通隧道内高压电线电缆和可燃气体管道的穿行有严格限制。

15.3 排 水

15.3.1 道路排水工程往往结合区域排水工程建设，是城市排水工程的一部分，应符合城市排水工程的一般要求。<u>海绵城市建设涉及城市水系、排水防涝、绿地系统、道路交通等多方面，需要从径流源头、中途和末端综</u>

合控制，因此，海绵城市建设应贯彻规划引领、统筹建设的原则，控制目标和指标必须从规划层面统筹考虑，分解到相关的专项规划之中，在建筑与小区、城市道路、绿地与广场、水系等的建设中具体落实。城市道路应在不削弱道路基本功能的前提下，落实海绵城市建设规划提出的控制目标。

15.3.2 “道路地面水”包括道路范围内的车行道、人行道、分隔带、绿地、边坡的地面水，以及其他可能进入道路范围内的地面水。

15.3.3 “地下水”包括通过绿化分隔带和路面缝隙渗入地下的地表水。

15.3.4 道路排水设计的具体指标采用现行国家标准《室外排水设计规范》GB 50014 中的相关规定，本规范不另行规定。

15.3.5 利用道路横坡和纵坡、偏沟和雨水口相结合，是城市道路地面水最重要的收集方式。《室外排水设计规范》GB 50014 对雨水口有详细规定，本条仅提出概括性要求，但此处的“雨水口”并非仅指标准图集中的“专用雨水口”，而是泛指各种有拦渣措施、能收集地面水的排水设施。

设置超高的弯道可能使外侧路面形成向内侧倾斜的横坡，有中间分隔带时应设置雨水口，避免雨水穿过分隔带横向流过内侧车道或从下游横向流过外侧车道；在横坡方向转换的地方应设置雨水口，避免中间或路侧偏沟的雨水横向流过车行道。

15.3.6 由于特殊的地形条件或者道路先行建设，城市道路沿线难免出现永久或临时边坡，需要适当设置边沟和截水沟。

16 绿化和景观

16.1 一 般 规 定

16.1.1 道路绿化景观工程实质是道路装修，随着城市经济发展逐步提升品质，应在国家基本建设方针政策指导下进行设计，不宜过度超前。

16.1.2 城市道路用地紧张，往往交叉口的设计不注意视距三角形的验算，植物和建筑一样不得进入视距三角形。分隔带与路侧带上的行道树的枝叶不得侵入道路限界。弯道内侧及交叉口三角形范围内，不得种植高于最外侧机动车车道中线处路面标高 1m 的树木，弯道外侧应加密种植以诱导视线。

16.2 绿　　化

16.2.1 该条规定了道路绿化设计的范围，一般指道路用地范围内的功能性用地外区域。

16.2.2 道路绿化设计应综合考虑沿街建筑性质、环境、日照、通风等因素，分段种植。在同一路段内的树种、形态、高矮与色彩不宜变化过多，并做到整齐规则和谐一致。绿化布置应注意乔木与灌木、落叶与常绿、树木与花卉草皮相结合，色彩和谐，层次鲜明，四季景色不同。设置调蓄设施的道路绿化带内的植物选择还应考虑植物的耐淹、耐盐、耐污等要求。

根据城市绿化养护单位较多提出中央隔离带植物养护难的问题，本条规定种植树木的中央隔离带的最小宽度不应小于 1.5m；是对窄隔离带上种植植物品种的限制，应选便于养护的品种。

三、城市道路路线设计规范
CJJ 193－2012

中华人民共和国行业标准

城市道路路线设计规范

Code for design of urban road alignment

CJJ 193－2012

批准部门：中华人民共和国住房和城乡建设部
施行日期：2 0 1 3 年 3 月 1 日

目　　次

3 基本规定

3.0.1 城市道路根据道路在路网中的地位、交通功能和服务功能等，可分为快速路、主干路、次干路、支路四个等级，各级道路的设计速度应符合表3.0.1的规定。

表3.0.1 各级道路的设计速度

道路等级	快速路			主干路			次干路			支路		
设计速度（km/h）	100	80	60	60	50	40	50	40	30	40	30	20

3.0.2 路线设计应符合城市规划，并应结合地形、地物，对工程地质、水文地质、气象气候、生态环境、自然景观等进行调查，合理确定路线线位和平纵线形技术指标，平面应顺适、纵断面应均衡、横断面应合理。

3.0.3 路线设计应贯彻环境保护和土地资源利用的基本国策，降低道路工程对沿线生态环境以及资源的影响，并应符合以人为本、资源节约、环境友好的设计原则。

3.0.4 当道路采用分期修建时，应在综合分析、论证的基础上进行总体设计和制定分期实施方案，并应协调近期工程与远期工程的关系，控制道路用地，为远期工程实施留有余地。

3.0.5 改建道路应遵循利用与改造相结合的原则，既应满足相应道路等级的技术指标，又应能最大程度利用原有工程。

3.0.6 机动车设计车辆及其外廓尺寸应符合表3.0.6的规定。

表3.0.6 机动车设计车辆及其外廓尺寸

车辆类型	总长（m）	总宽（m）	总高（m）	前悬（m）	轴距（m）	后悬（m）
小客车	6.0	1.8	2.0	0.8	3.8	1.4
大型车	12.0	2.5	4.0	1.5	6.5	4.0
铰接车	18.0	2.5	4.0	1.7	5.8＋6.7	3.8

注：1 总长：车辆前保险杠至后保险杠的距离。

2 总宽：车厢宽度（不包括后视镜）。

3 总高：车厢顶或装载顶至地面的高度。

4 前悬：车辆前保险杠至前轴轴中线的距离。

5 轴距：双轴车时，为从前轴轴中线到后轴轴中线的距离；铰接车时分别为前轴轴中线至中轴轴中线、中轴轴中线至后轴轴中线的距离。

6 后悬：车辆后保险杠至后轴轴中线的距离。

3.0.7 非机动车设计车辆及其外廓尺寸应符合表 3.0.7 的规定。

表 3.0.7 非机动车设计车辆及其外廓尺寸

车辆类型	总长（m）	总宽（m）	总高（m）
自行车	1.93	0.60	2.25
三轮车	3.40	1.25	2.25

注：1 总长：自行车为前轮前缘至后轮后缘的距离；三轮车为前轮前缘至车厢后缘的距离。

2 总宽：自行车为车把宽度；三轮车为车厢宽度。

3 总高：自行车为骑车人骑在车上时，头顶至地面的高度；三轮车为载物顶至地面的高度。

3.0.8 道路建筑限界几何形状应为上净高线和两侧侧向净宽边线组成的空间界线（图 3.0.8），顶角宽度（E）不应大于机动车道或非机动车道的侧向净宽度（W_l）。道路建筑限界内不得有任何物体侵入。

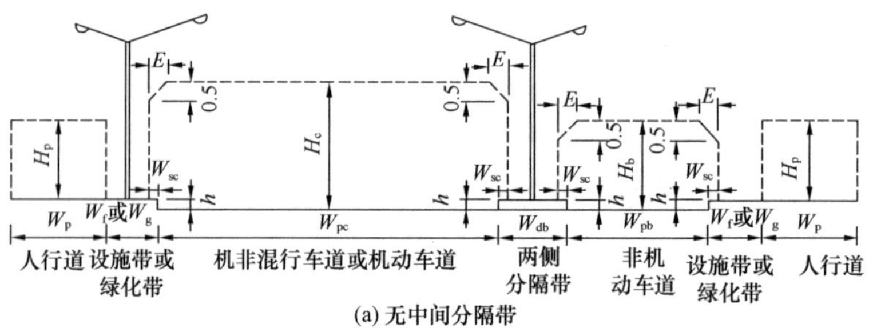

(a) 无中间分隔带

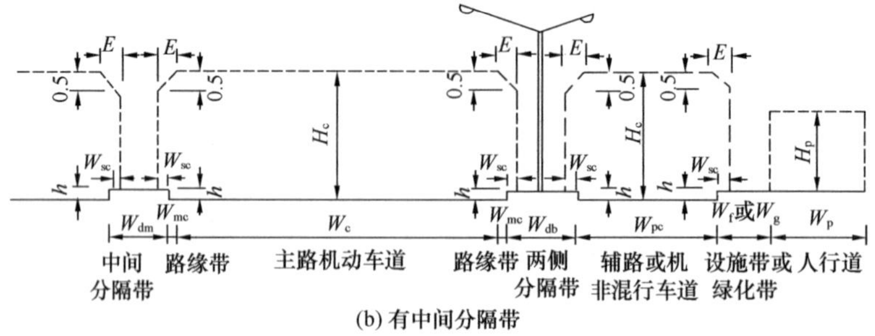

(b) 有中间分隔带

图 3.0.8 道路建筑限界（单位：m）（一）

3.0.9 道路净高应符合下列规定：

1 道路的最小净高应符合表 3.0.9 的规定。

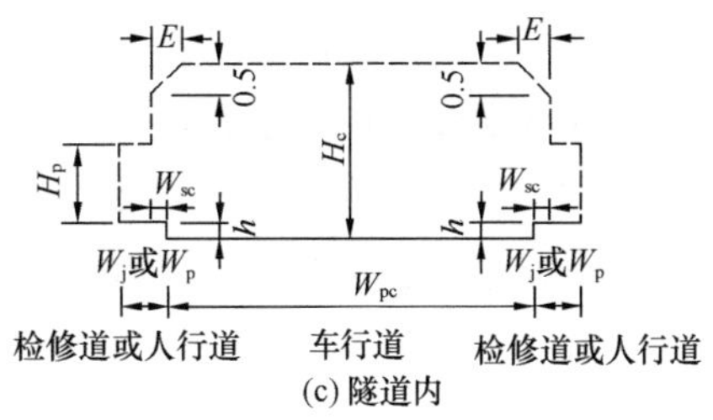

图 3.0.8 道路建筑限界（单位：m）（二）

表 3.0.9 道路的最小净高

部 位	行驶车辆类型	最小净高（m）
机动车道	各种机动车	4.5
	小客车	3.5
非机动车道	自行车、三轮车	2.5
人行道	行人	2.5

2 同一等级道路应采用相同的净高。

3 城市道路与公路以及不同净高要求的道路之间应衔接过渡，并应设置必要的指示、诱导标志及防撞等设施。

4 对加铺罩面、冬季积雪的道路，净高宜适当预留。

5 对通行无轨电车、有轨电车、双层客车等其他特种车辆的道路，最小净高应满足车辆通行的要求。

3.0.10 各级道路设计交通量的预测年限应符合下列规定：

1 各级道路设计交通量的预测年限：快速路、主干路应为 20 年；次干路应为 15 年；支路宜为 10 年～15 年。

2 设计交通量预测年限的起算年应为该项目可行性研究报告中的计划通车年。

3.0.11 道路路线应避开泥石流、滑坡、崩塌、地面沉降、塌陷、地震断裂活动等自然灾害易发区；当不能避开时，必须采取保证道路安全运行的有效措施。

4 总体设计

4.1 一 般 规 定

4.1.1 快速路、主干路、大桥和特大桥、隧道、交通枢纽应进行总体设计，其他道路可根据相关因素、重要程度进行总体设计。

4.1.2 总体设计应贯穿于道路设计的各个阶段，应系统、全面地协调道路工程项目外部与内部各专业间的关系，确定本项目及其各分项的技术标准、建设规模、主要技术指标和设计方案，并应符合安全、环保、可持续发展的总体目标。

4.1.3 总体设计应包括下列主要内容：

1 制定设计原则；

2 明确道路性质、功能定位、服务对象；

3 确定技术标准、建设规模、主要技术指标；

4 确定工程范围、总体方案和道路用地，并协调与相邻工程的衔接；

5 提出交通组织设计方案；

6 落实节能环保、风险控制措施。

4.2 总体设计要点

4.2.1 路线走向应符合城市路网总体规划。确定工程起终点位置时，应有利于相邻工程及后续项目的衔接，或拟定具体实施设计方案。

4.2.2 设计速度应根据道路等级、功能定位和交通特性，并结合沿线地形、地质与自然条件等因素，经论证确定。当不同设计速度衔接时，路段前后的线形技术指标应协调与配合。

4.2.3 快速路、主干路应根据预测交通量进行通行能力和服务水平评价，并结合定性分析，确定机动车车道数规模。非机动车车道数、人行道宽度也可根据预测交通量和使用要求，按通行能力论证确定。

4.2.4 横断面布置应根据道路等级、红线宽度、交通组织和建设条件等，划分机动车道、非机动车道、人行道、分车带、设施带、绿化带等宽度，并应满足地下管线综合布置要求；特殊断面还应包括停车带、港湾式公交停靠站、路肩和排水沟的宽度。

4.2.5 高架路或隧道的设置应根据道路等级、相交道路或铁路的间距、交通组织以及道路用地、地形地质、沿线环境等实施条件，经多方案比选和技术经济论证，确定总体设计方案以及布设长度、横断面布置、匝道和出入口布置、结构形式、衔接段设计等。

4.2.6 交叉口节点设置应根据相交道路等级、使用要求、交通流量流向、车流运行特征、控制条件以及社会经济效益、环境等因素，合理确定交叉口的位置、间距、分类、选型、交通组织和交叉口用地范围等；并应在交叉口范围内提出行人、非机动车系统和公交站点的布置方案。

4.2.7 跨江、跨河桥梁应结合航道或水利部门提出的通航、排洪等控制要求，进行总体布置以及环境景观、附属设施的配套设计。

4.2.8 人行过街设施应根据道路等级、横断面形式、车流量、行人过街流量和流线确定，可分别采用人行横道、人行天桥或人行地道的形式，并应提出设置行人过街设施的规模及配套要求。

4.2.9 公共交通设施应结合公交线网规划设计，提出公交专用道、公交站点的布置形式。

4.2.10 道路设计应分别对路段、交叉口、出入口提出机动车、非机动车、行人以及客车、公交车、货车的交通组织设计方案。

4.2.11 交通安全和管理设施应按主体工程的技术标准、建设规模及项目交通特性，确定其相应的技术标准、设施等级、设置内容和设计方案，并应协调各设施间的衔接与配合。

4.2.12 分期修建的道路工程，应按远期规划的技术标准进行总体设计，并应制定分期修建的设计方案，应近远期工程相结合。

5 横断面设计

5.1 一 般 规 定

5.1.1 横断面设计应在城市道路规划红线宽度范围内进行，并应根据道路等级、控制要素和总体设计要点等合理布设。

5.1.2 横断面形式应根据设计速度、交通量、交通组成、交通组织方式等条件选择，并应满足设计年限内的交通需求。

5.1.3 横断面设计应与轨道交通线路、环保设施、地上杆线及地下管线布设等协调。

5.1.4 横断面设计应结合沿线地形、两侧建筑物及用地性质进行布置，并应分别满足机动车道、非机动车道、人行道、分车带等宽度的规定。

5.2 横断面布置

5.2.1 道路横断面可分为单幅路、双幅路、三幅路、四幅路四种布置形式（图 5.2.1），并应符合下列规定：

1 单幅路适用于交通量不大的次干路、支路以及用地不足、拆迁困难的旧城区道路。

2 双幅路适用于专供机动车行驶的快速路、非机动车较少的主干路或次干路；对横向高差较大的特殊地形路段，宜采用上下分行的双幅路。双幅路单向机动车车道数不应少于 2 条。

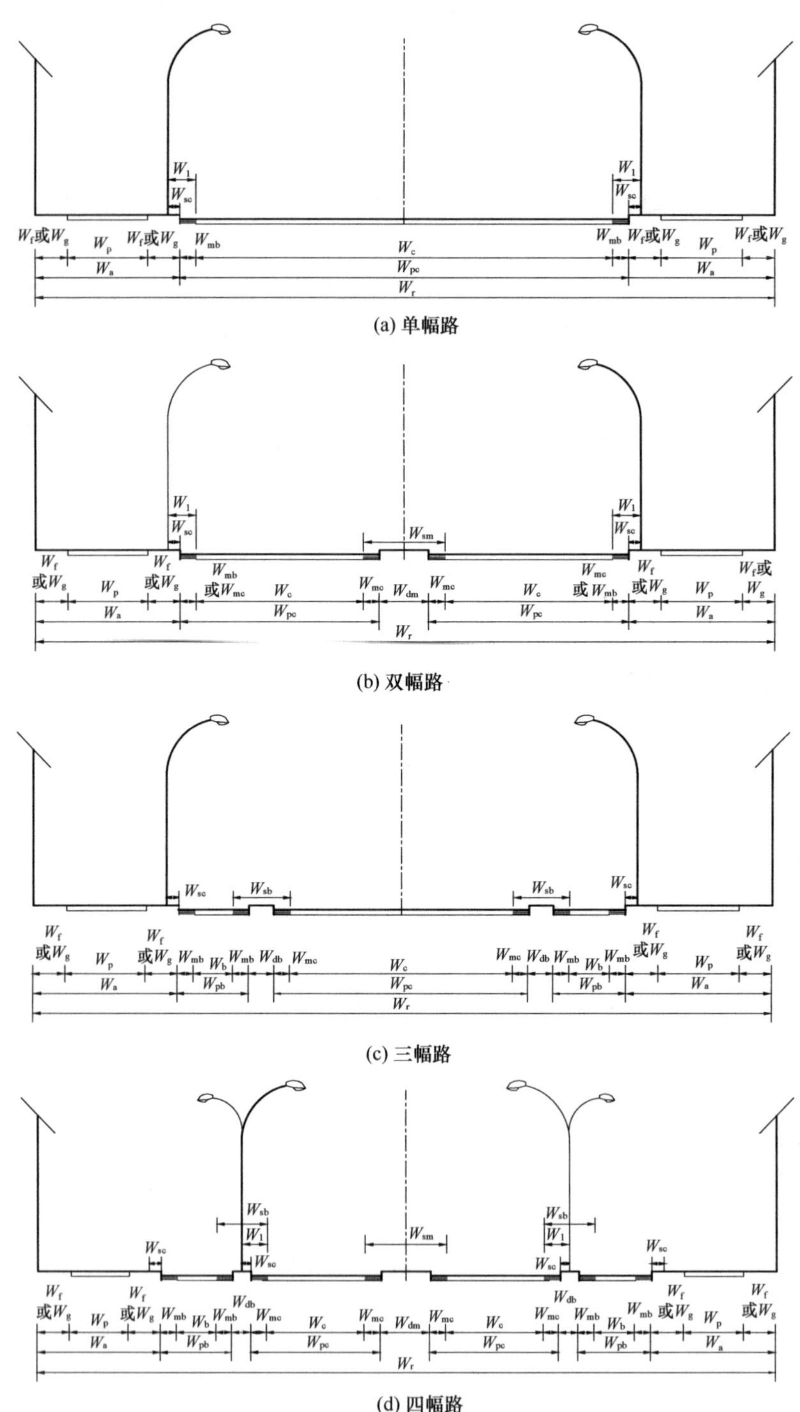

图 5.2.1 道路横断面布置形式

3 三幅路适用于机动车流量较大、车速较高、非机动车较多的主干路或次干路。

4 四幅路适用于机动车流量大、车速高、非机动车多的快速路或主干路。四幅路主路单向机动车车道数不应少于 2 条。

5 当路侧有路边停车时，应增加设置停车带的宽度。

5.2.2 高架路横断面可分为整体式和分离式两种布置形式（图 5.2.2），并应符合下列规定：

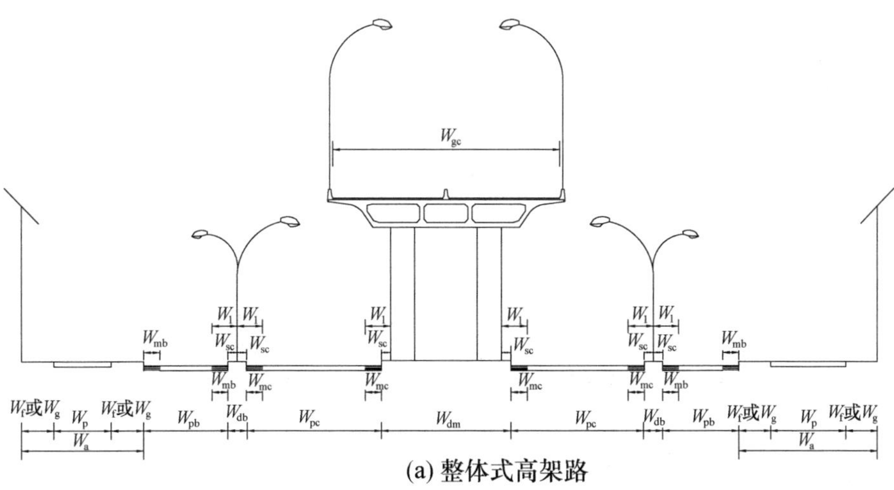

(a) 整体式高架路

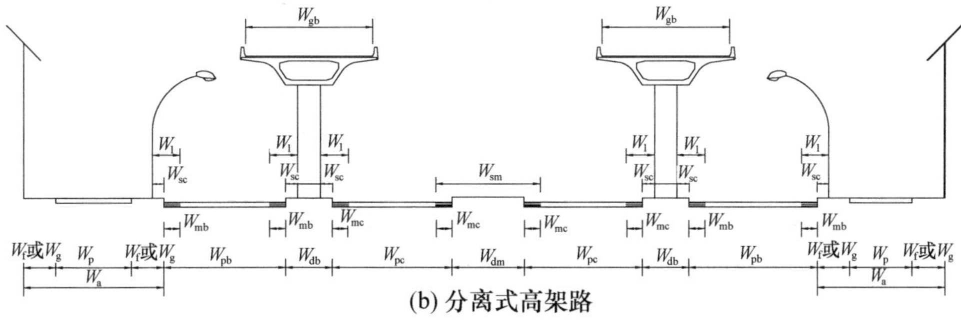

(b) 分离式高架路

图 5.2.2 高架路横断面

1 整体式高架路中，主路上下行车道间应设置中间防撞设施；辅路宜布置在高架路下的桥墩两侧。

2 分离式高架路中，地面辅路的布置宜与高架路或周围地形相适应，上下行两幅桥梁桥墩分开，辅路宜设在桥下两幅桥中间。

5.2.3 路堑式和隧道式横断面布置形式应符合下列规定：

1 路堑式横断面（图 5.2.3-1）中的地面以下路堑部分应为主路，地面两侧或一侧宜设置辅路。

2 隧道式横断面（图 5.2.3-2）中的地面以下隧道部分应为主路，地面道路宜设置辅路。

5.2.4 设置主、辅路的道路横断面中，主路上下行车道间应设置中间带；主路与辅路之间应设置两侧带。

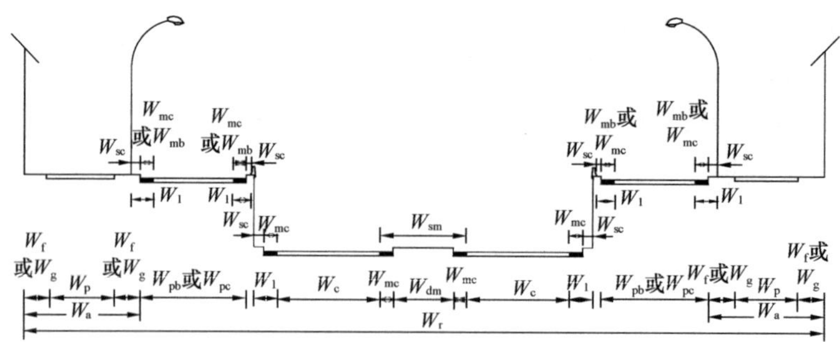

图 5.2.3-1　路堑式横断面

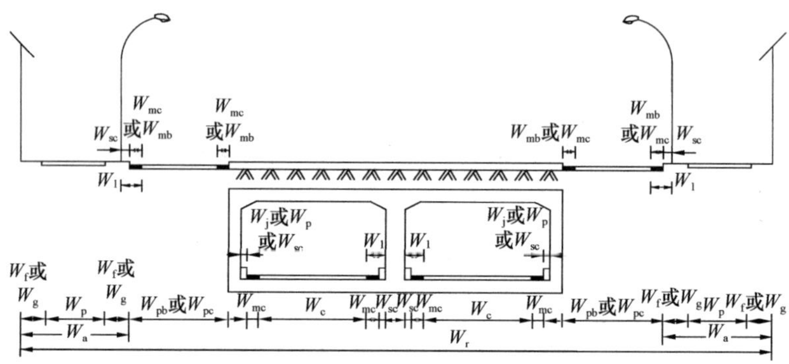

图 5.2.3-2　隧道式横断面

5.2.5　同一条道路宜采用相同形式的横断面布置。当道路横断面局部有变化时，应设置宽度过渡段；宜以交叉口或结构物为起终点。

5.2.6　道路横断面布置中，当单向机动车道为 3 车道及以上时，宜单辟 1 条公交专用车道或限时公交专用车道。当不设公交专用道时，主干路横断面布置应设置港湾式停靠站；当次干路单向少于 2 条车道时，宜设置港湾式停靠站；停靠站设置应符合本规范第 5.3.1 条第 5 款的规定。

5.2.7　桥梁横断面布置中车行道及路缘带宽度应与道路路段相同，特大桥、大桥、中桥的分隔带宽度可适当缩窄，其最小宽度应满足侧向净宽度及设置桥梁防护设施的要求。

5.2.8　隧道横断面布置应符合下列规定：

1　隧道的车行道及路缘带宽度应与道路路段相同。

2　当隧道两侧设置检修道或人行道时，可不设安全带宽度；当不设置检修道或人行道时，应设置不小于 0.25m 的安全带宽度。

3　中、长及特长隧道应设检修道，其最小宽度不应小于 0.75m。

4　当长、特长隧道单向车道数少于 3 条时，应在行车方向的右侧设置连续应急车道。当条件限制时，可采用港湾式应急停车道。每侧港湾式应急停车道间距不宜大于 500m，其宽度及长度宜按图 5.2.8 布设。

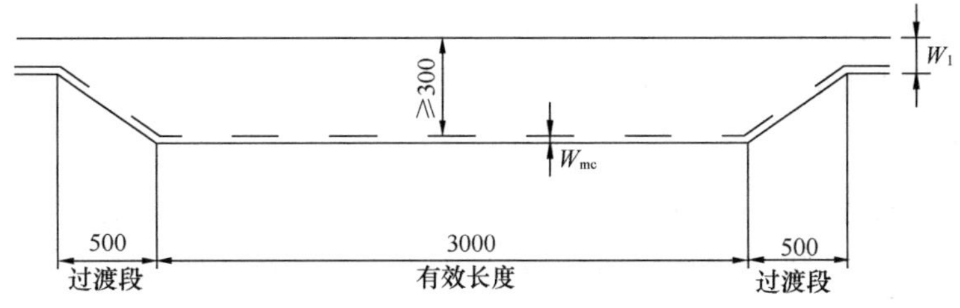

图 5.2.8 港湾式应急停车道的宽度及长度（单位：cm）

W_1—侧向净宽度；W_{mc}—机动车道路缘带宽度

5 不设检修道、人行道的隧道，应按 500m 间距交错设置人行横通道。

5.3 横断面组成宽度

5.3.1 机动车道宽度应符合下列规定：

1 一条机动车道最小宽度应符合表 5.3.1 的规定。

表 5.3.1 一条机动车道最小宽度

车型及车道类型	设计速度（km/h）	
	>60	≤60
大型车或混行车道（m）	3.75	3.50
小客车专用车道（m）	3.50	3.25

2 机动车道路面宽度应为机动车道宽度及两侧路缘带宽度之和。

3 单幅路及三幅路采用中间分隔物或交通标线分隔对向交通时，机动车道路面宽度还应包括分隔物或交通标线的宽度。

4 快速公交专用道、常规公交专用道的单车道宽度均不应小于 3.50m。

5 公交港湾式停靠站可分为直接式和分离式两种。直接式公交停靠站的车道宽度不应小于 3.00m；分离式公交停靠站的车道总宽度应包括路缘带宽度，不应小于 3.50m。

5.3.2 非机动车道宽度应符合下列规定：

1 一条非机动车道最小宽度应符合表 5.3.2 的规定。

表 5.3.2 一条非机动车道最小宽度

车辆种类	自行车	三轮车
非机动车道宽度（m）	1.0	2.0

2 非机动车道数宜根据自行车设计交通量与每条自行车道设计通行

能力计算确定，车道数单向不宜小于 2 条。

3 非机动车道路面宽度应为非机动车道宽度及两侧各 0.25m 路缘带宽度之和。

4 非机动车专用道路，单向车道宽不宜小于 3.5m，双向车道宽不宜小于 4.5m。沿道路两侧设置的单向非机动车道宽度不宜小于 2.5m。

5.3.3 路侧带可由人行道、绿化带、设施带等组成，路侧带设置应符合下列规定：

1 人行道最小宽度应符合表 5.3.3 的规定。

表 5.3.3 人行道最小宽度

项　　目	人行道最小宽度（m）	
	一般值	最小值
各级道路	3.0	2.0
商业或公共场所集中路段	5.0	4.0
火车站、码头附近路段	5.0	4.0
长途汽车站	4.0	3.0

2 绿化带宽度应符合现行行业标准《城市道路绿化规划与设计规范》CJJ 75 的相关要求。车行道两侧的绿化应满足侧向净宽度的要求，并不得侵入道路建筑限界和影响视距。

3 设施带宽度应满足设置护栏、照明灯柱、标志牌、信号灯、城市公共服务设施等的要求。设施带内各种设施应综合布置，可与绿化带结合，但不应相互干扰。

5.3.4 分车带设置应符合下列规定：

1 分车带按其在横断面中的不同位置与功能，可分为中间分车带（简称中间带）及两侧分车带（简称两侧带）；分车带应由分隔带及两侧路缘带组成（图 5.3.4）。

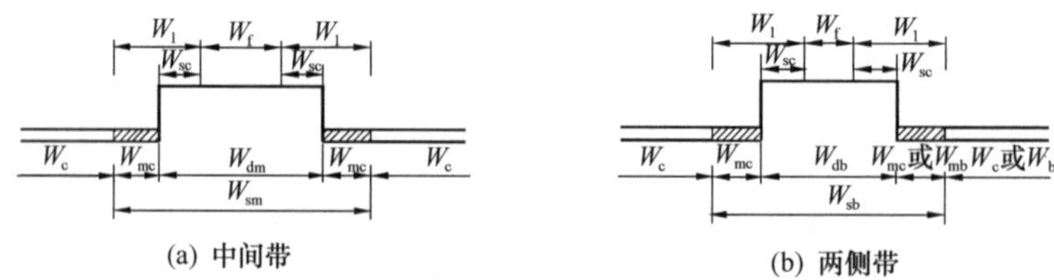

图 5.3.4 分车带

2 分车带最小宽度应符合表 5.3.4 的规定。

表 5.3.4 分车带最小宽度

类别		中间带		两侧带	
设计速度（km/h）		≥60	<60	≥60	<60
路缘带宽度 W_{mc} 或 W_{mb}（m）	机动车道	0.50	0.25	0.50	0.25
	非机动车道	—	—	0.25	0.25
安全带宽度 W_{sc}（m）	机动车道	0.25	0.25	0.25	0.25
	非机动车道	—	—	0.25	0.25
侧向净宽度 W_l（m）	机动车道	0.75	0.50	0.75	0.50
	非机动车道	—	—	0.50	0.50
分隔带最小宽度（m）		1.50	1.50	1.50	1.50
分车带最小宽度（m）		2.50	2.00	2.50（2.25）	2.00

注：1 侧向净宽度为路缘带宽度与安全带宽度之和。
2 括号内为一侧是机动车道，另一侧是非机动车道时的取值。
3 分隔带最小宽度值系按设施带宽度 1m 计的，具体设计应根据设施带实际宽度确定。

3 分隔带宜采用立缘石围砌，立缘石高度和形式应满足本规范第 5.5.2 条的规定。

5.3.5 变速车道应符合下列规定：

1 车辆驶出或驶入主路、立交匝道及集散车道出入口处均应设置变速车道。

2 变速车道的宽度应与主路车道宽度相同。

5.3.6 集散车道可为单车道和双车道，每条集散车道的宽度宜为 3.5m。与主路间设有分隔设施的集散车道，其车道数不应少于 2 条。

5.3.7 辅助车道的宽度应与主路车道宽度相同。

5.3.8 路肩应符合下列规定：

1 采用边沟排水的道路应在路面外侧设路肩。

2 路肩最小宽度应符合表 5.3.8 的规定。

表 5.3.8 路肩最小宽度

设计速度（km/h）	100	80	60	50	40
保护性路肩最小宽度（m）	0.75	0.75	0.75（0.50）	0.50	0.50
有少量行人时的路肩最小宽度（m）	—		1.50		

注：括号内为主干路保护性路肩最小宽度的取值。

3 路肩宽度应满足设置护栏、地上杆柱、交通标志基础的要求。

4 路肩可采用土质或简易铺装。

5.3.9 非机动车与行人共板的道路横断面形式可用于行人和非机动车较少、道路红线受限的路段，非机动车道与人行道之间宜采用分隔措施。

6 平面设计

6.1 一 般 规 定

6.1.1 平面设计应符合城市道路网规划、道路红线、道路功能，并应综合技术经济、土地利用、征地拆迁、文物保护、环境景观以及航道、水利、轨道等因素。

6.1.2 平面设计应与地形地物、水文地质、地域气候、地下管线、排水等结合，与周围环境协调，并应符合各级道路的技术指标，满足线形连续、均衡的要求。

6.1.3 平面设计应协调直线与平曲线的衔接，合理设置圆曲线、缓和曲线、超高、加宽等。

6.1.4 平面设计应结合交通组织设计，合理布置交叉口、出入口、分隔带开口、公交停靠站、人行设施等。

6.2 直 线

6.2.1 两相邻平曲线间的直线段最小长度应大于或等于缓和曲线最小长度。

6.2.2 两圆曲线间以直线径向连接时，直线的长度宜符合下列规定：

1 当设计速度大于或等于 60km/h 时，同向圆曲线间最小直线长度（以 m 计）不宜小于设计速度（以 km/h 计）数值的 6 倍；反向圆曲线间最小直线长度（以 m 计）不宜小于设计速度（以 km/h 计）数值的 2 倍。

2 当设计速度小于 60km/h 时，可不受上述限制。

6.3 平 曲 线

6.3.1 路线转角处应设置平曲线。当受现状道路红线或建筑物控制，设计速度小于或等于 40km/h 的路线转角位于交叉口范围内时，可不设置平曲线，但应保证交叉口范围直行车道的连续、顺直。

6.3.2 圆曲线设置应符合下列规定：

1 圆曲线最小半径应符合表 6.3.2 的规定。当地形条件受限制时，可采用设超高圆曲线最小半径的一般值；当地形条件特别困难时，可采用设超高圆曲线最小半径的极限值。

表 6.3.2 圆曲线最小半径

设计速度（km/h）		100	80	60	50	40	30	20
不设超高圆曲线最小半径（m）		1600	1000	600	400	300	150	70
设超高圆曲线最小半径（m）	一般值	650	400	300	200	150	85	40
	极限值	400	250	150	100	70	40	20

2 当设计速度大于或等于 40km/h 时，采用本规范表 7.2.1 机动车最大纵坡的下坡段尽头，其圆曲线半径应大于或等于不设超高的最小半径。当受条件限制而采用设超高最小半径时，应采取防护措施。

6.3.3 缓和曲线设置应符合下列规定：

1 缓和曲线应采用回旋线。

2 直线与圆曲线或大半径圆曲线与小半径圆曲线之间应设置缓和曲线。当圆曲线半径大于表 6.3.3-1 不设缓和曲线的最小圆曲线半径时，直线与圆曲线可直接连接。

表 6.3.3-1 不设缓和曲线的最小圆曲线半径

设计速度（km/h）	100	80	60	50	40
不设缓和曲线的最小圆曲线半径（m）	3000	2000	1000	700	500

3 当设计速度大于或等于 40km/h 时，半径不同的同向圆曲线连接处应设置缓和曲线。当受地形限制并符合下列条件之一时，可采用复曲线：

1） 小圆半径大于或等于不设缓和曲线的最小圆曲线半径；

2） 小圆半径小于不设缓和曲线的最小圆曲线半径，但大圆与小圆的内移值之差小于或等于 0.1m；

3） 大圆半径与小圆半径之比值小于或等于 1.5。

4 当设计速度小于 40km/h 时，缓和曲线可采用直线代替，直线长度应满足缓和曲线最小长度的要求。

5 缓和曲线最小长度应符合表 6.3.3-2 的规定。当圆曲线按规定需设置超高时，缓和曲线长度还应大于超高缓和段长度。

表 6.3.3-2 缓和曲线最小长度

设计速度（km/h）	100	80	60	50	40	30	20
缓和曲线最小长度（m）	85	70	50	45	35	25	20

6 缓和曲线参数 A 宜根据线形要求和地形条件确定，并应与圆曲线半径相协调，宜满足 $R/3 \leqslant A \leqslant R$ 的要求。当圆曲线半径小于 100m 时，A 宜接近 R；当圆曲线半径大于 3000m 时，A 宜接近 $R/3$。

6.3.4 平曲线由圆曲线和两端缓和曲线组成，平曲线设置应符合下列规定：

1 平曲线与圆曲线最小长度应符合表 6.3.4-1 的规定。

表 6.3.4-1 平曲线与圆曲线最小长度

设计速度（km/h）		100	80	60	50	40	30	20
平曲线最小长度（m）	一般值	260	210	150	130	110	80	60
	极限值	170	140	100	85	70	50	40
圆曲线最小长度（m）		85	70	50	40	35	25	20

注：“一般值”为正常情况下采用值；“极限值”为条件受限时采用值。

2 道路中心线转角 α 小于或等于 7°时，设计速度大于或等于 60km/h 的平曲线最小长度还应符合表 6.3.4-2 的规定。

表 6.3.4-2 小转角平曲线最小长度

设计速度（km/h）	100	80	60
平曲线最小长度（m）	$1200/\alpha$	$1000/\alpha$	$700/\alpha$

注：表中的 α 为路线转角值（°），当 α 小于 2°时，按 2°计。

6.4 圆曲线超高

6.4.1 当圆曲线半径小于本规范表 6.3.2 中不设超高最小半径时，在圆曲线范围内应设超高，最大超高横坡度应符合表 6.4.1 的规定。当由直线段的正常路拱断面过渡到圆曲线上的超高断面时，必须设置超高缓和段。

表 6.4.1 最大超高横坡度

设计速度（km/h）	100，80	60，50	40，30，20
最大超高横坡度（%）	6	4	2

注：积雪或冰冻地区的道路应根据实际情况适当折减。

6.4.2 超高的过渡方式应根据横断面形式、结合地形条件等因素决定，并应利于路面排水。单幅路及三幅路横断面形式超高旋转轴宜采用中线，双幅路及四幅路宜采用中间分隔带边缘线，使两侧车行道成为独立的超高横断面（图 6.4.2）。

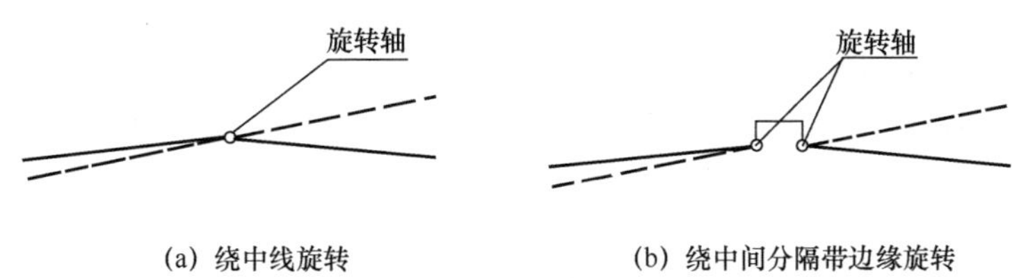

图 6.4.2 超高过渡方式

6.4.3 当由直线上的正常路拱断面过渡到圆曲线上的超高断面时，必须在其间设置超高缓和段。超高缓和段长度应按下式计算：

$$L_e = b \cdot \Delta i / \varepsilon \tag{6.4.3}$$

式中：L_e——超高缓和段长度（m）；

b——超高旋转轴至路面边缘的宽度（m）；

Δi——超高横坡度与路拱坡度的代数差（%）；

ε——超高渐变率，超高旋转轴与路面边缘之间相对升降的比率，应符合表 6.4.3 的规定。

表 6.4.3 最大超高渐变率

设计速度（km/h）		100	80	60	50	40	30	20
超高渐变率 ε	绕中线旋转	1/225	1/200	1/175	1/160	1/150	1/125	1/100
	绕边线旋转	1/175	1/150	1/125	1/115	1/100	1/75	1/50

6.4.4 超高缓和段应满足路面排水要求，超高缓和段的纵向渐变率不得小于 1/330。

6.4.5 超高缓和段应在缓和曲线全长范围内进行。当缓和曲线较长时，超高缓和段可设在缓和曲线的某一区段范围内进行。当设计速度小于 40km/h 时，超高缓和段可在直线段内进行。

6.4.6 超高缓和段长度与缓和曲线长度两者中应取大值作为缓和曲线的计算长度。

6.4.7 超高缓和段起终点处路面边缘应圆顺，不得出现竖向转折。

6.5 圆曲线加宽

6.5.1 当圆曲线半径小于或等于 250m 时，应在圆曲线范围内设置加宽，每条车道加宽值应符合表 6.5.1 的规定。

表 6.5.1　圆曲线每条车道的加宽值（m）

加宽类型	汽车前悬加轴距（m）	车型	圆曲线半径（m）								
			$200<R\leqslant 250$	$150<R\leqslant 200$	$100<R\leqslant 150$	$80<R\leqslant 100$	$70<R\leqslant 80$	$50<R\leqslant 70$	$40<R\leqslant 50$	$30<R\leqslant 40$	$20\leqslant R\leqslant 30$
1	0.8+3.8	小客车	0.30	0.30	0.35	0.40	0.40	0.45	0.50	0.60	0.75
2	1.5+6.5	大型车	0.40	0.45	0.60	0.65	0.70	0.90	1.05	1.30	1.80
3	1.7+5.8+6.7	铰接车	0.45	0.60	0.75	0.90	0.95	1.25	1.50	1.90	2.75

6.5.2　圆曲线上的路面加宽应设置在圆曲线的内侧。当受条件限制时，次干路、支路可在圆曲线的两侧加宽。

6.5.3　圆曲线范围内的加宽应为不变的全加宽值，两端应设置加宽缓和段。

6.5.4　加宽缓和段的长度宜符合下列规定：

1　当设置缓和曲线或超高缓和段时，加宽缓和段长度应采用与缓和曲线或超高缓和段长度相同的数值。

2　当不设缓和曲线或超高缓和段时，加宽缓和段长度应按加宽侧路面边缘宽度渐变率为 1∶15～1∶30 计算，且长度不应小于 10m。

6.6　视　　距

6.6.1　各级道路的停车视距不应小于表 6.6.1 的规定值。

表 6.6.1　停车视距

设计速度（km/h）	100	80	60	50	40	30	20
停车视距（m）	160	110	70	60	40	30	20

6.6.2　积雪或冰冻地区的停车视距应适当增长，并应根据设计速度和路面状况计算取用。

6.6.3　当对向行驶的车辆有会车可能时，应采用会车视距，其值应为本规范表 6.6.1 中停车视距的 2 倍。

6.6.4　平曲线内侧的路堑边坡、挡墙、绿化、声屏障、防眩设施等构筑物或建筑物均不得妨碍视线。

6.6.5　对设置平纵曲线可能影响行车视距路段，应进行视距验算。

6.6.6　对以货运交通为主的道路，应验算下坡段货车的停车视距。下坡段货车的停车视距不应小于表 6.6.6 的规定值。

表 6.6.6 下坡段货车停车视距（m）

设计速度（km/h）		100	80	60	50	40	30	20
纵坡度（%）	0	180	125	85	65	50	35	20
	3	190	130	89	66	50	35	20
	4	195	132	91	67	50	35	20
	5	—	136	93	68	50	35	20
	6	—	—	95	69	50	35	20
	7	—	—	—	—	50	35	20
	8	—	—	—	—	—	35	20

6.7 分隔带及缘石开口

6.7.1 快速路宜在互通式立体交叉出口上游与入口下游、特大桥、隧道、道路路堑段两端、分离式路基的分离（汇合）处设置中间分隔带紧急开口。中间分隔带开口间距应视需要而定，最小间距不宜小于 2km；开口长度应视道路宽度及可通行车辆确定，宜采用 20m～30m；开口处应设置活动护栏。

6.7.2 主干路的两侧分隔带开口间距不宜小于 300m，开口长度应满足车辆出入安全的要求。路侧带缘石开口距交叉口间距应大于进出口道展宽段长度，道路两侧建筑物出入口宜设在横向支路或街坊内部道路。

7 纵断面设计

7.1 一 般 规 定

7.1.1 纵断面的设计高程宜采用道路设计中线处的路面设计高程；当有中间分隔带时可采用中间分隔带外侧边缘线处的路面设计高程。

7.1.2 纵断面设计应参照城市竖向规划控制高程，并适应临街建筑立面布置，确保沿线范围地面水的排除。

7.1.3 纵断面设计应根据道路等级，综合交通安全、建设期间的工程费用与运营期间的经济效益、节能减排、环保效益等因素，合理确定路面设计纵坡和设计高程。

7.1.4 纵坡应平顺、视觉连续，并应与周围环境协调。

7.1.5 机动车与非机动车混合行驶的车行道，宜按非机动车骑行的设计纵坡度控制。

7.1.6 纵断面设计应满足路基稳定、管线覆土、防洪排涝等要求。

7.2 纵　　坡

7.2.1 道路最大纵坡应符合下列规定：

1 机动车道最大纵坡应符合表 7.2.1 的规定。

表 7.2.1 机动车道最大纵坡

设计速度（km/h）		100	80	60	50	40	30	20
最大纵坡	一般值（%）	3	4	5	5.5	6	7	8
	极限值（%）	4	5	6	6	7	8	8

2 新建道路应采用小于或等于最大纵坡一般值；对改建道路、受地形条件或其他特殊情况限制时，可采用最大纵坡极限值。

3 除快速路外的其他等级道路，受地形条件或其他特殊情况限制时，经技术经济论证后，最大纵坡极限值可增加 1.0%。

4 积雪或冰冻地区的快速路最大纵坡不应大于 3.5%，其他等级道路最大纵坡不应大于 6.0%。

5 海拔 3000m 以上高原地区城市道路的最大纵坡一般值可减小 1.0%，当最大纵坡折减后小于 4.0%时，仍可采用 4.0%。

7.2.2 道路最小纵坡应符合下列规定：

1 道路最小纵坡不应小于 0.3%；当特殊困难纵坡小于 0.3%时，应设置锯齿形偏沟或采取其他排水措施。

2 特大桥、大桥、中桥的桥面最小纵坡不宜小于 0.3%，且竖向高程最低点不应位于主桥范围内。

3 高架路的桥面最小纵坡不应小于 0.5%；困难时不应小于 0.3%，并应采取保证高架路纵横向及时排水的措施。

7.2.3 非机动车道最大纵坡不宜大于 2.5%；困难时不应大于 3.5%，并应按本规范表 7.3.3 规定限制坡长。

7.2.4 特大桥、大桥、中桥的桥面纵坡不宜大于 4.0%，桥头引道纵坡不宜大于 5.0%。

7.2.5 隧道内的道路最大纵坡不宜大于 3.0%，困难时不应大于 5.0%。隧道出入口外的接线道路纵坡宜坡向洞外。

7.3 坡　　长

7.3.1 道路纵坡长度应符合下列规定：

1 机动车道纵坡的最小坡长应符合表 7.3.1 的规定，且应大于相邻两个竖曲线切线长度之和。

表 7.3.1 机动车道最小坡长

设计速度（km/h）	100	80	60	50	40	30	20
坡段最小长度（m）	250	200	150	130	110	85	60

2 路线尽端道路起（讫）点一端可不受最小坡长限制。

3 当主干路与支路相交时，支路纵断面在相交范围内可视为分段处理，不受最小坡长限制。

4 对沉降量较大的加铺罩面道路，可按降低一级的设计速度控制最小坡长，且应满足相邻纵坡坡差小于或等于5‰的要求。

7.3.2 当纵坡大于本规范表 7.2.1 的一般值时，其最大坡长应符合表 7.3.2 的规定。道路连续上坡或下坡，应在不大于表 7.3.2 规定的纵坡长度之间设置纵坡缓和段。缓和段的坡度不应大于 3.0%，其长度应符合本规范表 7.3.1 最小坡长的规定。

表 7.3.2 机动车道最大坡长

设计速度（km/h）	100	80	60			50			40		
纵坡（%）	4	5	6	6.5	7	6	6.5	7	6.5	7	8
最大坡长（m）	700	600	400	350	300	350	300	250	300	250	200

7.3.3 当非机动车道的纵坡大于或等于 2.5%时，其最大坡长应符合表 7.3.3 的规定。

表 7.3.3 非机动车道最大坡长

纵　坡（%）		3.5	3.0	2.5
最大坡长（m）	自行车	150	200	300
	三轮车	—	100	150

7.4 合成坡度

7.4.1 在设有超高的平曲线上，超高横坡度与道路纵坡度的最大合成坡度应符合表 7.4.1 的规定。

表 7.4.1 最大合成坡度

设计速度（km/h）	100，80	60，50	40，30	20
最大合成坡度（%）	7.0	7.0	7.0	8.0

注：积雪或冰冻地区道路的合成坡度应小于或等于 6.0%。

7.4.2 在超高缓和段的变化处，当合成坡度小于0.5%时，应采取综合排水措施。

7.5 竖 曲 线

7.5.1 各级道路纵坡变更处应设置竖曲线，竖曲线宜采用圆曲线；机动车道竖曲线最小半径与竖曲线最小长度应符合表7.5.1的规定。当地形条件特别困难时，可采用极限值。

表7.5.1 机动车道竖曲线最小半径与竖曲线最小长度

设计速度（km/h）		100	80	60	50	40	30	20
凸形竖曲线最小半径（m）	一般值	10000	4500	1800	1350	600	400	150
	极限值	6500	3000	1200	900	400	250	100
凹形竖曲线最小半径（m）	一般值	4500	2700	1500	1050	700	400	150
	极限值	3000	1800	1000	700	450	250	100
竖曲线最小长度（m）	一般值	210	170	120	100	90	60	50
	极限值	85	70	50	40	35	25	20

7.5.2 非机动车道变坡点处应设竖曲线，其竖曲线最小半径不应小于100m。非机动车与行人共板道路的竖曲线最小半径不应小于60m。

8 线形组合设计

8.1 一 般 规 定

8.1.1 道路线形设计应协调平面、纵断面、横断面三者间的组合，合理运用技术指标；并应适应地形地物和周边环境，满足行车安全、排水通畅等要求。

8.1.2 线形组合设计应符合下列规定：

1 设计速度大于或等于60km/h的道路应强调线形组合设计，保证线形连续、指标均衡、视觉良好、安全舒适、景观协调。

2 设计速度小于60km/h的道路在保证行驶安全的前提下，宜合理运用线形要素的规定值。

3 不同等级道路和不同设计速度的路段之间应衔接过渡。

8.1.3 具体路段平纵技术指标的选用及其组合设计，应分析对车辆实际运行速度的影响，同一车辆相邻路段的运行速度与设计速度之差不应大于20km/h。

8.2 平、纵、横的线形组合

8.2.1 线形组合设计应满足下列基本要求：

1 平、纵、横设计应分别满足各自规定值的要求，不应将最不利值进行组合。

2 平、纵、横组合设计应保持线形的视觉连续性，自然诱导驾驶员视线。

3 平曲线与竖曲线宜相互对应，且平曲线长度宜大于竖曲线长度（图 8.2.1）。

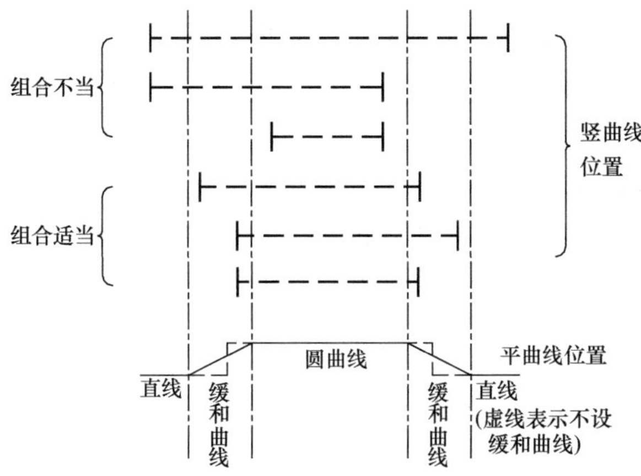

图 8.2.1 平曲线与竖曲线的位置组合

4 竖曲线半径宜为平曲线半径的 10 倍～20 倍。

8.2.2 平纵线形组合应符合下列规定：

1 在凸形竖曲线的顶部或凹形竖曲线的底部，不应插入急转的平曲线或反向平曲线。

2 长直线不宜与陡坡或半径小且长度短的竖曲线组合；长的竖曲线不宜与半径小的平曲线组合。

3 长的平曲线内不宜包含多个短的竖曲线；短的平曲线不宜与短的竖曲线组合。

4 纵断面设计不应出现使驾驶员视觉中断的线形。

8.3 线形与桥、隧的配合

8.3.1 桥梁及其引道的线形应满足下列基本要求：

1 桥梁及其引道的位置、线形应与路线线形相协调，各项技术指标应符合路线布设与总体设计的相关规定。

2 桥梁引道坡脚与平面交叉口停车线之间的距离宜满足交叉口信号

周期内的车辆排队和交织长度。

3 桥面车行道宽度应与两端道路的车行道宽度相一致。当桥面宽度与路段的道路横断面总宽度不一致时，应在道路范围内设置宽度渐变段；路面边缘斜率可采用1∶15～1∶30，折点处应圆顺。

8.3.2 隧道及洞口两端的线形应满足下列基本要求：

1 隧道的位置与隧道洞口连接段应与路线线形相协调，各项技术指标应符合路线布设与总体设计的相关规定。

2 隧道洞口内侧和外侧在不小于3s设计速度的行程长度范围内，均应保持一致的平纵线形。

3 当隧道洞门内外路面宽度不一致时，隧道洞口外与之相连接的路段应设置距洞口不小于3s设计速度的行程长度，且不应小于50m长度的、同隧道等宽的过渡段。

4 长、特长的双洞隧道，宜在洞口外的合适位置设置联络通道。

5 隧道洞内外应满足相应道路等级对视距的要求。当隧道洞口连接段设中间分隔带时，应采用停车视距；当无中间分隔带时，应采用会车视距。

8.4 线形与沿线设施的配合

8.4.1 道路线形和交叉口设计应与停车场、枢纽、公交停靠站等交通设施布置配合，并应满足交通组织设计和道路使用者的安全。

8.4.2 道路线形和交叉口设计应与标志标线等交通安全设施设计相互配合，应能准确反映路线设计意图；对路侧设计受限的路段，应合理设置防护设施。

8.4.3 互通立交处的照明设施应与道路线形相互配合、布设合理。

8.4.4 道路与沿线设施、街景应一体化设计，功能应相互补充。

8.5 线形与环境的协调

8.5.1 道路线形应利用地形、自然风景，宜保留原有的地貌、地形、树林、湖泊、建筑物等景观资源，使道路与自然融为一体，与沿线环境相协调。

8.5.2 路基防护应采用工程防护与植物防护相结合的措施，与景观相协调，恢复自然生态环境，防止水土流失。

8.5.3 道路两侧的绿化应满足道路视距及建筑限界的要求。

8.5.4 不同性质和景观要求的城市道路，宜运用道路空间尺度比例关系，调节并形成道路合适的空间氛围。

9 道路与道路交叉

9.1 一般规定

9.1.1 道路交叉口位置应按城市道路网规划设置。

9.1.2 道路与道路交叉可分为平面交叉和立体交叉，交叉形式应根据相交道路的等级和功能、交通流量和流向、地形和地质等要求，进行技术、经济及环境效益的综合分析，合理确定。

9.1.3 道路交叉口设计应符合下列规定：

1 交叉口设计应安全、有序、畅通，满足道路使用者的需求。

2 交叉口通行能力应与路段、出入口及相邻交叉口的通行能力相匹配。

3 交叉口几何设计应与交通组织设计、交通管理方式和交通工程设施相协调，并应与其他交通方式相衔接。

4 交叉口设计应与周围环境相协调，合理确定用地规模。

5 当交叉口分期建设时，应近远期结合，前期工程为后期工程预留条件。

6 改扩建交叉口设计应结合原有交叉口情况，合理确定改建规模。

9.1.4 道路与道路交叉设计应符合现行行业标准《城市道路交叉口设计规程》CJJ 152 的规定。

9.2 平面交叉

9.2.1 平面交叉口按交通组织方式可分为信号控制交叉口、无信号控制交叉口和环形交叉口；按几何形状可分为十字形、T 形、Y 形、X 形、多叉形、错位及环形交叉。

9.2.2 平面交叉口应根据城市道路的布置、相交道路等级、交通组织等选择合适的类型，并应符合下列规定：

1 主干路与主干路、主干路与次干路、次干路与次干路相交，应采用信号控制交叉口。

2 主干路与支路，支路可采用右进右出的交通组织方式。

9.2.3 平面交叉口的间距应根据城市规模、路网规划、道路等级、设计速度、设计交通量及高峰期间最大阻车长度等确定，满足进出口道总长度要求，且不宜小于 150m。

9.2.4 平面交叉口设计范围应包括各条道路的相交部分、进出口道（展宽段和渐变段）以及非机动车道、人行道和过街设施所围成的区域。

9.2.5 平面交叉口设计内容应包括交叉口范围内的平面与竖向设计、进出口道展宽设计、交通组织、公交、行人与非机动车过街设施、附属设施等。

9.2.6 平面交叉口范围内的设计速度宜为路段的 0.5 倍～0.7 倍，直行车可取大值，转弯车可取小值。当验算视距三角形时，进口道直行车设计速度应与路段设计速度一致。

9.2.7 平面交叉口范围内的道路平面线形宜采用直线；当采用圆曲线时，其圆曲线半径宜大于不设超高的最小圆曲线半径。

9.2.8 平面交叉口范围内的道路纵坡不宜大于 2.5%，困难情况下不应大于 3.0%。山区城市道路等特殊情况，在保证行车安全的条件下可适当增加。

9.2.9 平面交叉口竖向设计应保持主要道路的纵坡度不变，次要道路纵坡度宜服从主要道路。

9.2.10 平面交叉口渠化设计应根据设计流量、流向及相交道路等级、功能分析、交通组织方式等因素，确定进出口车道数布置、展宽段和渐变段长度，划分车道功能，进行信号配时。

9.2.11 公交停靠站应设置在交叉口的出口道，并应保证候车乘客的安全，方便乘客换乘、过街，减少对横向道路右转车辆的影响。

9.2.12 平面交叉口均应设置行人和非机动车过街设施，并应与交叉口的几何特征、人流车流、交通组织方式等相协调，宜优先选用平面过街方式。当人行横道穿越机动车道部分的长度大于 16m 时，应设置行人二次过街安全岛。地面快速路上的过街设施必须采用人行天桥或人行地道；主干路上的重要交叉口宜修建人行天桥或人行地道。

9.3 立体交叉

9.3.1 立体交叉的设置应符合下列规定：

1 快速路与所有道路相交时，必须采用立体交叉。

2 主干路与主干路相交，当交通量较大，对平面交叉采取改善措施、调整交通组织仍不能满足通行能力要求时，宜设置立体交叉，并应妥善解决设置立体交叉后对邻近平面交叉口的影响。

9.3.2 立体交叉根据相交道路等级、交通流行驶特征、非机动车对机动车干扰等，可分为枢纽立交、一般立交和分离式立交。立交选型应符合下列规定：

1 快速路与快速路相交，应采用枢纽立交。

2 快速路与主干路相交，应采用一般立交。

3 快速路与次干路相交，应采用分离式立交。

4 主干路与主干路相交设置立体交叉时，宜采用一般立交。

9.3.3 相邻互通式立体交叉的最小间距应满足上游立交加速车道渐变段终点至下游立交减速车道渐变段起点之间的距离不得小于500m，且应满足设置交通标志的距离要求；市区范围立交最小间距不宜小于1.5km。

9.3.4 立体交叉设计范围应包括相交道路中线交点至各进出口变速车道渐变段的起终点间道路所围成的空间。

9.3.5 立体交叉设计内容应包括立交范围内主路、匝道和进出口、变速车道、集散车道、辅助车道以及立交范围内的辅路、公交、非机动车、人行系统及其附属设施。

9.3.6 立交范围的设计速度应根据主路设计速度、立交等级和匝道形式确定。主路应采用相应道路等级的设计速度，匝道及集散车道设计速度宜为主路的0.4倍～0.7倍，辅路设计速度宜为主路的0.4倍～0.6倍，平面交叉部分宜采用平面交叉口的设计速度。

9.3.7 互通式立体交叉范围内主路的平纵线形不应低于路段标准，并应具有良好的通视条件。主路分流鼻端之前的识别视距不应小于1.25倍的主路停车视距；匝道汇流鼻端前应满足通视三角区和匝道停车视距的要求。

9.3.8 立交匝道出入口处应设置变速车道。

9.3.9 立交范围内出入口间距应保证主路交通不受分合流交通的干扰，并应为分合流交通加减速及转换车道提供安全可靠的条件。当出入口间距不足时，应设置集散车道。

9.3.10 立交匝道分、合流处应保持车道数的平衡，相邻两段同一方向上的基本车道数每次增减不得多于一条；当不平衡时，应增设辅助车道。

9.3.11 设有辅路系统的道路相交，当交叉口设置为枢纽立交时，立交区域应设置与主路分行的辅路系统；当交叉口设置为具有集散作用的一般立交时，其辅路系统可与匝道布置结合。

9.3.12 立交区域的公共汽车交通系统应结合公交线网规划和车站设置，与路段一体进行综合设计。当公交停靠站设置在快速路主路时，停靠区出入口应满足出入口最小间距的规定，并应设置变速车道。

9.3.13 立交区域的非机动车及人行系统应保证连续性和有效宽度，应与周围相关非机动车和人行系统连通，并应减少绕行距离、多次上下及与机动车系统的交叉。

9.3.14 立交区域的行人系统设计应符合现行国家标准《无障碍设计规范》GB 50763的规定。

10 道路与轨道交通线路交叉

10.1 一般规定

10.1.1 道路与轨道交通线路交叉的位置及形式应符合城市总体规划。

10.1.2 道路与轨道交通线路交叉可分为平面交叉和立体交叉两种。交叉形式应根据道路和轨道交通线路的性质、等级、交通量、地形条件、安全要求以及经济、社会效益等因素确定，应优先采用立体交叉。

10.1.3 分期修建的道路与轨道交通线路交叉工程，应近远期结合。

10.1.4 道路与轨道交通线路交叉设计应符合国家关于安全、环保、卫生和抗震等有关标准的要求。

10.2 立体交叉

10.2.1 道路与轨道交通线路交叉，符合下列条件之一者必须设置立体交叉：

1 快速路与轨道交通线路交叉；

2 主干路、次干路、支路与高速铁路、客运专线、铁路车站、铁路编组场的交叉；

3 行驶有轨电车或无轨电车的道路与铁路交叉；

4 主干路、次干路、支路与除有轨电车道外的城市轨道交通交叉。

10.2.2 道路与铁路交叉，符合下列条件之一者应设置立体交叉：

1 主干路、次干路、支路与路段旅客列车设计行车速度大于或等于120km/h的铁路交叉；

2 主干路、次干路、支路与道口交通量大或铁路调车作业繁忙的铁路相交；

3 当受地形等条件限制，采用平面交叉将危及行车安全的道口。

10.2.3 符合下列条件之一者宜设置立体交叉：

1 当道口的机动车流量不大，但非机动车和行人流量较大时，宜设置人行立体交叉或人非合用的立体交叉。

2 主干路与设置有轨电车的道路交叉，宜采用立体交叉。

10.2.4 立体交叉形式可采用道路上跨或下穿两种。按具体情况也可采用机动车道上跨、非机动车道下穿轨道交通的组合形式。

10.2.5 道路与轨道交通高架线路交叉时，宜利用桥跨净空采取道路下穿的形式。

10.2.6 道路与轨道交通立体交叉的建筑限界应符合下列规定：

1 轨道交通上跨道路时，轨道交通的桥下净高、道路侧向净宽应符合本规范第3.0.8条、第3.0.9条的规定。

2 道路上跨轨道交通时，道路桥跨的长度、净高应符合现行国家标准《标准轨距铁路建筑限界》GB 146.2要求及其城市轨道交通的有关规定；有双层集装箱运输要求的铁路，应满足双层集装箱运输限界的规定。

3 道路下穿时，轨道交通线路桥跨布置应满足道路对停车视距的要求。

4 轻轨及地铁地面线、高架线路的建筑限界，应根据采用的车辆类型及其设备限界、设备安装尺寸及安全间隙和有无人行通道、隔声屏障，以及供电制式、接触网柱结构设计尺寸等具体计算确定。

10.3 平面交叉

10.3.1 当次干路、支路与铁路支线、地方铁路、工业企业铁路交叉时，可设置平交道口。但车站内、桥梁、隧道两端及进站信号机外100m范围内不应设置平交道口，铁路曲线地段以及通视不良路段不宜设置平交道口。

10.3.2 无人值守或未设置自动信号的平交道口，机动车驾驶员的侧向最小瞭望视距应符合表10.3.2的规定（图10.3.2）。

表10.3.2 平交道口瞭望视距

铁路类别	铁路设计最高行车速度（km/h）	侧向最小瞭望视距 S_c（m）
国有铁路	140	470
	120	400
	100	340
	80	270
工业企业铁路	70	240
	55	190
	40	140

注：1 表中道口侧向视距系按道路停车视距50m计算的，道路停车视距大于50m时，应另行计算确定。

2 线间距小于或等于5m的双线铁路道口，机动车驾驶员侧向最小瞭望视距还应增加50m，多线铁路道口按计算确定。

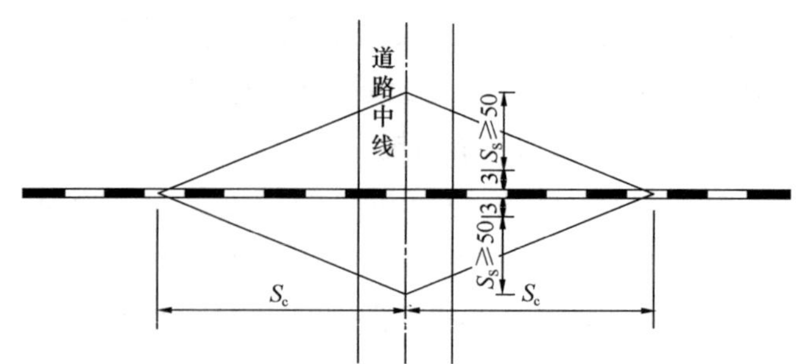

图 10.3.2　道口视距三角形（单位：m）

10.3.3　道路与铁路平面交叉宜设计为正交，斜交时其交叉角应大于 45°。

10.3.4　通过道口的道路平面线形应为直线。从最外侧钢轨外缘算起的道路直线段最小长度不应小于 50m，困难条件下不得小于 30m。

10.3.5　道口两侧应设平台，并应符合下列规定：

1　自最外侧钢轨外至最近竖曲线切点间的平台长度，通行铰接车和拖挂车的道口不应小于 20m，通行普通汽车的道口不应小于 16m。

2　平台纵坡度不应大于 0.5%。

3　紧接道口平台两端的道路纵坡度不应大于表 10.3.5 的规定值。

表 10.3.5　紧接道口平台两端的道路纵坡度（%）

道路种类	机动车与非机动车混合车道	机动车道
一般值	2.5	3.0
极限值	3.5	5.0

10.3.6　次干路、支路与有轨电车道平面交叉道口应符合下列规定：

1　道路与有轨电车道交叉宜设计为正交，斜交时其交叉角应大于 45°。

2　交叉道口处的通视条件应满足道路与道路平面交叉的规定。

3　交叉道口处的道路线形宜为直线，从外侧钢轨算起的直线最小长度不应小于 30m。

4　道口有轨电车的轨面标高宜与道路路面标高一致，有轨电车道的纵断面宜保持不变。

5　平交道口的交通组织设计应与车流、人流相协调，合理布设人行道、车行道及有轨电车车站出入通道；并应按规定设置道口信号、行车标志、标线等交通管理设施。

6　交叉道口信号应按有轨电车优先的原则设置。

中华人民共和国行业标准

城市道路路线设计规范

CJJ 193－2012

条 文 说 明

目　次

3　基本规定

3.0.1　城市道路应以功能为主进行道路分级。本规范以城市道路在路网中的地位、交通功能为基础，同时考虑对沿线区域的服务功能，将城市道路分为快速路、主干路、次干路和支路四个等级。

在城市路网中具有大交通量、过境及中长距离交通功能，为机动车快速交通服务的道路应选用快速路。快速路应采用中间分隔、全部控制出入、控制出入口间距及形式，实现连续交通流，具有单向双车道或以上的多车道，并应设有配套的交通安全与管理设施；快速路两侧不应设置吸引大量车流、人流的公共建筑物的出入口。

在城市道路网中连接城市各主要分区，以交通功能为主的道路应选用主干路。主干路应采用机动车与非机动车分隔的形式，并控制交叉口间距；主干路两侧不宜设置吸引大量车流、人流的公共建筑物的出入口。

在城市道路网中与主干路结合组成干路网，以集散交通功能为主，兼有服务功能的区域性道路应选用次干路。次干路两侧可设置公共建筑物的出入口，但应设置在交叉口功能区之外，且相邻出入口的间距不宜小于 80m。

与次干路和居住区、工业区、交通设施等内部道路相连接，解决局部地区交通，以服务功能为主的道路应选用支路。支路两侧可设置公共建筑物的出入口，但宜设置在交叉口功能区之外。

道路等级一般在规划阶段确定。当遇特殊情况需变更道路等级时，应进行技术经济论证，并报规划审批部门批准。

当道路作为货运、防洪、消防、旅游等专用道路使用时，由于在道路的设计车辆、交通组成、功能要求等方面存在一些特殊性需求，除应满足相应道路等级的技术要求外，还应满足专用道路及通行车辆的特殊要求。

设计速度是城市道路设计时确定几何线形的最基本条件。它是具有中等驾驶技术水平的驾驶员，在气候良好、交通密度低、只受道路本身条件影响时驾驶车辆，能够安全、舒适行驶的最高速度，因此它与运行速度、运行安全有密切关系。

同一等级道路中，设计速度应根据功能定位、交通量，并结合地形和地质条件、城市发展和沿线土地利用状况、工程投资等因素，经论证确定。

城市规模大、地形条件好、交通功能强的道路可取设计速度的高值；中心城区道路、商业街、文化街以及改建道路，由于沿线区域开发较为成熟，控制条件较多，受条件限制可取设计速度的低值。

3.0.2 路线设计是设计方案的核心，应遵照统筹规划、合理布局、近远结合、综合利用的原则进行总体设计；并应综合协调各种关联工程的关系，按照兼顾发展与适度超前的原则，妥善处理已建工程和新建工程的布局，合理确定路线方案。

城市道路的路线走向首先应符合城市规划，包括沿线土地利用规划；在地形条件起伏、工程地质复杂的地区，应对自然条件和建设条件进行调查，对可行的路线走向进行必要的比选，合理确定路线线位和主要平纵线形技术指标。

当采用不同的设计速度、技术指标或设计方案对工程造价、征地拆迁、自然环境、文物保护、社会效益和经济效益等有明显差异时，应作同等深度的技术经济论证，对社会稳定风险和环境影响进行评价，提出技术可行、经济合理、安全适用、施工方便的设计方案。

道路线形设计的各单项技术指标是满足相应道路等级的设计速度规定的最小值。线形设计应根据地形、地质、地物、技术难度及其工程量大小等因素综合考虑，合理选择线形技术指标，进行组合设计和优化设计。

道路透视图是一种最有效、最丰富的表达语言。运用计算机进行的三维模型透视图及其图像处理技术，不仅可以对路线线形设计进行工程评价与检验，而且可以向公众展示项目建成后的效果，便于公众直观理解意图和意见反馈。因此，必要时可以运用道路透视图或三维设计对设计方案进行分析与评价。

3.0.3 加强环境保护和合理利用土地资源是重要的国策，应减少道路建设对周围环境的影响，妥善处理人、车、路、环境之间的关系，使社会、环境与经济效益协调统一。

3.0.4 城市道路从交通量发展、沿线土地开发程度、资金等综合因素考虑，采用分期修建是有可能的。但采用分期修建方案时，必须在综合论证的基础上，进行总体设计，制定分期修建方案和相应设计。

3.0.5 城市道路的改建往往是在交通流量大、路面状况不好等情况下进行的，应合理选择、灵活运用技术指标，因地制宜地提出道路工程改建方案。

3.0.6 设计车辆的外廓尺寸和交通组成是城市道路几何设计中的重要控制因素。设计车辆是道路设计所采用的有代表性的车型，其外廓尺寸、质量、运转特性等特征作为道路设计的依据。实际使用中设计车辆应根据道路功能和服务对象选定。

本规范机动车设计车辆及其外廓尺寸与《城市道路工程设计规范》

CJJ 37－2012 的规定一致。

设计车辆中不包括超长、超宽、超高的车辆，通行上述车辆的道路应特殊考虑，以满足交通功能和运营安全。

3.0.7 本规范非机动车设计车辆及其外廓尺寸与《城市道路工程设计规范》CJJ 37－2012 的规定一致。

3.0.8 本条道路建筑限界规定是在《城市道路工程设计规范》CJJ 37－2012 基础上，图示中增加了缘石外露高度（h）和安全带宽度（W_{sc}）的表示，使道路建筑限界形成一个封闭的空间界线。侧向净宽度为路缘带宽度与安全带宽度之和；当缘石高度不能保证车辆行驶的侧向净宽度时，应考虑适当加宽侧向宽度。

3.0.9 本规范道路最小净高与《城市道路工程设计规范》CJJ 37－2012 的规定一致。最小净高是针对设计车辆制定的，对通行无轨电车、有轨电车、双层客车、或其他超长、超宽、超高特种车辆的道路，应根据实际通行的车辆类型确定道路净高，并应结合路网条件设置完善的交通管理和行车安全措施。

1 同一等级道路应采用相同的净高，目的是交通管理措施的一致性，如高架路系统、主干路系统应采用相同的净高标准。若道路系统内的部分节点有近、远期实施方案，可另行考虑。

2 虽然我国城市道路和公路规范设计车辆总高均为 4m，但在最小净高的规定上有差异。城市道路规范采用机动车为对象的最小净高为 4.5m；公路规范采用道路等级为对象的净高标准，高速公路、一级公路和二级公路的最小净高为 5.0m，三级公路、四级公路的最小净高为 4.5m。因此，与公路衔接的城市道路，当净高要求不一致时应衔接过渡，制定交通管理措施，保证行车安全。净高要求不同的城市道路之间，也应设置必要的限高标志和防撞设施等。

3 道路下穿宽度较宽或斜交角度较大的构筑物时，其路面距离构造物下缘任一点的高度均应满足道路净高要求。

3.0.10 设计交通量是确定道路规模、评价道路运行状态和服务水平的重要参数，预测时应考虑远期社会经济发展、城市规划、人口与岗位分布、出行总量、机动车增长、路网条件、出行方式的影响，为道路车道数的定量分析提供依据。在确定道路横断面车行道宽度时，远期设计交通量的预测年限作为道路设计年限的指标，与《城市道路工程设计规范》CJJ 37－2012 的规定一致。道路等级高的设计年限长，在设计年限内车行道的宽度应满足道路交通量增长的需求，保证车辆能够安全、舒适、通畅的行驶。

道路通行能力和服务水平的相关内容参见《城市道路工程设计规范》

CJJ 37－2012 的规定。

3.0.11 该条为防灾要求，应对道路沿线的工程地质和水文地质进行深入调查、勘察，查清其对道路工程的影响程度。遇有不良工程地质路段应慎重对待，视其对路线的影响程度，对绕、避、穿等方案进行论证比选。当受到规划、用地等因素限制难以避开时，应采取有效的工程和管理措施。

4 总体设计

4.1 一 般 规 定

4.1.1 快速路（如采用高架、隧道、路堑、地面等道路形式）、主干路（如采用主辅路断面布置、快捷路等）、大桥和特大桥、隧道、交通枢纽等项目，系统性强、涉及面广、协调量大、工程较复杂，项目各专业之间、与旁邻工程的关联性较强，该类工程应进行总体设计，做好总体布置方案，并要求在设计文件中以一定形式表达出来。其他道路若涉及与轨道交通、地下空间、大型地下管线、综合管沟、城市景观等的协调，以及需要分段、分期设计的道路，可按相关因素进行总体设计。

4.1.2 总体设计应贯穿于道路设计的全过程，完成各个阶段的主要任务。可行性研究阶段，应在充分调查研究、评价预测和必要的勘察工作基础上，对项目建设的必要性、经济合理性、技术可行性、实施可能性，进行综合性的研究和论证；确定道路等级、主要技术标准和建设规模；对不同建设方案进行比较，提出推荐建设方案。初步设计阶段，应明确设计原则和技术标准，在收集勘察资料和环评、风险等评估的基础上深化设计方案，确定拆迁、征地范围和数量，提出设计存在的问题、注意事项及有关建议，其深度应控制工程投资，满足编制施工图设计、主要设备订货、招标及施工准备的要求。施工图设计阶段，应能满足施工图预算、施工招标、施工安装与加工、材料设备订货的要求，并据以工程验收。

总体设计强调项目的系统性、全面性，设计人员应按各阶段设计方案的要求，协调本项目与外部项目、社会、环境之间的内外关系，处理道路与桥梁、隧道、管线、交通设施、照明、绿化景观等各专业之间的关系，合理确定本项目的工程范围、技术标准、建设规模、主要技术指标、道路形式、横断面布置和总体设计方案，提出外部关联工程的衔接条件、设置要求、设计界面、配套接口、会签认可、有关部门确认等内容，以便形成适合、可行的设计方案，满足城市道路“枢纽型、功能性、网络化”的发展要求。

在实现安全、环保、可持续发展的总体目标中应包括三个方面的内容，一是交通功能方面应达到舒适性、安全性、高效性和可达性等；二是环境保护方面要求道路建设应尽量减少对空气、声环境、生态及人类生活环境要素的负面影响（如采取降低噪声、减少废气排放、防止水土流失或采取地下道的结构形式等）；三是资源节约方面要求道路建设应能有效利用土地、能源、人力等资源（如节约用地、减少拆迁、少占耕土、降低能耗、原有道路或旧料利用等）。

4.1.3 规定了总体设计应完成的主要内容。

1 设计原则作为完成工程建设项目的指导思想以及对总体设计方案的评判标准，应从以下几方面加以阐述：

1） 对工程项目功能性品质追求的理念，如交通功能完善，满足应有的（或各种）交通方式的需求；坚持功能性技术标准，使工程项目具有高效合理的使用性能；

2） 满足规划思想，符合规划要求，使工程项目具有充分的规划依据；

3） 坚持工程设计“以人为本”的理念，最大程度满足各层次使用者的需求；

4） 注重环境保护，体现资源节约、环境友好的工程项目设计；

5） 坚持科学态度，积极采用新技术、新材料、新工艺、新设备，达到技术先进、经济合理、资源节省、安全可靠；

6） 根据需求逐渐增长的特点，采用近远期分步实施的方法，达到既满足使用要求，又减少近期投资，使项目具有最大的性价比；

7） 注重道路景观协调，符合生态文明建设要求；

8） 工程设计方案在征地拆迁、维持交通、施工方案等方面具有可实施性。

2 道路的功能定位、服务对象与道路等级、道路在路网中的地位和作用有关，可根据其所处的区位、交通特性、区域环境来确定。服务功能可分为交通性道路、生活性道路、商业性道路和景观性道路，服务对象可分为客运交通、货运交通、客货运交通等。

3 技术标准包括设计道路及相交道路的等级、设计速度、道路净高、铁路限界、航道等级与限界、设计荷载、结构设计使用年限、抗震设防标准、安全等级等，主要排水技术标准包括雨水设计重现期、径流系数、污水量等，并列出采用的规范及标准。建设规模应根据预测交通量和建设条件综合确定，满足交通发展需求。在确定工程技术指标时，应注意地区特性与差异，精心做好路线设计；必要时宜进行安全性评价，以保障行人和行车安全。因条件受限而采用规范的极限值或对快速路线形组合设计有难度的路段，可采用运行速度进行检验，并采取相应技术对策。

4 总体设计应进行多方案比选，经技术经济综合论证，提出推荐方案，设计方案内容包括路线走向、道路形式、横断面布置、路段和重要节点的设计方案等。路线设计应根据沿线地形地貌、主要建筑物、环境敏感点的处理，沿线相关的铁路、城市轨道交通、隧道、水系、河道、航空、管道、高压线的布局，自然资源状况等，确定路线走向、主要控制点和竖向控制要素；并根据相邻工程衔接，确定项目的起终点、工程范围和道路用地。并应协调项目外部与内部各专业之间的关系，划定设计界面与接口，相关配套内容、设计界面、接口、距离等应符合有关法规、标准、规范的规定，并征求社会公众和部门意见，落实相关控制措施。

5 交通组织设计是总体设计中的一个重要环节，有利于道路设计满足交通功能的要求。新建道路或改建道路应根据服务对象、交通需求和路网条件进行交通组织设计，满足各种交通方式安全、通畅、高效的使用要求。

6 应在查明工程沿线设施、自然环境、地形、地质等建设条件的基础上，认真研究路线方案或工程建设同生态环境、资源利用的关系，采取环境保护和节能降耗等技术措施，减少对生态环境的影响程度，加强恢复力度，最大限度地保护环境。对涉及社会稳定风险、工程质量安全的项目应开展科学、系统的预测、分析和评估，制定风险预控措施和应急预案，优化设计方案，使工程设计方案在线位、用地、征地拆迁、结构形式、维持交通、施工方案等方面具有可实施性，使项目能上马。

4.2 总体设计要点

快速路、主干路、大桥和特大桥、隧道设施与其他等级道路相比，不但主体的平纵线形指标高，而且相应增加了立体交叉、复杂平面交叉口、出入口、交通工程及沿线设施、管线设施、城市道路与公路衔接、道路与相邻工程衔接等诸多工程项目。这些工程项目无论设计或施工都较一般道路的工程项目复杂得多，所以从技术上必须加强对这些工程的总体设计，以确保诸多工程作用连贯、相互协调、布局合理。总体设计应在统筹布局的指导下系统地做好各项设计工作，合理衔接路线位置与各控制点、路线平纵线形与地形及各种构造物、路线交叉位置、各项沿线设施的设置位置及间距等方面，协调线形与横断面之间的关系，以及道路工程对周边环境的保护和协调，对分期修建工程进行总体布局及实施方案等内容。

4.2.1 城市道路路线走向一般以规划为依据，当规划滞后或规划未确定而存在不同路线走向的可能时，应进行不同路线走向方案的比选，并将推荐方案报规划部门审批。

4.2.2 根据规划的道路等级，论证道路功能定位，并结合服务对象和建设条件，合理选用设计速度和主要技术标准。

4.2.3 论证并确定机动车车道数规模和非机动车道、人行道宽度；定性分析主要根据道路性质及其在路网中的地位和使用要求确定；对于投资额巨大、交通条件复杂的工程项目，应对机动车道的通行能力进行深入论证，提出采用车道数的推荐意见。

4.2.4 横断面布置应进行多方案比选，论证并确定道路横断面布置形式，如采用单幅路、双幅路、三幅路、四幅路或其他特殊横断面设计，并应结合道路红线确定道路实施宽度。

4.2.5 应结合交通组织设计进行多方案比选，论证并确定道路敷设方式，如采用高架路、隧道、地面、路堑、路堤或老桥拓宽等总体布置方案，并确定桥梁、隧道等结构设计方案，以达到减少工程投资、缓解社会矛盾、改善环境的目的。

4.2.6 论证并确定各交叉点的布置位置、间距、交叉类别、交叉形式、各部分的基本尺寸和主要设计参数，确定交叉口用地范围；对于道路与铁路、城市轨道交通线路的交叉，应根据道路等级、轨道交通性质、交通量、地形条件、安全要求以及社会经济效益等因素，确定是否设置立交。

4.2.7 确定沿线河道桥梁的布置方案，满足航道及水利部门有关蓝线、桥下建筑限界的要求。

4.2.8 确定沿线人行过街设施设置方式，如人行横道、人行天桥或人行地道形式，并提出信号灯配置等要求。

4.2.9 确定沿线公交专用道布置形式，可采用路中专用道或路侧专用道；确定沿线公交站点位置、布置方式，可采用港湾式或路抛式的布置形式等。当有公交站点规划时，应按公交站点规划设置公交站点；当没有公交站点规划时，应根据道路沿线用地性质、公交换乘需要、站点距离适当的要求，以及道路条件，经征求公交部门意见后，提出公交站点设置方案及站点形式。

4.2.10 将交通组织设计纳入总体设计范畴，对路段、交叉口、出入口应分别进行交通组织设计方案。

1 路段上需说明各种交通方式在横断面上的安排，如不同车种在道路上单向行驶或双向行驶，道路中间是否隔离行驶，机、非隔离行驶或画线分行，公交车与其他机动车混行或采用公交专用道，非机动车与行人分板或共板，非机动车在公交站点处与公交车交织或不交织，路段上横向车辆出口封闭与否、开口间距，或允许进入非机动车道而不允许直接进入机动车道，调头车道间距，行人及非机动车横过道路的方式、间距、地点设置等。

2 交叉口处需说明各种交通方式通过交叉口的组织方式，如交叉口所有方向均允许通行或某些方向禁行，交叉口设信号灯组织交通或按通行优先权的不同组织交通；设信号灯组织交通时，信号灯组和信号相位如何安排，非机动车随机动车过交叉口还是随行人过交叉口，公交车有无优先通行权，公交车站与交叉口展宽是否一体化设计等。

4.2.11 应确定交通工程及沿线设施的建设规模、技术标准、设置内容和设计范围，并按交通设施布置要求进一步优化工程设计方案，满足功能、安全、服务的要求。

4.2.12 对拟分期修建的道路工程，应近远期结合，在远期总体设计的基础上制订分期修建方案，并应进行相应设计，满足交通功能需求。

5 横断面设计

5.1 一 般 规 定

5.1.1 城市道路红线宽度由规划部门制定，道路设计应服从总体规划。城市道路的设计一般在规划道路红线内进行，并应符合规划控制要求；但对不能满足规划确定的道路技术标准而需要调整时，应与规划部门协商，并得到批准。

5.1.3 环保设施是指道路范围内的声屏障、防噪墙、隔声板等设施。

5.1.4 城市道路是路网构架，互相沟通，使城市交通四通八达，横断面布设特别是旧路改建，应考虑已有的地形地物条件，尽可能地利用已有构筑物和设施，而不是简单地套用路幅形式。横断面中的车行道宽度应依据设计速度、预测交通量、服务水平分析确定。

5.2 横断面布置

5.2.1 影响城市道路横断面形式与组成部分宽度的因素很多，如交通量、车辆类型与组成、设计速度、城市地理位置、地形条件、排除地面水的方法、地面结构物的位置等，应综合各类因素后确定。

1 单幅路灵活性较强，城市支路和旧城区道路使用较多，对商业区道路和具有游行、集会、大型活动场所等特殊使用要求的道路均可采用单幅路断面。

2 双幅路可减少对向机动车相互之间干扰，对绿化、照明、管线敷设也较有利。

经济开发区、风景区、高科技园区等区域性道路，具有非机动车较少的特点，非机动车可置于人行步道一侧，采用双幅路断面形式布置较为适宜。

双幅路断面形式也适用于分期修建的横断面布置。对于地势条件特殊的滨河路或丘陵路、横向高差大的道路，可利用地形优势采用分离式的双幅路断面形式。

3 三幅路实行机动车与非机动车分隔，可避免混行交通的干扰，保障行车安全，提高机动车的行车速度。单幅路和三幅路中，禁止跨越对向车行道分界线设置类型及宽度应满足现行国家标准《道路交通标志和标线 第3部分：道路交通标线》GB 5768.3中关于“禁止跨越对向车行道分界线”的规定。

4 四幅路较适用于快速路、交通性主干路，四幅路的特点是车辆分向和分流行驶，不受沿线车辆的干扰，沿线车辆可先通过辅路再进出主路车道。快速路单向机动车道一般不应少于3条，主干路车道数单向机动车道不应少于2条。

5 原则上路边停车宜布置在支路或辅路上，不建议在主干路或次干路上布置路边停车，会影响道路通行能力。

5.2.2 高架路是城市快速路或主干路布置的一种形式。横断面设计时，根据不同地形条件和交通组织设计，可采用整体式、分离式、双层式或组合形式，应因地制宜选用，灵活掌握。

1 整体式高架路一般适用于城市建筑密集区、用地拆迁受限制、红线宽度较窄、交通流量大、路口间距较小的快速路或主干路，应按城市总体规划交通发展、用地范围、地形条件、立交设置、出入口设置，以及环境等因素，经技术经济综合比较后选用。

2 分离式高架路主路交通功能较好，上下行交通不在同一断面上，行车安全，可减少夜间眩光的干扰，有利于车辆快速疏解；两幅独立的桥位于地面道路两侧，两桥间留出采光空间，便于桥下辅路布设；但地面道路交通组织较复杂，需增加相应的交通设施引导交通。

5.2.3 当遇到无法动迁的障碍物，或敏感性地区以及特殊环保景观要求时，道路只能从地下以隧道形式穿越，且采用隧道式横断面；但其造价较高，采用时需进行经济技术比较。

5.2.5 同一条路宜采用相同形式的横断面布置，以保证行车安全及景观要求；当横断面有变化时，变化点宜设置在大型构筑物前或路口处，并留有足够的渐变段以保障司机的反应时间。

5.2.6 为落实“公交优先”政策，当达到设置公交专用道客流量时，对快速路、主干路单向机动车道数大于等于3车道的道路，宜单独设一条公交专用车道或限时公交专用车道，同时在横断面布置时应设公交停靠站；当快速公交专用道设在快速路主线两侧时，应与快速路出、入口的加减速车道综合考虑；当次干路单向车道数少于2条车道时，宜另设置港湾式公交停靠站，不影响其他车辆行驶。

限时公交专用车道可用于路面资源有限且交通拥挤的路段，在保证高峰时段公交车正常通行的情况下，允许社会车辆分时段使用，可有效利用道路资源，提高整条路段的通行能力，减轻主干路路面的交通压力。

公交专用车道的设置尚应满足《城市道路工程设计规范》CJJ 37和《公交专用车道设置》GA/T 507中的有关规定。

5.2.7 当桥梁跨径较小时，可与道路同宽，这样既保证行车安全，又不过多的增加工程投资。特大桥、大桥、中桥，如果整个横断面宽度与道路一致，势必过多的增加了投资；为保证行车安全，车行道宽度、路缘带宽度应与道路一致。但其分车带等宽度可适当缩窄，以节省桥梁结构及投资。设计速度小于等于40km/h的道路两侧带可采用交通标线分隔。

5.2.8 隧道内轮廓设计，除应符合隧道建筑限界的规定外，还应满足洞内路面、排水设施、装饰的需要，并为通风、照明、消防、监控、营运管理等设施提供安装空间。

1 道路等级和设计速度相同的一条道路上的隧道横断面组成宽度宜相同。

2 城市道路隧道内应设置检修道。检修道的路缘石可以阻止车辆冲上检修道，是检修步行者的安全限界，同时可保证隧道设备的安全限界；检修道的高度可按20cm～80cm取值，并综合考虑以下因素：

1) 检修人员步行时的安全；

2) 紧急情况时，方便驾乘人员拿取消防设备；

3) 满足其下放置电缆、给水管等的空间尺寸要求。

当设置检修道时，可不考虑安全带宽度；当不设置检修道时，应设不小于0.25m的安全带宽度。

3 隧道可按其封闭段长度 L 分类，分类见表1。

表1 隧道分类

隧道分类	特长隧道	长隧道	中隧道	短隧道
封闭段长度 L（m）	$L>3000$	$3000\geqslant L>1000$	$1000\geqslant L>500$	$L\leqslant500$

注：封闭段长度系指隧道两端洞口之间暗埋段的长度。

4 采用盾构施工工艺，可设置连续应急车道；采用明挖施工工艺，可采用连续或港湾式应急停车道。条件受限时，应通过技术论证、经综合比较后，确定是否设置应急车道。

5 人行横通道的主要功能是在紧急情况下疏散行人，用以进行紧急救援活动等。

5.3 横断面组成宽度

5.3.1 机动车道的宽度

1 机动车道的宽度较原《城市道路设计规范》CJJ 37－90 的规定值进行了调整，与修订的《城市道路工程设计规范》CJJ 37－2012 一致。

2 快速公交专用车道宽度一般为 3.50m，设物理分隔时若两侧路缘带最小宽度按 0.25m 计算，其总宽度最小为 4.00m。普通公交专用车道宽度应满足大型车车道宽度的要求，且不小于 3.50m。

5.3.2 非机动车道宽度

非机动车道主要供自行车、三轮车等行驶，非机动车宽度系根据非机动车外形尺寸及车辆横向净距（三轮车为 0.659m）计算而得。三轮车车道为 1.25m＋0.66m＝1.91m，三轮车载物宽度，左右不得超出车身 10cm，左右摆动按 20cm 计，计算得车道宽度三轮车为 1.85m（1.25m＋0.2m＋0.4m），因此三轮车车道宽度采用 2.0m。根据《中华人民共和国道路交通规则》规定，一条自行车的宽度为自行车车身宽度 0.6m 和行驶时左右各 0.2m 的摆幅宽度及两侧各 0.25m 的路缘带宽度之和；载物宽度不准超出车把 0.15m，考虑左右摆动，故一条自行车道宽度为 1.5m；以后每增加一条自行车道就增加 1.0m 的车道宽度。一般沿道路两侧设置的单向非机动车道不宜少于 2 条自行车道，宽度不宜小于 2.5m。

5.3.3 路侧带

1 人行道宽度取决于道路功能、沿街建筑物性质、人流密度，还应考虑在人行道下埋设地下管线等的要求。

表 2 单侧人行道宽度与道路总宽度之比值参考表

道路等级	横断面形式			道路等级	横断面形式		
	单幅路	双幅路	三幅路		单幅路	双幅路	三幅路
快速路	—	1/6～1/8	—	次干路	1/4～1/6	—	1/4～1/7
主干路	1/5～1/7	—	1/5～1/8	支路	1/3～1/5	—	—

2 道路路侧一般种有树木或设置绿化带，为保证植物的正常生长，需要保证其合理的宽度。当种植单排行道树时，植树带最小宽度为 1.5m。

为保证行道树生长，绿化带和人行道总宽度不宜小于 4.5m。

3 经调查我国各城市设置杆柱的设施带宽度多数为 1.0m，有些城市为 0.5m～1.5m，考虑有些杆线需做基座，则需宽度大些，但最小宽度不小于 1.0m，最大不超过 1.5m，设计时可根据实际情况选用。

地下管线应尽可能布置在路侧带下面，并要布置得紧凑和经济。当管线埋设在路侧带下面时，如管线种类较多，且管线间还应有安全距离，则路侧带的宽度需要较宽。

不同设施独立设置时占用宽度见表 3。

表 3 设施带宽度

项　目	宽　度（m）
行人护栏	0.25～0.50
灯柱	1.00～1.50
邮箱、垃圾箱	0.60～1.00
长凳、座椅	1.00～2.00
行道树	1.20～1.50

注：同时设置护栏与灯柱时，宜采用表中的大值。

现有城市道路中，人行道的宽度按规划设计为 3.0m～5.0m 宽，设施和绿化所占用的宽度不计入在内，设计时要明确行人、绿化、设施带各自合适的宽度。

5.3.4 分车带

1 分车带可分为中间带及两侧带。分隔带的作用是分隔主路上对向车辆、主路与辅路上同向车辆及辅路上机非车辆，其上可设置交通标志、公用设施与绿化等。此外，还可在路段上设置港湾式停靠站台。

中间带应由中间分隔带与两侧路缘带组成。分隔带以路缘石等设施分界，在构造上起到分隔双向交通的作用。

2 快速路上分车带的设置应按《城市快速路设计规程》CJJ 129 的规定执行。

中间带宽度仅规定了特殊情况下采用的最小值，在正常情况下应考虑绿化带、防撞护栏、安全带宽度等因素确定。中间带宽度一般情况下应保持等宽度；当中间带宽度因地形条件或其他特殊情况限制而减窄或增宽时，应设置宽度过渡段。

5.3.5 加速车道是为保证驶入主路的车辆，在进入主路车流之前，能安全加速以保证汇流所需要的距离而设置的变速车道。减速车道是为保证车辆驶出主路时安全减速而设置的变速车道。由于加、减速车道在不同地点使用，其特点和要求各不相同。使用中可根据具体情况，按不同要求进行设计。

5.3.6 集散车道

1 集散车道与主线车道间应采用分隔设施或标线分隔。集散车道的设计速度应与相接匝道相同，集散车道路面宽度为车行道宽度加两侧路缘带宽度。

当主线设计速度小于或等于 60km/h 时，主线车道与集散车道之间可不设分隔设施。

2 当快速路出入口间距不能满足《城市快速路设计规程》CJJ 129 最小间距规定时，应增设集散车道，其宽度不少于 2 条车道的宽度。

5.3.7 辅助车道应根据《城市道路交叉口设计规程》CJJ 152 的相关规定进行设置。

5.3.8 路肩宽度自路缘带外侧算起。当设计速度小于 60km/h 时，汽车摆动较小，可设 0.50m 宽的路肩；快速路的路肩宽度不应小于 0.75m，与设置波形护栏采用相应防撞等级的最小宽度是一致的。有少量行人时，路肩宽度为 1.50m。

5.3.9 非机动车道和人行道的分隔措施可以采用树穴、绿化带、分隔柱等物理分隔，也可采用不同铺装类型、平缘石及画标线等。

6 平面设计

6.3 平 曲 线

6.3.2 圆曲线

1 本规范规定了不设超高最小半径、设超高最小半径一般值、设超高最小半径极限值三类圆曲线最小半径，在工程设计中应结合具体情况合理选用。

圆曲线最小半径是以车辆在曲线上能安全又顺适地行驶为条件确定的，即车辆行驶在曲线部分时，所产生的离心力等横向力不超过轮胎与路面的摩擦力所允许的界限。圆曲线最小半径按下式计算。

$$R=\frac{V^2}{127(\mu+i)} \tag{1}$$

式中：R ——圆曲线半径（m）；

V ——设计速度（km/h）；

μ ——横向力系数，取轮胎与路面之间的横向摩擦系数；

i ——路面横坡或超高横坡。

在设计速度V确定的情况下，圆曲线最小半径R取决于横向力系数μ和横坡i的选值。横向力系数μ的选用不仅考虑汽车在弯道上行驶时的稳定性，还要考虑乘客的舒适性以及对燃料、轮胎消耗的影响。汽车在弯道上行驶时，不同的μ值对乘客的舒适感和对燃料、轮胎消耗的影响见表 4 和表 5。

表 4　汽车在弯道上行驶时对乘客的舒适感

μ	乘客舒适感
≤0.10	转弯时不感到有曲线存在，很平稳
0.15	转弯时略感到有曲线存在，尚平稳
0.20	转弯时已感到有曲线存在，略感到不平稳
0.35	转弯时明显感到有曲线存在，已感到不稳定
≥0.40	转弯时非常不稳定，站立不住而有倾倒危险

表 5　μ 值对燃料和轮胎消耗的影响

μ	燃料消耗（%）	轮胎消耗（%）
0	100	100
0.05	105	160
0.10	110	220
0.15	115	300
0.20	120	390

《公路工程技术标准》JTG B01－2003 中的μ值按 0.035～0.040 取用，计算得出公路不设超高圆曲线最小半径值。结合我国城市道路大型客、货车较多的特点，城市道路不设超高圆曲线最小半径按$\mu=0.067$和$i=-2\%$计算得出。设超高圆曲线最小半径一般值按$\mu=0.067$和$i=2\%\sim6\%$计算得出。城市道路由于非机动车的干扰，交叉口较多，一般车速偏低，因此μ值可加大些。本规范中，设超高圆曲线最小半径极限值按不同的设计速度，$\mu=0.14\sim0.16$，$i=2\%\sim6\%$计算得出。圆曲线半径理论计算值与规范采用值见表 6。

表 6　圆曲线半径计算表

<table>
<tr><td colspan="2">设计速度（km/h）</td><td>100</td><td>80</td><td>60</td><td>50</td><td>40</td><td>30</td><td>20</td></tr>
<tr><td rowspan="4">不设超高最小半径（m）</td><td>横向力系数μ</td><td>0.067</td><td>0.067</td><td>0.067</td><td>0.067</td><td>0.067</td><td>0.067</td><td>0.067</td></tr>
<tr><td>路面横坡度i</td><td>−0.02</td><td>−0.02</td><td>−0.02</td><td>−0.02</td><td>−0.02</td><td>−0.02</td><td>−0.02</td></tr>
<tr><td>$R=\frac{V^2}{127(\mu+i)}$</td><td>1675</td><td>1072</td><td>603</td><td>419</td><td>268</td><td>151</td><td>67</td></tr>
<tr><td>R采用值</td><td>1600</td><td>1000</td><td>600</td><td>400</td><td>300</td><td>150</td><td>70</td></tr>
</table>

续表 6

设计速度（km/h）		100	80	60	50	40	30	20
设超高最小半径一般值（m）	横向力系数 μ	0.067	0.067	0.067	0.067	0.067	0.067	0.067
	路面横坡度 i	0.06	0.06	0.04	0.04	0.02	0.02	0.02
	$R=\frac{V^2}{127(\mu+i)}$	620	397	265	184	145	81	36
	R 采用值	650	400	300	200	150	85	40
设超高最小半径极限值（m）	横向力系数 μ	0.14	0.14	0.15	0.15	0.16	0.16	0.16
	路面横坡度 i	0.06	0.06	0.04	0.04	0.02	0.02	0.02
	$R=\frac{V^2}{127(\mu+i)}$	394	252	149	104	70	39	17
	R 采用值	400	250	150	100	70	40	20

2 长直线下坡尽头接平曲线半径的线形组合在城市道路中较多，且较易产生交通事故，尤其在雨雪天等不利的气候条件下。对受条件限制时，可从提高路面抗滑性能、交通安全、交通管理等方面考虑采取防护措施。

6.3.3 缓和曲线

1 不设缓和曲线的最小圆曲线半径

直线和圆曲线之间插入缓和曲线后，与直线和圆曲线直接相连接比较，产生位移量 e。设置或不设置缓和曲线，以 20cm 的位移量为界限。位移量 $e<20$cm 可不设缓和曲线，位移量 $e\geqslant20$cm 时设缓和曲线。

则
$$e=\frac{1}{24}\cdot\frac{L_s^2}{R}=0.2 \tag{2}$$

而
$$L_s=\frac{V}{3.6}\cdot t \tag{3}$$

当 $e=0.2$m 及 $t=3$s 时，得出不设缓和曲线的最小圆曲线半径为：

$$R=0.144V^2 \tag{4}$$

为不影响驾驶员在视觉和行驶上的顺适，不设缓和曲线的最小半径值为式（4）计算值的 2 倍，不设缓和曲线的最小圆曲线半径计算值见表 7。

表 7 不设缓和曲线的最小圆曲线半径

设计速度（km/h）	100	80	60	50	40
计算值（$R=2\times0.144V^2$）(m)	2880	1843	1037	720	461
不设缓和曲线的最小圆曲线半径（m）	3000	2000	1000	700	500

对设计速度小于 40km/h 的支路，作为次干路与街坊路的连接线，以

服务沿线地块、交通设施等为主，对其设置缓和曲线不做要求。

随着计算机辅助设计在道路几何设计中的应用，设计人员对于直线与圆曲线间或圆曲线与圆曲线间的连接都基本采用了缓和曲线的连接方式。因此，在低速状态下的直线与圆曲线或圆曲线与圆曲线的连接标准也可使用缓和曲线。

2 缓和曲线长度

车辆从直线段驶入圆曲线或从圆曲线驶入直线段，由大半径圆曲线驶入小半径圆曲线或由小半径圆曲线驶入大半径圆曲线，为了缓和行车方向和离心力的突变，确保行车的舒适和安全，在直线和圆曲线间或半径相差悬殊的圆曲线之间需设置符合车辆转向行驶轨迹和离心力渐变的缓和曲线。由离心力作为控制产生的缓和曲线最小长度应满足以下要求：

1）驾驶员易操作，乘客感觉舒适。汽车行驶在圆曲线上引起的离心力与缓和系数 α_p 有关 ，见式（5）。

$$\alpha_p = \frac{v^2}{Rt} = 0.0215\frac{V^3}{RL_s} \tag{5}$$

式中：α_p ——检验缓和曲线的缓和性指标，α_p 一般采用 $0.3\mathrm{m/s^3} \sim 1.0\mathrm{m/s^3}$，我国在道路设计中 α_p 采用 $0.6\ \mathrm{m/s^3}$；

v ——设计速度（m/s）；

V ——设计速度（km/h）；

R——圆曲线半径（m）；

t——在缓和曲线 L_s 上行驶所需时间（s）。

则

$$L_s = 0.035\frac{V^3}{R} \tag{6}$$

2）行驶时间不宜过短，汽车在缓和曲线上行驶时，使驾驶员有足够的时间转动方向盘，以适应前方线形的改变，也使乘客感到舒适。缓和曲线上行驶时间采用 3s，按式（7）计算。

$$L_s = vt = \frac{V}{3.6}t \tag{7}$$

缓和曲线最小长度按式（6）及式（7）两者计算取大值，缓和曲线最小长度计算值与采用值见表 8。

3 缓和曲线参数

调查表明，由于使用了长的缓和曲线，在视觉上线形变得自然平顺，行驶更加安全舒适，缓和曲线参数 A 值的灵活运用增加了线形设计的自由度，使得线形与地形更容易相适应。《公路路线设计规范》JTG D20－2006 规定了“缓和曲线参数宜依据地形条件及线形要求确定，并与圆曲线半径相协调。”即：

1）当 R 小于 100m 时，A 宜大于或等于 R。

2）当 R 接近于 100m 时，A 宜等于 R。

3）当 R 较大或接近于 3000m 时，A 宜等于 $R/3$。

4）当 R 大于 3000m 时，A 宜小于 $R/3$。

表 8　缓和曲线最小长度

设计速度（km/h）		100	80	60	50	40	30	20
缓和曲线最小长度（m）	$L_s=0.035\dfrac{V^3}{R}$	87.5	71.7	50.4	43.8	32.0	23.6	14.0
	$L_s=\dfrac{3V}{3.6}=0.833V$	83.3	66.6	50.0	41.7	33.3	25.0	16.7
	采用值	85	70	50	45	35	25	20

注：表中 R 采用设超高最小半径。

根据视觉要求，试验所得缓和曲线起点至终点切线角的变化宜控制在 3°～29°之间，即 $\beta=\dfrac{L_s}{2R}=\dfrac{A^2}{2R^2}$（代入 $\beta=3°$ 及 $\beta=29°$，β 以弧度计），则有 $R/3\leqslant A\leqslant R$。

6.3.4 平曲线长度

1 平曲线指道路线形上的曲线部分，完整的平曲线包括一个圆曲线和两个缓和曲线。汽车在平曲线上行驶时，如曲线过短，驾驶员操纵方向盘时变动频繁，在高速行驶时感到危险，加上离心加速度变化率过大，使乘客感到不舒适。因此，必须确定不同半径与设计速度条件下的平曲线最小长度。《日本公路技术标准的解说与运用》中认为，汽车通过平曲线的时间 6s 较为合适；汽车通过平曲线中间一段圆曲线的时间 3s 较为合适。平曲线和圆曲线的最小长度按下式计算。

$$L_{min}=\frac{1}{3.6}\cdot V\cdot t \tag{8}$$

式中：L_{min} ——平曲线长度（m）；

V ——设计速度（km/h）；

t ——汽车通过平曲线的时间（s），以 6s 计。

平曲线长度除应满足设置缓和曲线或超高、加宽过渡的需要外，还应保留一段圆曲线，以保证汽车行驶状态的平稳过渡。平曲线最小长度是按缓和曲线最小长度的 2 倍控制，实际上是一种极限状态，此时曲线为凸形缓和曲线，驾驶者会感到操作突变且视觉亦不舒顺。因此，建议最小平曲线长度取值按理论上至少应该不小于3倍缓和曲线最小长度，即保证设置最小长度的缓和曲线后，仍保留一段相同长度的圆曲线。

平曲线及圆曲线最小长度计算值与规范采用值计算见表9。

表9　平曲线及圆曲线最小长度计算表

设计速度（km/h）		100	80	60	50	40	30	20
平曲线最小长度（m）	计算值	167	133	100	83	67	50	33
	采用值	170	140	100	85	70	50	40
圆曲线最小长度（m）	计算值	83	67	50	42	33	25	17
	采用值	85	70	50	40	35	25	20

2　在地形条件许可的情况下路线转角争取尽可能小，才能达到路线顺直。但转角太小，容易引起驾驶员的错觉，把曲线长度误认为比实际的短，或认为道路急转弯，造成驾驶员感觉道路在顺适地转弯，这种现象转角越小越显著。所以转角越小越要插入长的曲线，必须使其产生道路在顺适转弯的感觉。在转角小的曲线部分为使驾驶员识别出是曲线，应适当加大外距；特别是连续流交通的道路，更应注重小转角的影响。

引起驾驶员错觉的道路转角临界值采用7°，以7°作为引起驾驶者错觉的临界角度也只是一种经验值，因为通过选择合适的圆曲线半径，或设置足够的长度的曲线可以改善视觉效果，这才提出小转角的最小曲线长度的限制问题。

而一般城市道路受规划红线、用地条件的限制，存在小转角的情况是比较普遍的。要取消小转角，往往需要增加较大的工程量和巨大的动拆迁。另外，城市道路车辆密度较大，变换车道也较频繁，同时由于沿线交叉口的存在，驾驶员的注意力一般较为集中，因小转角的存在而发生交通安全事故的概率较小。因此，本次对设计速度小于60km/h的地面道路，不再做小转角的规定，只要满足平曲线规定的最小长度即可。

6.4　圆曲线超高

在道路曲线部分汽车行驶时所承受的离心力被路面超高使汽车产生的横向力及路面与轮胎之间的摩擦力抵消，因而能保持横向稳定，顺利行驶。超高设计及超高率计算应考虑把横向摩擦力减至最低程度。对于确定的设计速度，最大超高值的确定主要取决于曲线半径、路面粗糙率以及当地气候条件。在潮湿多雨以及季节性冰冻地区，过大的超高易引起车辆向内侧滑移，尤其是当拥堵造成弯道车速低甚至停止的情况下，所以应对超高横坡度加以限制。

快速路上行驶的汽车为了克服行车中较大的离心力，超高横坡度可较一般规定值略高。处于市区的城市道路因受交叉口、非机动车以及街道两侧建筑的影响，不宜采用过大的超高横坡度。综合各方面的情况后，拟定最大超高横坡度如下：设计速度 100km/h、80km/h 为 6%，设计速度 60km/h、50km/h 为 4%，设计速度小于或等于 40km/h 为 2%。

对于通行大型货车比例较高的路段，如在高路堤、高架桥、跨线桥等曲线处，由于车辆超速行驶、集装箱车辆转锁装置未上锁，极易导致箱体滑脱、侧翻等甩箱情况的出现，对构筑物的曲线外侧或下方辅道或地面道路构成安全隐患。针对此类情况，可考虑提高一级设计速度进行超高值的验算，必要时应对道路平纵线形、横断面布置进行调整。

设超高时，应考虑超高渐变率，以确定超高缓和段长度。超高渐变率为旋转轴与路面边缘之间相对升降的比率。由于超高旋转轴、回转角速度以及车道数等因素不同，不可能做统一规定。

立交匝道无论圆曲线半径大小，均应设置超高。

非机动车道、人行道不宜设置超高，但应满足设置正常路拱横坡的要求。

6.5 圆曲线加宽

汽车在平曲线上行驶时，各车轮行驶的轨迹不同。靠曲线内侧后轮的行驶曲线半径最小，靠曲线外侧前轮的行驶曲线半径最大。因此，汽车在曲线上行驶时所占的车道宽度比直线段大。为保证汽车在转弯过程中不侵占相邻车道，圆曲线半径小于或等于 250m 时，应在圆曲线内侧加宽。

根据汽车在圆曲线上行驶时的相对位置关系所需的加宽值 b_{w1} 和不同车速情况下的汽车摆动偏移所需的加宽值 b_{w2}，每车道加宽值计算如下：

小客车、大型车的加宽值 b_w 为：

$$b_w = b_{w1} + b_{w2} = \frac{a_{gc}^2}{2R} + \frac{0.05V}{\sqrt{R}} \tag{9}$$

铰接车的加宽值 b'_w 为：

$$b'_w = b'_{w1} + b'_{w2} = \frac{a_{gc}^2 + a_{cr}^2}{2R} + \frac{0.05V}{\sqrt{R}} \tag{10}$$

式中：a_{gc}——小客车、大型车轴距加前悬的距离，或铰接车前轴距加前悬的距离（m）；

a_{cr}——铰接车后轴距的距离（m）；

V——设计速度（km/h）；

R——设超高最小半径（m）。

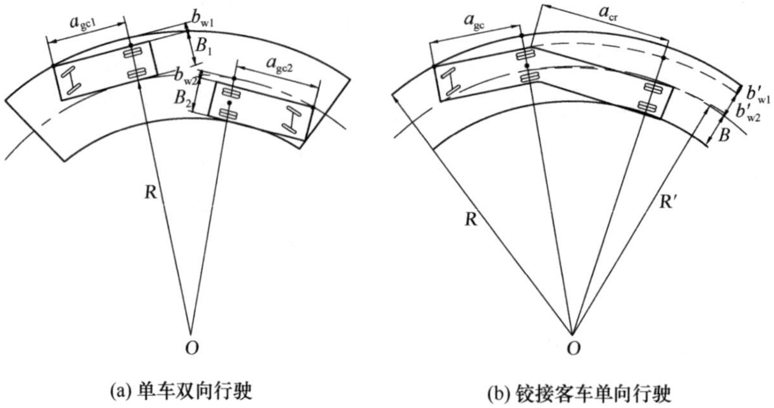

(a) 单车双向行驶

(b) 铰接客车单向行驶

图 1　圆曲线上路面加宽示意

本规范每车道加宽值是根据《城市道路工程设计规范》CJJ 37－2012 中规定的车辆类型和上述公式计算得出的。加宽缓和段可采用线性加宽、抛物线加宽等方式。加宽缓和段的加宽值由直缓点（缓直点）加宽为零，按比例增加到缓圆点（圆缓点）全加宽值。

6.6　视　　距

6.6.1　该条为强制性条文，主要是为了确保行车安全。当车辆行驶时，驾驶员一旦发现前方有障碍物，或迎面开来的车辆，应及时采取措施，防止车辆与障碍物或车辆与车辆相撞。完成此过程所需的最短行车距离称为停车视距。

停车视距由反应距离、制动距离及安全距离组成，按式（11）和式（12）计算：

$$S_s = S_r + S_b + S_a \tag{11}$$

式中：S_r——反应距离（m）；

S_b——制动距离（m）；

S_a——安全距离，取 5m。

$$S_s = \frac{Vt}{3.6} + \frac{\beta_s V^2}{254(\mu_s \pm i)} + S_a \tag{12}$$

式中：V——设计速度（km/h）；

t——反应时间，取 1.2s；

β_s——安全系数，取 1.2；

μ_s——路面摩擦系数，取 0.4；

i——纵坡度（%），上坡为“+”，下坡为“−”。

表 10 停车视距

设计速度 (km/h)	S_r (m)	S_b (m)	S_a (m)	S_s 计算值 (m)	S_s 采用值 (m)
100	33.34	118.00	5	156.34	160
80	26.67	75.52	5	107.26	110
60	20.00	42.48	5	67.52	70
50	16.67	29.50	5	51.17	60
40	13.33	18.88	5	37.21	40
30	10.00	10.62	5	25.62	30
20	6.67	4.72	5	16.39	20

6.6.2 我国幅员辽阔，在东北、内蒙古、新疆以及西北、西南高原等大面积国土上，冬季都存在着不同程度的降雪和冰冻，冰雪路面的附着系数明显下降，车辆制动距离显著增加。

冰雪路面摩擦系数与车速及路面状况有关。路面摩擦系数随车速的增加而减小，《公路路线设计规范》JTG D20－2006 和《公路项目安全性评价指南》JTG/T B05－2004 中对小客车停车视距的计算与评价，根据 20km/h～100km/h 不同的设计车速，其路面摩擦系数取 0.44～0.30。

路面状况分为干燥、潮湿、冰雪等情况，而自然条件下的冰雪路面根据冰雪表态可以分为松软雪路面、压实雪路面和结冰路面等。冰雪路面的摩擦系数较干燥路面大大降低，根据有关研究，其摩擦系数一般为 0.15～0.30。《公路项目安全性评价指南》JTG/T B05－2004 中对货车停车视距评价，货车轮胎与路面的纵向摩擦系数，不论运行速度大小，一律取值为 0.17。考虑到积雪或冰冻地区路段行驶的车速会有较大幅度的降低，停车视距应根据实际运行速度和路面状况，选取合适的摩擦系数，按式（12）进行计算。

6.6.3 视距有停车视距、会车视距、错车视距和超车视距等。在城市道路设计中，主要考虑停车视距。如车行道上对向行驶的车辆有会车可能时，应采用会车视距，会车视距为停车视距的 2 倍。

6.6.4、**6.6.5** 视距是道路设计的主要技术指标之一，在道路的平面上和纵断面上都应保证必要的视距。如平面上挖方路段的弯道和内侧有障碍物的弯道，以及纵断面上的凸形变坡处、立交桥下凹形变坡处，均存在视距不足的问题，设计时应加以验算。验算时物高为 0.1m，凸形竖曲线时目高为 1.2m，凹形竖曲线时目高为 1.9m。

在平曲线范围内为使停车视距规定值得到保证，应将平曲线内侧横净距范围内的障碍物予以清除，根据视距线绘出包络线图进行检验。

6.6.6 货车存在空载时制动性能差、轴间荷载难以保证均匀分布、一条轴侧滑会引发其他车轴失稳、半挂车铰接刹车不灵等现象。尽管货车驾驶者因眼睛位置高，比小客车驾驶者看得更远，但仍需要比小客车更长的停车视距，尤其是在下坡路段，应按下坡段货车停车视距进行验算。

《公路路线设计规范》JTG D20－2006 停车视距计算参数采用运行车速，即按设计速度的 85%～90%，纵向摩擦系数采用路面处于潮湿状态下计算得出小客车的停车视距。在此基础上对货车在不同纵坡下的停车视距进行修正。以货运交通为主的城市道路，也应考虑货车交通特征，对货车通行可能存在视距和减速距离潜在危险的区段，尤其是下坡路段进行视距检验。本规范参照《公路路线设计规范》JTG D20－2006，对货车停车视距做了规定。

货车停车视距的物高为 0.1m，目高为 2.0m。下列路段可按货车停车视距进行检查：

1） 减速车道及出口端部；

2） 主线下坡路段且纵断面竖曲线半径小于一般值的路段；

3） 主线分、汇流处，车道数减少，且该处纵断面竖曲线半径小于一般值的路段；

4） 要求保证视距的圆曲线内侧，当圆曲线半径小于 2 倍一般值或路堑边坡陡于 1∶1.5 的路段；

5） 道路与道路、道路与铁路平面交叉口附近。

7 纵断面设计

7.2 纵 坡

7.2.1 最大纵坡

为保证车辆能以适当的车速在道路上安全行驶，即上坡时顺利、下坡时不致发生危险的纵坡最大限制值为最大纵坡度。道路最大纵坡度的大小直接影响行车速度和安全、道路的行车使用质量、运输成本以及道路建设投资等问题，它与车辆的行驶性能有密切关系。

目前，许多国家都以单位载重量所拥有的马力数（HP/t），即比功率作为衡量汽车爬坡能力的指标，认为 HP/t 数值相同的汽车，其爬坡能力大致相同。

小汽车爬坡能力大，纵坡大小对小汽车影响较小，而载重汽车及铰接车的爬坡能力低，纵坡大小对其影响较大。如以小汽车爬坡能力为准确定最大纵坡，则载重汽车及铰接车均需降速行驶，使汽车性能不能充分发挥，是不经济的，而且还会降低道路通行能力。在汽车选型时，既要考虑现状又要考虑发展。根据我国的实际情况规范确定以东风 EQ140 载重汽车及 SK661 铰接车为代表车型，其发动机型号均为 EQ140，最大功率为 135HP。

本规范的最大纵坡一般值是根据汽车动力特征计算，并参照《公路路线设计规范》JTG D20-2006 及《日本公路技术标准的解说与运用》标准确定。设计最大纵坡应考虑各种机动车辆的动力性能、道路等级、设计速度、地形条件等选用规范中最大纵坡度一般值。当受条件限制纵坡度大于一般值时应限制坡长，但最大纵坡不得超过最大纵坡限制值。

7.2.2 最小纵坡

城市道路最小纵坡应能保证排水和防止管道淤塞所需要的最小纵坡，其值为 0.3%。若道路纵坡度小于最小纵坡值，则管道埋深势必随着管道长度的增加而加深，增加管道埋设的土石填挖量和施工难度。因此，城市道路的最小纵坡应控制在大于或等于 0.3%。如遇特殊困难，纵坡必须小于 0.3%时，则应设置锯齿形偏沟或其他综合排水设施，保证路面排水畅通。

对高架道路适当提高最小纵坡度，主要因为施工误差、容易形成凹面，即使雨停后也会积水；车速较快时，会将积水溅向高架桥下的地面道路，淋湿行人或车辆；仅靠横坡排水，难以及时将桥面水排除。同时，高架桥路侧在结构上也难以做成锯齿形偏沟。

7.2.3 非机动车道纵坡

在城市中非机动车主要是指自行车，在我国城市交通中占很大比例，是重要交通工具之一。自行车爬坡能力低，在与机动车混行的道路上，需按自行车爬坡能力控制纵坡。根据国内外资料综合分析，非机动车车道纵坡度大于或等于 2.5%时，应按规定限制坡长。

7.3 坡　　长

7.3.1 最小坡长

最小坡长的限制是从汽车行驶的平顺度、乘客乘坐的舒适性、视距与相邻两竖曲线布设等方面考虑的，坡长过短、起伏频繁将影响行车顺适与线形美观。通过一段坡长应有一定的时间，规范规定为 10s，即最小坡长 $l_j = \frac{10V}{3.6}$。另外，在一段坡长两端设置的两个竖曲线不得搭接（叠加）。

对于沉降量较大的改建道路，为降低工程投资、加快改建速度与减少施工期间的交通影响，可以适当降低标准。

沪杭高速公路在拓宽改建中，对于相邻桥梁结构较近，且路堤沉降较大的路段及特别困难地区采用了降低一级设计速度的纵坡坡长进行纵断面设计。

沪宁高速公路的拓宽改建，根据拟合纵断面线形的实际情况，对原纵断面设计变坡点间增设变坡点，在增加变坡点的转坡角（相邻纵坡坡差的绝对值）较小的前提下，适当突破最小纵坡的控制。具体标准见表 11。

表 11　最小坡长

设计速度（km/h）		120
最小坡长（m）	转坡角≤4‰	180
	4‰＜转坡角≤6‰	200
	转坡角＞6‰	300

深圳市对于改建道路纵断面设计，则在桥头引道处采用必要的调坡措施外，路段上基本为等厚加罩。

7.3.2　最大坡长

纵坡大于最大纵坡一般值时，应对纵坡坡长加以限制。纵坡坡长是根据汽车加、减速行程图求得，并参考《公路路线设计规范》JTG D20－2006 与《日本公路技术标准的解说与运用》综合确定。根据不同设计速度、不同坡度规定坡长限制值。当设计速度小于 40km/h 时，由于车速低，爬坡能力大，坡长可不受限制。

7.4　合成坡度

纵坡与超高或横坡度组成的坡度称为合成坡度。将合成坡度限制在某一范围内的目的是尽可能地避免陡坡与急弯的组合对行车产生的不利影响。道路设计常以合成坡度控制，合成坡度按下式计算：

$$i_H = \sqrt{i_N^2 + i_Z^2} \tag{13}$$

式中：i_H——合成坡度（%）；

i_N——超高横坡（%）；

i_Z——纵坡（%）。

7.5　竖曲线

当汽车行驶在变坡点时，为了缓和因运动变化而产生的冲击和保证视距，必须插入竖曲线。竖曲线形式为抛物线或圆曲线。经计算比较，圆曲线与抛物线计算值基本相同，为使用方便，规范采用圆曲线。竖曲线最小半径计算如下：

1 凸形竖曲线极限最小半径 R_v（m）用下式计算：

$$R_v=\frac{S_s^2}{2(\sqrt{h_e}+\sqrt{h_o})^2} \tag{14}$$

式中：S_s——停车视距（m）；

h_e——眼高，采用 1.2m；

h_o——物高，采用 0.1m。

2 凹形竖曲线极限最小半径 R_c（m）用下式计算：

$$R_c=\frac{V^2}{13a_o} \tag{15}$$

式中：V——设计速度（km/h）；

a_o——离心加速度，采用 0.28m/s^2。

竖曲线一般最小半径为极限最小半径的 1.5 倍，国内外均使用此数值。设计时根据不同道路等级，不同设计速度选用适当的竖曲线半径。

为了使驾驶员在竖曲线上顺适地行驶，竖曲线不宜过短，应在竖曲线范围内有一定的行驶时间，日本规定最小行驶时间为设计速度 3s 的行驶距离，规范“极限值”采用 3s，竖曲线最小长度按下式计算：

$$l_v=\frac{Vt}{3.6} \tag{16}$$

式中：l_v——竖曲线最小长度（m）；

V——设计速度（km/h）；

t——在竖曲线上的行驶时间（s）。

竖曲线最小长度“一般值”主要考虑行车安全与舒适；平原地区由于纵坡缓，若采用较长的竖曲线而引起纵向排水纵坡过小时，可以采用竖曲线最小长度的“极限值”。

8 线形组合设计

8.2 平、纵、横的线形组合

1 平、纵线形组合原则上应“相互对应”，且平曲线稍长于竖曲线，即所谓的“平包竖”。国内外研究资料表明，当平曲线半径小于 2000m、竖曲线半径小于 15000m 时，平、竖曲线的相互对应对线形组合显得十分重要；随着平、竖曲线半径的增大，其影响逐渐减小；当平曲线半径大于6000m、竖曲线半径大于25000m时，对线形的影响显得不很敏感。因此，线形设计的“相互对应、且平包竖”的基本要求需视平、竖曲线的半径而掌握其符合的程度。

2 城市道路由于限制条件多，对于低等级道路不必强求平纵线形的相互对应。

3 纵断面设计若出现驼峰、暗凹、跳跃、断背、长直线或折曲等线形，容易使驾驶员视觉中断，或在驾驶员视线内出现两个或两个以上的平曲线或竖曲线，应加以避免。

8.3 线形与桥、隧的配合

8.3.1 桥梁及其引道与道路路线的衔接应保证行车安全与舒适，各项技术指标应符合路线总体布设的要求，使桥梁、桥头引道与路线的线形连续、均衡，视线诱导良好；而特大桥、大桥桥位应尽量顺直，满足通航和行洪要求，并方便桥梁结构设计。

纵坡大于3.0%的桥梁引道，其坡脚与平面交叉口停车线之间的最小安全距离宜满足50m长度，以保证车辆转弯对行人和辅道车辆的通行安全。

地面快速路主路上的桥梁设置防撞护栏的路段，由于道路与桥梁的护栏设置位置的差异，会导致平面上出现外凸或内凹的现象，不仅影响美观，也影响安全。故要求桥梁与道路的行车道、路缘带或中间分隔带等对应的宽度应保持一致，使设置的护栏其平面宜为同一条基准线。

8.3.2 隧道及其洞口两端的连接线应符合路线总体布设的要求，与路线线形相协调，保证行车安全与舒适。调查资料显示，隧道洞口内外是事故多发路段，为此对隧道洞口外连接线与隧道洞口内的平、纵线形应保持一致的长度作了相应规定。

8.4 线形与沿线设施的配合

8.4.2 城市道路交通设施设计应与道路主体工程的技术标准、建设规模及项目交通特性、交通组织设计相配合，应简明、准确地向道路使用者提供交通路权、行驶规则以及路径指示等信息，确定交通标志类型、版面大小、版面内容、支撑方式和交通标线颜色、类型和尺寸等，构建科学合理、舒适安全、和谐统一的道路环境。

8.4.3 互通立交处灯光夜间照明往往会误导行车视线，原则上立交处应采用高杆灯照明布置。

8.4.4 通常路面宽度、道路横断面布置是独立的，不会随两侧街景进行变化，难免倾向于单调化。现代设计强调城市的空间设计，要求道路功能与街景功能相互补充，进行一体化设计，利用空间使景观整齐美观。如道路人行道与两侧建筑前的广场铺装进行整体设计，人行道与两侧建筑进行整体规划等。

8.5 线形与环境的协调

1 同样的线形在不同的环境中给人的感觉不同。调查发现，由于线形与环境景观的不良配合，会给驾驶员造成精神压力或因错觉引发交通事故，所以线形与环境的协调首先应考虑交通安全。

2 道路空间尺度是指道路空间宽度 D（两侧建筑之间水平距离）与两侧建筑高度 H 的比值 D/H。

1) 当 $0.7<D/H\leqslant 1$ 时，道路空间有亲切感，空间围合感较强，容易形成繁华热闹氛围，沿街建筑立面对人的景观感受影响较大，适用于一般生活性道路；当 $D/H\leqslant 0.7$ 时，则会产生压抑感。

2) 当 $D/H=1\sim 2$ 时，仍能保持亲切感和围合感，绿化对空间的影响作用开始明显加强，可增加绿化带宽度和树木高度以弥补空间的扩散感，适用于城区一般干路。

3) 当 $D/H=2\sim 3$ 时，视觉开始扩散，空间更为开阔，围合感较弱，热闹氛围被冲淡，适用于城郊结合部的城市干路和城区交通性干路；当 $D/H=3$ 时，一般为开阔空间，人们视线主要停留在建筑的群体关系以及建筑与环境的关系上。

9 道路与道路交叉

9.2 平 面 交 叉

9.2.1、9.2.2 城市道路设计中，一般在规划阶段已经确定平面交叉口的类型和用地范围。因此具体设计时应根据道路网规划，结合道路布置、道路等级、交叉口功能要求、交通流量流向、地形和周边建筑等控制条件，选择合适的交叉口类型。平面交叉口的分类和选型在《城市道路工程设计规范》CJJ 37 中已有规定。

9.2.3 平面交叉口的间距是由规划部门制定城市道路网确定的，例如方格形的道路网，每隔 800m～1000m 设置接近平行的主干路。主干路之间再布置次干路、支路，并将用地分为大小适当的街坊。

平面交叉口间距不宜太短。当遇到旧城区道路间距较短，如小于200m时，可采取单向交通组织，以提高交叉口的通行能力。

同一条道路上的平面交叉口，应注意交通组织方式尽量一致。相邻交叉口的功能区不宜相互重叠。主次干路相交，其间距大致相等时，最有利于交通控制与管理。

以交通功能为主的新建道路，进出口需要采取部分控制时，则可适当封闭一些支路的交叉口，以加大交叉口的间距，提高道路的行驶速度，增加通行能力。

9.2.4 平面交叉口设计范围指构成交叉口各条道路的相交部分及其进口道、出口道，包括进出口道展宽段和展宽渐变段，以及非机动车道、人行道和过街设施所围成的区域（图2）。

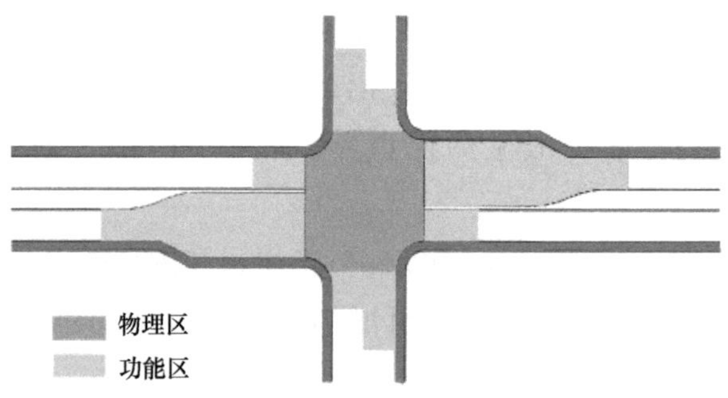

图2 平面交叉口设计范围示意

9.2.5 平面交叉口附属设施包括交通信号灯、交通岛、标志、标线、隔离设施、排水、照明、绿化、景观及环保设施等。

9.2.6 平面交叉口的设计速度，主要用于控制车速和车头时距，并可用于路缘石转弯半径的选择。交叉口范围内平纵线形设计和视距三角形验算，仍应采用路段的设计速度作为控制要素。

9.2.9 两条道路相交，主要道路的纵坡度应保持不变，次要道路纵坡度宜服从主要道路。主干路与主干路、主干路与次干路、次干路与支路相交，路脊线在两条道路中心线相交；主干路与支路相交，支路路脊线宜相交至主干路机非分隔带边线或车行道边线，此时支路纵断面可作为分段设计。

9.2.11 公交停靠站设置在交叉口出口道时，出口道右侧展宽增加车道情况下，宜设在展宽段向前不小于20m处；在出口道右侧不展宽时，停车站在干路上距离对向停车线不宜小于50m，在支路上不宜小于30m。

9.2.12 行人过街设施主要包括立体过街设施（即人行天桥和地下通道）、人行过街横道、行人过街安全岛及行人过街信号等，具体形式视建设条件、安全（治安）、行人方便、环境因素确定，要求连续性。

9.3 立体交叉

9.3.1、9.3.2 城市道路立交等级直接影响立交功能、立交规模和工程造价，是立交规划、设计选型的重要依据之一。《城市道路工程设计规范》CJJ 37和《城市道路交叉口设计规程》CJJ 152中对立交分类和选型进行了明确规定。条文在两本规范的基础上，按相交道路等级对路线设计中设置立体交叉的条件以及采用的立交类型进行了规定。

同一条道路上采用的立体交叉形式在交通组织方式上应协调统一，尽量避免左侧入口和出口，方便驾驶员识别，同时简化了交通标志设置，可充分保障行车安全。

9.3.1条明确了与快速路相交的所有等级道路（含各等级公路）必须设置立体交叉。主干路与主干路及以下等级道路相交不建议设置立体交叉。在《城市道路交叉口规划规范》GB 50647中，对主干路与主干路相交预测总交通量不超过12000pcu/h时，不宜设置立交。本规范要求根据交叉口实际运行情况，在对平面交叉口采取改善措施、调整交通组织均难以收效时，宜设置立交，并要求妥善解决设置立交后对邻近平面交叉口的影响。另外，主干路与主干路及以下等级道路相交，当地形适宜修建立体交叉，经技术经济比较确为合理时，可设置立交。道路跨河或跨铁路的端部可利用桥梁边孔，修建道路与道路的立体交叉。

9.3.2条根据《城市道路工程设计规范》CJJ 37，立体交叉口选型中的推荐形式明确了不同等级道路相交应优先选择的立交等级。

9.3.3 两个相邻互通式立交的最小间距是立交系统设计中应该考虑的因素。

美国《公路与城市道路几何设计（1984）》中规定，互通式立交最小间距的一般经验值是市区1英里（1.6km），在市区如果间距小于1英里（1.6km），可利用分离式立交或增设集散道路来改进。

《道路通行能力手册》（2000年版）：在一段长度为8km～10km的高速公路路段上，互通式立交理想的平均间距是不小于3.0km。

《日本公路技术标准的解说与运用》中是根据两个互通式立体交叉之间交织处理上的需要长度和设置交通标志长度，以1.5km～4.0km间距控制。

本规范规定相邻互通式立交的最小间距，是考虑当受路网结构或其他条件限制的情况下，应不小于加速车道和渐变段长度、减速车道和渐变段长度，以及《道路交通标志和标线第2部分：道路交通标志》GB 57682规定的出口预告标志距出口最小距离 500m，满足三者长度之和的最小距离要求；并应设置完善的标志、标线等交通安全设施。当立交间距仍小于上述规定的最小值，且经论证必须设置时，应将两者合并为组合式互通式立体交叉，并设置集散车道。

一般情况下，从改善道路行驶条件，节约投资分析，相邻互通式立交的间距宜满足表 12 的规定。

表 12　互通式立体交叉间最小间距

相邻互通式立交的类型	最小间距（km）	
	市区	郊区
一般立交与一般立交相邻	1.8（1.5）	3.3
一般立交与枢纽立交相邻	2.4	3.9
枢纽立交与枢纽立交相邻	3.0	4.5

注：括号内数值为最小控制值。

9.3.4　该条规定了立体交叉口的设计范围。

9.3.5　该条规定了立体交叉口的设计内容。立体交叉附属设施包括交通标志和标线、防撞护栏、防眩设施、隔声设施、排水、照明、绿化、景观等。

9.3.6　立交分类和选型确定后，控制立交设计的主要因素为设计速度、车道数和立交间距。

快速路主路为保证全线运行的安全性、连续性和畅通性，其设计速度应不低于路段的设计速度。其他等级道路，在与两端道路运行特征和通行能力相匹配的条件下，经论证可适当降低立交范围主线的设计速度。

匝道的设计速度是影响立交规模标准、占地和工程投资的主要因素之一。《城市道路工程设计规范》CJJ 37－2012 将《城市道路设计规范》CJJ 37－1990 采用 20km/h～60km/h 的取值规定，改为 0.4 倍～0.7 倍的比值规定，大致范围为 20km/h～70km/h，较适合于城市道路特点。《公路工程技术标准》JTG B01—2003 根据立交类型和匝道形式确定匝道设计速度，基本为主线设计速度的 0.5 倍～0.7 倍。实际使用时，匝道设计速度应结合立交等级、匝道形式和匝道交通量等条件确定。

集散车道为减少出入口对主路交通的影响，通过设置加减速车道与主路相连，其设计速度宜取匝道设计速度中的高值。

立交范围内的辅路系统通常设置为平面交叉，其设计速度可参照平面交叉适当降低。其直行和转向车流的设计速度宜根据平面交叉口进行设计速度的折减。环形立交中的环道设计速度同平面环形交叉口。

9.3.7　互通式立交范围受匝道设置及进出口影响，为提高行驶安全性，提出在进出立交匝道的主路路段，其线形设计应采用比路段高的技术指标。公路在互通式立交范围内主线形指标的规定比路段线形指标提高很多。由于城市道路立交及进出口间距较密，交通运行状态与公路不一致，建设条件制约因素较多，很难按公路规定值实施，有条件时尽量取高值。

《城市道路工程设计规范》CJJ 37 中规定：在进出立交的主路路段，其行车视距不宜小于 1.25 倍的停车视距。

互通式立交区域应具有良好的通视条件。识别视距为驾驶员发现前方互通式立体交叉的出口，按规定行车轨迹驶离主线，从而防止误行，避免撞及分流鼻端，而应保证对出口位置的判断视距（其物高为 0）。判断出口时，驾驶员应看到分流鼻端的标线，故物高为 0。对此，在确定凸曲线半径时应注意，出口处应满足最小 1.25 倍的主路停车视距。

为保证汇流鼻前的通视三角区（图 3），设计中应注意：当主线为下坡，匝道为上坡的情况下，通视区范围内的匝道纵坡不得与主线纵坡有较大的差别；尤其是当主线为桥梁并采用实体护栏时，护栏便会完全遮挡匝道方的视线。应采取有效措施保证充分的视距，如通视三角区范围设置通透式桥梁护栏，或抬高匝道路面标高等。

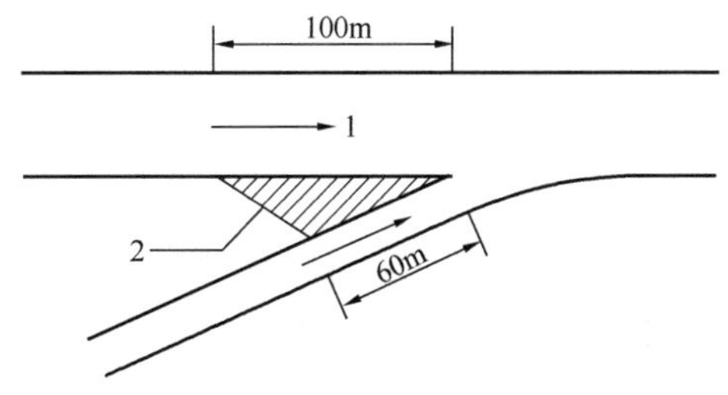

图 3　汇流鼻前通视三角区

1—主线；2—通视三角区

9.3.8　由于主线的设计速度高于匝道，因而交通流驶出主线需要减速，驶入主线需要加速。为了满足车辆变速行驶的要求，减少对主线正常行驶交通流的干扰，必须设置变速车道。

9.3.9　根据交通流流入、流出主路的交通特征，车辆通过出入口时，要经过加速、减速、交织等过程，整个过程中将产生紊流，合理的出入口间距是交通畅通的可靠保障。《城市快速路设计规程》CJJ 129 及《城市道路交叉口设计规程》CJJ 152 中对于出入口的合理间距均有明确规定。城市道路控制条件较多，设计中经常会遇到不能满足出入口间距的要求，在这种情况下，需设置集散车道，调整出入口的位置，以满足间距需要。

9.3.10　快速路在全长或较长路段内应保持一定的基本车道数，在分、合流处还应保持车道数的平衡。一般情况下，分流前（或合流后）的主路车道数应大于等于分流后（合流前）的主路车道数与匝道车道数之和减 1；不平衡时，应设置辅助车道。

9.3.11 设有辅路系统的快速路与主干路或主干路与主干路相交设置的一般立交，其辅路系统可与匝道布置结合考虑。如两层的苜蓿叶立交、菱形立交等，一般结合路段出入口设置，采用与匝道结合的方式布置辅路系统。对于枢纽型立交要求其系统的连续，桥梁范围内的辅路系统应单独设置。

9.3.12 立交范围主路设置公交车站交通组织复杂，可能对交通影响较大。当设置公交停靠站时，停靠区出入口应满足出入口最小间距的规定，并应设置变速车道，以减小对主路交通的影响。

9.3.13 立交范围内由于占地较大，在建设条件受限的情况下，经常采用降低行人和非机动车的设计标准解决，造成系统不连续或宽度不足，给行人使用带来不便。因此，在编制中对这部分设计要求进行了规定。

10 道路与轨道交通线路交叉

10.2 立 体 交 叉

10.2.1 该条为强制性条文，主要是明确城市道路与轨道交通线路相交，必须设置立体交叉的条件，目的是保证道路、轨道交通的行车和行人安全。

轨道交通线路包括铁路、城市轨道交通，城市轨道交通又分为地铁、轻轨、单轨、有轨电车、磁浮、自动导向轨道和市域快速轨道等七大系统。道路与轨道交通线路必须设置立体交叉的依据如下：

1 快速路交通功能强，服务水平高，交通量大，具有连续交通流、全部控制出入口的特点。如果采用平面交叉，当道口处于开放状态时，汽车通过道口需限速行驶，严重影响道路交通功能；当道口处于封闭状态时，会造成严重的交通堵塞。故规定必须采用立交。重要的主干路与铁路交叉，若交通流量大，部分控制出入口，也必须采用立交。

2 高速铁路（时速高达 250km/h～350km/h）、客运专线，行车密度大（最小间隔时分可达 2min～1.5min）均为全封闭运行；铁路市内车站旅客流量大，编组场作业繁忙，主干路、次干线、支路与它们交叉时，为保证道路畅通和各自的行车安全，均必须设置立体交叉。

3 有轨电车与铁路同为轨道交通，而轨道、结构各异，相交时必须是立交。无轨电车道虽无轨道，但其供电接触网、柱与铁路相冲突，也必须设置立体交叉。

4 除有轨电车外的城市轨道交通，如地铁、轻轨等，行车密度大、全封闭运行，故规定主干路、次干路、支路与除有轨电车外的城市轨道交通交叉必须设置立体交叉。

10.2.2 该条为城市道路与铁路相交，应设置立体交叉的条件，目的也是保持道路、轨道交通的行车和行人安全。

1 路段旅客列车设计行车速度大于或等于 120km/h 的地段，列车速度高、密度大，列车追踪间隔时间仅几分钟，铁路与道路平面交叉的安全可靠性差，故规定应设置立体交叉。

2 为避免城市道口因铁路调车作业繁忙而封闭道口累计时间较长；或道路在交通高峰时间内经常发生因一次封闭时间较长，而引起道路交通堵塞，故为避免因延误时间而造成的城市社会经济损失，应设置立体交叉。

3 受地形等条件限制造成道路与铁路通视不良，不符合行车和行人安全的道口，也应设置立体交叉。

10.2.3 该条为宜设置立体交叉的条件：

1 目的是确保行人的安全。

2 主干路交通流量较大，有轨电车需要考虑交叉口信号优先，若交叉口的信控延误较大，影响交叉口的通行能力，宜设置立体交叉。

10.2.5 高速铁路和城市快速轨道交通与城市道路交叉，当其为高架线时，应充分合理利用其桥跨净空采取道路下穿的形式，这主要是为了避免道路跨线桥高及引桥长，造成工程量大，以减小对周边环境和城市景观的影响。

10.2.6 道路上跨铁路时，铁路的建筑限界除应满足现行国家标准《标准轨距铁路建筑限界》GB 146.2 的规定外，还应考虑所跨不同类别铁路的具体要求，如有双层集装箱运输要求的铁路，应满足双层集装箱运输限界的要求；近些年来修建的较高时速客货共线铁路和高速客运专线等对基本建筑限界高度也有不同要求，详见表 13 的规定。

《地铁设计规范》GB 50157 对建筑限界未直接列出具体数据，设计中需根据采用的车辆类型及其设备限界、设备安装尺寸、安全间隙和有无人行通道、有无隔声屏障、供电制式及接触网柱结构设计尺寸等因素计算确定。

道路与铁路立体交叉的建筑限界应符合《城市道路交叉口设计规程》CJJ 152 的相关规定。

表 13　不同类别铁路基本建筑限界

<table>
<tr><th colspan="2">铁路类别</th><th>限界高度（自轨面以上）（mm）</th><th>限界宽度（自线路中心外侧）（mm）</th><th>依据规范或文号</th></tr>
<tr><td rowspan="2">既有铁路</td><td>内燃(蒸汽)牵引</td><td>5500</td><td>2440</td><td>《标准轨距铁路建筑限界》GB 146.2</td></tr>
<tr><td>电力牵引</td><td>6550（困难 6200）</td><td>2440</td><td>《标准轨距铁路建筑限界》GB 146.2</td></tr>
<tr><td rowspan="2">新建时速200km 客货共线铁路</td><td>内燃牵引</td><td>5500</td><td>2440</td><td rowspan="2">《新建时速 200 公里客货共线铁路设计暂行规定》铁建设函[2005]285 号</td></tr>
<tr><td>电力牵引</td><td>7500</td><td>2440</td></tr>
<tr><td rowspan="2">200km/h 客货共线双层集装箱运输</td><td>内燃牵引</td><td>6050</td><td>2440</td><td rowspan="2">“关于发布《铁路双层集装箱运输装载限界(暂行)》和《200km/h 客货共线铁路双层集装箱运输建筑限界(暂行)》的通知”铁科技函[2004]157 号</td></tr>
<tr><td>电力牵引</td><td>7960</td><td>2440</td></tr>
<tr><td colspan="2">京沪高速铁路(电力牵引)</td><td>7250</td><td>2440</td><td>《京沪高速铁路设计暂行规定》铁建设[2004]157 号</td></tr>
</table>

注：表中限界宽度指单线铁路直线地段，当为双线或多线铁路和曲线地段，需计算确定限界宽度。

10.3　平 面 交 叉

10.3.1　铁路车站是列车交会、越行、摘挂、集结、编解的场所，道口如设在车站内，由于列车作业的需要，关闭道口的次数增多，封闭时间延长，影响道路的通行能力；另外，在车站上经常有列车阻挡，严重恶化道口瞭望条件，容易造成事故。现行《铁路技术管理规程》规定“在车站内不应设置道口”，故本条规定在站内不应设置道口。

如果道口设在桥头和隧道两端，道岔区进站信号机外方 100m 的范围内，一旦发生道口事故，被撞的机动车和脱轨的列车颠覆在道岔区内、桥下或隧道内时，易造成道岔、桥梁、隧道的破坏，且修复困难，增加救援难度，中断铁路行车时间长，造成的损失更大，因此应尽量避免在这些处所设置道口。

道口设在铁路曲线上除恶化瞭望条件外，还由于铁路曲线外轨超高破坏道路纵断面的平顺性，超高大时还会因局部坡度过大造成机动车熄火，引发道口事故。因此本条规定道口不宜设在曲线上。

10.3.2 据统计，道口事故率与道口瞭望视距相关，当道口交通量相同时，瞭望视距不足的道口事故率偏高。为了提高道口的安全度，降低道口事故率，道口宜设在瞭望条件良好的地点。

本条规定的机动车驾驶员侧向最小瞭望视距是指机动车驾驶员在距道口相当于该段道路停车视距并不小于 50m 处的侧向最小瞭望视距，应大于机动车自该处起以规定速度通过道口的时间内，火车驶至道口的最大距离。

瞭望视距要求如图 4 所示，两个由视距构成的最小视线三角形范围内要求保持良好的视线条件。

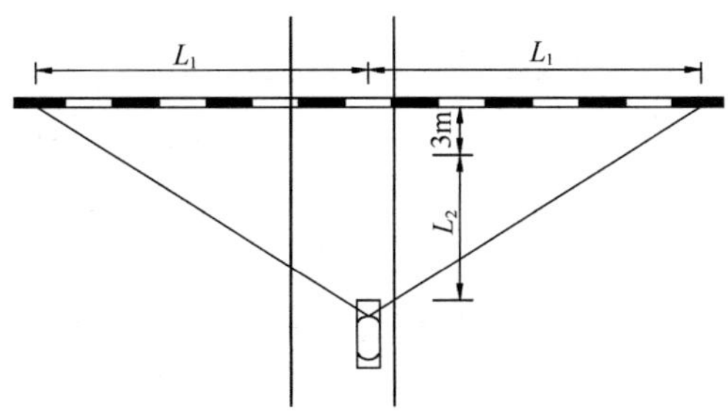

图 4　机动车驾驶员在道口前的瞭望视距示意

L_2 是当汽车在道路上行驶时，驾驶员发现有火车驶向道口，立即采取制动措施，使汽车在道口前停下来的最小距离，国家现行标准规定为 50m。

L_1 是在汽车通过道口所需的时间内火车行驶的最大距离，即：

$$L_1=\frac{V_1}{3.6}T \tag{17}$$

式中：L_1——火车行驶的最大距离（m）；

V_1——火车行驶速度（km/h）；

T——汽车驾驶员在道口前 50m 发现火车后，将汽车减速至 20km/h，然后匀速通过道口所需的时间（s）。

如图 5 所示，汽车在道口前 50m 处行驶速度取道路的经济速度 35km/h，则 $T=$ 11.9s。代入式（17）得：

$$L_1=3.3V_1 \tag{18}$$

火车司机最小瞭望视距取火车司机反应时间内列车的走行距离与列车的制动距离之和。

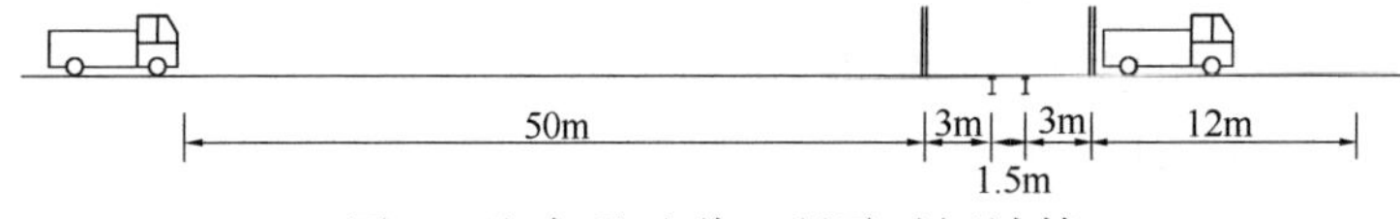

图 5　汽车通过道口所需时间计算

10.3.3 铁路与道路平面交叉应尽量设计为正交或接近正交，但由于地形条件或拆迁工程等限制需要斜交时，交叉锐角应大于45°，以缩短道口的长度和宽度，并避免小型机动车和非机动车的车轮陷入轮缘槽内的不安全因素。

10.3.4 本条文规定的道口每侧道路的最小直线长度是按下列条件计算确定的。

1 汽车进入道口端，驾驶员在道口栏木外相当于该路段的停车视距处应能看清道口，其最小直线长度计算如图6所示：

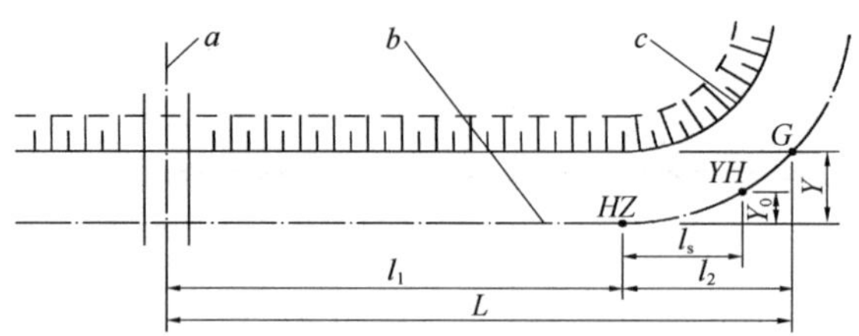

图6 道口每侧道路的最小直线长度计算图

a—最外侧铁路轨道中心线；*b*—最外侧车道中心线；*c*—路基面边缘线

图中G点是道路最外侧车道中心线与道口直线段路基面边缘延长线的交点。机动车驾驶员自该点起能看清整个道口。

由图示可得：

$$l_1 = L - l_2 \tag{19}$$

$$L = l_{停} + 5 \tag{20}$$

当$Y \geqslant Y_0$时，

$$l_2 = \sqrt{2R(Y - Y_0)} + l_s \tag{21}$$

当$Y < Y_0$时，

$$l_2 = \sqrt{6Rl_sY} \tag{22}$$

式中：l_1 ——最外侧铁路轨道中心至道路缓和曲线起点HZ的距离（m）；

L ——道口栏木至最外侧铁路轨道中心的距离（取5m）与该路段机动车停车视距之和；

l_2 ——HZ点至G点的距离（m）；

$l_{停}$——该路段机动车停车视距（m）；

Y ——道路直线段最外侧车道中心延长线至G点的横向距离（m）；

Y_0 ——缓和曲线终点的切线纵距（m）；

R ——圆曲线半径（m）；

l_s ——缓和曲线长度（m）。

2 汽车驶出铁路道口端的最小长度。汽车驶出铁路道口端的最小长度应为驾驶员确认前方道路线形的反应时间内汽车行驶的最大距离。

汽车行驶至最外侧轨道中心时驾驶员即可开始辨认前方道路的线形，从反应开始至生效的时间取3s，汽车整体驶出道口后开始加速。以小客车为计算标准，车长取6m，汽车通过道口的速度取20km/h，加速度取1.0m/s^2，则在驾驶员反应时间3s内汽车行驶的最大距离为18m。

3 平面线形连接要求的最小直线长度。

汽车通过道口的速度为20km/h，在道口前后30m范围内的平均速度为30km/h 。

铁路道口一般是设在道路的反向曲线之间。根据国家现行标准规定，反向曲线间的最小直线长度（以m计）不宜小于设计速度（以km/h计）数值的2倍，故道口两端直线长度之和不应小于60m、每侧最小直线长度不应小于30m。

10.3.5 为有利于道路上的车辆在道口前停车和启动，从最外侧钢轨外5m算起的平台长度不应小于停留一台车辆的长度。

本条文中的数值均引用自国家现行有关标准。经检算，铰接汽车要求的道口平台长度为20m；半挂车和载重汽车要求的道口平台长度平均为16m，如果停留半挂车，后轮在竖曲线上的当量坡度不大于1.0%，不影响车辆启动。

紧接道口平台的道路最大纵坡值按停留在坡段上的各类车辆能顺利启动考虑，本条文中的数值与国家现行标准的规定一致，也与原规范的规定相一致，但取消了"特殊困难条件下可酌量加大1.0%～2.0%"的规定，以改善道口前后的行车条件。

10.3.6 有轨电车道与次干路、支路同属城市地面交通系统，且交叉较频繁，考虑次干路、支路的车流量一般比快速路、主干路要小，行车速度也较低，故其相交时宜设置平面交叉，以避免多处立交工程，可节省大量工程投资，并减小对周边环境和城市景观的影响。

1 有轨电车轨道与道路平面交叉宜尽量设计为正交，以缩短交叉道口地段的长度和宽度，有利于有轨电车、汽车和行人都能通畅地尽快通过道口。当由于交叉处的地形、重要建（构）筑物控制只能斜交时，为避免小型机动车和非机动车的车轮陷入轮缘槽内的不安全因素，要求交叉锐角应大于45°。

2 道口处的通视条件应符合《城市道路工程设计规范》CJJ 37的规定，在平面交叉口视距三角形范围内妨碍驾驶员视线的障碍物应清除，满足停车视距要求。

3 道路与有轨电车道平面交叉，对道路线形及直线段长度的要求考虑有轨电车速度较低，直线段长度取最小值 30m，也与《城市道路工程设计规范》CJJ 37 的规定相符。

4 平面交叉道口的设计标高，应综合考虑行车舒适、工程量大小、排水通畅、周边环境和景观要求等因素合理确定。为使道路行车平顺，减小轮轨冲击受损，有轨电车的轨面标高宜与道路路面标高一致。当沿道路敷设有轨电车道与道路交叉时，要以交通量大的主要道路为主，有轨电车道纵坡度宜保持不变，次要道路纵坡度服从主要道路。

5 道路交叉口处车流较集中，上、下车和过往行人也多，应做好交通组织设计，处理车流、人流的关系，合理布设车行道、人行道和邻近交叉口的有轨电车站位置，避免或尽量减少车辆、行人的交叉混行，确保车流通畅和有轨电车乘客、过往行人的安全。

在平面交叉口范围内，按交通管理有关规定设置道口信号、行车标志、标线等设施，是规范道口交通管理、保证道口交通有序进行的必要措施，以确保有轨电车和道路安全通畅。

6 当道路与沿道路敷设的有轨电车交叉时，还应符合道路平面交叉设计的有关规定。有轨电车道与城市次干路、支路不同，它属于客运专线性质，客流量较大，为充分发挥有轨电车的作用，节省乘客出行时间和体现社会效益，故其平面交叉道口应按有轨电车优先通行设置信号。

四、城市道路交叉口设计规程

CJJ 152－2010

中华人民共和国行业标准

城市道路交叉口设计规程

Specification for design of intersections on urban roads

CJJ 152－2010

批准部门：中华人民共和国住房和城乡建设部

施行日期：2 0 1 1 年 3 月 1 日

目　次

3 基本规定

3.1 道路交叉的分类及其选择

3.1.1 城市道路交叉宜分为平面交叉和立体交叉两类。应根据道路交通网规划、相交道路等级及有关技术、经济和环境效益的分析合理确定。

3.1.2 平面交叉口应按交通组织方式分类，并应符合满足下列要求：

1 A类：信号控制交叉口

平 A_1 类：交通信号控制，进口道展宽交叉口。

平 A_2 类：交通信号控制，进口道不展宽交叉口。

2 B类：无信号控制交叉口

平 B_1 类：干路中心隔离封闭、支路只准右转通行的交叉口（简称右转交叉口）。

平 B_2 类：减速让行或停车让行标志管制交叉口（简称让行交叉口）。

平 B_3 类：全无管制交叉口。

3 C类：环形交叉口

平C类：环形交叉口。

3.1.3 平面交叉口的选用类型，应符合表3.1.3的规定。

表3.1.3 平面交叉口选型

平面交叉口类型	选型	
	推荐形式	可用形式
主干路—主干路	平 A_1 类	—
主干路—次干路	平 A_1 类	—
主干路—支路	平 B_1 类	平 A_1 类
次干路—次干路	平 A_1 类	—
次干路—支路	平 B_2 类	平 A_1 类或平 B_1 类
支路—支路	平 B_2 类或平 B_3 类	平C类或平 A_2 类

注：1 人口在50万以上的大城市，主干路与主干路相交，经交通预测分析，需要设置立体交叉时，宜按本规程表3.1.4选用；

2 人口在50万以上的大城市，次干路与次干路相交，因景观需要，采用环形交叉口时，应充分论证。

3.1.4 立体交叉口应根据相交道路等级、直行及转向（主要是左转）车流行驶特征、非机动车对机动车干扰等分类，主要类型划分及功能特征宜符合表 3.1.4 的规定，分类应满足下列要求：

1 A类：枢纽立交

立 A_1 类：主要形式为全定向、喇叭形、组合式全互通立交。宜在城市外围区域采用。

立 A_2 类：主要形式为喇叭形、苜蓿叶形、半定向、定向一半定向组合的全互通立交。宜在城市外围与中心区之间区域采用。

2 B类：一般立交

立 B 类：主要形式为喇叭形、苜蓿叶形、环形、菱形、迂回式、组合式全互通或半互通立交。宜在城市中心区域采用。

3 C类：分离式立交

立 C 类：分离式立交。

表 3.1.4 立体交叉口类型划分及功能特征

立交类型	主线直行车流行驶特征	转向（主要指左转）车流行驶特征	非机动车及行人干扰情况
立 A_1	快速或按设计速度连续行驶	经定向匝道或经集散、变速车道行驶	机非分行，无干扰；车辆与行人无干扰
立 A_2	快速或按设计速度连续行驶	一般经定向匝道或经集散、变速车道行驶，或部分左转车减速行驶	机非分行，无干扰；车辆与行人无干扰
立 B	快速或按设计速度连续行驶，次要主线受转向车流交织干扰或受平面交叉口左转车冲突影响，为间断流	减速交织行驶，或受平面交叉口影响减速交织行驶，为间断流	机非分行或混行，有干扰；主线车辆与行人无干扰
立 C	快速或按设计速度连续行驶	—	—

3.1.5 城市道路立交类型选择，应根据交叉节点在城市道路网中的地位、作用、相交道路的等级，并应结合城市性质、规模、交通需求及立交节点所在区域用地条件按表 3.1.5 选定。

表 3.1.5 立体交叉选型

立体交叉类型	选型	
	推荐形式	可用形式
快速路—高速公路	立 A_1 类	—
快速路—快速路（一级公路）	立 A_1 类	—
快速路—主干路	立 B 类	立 A_2 类、立 C 类
快速路—次干路	立 C 类	立 B 类
快速路—支路	—	立 C 类
主干路—高速公路	立 B 类	立 A_2 类、立 C 类
主干路—主干路	—	立 B 类
主干路—次干路	—	立 B 类
次干路—高速公路	—	立 C 类
支路—高速公路	—	立 C 类

注：主干路与高速公路相交，经分析论证，可选立 A_1。

3.2 设计原则

3.2.1 平面交叉口设计范围应包括该交叉口各条道路相交部分及其进出口道（展宽段和渐变段）以及行人、自行车过街设施所围成的空间。

3.2.2 立体交叉口设计范围应包括相交道路中线交点至各进出口变速车道渐变段的起终点间（包括道路主线、各条匝道及其加减速车道、集散车道、辅道、立体交叉范围内的平面交叉和行人、自行车通道和公交站点）所围成的空间。

3.2.3 交叉口设计应节约用地，合理拆迁。

3.2.4 交叉口平面设计应与交通组织设计、交通信号控制及交通标志、标线等管理设施设计同步进行。

3.2.5 平面交叉口设计时，应使进出口道通行能力与其上游路段通行能力相匹配，并注意与相邻交叉口之间的协调。立体交叉口的通行能力应与相交道路断面通行能力相匹配。

3.2.6 交叉口设计应使行人过街便捷、安全，并适应残疾人、儿童、老人等弱势群体的通行要求。

3.2.7 交叉口设计应妥善处理机动车与非机动车之间的相互干扰。

3.2.8 交叉口范围内的平面与竖向线形设计应尽量平缓，满足行车安全通畅，排水迅速，环境美观的要求。

3.2.9 交叉口的设计标高应与周围建筑物标高协调，便于布设地下管线和地上设施。立体交叉口宜采用自流排水，减少泵站的设置。

3.3 设计车辆、设计速度、设计年限

3.3.3 平面交叉口内的设计速度在保证安全的前提下，应按组成交叉口的各条道路的设计速度的50%～70%计算，转弯车取小值，直行车取大值。在交叉口视距三角形验算时，进口道直行车设计速度应与相应道路设计速度一致。

4 平面交叉

4.1 设计原则

4.1.1 平面交叉口按几何形状可分为十字形、T形、Y形、X形、多叉形、错位及环形交叉口。

4.1.2 新建平面交叉口不得出现超过4叉的多路交叉口、错位交叉口、畸形交叉口以及交角小于70°（特殊困难时为45°）的斜交交叉口。已有的错位多叉口、畸形交叉口应加强交通组织与管理，并尽可能加以改造。

4.1.3 平面交叉口间距应根据城市规模、路网规划、道路类型及其在城市中的区域位置而定；干路交叉口间距宜大致相等；各类交叉口最小间距应能满足转向车辆变换车道所需最短长度、满足红灯期车辆最大排队长度，以及满足进出口道总长度的要求，且不宜小于150m。

4.1.4 交叉口附近设置公交停靠站应根据公交线路走向、道路类型、交叉口交通状况，结合站点类别、规模、用地条件合理确定，应保证乘客安全，方便候乘、换乘、过街，有利于公交车安全停靠、顺利驶出，且不影响交叉口的通行能力。

4.1.5 交叉口范围内有轨道交通时，应做好轨道交通与地面交通换乘设计。

4.1.6 地块及建筑物机动车出入口不得设在交叉口范围内，且不宜设置在主干路上，宜经支路或专为集散车辆用的地块内部道路与次干路相通。

4.1.7 桥梁、隧道两端不宜设置平面交叉口。

4.2 交通组织与进出口道设计

4.2.1 平面交叉口机动车设计交通量应区分直行及左右转交通量。确定进口道车道数等平面设计时，应采用高峰小时内信号周期平均到达车辆数。当确定渠化及信号相位方案时，应当用信号配时时段的高峰小时内高

峰 15min 的到达车辆数。

4.2.2 平面交叉口非机动车设计交通量的确定方法与机动车相同。平面交叉口行人过街设计交通量应采用高峰小时内的信号周期平均到达量。

4.2.3 应根据交通量、相交道路等级、交叉口所处的区域位置及用地条件合理确定交叉口的通行能力和服务水平。

4.2.4 应根据道路网、交通流量与流向及用地条件等进行交通组织设计。交通组织设计应遵循人车分隔、机非分隔、各行其道；以人为本、公交优先；安全畅通、减少延误的原则。

4.2.5 平面交叉口可采用机动车左、直、右转专用车道、非机动车右转专用车道、进口道展宽、进口道中线偏移、压缩进口道中央分隔带宽度、机动车左转超前候驶、行人二次过街、交通信号控制相位方案、交通标志标线、交通分隔与导流设施等方法和措施来提高通行能力。

4.2.6 全无管制及让行交叉口进口道必须布设行人横道线，并设让行标志。视距不能改善的全无管制交叉口应改为停车让行交叉口或布设限速标志。

4.2.7 让行交叉口次要道路进口道宜展宽成两条车道，一条右转车道，一条直左混行车道（四岔交叉口）或左转车道（三岔交叉口）。主要道路进口道不设停止线，车道条数可与路段一样。当两条车道时，四岔交叉口可分别设直右、直左混行车道，三岔交叉口可分别设直行车道、直行与转弯混行车道；当三条车道时，四岔交叉口可分别设直右、直行、直左混行车道，三岔交叉口可分别设两条直行车道、一条直行与转弯混行车道。

4.2.8 信号控制交叉口应根据交通流量、流向确定进口道车道数。进口道车道数应大于上游路段的车道数，有条件时宜分设各流向的专用车道，并应满足其交通量所需的车道数要求。

4.2.9 平面交叉口一条进口车道的宽度宜为 3.25m，困难情况下最小宽度可取 3.0m；当改建交叉口用地受到限制时，一条进口车道的最小宽度可取 2.80m。转角导流交通岛右侧右转专用车道应按设计速度及转弯半径大小设置车道加宽。

4.2.10 当高峰 15min 内每信号周期左转车平均流量达 2 辆时，宜设左转专用车道；当每信号周期左转车平均流量达 10 辆，或需要的左转专用车道长度达 90m 时，宜设两条左转专用车道。左转交通量特别大且进口道上游路段车道数为 4 条或 4 条以上时，可设 3 条左转专用车道。

4.2.11 进口道左转专用车道设置可采用下列方法：

1 展宽进口道，以便新增左转专用车道。

2 压缩较宽的中央分隔带，新辟左转专用车道，但压缩后的中央分隔带宽度对于新建交叉口至少应为 2m，对改建交叉口至少应为 1.5m，其端部宜为半圆形［图 4.2.11（a)］。

3 道路中线偏移，以便新增左转专用车道［图 4.2.11（b)］。

4 在原直行车道中分出左转专用车道。

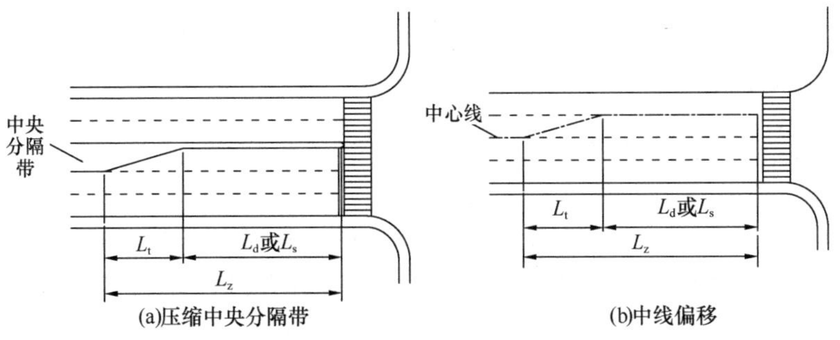

图 4.2.11 左转专用道设置

L_t —变换车道所需的渐变段长度（m）；L_d —减速车道长度（m）；

L_s —相邻候驶车辆排队长度（m）；L_z —专用左转车道最小长度（m）

4.2.12 进口道右转专用车道设置可采用下列方法：

1 展宽进口道，新增右转专用车道（图 4.2.12）。

2 在原直行车道中分出右转专用车道。

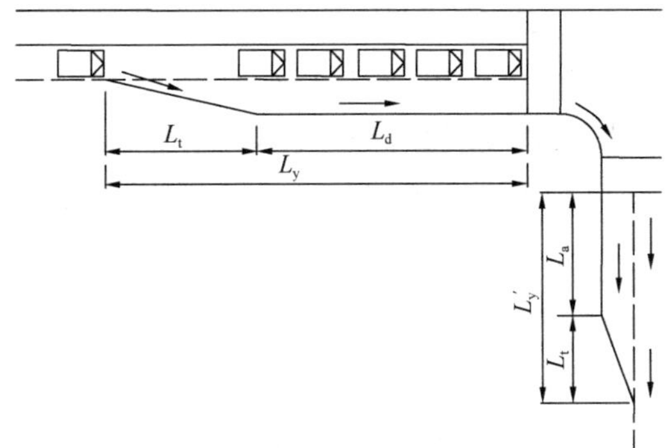

图 4.2.12 展宽设置右转专用道

L_t —渐变段长度（m）；L_d —展宽段长度，不小于相邻候驶车队长度（m）；

L_a —车辆加速所需距离（m）；L_y —展宽右转专用车道长度（m）；

$L_{y'}$ —展宽加速车道长度（m）

确因需要在向右展宽的进口道上设置公交停靠站时，应利用展宽段的延伸段设置港湾式公交停靠站，并应增加站台长度。

4.2.13 进口道长度由展宽渐变段长度（L_t）与展宽段（L_d）组成（图 4.2.12)。渐变段长度（L_t）按车辆以 70%路段设计车速行驶 3s 横移一条车道时来计算确定。渐变段最小长度不应少于：支路 20m，次干路 25m，主干路 30m～35m。展宽段最小长度应保证左转或右转车不受相邻候驶车辆排队长度的影响。相邻候驶车辆排队长度（L_s）可由下式确定：

$$L_s = 9N \qquad (4.2.13)$$

式中：N ——高峰 15min 内每信号周期的左转或右转车的排队车辆数。

当需设两条转弯专用车道时，展宽段长度可取一条专用车道长度的 60%。无交通量资料时，展宽段最小长度不应小于：支路 30m～40m，次干路 50m～70m，主干路 70m～90m，与支路相交取下限，与主干路相交取上限。

4.2.14 出口道车道数应与上游各进口道同一信号相位流入的最大进口车道数相匹配。条件受限的改建交叉口，流入最大进口车道数可减少一条。相邻进口道设有右转专用车道时，出口道应展宽一条右转专用出口车道。

4.2.15 出口道每条车道宽度不应小于路段车道宽度，宜为 3.50m，条件受限的改建交叉口出口道每条车道宽度不宜小于 3.25m。

4.2.16 出口道长度由出口道展宽段和展宽渐变段组成（图 4.2.12）。展宽段最小长度不应小于 30m～60m，交通量大的主干路取上限，其他可取下限；当设置公交停靠站时，应再加上站台长度。渐变段最小长度不应小于 20m。

4.2.17 改建交叉口附近地块或建筑物出入口应满足下列要求：

1 主干路上，距平面交叉口停止线不应小于 100m，且应右进右出。

2 次干路上，距平面交叉口停止线不应小于 80m，且应右进右出。

3 支路上，距离与干路相交的平面交叉口停止线不应小于 50m，距离同支路相交的平面交叉口不应小于 30m。

4.2.18 高架道路的桥墩（台）及地道进出口构筑物的布设应保证平面交叉口的视距条件、交通组织及行车安全。

4.2.19 高架道路、地道或互通立交的出口匝道，靠近平面交叉口时，宜按下列要求布设：

1 出口匝道在信号交叉口上游时，交叉口进口道的展宽应满足地面道路与匝道车流的双重要求。

2 出口匝道左转交通量大时，宜布置在靠近平面交叉口进口道左转车道与直行车道之间的位置上；反之，则宜布置在靠近右转车道与直行车道之间的位置上。

3 出口匝道近地面段宜分成 2 条车道以上，按车辆出匝道后左转、右转及直行交通量的大小划分出口段的车道功能。

4 出口匝道的端部离下游平面交叉口进口道展宽渐变段起点应大于

红灯期间车辆排队长度与匝道车流与干路车流所需交织长度之和，宜大于100m；当不足100m且使匝道车流与干路车流交织困难时，可在交叉口进口道分别设置地面进口道展宽和匝道延伸部分的展宽，并设置干路左转车道、直行车道、右转车道，匝道延伸部分的左转车道、直行车道和右转车道，但此类交叉口的信号相位必须采用双向左转专用相位。

4.2.20 高架道路，地道或互通立交的入口匝道靠近平面交叉口时，宜按下列要求布设：

1 进入匝道的车辆中来自上游交叉口的左转交通量大时，入口匝道宜布置在靠近左转车来向与直行车来向之间的位置上；反之，则宜布置在右转车来向与直行车来向之间的位置上。

2 入口匝道的入口端宜布置在交叉口出口道展宽渐变段的下游，且最小距离不宜小于80m。

4.3 平面与竖向设计

4.3.1 平面交叉口范围内道路中线宜采用直线；当需采用曲线时，其曲线半径不宜小于不设超高的最小圆曲线半径。

4.3.2 平面交叉口转角处缘石宜为圆曲线或复曲线，其转弯半径应满足机动车和非机动车的行驶要求，可按表4.3.2选定。当平面交叉口为非机动车专用路交叉口时，路缘石转弯半径可取5m～10m。

表4.3.2 路缘石转弯半径

右转弯设计速度（km/h）	30	25	20	15
无非机动车道路缘石推荐半径（m）	25	20	15	10

注：有非机动车道时，推荐转弯半径可减去非机动车道及机非分隔带的宽度。

4.3.3 平面交叉口视距三角形范围内（图4.3.3），不得有任何高出路面1.2m的妨碍驾驶员视线的障碍物。交叉口视距三角形要求的停车视距应符合表4.3.3的规定。

表4.3.3 交叉口视距三角形要求的停车视距

交叉口直行车设计速度（km/h）	60	50	45	40	35	30	25	20	15	10
安全停车视距 S_s（m）	75	60	50	40	35	30	25	20	15	10

4.3.4 平面交叉进口道的纵坡度，宜小于或等于2.5%，困难情况下不宜大于3%。山区城市等特殊情况，在保证行车安全的条件下，可适当增加。

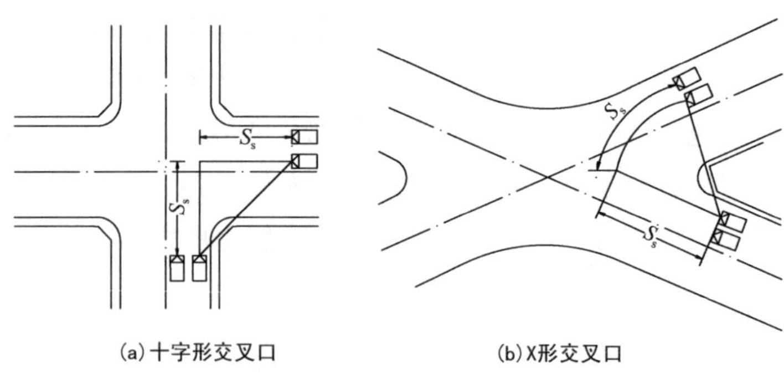

图 4.3.3 视距三角形

4.3.5 交叉口竖向设计应综合考虑行车舒适、排水畅通、与周围建筑物标高协调等因素，合理确定交叉口设计标高。宜以相交道路中线交点的标高作为控制标高。相交道路中主要道路的纵坡度宜保持不变，次要道路纵坡度服从主要道路；若有需要，在不影响主要道路行车舒适性的前提下，可适当调整主要道路纵坡，兼顾次要道路的行车舒适性。

4.3.6 交叉口竖向设计宜采用控制网等高线法。交叉口人行横道上游、交叉口低洼处应设置雨水口，不得积水。

4.4 公交停靠站与专用道的设置

4.4.1 交叉口附近设置公交停靠站应保证候车乘客的安全，方便乘客换乘、过街，方便公共汽（电）车停靠进出，减少对其他类型交通的影响。

4.4.2 交叉口附近设置的公交停靠站间的换乘距离，同向换乘不应大于50m，异向换乘不应大于150m，交叉换乘不应大于150m，特殊情况下不得大于250m。

4.4.3 公交停靠站应设置在交叉口的出口道。改建交叉口在出口道布设公交停靠站确有困难时，可将直行或右转公交线路的停靠站设在进口道。

4.4.4 交叉口公交停靠站的纵坡度不应大于2%，冰雪地区不应大于1.5%；山区城市地形条件困难时，纵坡度不应大于3%，个别地段地形条件特别困难时，不得大于4%。

4.4.5 当公交停靠站设置在进口道，且进口道右侧有展宽增加的车道时，停靠站应设在该车道展宽段之后不少于20m处，并将公交站台与展宽车道作一体化设计；当进口道右侧无展宽增加的车道时，停靠站应在右侧车道最大排队长度再加20m处布设。

4.4.6 当公交停靠站设置在出口道，且出口道右侧展宽增加车道时，停靠站应设在展宽段向前不少于20m处；当出口道右侧无展宽时，停靠站在干路上距对向进口车道停止线不应小于50m，在支路上不应小于30m。

4.4.7 公交停靠站按其设置的位置分为路中式停靠站和路侧式停靠站两种，按几何形状分为港湾停靠站和直线式停靠站，公交停靠站的布设应符合下列规定：

1 有中央分隔带的道路可采用路中式停靠站。

2 干路交叉口应采用港湾式停靠站，支路交叉口宜采用港湾式停靠站，条件受限时可采用直线式停靠站。

3 有机动车与非机动车分隔带的道路宜沿分隔带设置港湾式停靠站，当分隔带宽度不足4m而人行道较宽时，可适当压缩人行道宽度，但该段人行道宽度缩减比例不得超过40%，并不得小于3m。

4 无机动车与非机动车分隔带的道路，可沿人行道设置港湾式停靠站，该段人行道宽度缩减不得超过40%，并不得小于3m。

4.4.8 公共汽（电）车港湾式停靠站（图4.4.8）应符合下列规定：

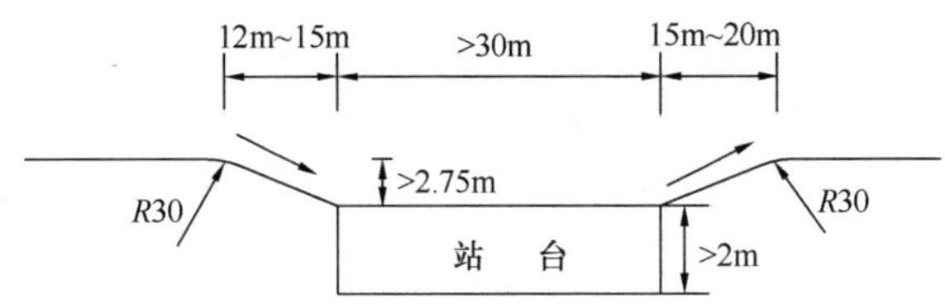

图4.4.8 港湾式停靠站

1 停靠站候车站台的高度宜为0.15m～0.20m；站台宽度不应小于2.0m，条件受限制时，不得小于1.5m。

2 停靠站候车站台的长度可按下式确定：

$$L_b = n(l_b + 2.5) \quad (4.4.8)$$

式中：L_b——公共汽（电）车停靠站站台长度（m）；

n——同时在站台停靠的公交车辆数，无实测数据时，取 n=公交线路数+1；

l_b——公交车辆长度，一般为15m～20m。

3 停靠站车道宽度应为3.00m，条件限制时，不应小于2.75m；公交车道与相邻车道之间应设置专用标线。

4.4.9 当无轨电车与公共汽车在同一车道设站时，应将电车停靠站台布置在公共汽车停靠站台的前方。

4.4.10 当多条公交线路合并设站时，应根据公交车到站频率、站台长度及通行能力确定线路数，不宜超过5条，特殊情况下不应超过7条。当线路数超过上述要求时，应分开设站，站台间距不应小于25m。

4.4.11 快速公交站台应与常规公交站台分开设置，应采用港湾式停靠站，其几何尺寸根据车辆选型而定。双向停靠站台宽度不应小于5m，单向停靠站台宽度不应小于 3m。

4.4.12 交叉口附近立交桥匝道出入口段不得设置公交停靠站。

4.4.13 当进口道公交车流量较大时，宜增设公交专用车道，其宽度不应小于 3m，长度不应小于 25m，公交专用道可设置于机动车道的外侧或内侧，并应符合下列原则：

1 当无右转机动车流时，公交专用车道可直接设置至停止线。

2 当有右转机动车流且流量不大时，公交专用车道设置至进口道右转车道末段的交织段后，交织段长度宜大于 40m。右转车受信号灯控制时，右转车道长度不应小于右转车最大排队长度加上交织段长度。无流量资料时，右转车道长度应大于 50m。

3 当右转车流较大时，公交专用车道可布设在右转车道左侧并直接设置至停止线。

4 当相邻交叉口间距无法满足右转车道车辆与公交车交织长度要求时，公交专用车道可直接设置至停止线。

4.4.14 出口道公交专用车道宽度不应小于 3.50m，其起点距对侧进口道停止线延长线的距离，应大于进入该出口道的右转车变换车道所需的距离加上交织段长度。变换车道所需距离可取 30m～50m，交织段长度宜取 40m。

4.4.15 公交专用车道系统应在交叉口实行公交优先信号控制，保证公交专用车道公交车在交叉口有优先通行权。在公交车流量大的交叉口，宜延长公交专用车道的绿灯时间。

4.4.16 有快速公交通过的交叉口，必须设置公交优先信号控制，保证快速公交优先通行。

4.5 行人与非机动车过街设施

4.5.1 行人过街设施布设应遵循下列原则：

1 应保障行人安全、便捷过街；宜优先选用平面过街方式；同一交叉口的过街方式应协调一致。

2 行人过街设施的位置，应与交叉口周围公交站、轨道车站、大型公建等人流集散点紧密结合，并应在过街设施附近设置必要的交通引导设施和交通安全设施。

4.5.2 两条干路交叉，当采用立体过街设施时，根据交叉口形状，宜采用圆形、口字形、X 形、T 形、Y 形、冂形的布置形式；当采用平面过街设施时，根据交叉口形状，宜采用口字形、冂形的布置形式。

4.5.3 行人立体过街设施设置应满足以下要求：

1 人行天桥或地道的梯道或坡道占用人行道宽度时，应局部拓宽人行道，保持人行道原有宽度；条件受限时，应保证原有人行道 40％的宽度，且不得小于 3m。

2 当设置人行天桥或地道时，应符合现行行业标准《城市人行天桥与人行地道技术规范》CJJ 69 的规定。

4.5.4 人行横道设置应符合下列规定：

1 应设置在驾驶员容易看见的位置，宜与车行道垂直，平行于路段路缘石的延长线并适当后退，在右转车辆易与行人发生冲突的交叉口，宜后退 3m～4m，人行横道间的转角部分长度不应小于 6m。人行横道两侧沿路缘石 30m～120m 范围内，应设置分隔栏等隔离设施，主干路取上限，支路取下限。

2 有中央分隔带的道路，人行横道应设置在分隔带端部向后 1m～2m 处。

3 人行横道宽度应根据过街行人数量、行人信号时间等确定，顺延干路的人行横道宽度不宜小于 5m，顺延支路的人行横道宽度不宜小于 3m，宜以 1m 为单位增减。

4 当人行横道长度大于 16m 时，应在人行横道中央设置行人二次过街安全岛，其宽度不应小于 2m，困难情况下不得小于 1.5m。可通过减窄转角交通岛、利用转角曲线范围内的扩展空间、缩减进出口车道宽度等措施设置行人二次过街安全岛。因条件限制宽度不够时，安全岛两侧人行横道可错开设置。安全岛两端的保护岛应设反光装置。

5 当平面交叉口附近高架路下设置人行横道时，桥墩不应遮挡行人视线，并宜设置行人二次过街安全岛和专用信号。

6 无信号管制及让行管制交叉口必须设置条纹状人行横道，并在人行横道线上游设置“让行人先行”禁令标志。对右转车无信号控制时，应在右转专用车道上游设置减速让行线，人行道边应设置“让行人先行”禁令标志。

7 环形交叉口的人行横道宜设置在交通岛上游，并采用定时信号或按钮信号控制。环形交叉口的中心岛上不得设置人行道。

4.5.5 人行横道与人行道或交通岛的交接处应做成坡道，且应符合现行行业标准《城市道路和建筑物无障碍设计规范》JGJ 50 的规定。

4.5.6 穿越主、次干路的行人流量较大，可设行人过街专用信号相位，其绿灯时长应根据行人安全过街所需时间而定，绿灯信号相位间隔不宜超过 70s。

4.5.7 非机动车流量较大时，宜在交叉口设置独立的非机动车进出口道，并与机动车道间用设施分隔。非机动车独立进出口道宜采用与机动车一起过街的交通组织方式。

4.5.8 左转非机动车流量较大且交叉口用地条件许可时，可采用非机动车二次过街方式，左转非机动车待行区的面积应满足非机动车停车需要，位置应保证非机动车的安全并符合其行驶轨迹的要求，且不影响其他各类交通流的通行。

4.6 环形交叉口

4.6.1 环形交叉口适用多路交汇或转弯交通量较均衡的交叉口，相邻道路中心线间夹角宜大致相等。常规环形交叉口不宜用于城市干道交叉口。坡向交叉口的道路，纵坡度大于或等于3%时，不宜采用环形平面交叉。

4.6.2 中心岛的形状根据交通条件可采用圆形、椭圆形、圆角菱形、卵形等。中心岛最小半径（或当量半径）应同时满足环道设计速度和最小交织长度的要求，并应符合下列要求：

1 满足环道设计速度中心岛最小半径可由下式确定：

$$R_1=\frac{V^2}{127(\mu\pm i)}-\frac{b_i}{2} \tag{4.6.2-1}$$

式中：V——环道设计速度（km/h）；环道设计速度应按相交道路中最大设计速度的50%～70%计取，车速较大的，宜取较小的系数值；

μ——横向摩阻力系数，取0.14～0.18；

i——路面横坡，取1.5%～2%；

b_i——内侧车道宽（含车道加宽），可取5.5m（大型车）。

中心岛最小半径与相应的环道设计速度应符合表4.6.2-1的规定。

表4.6.2-1 环道设计速度与中心岛最小半径

环道设计速度（km/h）	20	25	30	35	40
中心岛最小半径（m）	20	25	35	50	65

2 最小交织长度不应小于以环道设计速度行驶4s的距离，行驶铰接车时，最小交织长度应不小于30m。最小交织长度应符合表4.6.2-2的规定。

表4.6.2-2 最小交织长度

环道设计速度（km/h）	20	25	30	35	40
最小交织长度（m）	25	30	35	40	45

满足相邻两条道路交角间的交织段长度对应的中心岛圆弧半径 R_2 可由下式确定：

$$R_2=\frac{360l_g}{2\pi\omega} \tag{4.6.2-2}$$

式中：ω ——相邻两条相交道路间的交角（°）；

l_g——最小交织长度（m）。

4.6.3 环道的车道数、宽度、断面布置应符合下列规定：

1 环道的机动车道数宜为 2～3 条。对现有大型环形交叉的改建或具有特殊要求的可放宽要求。

2 环道上每条车道宽度为正常车道宽度加上弯道上车道加宽的宽度。环道上车道加宽值应符合表 4.6.3 的规定。

表 4.6.3 环道上车道加宽值（m）

中心岛半径（m）		10＜R≤15	15＜R≤20	20＜R≤30	30＜R≤40	40＜R≤50	50＜R≤60
车型	小型车	0.80	0.70	0.60	0.50	0.40	0.40
	大型车	3.00	2.40	1.80	1.30	1.00	0.90

3 非机动车道宽度不应小于交汇道路中的最大非机动车道的宽度，也不宜大于 6m。

4 根据交通流的情况，环道可布置为机动车与非机动车混行或分行。分行时可用分隔带、分隔物或标线分隔，分隔带宽度不应小于 1m。

5 中心岛上不应布设人行道。环道外侧人行道宽度不应小于与该段环道相邻的相交道路路段上人行道宽度。

6 环道横断面宜设计成以环道中线为路拱脊线的两面坡，中心岛四周低洼处应布设雨水口；环道纵坡度不宜大于 2%。

4.6.4 环道外缘宜设计成直线；出口缘石半径应大于或等于进口缘石半径；进口缘石半径的要求可与一般平面交叉口相同，但不应大于中心岛的设计半径；进口缘石半径相差不应过大。

4.6.5 环形平面交叉应采用交通岛、路面标线、交通标志进行渠化设计。在环道进出口上各向车辆行驶迹线的盲区范围，可设计成三角形的交通岛，交通岛中布置绿化或交通设施时，不得阻挡行车视线。

4.6.6 中心岛上不宜布置开放式绿地。中心岛上的绿化不得阻挡行车视线，应保证环道上绕行车辆的行车视距要求。

4.6.7 环形交叉口在同地下设施相配合或地形有利的情况下，宜设置行人地下通道。

4.7 附属设施

4.7.1 平面交叉口交通管理及有关附属设施应包括交通信号灯、交通岛、标志、标线、隔离设施、排水、照明、绿化、景观及环保设施等。附属设施应与交叉口同步设计。

4.7.2 信号控制交叉口交通信号灯应按现行国家标准《道路交通信号灯设置规范》GB 14886 规定设置。有转弯专用车道且用多相位信号控制的道路上，按各流向车道分别设置车道信号灯。当自行车交通流可与行人交通流同样处理时，可设自行车、行人共用信号灯。

4.7.3 当环形交叉口交通流量较大时，可采用交通信号灯控制进、出环车辆在环道交织段上的通行权。

4.7.4 交通岛可分为导流岛和安全岛。交通岛不应设在竖曲线顶部。交通岛面积不宜小于 7.0m^2，面积窄小时，可用路面标线表示。转角交通岛兼作行人过街安全岛时，面积（包括岛端尖角标线部分）不宜小于 20m^2。

4.7.5 导流岛间导流车道的宽度应适当，以避免因过宽而引起车辆并行、抢道。当需设右转专用车道而布设转角交通岛时，右转专用车道曲线半径应大于 25m，并应按设计车速及曲线半径大小设置车道加宽，加宽后的车道宽度应符合表 4.7.5 的规定。

表 4.7.5 右转专用车道加宽后的宽度（m）

设计车辆 曲线半径（m）	大型车	小型车
25～30	5.0	4.0
>30	4.5	3.75

4.7.6 导流岛端部应醒目，并在外形上能诱导车辆前进方向，必要时可兼作行人过街安全岛。导流岛的偏移距、内移距及端部圆曲线半径（图 4.7.6-1）最小值可按表 4.7.6-1 取用。导流岛各部分要素（图 4.7.6-2）最小值可按表 4.7.6-2 取用。

表 4.7.6-1 导流岛偏移距、内移距、端部圆曲线半径最小值

设计速度（km/h）	偏移距 S（m）	内移距 Q（m）	R_0（m）	R_1（m）	R_2（m）
≥50	0.50	0.75	0.5	0.5～1.0	0.5～1.5
<50	0.25	0.50			

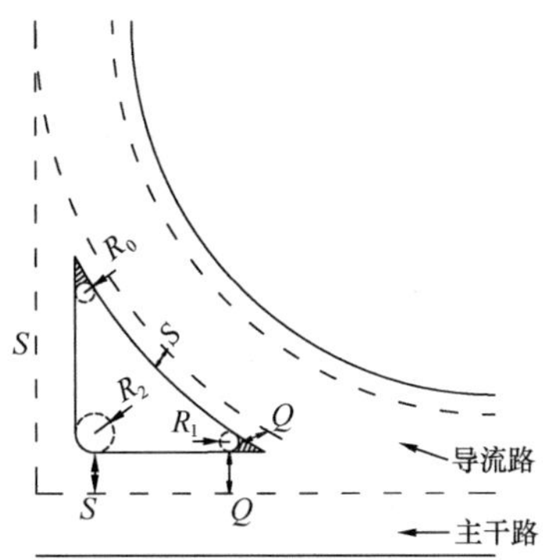

图 4.7.6-1 偏移距、内移距及端部圆曲线半径最小值

表 4.7.6-2 导流岛各要素的最小值（m）

图示	(a)			(b)			(c)	
要素	W_a	L_a	R_a	W_b	L_b	R_b	W_c	L_c
最小值（m）	3.0	5.0	0.5	3.0	$(b+3)$	1.0	$(D+3)$	5.0

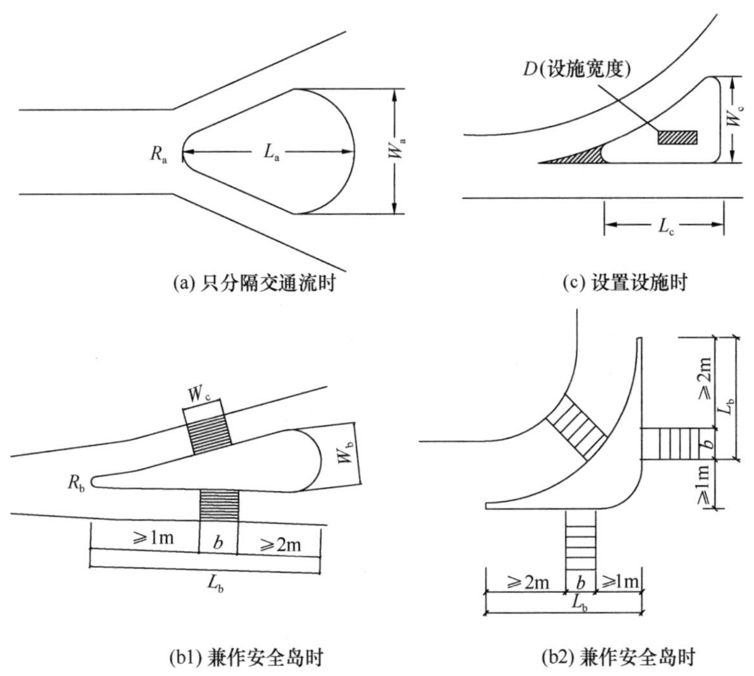

图 4.7.6-2 导流岛各部分要素

4.7.8 当进口道横断面中线偏移（图 4.7.8）时，应采用过渡区标线加以渠化。渠化长度（l_d）可按展宽条件下确定左右转道的渐变段长度的方法确定；l_2 不应小于 2m。

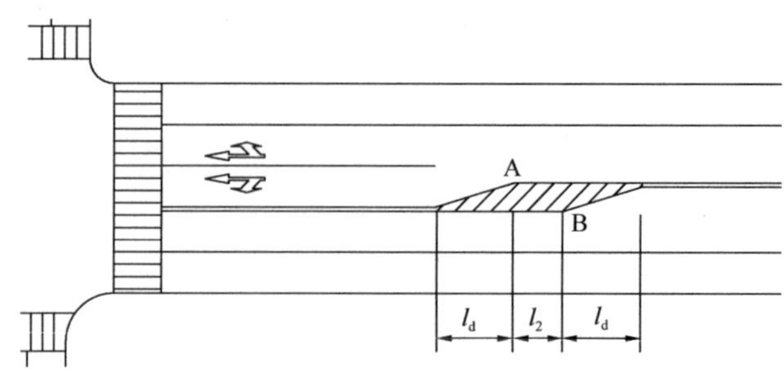

图 4.7.8　进口道横断面中线偏移时的过渡区标线

4.7.9　当进口道向右侧展宽而左转车道直接从直行车道引出（图 4.7.9）时，应采用鱼肚形标线加以渠化。渠化长度 l_{d1} 和 l_{d2} 可按展宽条件下确定左右转车道的渐变段长度的方法确定。

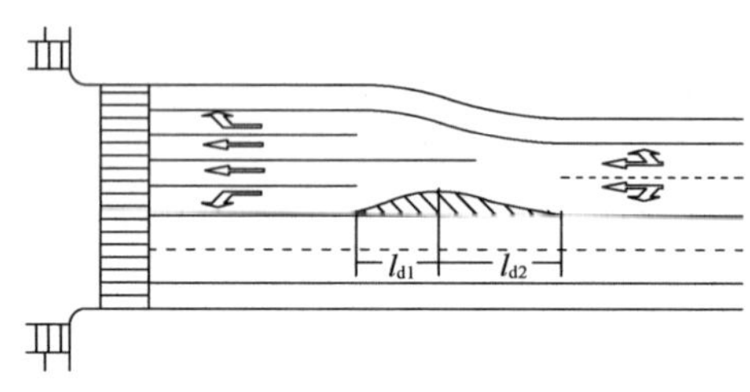

图 4.7.9　进口道的鱼肚形标线

4.7.10　平面交叉口可根据用地条件设置越过行人横道线的左转车超前候驶区，候驶区前端位置以不影响相邻道路直行车流为原则。

4.7.11　有交通信号控制或停车让行标志的平面交叉口进口道处必须设置停止线。停止线宜垂直于车道中心线。有人行横道时，停止线宜在其后 1m～2m 处设置。畸形交叉口或特殊需要时，停止线应后退更大的距离。

4.7.12　平面交叉口应防止路段的雨水流入交叉口、防止雨水流过行人过街横道、防止交叉口积水，其排水设计应符合国家现行标准《室外排水设计规范》GB 50014 及《城市道路设计规范》CJJ 37 的规定。

4.7.13　平面交叉口的照明应满足平均照度、照度均匀度和眩光限制三项指标，照度应高于每一条相交道路的照度；照明设施应有良好的诱导性。平面交叉口照明设计应符合现行行业标准《城市道路照明设计标准》CJJ 45 的规定。

4.7.14　平面交叉口的绿化应起到夏季遮阳、交通诱导、防护隔离、吸尘降噪、美化环境的作用，其设计应符合现行行业标准《城市道路绿化规划与设计规范》CJJ 75 的规定。

4.8　高架路下的平面交叉

4.8.1　高架路下的平面交叉，由于受高架桥墩、柱的影响，通视条件较差，应通过交通组织和交通标志、标线布设，确保视距和行车安全。

4.8.2 在交叉口处设有高架路上下匝道时，应根据上下匝道交通量情况对相关进出口道路进行拓宽。

5 立体交叉

5.1 主线横断面

5.1.1 立交主线横断面可由车行道、路缘带、分车带、路侧带、集散车道、变速车道以及防撞设施等部分组成。车行道宽度应能满足交通量要求；路缘带宽度同路段；集散车道、变速车道的车道宽应符合本规程第5.5节的规定。

5.1.2 主线横断面车行道布置宜与主线路段相同。当设集散车道时，集散车道布置在主线机动车道右侧，其间宜设分车带。主线变速车道路段的横断面应根据变速车道平面设计形式确定。

5.2 主线的平纵线形

5.2.1 立交主线平面线形技术要求应与路段一致。在进出立交的主线路段，其行车视距宜大于或等于1.25倍的停车视距。

5.2.2 机动车道最大纵坡应符合表5.2.2的规定。

表5.2.2 机动车道最大纵坡度

设计速度（km/h）	100	80	60	50	40
最大纵坡度推荐（%）	3	4	5	5.5	6
最大纵坡度限制（%）	5	6	7		8

注：1 机动车道最大纵坡应采用小于或等于最大纵坡度推荐值；受地形条件或特殊情况限制时，方可采用最大纵坡限制值。

2 山区城市设计速度为40km/h的道路，经技术经济论证，最大纵坡可增加1%。

3 越岭路线连续上坡（或下坡）路段，地形相对高差为200m～500m时，平均纵坡不应大于5.5%；地形相对高差大于500m时，平均纵坡不应大于5%，且连续3km路段的平均纵坡不应大于5.5%。

4 海拔3000m以上高原城市道路的最大纵坡推荐值可按表列值减小1%，最大纵坡折减后若小于4%，则仍采用4%。

5 冰冻积雪地区快速路最大纵坡不得超过4%，其他道路不得超过6%。

5.2.3 机动车道纵坡长度应符合下列规定：

1 道路纵坡最小长度应符合表5.2.3-1规定，且应大于相邻两个竖曲线切线长度之和。

表 5.2.3-1 纵坡坡段最小长度

设计速度（km/h）	100	80	60	50	40	30	20
坡段最小长度（m）	250	200	150	140	110	85	60

2 当道路纵坡大于表 5.2.2 所列推荐值时，可按表 5.2.3-2 的规定限制坡长。当道路纵坡超过 5%，坡长超过表 5.2.3-2 的规定时，应设纵坡缓和段。缓和段的纵坡不应大于 3%，其长度应符合表 5.2.3-1 最小坡长的规定。

表 5.2.3-2 纵坡限制坡长

设计速度（km/h）	100			80			60			50			40	
纵坡度（%）	4	4.5	5	5	5.5	6	6	6.5	7	6	6.5	7	6.5	7
纵坡限制坡长（m）	700	600	500	600	500	400	400	350	300	350	300	250	300	250

5.2.4 非机动车道线形应符合下列规定：

1 非机动车道与主线平行布置时，其平面线形应与主线一致。

2 独立布置的非机动车道平面线形由直线和圆曲线组成，其缘石圆曲线最小半径应为 5m。兼有辅道功能的非机动车道，其圆曲线最小半径应采用机动车道技术指标最小值。

3 非机动车道纵坡度宜小于 2.5%；当大于或等于 2.5%时，其坡长控制应符合表 5.2.4 的规定。

表 5.2.4 非机动车道限制坡长（m）

坡度 \ 车种	自行车	三轮车、板车
3.5%	150	—
3%	200	100
2.5%	300	150

4 非机动车道变坡点处应设竖曲线，竖曲线最小半径宜为 500m。

5.3 匝道

5.3.1 立交匝道横断面应由车道、路缘带、停车带和防撞护栏或路肩组成，并应符合下列规定：

1　匝道横断面布置宜符合表 5.3.1-1 中的图示要求。匝道横断面形式单向交通应采用单幅式断面，双向交通应采用双向分离式断面。在匝道范围内，路、桥同宽，中央分车带困难路段可采用分隔物（钢护栏和混凝土护栏）。

表 5.3.1-1　匝道横断面布置（m）

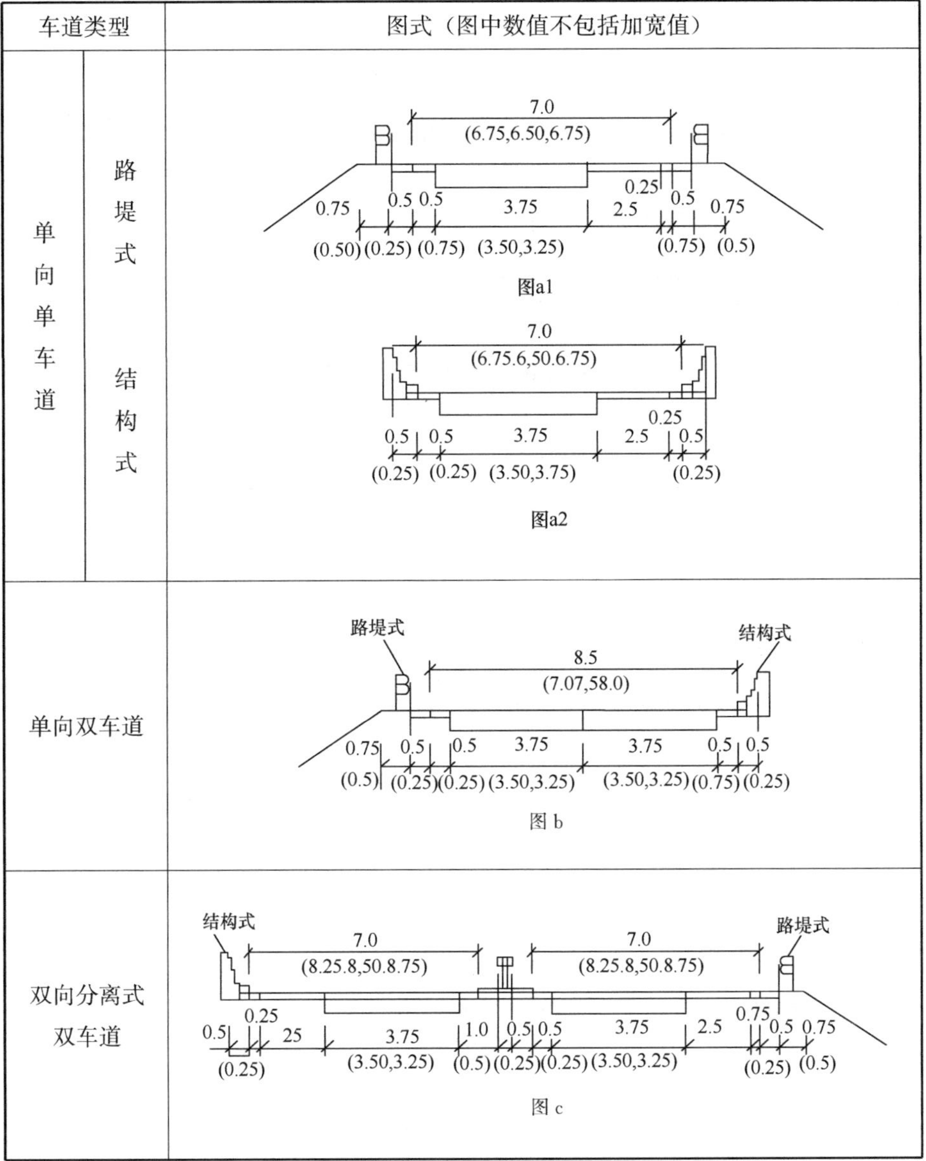

2　车行道宽应根据车道数、车型及设计速度确定，机动车车道宽度应符合表 5.3.1-2 所列数值。单车道匝道必须设停车带，停车带含一侧路缘带宽度应为 2.75m；当为小型汽车专用匝道时可为 2.0m。

表 5.3.1-2 机动车车道宽度

车型及行驶状态	设计速度(km/h)	车道宽度(m)
大型汽车或 大小型汽车混行	≥60	3.75
	<60	3.5(3.25)
小型汽车 专用道	≥60	3.5
	<60	3.25(3.0)

注：括号内数值为设计速度不超过 40km/h 时，或在困难情况下可采用的最小宽度值。

3 匝道横断面组成中，分隔带、路缘带、侧向净宽、安全带、分车带最小宽度及匝道建筑限界（图 5.3.1-1）应符合表 5.3.1-3 的要求，最小限高 h 值应符合本规程表 3.4.1 的规定。

机非混行匝道车行道宽应增加非机动车车道宽度，一般机动车道与非机动车道应采用物理分隔。

表 5.3.1-3 分车带最小宽度

分车带类别	中间带			两侧带		
设计速度 V（km/h）	80～70	60～50	≤40	80～70	60～50	≤40
分隔带最小宽度 W_{dm}（m）	1.5	1.5	1.5	1.5	1.5	1.5
路缘带最小宽度 W_{mc}（m）	0.5	0.5	0.25	0.5	0.5	0.25
安全带最小宽度 W_{sc}（m）	0.5	0.25	0.25	0.25	0.25	0.25
最小侧向净宽 W_l（m）	1	0.75	0.5	0.75	0.75	0.5
分车带最小宽度 W_{sm}（m）	2.5	2.5	2	—	—	—

注：分车带由分隔带及两侧路缘带组成。

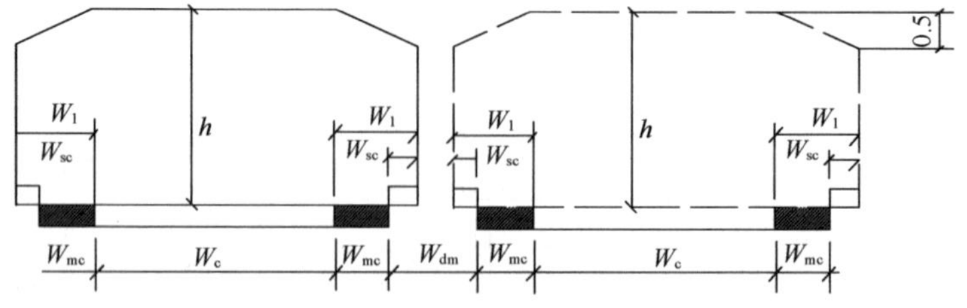

图 5.3.1-1 匝道横断面组成

W_c—车行道宽度（m）；W_{mc}—机动车道路缘带宽度（m）；W_l—侧向净宽（m）；W_{dm}—中间分隔带宽度（m）；W_{sc}—安全带宽度（m）

4 双车道匝道设置应符合下列条件：

1） 交通量超过单车道匝道设计通行能力时。

2）在单车道匝道和匝道出入口通行能力满足交通量要求，但遇以下情况之一仍应采用双车道匝道，且宜采用画线方式控制出入口为一车道：

① 匝道长度大于300m。

② 预计匝道上或匝道和街道连接处的管制（如信号灯控制）可能形成车辆排队，需增加蓄车空间。

③ 纵坡采用极限值的陡坡匝道。

5 匝道在曲线弯道处应设置加宽，每条车道加宽值应符合表5.3.1-4所列值。曲线加宽的过渡应按主线加宽的方式执行。

表5.3.1-4 圆曲线每条车道的加宽值（m）

圆曲线半径（m） 车型	200＜R≤250	150＜R≤200	100＜R≤150	60＜R≤100	50＜R≤60	40＜R≤50	30R≤40	20＜R≤30	15＜R≤20
小型汽车	0.28	0.30	0.32	0.35	0.39	0.40	0.45	0.60	0.70
普通汽车	0.40	0.45	0.60	0.70	0.90	1.00	1.30	1.80	2.40
铰接车	0.45	0.55	0.75	0.95	1.25	1.50	1.90	2.80	3.50

6 匝道主曲线路面加宽的设置，应在内侧进行，当内侧加宽有困难，或加宽后对几何线形设计有较大影响时，可在内、外侧均等分配加宽值。在外侧加宽时，其加宽值宜小于车道中心线的缓和曲线内移值。

7 设缓和曲线时，加宽缓和段和超高缓和段长度宜采用回旋曲线全长。

加宽缓和段的过渡方法可采用以下三种：

1）曲线加宽值在整个缓和曲线全长上作线性分配（图5.3.1-2），并应符合下式要求：

$$b_x = kb \tag{5.3.1-1}$$

$$k = L_x / L \tag{5.3.1-2}$$

式中：b_x——加宽缓和段上任一点A的加宽值（m）；

L_x——加宽缓和段A点处到加宽缓和段起点距离（m）；

L——加宽缓和段全长（m）；

b——匝道圆曲线部分路面加宽值（m）。

2）曲线加宽值在整个缓和曲线全长按高次抛物线分配，匝道曲线加宽值较大，计算过渡曲线不顺适时，可采用下式计算：

$$b_x = (4k^3 - 3k^4)b \tag{5.3.1-3}$$

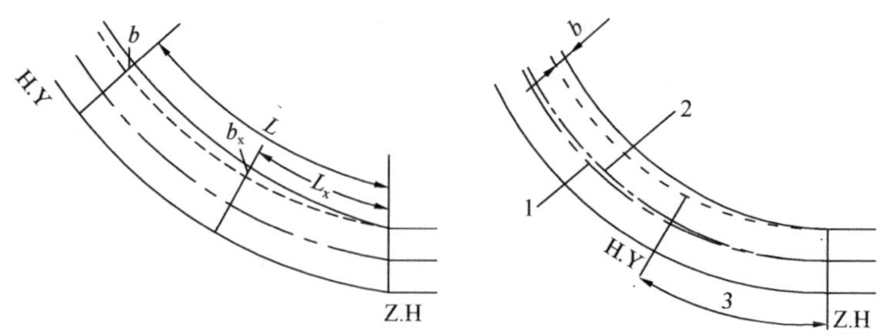

图 5.3.1-2 加宽过渡方式

1—原中心线；2—设回旋线后中心线；3—回旋线

3）在市内主要交叉口及设有桥梁、隧道、挡土墙及设有各种安全防护设施的路段，可采用插入回旋曲线的方法。

5.3.2 立交匝道平面线形设计应符合下列规定：

1 匝道的圆曲线最小半径值应符合表 5.3.2-1 的规定。

表 5.3.2-1 匝道圆曲线最小半径（m）

匝道设计速度（km/h）		80	70	60	50	40	35	30	25	20
积雪冰冻地区		—	—	240	150	90	70	50	35	25
一般地区	不设超高	420	300	200	130	80	60	45	30	20
	$i_{max}=0.02$	315	230	160	105	65	50	35	25	20
	$i_{max}=0.04$	280	205	145	95	60	45	35	25	15
	$i_{max}=0.06$	255	185	130	90	55	40	30	25	15

注：不设缓和曲线的匝道圆曲线极限最小半径与不设超高情况相同。积雪冰冻地区超高不大于 4%。

2 匝道平面线形中，直线与圆曲线或大半径圆曲线与小半径圆曲线之间应设缓和曲线，缓和曲线最小长度应符合表 5.3.2-2 的规定。缓和曲线应采用回旋曲线，回旋曲线的计算应符合下式规定：

$$R \cdot L = A^2 \tag{5.3.2}$$

式中：A ——回旋曲线的参数（m），$A \leqslant 1.5R$ 并应符合表 5.3.2-3 的规定；

R——回旋曲线终端曲线半径（m）；

L——回旋曲线曲线长（m）。

表 5.3.2-2 匝道缓和曲线最小长度

匝道设计速度（km/h）	80	70	60	50	40	35	30	25	20
缓和曲线最小长度（m）	75	70	60	50	45	40	35	25	20

表 5.3.2-3　匝道回旋曲线参数

匝道设计速度（km/h）	80	70	60	50	40	35	30	25	20
回旋曲线参数 A（m）	135	110	90	70	50	40	35	25	20

反向曲线间的两个回旋线，其参数宜相等，不相等时其比值应小于1.5。

回旋线的长度还应满足超高过渡的需要。

3　匝道平曲线可由一条圆曲线及两条缓和曲线组成，也可由两条缓和曲线直接衔接，平曲线与圆曲线长度应大于或等于表 5.3.2-4 的规定。

表 5.3.2-4　匝道平曲线、圆曲线最小长度

匝道设计速度（km/h）	80	70	60	50	40	35	30	25	20
平曲线最小长度（m）	150	140	120	100	90	80	70	50	40
圆曲线最小长度（m）	70	60	50	45	35	30	25	20	20

4　匝道停车视距不应小于表 5.3.2-5 的规定。

表 5.3.2-5　匝道停车视距

匝道设计速度（km/h）	80	70	60	50	40	35	30	25	20
停车视距（m）	110	90	70	55	40	35	30	25	20

5　匝道平曲线内侧宜采用视距包络线作为视距界限。

5.3.3　立交匝道纵断面设计应符合下列规定：

1　立交匝道最大纵坡不应大于表 5.3.3-1 的规定值。

表 5.3.3-1　匝道最大纵坡（%）

匝道设计速度（km/h）	80	70	60	50	≤40
一般地区	5	5.5	6	7	8
积雪冰冻地区	4		4	4	4

2　各种设计速度的匝道所对应的最小竖曲线半径及竖曲线长度应符合表 5.3.3-2 的规定。

表 5.3.3-2　匝道竖曲线最小半径及长度

匝道设计速度(km/h)			80	70	60	50	40	35	30	25	20
竖曲线最小半径(m)	凸形	一般值	4500	3000	1800	1200	600	450	400	250	150
		极限值	3000	2000	1200	800	400	300	250	150	100
	凹形	一般值	2700	2025	1500	1050	675	525	375	255	165
		极限值	1800	1350	1000	700	450	350	250	170	110
竖曲线最小长度（m）		一般值	105	90	75	60	55	45	40	30	30
		极限值	70	60	50	40	35	30	25	20	20

3　在设计匝道纵断面线形中，应符合下列规定：

1) 匝道纵断面线形应平缓，不宜采用断背纵坡线（两同向竖曲线间隔一短直线段）。机非混行匝道纵坡应满足非机动车行驶纵坡要求。

2) 匝道驶入（出）主线附近的纵断面，宜与主线有适当长度的平行段。

4　对凸形竖曲线和在立交桥下的凹型竖曲线应校核行车视距。验算时物高宜为 0.1m；目高在凸型竖曲线上宜为 1.2m，在凹型竖曲线宜采用 2.2m。

5.3.4　立交匝道横坡与超高应符合下列规定：

1　立交匝道路拱横坡应满足最低路表排水要求。路拱（双向坡和单向坡）横坡不应大于 2%。

2　设计速度条件下，当匝道平曲线半径引起的离心力不能由正常路拱横坡和正常轮胎摩阻力所平衡时，应取消反向横坡，应采用单向路拱和设置超高横坡。

3　最大超高横坡的取值应根据当地气候、地形、地区性质和交通特点来确定。一般地区最大超高横坡不应超过 6%，积雪冰冻地区不应超过 3.5%。

4　设计超高横坡度根据容许最大超高横坡度、最大横向摩阻力系数、圆曲线半径和设计速度，应按下式计算：

$$i=\frac{V^2}{127R}-\mu_{max} \qquad (5.3.4\text{-}1)$$

式中：i——设计超高横坡度（%）；

R——圆曲线半径（m）；

μ_{max}——最大容许横向摩阻力系数，可按表 5.3.4-1 取用；

V——设计速度（km/h）。

表 5.3.4-1 最大容许横向摩阻力系数

匝道设计速度（km/h）	80	70	60	50	45	40	35	30	25	20
横向摩阻力系数 μ_{max}	0.14	0.15	0.16	0.17	0.175	0.18	0.18	0.18	0.18	0.18

5 正常路拱与全超高路段之间应设置超高缓和段，其长度可按下式计算：

$$L_\varepsilon = \frac{b \times \Delta i}{\varepsilon} \quad (5.3.4\text{-}2)$$

式中：L_ε——超高缓和段长度（m），不少于 2s 的设计速度行驶距离；

b——超高旋转轴至路面边缘的宽度（m）；

Δi——超高横坡度与正常路拱坡度的代数差（%）；

ε——超高渐变率，超高旋转轴与路面边缘之间相对升降的比率，可按表 5.3.4-2 取值。

表 5.3.4-2 超高渐变率

匝道设计速度（km/h）	20	30	40	50	60	70	80
超高渐变率 $\varepsilon_{中}$	1/100	1/125	1/150	1/160	1/175	1/185	1/200
超高渐变率 $\varepsilon_{边}$	1/50	1/75	1/100	1/115	1/125	1/135	1/150

6 坡道上平曲线设置超高，必须考虑纵坡对实际超高的不利影响。合成坡度一般地区最大不应超过 8%，冰雪冰冻地区不应超过 6%。合成坡度应按下式计算：

$$i_H = \sqrt{i_N^2 + i_Z^2} \quad (5.3.4\text{-}3)$$

式中：i_H——合成坡度（%）；

i_N——超高横坡（%）；

i_Z——纵坡（%）。

7 缓和曲线长度实际取值为超高缓和段长度和平曲线缓和段长度两者中的大值。

8 超高设置方式可根据地形状况、车道数、景观要求、排水需要在下述方式（图 5.3.4）中选择：

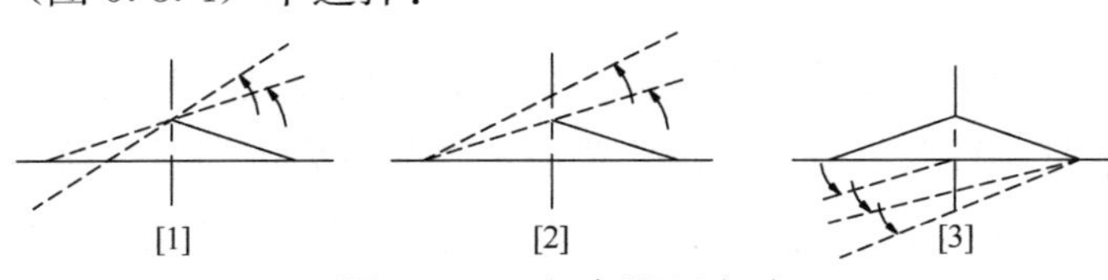

图 5.3.4 超高设置方式

1）车道绕中心线旋转；

2）车道绕内侧边缘线旋转；

3）车道绕外侧边缘线旋转。

5.3.5 匝道端部出入口设计应符合下列规定：

1 匝道端部出入口应包括匝道渐变段、变速车道。

2 匝道端部出入口宜设置在主线行车道右侧；且宜设置在跨线桥等构造物前，或凸形竖曲线上坡道上。

3 匝道端部出入口宜设在主线下坡路段，应保持充分的视距（图5.3.5-1）。

4 驶出匝道出口端部，在减速车道终点，应设置缓和曲线（图5.3.5-2）。

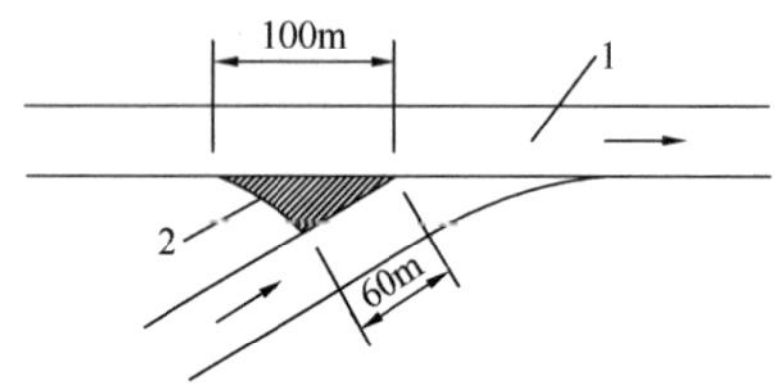

图5.3.5-1 匝道入口端部视距

1—主线；2—确保通视区域

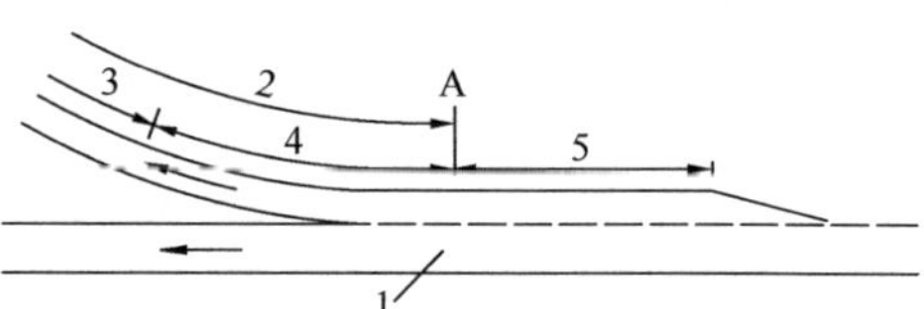

图5.3.5-2 匝道出口端部缓和曲线

1—主线；2—匝道；3—圆曲线；4—回旋线；5—减速车道；A—分流点

分流点的曲率半径与回旋线参数应符合表5.3.5-1的规定。

表5.3.5-1 分流点的曲率半径与回旋线参数

主线设计速度（km/h）	分流点的行驶速度（km/h）	分流点的最小曲半径（m）	回旋参数 *A*（m）	
			一般值	低限值
120	80	250	110	100
	60	150	70	65
100	55	120	60	55
80	50	100	50	45
60	≤40	70	35	30

5 立 A_1 类立交主线与驶出匝道的出口分流点处，当需给误行车辆提供返回余地时，行车道边缘宜设偏置加宽，并应采用圆弧连接主线和匝道路面的边缘（图5.3.5-3）。偏置加宽值和楔形端部鼻端半径应符合表5.3.5-2的规定。高架结构段可不设偏置加宽。

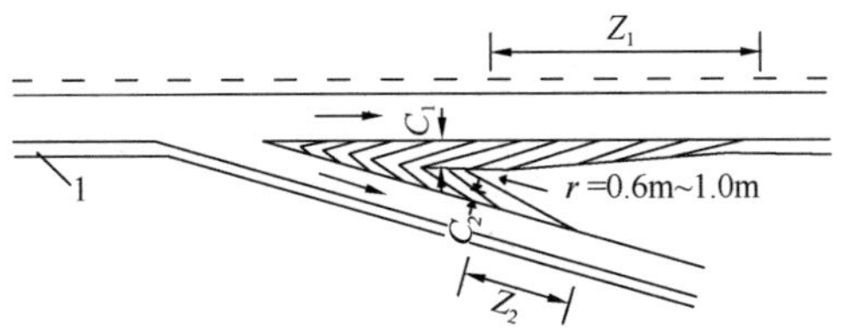

(a) 驶出匝道出口硬路肩较窄时

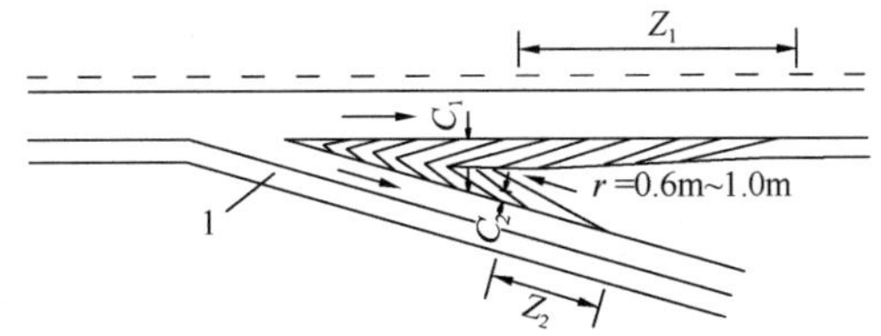

(b) 驶出匝道出口硬路肩较宽时

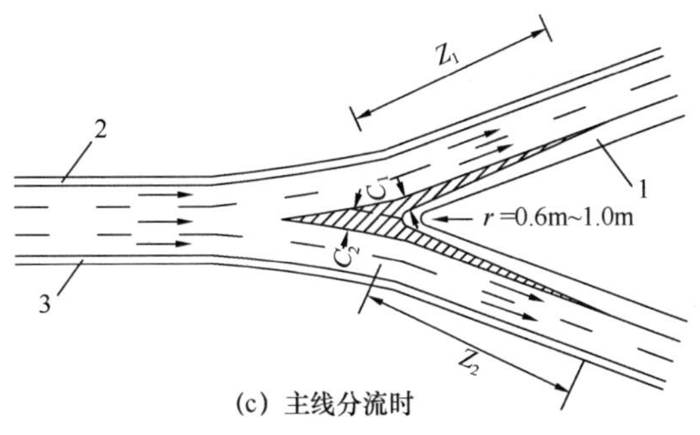

(c) 主线分流时

图 5.3.5-3 分流点处楔形端布置

1—硬路肩；2—左路肩；3—右路肩

表 5.3.5-2 分流点处偏置值与端部半径

分流方向	主线偏置值 C_1（m）	匝道偏置值 C_2（m）	鼻端半径 r（m）
驶离主线	≥3.0	0.6～1.0	0.6～1.0
主线相互分岔	1.8		0.6～1.0

楔形端端部后的过渡长度 Z_1、Z_2 应根据表 5.3.5-3 的渐变率计算。

表 5.3.5-3 分流点处楔形端的渐变率

设计速度（km/h）	120	100	80	60	≤40
渐变率	1/12	1/11	1/10	1/8	1/7

当主线硬路肩宽度能满足停车宽度要求时，偏置值可采用该硬路肩宽度，渐变段部分硬路肩应铺成与行车道路面相同的结构。

6 相邻匝道出入口之间的最小净距 L（图 5.3.5-4）应符合表 5.3.5-4 的要求。

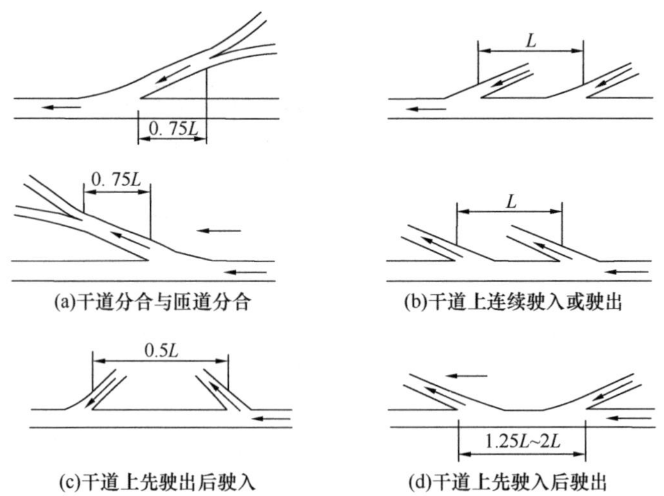

图 5.3.5-4　匝道口最小净距

表 5.3.5-4　相邻匝道口最小净距 L

干道设计速度（km/h） 距离 L（m）	120	100	80	60	50	40
极限值	165	140	110	80	70	55
一般值	330	280	220	160	140	110

注：图 5.3.5-4 中的（b）、（d）情况不宜采用极限值。

匝道出入口之间最小净距还应满足下列要求：

1）相邻驶入或驶出匝道之间的间距还应考虑变速道长度及标志之间需要的距离，并按最长需要距离决定取用值。

2）驶入匝道紧接着有驶出匝道的情况下［图 5.3.5-4（d）］，枢纽立交匝道间距取上限，一般立交取下限；并应根据交织交通量计算其交织所需长度，按最长需要距离决定取用值。对于延伸交织长度不能达到足够通行能力或是苜蓿叶立交相邻环形匝道，应设置集散车道。

7　单车道出入口按交通流线分直接式出入口（图 5.3.5-5、图 5.3.5-7）和平行式出入口（图 5.3.5-6、图 5.3.5-8）二类，并应符合下列规定：

1）单车道直接式入口应按 1∶40～1∶20（横纵比）均匀的渐变率和主线连接，汇合点设定在主线直行车道右侧边缘 3.5m（一条车道）处，汇合点后方为加速段，汇合点前方为过渡段。

2）单车道平行式入口是在汇流点处起，提供一条附加变速车道，并在其末端设置过渡渐变段，供车辆驶入。

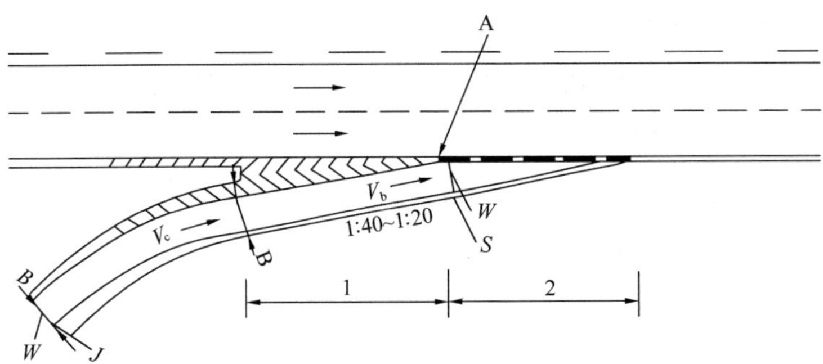

图 5.3.5-5 单车道直接式入口

A—合流点；B—单车道匝道宽度；W——车道宽；S—路缘带宽；

J—紧急停车带宽；1—加速段；2—渐变段

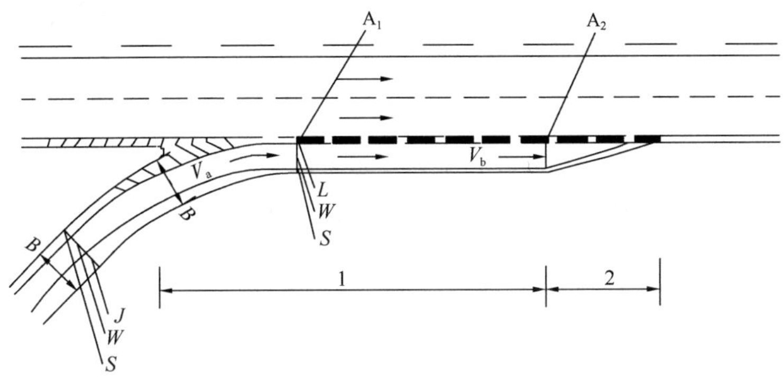

图 5.3.5-6 单车道平行式入口

A_1—并流点；A_2—汇合点；B—单车道匝道宽度；W——车道宽；

S—路缘带宽；J—紧急停车带宽；L—出入口标线宽；1—加速段；2—渐变段

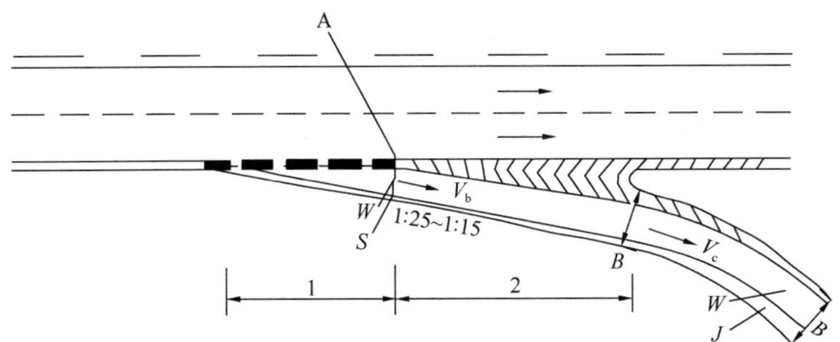

图 5.3.5-7 单车道直接式出口

A—分流点；B—单车道匝道宽度；W——车道宽；S—路缘带宽；

J—紧急停车带宽；1—渐变段；2—减速段

3）直接式出口线形应符合行车轨迹，其出口横纵比应按 1∶25～1∶15 均匀的渐变率和主线相接，分散角宜为 2°～5°。

4）平行式出口线形其渐变段及减速车道线形特征应明显，能提供驾驶员注目的出口区域，以防止主线车辆误驶出主线。

8 多车道出入口除和单车道出入口一样根据交通流线分两类外，还应按功能分类：一种是按出入口进行设计，适应于一般立交匝道的出入口设计；另一种按主要岔口分、合流进行设计，适应于城市主干道和更高级别道路在立交范围内岔口的分、合流设计，并应符合下列规定：

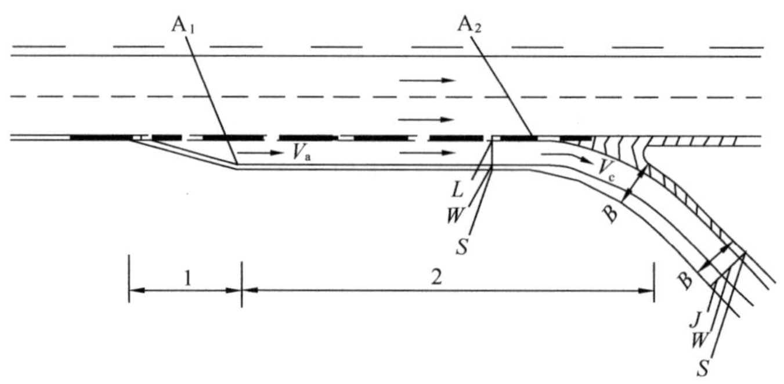

图 5.3.5-8 单车道平行式出口

A_1—分离点；A_2—分流点；B—单车道匝道宽度；W——车道宽；S—路缘带宽；J—紧急停车带宽；L—出入口标线宽；1—渐变段；2—减速段

1）一般双车道匝道出入口应符合下列规定：

① 双车道匝道直接式出入口，布置形式和单车道一样，第二条变速车道加在第一条变速车道右侧，内侧车道加减速段长是单车道规定值的80%（图 5.3.5-9、图 5.3.5-10）。

② 双车道平行式出入口，形式和单车道一样布置，第二条车道加在第一条车道右侧，右侧变速车道较左侧第一车道短一个渐变段长度（图 5.3.5-11、图 5.3.5-12）。

2）增设辅助车道双车道匝道出入口（图 5.3.5-13）

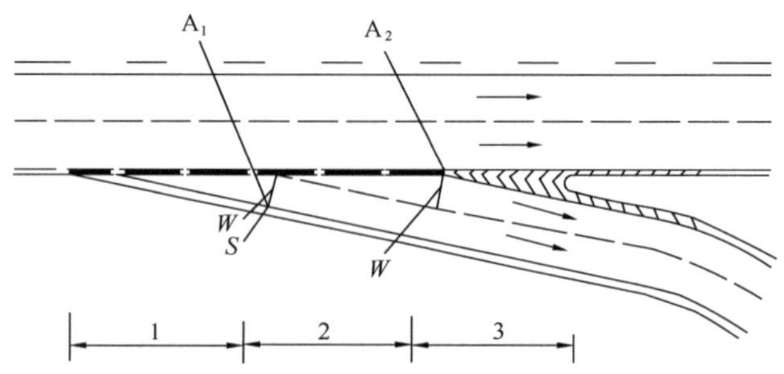

图 5.3.5-9 双车道匝道直接式出口

A_1—分离点；A_2—分流点；W——车道宽；S—路缘带宽；1—渐变段；2—减速段；3—0.8×减速段

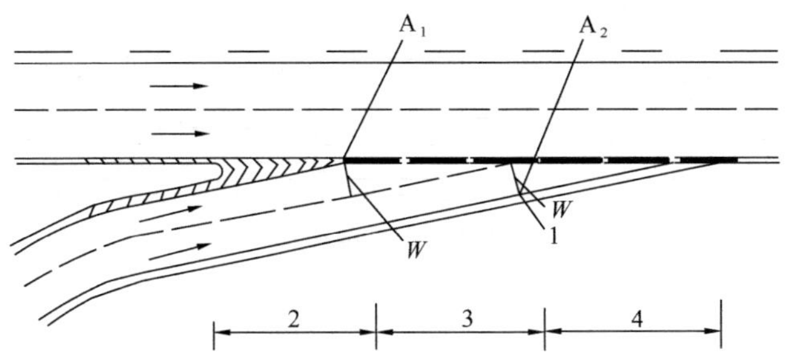

图 5.3.5-10 双车道匝道直接式入口

A_1—汇流点；A_2—汇合点；W——车道宽；

1—路缘带；2—0.8×加速段；3—加速段；4—渐变段

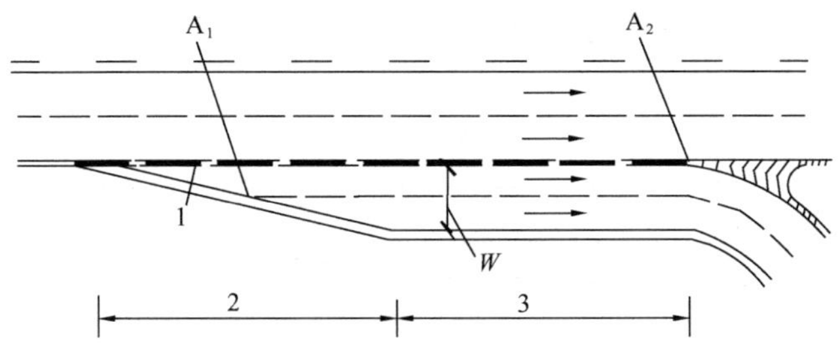

图 5.3.5-11 双车道匝道平行式出口

A_1—分离点；A_2—分流点；W—双车道宽；

1—路缘带；2—渐变段；3—减速段

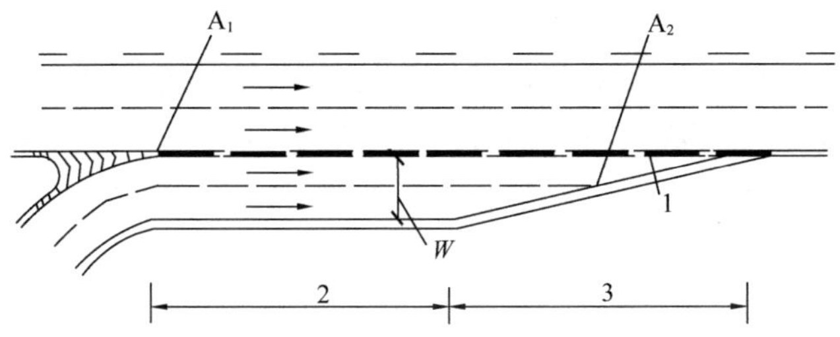

图 5.3.5-12 双车道匝道平行式入口

A_1—汇流点；A_2—汇合点；W—双车道宽；

1—路缘带；2—加速段；3—渐变段

一般位于枢纽立交的定向匝道，当出入口交通量很大时，双车道出入口应在下行方向按车道数平衡、基本车道数连续两条原则，增设辅助车道。

3）主要岔口分流、合流应符合下列规定：

① 枢纽立交处，为能在与主线车速基本相同行驶条件下实现大交通量的分流、合流和路线的转换，道路分岔端部［图 5.3.5-14（a）］应按分岔方式保证主线基本车道数连续和主线车道数的平衡，必要时增设

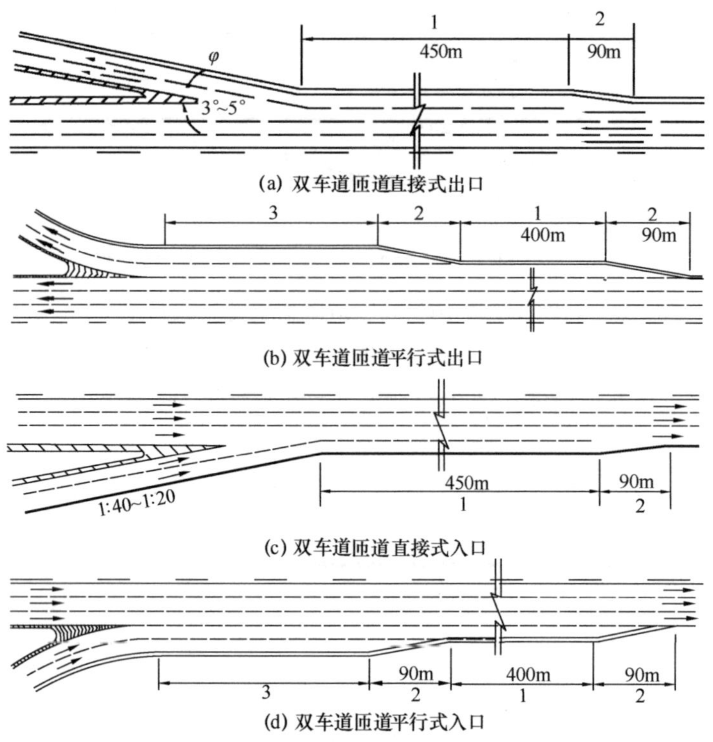

图 5.3.5-13 设辅助车道双车道匝道出入口

φ —分离角；1—辅助车道；2—渐变段；3—减速段

辅助车道。其中，相对较次要分岔流向应靠右侧进出。

② 高速公路或城市快速路在起讫点处可分成两条定向多车道，与类似的高等级道路相衔接。大交通量的分、合流或路线间交通流转换期间车速基本保持不变。多车道岔口分流、合流端部可按图 5.3.5-14（b）所示方式主线进行设计。

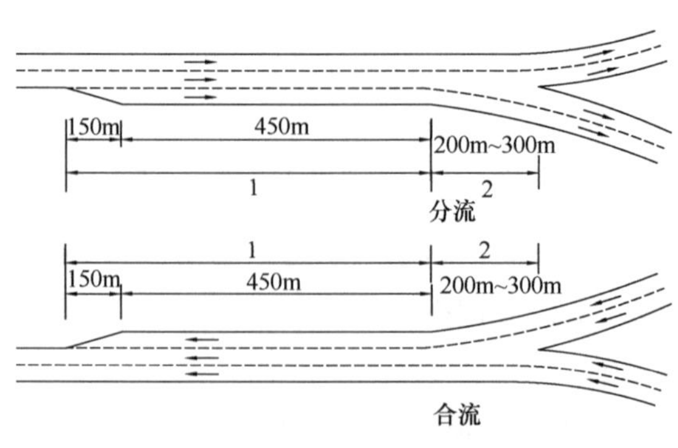

图 5.3.5-14 主要岔口分流、合流（一）

1—辅助车道；2—变化段

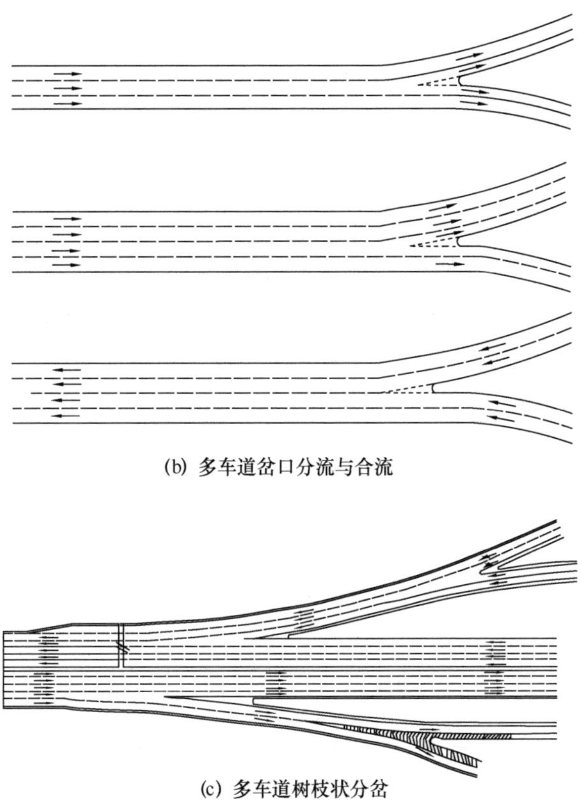

(b) 多车道岔口分流与合流

(c) 多车道树枝状分岔

图 5.3.5-14 主要岔口分流、合流（二）

③ 枢纽立交的主要岔口除了按车道数平衡原则进行设计外，还应按树枝状分岔，以每两个流向分别进行分流、合流设计［图 5.3.5-14（c）］。

5.4 辅 助 车 道

5.4.1 辅助车道用于互通式立交分、合流段。辅助车道的宽度应与直行车道相同。

5.4.2 在城市快速路的全长或较长的路段内基本车道数应保持一致，相邻两段同一方向的增减必须符合基本车道数连续和车道数平衡原则，每次增减不得多于一条，分、合流处（图 5.4.2）应按下式进行计算：

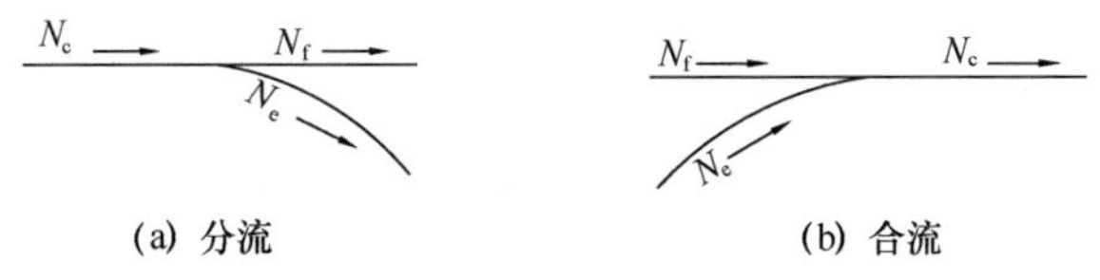

(a) 分流 (b) 合流

图 5.4.2 车道数平衡

$$N_c \geqslant N_f + N_e - 1 \quad (5.4.2)$$

式中：N_c——分流前或合流后的主线车道数；

N_f——分流后或合流前的主线车道数；

N_e——匝道车道数。

5.4.3 在设置双车道匝道的分、合流处，应增设辅助车道［图 5.4.3（a）］。辅助车道长度（包括渐变段）在分流端宜为 1000m，且不得小于 600m，在合流端宜为 600m。辅助车道过渡段渐变率应大于等于 1/50。当前一个互通式立体交叉的加速车道末端至下一个互通式立体交叉的减速车道的起点之间的距离小于 500m 时，应设辅助车道并连接［图 5.4.3（b）］。

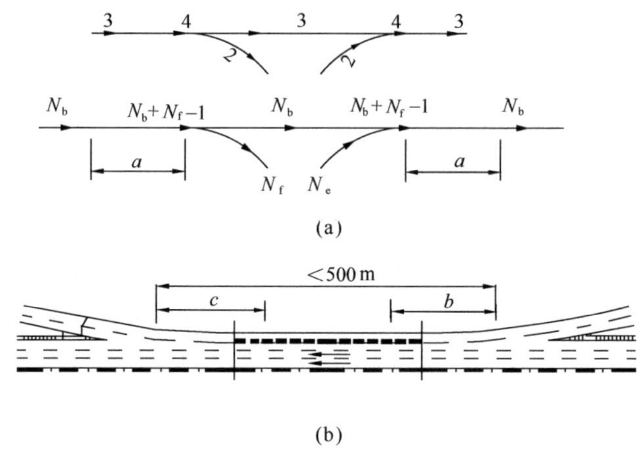

图 5.4.3　主线分流、合流处

N_b—基本车道数；a—辅助车道；b—加速道；c—减速道

5.5　变速车道和集散车道

5.5.1 在互通式立交匝道出入口处，应设置车辆变速车道。

5.5.2 变速车道分为直接式和平行式两种（图 5.5.2-1、图 5.5.2-2）。减

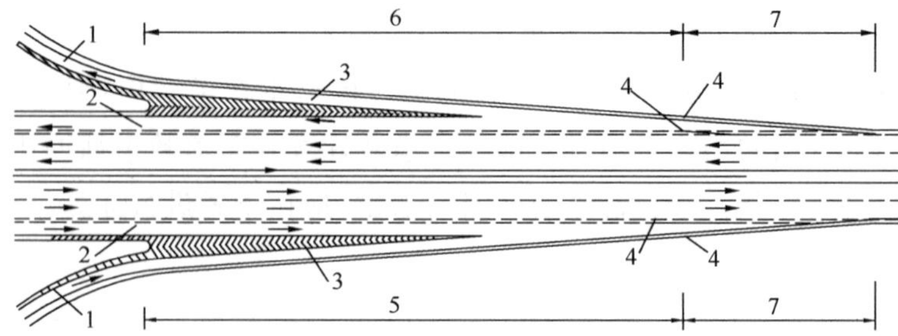

图 5.5.2-1　直接式变速车道

1—匝道；2—集散车道；3—变速车道；4—路缘带；

5—加速段；6—减速段；7—渐变段

速车道宜采用直接式，加速车道宜采用平行式。

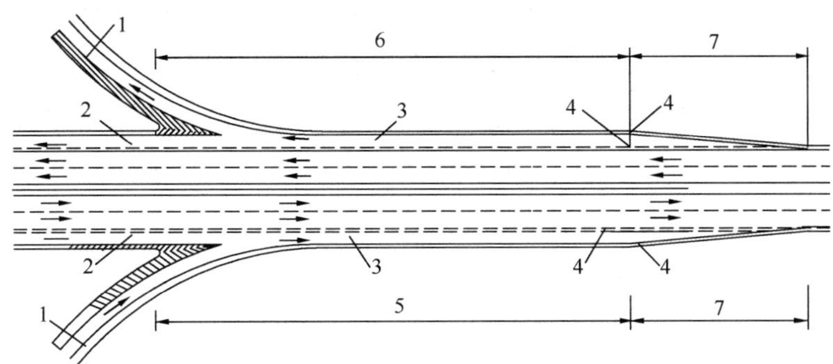

图 5.5.2-2 平行式变速车道

1—匝道；2—集散车道；3—变速车道；4—路缘带；

5—加速段；6—减速段；7—渐变段

5.5.3 主线为曲线时的变速车道分为两种，并应符合下列要求：

1 对平行式变速车道（图 5.5.3-1），主线为曲线时，平行式变速车道线形宜与主线曲线平行。平行式变速车道同匝道曲线连接应符合下列规定：

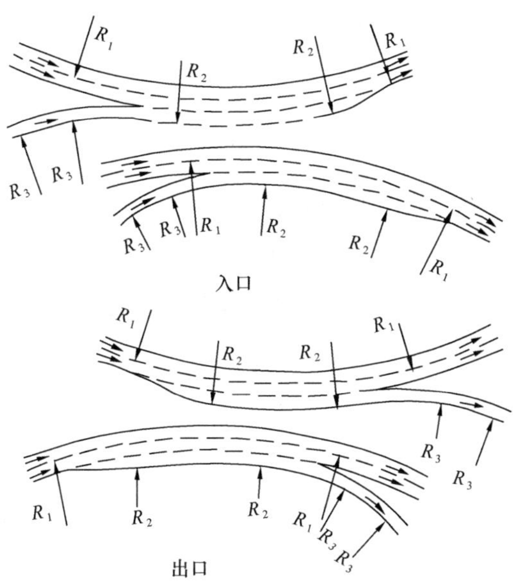

图 5.5.3-1 曲线上的平行式变速车道

1） 当为同向时，可采用卵形回旋线或复合形回旋线连接；当主线圆曲线半径 $R_1>1500$m 时，可视 $R_1\approx\infty$ 而直接作回旋线的起点。

2） 当为反向时，可采用 S 形回旋线连接；当主线圆曲线半径 $R_1>2000$m 时，可视 $R_1\approx\infty$ 而直接作为回旋线的起点。

2 对直接式变速车道（图 5.5.3-2）线形，可采用与主线为直线时相同的宽度渐变率，顺主线线性变宽接出或接入，也可采用内切圆法曲线接入或接出主线（图 5.5.3-2）。当主线位于回旋线范围内时，变速车道亦可采用同一参数的回旋线，但宽度渐变率应符合表 5.5.3-1 和表 5.5.3-2 的规定。直接式变速车道与匝道曲线连接，可按平行式变速车道的连接方式处理。

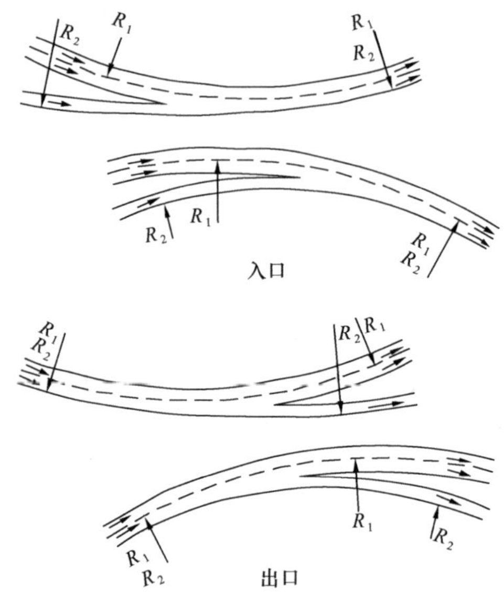

图 5.5.3-2 曲线上的直接式变速车道

3 变速车道长度为加速或减速车道长度与过渡段长度之和，应根据主线设计速度采用大于表 5.5.3-1 所列值。

表 5.5.3-1 变速车道长度及出、入口渐变率

<table>
<tr><td colspan="2">主线设计速度（km/h）</td><td>120</td><td>100</td><td>80</td><td>60</td><td>50</td><td>40</td></tr>
<tr><td rowspan="2">除宽度缓和部分外的减速车道规定长度（m）</td><td>1 车道</td><td>100</td><td>90</td><td>80</td><td>70</td><td>50</td><td>30</td></tr>
<tr><td>2 车道</td><td>150</td><td>130</td><td>110</td><td>90</td><td>—</td><td>—</td></tr>
<tr><td rowspan="2">除宽度缓和部分外的加速车道规定长（m）</td><td>1 车道</td><td>200</td><td>180</td><td>160</td><td>120</td><td>90</td><td>50</td></tr>
<tr><td>2 车道</td><td>300</td><td>260</td><td>220</td><td>160</td><td>—</td><td>—</td></tr>
<tr><td>宽度缓和路段长（m）</td><td>1 车道</td><td>70</td><td>60</td><td>50</td><td>45</td><td>40</td><td>40</td></tr>
<tr><td>出口角度</td><td>1 车道
2 车道</td><td colspan="2">1/25</td><td>1/20</td><td colspan="3">1/15</td></tr>
<tr><td>入口角度</td><td>1 车道
2 车道</td><td colspan="2">1/40</td><td>1/30</td><td colspan="3">1/20</td></tr>
</table>

下坡路段的减速车道和上坡路段的加速车道，其长度应按表 5.5.3-2

所列修正系数予以修正。

表 5.5.3-2 变速车道长的修正系数

纵坡度（%）	$0<i\leqslant2$	$2<i\leqslant3$	$3<i\leqslant4$	$4<i\leqslant6$
下坡减速车道修正系数	1.00	1.10	1.20	1.30
上坡加速车道修正系数	1.00	1.20	1.30	1.40

4 变速车道横断面位置应自主线的路缘带外侧算起，一条变速车道宽度应为 3.5m。变速车道外侧应另加路缘带（图 5.5.3-3），当与高速公路相接时为紧急停车带。

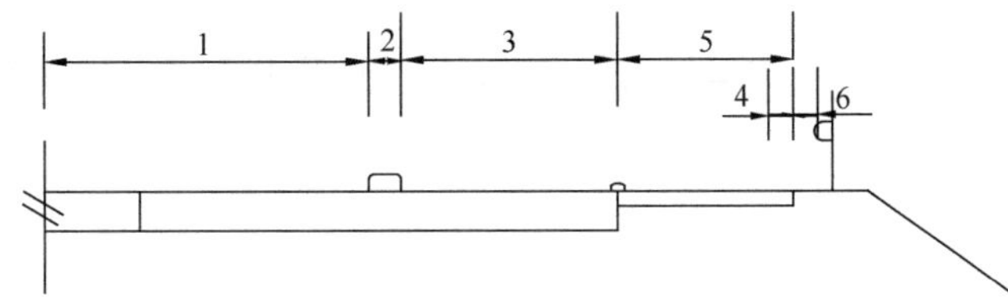

图 5.5.3-3 变速车道横断面

1—主线；2—主线路缘带；3—变速车道；4—路缘带；5—停车带；6—安全道

5.5.4 集散车道应符合下列规定：

1 当有下列情况之一，可考虑设置集散车道：

1）通过车道交通量大，需要分离。

2）两个以上出口分流岛端部靠得很近。

3）三个以上出入口分流岛端部靠得近。

4）所需要交织长度得不到保证。

5）因交通标志密集而不能用标志诱导。

2 集散车道可为单车道或双车道，每条车道宽应为 3.5m。在主线出入口处应保持车道平衡，对集散道路可不作规定。

5.6 服务水平与通行能力

5.6.1 立交通行能力分为可能通行能力和设计通行能力，设计通行能力等于可能通行能力（N_p）乘以相应设计服务水平“交通量/通行能力”比率（α）。

5.6.2 立交主线一条车道可能通行能力可采用表 5.6.2-1 的数值。

表 5.6.2-1 主线一条车道可能通行能力（N_p）

设计速度（km/h）	40	50	60	70	80	100	120
可能通行能力（pcu/h）	2020	2050	1950	1870	1800	1760	1720

立交匝道一条车道可能通行能力可采用表 5.6.2-2 的数值。

表 5.6.2-2 匝道一条车道可能通行能力（N_p）

设计速度（km/h）	20～25	30	40	50	60
可能通行能力（pcu/h）	1550 （1400～1250）	1650 （1550～1450）	1700	1730	1750

注：括号内为机非立交（其直行非机动车流量为 1000 辆/h～2000 辆/h），考虑非机动车影响时的取值。当非机动车流量＜1000 辆/h 时，可在括号内上限值与机非分行值之间内插求得；当流量为 3000 辆/h～5000 辆/h 时，每增加 1000 辆/h，括号内下限值应再降低 7%。

若当地有可靠的平均车头时距观测值，也可由下式计算主线或匝道一条车道的可能通行能力：

$$N_p = 3600/t_i \quad (5.6.2)$$

式中：N_p——一条车道可能通行能力（pcu/h）；

t_i——连续小客车车流平均车头时距（s/pcu）。

5.6.3 立交主线及其匝道的服务水平可划分为四个等级，服务水平标准分级应符合表 5.6.3 的规定。

表 5.6.3 立交服务水平标准

等级		交通运行特征	（服务交通量/可能通行能力）比率 α						
			设计速度（km/h）						
			100	80	60	50	40	30	20
Ⅰ	Ⅰ1	自由流，行车自由度大	0.33	0.29	0.26	0.24	—	—	—
	Ⅰ2	自由流，行车自由度适中	0.56	0.50	0.43	0.40	0.37	—	—
Ⅱ	Ⅱ1	接近自由流，变换车道或超车自由度受到一定限制	0.76	0.69	0.62	0.58	0.55	0.51	—
	Ⅱ2	行车自由度受限，车速有所下降	0.91	0.82	0.75	0.71	0.67	0.63	0.59
Ⅲ		饱和车流，行车没有自由度	1.00						
Ⅳ		拥塞状况，强制车流	无意义						

5.6.4 立 A_1、立 A_2 类立交宜采用服务水平Ⅱ1 级，立 B 类立交服务水平可采用Ⅱ2 级。一般匝道服务水平宜采用Ⅱ2 级，定向匝道服务水平宜采用Ⅱ1 级。对个别线形受限制的立 A_2、立 B 类立交的匝道，经论证确有困难时，可采用Ⅲ级。

5.6.5 立交设计通行能力应为组成该立交的主线直行车道、转向匝道设计通行能力的组合值，与服务水平采用等级相关。不同形式的立交宜符合下列规定：

1 苜蓿叶立交设计通行能力

1）直行车道无附加车道情况：

$$N=(n_1-2)N_{S1}+(n_2-2)N_{S2}+4N_R \tag{5.6.5-1}$$

式中：N——立交总的设计能行能力（pcu/h）；

N_{S1}、N_{S2}——立交两条相交道路各自一条直行车道设计通行能力（puc/h）；

n_1、n_2——立交两条相交道路各自进入立交的车道条数；

N_R——一条匝道设计通行能力（puc/h）。

2）直行车道设有附加车道情况：

$$N=n_1N_{S1}+n_2N_{S2} \tag{5.6.5-2}$$

2 环形立交设计通行能力

1）一方向直行车道穿越(或跨越)环道时(无附加车道)：

$$N=(m-2)N_{S1}+N_r \tag{5.6.5-3}$$

式中：m——穿越（或跨越）环道的直行车道车道数；

N_{S1}——穿越（或跨越）环道的直行车道一条车道设计通行能力（puc/h）；

N_r——环道设计通行能力（puc/h）。

机非分行的环道设计通行能力取 2000puc/h～2700puc/h，车道为 4 条时，取上限值，车道为 3 条时，取下限值。

2）两方向直行车道分别上跨、下穿环道时（无附加车道）：

$$N=(n_1-2)N_{S1}+(n_2-2)N_{S2}+N_r \tag{5.6.5-4}$$

3）一方向直行车道穿越（或跨越）环道时（有附加车道）：

$$N=n_1N_{S1}+N_r \tag{5.6.5-5}$$

4）两方向直行车道分别上跨、下穿环道时（有附加车道）：

$$N=n_1N_{S1}+n_2N_{S2} \tag{5.6.5-6}$$

5.7 附 属 设 施

5.7.5 城市道路立交的排水设计应在城市总体排水规划指导下进行，并应符合现行国家标准《室外排水设计规范》GB 50014 的规定。如城市道路交叉所处地区无排水规划，应先作出规划再进行设计，并应符合下列规定：

1 城市道路立交范围内的排水，应与相交道路的排水统一设计，其排水设计应包括雨水管、雨水口和连接管的布设，特别是竖直方向连接管的布设，并与地面排水系统沟通。城市道路立交的路面水应排泄迅速。

2 城市道路立交排水设计重现期应符合现行行业标准《城市道路设计规范》CJJ 37 的规定。路面雨水径流量应按现行国家标准《室外排水设计规范》GB 50014 执行。

3 在下穿式立体交叉引道两端纵坡的起点处应设倒坡，并在道路两侧采取截水措施，减少坡底聚水量。纵坡大于 2%的坡段内，不宜设雨水口，应在凹形曲线最低点道路两侧集中设置并联雨水口，其数量应按设计流量计算确定。

4 城市道路立交地面水排除的其他规定以及立交的地下水排除应按现行行业标准《城市道路设计规范》CJJ 37 执行。

5.7.6 城市道路立交照明设施应安全可靠、经济合理、节省能源、维修方便、技术先进，具有良好的诱导性，并应符合下列规定：

1 城市道路立交照明应符合下列规定：

1) 应为驾驶员提供良好的视线引导性。

2) 应照明道路本身，并提供不产生干扰眩光的环境照明。

3) 在交叉口、出入口、曲线路段、坡道等交通复杂路段的照明应适当加强。

4) 一般立交可采用常规照明，但不宜设置太多的光源灯具。采用常规照明时，平面交叉、曲线路段、坡道、上跨道路和下穿地道等的照明应符合现行行业标准《城市道路照明设计标准》CJJ 45 中道路及与其连接的特殊场所照明有关要求。

5) 枢纽立交宜优先采用高杆照明，采用高杆照明时应符合现行行业标准《城市道路照明设计标准》CJJ 45 的有关要求。

6) 立体交叉的照明除应为路面提供足够的照度外，还应考虑下穿道路的灯具在下穿道路上产生的光斑和上跨道路的灯具在下穿道路上产生的光斑衔接协调，使该处的照明均匀度不低于规定值，并防止下穿道路的灯具在上跨道路上造成眩光。

2 照明标准应按现行行业标准《城市道路照明设计标准》CJJ 45 有关条款执行。

3 照明供电、控制以及节能措施均应按现行行业标准《城市道路照明设计标准》CJJ 45 有关条款执行。

5.7.7 互通式立体交叉范围的环境绿化应符合下列规定：

1 互通式立体交叉范围内栽植树木时，应栽植不同树种以作为该互通式立体交叉的特征标志。在出、入口处，应栽植引导视线的树木。在出口一侧可栽植灌木以缩小视野，间接引导驾驶者减低车速。

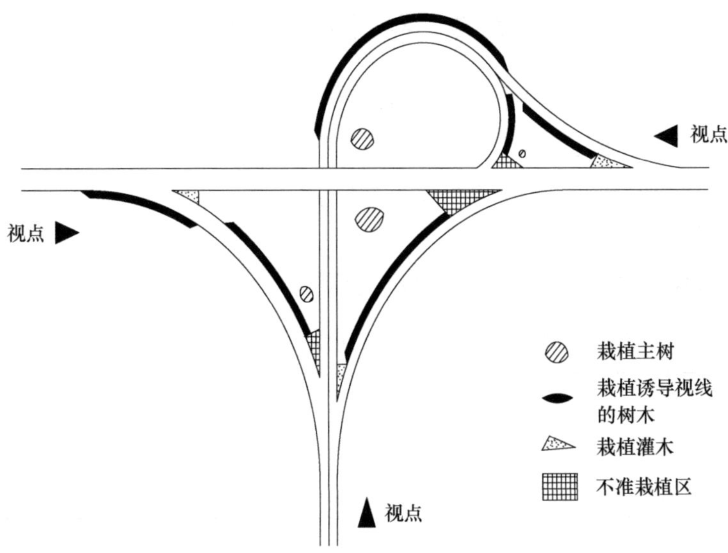

图 5.7.7-1 绿化布置

匝道转弯处所构成的三角区内只可种植花、草。平曲线内侧栽植灌木（图 5.7.7-1）时，应满足视距要求，并起诱导驾驶的作用。

2 应对边坡进行修整，保持坡面规则、坡脚顺适。填方段匝道的边坡，在接近原地面的一定高度内应逐渐减缓，使其整齐、美观。坡面可只修饰匝道包围的区域（图 5.7.7-2）。

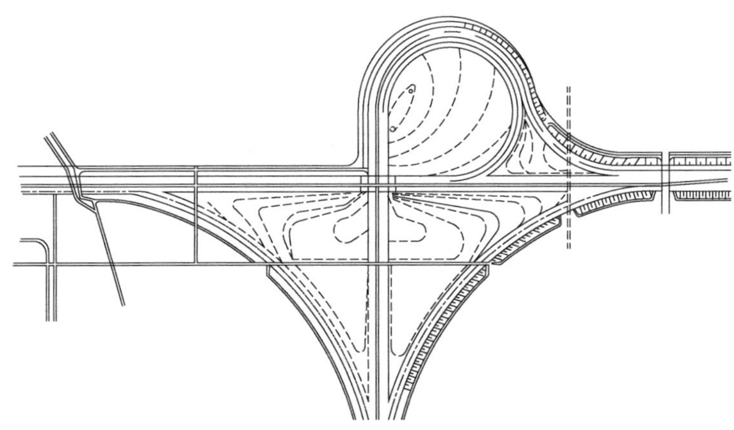

图 5.7.7-2 坡面修饰

环境绿化其他要求可按现行行业标准《城市道路绿化规划与设计规范》CJJ 75 及《城市道路设计规范》CJJ 37 中道路绿化有关条款执行。

6 道路与铁路交叉

6.2 平 面 交 叉

6.2.4 道口两侧应设置平台。自最外侧钢轨外缘到最近竖曲线切点间的平台应符合下列规定：

1 通行各类汽车的道口平台不应小于16m，并应满足设计速度的要求。

2 平台纵坡度应小于或等于0.5%。

3 紧接道口平台两端的道路纵坡度不应大于表6.2.4规定的数值。

表6.2.4 紧接道口平台两端的道路纵坡度（%）

道路类型	机动车与非机动车混合车道	机动车道
一般值	2.5	3.0
限制值	3.5	5.0

6.2.9 无人看守或未设置自动信号的铁路道口视距三角形范围内（图6.2.9）严禁有任何妨碍机动车驾驶员视线的障碍物，机动车驾驶员要求的最小瞭望视距（S_c）应符合表6.2.9的规定。

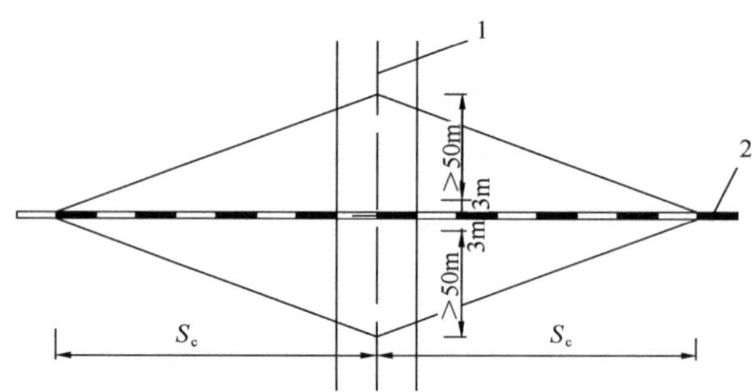

图6.2.9 道口视距三角形

1—道路中心线；2—铁路

表6.2.9 道口最小瞭望视距

铁路类别	铁路设计最高行车速度（km/h）	机动车驾驶员最小瞭望视距 S_c（m）
国有铁路	140	470
	120	400
国有铁路	100	340
	80	270

续表 6.2.9

铁路类别	铁路设计最高行车速度 (km/h)	机动车驾驶员最小瞭望视距 S_c (m)
工业企业铁路	70	240
	55	190
	40	140

注：表中机动车驾驶员最小瞭望视距系按道路停车视距 50m 计算的，道路停车视距大于 50m 时，应另行计算。

附录 A　立交方案评价

A.0.1　立交方案评价可按下列原则进行：

1　应根据相交道路性质按本规程表 3.1.4 确定立交类型。

2　立交工程应多方案比选。在比选过程中先对各方案进行经济评价，然后从技术、经济、社会、环境四个方面对各方案进行综合评价，从中选优作为推荐方案。

A.0.2　立交方案评价宜采用下述方法：

1　立交方案经济评价方法可采用国民经济评价方法。

2　经济效益，只计直接经济效益。

3　立交的综合评价，宜采用系统工程的层次分析法（AHP），按层次分析模型进行计算，应做到理论和实际相结合、定性和定量相结合，以计算的定量值确定最优方案。综合评价层次分析模型宜符合表 A.0.2-1 的规定。

表 A.0.2-1　层次分析模型

目标层 A	城市道路立交方案 A													
准则层 B	技术评价 B_1				经济评价 B_2			社会评价 B_3			环境评价 B_4			
子准则层 C	C1 主线匝道设计车速	C2 通行能力及解决总交通量百分比	C3 安全度	C4 线型标准主线匝道及平纵线形	C5 总造价	C6 拆迁征地	C7 经济效益净现值回收期内部收益率	C8 施工方案工期难易	C9 影响交通程度	C10 与周围建筑单位居民影响程度	C11 绿化面积率	C12 立交造型	C13 照明方式及条件	C14 噪声污染
方案层 D	方案 1　方案 2　方案 3　方案 4													

4 层次分析模型中准则层各层权重标准值宜按表 A. 0. 2-2 中数值选取。

表 A. 0. 2-2 准则层权重值表（%）

权重 准则层 / 城市类型	技术评价	经济评价	社会评价	环境评价	总值
特大城市	40～45	25～30	15～10	20～15	100
大型城市	35～40	30～35	15～10	20～15	100
中等城市	30	40	15	15	100
小城市	35～30	40～45	10～15	15～10	100

中华人民共和国行业标准

城市道路交叉口设计规程

CJJ 152－2010

条 文 说 明

目　次

4　平面交叉

4.2　交通组织与进出口道设计

4.2.11、4.2.12　进口道左、右转专用车道应根据交叉口的几何条件及现状车道布置情况，采用合适的方法设置，信号灯相位及配时要与此相适应。由于红灯影响，进口道车速较之出口道要小。实践证明，在条件许可时，中线偏移以便增加进口道车道数是可行的。应尽可能采用展宽进口道的方式增加左、右转专用车道。

4.2.13　进口道长度应以交叉口转角缘石曲线的端点算起，渐变段长度引用日本文献推荐值。

4.2.14　为确保驶出交叉口车流的畅通，必须使出口道车道数能适应驶入的交通流。一般情况下，出口道的车道数至少等于上游进口道的直行车道数。当相交道路的右转车流量较大，而没有右转专用车道时，出口道上也应相应增加右转出口车道。

4.4　公交停靠站与专用道的设置

4.4.3　公交站点设在进口道时，公交车常常因遇红灯而二次停车，影响交叉口的通行能力。公交站点设在出口道可消除公交车的二次停车对交通的影响。

4.4.5　公交停靠站设在进口道时，其位置不应影响进口道车辆的正常排队；公交停靠站设在出口道时，其位置不应影响出口道车辆正常加速变换车道的要求。当实际条件不满足规程要求时，公交停靠站离停车线的最小距离应根据实际情况验算确定。

5　立体交叉

5.3　匝　　道

5.3.2　第1款，匝道平曲线采用对应设计车速的最大超高横坡（$i_{max}=0.06$）和容许横向力摩阻系数值时，所需的半径为极限最小半径；而一般最小半径对应采用一般容许超高（$i_{max}\leqslant 4\%$）及与之舒适性水平相匹配的横向摩阻力系数值（$\mu=0.1$）；不设超高最小半径，对应于匝道设标准横坡 $i=-0.02$，横向摩阻力系数取值 $\mu=0.06$ 时容许的最小半径。其中，一般推荐最小半径取用的 μ 值认为是乘客行驶中仍感舒适的标准值，而不设超高对应的 μ 值是能使乘客舒适安全，且相当于一般容许超高横坡上慢行或停车时具有的舒适性水平。

匝道平曲线设计容许的最大超高横坡和容许横向摩阻力系数决定了匝道圆曲线的最小半径。由于地域、气候的不同，采用不同的最大超高横坡和容许横向摩阻力系数，也有不同圆曲线最小半径限制（表 2）。

表 2　匝道圆曲线最小半径（m）

匝道设计速度（km/h）	80	70	60	50	45	40	35	30	25	20
横向摩阻力系数 μ	0.14	0.15	0.16	0.17	0.175	0.18	0.18	0.18	0.18	0.18
$i_{max}=8\%$	194	168	118	79	63	48	37	27	19	12
$i_{max}=6\%$	252	184	129	86	68	52	40	30	21	13
$i_{max}=4\%$	280	203	142	94	74	57	44	32	22	14
$i_{max}=2\%$	315	227	157	104	82	63	48	35	25	16
冰雪地区横向摩阻力系数 μ	0.06	0.07	0.08	0.09	0.095	0.10	0.10	0.10	0.10	0.10
冰雪地区最小半径（$i_{max}=4\%$）	—	—	236	151	118	90	69	51	35	22
不设超高最小半径 $i_{max}=-2\%$	420	296	202	131	103	79	60	44	31	20

立交匝道一般采用单向横坡。故上表中对应 $i_{max}=2\%$ 可视作匝道圆曲线推荐半径，即以标准路拱横坡为超高值时所需圆曲线最小半径。同样，以相同速度驶入标准双向路拱横坡匝道（此时 $i_{max}=-0.02$），极限横向摩阻力系数容许的最小半径为不设超高匝道圆曲线最小半径。立交匝道设计车速一般低于相交道路，且往往由于用地等限制相互间变化较大，宜用容许横向摩阻力确定最小半径。此外，在冰雪地区，容许横向摩阻力系数标准可适当提高至与冰冻积雪地区最大超高相当的水平（$\mu=0.06\sim0.10$），并应限制匝道设计车速不超过 60km/h。

匝道圆曲线最小半径计算公式：

$$R_{min}=\frac{V^2}{127(\mu_{max}+i_{max})}$$

式中：V——匝道设计速度（km/h）；

i_{max}——路拱横坡，以小数表示正超高 i 取“+”；

μ_{max}——横向摩阻力系数（$\mu=0.18\sim0.14$），积雪寒冷区 μ 取 0.1 计算。

注：不设超高最小半径计算以外侧车道及超高（道路横坡）$i=-0.02$ 进行计算。

5.3.5 第1款，在匝道端部汽车要作变速、分流、合流等复杂运动是互通式立交易发生交通事故部位，故设计时应给予特别注意。

第2款，在互通式立交设计中应尽量避免左侧入口和出口，即使在主要分岔口与支线连接情况下的次要道路也宜在右侧出入。左侧匝道设置会破坏整条路线上互通式立交出入位置的统一性，尤其是在市区互通式立交间距密集，只能在短距离内指示立交出口，左出口、右出口混用会引起驾驶混乱，引起主线直行车辆行驶迟疑不决，破坏了路线的连续性。

路线的连续性是指沿指定路线全长（一般指一条命名的主线全长）的定向行驶轨迹的保证，路线的连续性是一条道路连续应具备的主要技术指标，用路线连续原理可以减少车道变化，特别是为对路况陌生的驾驶员提供了一条连续快速不受干扰行驶的路线，运行过程中其他车辆均位于其右侧。同时简化了交通标志设置，减少了驾驶员对标志的寻找时间（出入口标志均设在右侧，易于寻找）从而简化了驾驶工作，可充分保障行车安全。

在实施道路连续性设计过程中（图4），尤其是主线为绕过城市环线时互通式立交设计除出入口设置在右侧外还要有利于保持路线车辆运行方向连续，在设计中直行主要交通流向可用设有平缓曲线（大半径）的定向匝道，使车辆在其上行驶仍具有相当于直线上行驶的特征措施，以保持主线行驶连续。

匝道出入口端部位置应明显，出口匝道端部必须使主线行驶车辆的驾驶员从很远就能识别，至少在500m以外，能清楚地识别出变速车道的宽度渐变路段的起点。对于驾驶员来说，目的是在接近互通式立交的同时需要预先判断出从哪一个出口驶出，从何处开始减速较合适，所以必须很早就能识别出匝道的驶入点。减速车道的路面标线必须明显和主线区分，使之很容易区别出减速车道，并能防止主线车辆误入减速车道。把出口端部设置在构造物前面或跨线桥后150m，目的是防止跨线桥结构的阻碍，看清出口匝道的起点和匝道平曲线方向。同样为保证不受凸形竖曲线视距影响，避免视距不足产生凸形竖曲线后突然出现匝道小半径平曲线弯道，应将竖曲线设计长些，使驾驶员能在行驶中较早发现凸形竖曲线下坡道处匝道平曲线起点及方向。

匝道入口端部处为了能有充分的视距有利于车辆插入主线，匝道及其入口汇合处纵断面应接近主线车道纵断面，入口端部一侧的匝道宜设计成平行主线纵断面的长约为60m的平台，使驾驶员能够在平行主线的直行车道上前后左右通视。

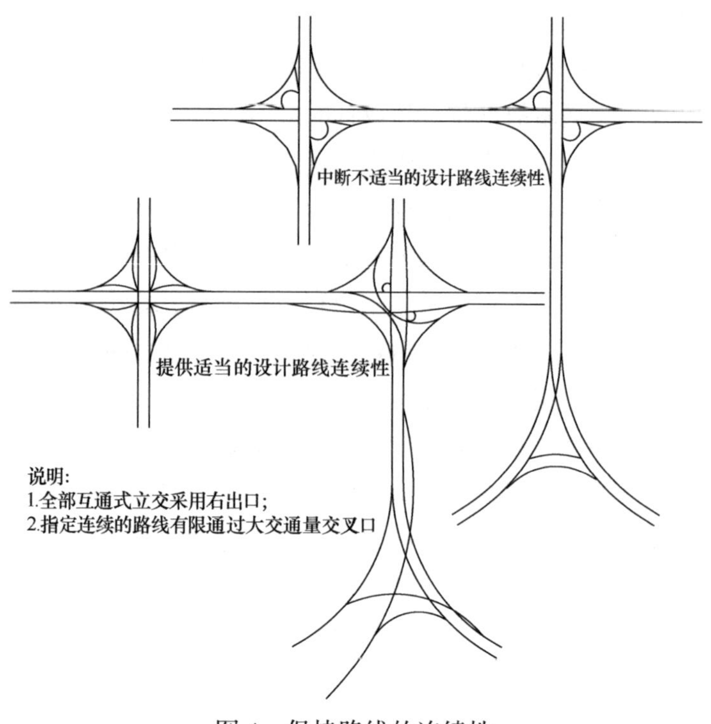

图 4　保持路线的连续性

在主线出口匝道范围，驾驶员还没有摆脱在主线上快速行驶的高速感（行驶惯性），即使在减速车道上也不能完全减到匝道设定圆曲线半径适应的设计车速，所以出口匝道不宜突然出现小半径，而应设有一定的缓和行驶路程。为了保证有足够的缓和行程，有必要在减速车道终点处设置一段使驾驶员能够适应车速变化的缓和路段，此段范围内随车速的降低而逐渐减小曲线半径，以确保交通安全。

先求出从端部通过的速度降低到最小半径匝道时速度所需缓和路段长度，据此计算缓和曲线的参数，进而规定了端部附近曲率半径最小值计算公式。

$$V_0^2 - V_1^2 = 2aL$$

$$L = (V_0^2 - V_1^2)/2a$$

$$A^2 = R \cdot L$$

式中：L ——缓和路段长（m）；

R ——匝道最小曲线半径（m）；

A ——回旋曲线参数值（m）；

V_0 ——通过分流点的行驶速度（m/s）；

V_1 ——通过匝道最小半径设计速度（m/s）；

a ——减速度（m/s^2），取 $1m/s^2$。

分流点最小半径计算公式：

$$R=V^2/[127(i+\mu)]$$

其中：$i=0.02\sim0.06$，$\mu=0.18$。

分流点的曲率半径与回旋线参数见表3。

表3 分流点的曲率半径与回旋线参数

主线设计速度（km/h）	匝道最小曲线半径设计速度（km/h）	分流点的行驶速度（km/h）	匝道最小曲线半径一般值（m）	匝道最小曲线半径最小值（m）	减速度（m/s^2）	分流点最小曲线半径（m）	缓和曲线长（m）	回旋曲线参数计算值		回旋曲线参数采用值	
								最小值（m）	一般值（m）	最小值（m）	一般值（m）
120	40	80	65	55	1	（250） 251.97	185.2	100.9	110.0	100	110
		60				（150） 141.73	77.17	65.15	70.82	65	70
100	35	55	50	40	1	（120） 119.09	69.45	52.71	58.93	55	60
80	30	50	35	30	1	（100） 98.43	61.73	43.03	46.48	45	50
60	25	≤40	30	25	1	（70） 62.99	37.62	30.67	33.59	30	35

注：匝道最小曲线半径一般值采用 $i=0.02$ 计算值；匝道最小曲线半径最小值采用 $i=0.06$ 计算值。括号中的分流点最小曲线半径值为规定值。

在枢纽立交主线分流的出口匝道处，匝道行驶车速较高，汽车误行的机会较多，必须在安全上加以考虑，为了减少汽车对端部撞击，一般推荐采用车道边缘留出端点余宽的方法，并在楔形端点后方的干道侧通过一定渐变率，做成楔形分隔带，保证错误驶近减速车道一边的过境交通车辆，能安全回到主线一边，并在楔形端点后一定范围设置缘石使其轮廓醒目，易于识别。

第6款，立交邻近匝道出入口之间最小间距是指匝道端点（导流岛端部）之间距离，最小净距是以美国各州公路工作者协会对驾驶员辨认标志引起反应所需时间及汽车移向邻近车道所需时间合计规定为5s～10s，《城市道路设计规范》CJJ 37设计5s值实际应用中偏短，现推荐用一般值，困难条件采用极限值。如车辆驶入后又紧接着驶出情况，还应计算交织长度的最大值。

第7款，对单车道匝道出入口作出规定。

1）单车道直接式入口行车特点是在变速车道上驾驶员能直接看见并利用主线交通流合适的间隙直接插入。行车轨迹顺畅，车辆可在汇流点处经加速段加速后进入主线。

2）单车道平行式入口行车特点是车辆在汇流点之后开始加速，驶入加速车道后驾驶员能利用侧视镜和后视镜有效地观察后面的主线车辆运行情况，利用空档插入主线。其有较长的平行插入区段，与直接式入口相比，能适应较大的交通量。

3）研究表明，直接式出口大部分驶出车辆都能以比较高的车速驶离主线，从而减少了由于车辆在主线上开始减速而引起车辆追尾事故发生的可能。一旦离开主线车道，沿过渡段驶入变速车道就能进行必要的减速，是一种比较合理的出口形式。

4）平行式出口，驾驶员会在靠近附加减速车道起点驶出，然后变速。行驶轨迹是一条S形反向曲线，行驶舒适性较差，在主线驶出交通量少情况下，驾驶员为避免作反向曲线行驶而直接以直接驶出的轨迹驶向分流点，这种运行方式会导致在主线车道上开始减速，易发生车辆追尾事故。

第8款，对多车道匝道出入口作出规定。

1）按出入口形式设计：

①由于驶入驶出匝道通行能力要求而需设置多车道端部，常见是双车道出入口，对于双车道直接式入口，驾驶员倾向于使用内侧车道。当驶入车辆达不到驶入速度或是在主线上没有驶入空档间隙，车辆可以很自然的向外侧车道行驶。如在内侧车道采用单车道的规定长度，从实际情况看似乎偏长，故内侧车道取其0.8折减。

双车道直接式出口驾驶员倾向右侧车道，可尽快驶离主线。

②平行式双车道入口，来自匝道的大部分车辆会使用左侧车道，左侧车道紧靠主线，便于插入。右侧车道上只有在左侧车道车辆已经驶入主线，出现空当后右侧车道的车辆才能进入主线。

双车道平行式出口，驶出主线的驾驶员倾向于用内侧车道，为了使用外侧车道，在主线上需要变换二个车道，降低了行驶舒适性。

2）按增设辅道双车道出入口布置。枢纽立交多数是二条或多条高速公路、快速道路交叉，其重要出入口为适应大交通量运行，形成多车道端部。匝道一般为定向匝道，行驶车速较高，为了提高运行效率并保持车流行驶的连续性、保障交通安全、充分提高出入口通行能力，在出入口处按分、合流原理进行设计。

在分、合流处必须保持车道数平衡和基本车道数连续，为了使车道数的平衡和保持主线车道的基本车道数两者要求不产生矛盾，在设计中应考虑附加足够长度的辅助车道。

3）在多车道端部为了使出入口有明显的导向同时简化交通标志的设置，提高设置标志的交通导向清晰性，最大限度地提供驾驶员明确的行车方向，避免过多的方向目标而造成驾驶员操作上的迟疑及驾驶混乱。在多车道端部应以树枝状分岔，避免车辆在分流处丧失方向。在合流处过多的变换车道易造成多重交织行驶，引起交通混乱，降低了出入口通行能力，严重时将造成重大交通事故，影响整个枢纽立交的交通正常运行。

5.4 辅助车道

5.4.1 属于干线的道路（高速公路、一级公路、城市快速路）应在相当长的路段或全线保持一定的基本车道数，基本车道数是以道路相当长路段内设计的交通量与通行能力服务水平分析为依据。除在陡坡段车辆变速影响主线通行能力外，在短路段上交通量骤增高于一般路段，以及立交枢纽的匝道存在从左侧插入和驶出的出入口时，需将匝道出入口设计成分流、合流岔口形式。以上情况均需设置辅助车道，用来平衡交通负荷和维持道路上均匀的服务水平以及改善出入口的转向交织车流交通行驶状况，以达到保持车流交通行驶的连续性。

5.4.2 在立交枢纽中交通量大的双车道出入交通量在干线分流合流行驶均需满足主线基本车道数连续和车道数平衡，才能保证交通畅通有序。

图5这种布置形式，对直行交通可能会引起混乱和运行错误。驶出匝道虽然分流了穿过互通式立交的交通量，但同时因驶出交通量略有变化等情况或主线道路上车道的减少（因事故或养护施工操作）都会产生明显的瓶颈路段。

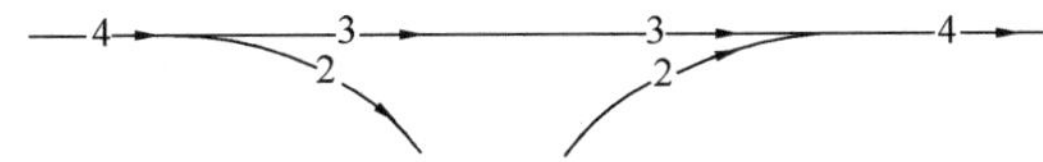

图5 车道数平衡、基本车道数不连续

图6这种布置形式，保证了基本车道数的连续性，但不符合车道平衡原则，对需要双车道的大量出入交通量在干线分流或合流时都会有困难。

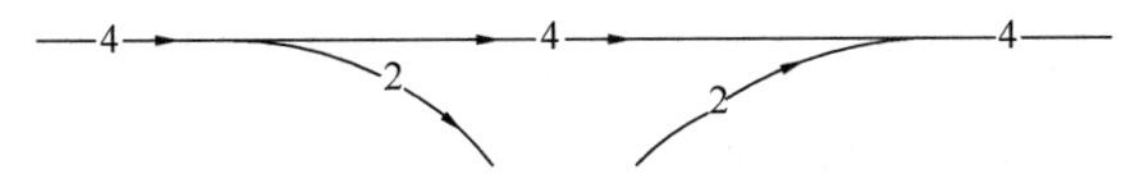

图6 车道数不平衡、基本车道数连续

5.4.3 根据使用经验，不论是分流处或合流处，辅助车道长度最小约600m，如果能达到1000m则可使交通流畅无阻，并能充分发挥其通行能力。特别是分流处由于标志的辨认、心理上的准备、车道间平移、反应时间等关系，需要较长的辅助车道将多种因素和快速路的标志体系设置最小距离联系起来考虑。分合流处辅助车道长度（包括通过过渡段长度）一般希望在600m～1000m。

5.5 变速车道和集散车道

5.5.1 驾驶员在互通式立交处，离开主线并经匝道转向需要减速行驶以适应匝道的设计车速；而从匝道进入主线，驾驶员需要加速行驶直至达到主线车速或与主线合流所需达到的速度，参考日本实测结果见表4。

表4 与主线合流所需达到的速度

主线设计速度（km/h）	120	100	80	60	50	40
要达到的速度（km/h）	70	65	63	60	50	40

车辆行驶过程中变速幅度很大，必须增设变速车道，以保证加、减速行程能在变速车道内完成（变速车道亦具有辅道的一种功能），以减少匝道驶入车辆对主线交通的干扰，避免车辆在主线减速而引起后车追尾事故的发生。

5.5.2 变速车道通常设计成直接式和平行式，直接式是根据直接以平缓的角度出入主线原理进行设计；而平行式是以增设一条平行主线的变速车道的方式构成。

直接式变速车道因其行驶轨迹平顺，在加速车道中采用，车辆能仅通过较小的速度调整，直接驶入主线交通流中车辆间隙。当主线直行方向交通量较少时，为提供舒适的行车轨迹，也可在加速车道处采用直接式。

平行式变速车道其行驶轨迹是一条S形曲线，可能导致减速车道车辆在直行主线上减速而发生追尾冲突，故一般在加速车道采用。它除了提供车辆加速功能外，还能提供等候主线车流空档以使车辆顺利插入的功能。普遍认为平行式加速车道能给汇流车辆提供更多的时间和机会去寻找直行交通车流中间隙，故加速车道一般采用平行式。

平行式变速车道的渐变段和附加车道的“作用”很明显，主线和渐变段起点轮廓线的转折明显，能防止直接式长的渐变段会诱导直行车辆误入减速车道现象，故主线直行交通流量大时，在减速车道也可采用平行式。

5.5.3 第3款，变速车道长度的确定。

1） 加速车道长度的计算：加速车道的长度，即合流端到宽度缓和段前端的长度。由宽度缓和长度和加速车道的规定长度组成。加速车道规定长度是指从合流端到确保所规定的加速车道宽度顶点的长度，必须保证与主线合流前加速所需的长度。

加速车道长，一般可按下式计算：

$$L=\frac{V_1^2-V_2^2}{2a}$$

式中：V_1——与主线合流必须达到的速度（m/s）；

V_2——初速度（通常采用匝道的设计车速）（m/s）；

a——平均加速度（m/s^2）。

V_1 值可参考日本名神高速公路等的实测结果，按表 5 所列数值取用。

表 5　与主线合流所需达到的速度

主线设计车速（km/h）	120	100	80	60	50	40
要达到的速度（km/h）	70	65	63	60	50	40

表 6　平均加速度

平均速度（km/h）	70	65	60	55	50	45	40	35
平均加速度（m/s^2）	0.28	0.32	0.36	0.41	0.47	0.54	0.62	0.73

注：平均速度为车辆在匝道应达到的速度。

根据以上这些假定值计算出来的加速车道长度整理后见表 7。

表 7　加速车道长度计算值（含宽度缓和路段）（m）

项　目		匝道车速（km/h）				
		30	35	40	50	60
主线计算行车速度（km/h）	120（70）	—	322	310	226	140
	100（65）	256	246	230	176	75
	80（63）	225	215	198	141	41
	60（60）	193	183	164	104	
	50（50）	100	85	64	—	—
	40（40）	37	—	—	—	—

注：括号内数值为主线平均速度（km/h）。

2）减速车道长度的计算：减速车道长度，用从宽度缓和段前端到导流岛端的长度表示。与加速车道类似，减速车道长度由宽度缓和段长度和减速车道规定长度组成。减速车道的规定长度是从确保一条车道宽度的断面起到导流岛端的长度。

减速车道长度，是以下列三个要素为基础确定的：汽车进入减速车道时的车速；汽车驶离减速车道时的车速；减速方法或减速度。

驶进减速车道的汽车，其车速一般低于该公路的平均行驶速度。故初速度取用平均行驶速度为宜。减速的方法是先用发动机制动减速，然后再踏制动器减速，一直减到匝道的行驶速度。

3）宽度缓和段长度的计算：平行式变速车道的宽度缓和段按“AASHTO”中的方法计算（图 8、表 10）。

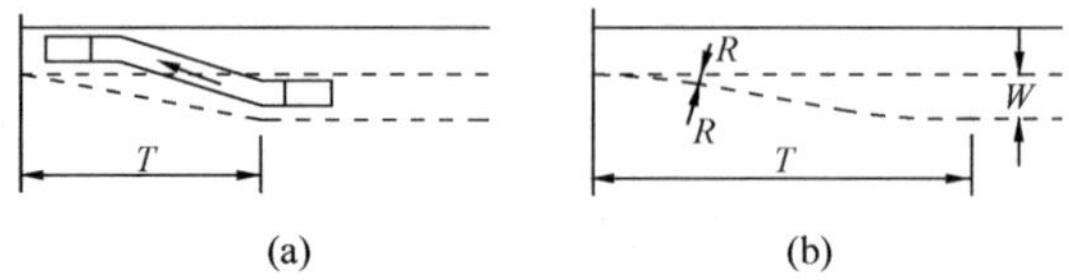

图 8　宽度过渡段长度

表 10　平行式变速车道的宽度缓和段长度的计算

计算行车速度（km/h）	初速度（km/h）	滑行后的速度（km/h）	平均行驶速度（km/h）	按横移一个车道计算（m）			按 S 形行驶轨迹计算（m）	规定值（m）
				$t=3$	$t=3.5$	$t=4$		
120	90	82	86	72	84	96	71	70
100	80	72	76	63	74	84	63	60
80	70	63	66.5	55	65	74	55	50
60	60	54	57	47	55	63	45	45
50	50	45	47.5	40	46	53	38	40
40	40	36	38	32	37	42	30	40

① 横移一个车道所需时间的计算方法：

$$T=\frac{1}{3.6}V_a t$$

式中：T ——宽度缓和段长度（m）；

V_a ——平均行驶速度（km/h）；

t ——3.0～4.0（s）。

② 将 S 形行驶轨迹作为反向曲线的计算方法：

$$T=W(4R-W)$$

$$R=\frac{V_a^2}{127(i+f)}$$

式中：T ——宽度缓和段长度（m）；

V_a ——平均行驶速度（km/h）；

i ——超高（此处为 0）；

f ——横向滑动摩阻力系数（0.16）；

W ——变速车道宽度（m）；

R ——反向曲线半径（m）。

变速车道为双车道时，内侧车道长度是单车道规定值的80%，再加上外侧车道求得规定的变速车道长度（实质上为单车道变速车道规定长度的1.2～1.5倍），见图9。双车道匝道变速车道长度采用多少合适，尚无理论计算依据。将内侧车道减为单车道的80%，是因为从内侧车道驶出的车辆，在主线上用发动机制动进行了某种程度的减速，驶入的车辆达不到驶入速度或在主线上没有找到驶入的间隙，这些车辆都可以很自然地向外侧车道上行驶。如在内侧车道采用单车道的规定长度，从整体看也确实太长而不符合实际情况。

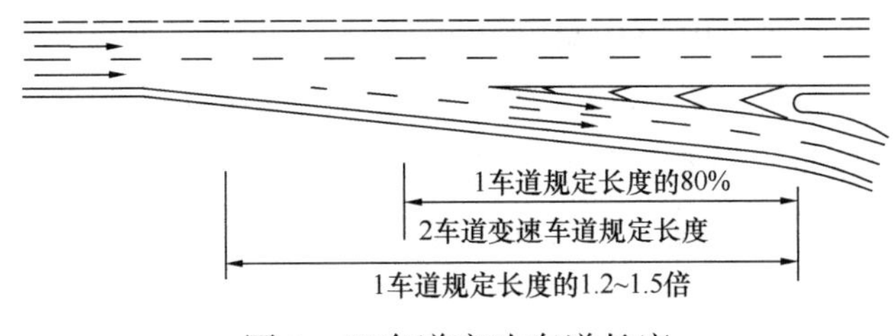

图9 双车道变速车道长度

4）出口角、入口角：变速车道为定向式时的出口角、入口角，一般应分别小于1/15～1/20、1/30～1/50，使之顺适地驶出驶入。本规程取值考虑了变速车道长度、导流岛端部有无路肩、导流岛端部缩进值和车道宽度之间的相互关系。

5）有坡度路段的变速车道长度：对于有坡度路段变速车道长的修正，当上坡路段为减速车道、下坡路段为加速车道时，按理可以缩短。但从驶入分析，应与坡度无关，为使车辆很好地加速、减速，确保行驶安全，不应再进行修正。对上坡段为加速车道，下坡路段为减速车道时变速车道应增长，进行修正。

6）标准值的计算：假设主线设计车速高时，匝道的行驶速度也高，并且在进一步参考了日本东名、名神高速公路的实际经验和一些国外经验以及设计标准后，按主线的设计车速确定的长度。另外，对于加速车道与主线交通合流所需的等待行驶长度也必须予以考虑，并用小客车行驶加速车道全长时的驶入概率来验算。

根据日本名神高速公路的调查实例，不计附加长度，变速车道长大致在70m和220m之间，小客车驶入主线的相应概率为15%和85%。

第4款，变速车道设一条车道，因交通量必须设双车道变速车道时，变速车道由3.5m改为2×3.5m宽度，车道长度见条文有关变速车道为双车道的规定。

5.5.4 集散车道（图 10）：

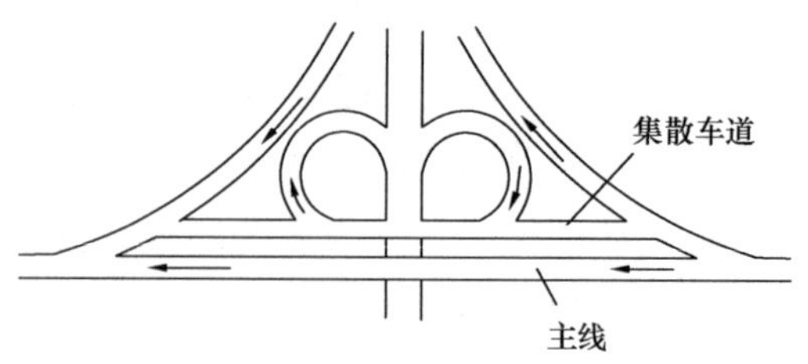

图 10　集散车道

1 在互通式立交内使用集散车道的特点是将交织点移出主线道路，并将多出入口形成单一出入口，所有主线出口都在互通立交之前，从而保持统一的出口线形。苜蓿叶形互通式立交中两条环形匝道的交通流就是典型实例，用集散车道将交织车流和主线车流分离，保证主线大交通量的正常运行。

苜蓿叶形互通式立交的环道在靠近外侧直行车道处构成交织段，在直行车道中产生相当大的加速和减速行驶使用集散车道，可将多出口形成单一出口，并将交织段转移到集散道路上。苜蓿叶形互通立交的第二出口（环道出口）往往是隐蔽在凸形竖曲线之后，视距不易保证，采用单出口设计，出口出现在上坡道上，因而视距得到充分保证。

2 设置集散型车道后，交织运行转移至集散车道，集散车道车速较主线低，交织运行在减速状态下进行，故集散车道宽度仅取决于通行能力需求。但出入口处应按辅助道路的车道平衡原则才能保证交通畅通有序。

五、城市道路路基设计规范
CJJ 194－2013

中华人民共和国行业标准

城市道路路基设计规范

Code for design of urban road subgrades

CJJ 194－2013

批准部门：中华人民共和国住房和城乡建设部
施行日期：2 0 1 3 年 1 2 月 1 日

目　次

3 基本规定

3.0.1 路基设计应与城市规划和沿线自然景观相协调，有效利用原有地形，避免高填深挖，防止诱发地质灾害，并应充分评估对沿线重要建筑、市政设施和历史古迹的影响。

3.0.2 路基设计应保证路基足够的强度、整体稳定性、抗变形能力和耐久性。

3.0.8 路基防护应根据当地水文、气象、地形、地质条件及筑路材料分布情况，合理采取植物防护或（和）工程防护措施，防治路基病害。条件许可时，宜优先采用有利于生态环境保护的防护措施。

4 一般路基

4.1 一般规定

4.1.2 路基设计应因地制宜，合理利用当地材料、工业废渣与建筑渣土。生活垃圾不得用于路基填筑。

4.2 路基干湿类型

4.2.1 路基干湿类型可采用分界稠度划分，并应符合表4.2.1-1的规定；当缺少资料时，也可根据路基相对高度，按表4.2.1-2确定。路基临界高度可按本规范附录A进行划分。

表 4.2.1-1 路基干湿状态的分界稠度值

土质类别	干湿状态			
	干燥	中湿	潮湿	过湿
	$w_c \geqslant w_{c1}$	$w_{c1} > w_c \geqslant w_{c2}$	$w_{c2} > w_c \geqslant w_{c3}$	$w_c < w_{c3}$
土质砂	$w_c \geqslant 1.20$	$1.20 > w_c \geqslant 1.00$	$1.00 > w_c \geqslant 0.85$	$w_c < 0.85$
黏质土	$w_c \geqslant 1.10$	$1.10 > w_c \geqslant 0.95$	$0.95 > w_c \geqslant 0.80$	$w_c < 0.80$
粉质土	$w_c \geqslant 1.05$	$1.05 > w_c \geqslant 0.90$	$0.90 > w_c \geqslant 0.75$	$w_c < 0.75$

注：w_{c1}、w_{c2}、w_{c3} 分别为干燥和中湿、中湿和潮湿、潮湿和过湿状态路基的分界稠度，w_c 为路床顶面以下80cm深度内的平均稠度。

表 4.2.1-2　路基干湿状态的路基相对高度判定标准

路基干湿类型	路基相对高度 H	一 般 特 征
干燥	$H \geqslant H_1$	路基干燥、稳定，路面强度和稳定性不受地下水和地表积水的影响
中湿	$H_2 \leqslant H < H_1$	路基上部土层处于地下水或地表积水影响的过渡带区内
潮湿	$H_3 \leqslant H < H_2$	路基上部土层处于地下水或地表积水毛细影响区内
过湿	$H < H_3$	路基上部土层处于地下水或地表积水毛细影响区内

注：H_1、H_2、H_3 为路基干燥与中湿、中湿与潮湿、潮湿与过湿分界状态对应的临界高度。

4.2.2　对快速路和主干路，路基应处于干燥或中湿状态；对次干路和支路，路基宜处于干燥或中湿状态。否则，应采取翻晒、换填、改良或设置隔水层、降低地下水位等措施。

4.3　填 方 路 基

4.3.1　填方路基应优先选用级配较好的砾类土、砂类土等粗粒土作为填料，填料最大粒径应小于 150mm。

4.3.2　强膨胀土、泥炭、淤泥、有机质土、冻土（及含冰的土）、易溶盐超过允许含量的土以及液限大于 50%、塑性指数大于 26 的细粒土等，不得直接用于填筑路基。

4.3.3　浸水路基应选用渗水性良好的材料填筑，不宜采用粉质土填筑。当采用细砂、粉砂作填料时，应避免振动液化。

4.3.4　当采用细粒土填筑路基时，填料最小强度应符合表 4.3.4 的规定。当不能满足要求时，可采用石灰、水泥或其他稳定材料进行处治。

表 4.3.4　填方路基填料最小强度

路床顶面以下深度（m）	填料最小强度（CBR）（%）		
	快速路、主干路	次干路	支路
0.8～1.5	4	3	3
>1.5	3	2	2

4.3.5　当采用石料填筑路基时，最大粒径应小于摊铺层厚的 2/3，过渡层碎石料粒径应小于 150mm。易溶性岩石、膨胀性岩石、崩解性岩石、盐化

岩石等均不得用于路堤填筑。

4.3.7 当填方路基的地质条件良好，边坡高度不大于 20m 时，边坡设计应符合下列规定：

1 填土路基的边坡坡率不宜大于表 4.3.7-1 的规定值。

表 4.3.7-1 填土路基边坡坡率

填料类别	边坡坡率	
	上部高度（$H\leqslant 8$m）	下部高度（$H\leqslant 12$m）
细粒土	1∶1.5	1∶1.75
粗粒土	1∶1.5	1∶1.75
巨粒土	1∶1.3	1∶1.5

2 填石路基的边坡坡率不宜大于表 4.3.7-2 的规定值。中硬和硬质石料的填石路基应进行边坡码砌，码砌石块应采用强度大于 30MPa、尺寸不小于 300mm 的规则石块。填高小于 5m 时，码砌厚度不应小于 1m；填高为 5m～12m 时，码砌厚度不应小于 1.5m；填高大于 12m 时，码砌厚度不应小于 2m。

表 4.3.7-2 填石路基边坡坡率

填石料类型	边坡坡率	
	上部高度（$H\leqslant 8$m）	下部高度（$H\leqslant 12$m）
硬质岩石	1∶1.1	1∶1.3
中硬岩石	1∶1.3	1∶1.5
软质岩石	1∶1.5	1∶1.75

3 吹（填）砂和粉煤灰路基的边坡应采取土质坡（包边土）保护措施，土质坡厚度不宜小于 1m。

4.3.8 填方路基地基表层处理应符合下列规定：

1 当地基顶面存在滞水时，应根据积水深度及水下淤泥层的范围和厚度，采取排水疏干、挖除淤泥、抛石挤淤或砂砾石等处理措施。

2 当地面横坡缓于 1∶5 时，在清除地表草皮、腐殖土后，可直接在天然地面上填筑路基。

3 当地面横坡为 1∶5～1∶2.5 时，原地面应开挖台阶，台阶宽度不宜小于 2m，并应设置 2%的反向坡；当基岩面上的覆盖层较薄时，宜先清除覆盖层再开挖台阶；当覆盖层较厚且稳定时，可予保留。

4 当地下水影响路堤稳定时，应采取拦截、引排地下水或在路堤底部设置渗水性好的隔断层等措施。

5 地基表层应碾压密实。在一般土质地段，快速路和主干路基底的压实度（重型）不应小于90%；次干路和支路不应小于85%。路基填土高度小于路面和路床总厚度时，应将地基表层土进行超挖并分层回填压实，压实度不得小于本规范表4.6.2中“零填及挖方路基”的规定值。

4.3.9 对边坡高度超过20m或地面坡率陡于1∶2.5的斜坡上的填方路基，以及不良地质、特殊地段的填方路基，应按本规范第6.2节的规定，进行稳定、变形计算和个别设计。

4.4 挖方路基

4.4.1 土质挖方路基的边坡形式及坡率应根据实际工程地质与水文地质条件、边坡高度、排水措施和施工方法，并根据当地同类稳定自然山坡和人工边坡的调查及力学分析结果综合确定。对边坡高度不大于20m的土质挖方边坡，坡率不宜大于表4.4.1的规定值。

表4.4.1 土质挖方路基边坡坡率

土的类别		边坡坡率
细粒土		1∶1.0
中密以上的中砂、粗砂、砾砂		1∶1.5
卵石土、碎石土、圆砾土、角砾土	胶结和密实	1∶0.75
	中　密	1∶1.0

注：黄土、红黏土、高液限土、膨胀土等特殊路基挖方边坡形式及坡率应按本规范第7章的有关规定确定。

4.4.2 岩质挖方路基边坡的形式及坡率应根据现场工程地质与水文地质条件、地形地貌、边坡高度、岩性、岩体结构、结构面产状、风化程度和施工方法，并参考当地稳定岩质自然边坡和人工边坡的调查结果综合确定。必要时可采用稳定性分析方法予以检算。对高度不大于30m且无外倾软弱结构面的岩质挖方边坡，其坡率可按表4.4.2确定。

表4.4.2 岩质挖方路基边坡坡率

边坡岩体类型	风化程度	边坡坡率	
		H<15m	15m≤H<30m
Ⅰ	未风化、微风化	1∶0.1～1∶0.3	1∶0.1～1∶0.3
	弱风化	1∶0.1～1∶0.3	1∶0.3～1∶0.5

续表 4.4.2

边坡岩体类型	风化程度	边坡坡率	
		H＜15m	15m≤H＜30m
Ⅱ	未风化、微风化	1∶0.1～1∶0.3	1∶0.3～1∶0.5
	弱风化	1∶0.3～1∶0.5	1∶0.5～1∶0.75
Ⅲ	未风化、微风化	1∶0.3～1∶0.5	—
	弱风化	1∶0.5～1∶0.75	—
Ⅳ	弱风化	1∶0.5～1∶1	—
	强风化	1∶0.75～1∶1	—

注：1 有可靠的资料和经验时，可不受本表限制；
2 Ⅳ类强风化包括各类风化程度的极软岩。

4.4.3 高度超过 20m 的土质挖方边坡，有外倾软弱结构面或坡顶边缘附近有较大荷载或边坡高度超过本规范表 4.4.2 适用范围的岩质挖方边坡，应根据本规范第 6.2 节的规定，进行稳定性分析和个别设计。

4.4.4 当挖方边坡较高时，可根据不同的土质、岩质和稳定要求开挖成折线形或台阶形边坡。边沟外侧应设置碎落台，其宽度不宜小于 1.0m；台阶形边坡中部应设置边坡平台，其宽度不宜小于 2.0m。

4.4.5 边坡坡顶、坡面、坡脚和边坡中部平台应设置地表排水系统。当边坡有积水湿地、地下水渗出或地下水露头时，应根据实际情况设置地下渗沟、边坡渗沟或仰斜式排水孔，或在上游沿垂直地下水流向设置拦截地下水的排水隧洞等设施。

4.5 路 床

4.5.1 路床顶面横坡应与路拱横坡一致。

4.5.2 路床填料最大粒径应小于 100mm，最小强度应符合表 4.5.2 的规定。

表 4.5.2 路床填料最小强度

路床顶面以下深度（m）	填料最小强度（CBR）（%）		
	快速路、主干路	次干路	支路
0～0.3	8	6	5
0.3～0.8	5	4	3

4.5.3 路床顶面设计回弹模量值，对快速路和主干路不应小于 30MPa；对次干路和支路不应小于 20MPa。当不满足上述要求时，应进行处治。回

弹模量测定方法宜符合本规范附录 B 的规定。

4.5.4 路床处治应根据路床土质、含水率、降水条件、地下水类型及埋藏深度、加固材料来源等，经比选，采用就地碾压、外来材料改善、土质改良、加强地下排水、土工合成材料加筋等措施。

4.6 路基压实

4.6.1 路基应分层压实、均匀密实。

4.6.2 土质路基压实度不应低于表 4.6.2 的规定。对以下情形，可通过试验路检验或综合论证，在保证路基强度和稳定性的前提下，适当降低路基压实度标准：

1 特殊干旱或特殊潮湿地区，路基压实度可比表 4.6.2 的规定降低 1%～2%；

2 专用非机动车道、人行道，可按支路标准执行。

表 4.6.2 路基压实度要求

项目分类	路床顶面以下深度（m）	压实度（%）			
		快速路	主干路	次干路	支路
填方路基	0～0.8	96	95	94	92
	0.8～1.5	94	93	92	91
	>1.5	93	92	91	90
零填及挖方路基	0～0.3	96	95	94	92
	0.3～0.8	94	93	—	—

注：表中数值均为重型击实标准。

4.6.3 当采用细粒土作填料时，土的压实含水率应控制在最佳含水率±2%范围内。

4.6.4 填石路基应通过铺筑试验路段合理确定分层填筑的厚度、压实工艺及压实控制标准。宜采用孔隙率与施工参数同时作为压实质量控制指标，并应按表 4.6.4 的规定执行。

表 4.6.4 填石路基压实质量控制标准

石料类型	路基顶面以下深度（m）	摊铺厚度（mm）	孔隙率（%）
硬质石料	0.8～1.5	≤400	≤23
	1.5 以下	≤600	≤25
中硬石料	0.8～1.5	≤400	≤22
	1.5 以下	≤500	≤24

续表 4.6.4

石料类型	路基顶面以下深度（m）	摊铺厚度（mm）	孔隙率（%）
软质石料	0.8～1.5	≤300	≤20
	1.5 以下	≤400	≤22

4.7 特殊部位的路基填筑与压实

4.7.1 与相邻路基存在显著刚度差异或不均匀连续的特殊部位，路基应充分压实，使其在一定范围内与周边路基的强度和刚度基本一致。

4.7.2 沟槽回填与压实应符合下列规定：

1 管道沟槽回填土的压实度应符合本规范第 4.6.2 条的规定。当沟槽回填压实确有困难时，上路床以下的回填土可按相关管道设计或施工规范的规定执行。

2 沟槽底至管顶以上 0.5m 范围内宜采用渗水性好、容易密实的砂、砾等填料，填料最大粒径应小于 50mm。

3 当回填细粒土含水率较高且不具备降低含水率条件、难以达到压实要求时，应采用石灰、水泥、粉煤灰等无机结合料进行处治。

4.7.3 管道检查井部位的处理应符合下列规定：

1 市政公用管线检查井位置宜避开机动车轮迹带。

2 管道检查井周边回填土的压实度应符合本规范第 4.6.2 条的规定。

3 管道检查井周边路基回填应采用渗水性好、容易密实的砂、砾等填料。

4 软土地区主干路和次干路的机动车道范围内的管道检查井，宜设置具有卸荷作用的防沉降井盖。

4.7.4 掘路工程中的路基回填修复应符合下列规定：

1 路基回填修复应遵循整体性原则，在保证交通安全和施工安全的条件下进行，并宜缩短修复周期，减少掘路修复对交通的影响。对于城市爆管、过街掘路，以及特别重要或交通特别繁忙的路段，应实施快速修复。

2 回填路基的回弹模量应达到与新建道路相同的标准。

3 路基回填宜选用强度高、级配良好、水稳定性好、便于获取和压实的材料，亦可采用经过处治的钢渣、矿渣等工业废渣。对于应急掘路的快速修复，应采用沉陷量小，易于压实或结硬，或者自密实的材料回填。

4 回填路基的压实度应符合表 4.7.4 的规定。

5 路基回填时，应采取设置台阶、铺设加筋材料等措施，保证开挖与非开挖区域路基接触面的良好结合。

表 4.7.4 回填路基压实度标准

<table>
<tr><td colspan="3" rowspan="2">路床顶以下深度（cm）</td><td colspan="4">压实度（%）</td></tr>
<tr><td>快速路</td><td>主干路</td><td>次干路</td><td>支路</td></tr>
<tr><td rowspan="4">填方</td><td>上路床</td><td>0～30</td><td>95/</td><td>95/98</td><td rowspan="2">93/95</td><td rowspan="2">90/93</td></tr>
<tr><td>下路床</td><td>30～80</td><td>95/98</td><td>95/98</td></tr>
<tr><td>上路堤</td><td>80～150</td><td>93/95</td><td>93/95</td><td rowspan="2">90/93</td><td rowspan="2">87/90</td></tr>
<tr><td>下路堤</td><td>＞150</td><td>90/93</td><td>90/93</td></tr>
<tr><td colspan="2">零填及挖方</td><td>0～30</td><td>95/</td><td>95/98</td><td>93/95</td><td>90/93</td></tr>
</table>

注：表中数字，/线左侧为重型击实标准，/线右侧为轻型击实标准。

4.7.5 城市高架桥梁承台周边的路基填筑与压实应符合下列规定：

1 承台在平面布置时不宜伸入地面道路的机动车道范围。当受条件限制时，承台应深埋，埋深不宜小于 1.5m。

2 在机动车道范围内的承台基坑回填应采用渗水性好、易密实的填料，并应符合路基压实度要求。

4.7.6 桥涵台背的路基填筑与压实应符合下列规定：

1 路堤与桥台、横向构筑物（箱涵、地道）的连接处应设置过渡段，并应依据填料强度、地基处理、台背防排水系统等进行综合设计。过渡段长度宜按 2 倍～3 倍路基填土高度确定，路基压实度不应小于 96%。

2 桥涵台背、挡土墙墙背应选用渗水性好、易密实的填料。当采用细粒土填筑时，宜采用石灰、水泥、粉煤灰等无机结合料进行处治。

4.7.7 路基填挖交界的处理应符合下列规定：

1 填方区应符合本规范第 4.3 节的规定，挖方区应符合本规范第 4.4 节的规定。

2 对于半填半挖路基，当挖方区为土质时，填方区应优先采用渗水性好的材料填筑，并应对挖方区进行超挖回填碾压；当挖方区为坚硬岩石时，填方区宜采用填石路基。

3 纵向填挖交界处应设置过渡段，土质地段过渡段可采用级配较好的砾类土、砂类土或无机结合料处治土填筑，岩质地段过渡段可采用填石路基。

4 有地下水出露时，宜在填挖之间设置横向或纵向渗沟。

4.7.8 地铁等浅埋结构物上方路基的回填应符合下列规定：

1 地铁等浅埋结构上方的路基设计，应符合结构物的承载力和变形控制要求。

2 路基附加荷载大于浅埋结构物要求时，应采用轻质材料置换。

3 地铁浅埋结构上方路基回填部分压实度应符合本规范第 4.6.2 条的规定，否则应采取处理措施。

4 路床顶面以下 60cm 范围内不宜有基坑维护等坚硬的结构物，否则应采取处理措施。

5 路基排水

5.1 一般规定

5.1.1 路基排水设计应采取排、疏、防相结合的原则，并应与路面排水系统、边坡防护、地基处理等其他措施相互协调，保证路基稳定，避免道路水损害。

5.1.2 路基排水设施应与道路工程同步设计、同步实施。

5.1.3 路基施工临时性排水设施，应与永久性排水设施相结合。各类排水设施的设计应满足使用功能要求，且应结构安全可靠，便于施工、检查和养护维修。

5.2 地表水

5.2.1 城市建成区内道路宜采用管道、偏沟、雨水口和连接管等排水设施；郊区道路可采用边沟、排水沟、截水沟、急流槽和涵洞等排水设施。

5.2.2 地表排水设施的布设应充分利用城市排水系统、天然水系和地形，选择和处理进出口位置，并应使水流顺畅，不宜出现堵塞、淤积、冲刷、溢流、渗漏、冻结等。

5.2.3 排水沟管排放的水流不得直接排入饮用水水源。

5.2.6 排水设施的泄水能力应满足地表排水的要求；各种沟管和泄水口的泄水能力，其断面形状和尺寸应满足排泄设计流量的要求；沟管内水流的最大和最小流速应在允许流速范围内。

5.2.7 当采用边沟排水方式时，应符合下列规定：

1 在路线纵坡平缓、汇水量不大、路基较低，且边坡不会受到冲刷的情况下，填方路基边坡可采取横向漫流方式排水；其他情况应在外侧设置拦水带，汇集路面表面水，然后通过泄水口和急流槽排除。

2 边沟沟底纵坡不宜小于 0.3%。困难情况下不宜小于 0.1%。出水口间距多雨地区不宜大于 300m，一般地区不宜大于 500m。

5.2.8 分隔带、人行道的绿化带排水设计应符合下列规定：

1 分隔带表面水的防排水设计应根据所在地区降雨量、道路等级及分隔带宽度等因素综合考虑，防止雨水进入路基内部。

2 分隔带部分被连续高架桥遮挡的路段可不设置分隔带排水设施。

3 绿化带宜设置横坡，坡率不宜小于2%。

5.3 地 下 水

5.3.1 当路基范围内地下水位较高、路基干湿状态不满足要求，且路基标高受限时，应采用地下排水设施，以降低地下水位或将地下水引至路基范围外。

5.3.2 路基地下排水可采用暗沟（管）、渗沟、排水隔离层等设施。地下排水设施的类型、位置及尺寸应根据工程地质和水文地质条件确定，并应与地表排水设施相协调。

5.3.3 当地下水排入雨水管道时，其流量应单独计算。接入部分构筑物的设计应符合现行国家标准《室外排水设计规范》GB 50014的规定。

5.3.4 地下排水设施的沟（管）底纵坡，应保证水流通畅，不得淤积，也不得引起冲刷。

5.3.5 当路基范围内有泉水或承压水时，应将水流引至路基范围外。当不能设置明沟时，应设置暗沟或暗管。暗沟或暗管的设计应符合下列规定：

1 暗沟的沟底纵坡不应小于1%，当采用暗管排水时，管底纵坡不宜小于0.5%。

2 暗沟或暗管顶应敷设反滤层，出口处水位应高于排入水体最高水位20cm以上，防止倒灌。

3 泉水流量可根据丰水季节流量观测或历史流量记录确定。

4 暗沟或暗管的结构强度应保证路基的稳定，暗沟或暗管顶面的埋深不应小于50cm。冰冻地区暗沟应埋置于当地冰冻线以下的土层中或采取保温措施。

5.3.6 当道路所经地段有潜水、层间水，挖方路基底部出现地下水，或地下水位较高，影响路基或路堑稳定时，可修建渗沟将水排除。渗沟的设计应符合下列规定：

1 渗沟的构造可根据水量选用填石渗沟、管式渗沟或洞式渗沟。

2 用于截断地下水的渗沟的轴线宜与渗流方向垂直布置。

3 渗沟的流量可根据含水层厚度、渗沟内的水流深度、含水层材料的渗透系数、地下水位降落曲线等因素计算确定。

4 填石渗沟可用于流量不大、流程不长的路段，其纵坡不应小于1%，一般可采用5%。沟内可采用石质坚硬的较大粒料填充，填充高度不应小于0.3m，并应高出原地下水位。

5 管式渗沟可用于地下引水较长的地段，但渗沟过长时应加设横向渗沟。管径由水力计算确定，内径不宜小于20cm。纵坡宜为1%～3%，且不应小于0.5%。管道可采用陶土、混凝土、石棉或聚氯乙烯带孔塑料管等材料。冬季管内水流结冰的地段，可采用较大直径的水管，并应加设保温层。

6 洞式渗沟可在地下水流量较大的路段或缺乏管材时使用。洞身大小应依据水流量确定。洞身应设在不透水层内，纵坡宜为1%～3%，且不应小于0.5%，有条件时可采用较大纵坡。

7 渗沟的基底应埋入不透水层，沟壁迎水一侧应设反滤层汇集水流。当含水层较厚，沟底不能埋入不透水层时，沟壁两侧均应设反滤层。

8 渗沟排水层（或管、洞）与沟壁之间应设置反滤层。

9 渗沟的埋置深度应根据路基冻结深度、毛细水上升高度、路基范围内地下水的降落曲线等因素确定。

10 每隔30m～50m或在平面转折和坡度由陡变缓处宜设置检查井。

6 路基防护与支挡

6.1 一般规定

6.1.1 路基坡面防护工程应在稳定的边坡上设置。对路基稳定性不足和存在不良地质因素的路段，应进行路基边坡防护与支挡加固的综合设计。

6.1.2 在地下水较为发育的路段，应进行边坡防护与地下防排水措施的综合设计。在多雨地区，用砂类土、细粒土等填筑的路基，应采取坡面防护和防排水的综合措施。

6.1.3 路基支挡结构设计应满足各种设计荷载组合下支挡结构的稳定、坚固和耐久；支挡结构的类型选择及位置确定应符合安全可靠、经济合理、便于施工养护等要求。

6.1.4 路基支挡结构和防护工程宜与相邻建筑物相协调。

6.1.5 路基施工过程中的边坡临时防护工程宜与永久防护工程相结合。

6.1.6 高填方路基、深挖方路基及不良地质和特殊地段的路基，应进行重点路段的路基稳定和变形的监测设计。

6.2 路基稳定与变形计算

6.2.1 高度超过20m或地面斜坡坡率大于1∶2.5的填方路基及不良地质、特殊地段的填方路基，稳定性验算应符合下列规定：

1 填方路基稳定性、填方路基和地基的整体稳定性宜采用简化毕肖普法进行分析计算。软土地基上的路基稳定性验算应符合本规范第7.2.3条的规定。

2 填方路基沿斜坡地基或软弱层滑动的稳定性可采用不平衡推力法进行分析计算。

6.2.2 填方路基稳定性分析的强度参数取值应符合现行行业标准《公路路基设计规范》JTG D30的规定。

6.2.3 填方路基稳定安全系数不得小于表6.2.3的规定。

表6.2.3 填方路基稳定安全系数

分析内容	地基情况	采用的地基平均固结度及强度指标	稳定安全系数
填方路基稳定性	—	—	1.35
填方路基和地基的整体稳定性	地基土渗透性差、排水条件不好	取$U=0$，采用直剪固结快剪或三轴固结不排水剪指标	1.20
		按实际固结度，采用直剪固结快剪或三轴固结不排水剪指标	1.40
	地基土渗透性好、排水条件良好	取$U=1$，采用直剪固结快剪或三轴固结不排水剪指标	1.45
		取$U=1$，采用快剪指标	1.35
填方路基沿斜坡地基或软弱层滑动的稳定性	—	采用直剪快剪或三轴不排水剪指标	1.30

6.2.4 对边坡高度大于20m的土质挖方路基、边坡高度超过本规范表4.4.2适用范围或有外倾软弱结构面的岩质挖方边坡、坡顶边缘附近有较大荷载的边坡，宜综合采用工程地质类比法、图解分析法、极限平衡法和数值分析法进行稳定性评价。定量计算方法应根据边坡可能的破坏形式，按下列方法确定：

1 对规模较大的碎裂结构岩质边坡和土质边坡宜采用简化毕肖普法计算。

2 对可能产生直线形破坏的边坡宜采用平面滑动面解析法进行计算。

3 对可能产生折线形破坏的边坡宜采用不平衡推力法计算。

4 对结构复杂的岩质边坡，可配合采用赤平投影法和实体比例投影法分析及楔形滑动面法进行计算。

5 当边坡破坏机制复杂时，宜结合数值分析法进行分析。

6.2.5 挖方路基边坡稳定性计算的强度参数取值应符合现行国家标准《建筑边坡工程技术规范》GB 50330 的规定。

6.2.6 挖方路基边坡稳定安全系数不得小于表 6.2.6 的规定，并可按下列工况划分：

1 正常工况：边坡处于天然状态下的工况。

2 非正常工况Ⅰ：边坡处于暴雨或连续降雨状态下的工况。

3 非正常工况Ⅱ：边坡处于地震等荷载作用状态下的工况。

表 6.2.6 挖方路基边坡稳定安全系数

道路等级	工 况	稳定安全系数
快速路、主干路	正常工况	1.20～1.30
	非正常工况Ⅰ	1.10～1.20
	非正常工况Ⅱ	1.05～1.10
次干路、支路	正常工况	1.15～1.25
	非正常工况Ⅰ	1.05～1.15
	非正常工况Ⅱ	1.02～1.05

注：表中稳定安全系数取值应与计算方法对应。

6.2.7 对高度超过 20m 或不良地质、特殊地段的填方路基，应进行路基变形计算，并应符合下列规定：

1 不良地质和特殊地段的地基沉降计算应符合本规范第 7 章的规定。

2 高填方路基工后压缩变形可根据当地实际经验确定。

6.2.8 路基容许工后变形应符合表 6.2.8 的规定。

表 6.2.8 路基容许工后变形

工程位置 / 道路等级	桥台与路堤相邻处	涵洞、通道处	一般路段
快速路、主干路	≤0.10m	≤0.20m	≤0.30m
次干路、支路	≤0.20m	≤0.30m	≤0.50m

注：1 当路基中有其他管线及构造物时，应按管线等构造物的沉降要求进行设计，并应与相邻路基良好过渡；

2 对主辅路并行且主辅路间设侧分带的路基，可按主辅路相应的等级分别进行工后变形控制。

6.3 路 基 防 护

6.3.1 坡面防护设计应符合下列规定：

1 对受自然因素作用易产生破坏的边坡坡面，应根据边坡的土质、岩性、水文地质条件、坡率、高度，以及环境保护与水土保持要求等，选用适宜的防护措施。

2 软硬岩层相间的挖方边坡应根据岩层情况采用全部防护或局部防护措施。

3 采用植物或喷护、挂网喷护等防护措施的，以及年平均降水量大于 400mm 地区较高的土质挖方边坡路段，宜在坡脚处设高 1m～2m 浆砌片石护坡或护墙。

4 当浆砌片石护墙高度大于 12m、浆砌片石护坡和骨架护坡高度大于 15m 时，宜在适当高度处设平台，平台宽度不宜小于 2m。

5 浆砌片石护墙、护坡的基础应埋置在路肩线以下不小于 1m，并不应高于侧沟砌体底面；当地基为冻胀土时，应埋置在冻结深度以下不小于 0.25m。

6 封闭式的坡面应在防护砌体上设泄水孔和伸缩缝。当坡面有地下水出露时，应采取措施将水引排。

7 土质和易风化岩石的挖方高边坡，宜在坡脚处设置挡土墙。当挡土墙墙顶上方坡面设有浆砌片石护墙、护坡时，墙顶应设置边坡平台，平台宽度不宜小于 2m。

6.4 支 挡 加 固

6.4.1 当受地形、地物或占地等限制而需收缩坡脚，采用较陡的边坡，或为保证路基边坡稳定性而需采取措施以增加抗滑力时，应设置边坡支挡结构。

6.4.2 城市道路路基边坡的支挡工程设计，应查明路基边坡和支挡结构地基的工程地质、水文地质条件及环境条件等，并取得设计必要的岩土物理力学参数。

6.4.3 支挡工程的安全等级的确定，应符合下列规定：

1 当保护对象主要为路基，边坡滑塌影响范围无重要建（构）筑物、管线或人群密集的使用场地时，应根据支挡工程损坏后可能造成的破坏后果的严重性和边坡高度等因素，按表 6.4.3 确定安全等级。

表 6.4.3 城市路基边坡支挡工程安全等级

破坏后果	边坡高度 H	安全等级
很严重	$H \geqslant 15$m（岩质边坡），$H \geqslant 8$m（土质边坡）	一级
	$H < 15$m（岩质边坡），$H < 8$m（土质边坡）	二级
严重	$H \geqslant 25$m（岩质边坡），$H \geqslant 15$m（土质边坡）	一级
	15m$\leqslant H <$25m（岩质边坡），8m$\leqslant H <$15m（土质边坡）	二级
	$H < 15$m（岩质边坡），$H < 8$m（土质边坡）	三级
不严重	$H \geqslant 25$m（岩质边坡），$H \geqslant 15$m（土质边坡）	二级
	$H < 25$m（岩质边坡），$H < 15$m（土质边坡）	三级

注：1 一个城市路基边坡支挡工程的各段，可根据实际情况采用不同的安全等级；
2 对危害性极严重、环境和地质条件复杂的特殊边坡支挡工程，其安全等级应根据工程情况适当提高。

2 当保护对象主要为邻近的建（构）筑物，或保护范围内有管线或人群密集时，安全等级的确定应符合现行国家标准《建筑边坡工程技术规范》GB 50330 的规定。

6.4.4 应根据工程地质、水文地质、冲刷深度、荷载情况、边坡高度、支挡结构受力特点、环境条件、施工条件及工程造价等因素，合理选择路基边坡支挡与加固措施。

6.4.5 支挡结构应采用以极限状态设计的分项系数法为主的设计方法，构件承载能力极限状态设计宜满足下式要求：

$$\gamma_0 S \leqslant R\left(\frac{R_k}{\gamma_f}, \alpha_d\right) \tag{6.4.5}$$

式中：S——作用效应的组合设计值（kN）；

$R(\cdot)$——支挡结构结构抗力函数（kN）；

R_k——抗力材料的强度标准值（kPa）；

γ_f——结构材料、岩土体性能的分项系数；

α_d——结构或结构构件几何参数的设计值，当无可靠数据时，可采用几何参数标准值；

γ_0——结构重要性系数，按表 6.4.5 的规定采用。

表 6.4.5 结构重要性系数 γ_0

支挡工程安全等级	结构重要性系数 γ_0
一级	$\geqslant$1.1
二级	$\geqslant$1.0
三级	$\geqslant$1.0

6.4.6 作用于支挡结构上的荷载计算应符合下列规定：

1 应根据作用于支挡结构上的荷载确定作用效应的组合设计值，支挡结构上的作用应符合表 6.4.6-1 的规定。

表 6.4.6-1 支挡结构上的作用

作用分类		作用名称
永久作用		支挡结构重力
		填土（包括基础襟边以上土）重力
		填土侧压力
		墙顶上的有效永久荷载
		墙顶与第二破裂面之间的有效荷载
		计算水位的浮力及静水压力
		预加力
		混凝土收缩及徐变
		基础变位影响力
		邻近建（构）筑物传来的永久荷载
可变作用	基本可变作用	车辆荷载引起的侧压力
		人群荷载、人群荷载引起的侧压力
		邻近建（构）筑物传来的可变荷载（使用活荷载和风荷载等）
	其他可变作用	水位退落时的动水压力
		流水压力
		波浪压力
		冻胀压力和冰压力
		温度影响力
	施工荷载	与各类型挡土墙施工有关的临时荷载
偶然作用		地震作用力
		滑坡、泥石流的冲击作用力
		作用于墙顶护栏上的车辆碰撞力

2 对一般地区，可只采用永久作用和基本可变作用的组合；浸水地区、地震动峰值加速度值不小于 0.2g 的地区及产生冻胀力的地区，作用组合还应计取其他可变作用和偶然作用，作用组合可按表 6.4.6-2 确定。

表 6.4.6-2 作 用 组 合

组合	荷　　载
Ⅰ	挡土墙结构重力、墙顶上的有效永久荷载、填土重力、填土侧压力及其他永久荷载组合
Ⅱ	组合Ⅰ与基本可变荷载相组合
Ⅲ	组合Ⅱ与其他可变荷载、偶然荷载相组合

注：组合时，不同时考虑洪水与地震力的组合，冻胀力、冰压力与流水压力或波浪压力的组合，以及车辆荷载与地震力的组合。

3 当支挡结构上受地震力作用时，应符合现行行业标准《公路桥梁抗震设计细则》JTG/T B02－01 的规定。

4 作用于支挡结构上的土压力的计算应符合现行国家标准《建筑边坡工程技术规范》GB 50330 的规定。一般情况下，支挡结构前的被动土压力可不计算，当基础埋置较深且地层稳定、不受水流冲刷和扰动破坏时，可计入被动土压力。

5 车辆荷载作用在挡土墙墙背填土上所引起的附加土体侧压力，可按下式换算成等代均布土层厚度：

$$h_0=\frac{q}{\gamma} \tag{6.4.6}$$

式中：h_0——换算土层厚度（m）；

q——车辆荷载附加荷载强度（kN/m^2），当墙高小于 2m 时，取 $20kN/m^2$；墙高大于 10m 时，取 $10kN/m^2$；墙高为 2m～10m 之间时，采用线性内插法计算；

γ——墙背填土的重度（kN/m^3）。

6 作用于墙顶或墙后填土上的人群荷载强度应根据实际情况确定，可取 $3kN/m^2$；作用于挡墙栏杆顶的水平推力可采用 0.75kN/m；作用于栏杆扶手上的竖向力可采用 1kN/m。

7 当浸水挡土墙墙背为岩块和粗粒土（除粉砂外）时，可不计墙身两侧静水压力和墙背动水压力。

8 墙身所受浮力，应根据地基地层的浸水情况按下列原则确定：

1）砂类土、碎石类土和节理很发育的岩石地基，按计算水位的100%计算。

2）岩石地基按计算水位的 50%计算。

9 当按承载能力极限状态设计时，除另有规定外，常用作用分项系数可按表 6.4.6-3 的规定采用。

表 6.4.6-3 承载能力极限状态作用分项系数

情况		荷载增大对挡土墙结构起有利作用时		荷载增大对挡土墙结构起不利作用时	
组合		Ⅰ，Ⅱ	Ⅲ	Ⅰ，Ⅱ	Ⅲ
分项系数	垂直恒载 γ_G	0.90		1.20	
	恒载或车辆荷载、人群荷载的主动土压力 γ_{Q1}	1.00	0.95	1.40	1.30
	被动土压力 γ_{Q2}	0.30		0.50	
	水浮力 γ_{Q3}	0.95		1.10	
	静水压力 γ_{Q4}	0.95		1.05	
	动水压力 γ_{Q5}	0.95		1.20	

6.4.7 支挡结构基础稳定性计算与设计应符合下列规定：

1 支挡结构宜采用明挖基础。当基底位于坡度大于5%的纵向斜坡上时，基底应设计为台阶式。当基础位于横向斜坡地面上时，墙趾埋入地面的深度和距地表的水平距离应满足表6.4.7-1的要求。

表6.4.7-1 斜坡地面基础埋置条件

土层类别	最小埋入深度 h（m）	距地表水平距离 L（m）
较完整的硬质岩石	0.25	0.25～0.50
一般硬质岩石	0.60	0.60～1.50
软质岩石	1.00	1.00～2.00
土质	≥1.00	1.50～2.50

2 支挡结构基础应有一定埋置深度，可根据地基岩土特性、承载能力、冻结深度、水流冲刷情况和岩石风化程度等因素确定，并应符合下列规定：

1） 一般地区，基础最小埋置深度，对土质地基不应小于1m，对软质岩石地基不应小于0.8m。在风化层不厚的硬质岩石地基上，基底应置于基岩表面风化层以下。

2） 季节性冰冻地区，当冻结深度小于或等于1m时，基底应在冻结线以下不小于0.25m，且基础埋置深度不应小于1m。当冻结深度超过1m时，基底最小埋置深度不得小于1.25m，还应将基底至冻结线以下0.25m深度范围的地基土换填为冻胀或弱冻胀材料。

3） 当受水流冲刷时，应按路基设计洪水频率计算冲刷深度，基底应置于局部冲刷线以下，且基础埋置深度不应小于1m。

4） 路堑式挡土墙基础顶面应低于挖方路基边沟底面不小于0.5m。

3 支挡结构地基稳定性计算中，各类作用组合下作用效应组合设计值中的作用分项系数，除被动土压力分项系数 γ_{Q2} 可取0.3外，其余作用的分项系数应取1。

4 基底合力的偏心距 e_0，对土质地基不应大于基底宽度 B 的1/6倍；对岩石地基不应大于基底宽度 B 的1/4倍。

5 基底压应力不应大于基底的容许承载力［f_a］；［f_a］的取值应符合现行行业标准《公路桥涵地基与基础设计规范》JTG D63的规定。

6 支挡结构的抗滑动和抗倾覆稳定安全系数不宜小于表6.4.7-2的规定值。对设置于不良土质地基、表土下为倾斜岩质地基或斜坡上的支挡结构，尚应对支挡结构地基及填土的整体稳定性进行验算，其稳定安全系数不应小于1.25。

表6.4.7-2 支挡结构抗滑动和抗倾覆的稳定安全系数

荷载情况	验算项目	稳定安全系数	
荷载组合Ⅰ、Ⅱ	抗滑动	K_c	1.3
	抗倾覆	K_0	1.5
荷载组合Ⅲ	抗滑动	K_c	1.3
	抗倾覆	K_0	1.3
施工阶段验算	抗滑动	K_c	1.2
	抗倾覆	K_0	1.2

6.4.8 支挡结构和加固结构的设计计算及构造要求应符合现行行业标准《公路路基设计规范》JTG D30的规定。

6.5 路基监测

6.5.1 对高填方路基和特殊地基上的填方路基，应实行填筑过程中和填筑以后的变形监测。设计应明确监测路段、监测项目（内容）、监测点的数量及其布设，并应确定路基稳定和变形的监测控制标准。

6.5.2 对路基挖方高边坡及不良地质、特殊岩土地段的挖方边坡，应提出施工方案的特殊要求和监测要求，且应根据边坡变形与稳定监测的反馈信息，及时对原设计进行校核、修改和调整，并应符合下列规定：

1 监测的内容可包括：边坡变形及不稳定的范围，位移的方向、大小和历时特征，地下水位及其变化，爆破震动，支挡结构和加固设施的受力与变形等。

2 监测周期应根据道路等级、边坡及其支挡结构的特点、变形及其发展情况确定。对快速路重点高边坡，监测周期应从边坡开挖开始，至道路建成营运后不少于一年。

7 特殊路基

7.2 软土地区路基

7.2.1 软土的鉴别宜符合表7.2.1的规定。

表 7.2.1　软土鉴别指标

土　类	天然含水率（%）		天然孔隙比	直剪内摩擦角（°）	十字板剪切强度（kPa）	压缩系数 $a_{0.1\sim0.2}$（MPa^{-1}）
黏质土、有机质土	≥35	≥液限	≥1.00	<5°	<35	>0.5
粉质土	≥30		≥0.90	<8°		>0.3

7.2.2　软土地区路基设计宜包含路基稳定验算、路基沉降计算、地基处理措施及路基监测设计等内容。

7.2.3　软土地区路基的稳定验算应符合下列规定：

1　宜采用瑞典圆弧滑动法中的固结有效应力法或改进总强度法，有条件时也可采用简化毕肖普法、简布普遍条分法。

2　验算时应按施工期和营运期的荷载分别计算稳定安全系数。施工期的荷载应包括路堤自重及施工机械荷载，营运期的荷载应包括路堤自重、路面结构荷载及行车荷载。营运期的行车荷载宜换算为静止的当量土柱作用。

3　稳定验算中的水平向地震力应符合现行行业标准《公路桥梁抗震设计细则》JTG/T B02－01 的规定。

4　稳定安全系数不应小于表 7.2.3 的规定，否则应针对稳定性进行地基处理。

表 7.2.3　稳定安全系数

安全系数 验算方法 指标选取	固结有效应力法		改进总强度法		简化毕肖普法、简布法
	不考虑固结	考虑固结	不考虑固结	考虑固结	
直接快剪	1.1	1.2	—	—	—
静力触探、十字板剪	—	—	1.2	1.3	—
三轴有效剪切指标	—	—	—	—	1.4

注：当需考虑地震力时，表中稳定安全系数可减少 0.1。

7.2.4　软土地基沉降计算应符合下列规定：

1　主固结沉降 S_c 应采用分层总和法计算。

2　总沉降宜按下式计算确定：

$$S = m_s S_c \tag{7.2.4-1}$$

式中：S——总沉降（m）；

m_s——沉降系数，与地基条件、荷载强度、加荷速率等因素有关，取值范围1.1～1.7，应根据现场沉降观测资料和当地经验确定；

S_c——主固结沉降（m）。

3 总沉降也可由瞬时沉降S_d、主固结沉降S_c及次固结沉降S_s，按下式计算确定：

$$S = S_d + S_c + S_s \tag{7.2.4-2}$$

4 任意时刻地基的沉降量可按下式计算确定：

$$S_t = (m_s - 1 + U_t) S_c \tag{7.2.4-3}$$

或

$$S_t = S_d + S_c U_t + S_s \tag{7.2.4-4}$$

式中：U_t——t时间的地基平均固结度，天然地基采用太沙基一维固结理论解计算；对砂井、塑料排水板等竖向排水体处理的地基，固结度宜按巴隆给出的太沙基-伦杜立克固结理论轴对称条件固结方程在等应变条件下的解来计算。

5 软土地基沉降计算的土层深度应以其底面附加应力与自重应力之比值不大于15％确定。

6 软土地基上的低填路基，当重载车型较多时，还应计入行车荷载产生的路基永久变形。

7 软土地基路基工后变形应符合本规范第6.2.8条的规定，否则应按变形控制对地基进行处理。

7.2.5 软土地基路基填筑应符合下列规定：

1 当填方路基为中湿、潮湿状态时，底部宜设置透水垫层，厚度宜为0.50m，并宜设2％～3％的横坡。

2 特别软弱地基上的路基或软土地基上的高路基，可采用粉煤灰、泡沫聚苯乙烯（EPS）块等轻质材料填筑，并应符合下列规定：

1）采用粉煤灰填筑时，应采取黏土包边等措施防止粉煤灰流失。粉煤灰材料应符合本规范第4.3.6条的规定。

2）采用泡沫聚苯乙烯（EPS）填筑时，应验算堤身的压缩变形和抗浮稳定性，且顶层EPS的密度不宜小于0.3kN/m^3。

3 路基加筋应采用抗拉强度大于50kN/m、延伸率小于10％、耐老化的土工合成材料。

4 不宜采用反压护道。采用反压护道时，其高度不宜超过路基高度的1/2，宽度应通过稳定验算确定。

7.2.6 对软土层厚度小于3m、埋深较浅的软土地基，宜采用无机结合料浅层拌合、挖除换填、抛石挤淤等浅层地基处理措施，并应符合下列规定：

1 当采用水泥、石灰等无机结合料拌合处理措施时，应根据试验确定无机结合料的掺入量。

2 浅层地基换填宜采用透水性较好的碎石或中粗砂等粒料，换填料应高出地下水位以上不小于0.50m、宽出路基两侧不小于0.50m。

3 抛石挤淤的抛石高度应高出软土、淤泥层顶及地表水位不小于0.50m，宽出路基两侧0.50m～1.00m；抛石顶面应采用粒径小于10cm的块石或级配碎石填平、碾压密实。抛石挤淤不宜用于快速路和主干路的路基工程。

7.2.7 软土层较厚、路基填土高度超过地基极限填土高度时，应采用排水固结法、粒料桩、加固土桩、刚性桩等深层地基处理措施。

7.2.8 排水固结法设计应符合下列规定：

1 可用于淤泥、淤泥质黏土及充填土等饱和软土。

2 应根据软土性质、填土高度、沉降计算与稳定验算结果、施工工期等，确定采用砂垫层、塑料排水板、砂井、堆载预压、真空预压和真空联合堆载预压等措施。

3 预压期应根据允许工后沉降量或要求的地基固结度确定，不宜小于6个月。

4 采用真空联合堆载预压法时，应在地基中设置塑料排水板或砂井等竖向排水体，真空预压密封膜下的真空度不宜小于75kPa。

5 排水固结法设计不应对周围重要建筑物、管线等造成影响。

6 桥头引道采用排水固结法处理时，应先预压，再开挖施工桥梁桩基和承台。

7.2.9 粒料桩法应符合下列规定：

1 振冲粒料桩可用于十字板抗剪强度大于15kPa的地基；沉管粒料桩可用于十字板抗剪强度大于10kPa的地基。

2 粒料桩的直径、深度和间距应经稳定、沉降验算后确定，对较薄的软土层，应贯穿；相邻桩净距不应大于4倍桩径。

3 计算设有粒料桩复合地基的路基整体滑动稳定安全系数时，复合地基内滑动面上的抗剪强度应采用复合地基抗剪强度，并应按下列公式计算：

$$\tau_{ps}=m\tau_p+(1-m)\tau_s \tag{7.2.9-1}$$

$$\tau_p=\sigma\cos\alpha\tan\varphi_c \tag{7.2.9-2}$$

$$m=0.907\left(\frac{D}{B}\right)^2 \tag{7.2.9-3}$$

$$m=0.785\left(\frac{D}{B}\right)^2 \tag{7.2.9-4}$$

式中：τ_{ps}——复合地基抗剪强度（kPa）；

τ_p——粒料桩抗剪强度（kPa）；

τ_s——桩间土抗剪强度（kPa）；

σ——滑动面处桩体的竖向应力（kPa）；

φ_c——粒料桩的内摩擦角，桩料为碎石时可取 38°，桩料为砂砾时可取 35°；

m——桩对土的置换率，桩在平面上按等边三角形布置时，按式（7.2.9-3）计算确定；桩在平面上按正方形布置时，按式（7.2.9-4）计算确定；

α——滑动面倾角（°）；

D_p——桩的直径（m）；

B_p——桩间距（m）。

4 粒料桩桩长深度内地基的沉降应按下列公式计算：

$$S_z=\mu_s S \tag{7.2.9-5}$$

$$\mu_s=\frac{1}{1+m(n-1)} \tag{7.2.9-6}$$

式中：S_z——桩长深度内复合地基的沉降（m）；

S——粒料桩桩长深度内未加固地基（天然地基）的沉降（m）；

μ_s——桩间土应力折减系数；

n——桩土应力比；宜经工程试验确定。当无资料时，n 可取 2～5，当桩底土质好、桩间土质差时取高值，否则取低值。

7.2.10 加固土桩法应符合下列规定：

1 深层搅拌法可用于加固十字板抗剪强度不小于 10kPa 的软土地基。用于处理有机质土、泥炭土、塑性指数大于 25 的黏土，以及地下水具有腐蚀性的地基时，应通过现场试验确定其适用性。

2 当采用粉喷桩法加固软土地基时，深度不应超过 14m，并应评估对周围环境污染的影响。当地基天然含水率小于 30%、大于 70%或地下水的 pH 值小于 4 时不宜采用粉喷桩法。

3 加固土桩的直径、深度和间距应经稳定性验算确定，并应满足工后沉降的要求，对较薄的软土层，应贯穿。相邻桩的净距不应大于 4 倍桩径。

4 计算设有加固土桩复合地基的路基整体滑动稳定安全系数时，复合地基内滑动面上的抗剪强度应采用复合地基抗剪强度，并应按下列公式计算：

$$\tau_{ps} = m\tau_p + (1-m)\tau_s \tag{7.2.10-1}$$

式中：τ_{ps}——复合地基抗剪强度（kPa）；

τ_p——加固土桩抗剪强度（kPa）；

τ_s——桩间土抗剪强度（kPa）。

5 加固土桩的抗剪强度宜以 90d 龄期的强度为标准强度，可按钻取试验路段的原状试件所测无侧限抗压强度的 1/2 计取；也可按设计配合比由室内制备的加固土试件测得的无侧限抗压强度的 0.3 倍计取。

6 加固土桩复合地基的沉降量应按复合地基加固区的沉降量和加固区下卧层的沉降量两部分来计算。加固区的沉降量应采用复合地基压缩模量法计算；下卧层的沉降量宜采用压缩模量法计算。复合地基压缩模量应按下列公式计算：

$$E_{ps} = mE_p + (1-m)E_s \tag{7.2.10-2}$$

式中：E_{ps}——复合地基压缩模量（MPa）；

E_p——桩体压缩模量（MPa），可根据无侧向抗压强度按经验公式取值；

E_s——土体压缩模量（MPa）。

7.2.11 刚性桩法应符合下列规定：

1 刚性桩适用于深厚软土地基上荷载较大、变形要求较严格的高填方路堤段、桥头引道或通道与路堤的衔接部位、新老路堤拼接的拓宽区域。

2 刚性桩桩顶应设置托板、加筋垫层。

3 刚性桩的设置深度和间距应经稳定性、工后沉降验算后确定。

4 当计算刚性桩复合地基的路堤整体抗剪稳定安全系数时，复合地基滑动面上的抗剪强度应采用复合地基抗剪强度，计算方法同加固土桩法。

5 刚性桩处理地基的最终沉降量计算，可不考虑桩间土压缩变形对沉降的影响，并应按下式计算：

$$S = \psi_P \sum_{j=1}^{m} \sum_{i=1}^{n_j} \frac{\sigma_{j,i} \Delta h_{j,i}}{E_{sj,i}} \tag{7.2.11}$$

式中：S——最终沉降量（mm）；

m——桩端平面以下压缩量范围内土层总数；

$E_{sj,i}$——桩端平面下第 j 层土第 i 个分层在自重应力至自重应力加附加应力作用段的压缩模量（MPa）；

n_j——桩端平面下第 j 层土的计算分层数；

$\Delta h_{j,i}$——桩端平面下第 j 层第 i 分层的厚度（m）；

$\sigma_{j,i}$——桩端平面下第 j 层第 i 分层的竖向附加应力（kPa），采用明德林应力公式计算，按现行国家标准《建筑地基基础设计规范》GB 50007 的规定执行；

ψ_{P}——桩基沉降计算经验系数，应根据当地的工程实测资料统计对比确定。

6 当采用锤击法沉桩时，不应因振动造成对周围建筑物的影响。

7.2.12 软土地基路基横断面设计应符合下列规定：

1 预压期结束时，路基高度不宜小于其设计高度，即实际路基填筑高度应等于路基设计高度与预压期间的沉降量之和。

2 预压填方路基底面宜加宽，每侧的加宽量应按下列公式计算：

$$\Delta d = mS_{\mathrm{f}} \tag{7.2.12-1}$$

式中：Δd ——一侧的加宽量（m）；

m ——软基路堤的设计边坡值（坡率的倒数）；

S_{f} ——路堤坡脚处预压期末的沉降量（m）。

3 预压填方路基的边坡值应按下列公式计算：

$$n = \left(1 - \frac{S_j}{H + S_{\mathrm{f}}}\right) m \tag{7.2.12-2}$$

式中：n ——预压填方路基的边坡值；

S_j ——路肩处预压期末的沉降量（m）；

H ——路基中心高度（m）。

7.2.13 高填方路基或桥头引道应按本规范第 6.5.1 条的规定，进行路基稳定与变形监测设计，路基填土速率应符合下列规定：

1 填筑时间不应小于地基抗剪强度增长所需要的固结时间。

2 路基中心沉降量每昼夜不得大于 10mm～15mm，边桩位移量每昼夜不得大于 5mm。

7.2.14 路面铺筑应在沉降稳定后进行，采用双标准控制，即要求推算的工后沉降量符合本规范第 6.2.8 条的规定；同时要求连续 2 个月观测的沉降量每月不超过 5mm。

7.4 膨胀土地区路基

7.4.1 膨胀土地区的路基设计应查明沿线膨胀土的分布范围、成因类型、土体结构、地下水分布与赋存条件，以及膨胀土的矿物成分、物理力学性质和胀缩特性等。

7.4.2 膨胀土地区的路基设计应以防止水分侵蚀、防止风化、保持路基湿度稳定为主，结合坡面防护，降低边坡高度，分段连续施工，及时封闭路床和坡面。道路与建筑、广场之间的绿化带和坡面，应采取半封闭的相对保湿、防渗透措施。道路先于建筑实施时，应对城市道路沿线两侧一定范围内未开发土地采取临时保湿、防渗、排水措施。

7.4.3 膨胀土地区路基的边坡及其防护加固应符合下列规定：

1 当可能发生浅层破坏时，宜采取半封闭的保湿防渗措施。

2 当可能发生深层破坏时，应采取边坡稳定加固措施，并应进行边坡防护。

3 膨胀土强度指标应采用低于峰值强度值，可采用反算和经验指标。

4 支挡结构基础埋深应大于气候影响层深度，反滤层应适当加厚。

5 防护工程宜采用柔性结构。

7.4.4 膨胀土地区的填方路基设计应符合下列规定：

1 当路基填土高度小于路面与路床的总厚度，基底为膨胀土时，宜挖除地表 0.30m～0.60m 的膨胀土，并应将路床换填成非膨胀土或作掺灰处理。若为强膨胀土，挖除深度应达到大气影响深度。大气影响深度的确定应符合现行国家标准《膨胀土地区建筑技术规范》GB 50112 的规定。

2 强膨胀土不得作为路基填料。中等膨胀土应经改良处理后方可用于路基填筑。当采用弱膨胀土作为路堤填料，胀缩总率不超过 0.7%时，可直接填筑，但应采取防水、保温、封闭、坡面防护等措施；否则，应按道路等级、气候、水文特点、填土层位等具体情况，结合实践经验对弱膨胀土进行处治。

3 膨胀土填筑的路基，应及时碾压密实，路基压实度应符合本规范第 4.6.2 条的规定。在确定路堤填筑的最佳含水率和最大干密度时，宜采用湿土法重型击实试验。

4 路基边坡坡率应根据路堤边坡的高度、填料重塑后的性质、区域气候特点和既有的路基工程经验综合确定。路基高度不宜大于 6m。对边坡高度不大于 10m 的路基边坡，其坡率和边坡平台的设置可按表 7.4.4-1 确定。

表 7.4.4-1 膨胀土填方路基边坡坡率和边坡平台宽度

膨胀性 / 边坡高度（m）	边坡坡率		边坡平台宽度（m）	
	弱膨胀	中等膨胀	弱膨胀	中等膨胀
＜6	1∶1.5	1∶1.5～1∶1.75	可不设	
6～10	1∶1.75	1∶1.75～1∶2.0	2.0	≥2.0

5 路堤边坡的防护应根据工程地质条件及填土高度，按表 7.4.4-2

确定。

表 7.4.4-2 膨胀土填方路基边坡防护措施

边坡高度（m）	弱膨胀土	中膨胀土
≤6	植物	骨架植物
＞6	植被防护，骨架植物	支撑渗沟加拱形骨架植物

7.4.5 膨胀土地区的挖方路基设计应符合下列规定：

1 边坡坡率应根据边坡土体的性质、软弱层和裂隙的组合关系、气候特点、水文地质条件，以及当地自然山坡、人工边坡的稳定坡率等综合确定。

2 边坡设计应放缓坡率、设置平台。边坡坡率及平台宽度可按表7.4.5-1确定。边坡高度大于10m时应进行个别设计。

表 7.4.5-1 膨胀土边坡坡率和平台宽度

膨胀土类别	边坡高度（m）	边坡坡率	边坡平台宽度（m）	碎落台宽度（m）
弱膨胀土	＜6	1∶1.5	—	1.0
	6～10	1∶1.5～1∶2.0	1.5～2.0	1.5～2.0
中等膨胀土	＜6	1∶1.5～1∶1.75	—	1.0～2.0
	6～10	1∶1.75～1∶2.0	2.0	2.0
强膨胀土	＜6	1∶1.75～1∶2.0	—	2.0
	6～10	1∶2.0～1∶2.5	≥2.0	≥2.0

3 应对路床0.80m范围内的膨胀土进行超挖换填，或采取土质改良等措施。对强膨胀土、地下水发育、运营中处理困难的挖方路基，换填深度应加深至1.0m～1.5m，并应采取地下防排水措施。

4 边坡应设置完善的排水系统，及时引排地面水和地下水。

5 挖方边坡的防护和加固类型依据工程地质条件、环境因素和边坡高度可按表7.4.5-2及表7.4.5-3确定，边坡开挖后应及时防护封闭。边坡植物防护时，不应采用阔叶树种。圬工防护时，墙背应设置缓冲层。

表 7.4.5-2 膨胀土挖方路基边坡防护措施

边坡高度（m）	弱膨胀土	中等膨胀土
≤6	植物	骨架植物
＞6	骨架植物、植物防护、浆砌片石护坡	拱形骨架植物、支撑渗沟加拱形骨架植物

表 7.4.5-3 膨胀土挖方路基边坡加固措施

边坡高度（m）	弱膨胀土	中等膨胀土	强膨胀土
≤6	不设	坡脚墙	护墙、挡土墙
＞6	护墙、挡土墙	挡土墙、抗滑桩	桩基承台挡土墙、抗滑桩、边坡锚固

7.5 黄土地区路基

7.5.1 黄土地区路基设计应查明沿线黄土的分布范围、厚度及其变化、成因类型和地层特征，各种不同地层黄土的物理、力学性质、湿陷性类型和湿陷等级，以及路线所处的地貌单元及地表水、地下水等情况，并应符合下列规定：

1 黄土塬梁地区，当路基遇到有滑坡、崩塌、陷穴群、冲沟发育、地下水出露的塬梁边缘和斜坡地段，应有充分依据和切实可行的工程措施，对该区域进行综合治理，消除路基危害。

2 位于冲沟沟头和陷穴附近的路基，应分析评价其发展趋势及对路基的危害程度和对路基稳定性的影响。

3 湿陷性黄土地区的路基宜设在湿陷性轻微、湿陷土层较薄、排水条件较好的地段。

4 饱和黄土地基，应按软土地区路基的有关要求进行路基设计和地基处理。

7.5.2 黄土地区路基设计应加强排水，并应采取拦截、分散的措施，宜设置防冲刷、防渗漏和有利于水土保持的综合排水设施及防护工程。

7.5.3 黄土地区填方路基设计应符合下列规定：

1 当地基情况良好或经过处理、边坡高度不大于 20m 时，断面形式及边坡坡率可按表 7.5.3 选用。

2 当边坡高度大于 20m 时，应按照本规范第 6.2 节的规定进行个别设计，并宜与桥梁方案相比较。

3 对高度大于 20m 的路基，应按工后沉降量预留路基顶面加宽值；工后沉降量可按路堤高度的 0.7%～1.5%进行估算。

表 7.5.3 黄土填方路基断面形式及边坡坡率

断面形式	路基以下边坡分段坡率		
	$0<H\leqslant 8$m	$8<H\leqslant 15$m	$15<H\leqslant 20$m
折线形	1∶1.5	1∶1.75	1∶2.0
台阶形	1∶1.5	1∶1.75	1∶1.75

注：台阶形断面适用于年降水量大于 500mm 的地区；在边坡高 15m 处设宽为 2.0m～2.5m 的平台。边坡平台宜设截水沟，并作防渗加固处理。

7.5.4 黄土地区挖方路基设计应符合下列规定：

1 边坡形式应根据黄土类别、均匀性及边坡高度按表7.5.4-1确定。边坡小平台应根据年平均降水量设置。年平均降水量小于300mm的地区应每高12m设一级，300mm～500mm的地区应每高10m设一级，500mm～700mm的地区应每高8m设一级。边坡大平台宜设在边坡的中部。非均质土层平台或变坡点的位置应结合不同土层分界面和钙质结核层的位置综合确定。边坡平台宽应根据稳定性计算确定，小平台宽度宜为2.0m～2.5m，大平台宽度宜为4.0m～6.0m。年平均降水量大于250mm的地区，边坡平台应设截水沟，其底宽及深度均不应小于0.4m，并应采取防护措施。

表7.5.4-1 黄土挖方路基边坡形式及适用条件

<table>
<tr><th colspan="2">边坡形式</th><th>适 用 条 件</th></tr>
<tr><td colspan="2">直线形</td><td>1）均质土层，Q_4、Q_3 黄土边坡高度 $H \leqslant 15m$；Q_2、Q_1 黄土边坡高度 $H \leqslant 20m$；
2）非均质土层，边坡高度 $H \leqslant 10m$</td></tr>
<tr><td colspan="2">折线形
（上缓下陡）</td><td>非均质土层，边坡高度 $H \leqslant 15m$</td></tr>
<tr><td rowspan="2">台阶形</td><td>小平台</td><td>1）均质土层，Q_4、Q_3 黄土边坡高度 $15m < H \leqslant 30m$；Q_2、Q_1 黄土边坡高度 $20m < H \leqslant 30m$；
2）非均质土层，边坡高度 $15m < H \leqslant 30m$</td></tr>
<tr><td>大平台</td><td>边坡高度 $H > 30m$</td></tr>
</table>

2 当挖方边坡高度不大于30m时，边坡坡率应根据黄土的地貌单元、时代成因、构造节理、地下水分布、降雨量、边坡高度、施工方法，并结合当地自然或人工稳定边坡坡率按表7.5.4-2确定。

3 当挖方边坡高度超过30m时，应按本规范第6.2节的规定进行个别设计，并宜与隧道方案作比较。

4 对设有大平台的深挖方路基，必须对高边坡作整体稳定验算，并应对大平台毗邻的上下分段边坡作局部稳定验算。

5 在有地下水活动的挖方路段，应采取截排地下水及防止地面水渗漏等措施，并应设置必要的防护工程。

6 边坡防护类型应根据城市规划的景观要求，结合土质、降雨量、气候条件、边坡高度及坡度、防护材料来源等经方案比选，选择合理、经济、美观的边坡防护类型。

表 7.5.4-2　黄土挖方边坡坡率

分区	分　类		边坡高度（m）			
			≤6	6～12	12～20	20～30
Ⅰ 东南区	新黄土 Q_3 Q_4	坡积	1∶0.5	1∶0.5～ 1∶0.75	1∶0.75～ 1∶1.0	—
		洪积	1∶0.2～ 1∶0.3	1∶0.3～ 1∶0.5	1∶0.5～ 1∶0.75	1∶0.75～ 1∶1.0
	新黄土 Q_3		1∶0.3～ 1∶0.5	1∶0.4～ 1∶0.6	1∶0.6～ 1∶0.75	1∶0.75～ 1∶1.0
	老黄土 Q_2		1∶0.1～ 1∶0.3	1∶0.2～ 1∶0.4	1∶0.3～ 1∶0.5	1∶0.5～ 1∶0.75
Ⅱ 中部区	新黄土 Q_3 Q_4	坡积	1∶0.5	1∶0.5～ 1∶0.75	1∶0.75～ 1∶1.0	—
		洪积、 冲积	1∶0.2～ 1∶0.3	1∶0.3～ 1∶0.5	1∶0.5～ 1∶0.75	1∶0.75～ 1∶1.0
	新黄土 Q_3		1∶0.3～ 1∶0.4	1∶0.4～ 1∶0.5	1∶0.5～ 1∶0.75	1∶0.75～ 1∶1.0
	老黄土 Q_2		1∶0.1～ 1∶0.3	1∶0.2～ 1∶0.4	1∶0.3～ 1∶0.5	1∶0.5～ 1∶0.75
	红色黄土 Q_1		1∶0.1～ 1∶0.2	1∶0.2～ 1∶0.3	1∶0.3～ 1∶0.4	1∶0.4～ 1∶0.6
Ⅲ 西部区	新黄土 Q_3 Q_4	坡积	1∶0.5～ 1∶0.75	1∶0.75～ 1∶1.0	1∶1.0～ 1∶1.25	—
		洪积、 冲积	1∶0.2～ 1∶0.4	1∶0.4～ 1∶0.6	1∶0.6～ 1∶0.75	1∶0.75～ 1∶1.0
	新黄土 Q_3		1∶0.4～ 1∶0.5	1∶0.5～ 1∶0.75	1∶0.75～ 1∶1.0	1∶1.0～ 1∶1.25
	老黄土 Q_2		1∶0.1～ 1∶0.3	1∶0.2～ 1∶0.4	1∶0.3～ 1∶0.5	1∶0.5～ 1∶0.75
Ⅳ 北部区	新黄土 Q_3 Q_4	坡积	1∶0.5～ 1∶0.75	1∶0.75～ 1∶1.0	1∶1.0～ 1∶1.25	—
		洪积、 冲积	1∶0.2～ 1∶0.4	1∶0.4～ 1∶0.6	1∶0.6～ 1∶0.75	1∶0.75～ 1∶1.0
	新黄土 Q_3		1∶0.3～ 1∶0.5	1∶0.5～ 1∶0.6	1∶0.6～ 1∶0.75	1∶0.75～ 1∶1.0
	老黄土 Q_2		1∶0.1～ 1∶0.3	1∶0.2～ 1∶0.4	1∶0.3～ 1∶0.5	1∶0.5～ 1∶0.75
	红色黄土 Q_1		1∶0.1～ 1∶0.2	1∶0.2～ 1∶0.3	1∶0.3～ 1∶0.4	1∶0.4～ 1∶0.6

注：表内边坡值为设平台后的平均值。

7.6 盐渍土地区路基

7.6.1 盐渍土地区路基设计应查明沿线盐渍土的分布范围、含盐特征及地下水与地表水等情况，分析可能产生的路基病害。盐渍土根据含盐性质可按表 7.6.1-1 的规定分类，盐渍化程度可按 7.6.1-2 的规定分类。

表 7.6.1-1 盐渍土按含盐性质分类

盐渍土名称	离子含量比值	
	Cl^-/SO_4^-	$(CO_3^- + HCO_3^-)/(Cl^- + SO_4^-)$
氯盐渍土	＞2	—
亚氯盐渍土	1～2	—
亚硫酸盐渍土	0.3～＜1.0	—
硫酸盐渍土	＜0.3	—
碳酸盐渍土	—	＞0.3

注：离子含量以 1kg 土中离子的毫摩尔数计（mmol/kg）。

表 7.6.1-2 盐渍土按盐渍化程度分类

盐渍土名称	细粒土 土层的平均含盐量 （%）		粗粒土 通过 10mm 筛孔土的平均含盐量 （%）	
	氯盐渍土及亚氯盐渍土	硫酸盐渍土及亚硫酸盐渍土	氯盐渍土及亚氯盐渍土	硫酸盐渍土及亚硫酸盐渍土
弱盐渍土	0.3～＜1.0	0.3～＜0.5	2.0～＜5.0	0.5～＜1.5
中盐渍土	1.0～＜5.0	0.5～＜2.0	5.0～＜8.0	1.5～＜3.0
强盐渍土	5.0～8.0	2.0～5.0	8.0～10.0	3.0～6.0
过盐渍土	＞8.0	＞5.0	＞10.0	＞6.0

注：离子含量以 100g 干土内的含盐总质量计。

7.6.4 盐渍土地区填方路基应符合下列规定：

1 路基高度应在满足城市规划高程基础上，使路床处于干燥或中湿状态。路基相对高度不应低于表 7.6.4-1 的规定，否则应采取换填、设置隔断层等措施。

表 7.6.4-1 盐渍土地区最小路基相对高度

土质类别	高出地面（m）		高出地下水位或地表长期积水位（m）	
	弱、中盐渍土	强、过盐渍土	弱、中盐渍土	强、过盐渍土
砾类土	0.4	0.6	1.0	1.1

续表 7.6.4-1

土质类别	高出地面（m）		高出地下水位或地表长期积水位（m）	
	弱、中盐渍土	强、过盐渍土	弱、中盐渍土	强、过盐渍土
砂类土	0.6	1.0	1.3	1.4
黏质土	1.0	1.3	1.8	2.0
粉质土	1.3	1.5	2.1	2.3

注：快速路、Ⅰ级主干路按表中值（1.5～2）倍计；Ⅱ级主干路、Ⅰ级次干道按（1.2～1.5）倍计。

2 盐渍土用作路堤填料的可用性，应根据不同道路等级和路堤填筑部位以及当地气候特征、水文地质条件，按表 7.6.4-2 确定，否则应外掺石灰等材料处治合格后方可利用。当采用碳酸盐渍土作路基填料时，碳酸盐含量不应超过 0.50%。

表 7.6.4-2　盐渍土作路基填料的可用性

土类及盐渍化程度 \ 填土层位 \ 道路等级		快速路、主干路			次干路			支路	
		0～0.80m	0.80m～1.50m	1.50m以下	0～0.80m	0.80m～1.50m	1.50m以下	0～0.80m	0.80m～1.50m
粗粒土	弱盐渍土	×	○	○	△[1]	○	○	○	○
	中盐渍土	×	△[1]	○	△[1]	○	○	△[3]	○
	强盐渍土	×	×	△[1]	×	△[2]	△[3]	×	△[1]
	过盐渍土	×	×	×	×	×	△[2]	×	△[2]
细粒土	弱盐渍土	×	△[1]	○	△[1]	○	○	△[1]	○
	中盐渍土	×	×	△[1]	×	△[1]	○	×	△[4]
	强盐渍土	×	×	×	×	×	△[2]	×	△[2]
	过盐渍土	×	×	×	×	×	△[2]	×	×

注：○：可用；△：部分可用；×：不可用；△[1]：氯盐渍土及亚氯盐渍土可用；△[2]：强烈干旱地区的氯盐渍土及亚氯盐渍土经过论证可用；△[3]：粉土质（砂）、黏土质（砂）不可用；△[4]：水文地质条件差时的硫酸盐渍土及亚硫酸盐渍土不可用。

3 当基底为过湿地段时，应排除积水，挖除表层湿土后换填，换填厚度不应小于 0.50m；受地面水或地下毛细水影响的路基，应设置隔断层；软弱地基应作特殊处理设计。

4 隔断层设置层位应高出地面和地表长期积水位且不应小于 0.20m，可采用砾（碎）石、风积砂、河砂、复合隔水土工膜等材料。

5 盐渍土地区路堤边坡坡率，应根据填筑材料的土质和盐渍化程度，按表 7.6.4-3 确定。

表 7.6.4-3 盐渍土地区路堤边坡坡率

土质类别	填料盐渍化程度	
	弱、中盐渍土	强盐渍土
砾类土	1∶1.5	1∶1.5
砂类土	1∶1.5	1∶1.5～1∶1.75
粉质土	1∶1.5～1∶1.75	1∶1.75～1∶2.00
黏质土	1∶1.5～1∶1.75	1∶1.75～1∶2.00

7.7 季节性冰冻地区路基

7.7.1 季节性冰冻地区路基设计应调查道路沿线的水文和水文地质状况，调查宜于冰冻前进行，调查宜包括下列主要内容：

1 对路基产生影响的地表常年积水距路面的距离及水深。

2 地下水位及其随季节变化情况。

3 道路施工期及建成后可能对路基路面造成冻害的各种水源。

7.7.2 季节性冻土地区各级道路的路基设计除满足路基强度要求外，最不利时期路基容许总冻胀值不应超过表 7.7.2 所列的数值。

表 7.7.2 满足道路平整度要求的路基容许总冻胀值 Z_y（mm）

道路等级＼路面类型	现浇水泥混凝土	沥青混凝土
快速路、主干路	20	50
其他道路	30	60

7.7.3 路基总冻胀值可根据路基冻深（道路冻深减去路面厚度）和土的冻胀率，按下列公式计算：

$$Z_j = \sum_{i=1}^{n} h_i \eta_i \tag{7.7.3}$$

式中：Z_j——路基冻胀值（mm）；

h_i——路基冻深内不同土层的厚度（mm）；

η_i——路基不同土层土的冻胀率；

n——不同土层数。

7.7.4 路基土冻深范围内各层土质填料应根据路基高度、干湿类型、冻土区划、容许总冻胀值及路面结构类型等因素选取，宜采用干燥的砂砾、碎石、砂性土或矿渣、炉渣、粉煤灰等抗冻性良好的材料。

7.7.5 强冻胀土路基距地下水或地表常年积水的高度不应小于冻土路基临界高度。路基临界高度可按式（7.7.5）计算确定。否则应采用降排水、换填、设置保温层或隔断层等措施。

$$h_{\tau}=Z_{max}+h_{\varepsilon} \tag{7.7.5}$$

式中：h_{τ}——冻胀土路基临界高度（m）；

Z_{max}——道路多年最大冻深（m）；

h_{ε}——冻结水上升高度（m），如无实际观测值，可按表 7.7.5 确定。

表 7.7.5 各种土质的冻结水上升高度（m）

土质类别	含细粒土砾石、含细粒土砂	细粒土质砾、黏土质砂	粉土质砂	粉质土	黏质土
冻结水上升高度	0.6～0.8	0.7～0.9	0.8～1.0	1.2～1.5	2.0～2.5

7.8 岩溶地区路基

7.8.1 岩溶地区的路基设计应采用遥感、物探、钻探及其他有效方法进行综合勘察，取得岩溶地貌、岩溶发育程度、发展规律、溶洞围岩分级以及地面水、地下水活动规律等方面的资料。

7.8.2 隐伏岩溶对路基工程的危害程度，应按下列规定进行判别：

1 当顶板岩层未被节理裂隙切割，或虽被切割但胶结良好时，溶洞顶板的安全厚度可按厚跨比法确定。当厚度与路基跨越溶洞长度之比值大于 0.8 时，溶洞的顶板岩层可不做处理。

2 当岩溶地貌位于路基两侧时，可根据坍塌扩散角，按式（7.8.2）计算确定其岩溶影响范围；地下溶洞顶板岩层上有覆盖土层，可自土层底部采用表 7.8.2 中所列角度或者统一采用 45°角向上绘斜线，求出其与地面的交点以确定影响范围。路基坡脚处于溶洞坍塌扩散的影响范围之外时，该溶洞可不作处理。

$$L=H_{k}\cot\beta \tag{7.8.2-1}$$

$$\beta=\frac{45^{\circ}+\dfrac{\varphi}{2}}{K_{s}} \tag{7.8.2-2}$$

式中：L——溶洞坍塌时的影响范围（m）；

H_{k}——溶洞顶板厚度（m）；

β——坍塌扩散角（°）；

K_s——安全系数，取 1.10～1.25（快速路、主干路应取大值）；

φ——岩石内摩擦角（°）。

表 7.8.2 覆盖土层稳定（休止）角

覆盖土层土组	细粒土质砂	黏质土	碎石土
覆盖土层稳定（休止）角	35°～45°	35°～55°	40°～55°

7.8.3 岩溶处治设计应符合下列规定：

1 路基上方的岩溶泉和冒水洞，宜采用排水沟将水截流至路基外。对路基基底的岩溶泉和冒水洞，宜设置集水明沟或渗沟，将水排出路基。

2 对位于路基基底的开口干溶洞，当其体积不大，深度较浅时，宜回填夯实；当其体积较大或深度较深时，宜采用构造物跨越。对有顶板但顶板强度不足的干溶洞，可炸除顶板后进行回填，或设置构造物跨越。

3 通过溶洞围岩分级或计算判断隐伏溶洞有坍塌可能时，宜采用下列方法进行加固：

1） 对洞径大、洞内施工条件好的无充填溶洞，宜采用干砌片石、浆砌片石或钢筋混凝土支撑垛、支撑墙、支撑柱进行加固。

2） 对溶洞较深而直径较小，不便于洞内加固时，宜采用石盖板或钢筋混凝土盖板跨越可能的破坏区。

3） 对顶板较薄的溶洞，当采取地表构造物跨越有困难或不经济时，可炸除顶板，按明洞的方式进行处理。

4） 对有填充物的溶洞，宜采用注浆法、旋喷法等进行加固；当不能满足设计要求时宜采用构造物跨越。

5） 当需保持洞内流水通畅时，应设置排水通道。

4 对路基范围内的土洞应先判明土洞的发展状况。对已停止发展的土洞可按一般地基进行评价，需加固时宜采用注浆、复合地基等方法进行处理；对还在发展中的土洞，宜采用构造物跨越。

7.9 浸 水 路 基

7.9.1 沿河路基设计标高的确定应符合下列规定：

1 路基边缘标高，不应低于路基设计洪水频率的水位加壅水高、波浪侵袭高度和 0.5m 的安全高度。

2 路基设计洪水频率应符合现行国家标准《防洪标准》GB 50201 的规定。

7.9.2 路基浸水部分或受水位涨落影响部分，填筑材料宜选用渗水性、水稳性好的粗粒料。重黏土、浸水后容易崩解的岩石、风化的石块、盐渍土均不应用于浸水部分路基的填筑。

7.9.3 路基边坡应适当放缓。在设计水位以下宜为 1∶1.75～1∶2.0；在常水位以下宜为 1∶2.0～1∶3.0；当采用渗水性较好的土填筑路基或采用砌石防护时，边坡可稍陡。当路基较高，应在设计水位以上 0.5m 处设置护坡道。

8 路基改建与扩建

8.2 既有路基性状调查与评价

8.2.3 既有路基现场调查与勘探试验应符合下列规定：

1 应根据既有道路的路况进行分段，对各段选择代表性断面，对道路各结构层及地基进行勘探试验。

2 应选择有代表性的路段，进行路基几何尺寸、弯沉、承载板测试，确定其回弹模量。

3 应对既有填方路基和挖方路基的路床土进行基本物理、力学试验，包括含水率、密度、土粒相对密度、粒径组成、液限、塑限、重型击实、加州承载比、直接快剪等，为设计提供可靠的物理力学性质指标。

4 应调查既有路基支挡结构的基础形式、地基地质条件和使用状况，必要时应对支挡结构地基进行勘探试验。

8.2.4 既有路基的分析评价应符合下列规定：

1 应确定既有路基的填料强度和压实度，并与本规范第 4.3.4 条、第 4.6.2 条中路基填料最小强度和路基压实度既有要求作对比分析。

2 应确定既有路基的干湿状态，并与本规范第 4.2.2 条的要求作对比分析。

3 应分析评价路基边坡的稳定状态、各种防护排水设施的有效性及改进措施。

4 应分析评价既有路基病害的类型、分布范围、规模、成因，以及既有路基病害整治工程设施的效果，并提出路基病害整治措施。

8.2.5 软土地区既有路基的分析评价除应符合本规范第 8.2.4 条的规定外，还应符合下列规定：

1 应确定既有路基下各种地基处理路段的软土地基固结度、固结系数、压缩变形发展规律，分析各路段软土地基的固结度和剩余沉降量。

2 应分析评价既有软土地基处理方法的效果及其改进措施。

3 应分析评价拓宽改建路基与既有路基之间的稳定性和差异沉降、对既有路基沉降和稳定的影响程度，确定扩建或改建路基的地基处理措施。

8.4 路基拓宽

8.4.3 填方路基拓宽应符合下列规定：

1 路基填料宜选用与既有路基相同、且符合要求的填料，或较既有路基渗水性更强的填料。当采用细粒土填筑时，应进行新老路基之间的排水设计，必要时，可设置横向排水盲沟。

2 应对既有路基边坡开挖台阶，台阶宽度不宜小于 1.0m，当加宽拼接宽度小于 0.75m 时，可采取超宽填筑或翻挖既有路基等工程措施。

3 拓宽路堤边坡形式和坡率应按本规范第 4.3 节的规定选用。

8.4.4 挖方路基拓宽应符合下列规定：

1 挖方路基拓宽时，挖方边坡形式与坡率可按本规范第 4.4 节规定或按原有挖方路基稳定边坡确定。

2 对原有挖方边坡经多年整治病害已经稳定的路段，改建时宜减少拆除工程，不宜触动原边坡。

8.4.5 软土地基上的路基拓宽除应符合本规范第 8.4.3 条的规定外，还应符合下列规定：

1 既有路基与拓宽路基拼接时，差异沉降引起的工后路拱坡度增大值不应大于 0.5%。

2 当原软土地基采用排水固结法处理时，路基拓宽不得降低既有路基下的地下水位；对水塘、河流、水库等路段进行排水清淤时，必须采取防渗和隔水措施后方可降水。

3 拓宽路基与既有路基拼接时，路基拓宽范围的软土地基处理宜采用复合地基，不宜采用排水固结法、强夯法。

4 当新老路基分离设置，且距离小于 20m 时，可采取隔离措施或对新建路基的地基进行处理。

8.4.7 当快速路、主干路拓宽施工期间不能封闭交通时，路基拓宽设计应采取行车安全和施工安全的保障措施。岩石挖方路段，宜采用光面爆破或预裂爆破方法，并应采取相关防护措施。

附录A 路基临界高度

表A.0.1 路基临界高度

土组 / 路床面至各水位临界水深(m) / 自然区划	细粒土质砂								
	地下水			地面长期积水			地面临时积水		
	H_1	H_2	H_3	H_1	H_2	H_3	H_1	H_2	H_3
Ⅱ$_1$									
Ⅱ$_2$									
Ⅱ$_3$	1.9～2.2	1.3～1.6							
Ⅱ$_4$									
Ⅱ$_5$	1.1～1.5	0.7～1.1							
Ⅲ$_1$									
Ⅲ$_2$	1.3～1.6	1.1～1.3	0.9～1.1	1.1～1.3	0.9～1.1	0.6～0.9	0.9～1.1	0.6～0.9	0.4～0.6
Ⅲ$_3$	1.3～1.6	1.1～1.3	0.9～1.1	1.1～1.3	0.9～1.1	0.6～0.9	0.9～1.1	0.6～0.9	0.4～0.6
Ⅲ$_4$									

续表 A.0.1

土组 / 路床面至各水位临界水深(m) / 自然区划	细粒土质砂								
	地下水			地面长期积水			地面临时积水		
	H_1	H_2	H_3	H_1	H_2	H_3	H_1	H_2	H_3
Ⅲ$_{1a}$									
Ⅲ$_{2a}$	1.4～1.7	1.0～1.3							
Ⅳ$_1$、Ⅳ$_{1a}$									
Ⅳ$_2$									
Ⅳ$_3$									
Ⅳ$_4$	1.0～1.1	0.7～0.8							
Ⅳ$_5$									
Ⅳ$_6$	1.0～1.1	0.7～0.8							
Ⅳ$_{6a}$									
Ⅳ$_7$				0.9～1.0	0.7～0.8	0.6～0.7			
Ⅴ$_1$	1.3～1.6	1.1～1.3	0.9～1.1	1.1～1.3	0.9～1.1	0.6～0.9	0.9～1.1	0.6～0.9	0.4～0.6
Ⅴ$_2$、Ⅴ$_{2a}$(紫色土)									
Ⅴ$_3$									
Ⅴ$_2$、Ⅴ$_{2a}$(黄壤土、现代冲积土)									

续表 A.0.1

自然区划 \ 路床面至各水位临界水深(m) \ 土组	细粒土质砂								
	地下水			地面长期积水			地面临时积水		
	H_1	H_2	H_3	H_1	H_2	H_3	H_1	H_2	H_3
V_4、V_5、V_{5a}									
VI_1	(2.1)	(1.7)	(1.3)	(1.8)	(1.4)	(1.0)	$\underline{0.7}$	$\underline{0.3}$	
VI_{1a}	(2.0)	(1.6)	(1.2)	(1.7)	(1.3)	(1.0)	(1.0)	(0.5)	
VI_2	1.4～1.7	1.1～1.4	0.9～1.1	1.1～1.4	0.9～1.1	0.6～0.9	0.9～1.1	0.76～0.9	0.4～0.6
VI_3	(2.1)	(1.7)	(1.3)	(1.9)	(1.5)	(1.1)			
VI_4	(2.2)	(1.8)	(1.4)	(1.9)	(1.5)	(1.2)	$\underline{0.8}$		
VI_{4a}	(1.9)	(1.5)	(1.1)	(1.6)	(1.2)	(0.9)	(0.5)		
VI_{4b}	(2.0)	(1.6)	(1.2)	(1.7)	(1.3)	(1.0)			
VII_1	(2.2)	(1.9)	(1.6)	(2.1)	(1.6)	(1.3)	(0.8)	(0.4)	
VII_2									
VII_3	1.5～1.8	1.2～1.5	0.9～1.2	1.2～1.5	0.9～1.2	0.6～0.9	0.9～1.2	0.7～0.9	0.4～0.6
VII_4	(2.1)	(1.6)	1.3	(1.8)	(1.4)	1.0	(0.9)		
VII_5	(3.0)	(2.4)	1.9	(2.4)	(2.0)	1.6	(1.5)	(1.1)	(0.5)
VII_{6a}									

续表 A.0.1

土组 / 路床面至各水位临界水深(m) / 自然区划	黏质土								
	地下水			地面长期积水			地面临时积水		
	H_1	H_2	H_3	H_1	H_2	H_3	H_1	H_2	H_3
Ⅱ$_1$	2.9	2.2							
Ⅱ$_2$	2.7	2.0							
Ⅱ$_3$	2.5	1.8							
Ⅱ$_4$	2.4～2.6	1.9～2.1	1.2～1.4						
Ⅱ$_5$	2.1～2.5	1.6～2.0							
Ⅲ$_1$									
Ⅲ$_2$	2.2～2.75	1.7～2.2	1.3～1.7	1.75～2.2	1.3～1.75	0.9～1.3	1.3～1.75	0.9～1.3	0.45～0.9
Ⅲ$_3$	2.1～2.5	1.6～2.1	1.2～1.6	1.6～2.1	1.2～1.6	0.9～1.2	1.2～1.6	0.9～1.2	0.55～0.9
Ⅲ$_4$									
Ⅲ$_{1a}$									
Ⅲ$_{2a}$									

续表 A.0.1

土组 / 路床面至各水位临界水深(m) / 自然区划	黏质土								
	地下水			地面长期积水			地面临时积水		
	H_1	H_2	H_3	H_1	H_2	H_3	H_1	H_2	H_3
Ⅳ$_1$、Ⅳ$_{1a}$	1.7～1.9	1.2～1.3	0.8～0.9						
Ⅳ$_2$	1.6～1.7	1.1～1.2	0.8～0.9						
Ⅳ$_3$	1.5～1.7	1.1～1.2	0.8～0.9	0.8～0.9	0.5～0.6	0.3～0.4			
Ⅳ$_4$	1.7～1.8	1.0～1.2	0.8～1.0						
Ⅳ$_5$	1.7～1.9	1.3～1.4	0.9～1.0	1.0～1.1	0.6～0.7	0.3～0.4			
Ⅳ$_6$	1.8～2.0	1.3～1.5	1.0～1.2	0.9～1.0	0.5～0.6	0.3～0.4			
Ⅳ$_{6a}$	1.6～1.7	1.1～1.2	0.7～0.8						
Ⅳ$_7$	1.7～1.8	1.4～1.5	1.1～1.2	1.0～1.1	0.7～0.8	0.4～0.5			
Ⅴ$_1$	2.0～2.4	1.6～2.0	1.2～1.6	1.6～2.0	1.2～1.6	0.8～1.2	1.2～1.6	0.8～1.2	0.45～0.8
Ⅴ$_2$、Ⅴ$_{2a}$(紫色土)	2.0～2.2	0.9～1.1	0.4～0.6						
Ⅴ$_3$	1.7～1.9	0.8～1.0	0.4～0.6						

续表 A.0.1

土组 / 路床面至各水位临界水深(m) / 自然区划	黏质土								
	地下水			地面长期积水			地面临时积水		
	H_1	H_2	H_3	H_1	H_2	H_3	H_1	H_2	H_3
V_{2}、V_{2a}（黄壤土、现代冲积土）	1.7～1.9	0.7～0.9	0.3～0.5						
V_{4}、V_{5}、V_{5a}	1.7～1.9	0.9～1.1	0.4～0.6						
VI_{1}	(2.3)	(1.9)	(1.6)	(2.1)	(1.7)	(1.3)	0.9	0.5	
VI_{1a}	(2.2)	(1.9)	(1.5)	(2.0)	(1.6)	(1.2)	(0.9)	(0.5)	
VI_{2}	2.2～2.75	1.65～2.2	1.2～1.65	1.65～2.2	1.2～1.65	0.75～1.2	1.2～1.65	0.75～1.2	0.45～0.75
VI_{3}	(2.4)	(2.0)	(1.6)	(2.1)	(1.7)	(1.4)	(0.8)	(0.6)	
VI_{4}	2.4	2.0	1.6	(2.2)	(1.7)	(1.3)	$\underline{1.0}$	$\underline{0.6}$	
VI_{4a}	(2.2)	(1.7)	(1.4)	(1.9)	(1.4)	(1.1)	$\underline{0.7}$		
VI_{4b}	(2.3)	(1.8)	(1.4)	(2.0)	(1.6)	(1.2)	$\underline{(0.8)}$		
VII_{1}	2.2	(1.9)	(1.5)	(2.1)	(1.6)	(1.2)	(0.9)	(0.5)	
VII_{2}	(2.3)	(1.9)	(1.6)	1.8	1.4	1.1	0.8	0.4	
VII_{3}	2.3～2.85	1.75～2.3	1.3～1.75	1.75～2.3	1.3～1.75	0.75～1.3	1.3～1.75	0.75～1.3	0.45～0.75
VII_{4}	(2.1)	(1.6)	(1.3)	(1.8)	(1.4)	(1.1)	(0.7)		
VII_{5}	(3.3)	($\underline{2.6}$)	(2.1)	(2.4)	(2.0)	(1.6)	(1.5)	(1.1)	(0.5)
VII_{6a}	(2.8)	$\underline{2.4}$	$\underline{1.9}$	$\underline{2.5}$	2.0	1.6	$\underline{1.4}$	(0.8)	

续表 A.0.1

土组 / 路床面至各水位 / 临界水深(m) / 自然区划	粉质土								
	地下水			地表长期积水			地表临时积水		
	H_1	H_2	H_3	H_1	H_2	H_3	H_1	H_2	H_3
Ⅱ$_1$	3.8	3.0	2.2						
Ⅱ$_2$	3.4	2.6	1.9						
Ⅱ$_3$	3.0	2.2	1.6						
Ⅱ$_4$	2.6～2.8	2.1～2.3	1.4～1.6						
Ⅱ$_5$	2.4～2.9	1.8～2.3							
Ⅲ$_1$	2.4～3.0	1.7～2.4							
Ⅲ$_2$	2.4～2.85	1.9～2.4	1.4～1.9	1.9～2.4	1.0～1.9	1.0～1.4	1.4～1.9	1.0～1.4	0.5～1.0
Ⅲ$_3$	2.3～2.75	1.8～2.3	1.4～1.8	1.8～2.3	1.4～1.8	1.0～1.4	1.4～1.8	1.0～1.4	0.55～1.0
Ⅲ$_4$	2.4～3.0	1.7～2.4							
Ⅲ$_{1a}$	2.4～3.0	1.7～2.4							
Ⅲ$_{2a}$	2.4～3.0	1.7～2.4							

续表 A.0.1

土组 / 路床面至各水位临界水深(m) / 自然区划	粉质土								
	地下水			地表长期积水			地表临时积水		
	H_1	H_2	H_3	H_1	H_2	H_3	H_1	H_2	H_3
$Ⅳ_1$、$Ⅳ_{1a}$	1.9～2.1	1.3～1.4	0.9～1.0						
$Ⅳ_2$	1.7～1.9	1.2～1.3	0.8～0.9						
$Ⅳ_3$	1.7～1.9	1.2～1.3	0.8～0.9	0.9～1.0	0.6～0.7	0.3～0.4			
$Ⅳ_4$									
$Ⅳ_5$	1.79～2.1	1.3～1.5	0.9～1.1						
$Ⅳ_6$	2.0～2.2	1.5～1.6	1.0～1.1						
$Ⅳ_{6a}$	1.8～2.0	1.3～1.4	0.9～1.1						
$Ⅳ_7$									
$Ⅴ_1$	2.2～2.65	1.7～2.2	1.3～1.7	1.7～2.2	1.3～1.7	0.9～1.3	1.3～1.7	0.9～1.3	0.55～0.9
$Ⅴ_2$、$Ⅴ_{2a}$(紫色土)	2.3～2.5	1.4～1.6	0.5～0.7						
$Ⅴ_3$	1.9～2.1	1.3～1.5	0.5～0.7						

续表 A.0.1

自然区划 \ 土组 / 路床面至各水位 / 临界水深(m)	粉质土								
	地下水			地表长期积水			地表临时积水		
	H_1	H_2	H_3	H_1	H_2	H_3	H_1	H_2	H_3
V_2、V_{2a}（黄壤土、现代冲积土）	2.3～2.5	1.4～1.6	0.5～0.7						
V_4、V_5、V_{5a}	2.2～2.5	1.4～1.6	0.5～0.7						
VI_1	(2.5)	(2.0)	(1.6)	(2.3)	(1.8)	(1.3)	(1.2)	0.7	0.4
VI_{1a}	(2.5)	(2.0)	(1.5)	(2.2)	(1.7)	(1.2)	0.6		
VI_2	2.3～2.15	1.85～2.3	1.4～1.85	1.85～2.3	1.4～1.85	0.9～1.4	1.4～1.85	0.9～1.4	0.5～0.9
VI_3	(2.6)	(2.1)	(1.6)	(2.4)	(1.8)	(1.4)	(1.3)	(0.7)	
VI_4	(2.6)	(2.2)	1.7	2.4	1.9	1.4	1.3	0.8	
VI_{4a}	(2.4)	(1.9)	1.4	2.1	1.6	1.1	1.0	0.5	

续表 A.0.1

土组 / 路床面至各水位临界水深(m) / 自然区划	粉质土								
	地下水			地表长期积水			地表临时积水		
	H_1	H_2	H_3	H_1	H_2	H_3	H_1	H_2	H_3
Ⅵ$_{4b}$	(2.5)	<u>1.9</u>	<u>1.4</u>	(2.2)	(1.7)	(1.2)	<u>1.0</u>	0.5	
Ⅶ$_1$	(2.5)	(2.0)	(1.5)	(2.4)	<u>1.8</u>	1.3	1.1	0.6	
Ⅶ$_2$	(2.5)	(2.1)	(1.6)	(2.2)	(1.6)	(1.1)	0.9	0.4	
Ⅶ$_3$	2.4～3.1	2.0～2.4	1.6～2.0	(2.0～2.4)	(1.6～2.0)	(1.0～1.6)	(1.6～2.0)	1.0～1.6	0.55～1.0
Ⅶ$_4$	(2.3)	(1.8)	(1.3)	(2.1)	(1.6)	(1.1)			
Ⅶ$_5$	(3.8)	(2.2)	(1.6)	(2.9)	(2.2)	(1.5)		(1.3)	(0.5)
Ⅶ$_{6a}$	(2.9)	(2.5)	<u>1.8</u>	(2.7)	2.1	<u>1.5</u>	<u>1.6</u>	1.1	

注：1 Ⅵ、Ⅶ区有横线者，表示实测资料较少；有括号者，表示没有实测资料，根据规律推算的；

2 缺少资料的二级区，可在论证基础上参考相邻二级区数值，并调研积累本地区的资料。

附录B　路基回弹模量确定方法

B.0.1　路基回弹模量宜根据室内试验法、现场实测法、换算法、查表法等，经综合分析、论证后确定。

B.0.2　当采用室内试验法确定路基回弹模量时，确定方法及步骤应符合下列规定：

1　应选择实际使用的路基土料场取土，按重型击实标准确定的最佳含水率、最大干密度准备试件，并应按现行行业标准《公路土工试验规程》JTG E40规定的承载板法或强度仪法测定路基土的回弹模量。回弹模量测试结果应采用下式修正：

$$E_{0S}=\lambda E \tag{B.0.2-1}$$

式中：E_{0S}——路基土回弹模量修正值（MPa）；

E——路基土回弹模量室内试验值（MPa）；

λ——试筒尺寸约束修正系数，50mm直径承载板取0.78，100mm直径承载板取0.59。

2　路基回弹模量设计值，应根据道路等级、不利季节和路基干湿类型的影响，采用下式计算：

$$E_{0D}=\frac{Z}{K}E_{0S} \tag{B.0.2-2}$$

式中：E_{0D}——路基回弹模量设计值（MPa）；

E_{0S}——路基土回弹模量修正值（MPa）；

Z——考虑保证率的折减系数，快速路、主干路为0.66，次干路为0.59，支路为0.52；

K——考虑不利季节和路基干湿类型的综合影响系数，宜按表B.0.2选取，或者根据室内试验测定的路基土回弹模量与稠度的关系分析确定，或者根据当地经验确定。

表B.0.2　综合影响系数K

土基稠度值w_c	$w_c \geqslant w_{c1}$	$w_{c1} > w_c \geqslant w_{c2}$	$w_c < w_{c2}$
综合影响系数	1.3	1.6	1.9

B.0.3　当采用现场实测法确定路基回弹模量时，确定方法应符合下列规定：

1 现场实测法适用于已建成的路基，宜采用承载板法。

2 承载板测点处的路基回弹模量值应按下式计算：

$$E_{0b}=\frac{\Sigma P_i}{D\Sigma l_i}(1-\mu_0^2)\times 10^5 \quad \text{(B. 0. 3-1)}$$

式中：E_{0b}——现场承载板法测定的测点路基回弹模量计算值（MPa）；

D——承载板直径（mm）；

P_i、l_i——第 i 级荷载（kN）及其相应的实测回弹变形（0. 01mm）；

μ_0——路基土的泊松比，可取 0. 35。

3 某路段路基回弹模量设计值应按下式计算：

$$E_{0D}=(\overline{E}_0-Z_aS)/K_1 \quad \text{(B. 0. 3-2)}$$

式中：E_{0D}——某路段路基回弹模量设计值（MPa）；

$\overline{E}_0$、S——路段上各测点实测路基回弹模量的平均值（MPa）和均方差（MPa）；

Z_a——保证率系数，快速路、主干路为 2，次干路为 1. 648，支路为 1. 5；

K_1——不利季节影响系数，可根据当地经验确定。

B. 0. 4 当采用换算法确定路基回弹模量时，应通过现场测定的路基回弹模量值与压实度、路基稠度，室内试验测定的路基土回弹模量值与室内路基土加州承载比值等指标的相关性，建立换算关系，利用换算关系计算现场路基回弹模量。

B. 0. 5 当采用查表法确定路基回弹模量时，应根据道路所属二级区划、拟定路基土的土组类别和路基的平均稠度，可按表 B. 0. 5 估计路基回弹模量设计值。

表 B.0.5　二级自然区划各土组路基回弹模量参考值（MPa）

区划	稠度 / 土组	0.80	0.90	1.00	1.05	1.10	1.15	1.20	1.30	1.40	1.70	2.00
II_1	黏质土	19.0	22.0	25.0	26.5	28.0	29.5	31.0	—	—	—	—
	粉质土	18.5	22.5	27.0	29.0	31.5	33.5	—	—	—	—	—
II_2	黏质土	19.5	22.5	26.0	28.0	29.5	31.5	33.5	—	—	—	—
	粉质土	20.0	24.5	29.0	31.5	34.0	36.5	—	—	—	—	—
II_{2a}	粉质土	19.0	22.5	26.0	27.5	29.5	31.0	—	—	—	—	—
II_3	土质砂	21.0	23.5	26.0	27.5	29.0	30.0	31.5	34.5	37.0	45.5	—
	黏质土	23.5	27.5	32.0	34.5	36.5	39.0	41.5	—	—	—	—
	粉质土	22.5	27.0	32.0	34.5	37.0	40.0	—	—	—	—	—
II_4	黏质土	23.5	30.0	35.5	39.0	42.0	45.5	50.5	57.0	65.0	—	—
	粉质土	24.5	31.5	39.0	43.0	47.0	51.5	56.0	66.0	—	—	—
II_5	土质砂	29.0	32.5	36.0	37.5	39.0	41.0	42.5	46.0	49.5	59.0	69.0
	黏质土	26.5	32.0	38.5	41.5	45.0	48.5	52.0	—	—	—	—
	粉质土	27.0	34.5	42.5	46.5	51.0	56.0	—	—	—	—	—
II_{5a}	粉质土	33.5	37.5	42.5	44.5	46.5	49.0	—	—	—	—	—
III_1	粉质土	27.0	36.5	48.0	54.0	61.0	68.5	76.5	—	—	—	—

续表 B. 0. 5

区划	土组＼稠度	0.80	0.90	1.00	1.05	1.10	1.15	1.20	1.30	1.40	1.70	2.00
Ⅲ$_2$	土质砂	35.0	38.0	41.5	43.0	44.5	46.0	47.5	50.5	53.5	62.0	70.0
	黏质土	27.0	31.5	36.5	39.0	41.5	44.0	46.5	52.0	57.5	—	—
	粉质土	27.0	32.5	38.5	42.0	45.0	48.5	51.5	59.0	—	—	—
Ⅲ$_{2a}$	土质砂	37.0	40.0	43.0	44.5	46.0	47.5	49.0	52.0	54.5	62.5	70.0
Ⅲ$_3$	土质砂	36.0	39.0	42.5	44.0	45.5	47.0	48.5	51.5	54.5	63.0	71.0
	黏质土	26.0	30.0	34.5	36.5	38.5	41.0	46.0	47.5	52.0	—	—
	粉质土	26.5	32.0	37.0	40.0	43.0	46.0	49.0	55.0	—	—	—
Ⅲ$_4$	粉质土	25.0	34.0	45.0	51.5	58.5	66.0	74.0	—	—	—	—
Ⅳ$_1$	黏质土	21.5	25.5	30.0	32.5	35.0	37.5	40.5	—	—	—	—
Ⅳ$_{1a}$	粉质土	22.0	26.5	32.0	35.0	37.5	40.5	—	—	—	—	—
Ⅳ$_2$	黏质土	19.5	23.0	27.0	29.0	31.0	33.0	35.0	—	—	—	—
	粉质土	31.0	36.5	42.5	45.5	48.5	51.5	—	—	—	—	—
Ⅳ$_3$	黏质土	24.0	28.0	32.5	35.0	37.5	39.5	42.0	—	—	—	—
	粉质土	24.0	29.5	36.0	39.0	42.5	46.0	—	—	—	—	—

续表 B.0.5

区划	土组＼稠度	0.80	0.90	1.00	1.05	1.10	1.15	1.20	1.30	1.40	1.70	2.00
IV_4	土质砂	28.0	30.5	33.5	35.0	36.5	38.0	39.5	42.0	45.0	53.0	61.0
	黏质土	25.0	29.5	34.0	36.5	38.5	41.0	43.5	—	—	—	—
	粉质土	23.0	28.0	33.5	36.0	39.0	42.0	—	—	—	—	—
IV_5	土质砂	24.0	26.0	28.0	29.0	30.0	30.5	31.5	33.5	35.0	40.0	44.5 皖、浙、赣
	黏质土	22.0	27.0	32.5	33.5	38.5	41.5	44.5	—	—	—	—
	黏质土	28.5	34.0	39.5	42.5	45.5	48.5	51.5	—	—	—	—
	粉质土	26.5	31.0	36.5	39.0	42.0	45.0	—	—	—	—	—
IV_6	土质砂	33.5	37.0	41.0	43.0	44.5	46.5	48.5	52.0	55.5	66.5	77.0
	黏质土	27.5	33.0	38.0	41.0	44.0	46.5	50.5	—	—	—	—
	粉黏土	26.5	31.5	36.5	39.0	42.0	45.0	—	—	—	—	—
IV_{6a}	土质砂	31.5	35.0	38.5	40.0	42.0	43.5	45.0	48.5	52.0	62.0	72.0
	黏质土	26.0	31.0	35.5	38.0	40.5	43.5	46.0	—	—	—	—
	粉质土	28.0	34.5	41.0	44.5	48.5	52.0	—	—	—	—	—
IV_7	土质砂	35.0	39.0	43.0	45.0	47.0	49.0	51.0	55.0	59.0	70.5	82.0
	黏质土	24.5	29.5	34.5	37.0	40.0	42.5	44.5	—	—	—	—
	粉质土	27.5	33.5	40.0	43.5	47.5	51.0	—	—	—	—	—

续表 B.0.5

区划	稠度 土组	0.80	0.90	1.00	1.05	1.10	1.15	1.20	1.30	1.40	1.70	2.00
V_7	土质砂	27.5	31.5	35.5	37.5	39.5	41.5	43.5	48.0	52.0	65.0	78.5
	黏质土	27.0	32.0	37.0	39.0	42.5	45.5	48.0	54.0	60.0	—	—
	粉质土	28.5	34.0	40.0	43.0	46.0	49.5	52.5	59.5	—	—	—
V_1	紫色黏质土	22.5	26.0	30.0	32.0	34.0	36.0	38.0	—	—	—	—
V_2	紫色粉质土	22.5	27.5	33.5	36.5	40.0	43.0	—	—	—	—	—
	黄壤黏质土	25.0	29.0	33.0	35.5	37.5	40.0	42.0	—	—	—	—
V_{2a}	黄壤粉质土	24.5	30.5	37.5	41.0	45.0	49.0	—	—	—	—	—
V_3	黏质土	25.0	29.0	33.0	35.5	37.5	39.5	42.0	—	—	—	—
	粉质土	24.5	30.5	37.5	41.0	45.0	48.5	—	—	—	—	—
V_4	红壤黏质土	27.0	32.0	38.0	41.0	44.0	47.0	50.5	—	—	—	—
（四川）	红壤粉质土	22.0	27.0	32.5	35.5	38.5	41.5	—	—	—	—	—
Ⅵ	土质砂	51.0	54.0	57.0	58.5	60.0	61.0	62.0	64.5	67.0	73.5	80.0
	黏质土	33.5	37.0	41.0	42.5	44.0	45.5	47.2	50.5	—	—	—
	粉质土	34.0	38.0	42.0	44.0	46.0	48.0	50.0	—	—	—	—
$Ⅵ_{1a}$	土质砂	52.5	55.0	58.0	59.0	60.5	61.5	62.5	65.0	67.0	73.0	79.0
	黏质土	27.0	31.0	34.5	36.0	38.0	40.0	42.0	45.5	—	—	—
	粉质土	31.5	36.5	41.5	44.0	46.5	49.0	51.5	—	—	—	—

续表 B.0.5

区划	稠度 / 土组	0.80	0.90	1.00	1.05	1.10	1.15	1.20	1.30	1.40	1.70	2.00
VI_2	土质砂	42.0	45.5	49.0	50.5	52.0	53.5	55.5	58.5	61.5	69.0	78.0
	黏质土	27.0	30.5	33.5	35.0	37.0	38.0	40.0	43.0	46.5	—	—
	粉质土	25.5	30.5	35.5	38.0	41.0	43.5	46.0	52.0	—	—	—
VI_3	土质砂	46.0	50.0	53.5	55.0	56.5	58.5	60.0	63.0	66.0	75.0	83.0
	黏质土	29.5	33.5	37.5	39.5	44.0	44.0	46.8	50.0	—	—	—
	粉质土	29.5	35.0	41.0	43.5	49.5	49.5	52.5	—	—	—	—
VI_4	土质砂	51.0	53.5	56.5	57.5	59.0	60.0	61.0	63.5	65.5	72.0	77.5
	黏质土	28.5	32.0	36.0	37.5	39.5	41.5	43.5	47.5	—	—	—
	粉黏土	30.5	34.5	39.0	41.0	43.5	45.5	48.0	—	—	—	—
VI_{4a}	土质砂	45.5	49.0	52.5	54.0	56.0	57.5	59.0	62.0	65.0	73.5	81.5
	黏质土	31.0	34.5	38.0	40.0	42.0	44.0	45.5	49.5	—	—	—
	粉质土	33.0	38.5	44.0	47.0	50.0	52.0	56.0	—	—	—	—
VI_{4b}	土质砂	49.5	52.5	55.5	57.0	58.5	59.5	61.0	63.5	65.5	72.5	78.5
	黏质土	30.0	33.0	36.5	38.0	39.5	41.0	42.5	45.5	—	—	—
	粉质土	31.0	35.5	40.5	43.0	45.5	48.5	51.0	—	—	—	—

续表 B. 0. 5

区划	稠度 土组	0.80	0.90	1.00	1.05	1.10	1.15	1.20	1.30	1.40	1.70	2.00
Ⅶ$_1$	土质砂	52.0	55.0	58.0	59.5	61.0	62.0	63.5	66.0	69.0	76.0	82.5
	黏质土	26.5	31.5	36.5	39.5	42.0	45.0	48.0	54.0	—	—	—
	粉质土	30.5	37.0	44.0	47.5	51.5	55.0	59.0	—	—	—	—
Ⅶ$_2$	土质砂	48.0	51.0	54.0	55.0	56.5	58.0	59.0	61.5	64.0	71.0	77.0
	黏质土	25.5	29.5	33.0	35.0	37.0	39.0	41.5	45.5	—	—	—
	粉质土	28.0	33.5	39.0	42.0	45.0	48.5	51.5	—	—	—	—
Ⅶ$_3$	土质砂	42.5	45.5	49.0	50.5	52.5	53.5	55.0	58.0	60.5	68.5	76.5
	黏质土	20.5	24.5	28.5	30.5	32.5	35.0	37.0	41.5	—	—	—
	粉质土	23.5	28.0	33.0	36.0	38.5	41.0	44.0	—	—	—	—
Ⅶ$_4$	土质砂	47.0	50.0	53.0	54.5	56.0	57.0	58.5	61.0	63.5	70.5	77.0
Ⅶ$_{6a}$	黏质土	22.0	25.5	29.0	30.5	32.5	34.5	36.0	40.0	—	—	—
	粉质土	27.5	32.5	37.5	40.5	43.0	46.0	49.0	—	—	—	—
Ⅶ$_5$	土质砂	45.5	49.0	52.0	53.0	54.5	56.0	57.5	60.0	62.5	70.0	76.5
	黏质土	30.0	33.0	37.5	39.5	41.5	43.5	45.0	49.0	—	—	—
	粉质土	32.5	38.0	43.5	46.0	49.0	51.5	54.5	—	—	—	—

中华人民共和国行业标准

城市道路路基设计规范

CJJ 194－2013

条 文 说 明

目　次

5 路基排水

5.2.8 分隔带的排水措施可根据表 2 和表 3 进行选取。

表 2 分隔带雨水防排措施

方式类型	设置措施
A	设置纵向排水渗沟或排水沟（明沟、暗沟），并隔 40m～80m 的间距通过横向排水管将沟内的水排引出
B	采用现浇混凝土或预制混凝土块等方式封闭分隔带表面，采用向两侧外倾的横坡排水，避免雨水进入路基内部
C	在分隔带内铺设防渗土工布，防止雨水渗入路基
D	在分隔带表面植草或植树等，减少雨水渗入路基内部

表 3 分隔带雨水防排方式的选择

地区类型	道路等级	分隔带宽度（m）	方式的选择	
			推荐方式	可选方式
多雨地区	快速路、主干路	≥2.0	A	B
	次干路、支路		—	A、B、C
	快速路、主干路	<2.0	B	A、C
	次干路、支路		D	B、C
一般地区	快速路、主干路	≥3.0	A	B
	次干路、支路		—	A、B、C
	快速路、主干路	<3.0	B	A、C
	次干路、支路		D	B、C

5.3 地 下 水

5.3.1 城市道路的水损害，除来自地表降雨外，地下水的侵害往往不容忽视，尤其是南方多雨地区。在北方，立交区域的下挖道路，常常也要考虑地下水的损害。设计前应进行充分的地质勘探，当土质路床位于毛细水上升高度范围内时，应考虑抬高道路纵断面或设计地下排水设施。

5.3.6 渗沟的流量计算分三种情形：

（1）当渗沟的基底埋入不透水层，且不透水层顶面横向坡度较小时（图 1），可按下式计算每延米长渗沟由一侧壁流入渗沟的流量：

$$Q_s=\frac{k(H_c^2-h_g^2)}{2r_s} \tag{1}$$

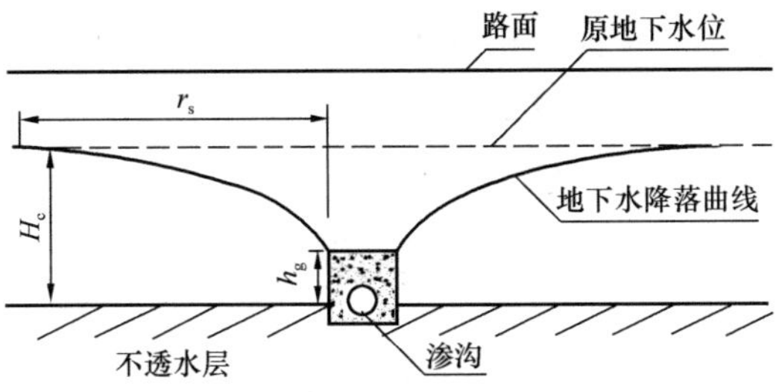

图 1　不透水层顶面坡度平缓的渗沟

式中：

$$h_g=\frac{I_0}{2-I_0}H_c \tag{2}$$

$$r_s=\frac{H_c-h_g}{I_0} \tag{3}$$

$$I_0=\frac{1}{3000\sqrt{k}} \tag{4}$$

式中：Q_s——每延米长渗沟由一侧沟壁渗入的流量［m^3/（s·m）］；

H_c——含水层厚度（m）；

h_g——渗沟内的水流深度（m）；

k——含水层材料的渗透系数（m/s）；

r_s——地下水位受渗沟影响而降落的水平距离（m）；

I_0——地下水位降落曲线的平均坡度。

（2）当不透水层较厚时（图 2），单位长度渗沟的流量可按下式计算：

$$Q_s=\frac{\pi kH_g}{2\ln\left(\frac{2r_s}{r_g}\right)} \tag{5}$$

式中：r_g——两相邻渗沟间距之半（m）；

H_g——渗沟位置处地下水的下降幅度（m）。

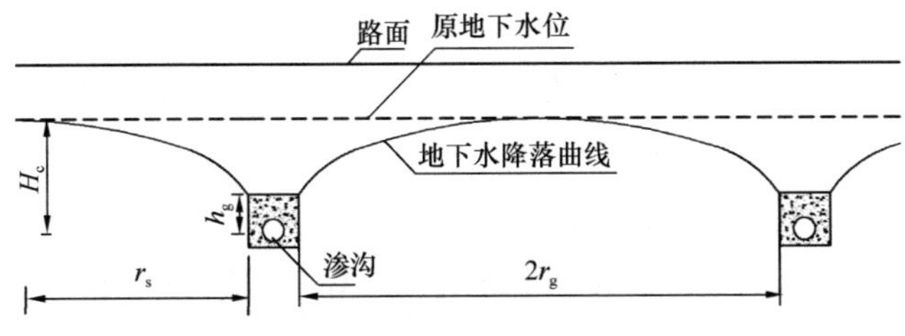

图 2　不透水层较厚时的渗沟

（3）当不透水层顶面坡度较陡时（图 3），可按下式计算每延米长渗沟由一侧沟壁流入渗沟的流量：

$$Q_s = k i_h H_g \tag{6}$$

式中：i_h——不透水层顶面的横向坡度。

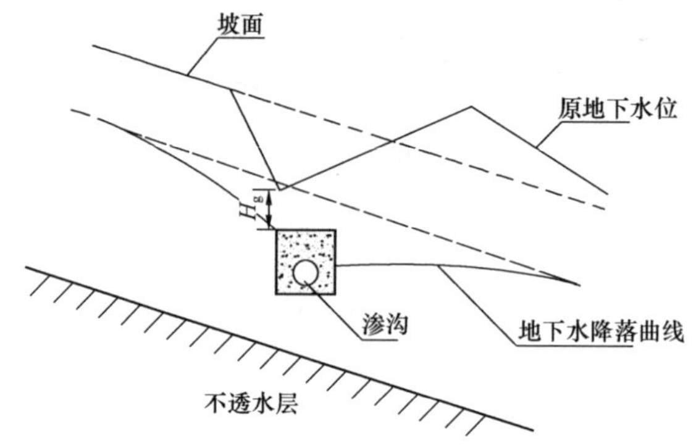

图 3　不透水层顶面坡度较陡时的渗沟

5.3.7　U 形槽的设置长度宜满足远景年的估计最高水位的要求，是为了避免丰水年水位高过 U 形槽底板时，水越过 U 形槽端部，沿道路纵向侵入路面结构。实际上，远景年最高水位的估计并不准确，因此，U 形槽的设置长度还需综合考虑经济性和可靠性等因素来确定。

6　路基防护与支挡

6.2　路基稳定与变形计算

6.2.1　简化毕肖普法稳定安全系数 F_s 按下式计算确定，计算图示如图 4：

$$F_s = \frac{\Sigma K_i}{\Sigma (W_i + Q_i)\sin\alpha_i} \tag{7}$$

式中：F_s——稳定安全系数；

W_i——第 i 土条重力；

α_i——第 i 土条底滑面的倾角；

Q_i——第 i 土条垂直方向外力；

K_i——第 i 土条的抗滑力，根据土条滑弧所在位置分别按式（8）和式（9）计算确定。

当土条 i 滑弧位于地基中时

$$K_i = \frac{c_{di} b_i + W_{di} \tan\varphi_{di} + U (W_{ti} + Q_i) \tan\varphi_{di}}{m_{\alpha i}} \tag{8}$$

式中：W_{di}——第 i 土条地基部分的重力；

W_{ti}——第 i 土条填方路基部分的重力；

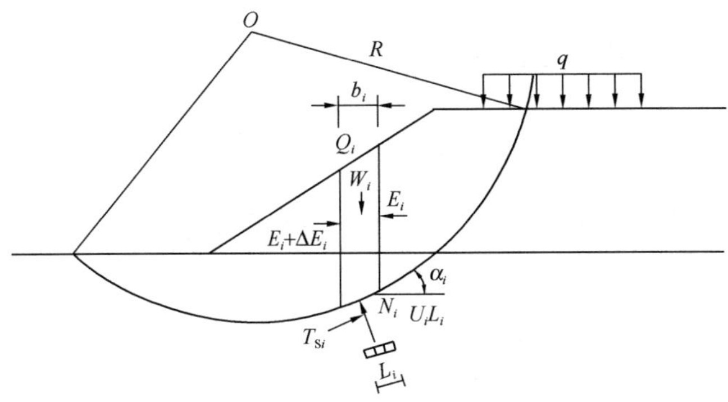

图 4　简化毕肖普法计算图示

b_i——第 i 土条宽度；

U——地基平均固结度；

c_{di}、φ_{di}——第 i 土条滑弧所在地基土层的粘结力和内摩擦角；

$m_{\alpha i}$——系数，按式（10）计算确定。

当土条 i 滑弧位于路基中时

$$K_i=\frac{c_{ti}b_i+(W_{ti}+Q_i)\tan\varphi_{ti}}{m_{\alpha i}} \tag{9}$$

式中：c_{ti}——第 i 土条滑弧所在路基土的粘结力；

φ_{ti}——第 i 土条滑弧所在路基土的内摩擦角。

$$m_{\alpha i}=\cos\alpha_i+\frac{\sin\alpha_i\tan\varphi_i}{F_s} \tag{10}$$

式中：φ_i——第 i 土条滑弧所在土层的内摩擦角，滑弧位于地基中时取地基土的内摩擦角，滑弧位于路基中时取路堤土的内摩擦角。

不平衡推力法先按规定要求选取稳定安全系数 F_s，按式（11）和式（12）从 1 到 n 逐条计算剩余下滑力，计算图示见图 5，当第 n 土条的剩余下滑力为负时，表明路基稳定性满足要求，否则路基稳定性不满足要求。

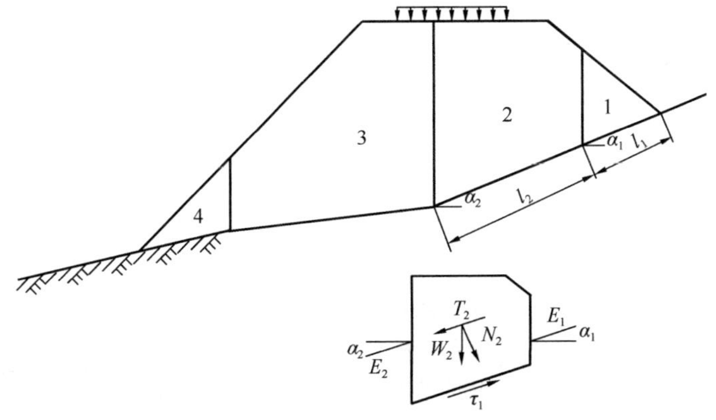

图 5　不平衡推力法计算图示

$$E_i = W_{Qi}\sin\alpha_i - \frac{c_i l_i + W_{Qi}\cos\alpha\tan\varphi_i}{F_s} + E_{i-1}\psi_{i-1} \quad (11)$$

$$\psi_{i-1} = \cos(\alpha_{i-1} - \alpha_i) - \frac{\tan\varphi_i}{F_s}\sin(\alpha_{i-1} - \alpha_i) \quad (12)$$

式中：E_i——第 i 土条传递给第 $i+1$ 土条的剩余下滑力；

E_{i-1}——第 $i-1$ 土条传递给第 i 土条的剩余下滑力；

F_s——稳定安全系数；

W_{Qi}——第 i 土条的重力与外加竖向力之和；

α_{i-1}、α_i——第 i 土条底滑面的倾角；

c_i、φ_i——第 i 土条底的粘结力和内摩擦角；

l_i——第 i 土条底滑面的长度。

6.3 路 基 防 护

6.3.1、6.3.2 坡面防护和沿河路基防护工程类型众多，设计选型可参考表 4、表 5 进行。

表 4 坡面防护工程常用类型及适用条件

防护类型	结构形式	适用条件	注意事项
植物防护	种草或液压喷播植草	土质边坡。坡率缓于 1∶1.25	当边坡较高时，可用土工网、土工网垫与种草结合防护
	铺草皮	土质和强风化、全风化的岩石边坡。坡率不陡于 1∶1	草皮可为天然草皮，亦可为人工培植的土工网草皮
	种植灌木	土质、软质岩和全风化的硬质岩石边坡。坡率不陡于 1∶1.5	树种应为根系发达、枝叶茂盛、适合当地迅速生长之低矮灌木
	喷混植生	漂石土、块石土、卵石土、碎石土、粗粒土和强风化、弱风化的岩石挖方边坡。坡率不陡于 1∶0.75	种植基材应通过配合比试验或小范围工程试验确定，边坡高度不宜大于 10m
	客土植生	漂石土、块石土、卵石土、碎石土、粗粒土和强风化的软质岩及强风化、全风化的硬质岩石挖方边坡，或由其弃渣填筑的填方边坡，坡率不陡于 1∶1	边坡高度不宜大于 8m

续表 4

防护类型	结构形式	适用条件	注意事项
喷护	喷混凝土，厚度≥8cm，材料为砂、水泥、砾石	易风化但未遭强风化、全风化的岩石挖方边坡。坡率不陡于1∶0.5	选好材料配合比和水灰比，一般应通过试喷
挂网喷护	锚杆铁丝网（或土工格栅）喷混凝土或喷浆。锚固深度为（1.0～2.0）m，网距为（20～25）cm，其他同喷护	喷混凝土或喷浆防护的岩石边坡。当坡面岩体破碎时，为加强防护的稳定性而采用	锚孔深度应比锚固深度深20cm，其他同喷护
干砌片石护坡	一般厚度为30cm，其下设≥10cm厚砂砾石垫层	土质填方边坡；有少量地下水渗出的局部挖方边坡；局部土质挖方边坡嵌补。坡率不陡于1∶1.25	基础应选用较大的石块，应自下而上地进行栽砌，接缝要错开，缝隙要填满塞紧
浆砌片石护坡	厚度为（30～40）cm，水泥砂浆砌筑	易风化的岩石边坡和土质边坡。坡率不陡于1∶1	
浆砌片石或混凝土骨架护坡	骨架宜用带排水槽的拱形骨架，也可采用人字形、方格形。骨架内铺草皮、液压喷播植草或干砌片石等	土质和全风化的岩石边坡，当坡面受雨水冲刷严重或潮湿时。坡率不陡于1∶1	护坡四周需用浆砌片石或混凝土镶边，混凝土骨架视情况在节点处加锚杆，多雨地区采用带排水槽的拱形骨架，骨架埋深不小于0.4m
浆砌片石护墙	等截面厚度为50cm；变截面顶宽为40cm，底宽视墙高而定	土质和易风化剥落的岩石边坡。坡率不陡于1∶0.5	等截面护墙高不宜超过6m，当坡度较缓时，不宜超过10m。变截面护墙，单级不宜超过12m，超过时宜设平台、分级砌筑

6.4 支 挡 加 固

6.4.4 综合考虑地质条件、边坡重要性及安全等级、施工可行性和经济性，选择合理的支挡设计方案是关键。表 6 为边坡支挡结构的常用类型及其适用条件。

表 6 边坡支挡结构常用类型及适用条件

支挡结构类型	适 用 条 件
重力式挡墙	适用于一般地区、浸水地区和地震地区的路肩、路堤和路堑等支挡工程。墙高不宜超过 12m，干砌挡土墙的高度不宜超过 6m。场地允许，坡顶无重要建（构）筑物。土方开挖后边坡稳定较差时不应采用
半重力式挡墙	适用于不宜采用重力式挡土墙的地下水位较高或较软弱的地基上。墙高不宜超过 8m
悬臂、扶壁式挡墙	适用于石料缺乏、地基承载力较低的填方路段采用。挡墙高度对悬臂式挡墙不宜超过 6m，对扶壁式挡墙不宜超过 12m。土层较差或对挡墙变形要求较高时也不宜采用。不良地质地段或地震动峰值加速度不小于 0.2g 的地区边坡不应采用
板肋式或格构式锚杆挡墙	适用于边坡高度较大的岩质边坡。可采用单级或多级支挡，每级高度不宜大于 8m，多级的上、下级支挡结构之间应设置宽度不小于 2m 的平台。坡高较大或稳定性较差时宜采用逆作法施工。对挡墙变形有较高要求的土质边坡，宜采用预应力锚杆
桩板式挡墙	适用于坡顶建（构）筑物需要保护且场地狭窄、表土及强风化层较薄的岩质地基、施工开挖可能失稳的岩土边坡以及工程滑坡。桩的悬臂长度不宜超过 15m。当桩悬臂长、边坡推力较大且有锚固条件时或对挡墙变形有较高要求的土质边坡，桩可与锚杆（索）联合使用
锚定板挡墙	适用于石料缺乏、地基承载力较低的路肩墙或路堤式挡土墙，不应用于滑坡、坍塌、软土及膨胀土地区。可采用肋柱式或板壁式，墙高不宜超过 10m。肋柱式锚定板挡土墙可采用单级墙或双级墙，每级墙高不宜大于 6m，上、下级挡墙之间应设置宽度不小于 2m 的平台。上、下两级墙的肋柱宜交错布置
加筋土挡墙	适用于一般地区的路肩式挡土墙、路堤式挡土墙，不应修建在滑坡、水流冲刷、崩塌等不良地质地段（受水浸泡及冲刷以及边坡变形控制严格时不应采用）。快速路和主干路挡墙高度不宜大于 12m，次干路及支路不宜大于 20m。当采用多级墙时，每级墙高不宜大于 10m，上、下级墙体之间应设置宽度不小于 2m 的平台。可与其他支挡结构联合使用

续表 6

支挡结构类型	适 用 条 件
岩石锚喷支护	适用于整体稳定性的岩质边坡。边坡高度，对Ⅰ、Ⅱ类岩质边坡不宜大于 30m，对Ⅲ类岩质边坡宜小于 15m。膨胀性岩石的边坡和具有严重腐蚀性的边坡不应采用锚喷支护
土钉支护	适用于高度不大于 18m 的硬塑或坚硬的黏性土、胶结或弱胶结的粉土、砂土、砾石、软岩和风化岩层等挖方边坡的临时支护和永久支护。标贯击数 $N<9$、相对密度 $D_r<0.3$ 的松散砂土，液性指数大于 0.5 的软塑、流塑黏性土，以及含有大量有机物或工业废料的低强度回填土、新填土、强腐蚀性土，不宜设置永久土钉支护

6.4.7 路基支挡结构地基稳定性计算与设计的条文中，考虑地基设计可靠性分析的技术储备尚不成熟。事实上仍以容许承载力法为基础，仅采用极限状态设计表达式的形式与术语，即规定除被动土压力分项系数 γ_{Q2} 取 0.3 外，其余作用的分项系数规定均等于 1，据此验算偏心距、基底压力，以及抗滑动和抗倾覆稳定系数。

抗滑动稳定系数 K_c 可按下式计算：

$$K_c=\frac{[N+(E_x-E'_p)\tan\alpha_0]\mu_f+E'_p}{E_x-N\tan\alpha_0} \tag{17}$$

式中：N ——作用于基底上合力的竖向分力（kN），浸水挡土墙应计浸水部分的浮力；

E'_p ——墙前被动土压力水平分量的 0.3 倍（kN）；

E_x ——墙后主动土压力的水平分量（kN）；

α_0 ——基底倾斜角（°），基底为水平时，$\alpha_0=0$；

μ_f ——基底与地基间的摩擦系数，当缺乏可靠试验资料时，可按表 7 采用。

表 7 基底与地基间的摩擦系数 μ_f

地基土的分类	摩擦系数 μ_s
软塑黏土	0.25
硬塑黏土	0.30
砂类土、黏砂土、半干硬的黏土	0.30～0.40
砂类土	0.40
碎石类土	0.50
软质岩石	0.40～0.60
硬质岩石	0.60～0.70

挡墙的抗倾覆稳定系数 K_0 可按下式计算：

$$K_0 = \frac{GZ_G + E_y Z_x + E'_p Z_p}{E_x Z_y} \quad (18)$$

式中：Z_G ——为墙身重力、基础重力、基础上填土的重力及作用于墙顶的其他荷载的竖向力合力重心到墙趾的距离（m）；

Z_x ——为墙后主动土压力的竖向分量到墙趾的距离（m）；

Z_y ——为墙后主动土压力的水平分量到墙趾的距离（m）；

Z_p ——为墙前被动土压力的水平分量到墙趾的距离（m）。

6.5 路基监测

6.5.1 高填方路基稳定和沉降观测可参考表8进行设计。

表8 高填方路基稳定和沉降观测

观测项目	仪具名称	观测目的
地表水平位移量及隆起量	地表水平位移桩（边桩）	用于稳定监控，确保路基施工安全和稳定
地下土体分层水平位移量	地下水平位移计（测斜管）	用于稳定监控与研究，掌握分层位移量，推定土体剪切破坏位置。必要时采用
路基顶沉降量	地表沉降计（沉降板或桩）	用于工后沉降监控，预测工后沉降趋势，确定路面施工时间

6.5.2 挖方路基边坡或滑坡监测可参考表9进行设计，预应力锚固工程原位监测内容和项目见表10。

表9 挖方路基边坡或滑坡监测

监测内容		监测方法	监 测 目 的
地表监测	水平位移监测	全站仪、光电测距仪	观测地表位移、变形发展情况
	垂直变形监测	水准仪	
	裂缝监测	标桩、直尺或裂缝计	观测裂缝发展情况
地下位移监测		测斜仪	探测相对于稳定地层的地下岩体位移，证实和确定正在发生位移的构造特征，确定潜在滑动面深度，判断主滑方向，定量分析评价边（滑）坡的稳定状况，评判边（滑）坡加固工程效果

续表 9

监测内容	监测方法	监 测 目 的
地下水位监测	人工测量	观测地下水位变化与降雨关系，评判边坡排水措施的有效性
支挡结构变形、应力	测斜仪、分层沉降仪，压力盒、钢筋应力计	支挡构造物岩土体的变形观测，支挡构造物与岩土体间接触压力观测

表 10 预应力锚固工程原位监测内容和项目

预应力锚杆工作阶段	监测对象	监测内容	监测项目
施工阶段	锚杆体材料	锚杆的工作状态 锚杆的施工质量	锚杆张拉力； 锚杆伸长值； 预应力损失
	锚固对象	加固效果	被锚固体的位移和变形
工程运营阶段	锚杆体	锚杆的工作状态	预应力值变化
	锚固对象	锚固工程安全状况	被锚固体的位移与地下水状态

六、城镇道路路面设计规范 CJJ 169－2012

中华人民共和国行业标准

城镇道路路面设计规范

Code for pavement design of urban road

CJJ 169－2012

批准部门：中华人民共和国住房和城乡建设部

施行日期：2 0 1 2 年 7 月 1 日

目　次

3 基本规定

3.1 一 般 规 定

3.1.1 道路路面的面层、基层与垫层等各结构层应符合下列规定：

1 面层应具有足够的结构强度、稳定性和平整、抗滑、耐磨与低噪声等表面特性。

2 基层应具有足够的强度和扩散应力的能力。

3 垫层应具有一定的强度和良好的水稳定性。

3.1.2 道路路面设计应符合下列规定：

1 根据道路的地理地质条件、路基土特性、路基水文及气候环境状况，考虑强度、刚度、稳定性和耐久性因素，进行路基路面整体结构综合设计。

2 因地制宜、合理选材、降低能耗，充分利用再生材料。

3 应便于施工，利于养护并减少对周边环境及生态的影响。

4 交叉口进口道和公交车停靠站路段应进行特殊设计。

5 应具有行车安全、舒适和与环境、生态及社会协调的综合效益。

3.1.3 道路路面可分为沥青路面、水泥混凝土路面和砌块路面三大类，各面层类型及适用范围宜符合下列规定：

1 沥青路面面层类型包括沥青混合料、沥青贯入式和沥青表面处治。沥青混合料适用于各交通等级道路；沥青贯入式与沥青表面处治路面适用于中、轻交通道路。

2 水泥混凝土路面面层类型包括普通混凝土、钢筋混凝土、连续配筋混凝土与钢纤维混凝土，适用于各交通等级道路。

3 砌块路面适用于支路、广场、停车场、人行道与步行街。

3.2 设 计 要 素

3.2.1 路面设计基准期应符合表 3.2.1 规定。

表 3.2.1 路面设计基准期

道路等级	路 面 类 型		
	沥青路面	水泥混凝土路面	砌块路面
快速路	15 年	30 年	—
主干路	15 年	30 年	—

续表 3.2.1

道路等级	路面类型		
	沥青路面	水泥混凝土路面	砌块路面
次干路	15年	20年	10年（20年）
支　路	10年	20年	

注：砌块路面采用混凝土预制块时，设计基准期为10年；采用石材时，设计基准期为20年。

3.2.2 标准轴载应符合下列规定：

1 路面设计应以双轮组单轴载100kN为标准轴载，以BZZ-100表示。标准轴载的计算参数应符合表3.2.2的规定。

表3.2.2 标准轴载计算参数

标准轴载	BZZ-100
标准轴载 P（kN）	100
轮胎接地压强 p（MPa）	0.70
单轮传压面当量圆直径 d（cm）	21.30
两轮中心距（cm）	1.5d

2 设计交通量的计算应将不同轴载的各种车辆换算成BZZ-100标准轴载的当量轴次。大型公交车比例较高的道路或公交专用道的设计，可根据实际情况，经论证选用适当的轴载和计算参数。

3.2.3 沥青路面轴载换算和设计交通量应符合下列规定：

1 沥青路面以设计弯沉值、沥青层剪应力和沥青层层底拉应变为设计指标时，各种轴载换算成标准轴载 P 的当量轴次 N_a 应按下式计算：

$$N_a = \sum_{i=1}^{K} C_1 \cdot C_2 n_i \left(\frac{P_i}{P}\right)^{4.35} \tag{3.2.3-1}$$

式中：N_a——以设计弯沉值、沥青层剪应力和沥青层层底拉应变为设计指标时的当量轴次（次/d）；

n_i——被换算车型的各级轴载作用次数（次/d）；

P——标准轴载（kN）；

P_i——被换算车型的各级轴载（kN）；

C_1——被换算车型的轴数系数；

C_2——被换算车型的轮组系数，单轮组为6.4，双轮组为1.0，四轮组为0.38；

K——被换算车型的轴载级别。

当轴间距大于或等于 3m 时，应按一个单独的轴载计算；当轴间距小于 3m 时，双轴或多轴的轴数系数应按下式计算：

$$C_1 = 1 + 1.2(m - 1) \tag{3.2.3-2}$$

式中：m——轴数。

2 当沥青路面以半刚性基层层底拉应力为设计指标时，各种轴载换算成标准轴载 P 的当量轴次 N_s 应按下式计算：

$$N_s = \sum_{i=1}^{K} C'_1 C'_2 n_i \left(\frac{P_i}{P}\right)^8 \tag{3.2.3-3}$$

式中：N_s——以半刚性基层层底拉应力为设计指标时的当量轴次（次/d）；

C'_1——被换算车型的轴数系数；

C'_2——被换算车型的轮组系数，单轮组为 18.5，双轮组为 1.0，四轮组为 0.09。

以拉应力为设计指标时，双轴或多轴的轴数系数应按下式计算：

$$C'_1 = 1 + 2(m - 1) \tag{3.2.3-4}$$

3 应根据预测交通量，考虑各种车型的交通组成（或比例），将不同车型的轴载换算成标准轴载的当量轴次，求得营运第一年单向日平均当量轴次。

4 设计基准期内交通量的年平均增长率应在项目可行性研究报告等资料基础上，经研究分析确定。

5 沥青路面设计车道分布系数宜依据道路交通组成、交通管理情况，通过实地调查确定，也可按表 3.2.3 选定。当上下行交通量或重车比例有明显差异时，可区别对待，可按上下行交通特点分别进行厚度设计。

表 3.2.3 设计车道分布系数

车道特征	车道分布系数
单向单车道	1.00
单向两车道	0.65～0.95
单向三车道	0.50～0.80
单向四车道	0.40～0.70

6 沥青路面设计基准期内一个车道上的累计当量轴次应按下式计算：

$$N_e=\frac{[(1+\gamma)^t-1]\times 365}{\gamma}\cdot N_1\cdot\eta \tag{3.2.3-5}$$

式中：N_e——设计基准期内一个车道上的累计当量轴次（次/车道）；

t——设计基准期（年）；

N_1——路面营运第一年单向日平均当量轴次（次/d）；

γ——设计基准期内交通量的年平均年增长率（%）；

η——设计车道分布系数。

3.2.4 水泥混凝土路面轴载换算和设计交通量应符合下列规定：

1 不同轴-轮型和轴载的作用次数换算为标准轴载的当量轴次应按下列公式计算：

$$N_c=\sum_{i=1}^{n}\delta_i N_i\left(\frac{P'_i}{100}\right)^{16} \tag{3.2.4-1}$$

$$\delta_i=2.22\times10^3 P_i^{-0.43} \tag{3.2.4-2}$$

或

$$\delta_i=1.07\times10^{-5} P_i^{-0.22} \tag{3.2.4-3}$$

或

$$\delta_i=2.24\times10^{-8} P_i^{-0.22} \tag{3.2.4-4}$$

式中：N_c——标准轴载的当量轴次；

P'_i——单轴-单轮、单轴-双轮组或三轴-双轮组轴型 i 级轴载的总重（kN）；

n——轴型和轴载级位数；

N_i——各类轴型 i 级轴载的作用次数；

δ_i——轴-轮型系数，单轴-双轮组时，$\delta_i=1$；单轴-单轮时，按式（3.2.4-2）计算；双轴-双轮组时，按式（3.2.4-3）计算；三轴-双轮组时，按式（3.2.4-4）计算。

2 设计基准期内水泥混凝土面层临界荷位所承受的累计当量轴次应按下式计算：

$$N'_e=\frac{N'_1\times[(1+\gamma)^t-1]\times 365}{\gamma}\eta_s \tag{3.2.4-5}$$

式中：N'_e——水泥混凝土路面设计基准期内临界荷位所承受的累计当量轴次（次）；

N'_1——水泥混凝土路面设计车道使用初期的当量轴载日作用次数（次/d）；

η_s——水泥混凝土路面临界荷位处的车辆轮迹横向分布系数，可按表 3.2.4 选用。

表 3.2.4 车辆轮迹横向分布系数（η_s）

道路等级		纵缝边缘处
快速路、主干路		0.17～0.22
次干路及以下道路	行车道宽＞7m	0.34～0.39
	行车道宽≤7m	0.54～0.62

注：行车道较宽或者交通量较大时，取高值；反之，取低值。

3.2.5 交通等级可根据累计轴次按表 3.2.5 的规定划分为 4 个等级。

表 3.2.5 交通等级

交通等级	沥青路面	水泥混凝土路面
	累计当量轴次 N_e（万次/车道）	累计当量轴次 N'_e（万次）
轻	＜400	＜3
中	400～1200	3～100
重	1200～2500	100～2000
特重	＞2500	＞2000

注：非机动车道、人行道及步行街路面结构应按轻型交通确定。

3.2.6 路面设计环境要素应符合下列规定：

1 沥青路面面层的使用性能气候分区应按本规范附录 A 确定。

2 水泥混凝土面层的最大温度梯度标准值（T_g），根据道路所在地的道路自然区划，可按表 3.2.6-1 选用。

表 3.2.6-1 最大温度梯度标准值（T_g）

道路自然区划	Ⅱ、Ⅴ	Ⅲ	Ⅳ、Ⅵ	Ⅶ
最大温度梯度（℃/m）	83～88	90～95	86～92	93～98

注：海拔高时，取高值；湿度大时，取低值。

3 在冰冻地区，沥青路面总厚度不应小于表 3.2.6-2 规定的最小防冻厚度；水泥混凝土路面总厚度不应小于表 3.2.6-3 规定的最小防冻厚度。

表 3.2.6-2 沥青路面最小防冻厚度（cm）

路基类型	道路冻深	黏性土、细亚砂土路床			粉性土路床		
		砂石类	稳定土类	工业废料类	砂石类	稳定土类	工业废料类
中湿	50～100	40～45	35～40	30～35	45～50	40～45	30～40
	100～150	45～50	40～45	35～40	50～60	45～50	40～45
	150～200	50～60	45～55	40～50	60～70	50～60	45～50
	＞200	60～70	55～65	50～55	70～75	60～70	50～65

续表 3.2.6-2

路基类型	道路冻深	黏性土、细亚砂土路床			粉性土路床		
		砂石类	稳定土类	工业废料类	砂石类	稳定土类	工业废料类
潮湿	60～100	45～55	40～50	35～45	50～60	45～55	40～50
	100～150	55～60	50～55	45～50	60～70	55～65	50～60
	150～200	60～70	55～65	50～55	70～80	65～70	60～65
	>200	70～80	65～75	55～70	80～100	70～90	65～80

注：1 对潮湿系数小于 0.5 的地区，Ⅱ、Ⅲ、Ⅳ等干旱地区防冻厚度应比表中值减少 15%～20%；

2 对Ⅱ区砂性土路基防冻厚度应相应减少 5%～10%。

表 3.2.6-3 水泥混凝土路面最小防冻厚度

路基类型	路基土质	当地最大冰冻深度（m）			
		0.50～1.00	1.01～1.50	1.51～2.00	>2.00
中湿	低、中、高液限黏土	0.30～0.50	0.40～0.60	0.50～0.70	0.60～0.95
	粉土，粉质低、中液限黏土	0.40～0.60	0.50～0.70	0.60～0.85	0.70～1.10
潮湿	低、中、高液限黏土	0.40～0.60	0.50～0.70	0.60～0.90	0.75～1.20
	粉土，粉质低、中液限黏土	0.45～0.70	0.55～0.80	0.70～1.00	0.80～1.30

注：1 冻深小或填方路段，或者基层、垫层为隔湿性能良好的材料，可采用低值；冻深大或挖方及地下水位高的路段，或者基层、垫层为隔湿性能较差的材料，应采用高值；

2 冻深小于 0.50m 的地区，可不考虑结构层防冻厚度。

3.2.7 路面可靠度设计标准应符合表 3.2.7 的规定。

表 3.2.7 路面可靠度设计标准

道路等级	快速路	主干路	次干路、支路
目标可靠度	95%	90%	85%
变异水平等级	低	低～中	中～高

3.2.8 路面抗滑性能应符合下列规定：

1 快速路、主干路沥青路面在质量验收时抗滑性能指标应符合表 3.2.8-1 的规定，次干路、支路、非机动车道、人行道及步行街可按表 3.2.8-1 执行。

表 3.2.8-1 沥青路面抗滑性能指标

年平均降雨量（mm）	质量验收值	
	横向力系数 SFC_{60}	构造深度 TD（mm）
＞1000	≥54	≥0.55
500～1000	≥50	≥0.50
250～500	≥45	≥0.45

注：1 应采用测定速度为 60km/h±1km/h 时的横向力系数（SFC_{60}）作为控制指标；

2 路面宏观构造深度可用铺砂法或激光构造深度仪测定。

2 水泥混凝土路面抗滑性能在质量验收时，应符合表 3.2.8-2 的规定。

表 3.2.8-2 水泥混凝土面层的表面构造深度要求（mm）

道路等级	快速路、主干路	次干路、支路
一般路段	0.70～1.10	0.50～0.90
特殊路段	0.80～1.20	0.60～1.00

注：1 对快速路和主干路特殊路段系指立交、平交或变速车道等处，对于次干路、支路特殊路段系指急弯、陡坡、交叉口或集镇附近；

2 年降雨量 600mm 以下的地区，表列数值可适当降低；

3 非机动车道、人行道及步行街可按本表执行。

4 路基、垫层与基层

4.1 路 基

4.1.1 路基应稳定、密实、均质，具有足够的强度、稳定性、抗变形能力和耐久性。

4.1.2 路基设计应符合下列规定：

1 在不利季节，路基顶面设计回弹模量值，对快速路和主干路不应小于 30MPa；对次干路和支路不应小于 20MPa。当不能满足上述要求时，应采取措施提高路基的回弹模量。

2 路床应处于干燥或中湿状态。

4.1.3 岩石或填石路基顶面应铺设整平层，整平层可采用未筛分碎石和石屑或低剂量水泥稳定粒料，其厚度应根据路基顶面的不平整情况确定，宜为 100mm～200mm。

4.2 垫　　层

4.2.1 在下述情况下，应在基层下设置垫层：

1 季节性冰冻地区的中湿或潮湿路段。

2 地下水位高、排水不良，路基处于潮湿或过湿状态。

3 水文地质条件不良的土质路堑，路床土处于潮湿或过湿状态。

4.2.2 垫层宜采用砂、砂砾等颗粒材料，小于0.075mm的颗粒含量不宜大于5%。

4.2.3 排水垫层应与边缘排水系统相连接，厚度宜大于150mm，宽度不宜小于基层底面的宽度。

4.3 基　　层

4.3.1 基层可采用刚性、半刚性或柔性材料。

4.3.2 基层类型宜根据交通等级按表4.3.2-1选用，各类基层最小厚度应符合表4.3.2-2的规定。

表4.3.2-1　适宜各交通等级的基层类型

交通等级	基层类型
特重	贫混凝土、碾压混凝土、水泥稳定粒料、石灰粉煤灰稳定粒料、水泥粉煤灰稳定粒料
重	水泥稳定粒料、沥青稳定碎石基层、石灰粉煤灰稳定粒料、水泥粉煤灰稳定粒料
中或轻	沥青稳定碎石基层、水泥稳定类、石灰稳定类、水泥粉煤灰稳定类、石灰粉煤灰稳定类或级配粒料基层

表4.3.2-2　各类基层最小厚度

基层类型		最小厚度（mm）
刚性基层	贫混凝土或碾压混凝土基层	150
	多孔混凝土排水基层	150
半刚性基层	水泥稳定类基层	150
	石灰稳定类基层	150
	水泥粉煤灰稳定类基层	150
	石灰粉煤灰稳定类基层	150

续表 4.3.2-2

基层类型			最小厚度（mm）
柔性基层	沥青稳定碎石基层（ATB）	ATB-25	80
		ATB-30	90
		ATB-40	120
	半开级配沥青碎石基层（AM）	AM-25	80
		AM-40	120
	沥青稳定碎石排水基层（ATPB）	ATPB-25	80
		ATPB-30	90
		ATPB-40	120
	级配碎石		80
	级配砾石		80

4.3.3 半刚性基层应符合下列规定：

1 半刚性基层应具有足够的强度和稳定性、较小的温缩和干缩变形及较强的抗冲刷能力，在冰冻地区应具有一定的抗冻性。

2 在冰冻、多雨潮湿地区，石灰粉煤灰稳定类材料宜用于特重、重交通的下基层。石灰稳定类材料宜用于各类交通等级的下基层以及中、轻交通的基层。

3 用作上基层的半刚性材料宜选用骨架密实型级配，应具有一定的强度、抗疲劳开裂性能与抗冲刷能力。

4 各类半刚性材料的压实度和7d龄期无侧限抗压强度代表值应符合表4.3.3-1～表4.3.3-4的规定。

表4.3.3-1 水泥稳定类材料的压实度与7d龄期抗压强度

层位	稳定类型	特重交通		重、中交通		轻交通	
		压实度（%）	抗压强度（MPa）	压实度（%）	抗压强度（MPa）	压实度（%）	抗压强度（MPa）
上基层	集料	≥98	3.5～4.5	≥98	3～4	≥97	2.5～3.5
	细粒土	—	—	—	—	≥96	
下基层	集料	≥97	≥2.5	≥97	≥2.0	≥96	≥1.5
	细料土	≥96		≥96		≥95	

表 4.3.3-2　水泥粉煤灰稳定类材料的压实度与7d龄期抗压强度

<table>
<tr><th rowspan="2">层位</th><th rowspan="2">类别</th><th colspan="2">特重、重、中交通</th><th colspan="2">轻交通</th></tr>
<tr><th>压实度（%）</th><th>抗压强度（MPa）</th><th>压实度（%）</th><th>抗压强度（MPa）</th></tr>
<tr><td>上基层</td><td>集料</td><td>≥98</td><td>1.5～3.5</td><td>≥97</td><td>1.2～1.5</td></tr>
<tr><td>下基层</td><td>集料</td><td>≥97</td><td>≥1.0</td><td>≥96</td><td>≥0.6</td></tr>
</table>

表 4.3.3-3　石灰粉煤灰稳定类材料的压实度与7d龄期抗压强度

<table>
<tr><th rowspan="2">层位</th><th rowspan="2">稳定类型</th><th colspan="2">特重、重、中交通</th><th colspan="2">轻交通</th></tr>
<tr><th>压实度（%）</th><th>抗压强度（MPa）</th><th>压实度（%）</th><th>抗压强度（MPa）</th></tr>
<tr><td rowspan="2">上基层</td><td>集料</td><td>≥98</td><td>≥0.8</td><td>≥97</td><td rowspan="2">≥0.6</td></tr>
<tr><td>细粒土</td><td>—</td><td>—</td><td>≥96</td></tr>
<tr><td rowspan="2">下基层</td><td>集料</td><td>≥97</td><td rowspan="2">≥0.6</td><td>≥96</td><td rowspan="2">≥0.5</td></tr>
<tr><td>细料土</td><td>≥96</td><td>≥95</td></tr>
</table>

表 4.3.3-4　石灰稳定类材料的压实度与7d龄期抗压强度

<table>
<tr><th rowspan="2">层位</th><th rowspan="2">类别</th><th colspan="2">重、中交通</th><th colspan="2">轻交通</th></tr>
<tr><th>压实度（%）</th><th>抗压强度（MPa）</th><th>压实度（%）</th><th>抗压强度（MPa）</th></tr>
<tr><td rowspan="2">上基层</td><td>集料</td><td>—</td><td rowspan="2">—</td><td>≥97</td><td rowspan="2">≥0.8</td></tr>
<tr><td>细粒土</td><td>—</td><td>≥95</td></tr>
<tr><td rowspan="2">下基层</td><td>集料</td><td>≥97</td><td rowspan="2">≥0.8</td><td>≥96</td><td rowspan="2">≥0.7</td></tr>
<tr><td>细料土</td><td>≥95</td><td>≥95</td></tr>
</table>

注：1　对于轻交通道路，在低塑性土（塑性指数小于10）地区，石灰稳定砂砾土和碎石土的7d龄期抗压强度应大于0.5MPa；

2　轻交通支路，压实机具有困难时，石灰稳定细料土压实度可降低1%。

4.3.4　刚性基层应符合下列规定：

1　刚性基层适用于重交通、特重交通及港区等的道路工程。

2　贫混凝土基层材料的强度要求应符合表4.3.4-1的规定。

表 4.3.4-1　贫混凝土基层材料的强度要求（MPa）

试验项目	特重、重交通	中交通
7d龄期抗压强度	9.0～15.0	7.0～12.0
28d龄期抗压强度	12.0～20.0	9.0～16.0
28d龄期抗弯拉强度	2.5～3.5	2.0～3.0

3 多孔混凝土基层材料的强度要求应符合表 4.3.4-2 的规定。

表 4.3.4-2 多孔混凝土基层材料的强度要求（MPa）

试验项目	特重	重
7d 龄期抗压强度	5.0～8.0	3.0～5.0
28d 龄期抗弯拉强度	1.5～2.5	1.0～2.0

4 刚性基层应设置横缝和纵缝，并应灌入填缝料，其上应设置粘结层。

4.3.5 柔性基层应符合下列规定：

1 热拌沥青碎石宜用于重交通及以下道路的基层；级配碎石可用于中、轻交通道路的下基层及轻交通道路的基层；级配砾石可用于轻交通道路的下基层。

2 密级配沥青稳定碎石（ATB）、半开级配沥青碎石（AM）和开级配沥青稳定碎石（ATPB），混合料配合比设计技术要求应符合表 4.3.5 的规定。

表 4.3.5 沥青稳定碎石马歇尔试验配合比设计技术要求

试验项目	单位	密级配沥青稳定碎石（ATB）		半开级配沥青碎石（AM）	开级配沥青稳定碎石（ATPB）
公称最大粒径	mm	26.5	≥31.5	≥26.5	≥26.5
马歇尔试件尺寸	mm	ϕ101.6×63.5	ϕ152.4×95.3	ϕ152.4×95.3	ϕ152.4×95.3
击实次数（双面）	次	75	112	112	75
空隙率[①]	%	3～6		12～18	≥18
稳定度	kN	≥7.5	≥15	—	—
流值	mm	1.5～4	实测	—	—
沥青饱和度	%	55～70		—	—
沥青膜厚度	μm	—		>12	—
谢伦堡沥青析漏试验的结合料损失	%	—		≤0.2	—
肯塔堡飞散试验的混合料损失或浸水飞散试验	%	—		≤20	—

续表 4.3.5

试验项目	单位	密级配沥青稳定碎石（ATB）	半开级配沥青碎石（AM）	开级配沥青稳定碎石（ATPB）
密级配基层 ATB 的矿料间隙率不小于（%）	设计空隙率（%）	ATB-40	ATB-30	ATB-25
	4	11	11.5	12
	5	12	12.5	13
	6	13	13.5	14

注：① 在干旱地区，可将密级配沥青稳定碎石基层的空隙率适当放宽到 8%。

4.3.6 旧路面再生混合料应符合下列规定：

1 应在对旧路面材料充分调查分析的基础上，根据工程要求、道路等级、气候条件、交通情况，充分借鉴成功经验，进行再生混合料设计。

2 热再生沥青混合料的技术要求应符合热拌沥青混合料技术要求的规定。

3 用作道路基层时，使用乳化沥青、泡沫沥青的冷再生沥青混合料技术要求应符合表 4.3.6-1 的规定；使用无机结合料稳定旧路面沥青混合料技术要求应符合表 4.3.6-2 的规定。

表 4.3.6-1 乳化沥青、泡沫沥青冷再生沥青混合料的技术要求

试验项目		乳化沥青	泡沫沥青
	空隙率（%）	9～14	—
15℃劈裂试验	劈裂强度（MPa）	≥0.4	≥0.4
	干湿劈裂强度比（%）	≥75	≥75
40℃马歇尔试验	马歇尔稳定度（kN）	≥5.0	≥5.0
	浸水马歇尔残留稳定度（%）	≥75	≥75
冻融劈裂强度比（%）		≥70	≥70

注：宜使用劈裂试验作为设计要求。

表 4.3.6-2 无机结合料稳定旧沥青混合料技术要求

试验项目		水泥		石灰	
		特重、重	中、轻	重	中、轻
7d 龄期抗压强度（MPa）	上基层	3.0～5.0	2.5～3.0	—	≥0.8
	下基层	1.5～2.5	1.5～2.0	≥0.8	0.5～0.7

5 沥青路面

5.1 一 般 规 定

5.1.1 沥青路面设计应包括交通量预测与分析，材料选择，混合料配合比设计，设计参数的测试和确定，路面结构组合设计与厚度计算，路面排水系统设计。

5.1.2 沥青路面在设计基准期内应具有足够的抗车辙、抗裂、抗疲劳的品质和良好的平整、抗滑、耐磨与低噪声性能等使用功能要求。

5.2 面层类型与材料

5.2.1 应根据使用要求、气候特点、交通荷载与结构层功能要求等因素，结合沥青层厚度和当地经验，合理地选择各结构层的沥青混合料类型，宜符合下列规定：

1 表面层宜选用 SMA、AC-C 和 OGFC 沥青混合料。

2 在各个沥青层中至少有一层应为密级配沥青混合料。

5.2.2 热拌沥青混合料应符合下列规定：

1 主要类型应符合表 5.2.2-1 的规定。根据集料在关键性筛孔上的通过百分率，将密级配 AC 混合料可分为粗型和细型两类。关键性筛孔尺寸以及在该筛孔上通过百分率应符合表 5.2.2-2 的规定。

表 5.2.2-1 热拌沥青混合料类型

沥青混合料类型		混合料代号	最大粒径（mm）	公称最大粒径（mm）
密级配沥青混凝土（AC）	AC-5	砂粒式	9.5	4.75
	AC-10	细粒式	13.2	9.5
	AC-13		16	13.2
	AC-16	中粒式	19	16
	AC-20		26.5	19
	AC-25	粗粒式	31.5	26.5
沥青玛瑞脂碎石混合料（SMA）	SMA-10	细粒式	13.2	9.5
	SMA-13		16	13.2
	SMA-16	中粒式	19	16
	SMA-20		26.5	19

续表 5.2.2-1

沥青混合料类型		混合料代号	最大粒径（mm）	公称最大粒径（mm）
开级配沥青磨层（OGFC）	OGFC-10	细粒式	13.2	9.5
	OGFC-13		16	13.2
半开级配沥青碎石（AM）	AM-13	细粒式	16	13.2
	AM-16	中粒式	19	16
	AM-20		26.5	19

表 5.2.2-2　粗型和细型密级配沥青混凝土的关键性筛孔通过率

混合料类型	用以分类的关键性筛孔（mm）	粗型密级配		细型密级配	
		名称	关键性筛孔通过率（%）	名称	关键性筛孔通过率（%）
AC-10	2.36	AC-10C	<45	AC-10F	>45
AC-13	2.36	AC-13C	<40	AC-13F	>40
AC-16	2.36	AC-16C	<38	AC-16F	>38
AC-20	4.75	AC-20C	<45	AC-20F	>45
AC-25	4.75	AC-25C	<40	AC-25F	>40

2　宜根据本规范附录 B 表 B.1 级配范围或实践经验采用马歇尔试验法进行配合比设计，应选用实体工程的原材料。

3　性能技术要求应符合下列规定：

1） 高温稳定性应采用车辙试验的动稳定度来评价。按交通等级、结构层位和温度分区的不同，应分别符合表 5.2.2-3 的要求。对交叉口进口道和公交车停靠站路段及长大陡纵坡路段的沥青混合料，应提高一个交通等级进行设计。

表 5.2.2-3　热拌沥青混合料动稳定度技术要求（次/mm）

交通等级	结构层位	温度分区			
		1-1、1-2、1-3、1-4	2-1	2-2、2-3、2-4	3-2
轻、中	上	≥1500	≥800	≥1000	≥800
	中、下	≥1000	≥800	≥800	≥800
重	上、中	≥3000	≥2000	≥2500	≥1500
	下	≥1200	≥800	≥800	≥800

续表 5. 2. 2-3

交通等级	结构层位	温 度 分 区			
		1-1、1-2、1-3、1-4	2-1	2-2、2-3、2-4	3-2
特重	上、中	≥5000	≥3000	≥4000	≥2000
	下	≥1500	≥1000	≥1500	≥800

2）水稳定性技术要求应符合表 5. 2. 2-4 的规定。

表 5. 2. 2-4 热拌沥青混合料水稳定性技术要求

年降水量（mm）	≥500	<500
冻融劈裂强度比（%）	≥75	≥70
浸水马歇尔残留稳定度（%）	≥80	≥75

注：对多雨潮湿地区的重交通、特重交通等道路，其冻融劈裂强度比的指标值可增加至 80%。

3）应根据气候条件检验密级配沥青混合料的低温抗裂性能，热拌沥青混合料低温性能技术要求宜符合表 5. 2. 2-5 的规定。

表 5. 2. 2-5 热拌沥青混合料低温性能技术要求

气候条件及技术指标	年极端最低气温（℃）			
	<－37.0	－21.5～－37.0	－9.0～－21.5	>－9.0
普通沥青混合料极限破坏应变（10^{-6}）	≥2600	≥2300	≥2000	
改性沥青混合料极限破坏应变（10^{-6}）	≥3000	≥2800	≥2500	

5. 2. 3 沥青表面处治设计应符合下列规定：

1 沥青表面处治分为单层、双层、三层，单层厚度宜为 10mm～15mm、双层厚度宜为 15mm～25mm、三层厚度宜为 25mm～30mm。

2 沥青表面处治采用道路石油沥青或乳化沥青作为结合料，集料的规格与用量应符合本规范附录 B 表 B. 2 的规定。

5. 2. 4 稀浆罩面设计应符合下列规定：

1 稀浆罩面分为微表处和稀浆封层，所用集料的级配组成应符合本规范附录 B 表 B. 3 的规定。

2 微表处混合料类型、稀浆封层混合料类型、单层厚度要求及其适用性应符合表 5. 2. 4-1 的规定。

表 5.2.4-1 微表处与稀浆封层类型及其适用性

封层类型	材料规格	单层厚度(mm)	适用性
微表处	MS-2 型	4～7	中交通等级快速路和主干路的罩面
	MS-3 型	8～10	重交通快速路、主干路的罩面
稀浆封层	ES-1 型	2.5～3	支路、停车场的罩面
	ES-2 型	4～7	轻交通次干路的罩面，以及新建道路的下封层
	ES-3 型	8～10	中交通次干路的罩面，以及新建道路的下封层

3 微表处混合料与稀浆封层混合料的技术要求应符合表 5.2.4-2 的规定。

表 5.2.4-2 微表处混合料和稀浆封层混合料技术要求

试验项目		微表处	稀浆封层	
			快开放交通型	慢开放交通型
可拌合时间（s）	25℃	≥120	≥120	≥180
黏聚力试验（N·m）	30min	≥1.2	≥1.2	—
	60min	≥2.0	≥2.0	—
负荷车轮粘附砂量（g/m^2）		≤450	≤450①	
湿轮磨耗损失（g/m^2）	浸水 1h	≤540	≤800	
	浸水 6d	≤800	—	
轮辙变形试验的宽度变化率（%）②		≤5	—	

注：① 用于轻交通量道路的罩面和下封层时，可不要求粘附砂量指标。
② 微表处混合料用于修复车辙时，应进行轮辙试验。

5.2.5 沥青面层用材料包括沥青材料、集料、填料、纤维和各类外加剂，应符合下列规定：

1 沥青材料品种与标号的选择应根据道路等级、气候条件、交通量及其组成、面层结构与层次、施工工艺等因素，结合当地使用经验确定，并应符合表 5.2.5-1 的规定。

表 5.2.5-1 沥青材料的适用范围

沥青材料类型	适用范围
道路石油沥青	中交通的表面层、重交通的中下面层以及特重交通的下面层

续表 5.2.5-1

沥青材料类型	适　用　范　围
改性沥青	特重交通、重交通、交叉口进口道、公交车专用道与停靠站、长大纵坡、气候严酷地区的沥青路面
乳化沥青	透层、粘层、稀浆封层、冷拌沥青混合料与表面处治
改性乳化沥青	交通量较大或重要道路的粘层、稀浆封层、桥面铺装的粘层、表面处治、冷拌沥青混合料、微表处等
液体石油沥青	透层、表面处治或冷拌沥青混合料
泡沫沥青	厂拌冷再生混合料、就地冷再生混合料

2 粗集料可选用碎石或轧制的碎砾石，支路可选用经筛选的砾石，并应符合下列规定：

1）粗集料规格应符合本规范附录 B 表 B.4 的规定。

2）沥青表面层所用粗集料的磨光值技术要求应符合表 5.2.5-2 的规定。

表 5.2.5-2　粗集料磨光值（PSV）的技术要求

年降雨量（mm）	快速路与主干路	次干路	支　路
＞1000	≥42	≥40	≥38
500～1000	≥40	≥38	≥36
250～500	≥38	≥36	—
＜250	≥36	—	—

3）对年平均降雨量在 1000mm 以上地区的快速路和主干路，表面层所用粗集料与沥青的粘附性应达到 5 级；其他情况粘附性不宜低于 4 级。

3 细集料可选用机制砂、天然砂、石屑，并应符合下列规定：

1）细集料应洁净、无杂质、干燥、无风化，并应具有一定棱角性，应符合本规范附录 B 表 B.5 的规定。

2）天然砂宜选用中砂、粗砂，天然河砂不宜超过细集料总质量的 20%。

3）在 SMA 混合料和 OGFC 混合料中不宜使用天然砂。

4 矿粉应采用石灰石等碱性石料磨细的石粉。

5 纤维稳定剂应根据混合料类型与使用要求合理选用。

5.3 路面结构组合设计

5.3.1 沥青面层结构应符合下列规定：

1 双层式沥青面层结构分为表面层、下面层。

2 三层式沥青面层结构分为表面层、中面层、下面层。

3 单层式面层应加铺封层，或者铺筑微表处作为抗滑磨耗层。

5.3.2 面层各层的混合料类型应与交通荷载等级以及使用要求相适应，并应符合下列规定：

1 表面层应选用优质混合料铺设，并根据道路交通等级选择。

1） 轻交通道路，宜选用密级配细型 AC-F 混合料。

2） 中交通道路，宜选用密级配粗型 AC-C 混合料。

3） 特重交通和重交通道路，应选用 SMA 混合料或密级配粗型 AC-C 混合料，结合料应使用改性沥青。

4） 支路可选用沥青表面处治、沥青封层或沥青贯入式。

5） 交通量小的支路可选用冷拌沥青混合料。

2 中面层和下面层应采用密级配 AC 混合料。在特重交通和重交通道路上，宜使用 SMA 混合料或改性沥青密级配 AC 混合料。

3 在年平均降雨量大于 800mm 的地区，快速路宜选用开级配沥青混合料 OGFC 作为沥青表面磨耗层或者排水路面的表面层。

5.3.3 各类沥青面层的厚度应与混合料最大公称粒径相匹配，沥青混合料一层的最小压实厚度宜符合下列规定：

1 AC 混合料路面厚度不宜小于混合料公称最大粒径的 3 倍。

2 SMA 混合料和 OGFC 混合料路面厚度不宜小于混合料公称最大粒径的 2.5 倍。

3 沥青混合料的最小压实厚度与适宜厚度宜符合表 5.3.3-1 的规定，沥青贯入式、沥青表面处治的压实厚度与适宜厚度宜符合表 5.3.3-2 的规定。

表 5.3.3-1 沥青混合料的最小压实厚度及适宜厚度

沥青混合料类型	最大粒径（mm）		公称最大粒径（mm）	符号	最小压实厚度（mm）	适宜厚度（mm）
密级配沥青混合料（AC）	砂粒式	9.5	4.75	AC-5	15	15～30
	细粒式	13.2	9.5	AC-10	20	25～40
		16	13.2	AC-13	35	40～60

续表 5.3.3-1

<table>
<tr><th>沥青混合料类型</th><th colspan="2">最大粒径（mm）</th><th>公称最大粒径（mm）</th><th>符号</th><th>最小压实厚度（mm）</th><th>适宜厚度（mm）</th></tr>
<tr><td rowspan="3">密级配沥青混合料（AC）</td><td rowspan="2">中粒式</td><td>19</td><td>16</td><td>AC-16</td><td>40</td><td>50～80</td></tr>
<tr><td>26.5</td><td>19</td><td>AC-20</td><td>50</td><td>60～100</td></tr>
<tr><td>粗粒式</td><td>31.5</td><td>26.5</td><td>AC-25</td><td>70</td><td>80～120</td></tr>
<tr><td rowspan="4">沥青玛琋脂碎石混合料（SMA）</td><td rowspan="2">细粒式</td><td>13.2</td><td>9.5</td><td>SMA-10</td><td>25</td><td>25～50</td></tr>
<tr><td>16</td><td>13.2</td><td>SMA-13</td><td>30</td><td>35～60</td></tr>
<tr><td rowspan="2">中粒式</td><td>19</td><td>16</td><td>SMA-16</td><td>40</td><td>40～70</td></tr>
<tr><td>26.5</td><td>19</td><td>SMA-20</td><td>50</td><td>50～80</td></tr>
<tr><td rowspan="2">开级配沥青磨耗层（OGFC）</td><td rowspan="2">细粒式</td><td>13.2</td><td>9.5</td><td>OGFC-10</td><td>20</td><td>20～30</td></tr>
<tr><td>16</td><td>13.2</td><td>OGFC-13</td><td>30</td><td>30～40</td></tr>
<tr><td rowspan="3">半开级配沥青碎石（AM）</td><td>细粒式</td><td>16</td><td>13.2</td><td>AM-13</td><td>35</td><td>40～60</td></tr>
<tr><td rowspan="2">中粒式</td><td>19</td><td>16</td><td>AM-16</td><td>40</td><td>50～70</td></tr>
<tr><td>26.5</td><td>19</td><td>AM-20</td><td>50</td><td>60～80</td></tr>
</table>

表 5.3.3-2 沥青贯入式、沥青表面处治压实最小厚度与适宜厚度

结构层类型	最小压实厚度（mm）	适宜厚度（mm）
沥青贯入式	40	40～80
沥青表面处治	10	10～30

5.3.4 特重交通道路应适当加厚面层或采取措施提高沥青混合料的抗剪强度。

5.3.5 应减少半刚性基层沥青路面收缩开裂和反射裂缝，可选择采取下列措施：

1 适当增加沥青层的厚度。

2 在半刚性材料层上设置沥青稳定碎石或级配碎石等柔性基层。

3 在半刚性基层上设置应力吸收层或铺设经实践证明有效的土工合成材料等。

5.3.6 沥青路面各结构层之间应保持紧密结合，并应符合下列规定：

1 各个沥青层之间应设粘层。

2 各类基层上宜设透层。

3 快速路、主干路的半刚性基层上应设下封层。

5.3.7 非机动车道、人行道与步行街采用沥青路面铺装时，沥青混合料面层厚度不应小于 30mm，沥青石屑、沥青砂面层厚度不应小于 20mm。

5.4 路面结构设计指标与要求

5.4.1 沥青路面结构设计应满足结构整体刚度、沥青层或半刚性基层抗疲劳开裂和沥青层抗变形的要求。应根据道路等级与类型选择路表弯沉值、柔性基层沥青层层底拉应变、半刚性材料基层层底拉应力和沥青层剪应力作为沥青路面结构设计指标，并应符合下列规定：

1 快速路、主干路和次干路应采用路表弯沉值、半刚性材料基层层底拉应力、沥青层剪应力或柔性基层沥青层层底拉应变作为设计指标。

2 支路可仅采用路表弯沉值为设计指标。

3 可靠度系数可根据当地相关研究成果选择；当无资料时可按表 5.4.1 取用。

表 5.4.1 可靠度系数

变异水平等级	目标可靠度（%）		
	95	90	85
低	1.05～1.10	1.03～1.06	1.00～1.03
中	—	1.06～1.10	1.03～1.06
高	—	—	1.06～1.10

5.4.2 沥青路面结构设计的各项设计指标应符合下列规定：

1 轮隙中心处路表计算的弯沉值应小于或等于路表的设计弯沉值，应满足下式要求：

$$\gamma_a l_s \leqslant l_d \tag{5.4.2-1}$$

式中：γ_a——沥青路面可靠度系数，可按本规范第 5.4.1 条规定的方法确定；

l_s——轮隙中心处路表计算的弯沉值（0.01mm），可按本规范第 5.5.2 条的规定进行计算；

l_d——路表的设计弯沉值（0.01mm），可按本规范第 5.4.3 条规定的方法确定。

2 柔性基层沥青层层底计算的最大拉应变应小于或等于材料的容许拉应变，应满足下式要求：

$$\gamma_a \varepsilon_t \leqslant [\varepsilon_R] \tag{5.4.2-2}$$

式中：ε_t——柔性基层沥青层层底计算的最大拉应变，可按本规范第 5.5.3 条的规定进行计算；

$[\varepsilon_R]$——沥青层材料的容许拉应变，可按本规范第 5.4.4 条规定的方法确定。

3 半刚性材料基层层底计算的最大拉应力应小于或等于材料的容许抗拉强度，应满足下式要求：

$$\gamma_a\sigma_m \leqslant [\sigma_R] \tag{5.4.2-3}$$

式中：σ_m——半刚性材料基层层底计算的最大拉应力（MPa），可按本规范第 5.5.4 条规定的方法计算；

$[\sigma_R]$——半刚性材料的容许抗拉强度（MPa），可按本规范第 5.4.5 条规定的方法确定。

4 沥青面层计算的最大剪应力应小于或等于材料的容许抗剪强度，应满足下式要求：

$$\gamma_a\tau_m \leqslant [\tau_R] \tag{5.4.2-4}$$

式中：τ_m——沥青面层计算的最大剪应力（MPa），可按本规范第 5.5.5 条的规定进行计算；

$[\tau_R]$——沥青面层的容许抗剪强度（MPa），可按本规范第 5.4.6 条规定的方法确定。

5.4.3 沥青路面路表设计弯沉值应根据道路等级、设计基准期内累计当量轴次、面层和基层类型按下式计算确定：

$$l_d = 600N_e^{-0.2}A_cA_sA_b \tag{5.4.3}$$

式中：A_c——道路等级系数，快速路、主干路为 1.0，次干路为 1.1，支路为 1.2；

A_s——面层类型系数，沥青混合料为 1.0，热拌、温拌或冷拌沥青碎石、沥青贯入式和沥青表面处治为 1.1；

A_b——基层类型系数，无机结合料类（半刚性）基层为 1.0，沥青类基层和粒料基层为 1.6。

5.4.4 沥青路面材料的容许拉应变 $[\varepsilon_R]$ 应按下列公式计算确定：

$$[\varepsilon_R] = 0.15E_m^{-1/3}10^{M/4}Ne_e^{-1/4} \tag{5.4.4-1}$$

$$M = 4.84\left(\frac{V_b}{V_b + V_a} - 0.69\right) \tag{5.4.4-2}$$

式中：M——沥青混合料空隙率与有效沥青含量的函数；

E_m——沥青混合料 20℃动态回弹模量（MPa）；

V_b——有效沥青含量，以体积比计，（%）；

V_a——空隙率（%）。

5.4.5 半刚性材料的容许抗拉强度应按下式计算：

$$[\sigma_R] = \frac{\sigma_s}{K_s} \tag{5.4.5-1}$$

式中：σ_s——对水泥稳定类材料，为90d龄期的劈裂强度；对二灰稳定类和石灰稳定类材料，为180d龄期的劈裂强度；对水泥粉煤灰稳定材料，为龄期120d龄期的劈裂强度（MPa）；

K_s——抗拉强度结构系数，应依据结构层的混合料类型按下列要求进行计算：

1）无机结合料稳定集料类的抗拉强度结构系数应按下式计算：

$$K_{sr}=0.35N_e^{0.11}/A_c \tag{5.4.5-2}$$

2）无机结合料稳定细粒土类的抗拉强度结构系数应按下式计算：

$$K_{st}=0.45N_e^{0.11}/A_c \tag{5.4.5-3}$$

5.4.6 沥青混面层材料的容许抗剪强度应按下式计算：

$$[\tau_R]=\frac{\tau_s}{K_r} \tag{5.4.6}$$

式中：τ_s——沥青面层材料的60℃抗剪强度（MPa），可按附录C表C.1或附录D试验确定；

K_r——抗剪强度结构系数，对一般行驶路段$K_r=1.2/A_c$；对交叉口和公交车停车站缓慢制动路段$K_r=0.39N_p^{0.15}/A_c$；

N_p——公交车停车站或交叉口设计基准期内同一位置停车的累计当量轴次。

5.4.7 路面质量验收时，应对沥青路面弯沉进行检测和验收，并应符合下列规定：

1 应在不利季节采用BZZ-100标准轴载实测轮隙中心处路表弯沉值，实测弯沉代表值应按下式计算：

$$l_0=(\overline{l_0}+Z_aS)K_1K_3 \tag{5.4.7-1}$$

式中：l_0——路段内实测路表弯沉代表值（0.01mm）；

$\overline{l_0}$——路段内实测路表弯沉平均值（0.01mm）；

S——路段内实测路表弯沉标准差（0.01mm）；

Z_a——与保证率有关的系数，快速路、主干路$Z_a=1.645$，其他等级道路沥青路面$Z_a=1.5$；

K_1——季节影响系数，可根据当地经验确定；

K_3——温度修正系数，可根据当地经验确定。

2 应按最后确定的路面结构厚度与材料模量，计算道路表面弯沉检测标准值l_a，实测弯沉代表值应满足下式要求：

$$l_0\leqslant l_a \tag{5.4.7-2}$$

式中：l_a——路表面弯沉检测标准值（0.01mm），按最后确定的路面结构厚度与材料模量计算的路表面弯沉值。

3 检测代表弯沉值应用标准轴载 BZZ-100 的汽车实测路表弯沉值，若为非标准轴载应进行换算。对半刚性基层结构宜采用 5.4m 的弯沉仪；对柔性结构可采用 3.6m 的弯沉仪测定。检测时，当沥青厚度小于或等于 50mm 时，可不进行温度修正；其他情况下均应进行温度修正。若在非不利季节测定，应考虑季节修正。

4 测定弯沉时应以 1km～3km 为一评定路段。检测频率视道路等级每车道每 10m～50m 测一点，快速路、主干路每公里检测不少于 80 个点，次干路及次干路以下等级道路每公里检测不少于 40 个点。

5.5 路面结构层的计算

5.5.1 新建沥青路面结构设计应采用双圆垂直均布荷载作用下的弹性层状连续体系理论进行计算。路面荷载与计算点如图 5.5.1 所示。

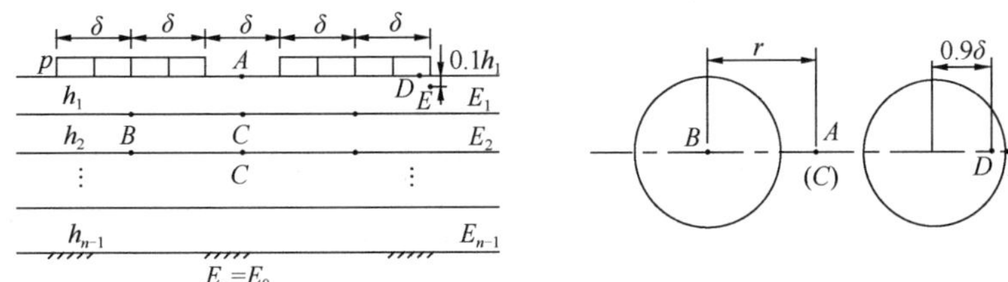

图 5.5.1 路面荷载与计算点

5.5.2 路表弯沉值计算点位置应为双轮轮隙中心点 A，计算弯沉值应按下列公式计算：

$$l_s = 1000\frac{2p\delta}{E_1}\alpha_w \cdot F \tag{5.5.2-1}$$

$$\alpha_w = f\left(\frac{h_1}{\delta}, \frac{h_2}{\delta}, \cdots \frac{h_{n-1}}{\delta}, \frac{E_2}{E_1}, \frac{E_3}{E_2}, \cdots \frac{E_0}{E_{n-1}}\right) \tag{5.5.2-2}$$

$$F = 1.63\left(\frac{l_s}{2000\delta}\right)^{0.38}\left(\frac{E_0}{p}\right)^{0.36} \tag{5.5.2-3}$$

式中：p——标准轴载下的轮胎接地压强（MPa）；

δ——当量圆半径（cm）；

α_w——理论弯沉系数；

E_0——路基抗压回弹模量值（MPa）；

E_1、E_2……E_{n-1}——各层材料抗压回弹模量值（MPa）；

h_1、h_2……h_{n-1}——各结构层设计厚度（cm）；

F——弯沉综合修正系数。

5.5.3 柔性基层沥青层层底拉应变的计算点位置应为沥青层底面单圆中心点 B 或双圆轮隙中心点 C，并应取较大值作为层底拉应变。柔性基层沥青层层底的最大拉应变应按下列公式计算：

$$\varepsilon_t = \frac{p}{E_m}\bar{\varepsilon}_t \tag{5.5.3-1}$$

$$\bar{\varepsilon}_t = \left(\frac{h_1}{\delta}, \frac{h_2}{\delta}, \cdots \frac{h_{n-1}}{\delta}, \frac{E_{m2}}{E_{m1}}, \frac{E_{m3}}{E_{m2}}, \cdots \frac{E_{m0}}{E_{mn-1}}\right) \tag{5.5.3-2}$$

式中：$\bar{\varepsilon}_t$——理论最大拉应变系数；

E_{m1}、E_{m2}……E_{mn-1}——各层材料动态抗压回弹模量值（MPa）；

E_{m0}——路基动态抗压回弹模量值（MPa）。

5.5.4 半刚性材料基层层底拉应力的计算点应为半刚性基层层底单圆荷载中心处 B 或双圆轮隙中心 C，并取较大值作为层底拉应力。层底最大拉应力应按下列公式计算：

$$\sigma_m = p\bar{\sigma}_m \tag{5.5.4-1}$$

$$\bar{\sigma}_m = f\left(\frac{h_1}{\delta}, \frac{h_2}{\delta}, \cdots \frac{h_{n-1}}{\delta}, \frac{E_2}{E_1}, \frac{E_3}{E_2}, \cdots \frac{E_0}{E_{n-1}}\right) \tag{5.5.4-2}$$

式中：$\bar{\sigma}_m$——理论最大拉应力系数；

E_1、E_2……E_{n-1}——各层材料抗压回弹模量值（MPa）。

5.5.5 沥青面层剪应力最大值计算点位置应取荷载外侧边缘路表距单圆荷载中心点 0.9δ 的点 D 或离路表 $0.1h_1$ 距单圆荷载中心点 δ 的点 E，并取较大值作为面层剪应力，应按下列公式计算：

$$\tau_m = p\bar{\tau}_m \tag{5.5.5-1}$$

$$\bar{\tau}_m = f\left(f_h, \frac{h_1}{\delta}, \frac{h_2}{\delta}, \cdots \frac{h_{n-1}}{\delta}, \frac{E_2}{S_m}, \frac{E_3}{E_2}, \cdots \frac{E_0}{E_{n-1}}\right) \tag{5.5.5-2}$$

式中：$\bar{\tau}_m$——理论最大剪应力系数；

S_m——沥青表面层材料60℃抗压回弹模量值（MPa）；

E_2、E_3……E_{n-1}——各层材料抗压回弹模量值（MPa）；

f_h——水平力系数，对于一般行驶路段为0.5；对于公交车停车站、交叉口等缓慢制动路段为0.2。

5.5.6 路面设计抗压回弹模量、劈裂强度和抗剪强度等设计参数应根据道路等级和设计阶段的要求确定，并应符合下列规定：

1 可行性研究阶段可按本规范附录C确定设计参数。

2 快速路、主干路初步设计或次干路（含）以下道路施工图设计时，可借鉴本地区已有的试验资料或工程经验确定。

3 快速路、主干路施工图设计时，设计参数应通过试验确定。当采用新材料时，必须实测设计参数。

5.5.7 材料设计参数的确定应符合下列规定：

1 计算路表弯沉时，设计参数应采用抗压回弹模量，沥青层模量取20℃时的抗压回弹模量。计算路表弯沉值时，抗压回弹模量设计值 E 应按下式计算：

$$E=\overline{E}-Z_{\alpha}S \quad (5.5.7\text{-}1)$$

式中：$\overline{E}$ ——各试件模量的平均值（MPa）；

S——各试件模量的标准差；

Z_{α} ——保证率系数，取 2.0。

2 计算柔性基层沥青层层底拉应变时，沥青层模量采用 20℃回弹模量，可按本规范附录 C 表 C.3 或附录 E 试验确定；半刚性基层的模量设计值，可按本规范附录 C 表 C.3 取值，松散粒料与土基模量可采用下式计算确定：

$$E_{m0}=17.63(CBR)^{0.64} \quad (5.5.7\text{-}2)$$

式中：E_{m0}——松散粒料与土基回弹模量（MPa）；

CBR——加州承载比（%）。

3 计算半刚性基层层底拉应力时，设计参数应采用抗压回弹模量，沥青层模量取 15℃时的抗压回弹模量。

半刚性材料应在规定的龄期下测试抗压回弹模量，水泥稳定类材料的龄期为 90d、二灰稳定类和石灰稳定类材料的龄期为 180d、水泥粉煤灰稳定材料的龄期为 120d。

计算层底拉应力时应考虑模量的最不利组合。在计算层底拉应力时，计算层以下各层的模量应采用式（5.5.7-1）计算其模量设计值；计算层及以上各层模量应采用式（5.5.7-3）计算其模量设计值。

$$E=\overline{E}+Z_{\alpha}S \quad (5.5.7\text{-}3)$$

4 计算沥青层剪应力时，设计参数采用抗压回弹模量，沥青上面层取 60℃的抗压回弹模量，可按本规范附录 C 表 C.1 取用，模量设计值采用式（5.5.7-1）计算，中下沥青面层取 20℃的抗压回弹模量，模量设计值采用式（5.5.7-3）计算。

5 路基回弹模量应在不利季节用标准承载板实测确定；当受条件限制时，可在土质与水文条件相近的临近路段测定，亦可现场取土样在室内测定。

5.5.8 沥青路面结构设计宜按下列主要步骤进行：

1 根据道路等级、使用要求、交通条件、投资水平、材料供应、施工技术等确定路面等级、面层类型，初拟路面结构整体结构类型；

2 根据土质、水文状况、工程地质条件、施工条件等，将路基分段，确定土基回弹模量；

3 收集调查交通量，计算设计基准期内一个方向上设计车道的累计当量轴次；

4 进行路面结构组合设计，确定各层材料设计参数；

5 根据道路等级和基层类型确定设计指标（设计弯沉、容许抗拉强度、容许抗剪强度、容许拉应变），根据面层类型、道路等级和变异水平等级确定可靠度系数；

6 进行路面结构厚度设计，路面结构设计应满足各设计指标要求；

7 对于季节性冰冻地区应验算防冻厚度；

8 按全寿命周期费用分析的理念进行技术经济对比，确定路面结构方案。

5.6 加铺层结构设计

5.6.1 沥青路面加铺层设计应符合下列规定：

1 应调查旧路面现状，分析路面损坏原因，对路面破损程度进行分段评价。旧路面的主要调查分析宜包括下列主要内容：

1）调查破损情况包括裂缝率、车辙深度、修补面积等。

2）评价旧路面结构承载能力。

3）进行分层钻孔取样和试验，采集沥青混合料和基层、路基的样品，分析破坏原因，判断其破坏层位和利用的可能性。

4）钻孔取样调查路床范围内路基土的分层含水量与土质类型及承载力等，分析路基的稳定性、强度以及路基路面范围内排水状况等。

2 设计应根据下列情况将全线划分为若干段。分段时，应符合下列规定：

1）将旧路面的破损形态、弯沉值、破损原因相近的划分为一个路段。

2）在同一路段内，若局部路段弯沉值很大，可先修补处理再进行补强，此时，该段计算代表弯沉时可不考虑个别弯沉值大的点。

3）宜按 1km 为单位对路况进行评价。在水文、土质条件复杂或需要特殊处理的路段，其分段最小长度可视实际情况确定。

3 各路段的计算弯沉代表值 l'_0 应按下式计算：

$$l'_0=(\overline{l'_0}+Z_\alpha S)K_1K_2K_3 \tag{5.6.1-1}$$

式中：l'_0——旧路面的计算弯沉代表值（0.01mm）；

$\overline{l'_0}$——旧路面的计算弯沉平均值（0.01mm）；

K_2——湿度影响系数，根据当地经验确定。

4 旧沥青路面处理应符合下列规定：

1）沥青路面整体强度基本符合要求，车辙深度小于10mm，轻度裂缝而平整度及抗滑性能差时，可直接加铺罩面，恢复表面使用功能。

2）对中度、重度裂缝段宜视具体情况铣刨路面，否则，应进行灌缝、修补坑槽等处理，必要时采取防裂措施后再加铺沥青层。对沥青层网裂、龟裂或沥青老化的路段应进行铣刨并清除干净，并设粘层沥青后，再加铺沥青层。

3）对整体强度不足或破损严重的路段，视路面破损程度确定挖除深度、范围以及加铺层的结构和厚度。

5 可用沥青混合料罩面、表面处治或其他预防性养护措施改善提高沥青表面层的服务功能。一般单层沥青混合料罩面厚度可为30mm～50mm；超薄磨耗层厚度宜为20mm～25mm。也可选用稀浆封层、微表处或养护剂等处治措施。

6 旧路面当量回弹模量的计算应符合下列规定：

1）各路段的当量回弹模量应根据各路段的计算弯沉值，按下式计算：

$$E_t = 1000\frac{2p\delta}{l'_0}m_1m_2 \tag{5.6.1-2}$$

式中：E_t——旧路面的当量回弹模量（MPa）；

m_1——用标准轴载的汽车在旧路面上测得的弯沉值与用承载板在相同压强条件下所测得的回弹变形值之比，即轮板对比值，应根据各地的对比试验结果论证确定，在没有对比试验资料的情况下，可取$m_1=1.1$进行计算；

m_2——旧路面当量回弹模量扩大系数。计算与旧路面接触的补强层层底拉应力时，m_2按下式计算；计算其他补强层层底拉应力、拉应变及弯沉值时，$m_2=1.0$。

$$m_2 = e^{0.037\frac{h'}{\delta}\left(\frac{E_{n-1}}{p}\right)^{0.25}} \tag{5.6.1-3}$$

式中：E_{n-1}——与旧路面接触层材料的抗压模量（MPa）；

h'——各补强层换算为与旧路面接触层E_{n-1}相当的等效总厚度（cm）。

2）等效总厚度按下式计算：

$$h' = \sum_{i=1}^{n-1}h_i(E_i/E_{n-1})^{0.25} \tag{5.6.1-4}$$

式中：E_i——第 i 层补强层材料的抗压回弹模量（MPa）；

h_i——第 i 层补强层的厚度（cm）；

$n-1$——补强层层数。

7 加铺层结构设计应符合下列规定：

1）当强度不足时应进行补强设计，设计方法与新建路面相同。

2）加铺层的结构设计，应根据旧路面综合评价，道路等级、交通量，考虑与周围环境相协调，结合纵、横断面调坡设计等因素，选用直接加铺或开挖旧路至某一结构层位，采取加铺一层或多层沥青补强层，或加铺半刚性基层、贫混凝土基层等结构层设计方案。

8 加铺层设计宜符合下列步骤：

1）计算旧路面的当量回弹模量。

2）拟定几种可行的结构组合及设计层，并确定各补强层的材料参数。

3）根据加铺层的类型确定设计指标，当以路表回弹弯沉为设计指标时，弯沉综合修正系数宜按下式计算：

$$F=1.45\left(\frac{l_{\mathrm{s}}}{2000\delta}\right)^{0.61}\left(\frac{E_{\mathrm{t}}}{p}\right)^{0.61} \tag{5.6.1-5}$$

4）采用弹性层状体系理论设计程序计算设计层的厚度或进行结构验算。对季节性冰冻地区的中、潮湿路段还应验算防冻厚度。

5）根据各方案的计算结果，进行技术经济比较，确定补强设计方案。

5.6.2 水泥混凝土路面加铺沥青路面应符合下列规定：

1 旧水泥混凝土路面调查内容如下：

1）调查破碎板块、开裂板块、板边角的破损状况，计算每公里断板率。调查纵、横向接缝拉开宽度、错台位置与高度，计算错台段的平均错台高度；调查板底脱空位置等。

2）用落锤式弯沉仪或贝克曼弯沉仪进行测定旧水泥混凝土路面承载能力、接缝传荷能力与板底脱空状况。

3）选择典型路面状况，分层钻芯取样，测定旧混凝土强度、模量等，分析破坏原因。

2 旧路面接缝传荷能力的评价应符合下列规定：

1）横向接缝两侧板边的弯沉差宜按下式计算：

$$\Delta_{\mathrm{w}}=w_{l}-w_{\mathrm{u}} \tag{5.6.2-1}$$

式中：Δ_w——弯沉差（0.01mm）；

w_u——未受荷板接缝边缘处的弯沉值（mm）；

w_l——受荷板接缝边缘处的弯沉值（mm）。

2）测定横向接缝两侧板边的弯沉时，宜用平均弯沉值评价混凝土板的承载能力，并区分不同情形对旧板进行处治。平均弯沉值应按下式计算：

$$\overline{w}=\frac{w_u+w_l}{2} \tag{5.6.2-2}$$

式中：$\overline{w}$——平均弯沉值（0.01mm）。

3 根据破损调查和承载能力测试资料，旧水泥混凝土路面加铺层设计宜符合表5.6.2的规定。若路面结构承载能力不满足现有交通要求，应采取补强层措施。

4 沥青加铺层可设单层、双层或三层沥青面层，应根据具体情况增加调平层或补强层等。在稳定的旧水泥混凝土板上加铺沥青层时，对快速路、主干路厚度不宜小于100mm，其他道路不宜小于70mm。

表5.6.2 不同路面破损条件下旧水泥混凝土路面处理方法

旧路面状况	评价等级	平均弯沉值（0.01mm）	修补方法
路面破损状况	优和良	20～45	局部处理：更换破碎板、修补开裂板块、脱空板灌浆，使处治后的路段代表弯沉值低于20（0.01mm），然后加铺沥青层
	中及中以下	＞45	采取打裂或各种碎石化技术将混凝土板打碎，压实，然后加铺
接（裂）缝传荷能力不足	—	$\Delta_w\geqslant6$	压浆填封，或增加传力杆，或采取打裂工艺消除垂直、水平方向变形，然后加铺沥青层
板底脱空	—	—	灌浆或打裂工艺、压实，消除垂直、水平方向变形，使路面稳定，然后加铺沥青层

5 在旧水泥混凝土路面上加铺沥青层时宜采用热沥青、改性乳化沥青或改性沥青做粘层。宜设置20mm～25mm厚的聚合物改性沥青应力吸收层、橡胶沥青应力吸收层，或铺设长纤维无纺聚酯类土工织物等。

6 路面状况评价等级为中等及以下的旧水泥混凝土沥青加铺设计宜符合下列规定：

1）当旧路面板接缝或裂缝处平均弯沉大于45（0.01mm），小于或等于70（0.01mm）时，宜采取打裂措施，消除旧混凝土板脱空，与基层紧密结合稳定后，再加铺结构层。

2）当旧路面板接缝或裂缝处平均弯沉大于70（0.01mm）或旧混凝土板破碎严重时，可采用碎石化技术将旧路面板破碎成小块或碎石，作为下基层或垫层用。

6 水泥混凝土路面

6.1 一 般 规 定

6.1.1 水泥混凝土路面设计方案，应根据交通等级，结合当地气候、水文、土质、材料、施工技术、环境保护等，通过技术经济分析确定。水泥混凝土路面设计应包括结构组合与厚度、材料组成、接缝构造和钢筋配置等。

6.1.2 水泥混凝土路面结构应按规定的安全等级和目标可靠度，承受预期的交通荷载作用，并与所处的自然环境相适应，满足预定的使用性能要求。

6.2 设计指标与要求

6.2.1 材料性能和面层厚度的变异水平可分为低、中和高三级。各变异水平等级主要设计参数的变异系数变化范围应符合表6.2.1的规定。

表6.2.1 变异系数（c_v）的变化范围

变异水平等级	低 级	中 级	高 级
水泥混凝土弯拉强度、弯拉弹性模量	$c_v \leqslant 0.10$	$0.10 < c_v \leqslant 0.15$	$0.15 < c_v \leqslant 0.20$
基层顶面当量回弹模量	$c_v \leqslant 0.25$	$0.25 < c_v \leqslant 0.35$	$0.35 < c_v \leqslant 0.55$
水泥混凝土面层厚度	$c_v \leqslant 0.04$	$0.04 < c_v \leqslant 0.06$	$0.06 < c_v \leqslant 0.08$

6.2.2 水泥混凝土路面结构设计应以行车荷载和温度梯度综合作用产生的疲劳断裂作为设计的极限状态，应满足下式要求：

$$\gamma_c(\sigma_{pr} + \sigma_{tr}) \leqslant f_r \tag{6.2.2}$$

式中：γ_c——水泥混凝土路面可靠度系数，根据所选目标可靠度及变异水平等级按表6.2.2确定；

σ_{pr}——行车荷载疲劳应力（MPa）；

σ_{tr}——温度梯度疲劳应力（MPa）；

f_r——28d 龄期水泥混凝土弯拉强度标准值（MPa）。

表 6.2.2 可靠度系数

变异水平等级	目标可靠度（%）		
	95	90	85
低	1.20～1.33	1.09～1.16	1.04～1.08
中	1.33～1.50	1.16～1.23	1.08～1.13
高	—	1.23～1.33	1.13～1.18

注：变异系数在本规范表 6.2.1 所示的变化范围的下限时，可靠度系数取低值；上限时，取高值。

6.2.3 不同轴-轮型和轴载的作用次数，应按本规范第 3.2.4 条换算为当量轴次。

6.2.4 水泥混凝土路面所承受的轴载作用，应按设计基准期内设计车道所承受的标准轴载累计作用次数分为 4 级，分级范围应符合本规范表 3.2.5 的规定。

6.2.5 水泥混凝土的强度应以 28d 龄期的弯拉强度控制。水泥混凝土弯拉强度标准值不得低于表 6.2.5 的规定。

表 6.2.5 水泥混凝土弯拉强度标准值

交通等级	特重、重	中	轻
水泥混凝土的弯拉强度标准值（MPa）	5.0	4.5	4.5
钢纤维混凝土的弯拉强度标准值（MPa）	6.0	5.5	5.0

6.2.6 在季节性冰冻地区的中湿、潮湿路段的路面结构总厚度不应小于本规范表 3.2.6-3 规定的最小防冻厚度，当不满足时，其差值应设垫层补足。过湿路段在对路基处理后也应按潮湿路段的要求设置垫层。

6.2.7 设计基准期内水泥混凝土面层的最大温度梯度标准值 T_g 宜采用各地实测值。当无实测资料时，可根据按本规范表 3.2.6-1 选用。

6.3 结构组合设计

6.3.1 路基、垫层和基层的设计应符合本规范第 4 章的规定。

6.3.2 面层宜采用设置接缝的普通混凝土。当面层板的平面尺寸较大或形状不规则，路面结构下埋有地下设施，高填方、软土地基、填挖交界段的路基等有可能产生不均匀沉降时，应采用设置接缝的钢筋混凝土面层。面层类型应按表 6.3.2 选择。

表 6.3.2 面层类型选择

面 层 类 型	适 用 条 件
连续配筋混凝土面层	特重交通的快速路、主干路
碾压混凝土面层	次干路以下道路、停车场、广场
钢纤维混凝土面层	标高受限制路段、收费站、混凝土加铺层和桥面铺装
普通水泥混凝土路面	各级道路、停车场、广场

6.3.3 普通混凝土、钢筋混凝土、碾压混凝土或钢纤维混凝土面层板宜采用矩形。其纵向和横向接缝应垂直相交，纵缝两侧的横缝不得相互错位。

6.3.4 纵向接缝的间距应按路面宽度在 3.0m～4.5m 范围内确定，不宜设置在轮迹带上。碾压混凝土、钢纤维混凝土面层在全幅摊铺时，可不设纵向缩缝。

6.3.5 横向接缝的间距宜符合表 6.3.5 规定。

表 6.3.5 横向接缝间距表

<table>
<tr><td>面层类型</td><td>横向接缝间距（m）</td></tr>
<tr><td>钢筋混凝土面层</td><td>6～15</td></tr>
<tr><td>碾压混凝土面层</td><td rowspan="2">6～10</td></tr>
<tr><td>钢纤维混凝土面层</td></tr>
<tr><td>普通水泥混凝土路面</td><td>宜为 4～6，面层板的长宽比不宜超过 1.30，平面尺寸不宜大于 25m²</td></tr>
</table>

6.3.6 普通混凝土、钢筋混凝土、碾压混凝土与连续配筋混凝土面层所需的厚度，可按表 6.3.6 所列范围并满足计算要求。

表 6.3.6 水泥混凝土面层厚度的参考范围

<table>
<tr><td>交通等级</td><td colspan="4">特 重</td><td colspan="4">重</td></tr>
<tr><td>道路等级</td><td>快速</td><td colspan="2">主干</td><td>次干</td><td>快速</td><td colspan="2">主干</td><td>次干</td></tr>
<tr><td>变异水平等级</td><td>低</td><td>中</td><td>低</td><td>中</td><td>低</td><td>中</td><td>低</td><td>中</td></tr>
<tr><td>面层厚度（mm）</td><td>≥260</td><td>≥250</td><td colspan="2">≥240</td><td>≥240</td><td>≥230</td><td colspan="2">≥220</td></tr>
</table>

<table>
<tr><td>交通等级</td><td colspan="4">中</td><td colspan="2">轻</td></tr>
<tr><td>道路等级</td><td colspan="2">次干</td><td>支路</td><td>支路</td><td colspan="2">支路</td></tr>
<tr><td>变异水平等级</td><td>高</td><td>中</td><td>高</td><td>中</td><td>高</td><td>中</td></tr>
<tr><td>面层厚度（mm）</td><td>≥210</td><td colspan="2">≥200</td><td>≥200</td><td>≥180</td><td>≥180</td></tr>
</table>

6.3.7 钢纤维混凝土面层的厚度应按钢纤维掺量确定，当钢纤维体积率为0.6%～1.0%时，其厚度宜为普通混凝土面层厚度的0.65倍～0.75倍。特重或重交通时，其最小厚度宜为180mm；中或轻交通时，其最小厚度宜为160mm。

6.3.8 水泥混凝土面层的计算应力应满足本规范式（6.2.2）的要求。荷载疲劳应力应按本规范第6.5.1条计算，温度疲劳应力应按本规范第6.5.2条计算。面层设计厚度应依计算厚度按10mm向上取整。

当采用碾压混凝土或贫混凝土做基层时，宜将基层与混凝土面层视作分离式双层板进行应力分析。上、下层板在临界荷位处的荷载疲劳应力和温度疲劳应力应按本规范第6.5.3条与第6.5.4条计算。上、下层板的计算应力应分别满足本规范式（6.2.2）的要求。

6.3.9 路面表面构造应采用刻槽、压槽、拉槽或拉毛等方法制作。构造深度在使用初期应满足本规范表3.2.8-2的要求。

6.3.10 非机动车道、人行道、步行街采用水泥混凝土铺装时，面层厚度不应小于120mm，水泥混凝土28d龄期的弯拉强度不应低于3.5MPa。

6.3.11 停车场水泥混凝土面层28d龄期的弯拉强度不应低于5.0MPa，人行广场面层28d龄期的弯拉强度不应低于3.5MPa，并且在有纵横向交通的广场上，宜采用正方形混凝土板块，接缝宜布置成两个方向均能传递荷载的形式。接缝设传力杆时，一个方向的接缝宜采用普通传力杆，另一个方向的接缝宜采用滑动传力杆。

6.4 面层材料

6.4.1 面层材料组成应符合下列规定：

1 水泥混凝土所用集料公称最大粒径不应大于31.5mm。砂的细度模数不宜小于2.5。

2 对重交通及以上交通等级道路、城市快速路、主干路应采用强度等级42.5级以上的道路硅酸盐水泥或普通硅酸盐水泥；中、轻交通等级的道路可采用矿渣水泥，其强度等级不宜低于32.5级。最小单位水泥用量应满足表6.4.1-1的规定。对冰冻地区，混凝土中必须掺加引气剂，抗冻等级应达到F200。

表6.4.1-1 路面混凝土最小单位水泥用量

道路等级		快速、主干路	次干路	支路
非冰冻地区最小单位水泥用量（kg/m^3）	42.5级水泥	300	300	290
	32.5级水泥	310	310	305

续表 6.4.1-1

道路等级		快速、主干路	次干路	支路
冰冻地区最小单位水泥用量（kg/m³）	42.5 级水泥	320	320	315
	32.5 级水泥	330	330	325

3 厚度大于 280mm 的普通混凝土面层，当分上下两层连续铺筑时，上层宜为总厚度的 1/3，可采用高强、耐磨的混凝土材料，集料公称最大粒径宜为 19mm。

4 钢纤维混凝土集料公称最大粒径宜为钢纤维长度的 1/2～2/3，对于铣削型钢纤维不宜大于 26.5mm，对于剪切型或熔抽型钢纤维不宜大于 19mm。钢纤维的抗拉强度标准值不宜小于 600 级（600MPa～1000MPa），以体积率计的钢纤维掺量宜为 0.6%～1.0%。最小单位水泥用量应满足表 6.4.1-2 的规定。

表 6.4.1-2 路面钢纤维混凝土最小单位水泥用量

非冰冻地区最小单位水泥用量（kg/m³）	42.5 级水泥	360
	32.5 级水泥	370
冰冻地区最小单位水泥用量（kg/m³）	42.5 级水泥	380
	32.5 级水泥	390

5 碾压混凝土面层混凝土的集料公称最大粒径不宜大于 19.0mm，非冰冻地区水泥用量不得少于 280kg/m³，冰冻地区水泥用量不得少于 310kg/m³。

6.4.2 材料性质参数确定应符合下列规定：

1 路床土和路面各结构层混合料的各项性质参数，应按国家相关现行标准确定，其标准值应按概率分布的 0.85 分位值确定。

2 当受条件限制而无试验数据时，混凝土弯拉弹性模量以及路床土和垫层、基层混合料的回弹模量标准值，可按本规范附录 F 结合工程经验分析确定。

3 混凝土配合比设计时的混凝土试配 28d 龄期弯拉强度的均值应按下式确定：

$$f_{rm}=\frac{f_r}{1-1.04c_v}+t_c s \quad (6.4.2)$$

式中：f_{rm}——混凝土试配 28d 龄期弯拉强度的均值（MPa）；

c_v——混凝土 28d 龄期弯拉强度的变异系数；

s——混凝土 28d 龄期弯拉强度试验样本的标准差；

t_c——保证率系数，按表 6.4.2 确定。

表 6.4.2 保证率系数

道路等级	判别概率 p	样本数 n（组）				
		3	6	9	15	20
快速路	0.05	1.36	0.79	0.61	0.45	0.39
主干路	0.10	0.95	0.59	0.46	0.35	0.30
次干路	0.15	0.72	0.46	0.37	0.28	0.24
支路	0.20	0.56	0.37	0.29	0.22	0.19

6.5 路面结构计算

6.5.1 单层混凝土板荷载应力分析应按下列步骤进行：

1 选取混凝土板的纵向边缘中部作为产生最大荷载和温度梯度综合疲劳损坏的临界荷位。

2 标准轴载在临界荷位处产生的荷载疲劳应力应按下式确定：

$$\sigma_{pr}=k_r k_f k_c \sigma_{ps} \tag{6.5.1-1}$$

式中：σ_{pr}——标准轴载在临界荷位处产生的荷载疲劳应力（MPa）；

σ_{ps}——标准轴载在四边自由板的临界荷位处产生的荷载应力（MPa）；

k_r——考虑接缝传荷能力的应力折减系数，纵缝为设拉杆的平缝时，$k_r=0.87\sim0.92$（刚性和半刚性基层取低值，柔性基层取高值）；纵缝为不设拉杆的平缝或自由边时，$k_r=1.0$；纵缝为设拉杆的企口缝时，$k_r=0.76\sim0.84$；

k_f——考虑设计基准期内荷载应力累计疲劳作用的疲劳应力系数，按式（6.5.1-4）计算；

k_c——考虑偏载和动载等因素对路面疲劳损坏影响的综合系数，按表 6.5.1 确定。

表 6.5.1 综合系数k_c

道路等级	快速路	主干路	次干路	支路
k_c	1.30	1.25	1.20	1.10

3 标准轴载在四边自由板临界荷位处产生的荷载应力应按下列公式确定：

$$\sigma_{ps}=0.077\times r^{0.60}\times h^{-2} \tag{6.5.1-2}$$

$$r=0.537h\left(\frac{E_c}{E_t}\right)^{1/3} \tag{6.5.1-3}$$

式中：r——单层混凝土板的相对刚度半径（m）；

h——混凝土板的厚度（m）；

E_c——水泥混凝土的弯拉弹性模量（MPa）；

E_t——基层顶面的当量回弹模量（MPa）。

4 设计基准期内的荷载疲劳应力系数应按下列公式计算确定：

$$k_f = N'^{\nu}_{e} \tag{6.5.1-4}$$

$$\nu = 0.053 - 0.017\rho_f \frac{l_f}{d_f} \tag{6.5.1-5}$$

式中：ν——与混合料性质有关的指数，普通混凝土、钢筋混凝土、连续配筋混凝土，ν＝0.057；碾压混凝土和贫混凝土，ν＝0.065；钢纤维混凝土，ν 按式（6.5.1-5）计算确定；

ρ_f——钢纤维的体积率（%）；

l_f——钢纤维的长度（mm）；

d_f——钢纤维的直径（mm）。

5 新建道路的基层顶面当量回弹模量可按下列公式计算确定：

$$E_t = ah_x^b E_0 \left(\frac{E_x}{E_0}\right)^{1/3} \tag{6.5.1-6}$$

$$E_x = \frac{h_1^2 E_1 + h_2^2 E_2}{h_1^2 + h_2^2} \tag{6.5.1-7}$$

$$h_x = \left(\frac{12D_x}{E_x}\right)^{1/3} \tag{6.5.1-8}$$

$$D_x = \frac{E_1 h_1^3 + E_2 h_2^3}{12} + \frac{(h_1 + h_2)^2}{4}\left(\frac{1}{E_1 h_1} + \frac{1}{E_2 h_2}\right)^{-1} \tag{6.5.1-9}$$

$$a = 6.22\left[1 - 1.51\left(\frac{E_x}{E_0}\right)^{-0.45}\right] \tag{6.5.1-10}$$

$$b = 1 - 1.44\left(\frac{E_x}{E_0}\right)^{-0.55} \tag{6.5.1-11}$$

式中：E_t——基层顶面的当量回弹模量（MPa）；

E_0——路床顶面的回弹模量（MPa）；

E_x——基层或垫层的当量回弹模量（MPa）；

E_1、E_2——基层或垫层的回弹模量（MPa）；

h_x——基层或垫层的当量厚度（m）；

D_x——基层或垫层的当量弯曲刚度（MN·m）；

h_1、h_2——基层或垫层的厚度（m）；

a、b——与 E_x/E_0 有关的回归系数。

6 在旧柔性路面上铺筑水泥混凝土面层时，旧柔性路面顶面的当量回弹模量可按下式计算确定：

$$E_t = 13739 w_0^{-1.04} \quad (6.5.1\text{-}12)$$

式中：w_0——以后轴载 100kN 的车辆进行弯沉测定，经统计整理后得到的旧路面计算回弹弯沉值（0.01mm）。

6.5.2 单层混凝土板温度应力分析应按下列步骤进行：

1 在临界荷位处的温度疲劳应力应按下式确定：

$$\sigma_{tr} = k_t \sigma_{tm} \quad (6.5.2\text{-}1)$$

式中：σ_{tr}——临界荷位处的温度疲劳应力（MPa）；

σ_{tm}——最大温度梯度时混凝土板的温度翘曲应力（MPa）；

k_t——考虑温度应力累计疲劳作用的疲劳应力系数。

2 最大温度梯度时混凝土板的温度翘曲应力按式（6.5.2-2）计算。

$$\sigma_{tm} = \frac{\alpha_c E_c h T_g}{2} B_x \quad (6.5.2\text{-}2)$$

$$B_x = 1.77 e^{-4.48h} C_x - 0.131(1 - C_x) \quad (6.5.2\text{-}3)$$

$$C_x = 1 - \frac{\sinh t \cos t + \cosh t \sin t}{\cos t \sin t + \sinh t \cosh t} \quad (6.5.2\text{-}4)$$

$$t = l/3r \quad (6.5.2\text{-}5)$$

式中：α_c——混凝土的线膨胀系数（1/℃），可取为 1×10^{-5}/℃；

T_g——最大温度梯度，查本规范表 3.2.6-1 取用；

h——面层板的厚度（m）；

B_x——综合温度翘曲应力和内应力作用的温度应力系数，按式（6.5.2-3）计算确定；

C_x——混凝土面层板的温度翘曲应力系数，按式（6.5.2-4）计算确定；

t——与面层板尺寸有关的参数；

r——面层板的相对刚度半径（m）；

l——板长，即横缝间距（m）。

3 温度疲劳应力系数可按下式计算：

$$k_t = \frac{f_r}{\sigma_{tm}}\left[a\left(\frac{\sigma_{tm}}{f_r}\right)^c - b\right] \quad (6.5.2\text{-}6)$$

式中：a、b、c——回归系数，按所在地区的道路自然区划查表 6.5.2 确定。

表 6.5.2 回归系数 a、b 和 c

系 数	道路自然区划					
	Ⅱ	Ⅲ	Ⅳ	Ⅴ	Ⅵ	Ⅶ
a	0.828	0.855	0.841	0.871	0.837	0.834
b	0.041	0.041	0.058	0.071	0.038	0.052
c	1.323	1.355	1.323	1.287	1.382	1.270

6.5.3 双层混凝土板荷载应力分析应按下列步骤进行：

1 双层混凝土板的临界荷位为板的纵向边缘中部。标准轴载在临界荷位处产生的上层和下层混凝土板的荷载疲劳应力 σ_{pr1} 和 σ_{pr2}，分别按式（6.5.1-1）计算确定；但结合式双层板仅需计算下层板的荷载疲劳应力 σ_{pr2}。其中，应力折减系数、荷载疲劳应力系数和综合系数的确定方法，与单层混凝土板完全相同。

2 标准轴载在临界荷位处产生的分离式双层板上层和下层的荷载应力或者结合式双层板下层的荷载应力，应按下列公式计算：

$$\sigma_{pr1}=0.077r_g^{0.60}\frac{E_{c1}h_{01}}{12D_g} \tag{6.5.3-1}$$

$$\sigma_{pr2}=0.077r_g^{0.60}\frac{E_{c2}(0.5h_{02}+h_x k_u)}{6D_g} \tag{6.5.3-2}$$

式中：σ_{pr1}、σ_{pr2}——双层混凝土板上层和下层的荷载应力（MPa）；

E_{c1}、E_{c2}——双层混凝土板上层和下层的弯拉弹性模量（MPa）；

h_{01}、h_{02}——双层混凝土板上层和下层的厚度（m）；

h_x——下层板中面至结合式双层板中性面的距离（m）；

k_u——层间结合系数，分离式时，$k_u=0$；结合式时，$k_u=1$；

D_g——双层混凝土板的截面总刚度（MN·m）；

r_g——双层混凝土板的相对刚度半径（m）。

3 下层板中面至结合式双层板中性面的距离可按下式计算：

$$h_x=\frac{E_{c1}h_{01}(h_{01}+h_{02})}{2(E_{c1}h_{01}+E_{c2}h_{02})} \tag{6.5.3-3}$$

4 双层混凝土板的截面总刚度为上层板和下层板对各自中面的弯曲刚度以及由截面轴向力所构成的弯曲刚度三者之和，应按下式计算：

$$D_g=\frac{E_{c1}h_{01}^3}{12}+\frac{E_{c2}h_{02}^3}{12}+\frac{E_{c1}h_{01}E_{c2}h_{02}(h_{01}+h_{02})^2}{4(E_{c1}h_{01}+E_{c2}h_{02})}k_u \tag{6.5.3-4}$$

5 双层混凝土板的相对刚度半径应按下式计算：

$$r_g = 1.23\left(\frac{D_g}{E_t}\right)^{1/3} \quad (6.5.3\text{-}5)$$

6.5.4 双层混凝土板温度应力分析应按下列步骤进行：

1 双层混凝土板上层和下层的温度疲劳应力 σ_{tr1} 和 σ_{tr2} 分别按本规范式（6.5.2-1）计算确定，但分离式双层板仅需计算上层板的温度疲劳应力 σ_{tr1}，结合式双层板仅需计算下层板的温度疲劳应力 σ_{tr2}。其中，温度疲劳应力系数的确定方法与单层混凝土板相同。

2 分离式双层混凝土板上层的最大温度翘曲应力应按下列公式计算：

$$\sigma_{tm1} = \frac{\alpha_c E_{c1} h_{01} T_g}{2} B_x \quad (6.5.4\text{-}1)$$

$$B_x = 1.77e^{-4.48h_{01}} C_x - 0.131(1 - C_x) \quad (6.5.4\text{-}2)$$

$$C_x = 1 - \left(\frac{1}{1+\xi}\right)\frac{\sinh t \cos t + \cosh t \sin t}{\cos t \sin t + \sinh t \cosh t} \quad (6.5.4\text{-}3)$$

$$t = l/3r_g \quad (6.5.4\text{-}4)$$

$$\xi = -\frac{(k_n r_g^4 - D_{01}) r_\beta^3}{(k_n r_\beta^4 - D_{01}) r_g^3} \quad (6.5.4\text{-}5)$$

$$r_\beta = \left[\frac{D_{01} D_{02}}{(D_{01} + D_{02}) k_n}\right]^{\frac{1}{4}} \quad (6.5.4\text{-}6)$$

$$k_n = \frac{1}{2}\left(\frac{h_{01}}{E_{c1}} + \frac{h_{02}}{E_{c2}}\right)^{-1} \quad (6.5.4\text{-}7)$$

$$D_{01} = \frac{E_{c1} h_{01}^3}{12(1 - \nu_{c1}^2)} \quad (6.5.4\text{-}8)$$

$$D_{02} = \frac{E_{c2} h_{02}^3}{12(1 - \nu_{c2}^2)} \quad (6.5.4\text{-}9)$$

式中：σ_{tm1}——分离式双层混凝土板上层的最大温度翘曲应力（MPa）；

B_x——上层混凝土板的温度应力系数，按式（6.5.4-2）计算确定；

C_x——混凝土板的温度翘曲应力系数，按式（6.5.4-3）计算确定；

t——与面层板尺寸有关的参数，按式（6.5.4-4）计算确定；

ξ——与双层板结构有关的参数，按式（6.5.4-5）计算确定；

r_β——层间接触状况参数，按式（6.5.4-6）计算确定；

k_n——面层与基层之间竖向接触刚度，上下层之间不设沥青混凝土夹层或隔离层时按式（6.5.4-7）计算确定，设沥青混凝土夹层或隔离层时，k_n 取 3000MPa/m；

D_{01}——上层板的截面弯曲刚度（MN·m），按式（6.5.4-8）计算确定；

D_{02}——下层板的截面弯曲刚度（MN·m），按式（6.5.4-9）计算确定；

ν_{c1}——上层板的泊松比；

ν_{c2}——下层板的泊松比。

3 结合式双层混凝土板下层的最大温度翘曲应力应按下列公式计算确定：

$$\sigma_{tm2}=\frac{\alpha_c E_{c2}(h_{01}+h_{02})T_g}{2}\xi_2 B_x \qquad (6.5.4\text{-}10)$$

$$\xi_2=1.77-0.27\ln\left(\frac{h_{01}E_{c1}}{h_{02}E_{c2}}+18\frac{E_{c1}}{E_{c2}}-2\frac{h_{01}}{h_{02}}\right) \qquad (6.5.4\text{-}11)$$

$$B_x=1.77e^{-4.48(h_{01}+h_{02})}C_x-0.131(1-C_x) \qquad (6.5.4\text{-}12)$$

式中：σ_{tm2}——结合式双层混凝土板下层的最大温度翘曲应力（MPa）；

ξ_2——结合式双层混凝土板的最大温度应力修正系数，按式（6.5.4-11）计算确定；

B_x——混凝土板的温度应力系数，按式（6.5.4-12）计算确定；

C_x——混凝土板的温度翘曲应力系数，按式（6.5.4-3）计算确定；

6.5.5 混凝土板厚度计算宜符合下列规定：

1 应依据所设计的道路技术等级，确定路面结构的设计安全等级以及相应的设计基准期、目标可靠度和变异水平等级。

2 调查采集交通资料，应包括初始年日交通量、日货车交通量、方向和车道分配系数、各类货车的轴载谱、设计基准期内交通量年平均增长率等。

3 应将各级轴载作用次数换算为标准轴载的作用次数，并计算设计车道的初始年日标准轴载作用次数；应依据道路等级和车道宽度，选定车辆轮迹横向分布系数；应根据设计基准期内设计车道上的标准轴载累计作用次数，确定设计车道的交通等级。

4 应依据施工技术、管理和质量控制的预期水平，选定路面材料性能和结构尺寸的变异水平等级，并依据所要求的目标可靠度，确定可靠度系数。

5 应根据道路等级和交通等级，并按设计道路所在地的路基土质、温度和湿度状况、路面材料供应条件和材料性质以及当地已有路面使用经验，进行结构层组合设计，初选各结构层的材料类型和厚度。

6 应根据交通等级，选取水泥混凝土的最低抗弯拉强度标准值，确定混合料试配弯拉强度的均值，进行混凝土混合料组成设计；并应通过试验或经验数值确定相应的混凝土弹性模量。

7 应对所选基层和垫层材料类型，进行混合料配合比设计，通过试验或经验数值确定各类混合料的回弹模量标准值。

8 对新建道路，应依据土组类型和道路所在地的自然区划按经验值确定路床顶面的回弹模量标准值。将路床顶面以上和基层顶面以下的各结构层转化成单层后，计算确定基层顶面的当量回弹模量值。对改建道路，应通过弯沉测定确定旧路面的计算回弹弯沉值后，计算确定旧路面顶面的当量回弹模量值。

9 应按道路等级选定综合系数，按纵缝类型和基层情况选取应力折减系数，应按设计基准期内标准轴载累计所用次数计算荷载疲劳应力系数，计算标准轴载产生的荷载应力。

10 应按道路所在地的自然区划确定最大温度梯度，确定温度应力系数，计算最大温度应力，计算温度疲劳应力系数，确定温度疲劳应力值。

11 当荷载疲劳应力同温度疲劳应力之和与可靠度系数乘积小于且接近混凝土弯拉强度标准值，则初选厚度可作为混凝土面层的计算厚度。否则，应改选面层厚度，重新计算，直到满足要求为止。面层设计厚度应为计算厚度按 10mm 向上取整。

6.6 面层配筋设计

6.6.1 特殊部位配筋布置应符合下列规定：

1 混凝土面层自由边缘下基础薄弱或接缝为未设传力杆的平缝时，可在面层边缘的下部配置钢筋。宜选用 2 根直径为 12mm～16mm 的螺纹钢筋，置于面层底面之上 1/4 厚度处，并不应大于 50mm，间距宜为 100mm，钢筋两端向上弯起。

2 承受特重交通的胀缝、施工缝和自由边的面层角隅及锐角面层角隅，宜配置角隅钢筋。宜选用 2 根直径为 12mm～16mm 的螺纹钢筋，置于面层上部，距顶面不应小于 50mm，距边缘宜为 100mm。

3 当混凝土面层下有箱形构造物横向穿越，其顶面至面层底面的距离 H 小于 400mm 或嵌入基层时，在构造物顶宽及两侧各（H＋1）m 且不小于 4m 的范围内，混凝土面层内应布设双层钢筋网，上下层钢筋网各距面层顶面和底面 1/4～1/3 厚度处。当构造物顶面至面层底面的距离在

400mm～1200mm 时，则在上述长度范围内的混凝土面层中应布设单层钢筋网。钢筋网设在距顶面 1/4～1/3 厚度处。钢筋直径宜为 12mm，纵向钢筋间距宜为 100mm，横向钢筋间距宜为 200mm。配筋混凝土面层与相邻混凝土面层之间应设置传力杆缩缝。

4 当混凝土面层下有圆形管状构造物横向穿越，其顶面至面层底面的距离小于 1200mm 时，在构造物两侧各（$H+1$）m 且不小于 4m 的范围内，混凝土面层内应设单层钢筋网，钢筋网设在距面层顶面 1/4～1/3 厚度处。钢筋尺寸和间距及传力杆接缝设置与本规范第 6.6.1 条第 3 款相同。

5 雨水口和检查井周围应设置工作缝与混凝土板完全分开，并应在 1.0m 范围内，距混凝土板顶面和底面 50mm 处布设双层防裂钢筋网，钢筋直径 12mm，间距 100mm。

6.6.2 钢筋混凝土面层配筋应符合下列规定：

1 钢筋混凝土面层的配筋量应按下式确定：

$$A_s=\frac{16L_s h\mu}{f_{sy}} \tag{6.6.2}$$

式中：A_s——每延米混凝土面层宽（或长）所需的钢筋面积（mm^2）；

L_s——纵向钢筋时，为横缝间距（m）；横向钢筋时，为无拉杆的纵缝或自由边之间的距离（m）；

h——面层厚度（mm）；

μ——面层与基层之间的磨阻系数，基层为水泥、石灰或沥青稳定粒料时，可取 1.8；基层为无结合料的粒料时，可取 1.5；

f_{sy}——钢筋的屈服强度（MPa），宜按表 6.6.2-1 选用。

表 6.6.2-1 钢筋强度和弹性模量参考值

钢筋种类	钢筋直径 d（mm）	屈服强度 f_{sy}（MPa）	弹性模量 E_s（MPa）
HPB235	8～20	235	2.1×10^5
HRB335	6～50	335	2.0×10^5
HRB400	6～50	400	2.0×10^5
KL400	8～40	400	2.0×10^5

2 纵向和横向钢筋宜采用相同或相近的直径，其直径差不应大于 4mm。钢筋的最小直径和最大间距，应符合表 6.6.2-2 的规定。钢筋的最小间距应为集料最大粒径的 2 倍。

表 6.6.2-2 钢筋最小直径和最大间距（mm）

钢筋类型	最小直径	纵向最大间距	横向最大间距
光面钢筋	8	150	300
螺纹钢筋	12	350	750

3 钢筋布置应符合下列规定：

1) 纵向钢筋应设在面层顶面下 1/3～1/2 厚度范围内，横向钢筋应位于纵向钢筋之下；

2) 纵向钢筋的搭接长度不宜小于 35 倍钢筋直径，搭接位置应错开，各搭接端连线与纵向钢筋的夹角应小于 60°；

3) 边缘钢筋至纵缝或自由边的距离宜为 100mm～150mm。

6.6.3 连续配筋混凝土面层配筋应遵循以下原则：

1 连续配筋混凝土面层的纵向和横向钢筋应采用螺纹钢筋，其直径宜为 12mm～20mm。

2 钢筋布置应符合下列规定：

1) 纵向钢筋设应在面层表面下 1/3～1/2 厚度范围内，横向钢筋应位于纵向钢筋之下；

2) 纵向钢筋的间距不应大于 250mm，不应小于 100mm 或集料最大粒径的 2.5 倍；

3) 横向钢筋的间距不应大于 800mm；

4) 纵向钢筋的焊接长度宜不小于 10 倍（单面焊）或 5 倍（双面焊）钢筋直径，焊接位置应错开，各焊接端连线与纵向钢筋的夹角应小于 60°；

5) 边缘钢筋至纵缝或自由边的距离宜为 100mm～150mm。

3 连续配筋混凝土面层的纵向配筋率应按允许的裂缝间距（1.0m～2.5m）、缝隙宽度（小于 1mm）和钢筋屈服强度确定，宜为 0.6%～0.8%。最小纵向配筋率，冰冻地区为宜 0.7%，一般地区宜为 0.6%。横向钢筋的用量，应按本规范第 6.6.2 条第 1 款计算确定。

4 连续配筋混凝土面层的纵向配筋设计应符合下列规定：

1) 混凝土面层横向裂缝的平均间距宜为 1.0m～2.5m；

2) 裂缝缝隙的最大宽度宜为 1.0mm；

3) 钢筋拉应力不应超过钢筋屈服强度。

5 横向裂缝平均间距应按下列公式计算确定：

$$L_{\mathrm{d}}=\frac{2b}{\sqrt{\frac{4k_{\mathrm{s}}}{d_{\mathrm{s}}E_{\mathrm{s}}}(1+\varphi)}} \tag{6.6.3-1}$$

$$\varphi = \rho \frac{E_s}{E_c} \tag{6.6.3-2}$$

$$\lambda_c = \frac{f_t}{E_c(\alpha_c \Delta T + \varepsilon_{sh})} \tag{6.6.3-3}$$

式中：L_d——横向裂缝平均间距（m）；

φ——钢筋刚度贡献率（%）；

ρ——配筋率（%）；

E_s——钢筋弹性模量（MPa），可按本规范表 6.6.2-1 取用；

d_s——钢筋直径（mm）；

k_s——粘结刚度系数（MPa/mm），可按表 6.6.3-1 取用；

b——随系数 φ 和 λ_c 而变的系数，可按表 6.6.3-2 取用；

λ_c——混凝土温缩应力系数，由式（6.6.3-3）计算确定；

f_t——混凝土抗拉强度标准值（MPa），可按表 6.6.3-1 取用；

α_c——混凝土线膨胀系数，通常取为 1×10^{-5}/℃；

ΔT——设计温差，为混凝土的平均养护温度与设计最低温度之差，可近似取为所在地区的日平均最高气温与最低气温之差；

ε_{sh}——连续配筋混凝土干缩应变，可按表 6.6.3-1 取用。

表 6.6.3-1　连续配筋混凝土纵向配筋计算参数经验参考值

混凝土强度等级	C30	C35	C40
混凝土抗拉强度标准值 f_t（MPa）	3.0	3.2	3.5
粘结刚度系数 k_s（MPa/mm）	30	32	34
连续配筋混凝土干缩应变 ε_{sh}	0.00045	0.0003	0.0002

表 6.6.3-2　系数 b 的取值

φ 值	λ_c 值									
	0.03	0.05	0.10	0.15	0.20	0.25	0.30	0.35	0.40	0.45
0.02	2.0	3.0	5.6	8.5	12.0	—	—	—	—	—
0.03	—	2.2	3.9	6.0	8.0	11.0	12.5	—	—	—
0.04	—	2.0	3.2	4.7	6.2	8.2	10.6	13.0	—	—
0.05	—	2.0	2.6	3.8	5.1	6.6	8.5	10.7	13.0	—
0.06	—	1.7	2.3	3.3	4.3	5.7	7.2	9.1	11.2	13.0
0.07	—	—	2.0	2.9	3.8	4.9	6.2	7.7	9.4	11.5

6　裂缝缝隙宽度可按下式计算确定：

$$b_j = (\alpha_c \Delta T + \varepsilon_{sh})\lambda_b L_d \tag{6.6.3-4}$$

式中：b_j——裂缝缝隙宽度（mm）；

λ_b——裂缝宽度系数，由钢筋刚度贡献率 φ 值和 b 值按表 6.6.3-3 取用。

表 6.6.3-3 裂缝宽度系数 λ_b 的取值

φ 值	b 值										
	2	3	4	5	6	7	8	9	10	11	12
0.02	0.98	0.96	0.94	0.92	0.91	0.89	0.88	0.86	0.85	0.84	0.83
0.03	0.97	0.94	0.92	0.89	0.87	0.85	0.83	0.81	0.79	0.77	0.76
0.04	0.95	0.93	0.89	0.87	0.84	0.81	0.78	0.76	0.74	0.72	0.70
0.05	0.94	0.91	0.87	0.84	0.81	0.77	0.75	0.72	0.70	0.68	0.65
0.06	0.93	0.89	0.86	0.82	0.78	0.75	0.72	0.69	0.66	0.64	0.61
0.07	0.92	0.87	0.84	0.79	0.75	0.71	0.68	0.66	0.63	0.60	0.58

7 钢筋应力可按下式计算：

$$\sigma_s = E_s(\alpha_c \Delta T \lambda_{st} + \alpha_s \Delta T) \quad (6.6.3\text{-}5)$$

式中：σ_s——钢筋应力（MPa）；

λ_{st}——钢筋温度应力系数，由钢筋刚度贡献率 φ 值和 b 值按表 6.6.3-4 取用；

α_s——钢筋线膨胀系数，宜取为 9×10^{-6}/℃。

表 6.6.3-4 钢筋温度应力系数 λ_{st} 的取值

φ 值	b 值										
	2.00	3.00	4.00	5.00	6.00	7.00	8.00	9.00	10.00	11.00	12.00
0.02	1.20	2.00	3.00	3.80	4.70	5.40	6.20	6.90	7.50	8.20	9.00
0.03	1.20	1.95	2.80	3.50	4.30	5.10	5.70	6.40	7.00	7.50	8.00
0.04	1.20	1.90	2.60	3.30	4.00	4.70	5.30	5.90	6.40	6.80	7.20
0.05	1.20	1.85	2.50	3.10	3.70	4.40	5.00	5.50	5.90	6.40	6.80
0.06	1.20	1.80	2.40	3.00	3.50	4.10	4.70	5.20	5.60	6.00	6.20
0.07	1.20	1.70	2.30	2.90	3.40	4.00	4.50	5.00	5.40	5.70	5.90

8 纵向配筋率的计算宜按下列步骤进行：

1） 初拟配筋率 ρ，按式（6.6.3-2）计算钢筋刚度贡献率 φ。

2） 按式（6.6.3-3）计算混凝土温缩应力系数 λ_c。

3） 根据 φ 和 λ_c 查表 6.6.3-2 得系数 b，按式（6.6.3-1）计算裂缝间距 L_d。当 L_d＞2.5m 或 L_d＜1.0m 时，应增大或减小配筋率，重复上述计算至符合要求。

4） 由钢筋刚度贡献率 φ 值和 b 值，查表 6.6.3-3 得到裂缝宽度系数

λ_b，按式（6.6.3-4）计算裂缝缝隙宽度 b_j。当 $b_j \leqslant 1mm$ 时，满足要求；否则应增大配筋率，重复上述计算至符合要求。

5）由钢筋刚度贡献率 φ 值和 b 值，查表 6.6.3-4 得到钢筋温度应力系数 λ_{st}，按式（6.6.3-5）计算钢筋应力 σ_s。当 $\sigma_s \leqslant f_{sy}$ 时，满足要求；如不满足要求应增大配筋率，重复上述计算至符合要求。

6）综合上述 5 项计算结果，确定配筋率，并进一步确定钢筋根数。在满足纵向钢筋间距要求的条件下，宜选用直径较小的钢筋。

6.7 接缝设计

6.7.1 纵向接缝设计应符合下列规定：

1 纵向接缝的布设应符合下列规定：

1）当一次铺筑宽度小于路面宽度时，应设置纵向施工缝。纵向施工缝宜采用平缝形式，上部应锯切槽口，深度宜为 30mm～40mm，宽度宜为 3mm～8mm，槽内应灌塞填缝料（图 6.7.1-1）；

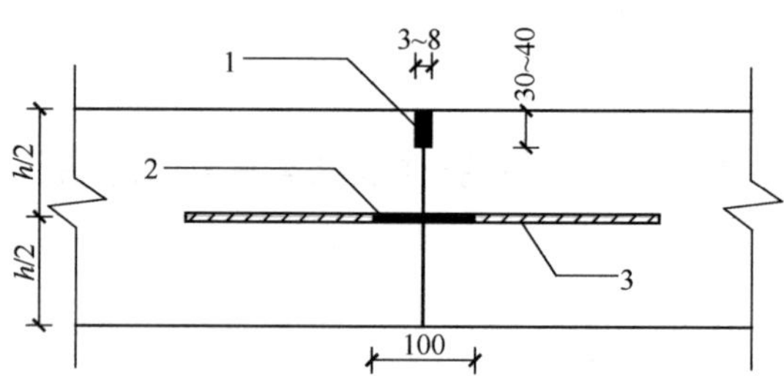

图 6.7.1-1 纵向施工缝构造（尺寸单位：mm）

1—填缝料；2—防锈涂料；3—拉杆

2）当一次铺筑宽度大于 4.5m 时，应设置纵向缩缝。纵向缩缝宜采用假缝形式，锯切的槽口深度应大于施工缝的槽口深度。当采用粒料基层时，槽口深度应为板厚的 1/3；当采用半刚性基层时，槽口深度应为板厚的 2/5（图 6.7.1-2）。

2 纵缝应与路线中线平行。在路面等宽的路段内或路面变宽路段的等宽部分，纵缝的间距和形式应保持一致。路面变宽段的加宽部分与等宽部分之间，应以纵向施工缝隔开。加宽板在变宽段起终点处的宽度不应小于 1m。

3 拉杆应采用螺纹钢筋，宜设在板厚中央，应对拉杆中部 100mm 范围内进行防锈处理。拉杆的直径、长度和间距，可按表 6.7.1 选用。当施

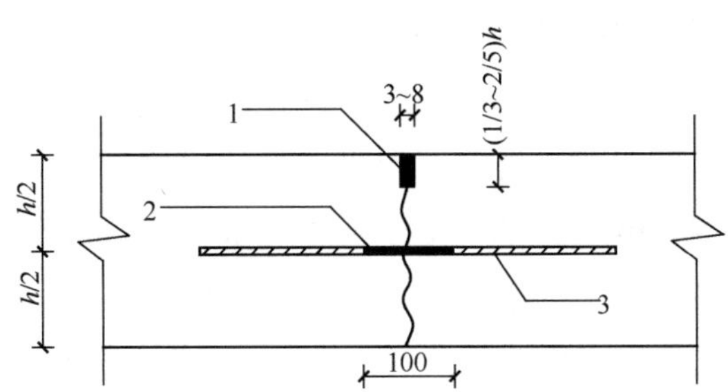

图 6.7.1-2 纵向缩缝构造（尺寸单位：mm）
1—填缝料；2—防锈涂料；3—拉杆

工布设时，拉杆间距应按横向接缝的实际位置予以调整，最外侧的拉杆距横向接缝的距离不得小于 100mm。

表 6.7.1 拉杆直径、长度和间距

面层厚度（mm）	拉 杆	到自由边或未设拉杆纵缝的距离（m）					
		3.00	3.50	3.75	4.50	6.00	7.50
180～250	直径（mm）	14	14	14	14	14	14
	长度（mm）	700	700	700	700	700	700
	间距（mm）	900	800	700	600	500	400
260～300	直径（mm）	16	16	16	16	16	16
	长度（mm）	800	800	800	800	800	800
	间距（mm）	900	800	700	600	500	400

4 连续配筋混凝土面层的纵缝拉杆可由板内横向钢筋延伸穿过接缝代替。

6.7.2 横向接缝布置应符合下列规定：

1 每日施工结束或因临时原因中断施工时，必须设置横向施工缝，其位置应选在缩缝或胀缝处。设在缩缝处的施工缝，应采用传力杆的平缝形式；设在胀缝处的施工缝，其构造与胀缝相同。当有困难需设在缩缝之间，施工缝应采用设拉杆的企口缝形式。

2 横向缩缝可等间距或变间距布置，应采用假缝形式。快速路和主干路、特重和重交通道路、收费广场以及邻近胀缝或自由端部的 3 条缩缝，应采用设传力杆假缝形式。其他情况可采用不设传力杆假缝形式。

3 横向缩缝顶部应锯切槽口，深度宜为面层厚度的 1/5～1/4，宽度宜为 3mm～8mm，槽内应填塞填缝料。快速路的横向缩缝槽口宜增设深 20mm、宽 6mm～10mm 的浅槽口，缝内设置可滑动的传力杆。

4 在邻近桥梁或其他固定构造物处或与其他道路相交处、板厚改变处、小半径平曲线处应设置横向胀缝。设置的胀缝条数，应视膨胀量大小而定。低温浇筑混凝土面层或选用膨胀性高的集料时，应酌情确定是否设置胀缝。胀缝宽 20mm，缝内应设置填缝板和可滑动的传力杆。

5 传力杆应采用光面钢筋。其尺寸和间距可按表 6.7.2 选用。最外侧传力杆距纵向接缝或自由边的距离宜为 150mm～250mm。

表 6.7.2 传力杆尺寸和间距（mm）

面层厚度	传力杆直径	传力杆最小长度	传力杆最大间距
180～220	28	400	300
230～240	30	400	300
250～260	32	450	300
270～280	35	450	300
290～300	38	500	300

6.7.3 交叉口接缝布设应符合下列规定：

1 当两条道路正交时，各条道路应保持本身纵缝的连贯。相交路段内各条道路的横缝位置应按相对道路的纵缝间距作相应变动，两条道路的纵横缝应垂直相交。当两条道路斜交时，主要道路的直道部分应保持纵缝的连贯，相交路段内的横缝位置应按次要道路的纵缝间距作相应变动，保证与次要道路的纵缝相连接。相交道路弯道加宽部分的接缝布置，应不出现或少出现错缝和锐角板。当出现错缝和锐角板时，应按本规范第 6.6.1 条第 2 款加设防裂钢筋或角隅钢筋。

2 混凝土板分块不宜过小，最小边长不应小于 1.5m，与主要行车方向垂直的边长不应大于 4.0m。

3 在次要道路弯道加宽段起终点断面处的横向接缝，应采用胀缝形式。膨胀量大时，应在直线段连续布置 2 条～3 条胀缝。

6.7.4 端部处理应符合下列规定：

1 当混凝土路面与固定构造物相衔接的胀缝无法设置传力杆时，可在毗邻构造物的板端部内配置双层钢筋网；或在长度约为 6 倍～10 倍板厚的范围内逐渐将板厚增加 20%。

2 当混凝土路面与桥梁相接，桥头设有搭板时，应在搭板与混凝土面层板之间设置长 6m～10m 的钢筋混凝土面层过渡板。后者与搭板间的横缝采用设拉杆平缝形式，与混凝土面层间的横缝采用设传力杆胀缝形式。膨胀量大时，应连续设置 2 条～3 条设传力杆胀缝。当桥梁为斜交时，钢筋混凝土板的锐角部分应采用钢筋网补强。

桥头未设搭板时，宜在混凝土面层与桥台之间设置长 10m～15m 的钢筋混凝土面层板；或设置由混凝土预制块面层或沥青面层铺筑的过渡段，其长度不小于 8m。

3 水泥混凝土路面与沥青混凝土路面相接时，其间应设置不少于 3m 长的过渡段。过渡段的路面采用两种路面呈阶梯状叠合布置，其下面铺设的变厚度混凝土过渡板的厚度不得小于 200mm。过渡板与混凝土面层相接处的接缝内设置直径 25mm、长 700mm、间距 400mm 的拉杆。混凝土面层毗邻该接缝的 1 条～2 条横向接缝应设置胀缝。

4 连续配筋混凝土面层与其他类型路面或构造物相连接的端部，应设置锚固结构。端部锚固结构可采用钢筋混凝土地梁或宽翼缘工字钢梁接缝等形式：

1） 钢筋混凝土地梁宜采用 3 个～5 个，梁宽宜为 400mm～600mm，梁高宜为 1200mm～1500mm，间距宜为 5m～6m；地梁与连续配筋混凝土面层宜连成整体；

2） 宽翼缘工字钢梁的底部应锚入钢筋混凝土枕梁内，枕梁长宜为 3m、厚宜为 200mm；钢梁腹板与连续配筋混凝土面层端部间应填入胀缝材料。

6.7.5 接缝填料应选用与混凝土接缝槽壁粘结力强、回弹性好、适应混凝土板收缩、不溶于水、不渗水、高温时不流淌、低温时不脆裂、耐老化的材料；胀缝接缝板应选用能适应混凝土板膨胀收缩、施工时不变形、水稳定性好、复原率高和耐久性好的材料，并应经防腐处理。

6.8 加铺层结构设计

6.8.1 加铺层结构设计应符合下列规定：

1 在进行旧混凝土路面加铺层设计之前，应调查下列内容：

1） 道路修建和养护技术资料：路面结构和材料组成、接缝构造及养护历史等；

2） 路面损坏状况：损坏类型、轻重程度、范围及修补措施等；

3） 路面结构强度：路表弯沉、接缝传荷能力、板底脱空状况、面层厚度和混凝土强度等；

4） 已承受的交通荷载及预计的交通需求：交通量、轴载组成及增长率等；

5） 环境条件：沿线气候条件、地下水位以及路基和路面的排水状况等。

2 加铺层应根据使用要求及旧混凝土路面的状况，选用分离式或结合式水泥混凝土加铺结构，或沥青混凝土加铺结构，经技术经济比较后选定。

3 地表或地下排水不良路段，应采取措施改善或增设地表或地下排水设施；旧混凝土路面结构排水不良路段，应增设路面边缘排水系统。

4 加铺层设计应包括施工期间维持通车的设计方案。

5 旧混凝土面层损坏状况等级为差时，宜将混凝土板破碎成小于400mm的小块，用作新建路面的下基层或垫层，并应按新建混凝土路面或沥青路面类型进行设计。

6.8.2 路面损坏状况调查评定应符合下列规定：

1 旧混凝土路面的损坏状况应采用断板率和平均错台量两项指标评定。

2 路面损坏状况分为4个等级，各个等级的断板率和平均错台量的标准应按表6.8.2分级。

表6.8.2 路面损坏状况分级标准

等 级	优 良	中	次	差
断板率（%）	≤5	6～10	11～20	>20
平均错台量（mm）	≤5	6～10	11～15	>15

6.8.3 接缝传荷能力与板底脱空状况调查评定应符合下列规定：

1 旧混凝土面层板的接缝传荷能力和板底脱空状况应采用弯沉测试法调查评定。弯沉测试宜采用落锤式弯沉仪，也可采用梁式弯沉仪，其支点不得落在弯沉盆内。

2 测定接缝传荷能力的试验荷载应接近于标准轴载的一侧轮载(50kN)。荷载应施加在邻近接缝的路面表面。接缝的传荷系数应按下式计算：

$$k_j = \frac{w_u}{w_l} \times 100(\%) \qquad (6.8.3)$$

式中：k_j——接缝传荷系数；

w_u——未受荷板接缝边缘处的弯沉值；

w_l——受荷板接缝边缘处的弯沉值。

3 旧混凝土面层的接缝传荷能力应按表6.8.3分为4个等级。

表6.8.3 接缝传荷能力分级标准

等级	优良	中	次	差
接缝传荷系数 k_j（%）	>80	56～80	31～55	<31

4 板底脱空可根据面层板角隅处的多级荷载弯沉测试结果，并综合考虑唧泥和错台发展程度以及接缝传荷能力进行判别。

6.8.4 旧混凝土路面结构参数调查应符合下列规定：

1 旧混凝土面层厚度的标准值可根据钻孔芯样的量测高度按下式计算确定：

$$h_e = \overline{h}_e - 1.04s_h \quad (6.8.4\text{-}1)$$

式中：h_e——旧混凝土面层量测厚度的标准值（mm）；

$\overline{h}_e$——旧混凝土面层量测厚度的平均值（mm）；

s_h——旧混凝土面层厚度量测值标准差（mm）。

2 旧混凝土面层弯拉强度的标准值可采用钻孔芯样的劈裂试验测定结果按下列公式计算确定：

$$f'_r = 0.621f_{sp} + 2.64 \quad (6.8.4\text{-}2)$$

$$f_{sp} = \overline{f}_{sp} - 1.04s_{sp} \quad (6.8.4\text{-}3)$$

式中：f'_r——旧混凝土弯拉强度标准值（MPa）；

f_{sp}——旧混凝土劈裂强度标准值（MPa）；

$\overline{f}_{sp}$——旧混凝土劈裂强度测定值的均值（MPa）；

s_{sp}——旧混凝土劈裂强度测定值的标准差（MPa）。

3 旧混凝土的弯拉弹性模量标准值可按下式计算：

$$E'_c = \frac{10^4}{0.0915 + \dfrac{0.9634}{f'_r}} \quad (6.8.4\text{-}4)$$

式中：E'_c——旧混凝土的弯拉弹性模量标准值（MPa）。

4 旧混凝土路面基层顶面的当量回弹模量标准值，宜采用标准荷载100kN和承载板半径150mm的落锤式弯沉仪量测板中荷载作用下的弯沉曲线，按下列公式确定：

$$E'_t = 100e^{(3.60+24.03w_0^{-0.057}-15.63SI^{0.222})} \quad (6.8.4\text{-}5)$$

$$SI = \frac{w_0 + w_{300} + w_{600} + w_{900}}{w_0} \quad (6.8.4\text{-}6)$$

式中：E'_t——基层顶面的当量回弹模量标准值（MPa）；

SI——路面结构的荷载扩散系数；

w_0——荷载中心处弯沉值（μm）；

w_{300}、w_{600}、w_{900}——距离荷载中心300mm、600mm和900mm处的弯沉值（μm）。

当采用落锤式弯沉仪的条件受到限制时，可选择在清除断裂混凝土板后的基层顶面进行梁式弯沉测量后按下式反算，或根据基层钻芯的材料组成及性能情况依经验确定。

$$E_t = 13739 w_0^{-1.04} \tag{6.8.4-7}$$

式中：w_0——以后轴载100kN的车辆进行弯沉测定，经统计整理后得到的旧混凝土路面基层顶面的计算回弹弯沉值（0.01mm）。

6.8.5 分离式混凝土加铺层结构设计应符合下列规定：

1 当旧混凝土路面的损坏状况和接缝传荷能力评定等级为中或次，或者新旧混凝土板的平面尺寸不同、接缝形式或位置不对应或路拱横坡不一致时，应采用分离式混凝土加铺层。加铺层铺筑前应更换破碎板，修补裂缝，磨平错台，压浆填封板底脱空，清除夹缝中失效的填缝料和杂物，并重新封缝。

2 在旧混凝土面层与加铺层之间应设置隔离层。隔离层材料可选用沥青混合料、沥青砂或油毡等，不宜选用砂砾或碎石等松散粒料。沥青混合料隔离层的厚度不宜小于25mm。

3 分离式混凝土加铺层的接缝形式和位置，应按新建混凝土面层的要求布置。

4 加铺层可采用普通混凝土、钢纤维混凝土、钢筋混凝土和连续配筋混凝土。普通混凝土、钢筋混凝土和连续配筋混凝土加铺层的厚度不宜小于180mm；钢纤维混凝土加铺层的厚度不宜小于140mm。

5 加铺层和旧混凝土面层应力分析，应按分离式双层板进行，计算方法应符合本规范第6.5.3、6.5.4条的规定。旧混凝土板的厚度、混凝土的弯拉强度和弹性模量标准值以及基层顶面当量回弹模量标准值，应采用旧混凝土路面的实测值，并应按本规范第6.8.4条的规定确定。加铺层混凝土的弯拉强度标准值应符合本规范表6.2.5的规定。加铺层的设计厚度，应按加铺层和旧混凝土板的应力分别满足本规范式（6.2.2）的要求确定。

6.8.6 结合式混凝土加铺层结构设计应符合下列规定：

1 当旧混凝土路面的损坏状况和接缝传荷能力评定等级为优良，面层板的平面尺寸及接缝布置合理，路拱横坡符合要求时，可采用结合式混凝土加铺层。加铺层铺筑前应更换破碎板，修补裂缝，磨平错台，压浆填封板底托空，清除接缝中失效的填缝料和杂物，并重新封缝。

2 应采用铣刨、喷射高压水或钢珠、酸蚀等方法，打毛清理旧混凝土面层表面，应在清理后的表面涂敷胶粘剂。

3 加铺层的接缝形式和位置应与旧混凝土面层的接缝完全对齐，加铺层内可不设拉杆或传力杆。加铺层的最小厚度宜为25mm。

4 加铺层和旧混凝土板的应力分析，应按结合式双层板进行，计算方法应符合本规范第6.5.3、6.5.4条的规定。旧混凝土板的厚度、混凝土的弯拉强度和弹性模量标准值以及基层顶面当量回弹模量标准值，应采用旧混凝土路面的实测值，按本规范第 6.8.4 条规定的方法确定。加铺层的设计厚度，应按旧混凝土板的应力满足式（6.2.2）的要求确定。

7 砌块路面

7.1 一 般 规 定

7.1.1 砌块路面设计应包括交通量预测与分析，材料选择，设计参数的测试和确定，路面结构组合设计与厚度计算，路面排水系统设计。

7.1.2 砌块路面表面应平整、防滑、稳固、无翘动，缝线直顺、灌缝饱满，无反坡积水现象。

7.1.3 砌块路面应按车行道和人行道的不同使用要求进行设计，并应符合下列规定：

1 人行道荷载应按人群荷载 5kPa 或 1.5kN 的竖向集中力作用在一块砌块上，分别计算，取其不利者。

2 车行道荷载应以标准轴载 BZZ-100 控制。

3 机动车停车场可分别按停车泊位区和行车道进行设计，泊位区宜采用绿植与透水设计。

4 自行车停车场应按人群荷载进行设计，宜采用绿植与透水设计。

7.2 砌块材料技术要求

7.2.2 砌块材料的力学性能应符合下列规定：

1 石材砌块的饱和极限抗压强度不应小于 120MPa，饱和抗折强度不应小于 9MPa。

2 普通型混凝土砌块的强度应符合表 7.2.2-1 的规定。当砌块边长与厚度比小于 5 时应以抗压强度控制，边长与厚度比不小于 5 时应以抗折强度控制。

表 7.2.2-1 普通型混凝土砌块的强度

道路类型	抗压强度（MPa）		抗折强度（MPa）	
	平均最小值	单块最小值	平均最小值	单块最小值
支路、广场、停车场	40	35	4.5	3.7
人行道、步行街	30	25	4.0	3.2

3 连锁型混凝土砌块的强度应符合表 7.2.2-2 的规定。

表 7.2.2-2　连锁型混凝土砌块的强度

道路类型	抗压强度（MPa）	
	平均最小值	单块最小值
支路、广场、停车场	50	42
人行道、步行街	40	35

7.3　结构层与结构组合

7.3.1　砌块路面结构应包括面层、基层和垫层。

7.3.2　基层和垫层材料、厚度和设计应满足本规范第 4 章的相关规定。

7.3.3　砌块路面面层包括砌块、填缝材料和整平层材料。

7.3.4　采用砌块铺装车行道、广场、停车场时宜采用连锁型混凝土砌块，连锁型混凝土砌块可包括四面嵌锁和两面嵌锁的长条形状，最小宽度不应小于 80mm，最大宽度不应大于 120mm，长宽比宜为 1.5～2.3。连锁型混凝土砌块最小厚度宜符合表 7.3.4 的规定。

表 7.3.4　连锁型混凝土砌块最小厚度

道路类型	最小厚度（mm）
大型停车场	100
支路、广场、停车场	80
人行道、步行街	60

7.3.5　人行道和步行街宜采用普通型混凝土砌块，普通型混凝土砌块的最小厚度宜符合表 7.3.5 的规定。

表 7.3.5　普通型混凝土砌块最小厚度（mm）

道路类型	常用尺寸			
	250×250	300×300	100×200	200×300
支路、广场、停车场	100	120	80	100
人行道、步行街	50	60	50	60

7.3.6　石材砌块的适用性及其最小厚度宜符合表 7.3.6 的规定。

表 7.3.6　石材砌块适用性及最小厚度（mm）

道路类型	常用尺寸					
	100×100	300×300	400×400 300×500	500×500 400×600	600×600 400×800	500×1000 600×800
支路、广场、停车场	80	100	100	140	140	140
人行道、步行街	50	60	60	80	—	—

7.3.7 砌块面层与基层之间应设置整平层，整平层可采用粗砂，厚度宜为 30mm～50mm。

7.3.8 砌块路面面层接缝应符合下列规定：

1 普通型混凝土砌块接缝缝宽不应大于 5mm，应采用水泥砂灌实。

2 连锁型混凝土砌块接缝缝宽不应大于 5mm，应用粗砂灌实。

3 石材砌块路面接缝缝宽不应大于 5mm，应采用水泥砂灌实。有特殊防水要求时，缝下部应用水泥砂灌实，上部应用防水材料灌缝。当缝宽小于 2mm 时，可不进行灌缝。

4 砌块路面面层勾缝时，应设置胀缝，胀缝间距宜为20m～50m，接缝填料可采用沥青、橡胶类材料。

7.4 结构层计算

7.4.1 砌块路面的结构计算可采用等效厚度法，应根据基层材料的不同按沥青路面或水泥路面设计方法进行修正后计算。

7.4.2 对半刚性基层和柔性基层的砌块路面，应采用沥青路面设计方法，以设计弯沉值为路面整体强度的设计指标，并应核算基层底的弯拉应力。对反复荷载应考虑疲劳应力，对静止荷载应考虑容许应力。在确定沥青混凝土层厚度后，应按下式计算确定：

$$h_s = h_1 \cdot a \qquad (7.4.2)$$

式中：h_s——砌块路面块体厚度（mm）；

h_1——沥青混凝土层厚度（mm）；

a——换算系数，可取 0.7～0.9，道路等级较高、交通量较大、砌块面积尺寸较大时取高值，砌块抗压强度较高、砌块面积尺寸较小时取低值。

7.4.3 对水泥混凝土基层的砌块路面，应按水泥混凝土路面设计方法，在确定水泥混凝土板厚度后，应按下式计算：

$$h_s = h_h \cdot b \qquad (7.4.3)$$

式中：h_s——砌块路面块体厚度（mm）；

h_h——水泥混凝土板厚度（mm）；

b——换算系数，可取 0.50～0.65，采用的砌块面积尺寸较小时取低值，采用的砌块面积尺寸较大时取高值。

8 其他路面

8.1 透水人行道

8.1.1 透水人行道下的土基应具有一定的渗透性能，土的渗透系数不应小于 1.0×10^{-3}mm/s，且渗透面距离地下水位应大于 1.0m；在渗透系数小于 1.0×10^{-5}mm/s 或膨胀土等不良土基、水源保护区，不宜修建透水人行道。

8.1.2 面层结构有效孔隙率不应小于 15%，渗透系数不应小于 0.1mm/s。

8.1.3 整平层可采用干砂或透水干硬性水泥稳定中、粗砂，厚度宜为 30mm～50mm。

8.1.4 基层应选用具有足够的强度、透水性能良好、水稳定性好的材料，宜采用级配碎石、透水水泥混凝土、透水水泥稳定碎石等材料，基层厚度宜为 150mm～300mm。

8.2 桥面铺装

8.2.1 桥面铺装的结构形式宜与所在位置的道路路面相协调，特大桥、大桥的桥面铺装宜采用沥青混凝土桥面铺装，桥面铺装应有完善的桥面防水、排水系统。

8.2.2 桥面铺装应符合下列规定：

1 桥面沥青混凝土铺装结构，应由防水粘结层和沥青面层组成。

2 城市快速路、主干路上桥梁的沥青混合料桥面铺装厚度宜为 80mm～100mm，次干路、支路上桥梁的沥青混合料桥面铺装厚度宜为 50mm～90mm，且沥青表面层厚度不应小于 30mm。当桥面铺装为单层时，厚度不宜小于 50mm。

3 桥面水泥混凝土铺装（不含整平层和垫层）的厚度不宜小于 80mm，混凝土强度等级不应低于 C40，铺装面层内应配置钢筋网，钢筋直径不应小于 8mm，间距不宜大于 100mm。

4 当水泥混凝土桥面采用沥青面层时，桥面板应符合下列规定：

1）混凝土桥面板应平整、粗糙、干燥整洁，不得有浮浆、尘土、水迹、杂物或油污等。对城市快速路、城市主干路的桥面宜进行精铣刨或者喷砂打毛处理，特大桥、重要大桥桥面宜进行精细刨处理。

2）当混凝土桥面板需设置调平层时，混凝土调平层厚度不宜小于80mm，且应按要求设置钢筋网；纤维混凝土调平层厚度不宜小于60mm；调平层混凝土强度等级应与梁体一致，并应与桥面板结合紧密。当调平层厚度较薄时，可用沥青混合料或通过加厚下面层进行调平。

5 对于特大桥、大桥、正交异性板钢桥面沥青混凝土铺装结构应根据桥梁的纵面线形、桥梁结构受力状态、桥面系的实际情况、当地气象与环境条件、铺装材料的性能综合研究选用。

8.3 隧道路面铺装

8.3.1 隧道路面铺装可采用水泥混凝土路面或沥青路面。

8.3.2 当隧道采用水泥混凝土路面时，厚度不宜低于200mm，结构变形缝处路面应设置横向缩缝或胀缝，在隧道口处应设置胀缝。

8.3.3 当隧道路面采用沥青路面时，沥青面层应具有与水泥混凝土面板粘结牢固、防水渗入、抗滑耐磨、抗剥离的良好性能；沥青混凝土路面厚度宜为80mm～100mm，宜采用阻燃温拌型沥青混合料。沥青混凝土面层下应设置粘结层。

9 路面排水

9.2 路面排水设计

9.2.1 路面排水设计应符合下列规定：

1 路面排水设计包括路表、分隔带及路面结构内部排水。路面排水设施有：雨水口、排水管渠、检查井、边沟、蓄水池、涵洞、出水口等。

2 路面应设置双向或单向横坡，坡度宜为1.0%～2.0%。

9.2.2 路面排水采用管道或边沟形式。路面排水应综合两侧建筑物散水或街坊排水，并应处理好与城市防洪的关系。

9.2.3 道路排水管道的设置应符合下列规定：

1 排水干管不应埋设在快速路范围内。

2 对地基松软和不均匀沉降地段，管道基础应采取加固措施。

3 隧道口应有防止路面雨水流入隧道的工程措施。隧道内宜设置渗漏水的排出设施。

9.2.4 雨水口的设置应符合下列规定：

1 道路汇水点、人行横道上游、沿街单位出入口上游、街坊或庭院的出入口等处均应设置雨水口。道路低洼和易积水地段应根据需要适当增加雨水口。人行道与车行道之间设有连续绿化带时，人行道内侧宜增设雨水口。

2 雨水口形式分为平箅式、立箅式等，平箅式雨水口分为有缘石平箅式和地面平箅式。缘石平箅式雨水口用于有缘石的道路。地面平箅式可用于无缘石的路面、广场、地面低洼聚水处等。立箅式雨水口可用于有缘石的道路。

3 平箅式雨水口的箅面应低于附近路面 10mm～20mm；立箅式雨水口进水孔底面应低于附近路面 10mm。

4 雨水口的间距宜为 25m～50m。

5 雨水口的泄水能力应经计算确定。

9.2.5 锯齿形偏沟设计应符合下列规定：

1 当道路边缘线纵坡度小于 0.3%时，可在道路两侧车行道边缘 0.3m 宽度范围内设锯齿形偏沟。锯齿形偏沟的缘石外露高度，在雨水口处宜为 180mm～200mm，在分水点处宜为 100mm～120mm，雨水口处与分水点处的缘石高差宜控制在 60mm～100mm 范围内。

2 缘石顶面纵坡宜与道路中心线纵坡平行。锯齿形偏沟的沟底纵坡可通过边沟范围内的道路横坡变化调整。条件困难时，可调整缘石顶面纵坡度。

3 锯齿形偏沟的分水点和雨水口应按下式计算：

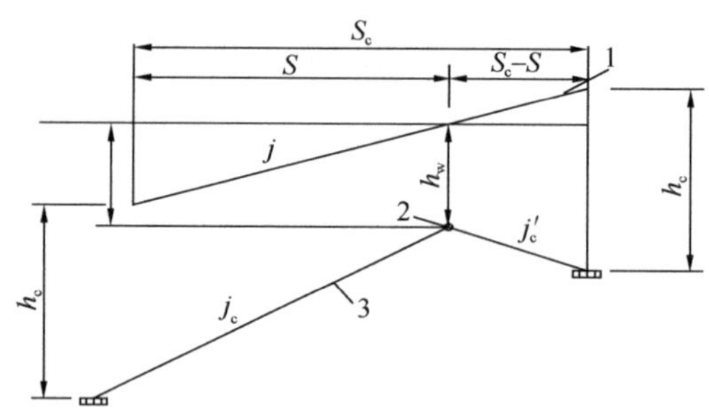

图 9.2.5 锯齿形偏沟计算

1—缘石顶线；2—分水点；3—路面边缘线

$$S=(h_c-h_w)/(j_c-j) \quad (9.2.5\text{-}1)$$

$$S_c-S=(h_c-h_w)/(j+j'_c) \quad (9.2.5\text{-}2)$$

式中：S_c——相邻雨水口的间距（mm）；

S、S_c-S——分水点至雨水口的距离（mm）；

j——道路中心线纵坡度；

j_c——S 段偏沟底的纵坡度；

j'_c——S_c-S 偏沟底的纵坡度；

h_c——雨水口处缘石外露高度（mm）；

h_w——分水点处缘石外露高度（mm）。

9.3　路面内部排水

9.3.1　对年降水量为 600mm 以上，路基土渗透系数小于 10^{-4}mm/s 的地区的快速路、主干路，宜设置路面内部排水系统。

9.3.2　当车行道路面结构设置排水基层或垫层时，应在排水基层或垫层外侧边缘人行道下设置纵向集水沟、带孔集水管以及横向出水管等，并沿纵向间隔一定距离将水引入市政排水总管、渠。

9.3.3　路面内部排水系统由透水性填料集水沟、纵向排水管、横向出水管和过滤织物组成。各个组成部分应符合下列规定：

1　纵向排水管管径应按设计流量由水力计算确定，宜在 70mm～150mm 范围内选用。排水管的埋设深度，应保证不被车辆或施工机械压裂，并应超过当地的冰冻深度。在非冰冻地区，新建路面时，排水管管底宜与基层底面齐平；改建路面时，管中心应低于基层顶面。排水管的纵向坡度宜与路线纵坡相同，并不得小于 0.25％。

2　横向出水管径间距和安设位置应由水力计算并考虑邻近地面高程和道路纵横断面情况确定。出水管的横向坡度不宜小于 5％。

3　集水沟底面的最小宽度，对新建路面，不应小于 300mm；对改建路面，应保证排水管两侧各有至少 50mm 宽的透水填料。

9.3.4　集水沟的宽度宜为 300mm。集水沟的深度应能保证集水管管顶低于排水层底面，并应有足够厚度的回填料使集水管不被施工机械压裂。沟内回填料宜采用与排水基层或垫层相同的透水性材料，或不含细料的碎石或砾石粒料。回填料与沟壁间应铺设无纺反滤织物。

9.3.5　集水沟的纵坡宜与路线纵坡相同，并不得小于 0.25％。

9.3.6　排水基层应符合下列规定：

1　所用集料应选用洁净、坚硬而耐久的碎石，快速路、主干路压碎值不应大于 26％，其他等级道路压碎值不应大于 30％。最大粒径可为 19mm 或 26.5mm，并不得超过层厚的 1/3。4.75mm 粒径以下细料的含量不应大于 10％。集料级配应满足渗透系数不得小于 300m/d 的透水性要求。

2　骨架空隙型水泥处治碎石的 7d 浸水抗压强度不得低于 3MPa～4MPa；开级配沥青碎石的沥青用量宜为集料质量的 2.5％～4.5％。

3　排水基层的厚度应按所需排放的水量和基层材料的渗透系数通过

水力计算确定，宜为100mm～150mm，其最小厚度对于沥青稳定碎石不得小于60mm，对于水泥稳定碎石不得小于100mm。其宽度应超出面层宽度300mm～900mm。

9.3.7 纵向集水沟可设在面层边缘外侧，集水沟中的填料应与排水基层相同。集水沟的下部应设置带槽口或圆孔的纵向排水管，并应间隔适当距离设置不带槽孔的横向出水管。

9.3.8 排水基层的下卧层应选用不透水的密级配混合料。

9.3.9 排水垫层可直接设置在路基顶面，并应配置纵向集水沟、排水管和出水管。排水垫层应选用砂或砂砾石等集料组成开级配混合料，其级配应符合下列规定：

1 当垫层用集料在通过率为15%时，粒径不应小于路基土在通过率为15%时的粒径的5倍；

2 当垫层用集料在通过率为15%时，粒径不应大于路基土在通过率为85%时的粒径的5倍；

3 当垫层用集料在通过率为50%时，粒径不应大于路基土在通过率为50%时的粒径的25倍；

4 垫层集料的不均匀系数不应大于20。

9.4 分隔带排水

9.4.1 当分隔带内设置纵向排水渗沟时，应间隔40m～80m设置横向排水管，渗沟周围应包裹土工布等反滤织物。渗沟上的回填料与路面结构的交界处应铺设防水土工布。

9.4.2 当分隔带封闭后，可不设内部排水系统。

9.5 交叉口范围路面排水

9.5.1 平面交叉口应按竖向设计布设雨水口，并应采取措施防止路段的雨水流入交叉口。

9.5.2 立体交叉范围的路面排水应符合下列规定：

1 当纵坡大于2%时，应在最低点集中收水，雨水口数量应按立体交叉范围内的设计流量计算确定。

2 下穿式立体交叉引路两端纵坡的起点处，应设倒坡，并在道路两侧采取截水措施。

9.6 桥面排水

9.6.1 桥面水应通过横坡和纵坡排入泄水口，并应汇集到竖向排水管排出。

9.6.2 桥面宜在铺装边缘设置渗沟，渗沟与泄水口相接。

附录 A 沥青路面使用性能气候分区

A.0.1 按照设计高温分区指标，一级区划分为 3 个区，应符合表 A.0.1 的划分。

表 A.0.1 按照设计高温分区

高温气候区	1	2	3
气候区名称	夏炎热区	夏热区	夏凉区
最热月平均最高气温（℃）	>30	20～30	<20

A.0.2 按照设计低温分区指标，二级区划分为 4 个区，应符合表 A.0.2 的划分。

表 A.0.2 按照设计低温分区

低温气候区	1	2	3	4
气候区名称	冬严寒区	冬寒区	冬冷区	冬温区
极端最低气温（℃）	<−37.0	−37.0～−21.5	−21.5～−9.0	>−9.0

A.0.3 按照设计雨量分区指标，三级区划分为 4 个区，应符合表 A.0.3 的划分。

表 A.0.3 按照设计雨量分区

雨量气候区	1	2	3	4
气候区名称	潮湿区	湿润区	半干区	干旱区
年降雨量（mm）	>1000	1000～500	500～250	<250

A.0.4 沥青路面温度分区由高温和低温组合而成，应符合表 A.0.4 的划分。第一个数字代表高温分区，第二个数字代表低温分区，数字越小表示气候因素越严重。

表 A.0.4 沥青路面温度分区

气候区名		最热月平均最高气温（℃）	年极端最低气温（℃）	备 注
1-1	夏炎热冬严寒	>30	<−37.0	
1-2	夏炎热冬寒		−37.0～−21.5	
1-3	夏炎热冬冷		−21.5～−9.0	
1-4	夏炎热冬温		>−9.0	

续表 A.0.4

气候区名		最热月平均最高气温（℃）	年极端最低气温（℃）	备　注
2-1	夏热冬严寒	20～30	<-37.0	
2-2	夏热冬寒		-37.0～-21.5	
2-3	夏热冬冷		-21.5～-9.0	
2-4	夏热冬温		>-9.0	
3-1	夏凉冬严寒	<20	<-37.0	
3-2	夏凉冬寒		-37.0～-21.5	
3-3	夏凉冬冷		-21.5～-9.0	
3-4	夏凉冬温		>-9.0	

A.0.5　由温度和雨量组成的气候分区应符合表 A.0.5 的划分。

表 A.0.5　沥青及沥青混合料气候分区指标

气候区名		温度（℃）		雨量（mm）
		最热月平均最高气温	年极端最低气温	年降雨量
1-1-4	夏炎热冬严寒干旱	>30	<-37.0	<250
1-2-2	夏炎热冬寒湿润	>30	-37.0～-21.5	500～1000
1-2-3	夏炎热冬寒半干	>30	-37.0～-21.5	250～500
1-2-4	夏炎热冬寒干旱	>30	-37.0～-21.5	<250
1-3-1	夏炎热冬冷潮湿	>30	-21.5～-9.0	>1000
1-3-2	夏炎热冬冷湿润	>30	-21.5～-9.0	500～1000
1-3-3	夏炎热冬冷半干	>30	-21.5～-9.0	250～500
1-3-4	夏炎热冬冷干旱	>30	-21.5～-9.0	<250
1-4-1	夏炎热冬温潮湿	>30	>-9.0	>1000
1-4-2	夏炎热冬温湿润	>30	>-9.0	500～1000
2-1-2	夏热冬严寒湿润	20～30	<-37.0	500～1000
2-1-3	夏热冬严寒半干	20～30	<-37.0	250～500
2-1-4	夏热冬严寒干旱	20～30	<-37.0	<250
2-2-1	夏热冬寒潮湿	20～30	-37.0～-21.5	>1000
2-2-2	夏热冬寒湿润	20～30	-37.0～-21.5	500～1000
2-2-3	夏热冬寒半干	20～30	-37.0～-21.5	250～500
2-2-4	夏热冬寒干旱	20～30	-37.0～-21.5	<250
2-3-1	夏热冬冷潮湿	20～30	-21.5～-9.0	>1000
2-3-2	夏热冬冷湿润	20～30	-21.5～-9.0	500～1000
2-3-3	夏热冬冷半干	20～30	-21.5～-9.0	250～500
2-3-4	夏热冬冷干旱	20～30	-21.5～-9.0	<250
2-4-1	夏热冬温潮湿	20～30	>-9.0	>1000
2-4-2	夏热冬温湿润	20～30	>-9.0	500～1000
2-4-3	夏热冬温半干	20～30	>-9.0	250～500
3-2-1	夏凉冬寒潮湿	<20	-37.0～-21.5	>1000
3-2-2	夏凉冬寒湿润	<20	-37.0～-21.5	500～1000

七、城市地下道路工程设计规范 CJJ 221－2015

中华人民共和国行业标准

城市地下道路工程设计规范

Code for design of urban underground road engineering

CJJ 221－2015

批准部门：中华人民共和国住房和城乡建设部

施行日期：2 0 1 5 年 1 1 月 1 日

目　次

3 基本规定

3.1 城市地下道路分类

3.1.1 城市地下道路根据服务对象可分为机动车专用地下道路和机动车与行人非机动车共用地下道路。

3.1.2 城市地下道路根据服务车型可分为混行车地下道路和小客车专用地下道路。

3.1.3 城市地下道路可按主线封闭段长度分为4类，并应符合表3.1.3的规定。

表3.1.3 城市地下道路长度分类

分类	特长距离地下道路	长距离地下道路	中等距离地下道路	短距离地下道路
长度 L（m）	$L>3000$	$3000\geqslant L>1000$	$1000\geqslant L>500$	$L\leqslant500$

注：L 为主线封闭段的长度。

3.1.4 城市地下道路可根据主线封闭段长度及交通情况，按防火设计要求分为4类，并应符合表3.1.4的规定。

表3.1.4 城市地下道路防火设计分类

用　途	一类	二类	三类	四类
可通行危险化学品等机动车	$L>1500$	$500<L\leqslant1500$	$L\leqslant500$	—
仅限通行非危险化学品等机动车	$L>3000$	$1500<L\leqslant3000$	$500<L\leqslant1500$	$L\leqslant500$

注：L 为主线封闭段的长度（m）。

3.2 设计原则

3.2.1 城市地下道路设计应符合现行行业标准《城市道路工程设计规范》CJJ 37的规定，并应符合下列规定：

1 加强对基础资料调研；

2 与城市路网合理衔接，与区域路网规划、区域地下空间规划相结合；

3 符合城市地下空间规划确定的深度分层、限界；

4 处理好与地面交通、城市历史风貌、城市空间环境的关系；

5 处理好与市政管线、轨道交通设施、综合管廊及地下文物等其他地下基础设施关系，合理安排集约化利用地下空间。

3.2.2 城市地下道路线形设计中的平面、纵断面和横断面应进行综合设计，保证视距安全，确保行车安全与舒适。

3.2.3 地下道路应做好出入口位置、间距和形式的综合设计及出入口交通组织，协调与地面交通的衔接，保证地下道路主线通畅，进出交通有序，与周边路网衔接顺畅。

3.2.4 城市地下道路交通设施设计应加强安全行车引导，交通设施应简洁、可视性好、易识别。

3.2.5 城市地下道路路面结构应满足耐久性和稳定性的要求，采用沥青混凝土路面应具有阻燃性好、噪声低的性能。

3.2.6 城市地下道路设计应根据结构与通风、供电、照明、监控、防灾等设施之间的协调进行综合设计。

3.2.7 城市地下道路排水应与地面排水系统综合设计。

3.2.8 城市地下道路设计应符合国家环保政策、法规，注重环境保护和资源节约，应在满足安全、经济、可靠的原则下，体现节能环保，宜选用高效、低能耗的设备系统，对通风、照明等能耗较大的设备应采取全面的节能设计。

3.2.9 城市地下道路设计应开展景观设计，洞口、洞内装饰以及风亭等美化设计应与周围城市环境相协调。

3.2.10 城市地下道路设计应根据工程地质与周边环境，从技术、经济、工期、环境影响等方面综合比较，选择合理的结构形式和施工方法。

3.2.11 城市地下道路结构应分别对施工阶段和使用阶段按承载能力极限状态及正常使用极限状态进行设计。

3.2.12 城市地下道路设计应根据规划预留必要的实施条件。

3.3 设计速度

3.3.1 城市地下道路设计速度取值宜与两端衔接的地面道路采用相同的设计速度，条件困难时，可降低一个等级，并应符合表3.3.1的规定。

表3.3.1 各级城市地下道路的设计速度

道路等级	快速路			主干路			次干路			支路		
设计速度（km/h）	100	80	60	60	50	40	50	40	30	40	30	20

注：除短距离地下道路外，设计速度不应大于80km/h。

3.3.2 地下车库联络道的设计速度应为 20km/h。

3.3.3 城市地下道路匝道的设计速度宜为主线的 0.4 倍～0.7 倍。

3.3.4 城市地下道路的线形标准应根据实际运行速度的要求，与相邻路段运行速度协调。

3.4 设计年限

3.4.1 城市地下道路的沥青路面结构设计使用年限不应小于 15 年，水泥混凝土路面结构设计使用年限不应小于 30 年。

3.4.2 城市地下道路主体结构设计使用年限应为 100 年。

3.5 建筑限界

3.5.1 城市地下道路建筑限界应为道路净高线和两侧侧向净宽边线组成的空间界线（图 3.5.1）。建筑限界顶角宽度（E）不应大于机动车道或非机动车道的侧向净宽度。建筑限界组成最小值应符合表 3.5.1 的规定。

表 3.5.1 建筑限界组成最小值

建筑限界组成	路缘带宽度（W_{mc}）		安全带宽度（W_{sc}）	检修道宽度（W_j）	缘石外露高度（h）	建筑限界顶角高度（H）	
	设计速度 ≥60km/h	设计速度 <60km/h				H_c< 3.5m	H_c≥ 3.5m
取值（m）	0.50	0.25	0.25	0.75	0.25～0.40	0.20	0.50

注：1 当两侧设置人行道或检修道时，可不设安全带宽度。

2 非机动车道路面宽度（W_{pb}）或人行道宽度（W_p）应符合现行行业标准《城市道路工程设计规范》CJJ 37 的规定。

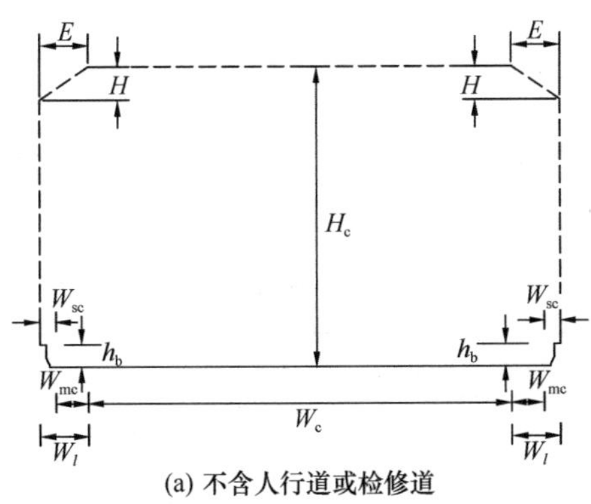

(a) 不含人行道或检修道

图 3.5.1 城市地下道路建筑限界（一）

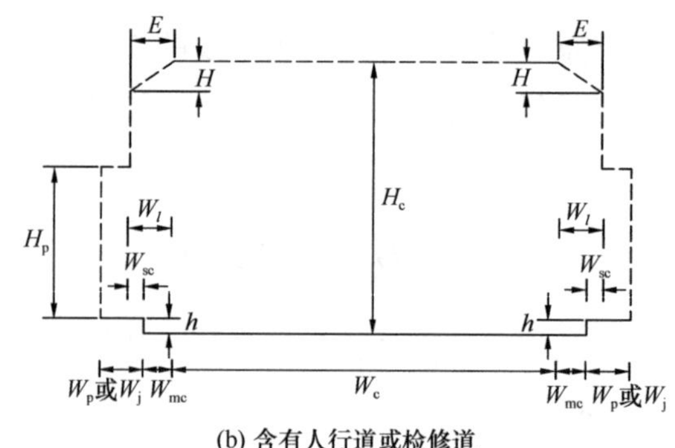

(b) 含有人行道或检修道

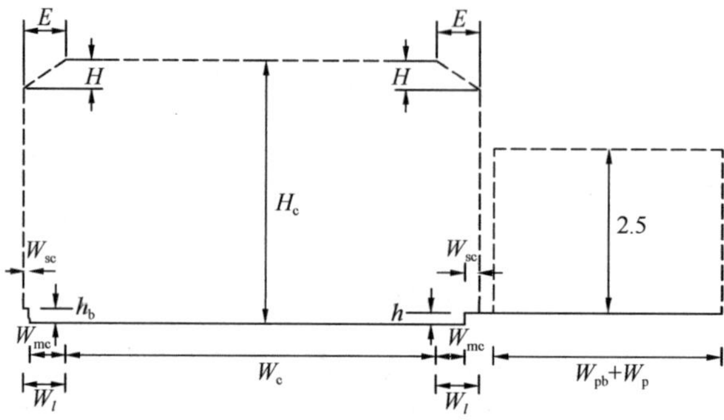

(c) 含有非机动车道和人行道（情况一）

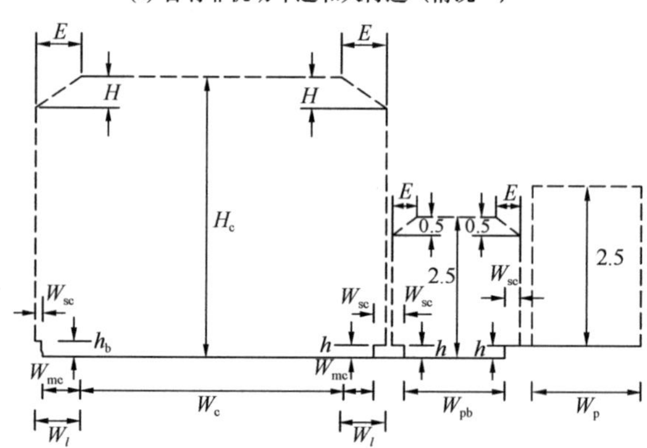

(d) 含有非机动车道和人行道（情况二）

图 3.5.1　城市地下道路建筑限界（二）

3.5.2　城市地下道路最小净高应符合表 3.5.2 的规定。小客车专用道最小净高应采用一般值；条件受限时可采用最小值。

表 3.5.2　城市地下道路最小净高

道路种类	行驶交通类型	净高（m）	
机动车道	小客车	一般值	3.5
		最小值	3.2
	各种机动车	4.5	

续表 3.5.2

道路种类	行驶交通类型	净高（m）
非机动车道	非机动车	2.5
人行或检修道	人	2.5

3.5.3 城市地下道路建筑限界内不得有任何物体侵入。

3.5.4 不同净高的地下道路之间衔接应做好过渡，同时应设置必要的指示、引导标志及防撞设施等。

4 横断面

4.1 一 般 规 定

4.1.1 城市地下道路横断面设计在满足建筑限界条件下，应为通风、给排水、消防、供电照明、监控、内饰装修等配套附属设施和安全疏散设施提供安装空间，通过合理布置充分利用空间，同时应预留结构变形、施工误差、路面调坡等余量。设备空间设计应满足下列原则：

1 满足各自设备工艺要求；

2 设备布置不得侵入建筑限界；

3 应方便设备的安装和维护保养；

4 设备管线宜集中布置，可设置专用管廊。

4.1.2 城市地下道路横断面宜与相连地面道路一致，当条件受限，经技术经济论证后可压缩断面，并应符合下列规定：

1 应设置宽度渐变段，渐变段长度应符合现行国家标准《道路交通标志和标线》GB 5768 的规定；

2 洞口外的 3s 行程内断面与地下道路内的断面应保持一致；

3 当主线交通采用小客车专用道部分下穿时，两侧地面道路或周边路网应保证其他车辆分流要求，并应做好相应的交通引导和管理。

4.2 横 断 面 布 置

4.2.1 城市地下道路的典型横断面宜由机动车道、路缘带等组成，根据需要可设置人行道及非机动车道，特殊断面还应包括紧急停车带以及检修道等。

4.2.2 城市地下道路按道路用地和交通运行特征可选用单层式横断面或双层式横断面。

4.2.3 城市地下道路不宜采用在同一通行孔布置双向交通。当断面布置困难时，对设计速度大于或等于 50km/h 的短距离城市地下道路，可在同一通行孔布置双向交通，但必须采用中央防撞设施进行隔离；对设计速度小于 50km/h 的城市地下道路，当在同一通行孔布置双向交通时，应采用中央安全隔离措施；同时，应满足运营管理安全可靠的要求。

4.3 横断面组成及宽度

4.3.1 城市地下道路机动车道的宽度应符合现行行业标准《城市道路工程设计规范》CJJ 37 的规定。当采用小客车专用道时，车行道宽度可适当压缩，应符合表 4.3.1 规定，一般情况下应采用一般值，条件受限时可采用最小值。

表 4.3.1 小客车专用地下道路的一条机动车道宽度

设计速度（km/h）		＞60	≤60
车道宽度（m）	一般值	3.50	3.25
	最小值	3.25	3.00

4.3.2 城市地下快速路严禁在同孔内设置非机动车道或人行道。

4.3.3 城市地下道路除快速路外，当同孔内设置非机动车或人行道时，应符合下列规定：

1 非机动车道与人行道宜采取隔离措施；

2 地下道路长度不宜超过 500m，且不得大于 1000m；

3 地下道路内部空气环境应满足行人安全的要求，符合现行国家相关标准的规定。

4.3.4 当城市地下主干路、次干路和支路同孔内需设置非机动车道或人行道时，必须在机动车道外侧设置隔离护栏。

4.3.5 当城市地下道路检修道兼作人行道或非机动车道时，其宽度应符合现行行业标准《城市道路工程设计规范》CJJ 37 对人行道或非机动车道的规定。

4.3.6 当城市地下道路内部不设检修道时，侧墙下部必须设置防撞设施，防撞设施的设置应符合现行国家标准《城市道路交通设施设计规范》GB 50688 的规定。

4.3.7 城市地下道路的连续式紧急停车带宽度应根据设计速度、设计车型、使用功能、经济成本以及工程可实施性等方面综合论证确定。

4.3.8 长或特长单向 2 车道城市地下道路宜在行车方向的右侧设置连续式紧急停车带，单向 2 车道的城市地下快速路应在行车方向的右侧设置连续式紧急停车带，连续式紧急停车带的最小宽度宜符合表 4.3.8 的规定。

表 4.3.8 连续式紧急停车带最小宽度

车型及车道类型	一般值（m）	最小值（m）
大型车或混行车道	3.0	2.0
小客车专用车道	2.5	1.5

4.3.9 当设置连续式紧急停车带困难时，宜设置应急停车港湾（图 4.3.9），并应符合下列规定：

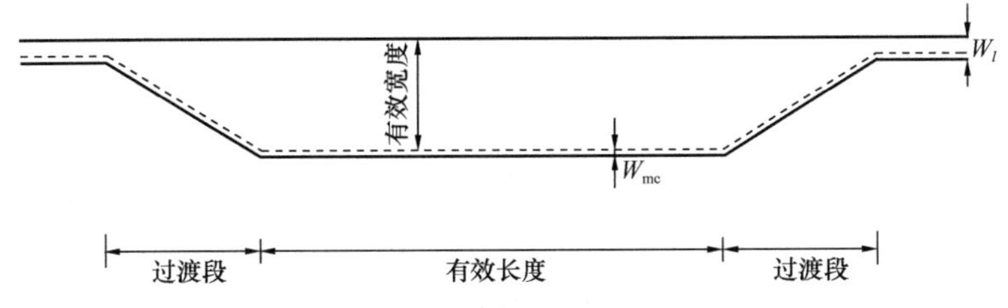

图 4.3.9 应急停车港湾

1 位置不宜设置在曲线内侧等行车视距受影响路段；

2 间距宜为 500m；

3 有效宽度不应小于 3.0m；

4 有效长度不应小于 30m，过渡段长度不应小于 5m。

4.3.10 单向单车道的城市地下道路主线或匝道应设置连续式紧急停车带，宽度不应小于本规范表 4.3.8 规定的一般值。

5 平面及纵断面

5.1 一 般 规 定

5.1.1 城市地下道路平面线形布置应符合城市总体规划及路网规划要求，综合地面道路、地形地物、地质条件、地下设施、障碍物及施工方法等确定。

5.1.2 城市地下道路纵断面线形布置应根据路网规划控制高程、道路净高、地质条件、地下管网等设施布置、道路排水、覆土厚度等要求，综合交通安全、施工工艺、建设期间工程费用与运营期间的经济效益、节能环保等因素合理确定。

5.1.3 城市地下道路平纵横线形组合设计应满足行车视距的要求，并保持视线的连续性。

5.2 平面及纵断面设计

5.2.1 城市地下道路的直线、平曲线、缓和曲线、超高、加宽等平面设计应符合现行行业标准《城市道路路线设计规范》CJJ 193 的规定。

5.2.2 城市地下道路纵坡宜平缓，机动车道最大纵坡度应符合表 5.2.2 的规定，并应符合下列规定：

表 5.2.2 地下道路机动车道最大纵坡

设计速度（km/h）	80	60	50	40	30	20
一般值（%）	3	4	4.5	5	7	8
最大值（%）	5			6	8	

注：除快速路等级外，受地形条件或其他特殊情况限制，经技术经济论证后，最大纵坡最大值可增加 1%。

1 积雪和冰冻地区承担快速路功能的城市地下道路洞口敞开段最大纵坡不应大于 3.5%，其他等级道路最大纵坡不应大于 6%，否则应在洞口敞开段采取相应措施确保路面不积雪结冰；

2 城市地下道路最小纵坡不宜小于 0.3%；当条件受限纵坡小于 0.3%时，应采取排水措施；

3 对长度小于 100m 的城市地下道路纵坡可与地面道路相同；

4 设置非机动车道的城市地下道路纵坡应符合现行行业标准《城市道路路线设计规范》CJJ 193 中非机动车道要求。

5.2.3 城市地下道路匝道最大纵坡应符合现行行业标准《城市道路交叉口设计规程》CJJ 152 的规定。

5.2.4 城市地下道路坡长设置应符合现行行业标准《城市道路路线设计规范》CJJ 193 的规定。

5.2.5 城市地下道路洞口应在接地口处宜设置反坡形成排水驼峰，排水驼峰高度应根据排水重现期、地形、道路功能等级等综合确定。

5.2.6 城市地下道路洞口内外各 3s 设计速度行程长度范围内的平纵线形应一致。当条件困难时，应采取安全措施。

5.3 停车视距

5.3.1 城市地下道路停车视距应符合现行行业标准《城市道路路线设计规范》CJJ 193 的规定。

5.3.2 进出城市地下道路洞口处的停车视距宜采用主线路段的 1.5 倍。当条件受限时，应对洞口光过渡段进行处理。

5.3.3 城市地下道路设置平曲线及凹型竖曲线路段，必须进行停车视距验算。

6 出入口

6.1 一 般 规 定

6.1.1 城市地下道路的出入口位置、间距及形式，应满足主线车流稳定、分合流处行车安全的要求，还应根据围岩等级及稳定性、地质条件等综合确定。

6.1.2 城市地下道路的出入口应设置在主线车行道右侧，当条件受限时，入口可设置在主线左侧，并应设置辅助车道。

6.2 出 入 口 间 距

6.2.1 城市地下道路的出入口间距应能保证主路交通不受分合流交通的干扰，并应为分合流交通加减速及转换车道提供安全可靠条件。

6.2.2 城市地下道路路段上相邻两出入口端部之间的最小间距应符合表6.2.2规定。

表6.2.2 城市地下道路出入口最小间距（m）

设计速度（km/h）	出-出	出-入	入-入	入-出
80	610	210	610	1020
60	460	160	460	760
50	390	130	390	640
40	310	110	310	510

6.2.3 地下道路入口匝道与出口匝道之间路段宜设置辅助车道，当出入口端部间距不符合本规范表6.2.2要求时，应设置辅助车道，并应保证辅助车道长度满足交织要求。

6.2.4 地下车库联络道应在有地块接入侧设置辅助车道，地块车库联系的出入口在接入侧布有辅助车道后，接入间距不应小于30m（图6.2.4）。

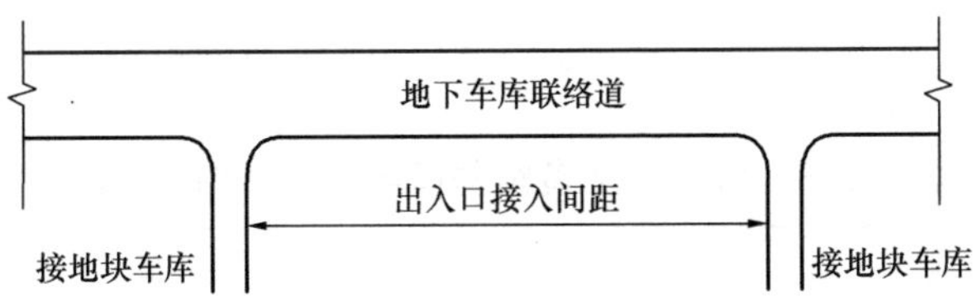

图6.2.4 地下车库联络道出入口接入间距

6.2.5 地下车库联络道与地块车库联系的出入口不应设置在进出地下车库联络道的匝道上，与匝道坡道起止线距离不宜小于 50m。

6.3 分合流端

6.3.1 城市地下道路出入口的分合流端宜设置在平缓路段，不应设置在平纵组合不良路段，分合流端附近主线的平曲线、竖曲线应采用较大半径。

6.3.2 城市地下道路主线分流鼻前的识别视距不宜小于 2 倍的主线停车视距，条件受限时不应小于 1.5 倍的主线停车视距。

6.3.3 城市地下道路主线汇流鼻前的识别视距不应小于 1.5 倍的主线停车视距。

6.3.4 匝道接入主线入口处从汇流鼻端开始应设置与主线直行车道的隔离段，隔离段长度不应小于主线的停车视距值，隔离设施不应遮挡视线（图 6.3.4）。

6.3.5 城市地下道路设计不应在驾驶人进入地下道路后的视觉变化适应范围内设置合流点，合流段的汇流鼻端与洞口的距离不应小于表 6.3.5 的规定（图 6.3.5）。

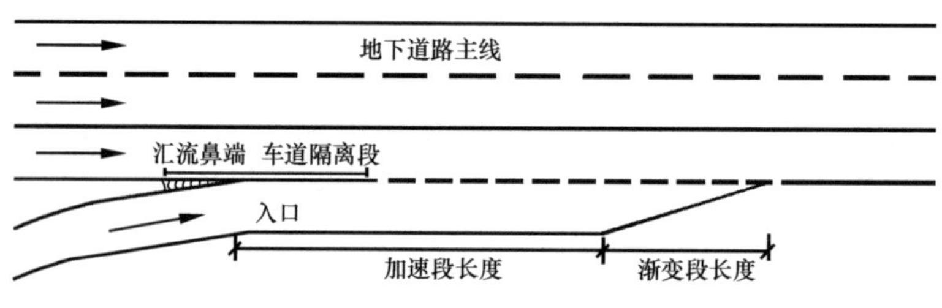

图 6.3.4 车道隔离段长度

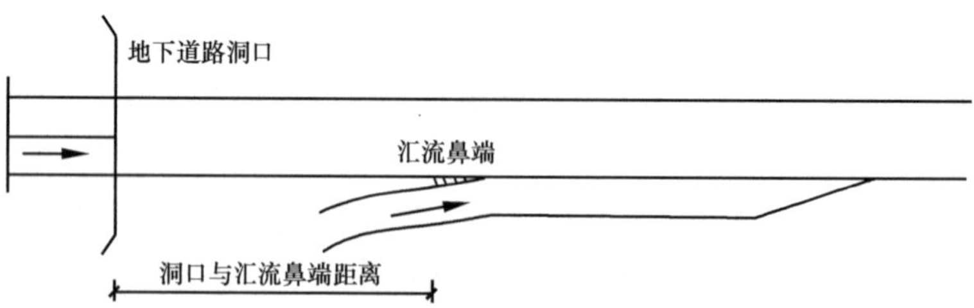

图 6.3.5 地下道路洞口与汇流鼻端距离

表 6.3.5 城市地下道路洞口与汇流鼻端最小距离

设计速度（km/h）	最小间距（m）
80	165

续表 6.3.5

设计速度（km/h）	最小间距（m）
60	85
50	60
≤40	35

6.4 变 速 车 道

6.4.1 城市地下道路单车道加减速车道长度不应小于表 6.4.1 的规定。

表 6.4.1 城市地下道路单车道的加减速车道长度

主线设计速度（km/h）	80	60	50	40
减速车道长度（m）	80	70	50	30
加速车道长度（m）	220	140	100	70

6.4.2 双车道的变速车道长度宜为单车道变速车道规定长度的 1.2 倍～1.5 倍。

6.4.3 下坡路段减速车道和上坡路段加速车道的长度应按现行行业标准《城市道路交叉口设计规程》CJJ 152 规定的修正系数进行修正。

6.4.4 平行式变速车道渐变段的长度应符合现行行业标准《城市道路交叉口设计规程》CJJ 152 的规定。

6.5 地下道路与地面道路衔接

6.5.1 城市地下道路出口接地点处与下游地面道路平面交叉口距离应符合下列规定：

1 与无信号控制平面交叉口的停车线距离不宜小于 2 倍停车视距。当视线条件好、具有明显标志时，不应小于 1.5 倍停车视距；

2 与信号控制交叉口的停车线距离不宜小于 1.5 倍停车视距，条件受限时不得小于 1 倍停车距离。

6.5.2 城市地下道路出洞口与邻接地面道路出口匝道减速车道渐变段起点的距离应满足设置出口预告标志的需要。当条件受限时，不应小于 1.5 倍主线停车视距，并应在地下道路内提前设置预告标志（图 6.5.2）。

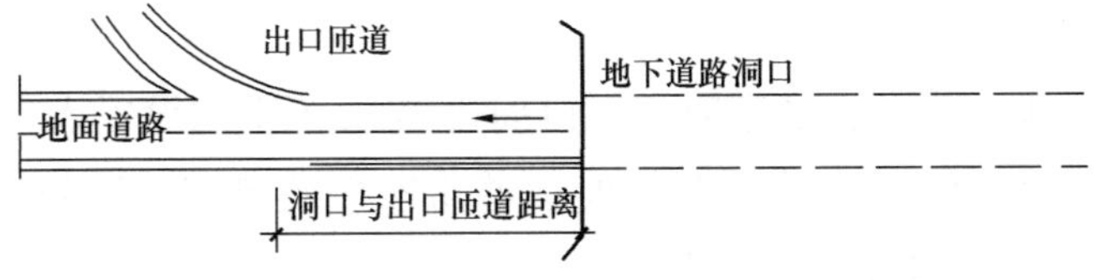

图 6.5.2 地下道路出口与地面道路匝道距离

6.5.3 当城市地下道路接地后与平面交叉口衔接时，出入口与接地点的布置应符合下列要求：

1 出入口引道布置可根据条件集中布置在地面道路的中央或两侧，离路口展宽段距离较近应按转向拓宽分车道渠化；

2 接地点至地面交叉口停车线距离除应满足视距要求外，应根据红灯期间车辆排队长度以及匝道与地面道路转换车道所需的交织段长度综合确定。

7 交通设施

7.1 一般规定

7.1.1 城市地下道路交通设施设计应符合现行国家标准《城市道路交通设施设计规范》GB 50688 相关规定。

7.1.2 当城市地下道路交通标志设置在小半径平曲线或竖曲线等路段时，应满足标志的识别要求，不得被侧墙、顶板、附属设施等遮挡。

7.1.3 城市地下道路的交通标志宜采用主动发光或照明式标志。标志宜体薄量轻、便于悬挂，亮度应衰减慢、便于长期工作；标志可采用单面发光或双面发光、主动发光和被动反光相结合方式。

7.1.4 当城市地下道路内部空间受限时，交通标志尺寸和位置可根据地下道路内空间状况适当缩减和调整，但应符合国家现行标准的要求，并不得侵入道路建筑限界。

7.1.5 城市地下道路应设置反光交通标线，交通标线表面抗滑性能不应低于所在路段路面。

7.2 交通标志

7.2.1 城市地下道路应根据道路功能、等级设置入口引导标志，并应符合下列规定：

1 对于地下快速路和主干道，除下穿路口的地下通道外，应在入口周边 2km 范围内设置入口引导标志，其余还应符合现行国家相关标准的规定；

2 对于地下车库联络道应在入口周边 1km 范围内设置入口引导标志；

3 入口引导标志应设置在与地下道路连接的道路，以及周边的主干路、次干路的各主要交叉口，且不少于 2 个主要交叉口；

4 入口引导标志宜单独设置，除快速路以外的其他类型地下道路，也可结合指路标志以及可变信息标志综合设置。

7.2.2 城市地下道路入口前应设置交通标志，并应符合下列规定：

1 在地下道路入口前至少50m处，宜设置地下道路指示标志；

2 宜设置开车灯行驶标志，可与地下道路指示标志合并设置；

3 根据交通管理需求，在入口处前应设置限速、限重、限高、限制车型、禁止停车等禁令标志；

4 针对限高有特殊要求的城市地下道路，入口前应连续设置3次限高警告，条件受限时，不应小于2次。各次警告之间应保持一段距离，并应能保证超高车辆及时分流，最后一次应为硬杆型的防撞门架，门架前应设置分流超高车辆的容错车道。

7.2.3 城市地下道路在下列位置应设置主动发光或照明式指示标志：

1 设置应急停车港湾时，应在应急停车港湾前5m设置应急停车港湾指示标志，宜采用双面显示；

2 消火栓上方应设置消防设备指示标志；

3 紧急电话上方应设置紧急电话指示标志。

7.2.4 地下车库联络道内应设置停车库指路标志及停车库入口标志，宜设置停车库空车位数预告标志。

7.2.5 当城市地下道路出口与地面道路交叉口间的距离较短或地下道路为多点进出时，应在地下道路内设置指路标志。

7.2.6 多点进出的城市地下道路出口指路标志应分级指引，应对前方出口名称、方向、距离进行预告，并应符合下列规定：

1 设计车速大于等于60km/h的城市地下道路出口预告设置应符合国家现行相关标准要求；

2 设计车速小于60km/h的地下道路，除地下车库联络道外，应分别在减速车道的渐变段起点前1km、500m、250m和起点处设置1km、500m、250m出口预告标志和出口预告（行动点）标志。当间距小于1km时，可取消1km处出口预告标志；

3 地下车库联络道应对前方出口地面道路名称、地块停车库名称、方向、距离进行预告，出口预告标志不宜小于2级，并应在出口分流端设置出口确认标志。

7.2.7 多点进出的城市地下道路出口分流端应设置当前出口标志和下一出口预告标志。

7.2.8 城市地下道路主线合流点前应设置注意合流标志，并宜设置振荡标线配合标志使用。

7.2.9 城市地下道路主线、匝道线形变化较大路段处，应设置引导行驶方向的线形诱导标志，每处设置数量不应小于 3 块，诱导标志宜采用主动发光式标志。

7.3 交 通 标 线

7.3.1 城市地下道路出入口的洞口内及洞外 50m～100m 范围内宜设置实线车道分界线。

7.3.2 城市地下道路连续弯道、视距不良等危险路段宜设置实线车道分界线。

7.3.3 城市地下道路主线以及地下匝道等车行道两侧应连续设置轮廓标，轮廓标设置应符合现行国家标准《城市道路交通设施设计规范》GB 50688 的规定。

7.3.4 城市地下道路洞门、洞内紧应急停车港湾的迎车面端部宜设置立面标记。

7.3.5 小半径、急弯、陡坡、长大下坡、合流段等地下道路事故易发路段前，应设置减速振荡标线等相应减速措施以及危险警告标志。

7.3.6 当设置限制车行道的行驶速度、控制车行道行驶车辆的类型或指定车行道前进方向、提示出口信息时，可设置相应的路面文字标记。

7.3.7 标线涂料宜采用热熔型反光涂料。

7.4 交通防护设施

7.4.1 城市地下道路防护设施的设计应符合现行国家标准《城市道路交通设施设计规范》GB 50688 的规定。

7.4.2 城市地下道路的主线分流端部应设置防撞设施。

7.4.3 城市地下道路出入口敞开段的护栏端部应采取安全性处理措施。

7.5 交通控制及诱导设施

7.5.1 交通信号控制及诱导设施主要包括车辆检测器、交通信号灯、车道指示器、可变信息标志、可变限速标志以及交通区域控制单元等外场设备。

7.5.2 交通信号灯的设置以及技术要求应符合下列规定：

1 在城市地下道路入口处应设置红、黄、绿组成的交通信号灯，可结合城市地下道路入口前的防撞门架设置；

2 交通信号灯应显示清晰，尺寸、光学性能等应符合现行国家标准《道路交通信号灯》GB 14887 的规定。

7.5.3 车道指示器的设置应符合下列规定：

1 应设置在城市地下道路各车道中心线上方，不得侵入道路建筑限界内；

2 在城市地下道路内车行横洞处应设一组车道指示器；

3 当设置在直线路段时，间距宜为500m，曲线路段间距宜适当减少；

4 车道指示器宜由红色叉形灯及绿色箭头灯组成；

5 车道指示器尺寸、光学性能等应符合现行国家标准《道路交通信号灯》GB 14887的规定，安装位置应位于车道正上方，安装高度应满足地下道路净高要求；

6 双面显示车道指示器不得同时显示绿色箭头灯。

7.5.4 可变信息标志的设置应符合下列规定：

1 可变信息标志应主要显示地下道路交通状态等交通信息和管理信息；

2 可变信息标准宜设置在进入地下道路前或地下道路内分流匝道出口前；

3 可变信息标志显示内容应简洁，文字的字体、字高、间距等应保证视认性；

4 可变信息标志的颜色应符合现行国家标准《城市道路交通设施设计规范》GB 50688的规定。

8 安全与运营管理设施

8.1 一 般 规 定

8.1.1 城市地下道路总体布置、附属用房、隧道安全运营管理设施等设置应满足地下道路正常运营、管理维护、防灾救援等综合需要。

8.1.2 城市地下道路设备系统设计应安全可靠、技术先进、经济合理、环保节能，并应满足防尘、防潮、防腐蚀、防雷等要求。

8.1.3 城市地下道路应根据需要，配置相应的通风、供电、照明、通信、给排水、监控、防灾与救援疏散等安全与运营管理设施。

8.2 机电及其他设施

8.2.1 城市地下道路的通风设计应综合下列因素，统一设计：

1 道路等级、工程规模、设计交通量、车种构成与有害气体排放量；

2 设计速度、道路平纵横线形、环保要求、火灾烟气控制和运营费用等；

3 特长地下道路的温升。

8.2.2 短距离城市地下道路宜采用自然通风方式。

8.2.3 城市地下道路内部通风标准应符合下列规定：

1 当采用纵向通风时，CO 设计浓度应符合表 8.2.3-1 的规定；当采用全横向通风和半横向通风方式时，CO 设计浓度可比表中规定值降低 50ppm；

表 8.2.3-1 CO 设计浓度

交通状况	设计浓度（ppm）
正常交通	150
阻滞交通	200

2 当采用钠灯光源时，烟雾设计浓度应符合表 8.2.3-2 的规定；当采用荧光灯光源时，烟雾设计浓度应提高一级；

表 8.2.3-2 烟雾设计浓度（钠灯光源）

设计速度（km/h）	80	60	40
烟雾设计浓度 K（m^{-1}）	0.0070	0.0075	0.0090

3 城市地下道路空气中异味稀释应符合下列规定：

1） 地下道路内空间不间断换气次数宜为 3 次/h ～5 次/h；

2） 当采用纵向通风时，地下道路内换气风速不应低于 2.5m/s。

8.2.4 城市地下道路给水系统的选择应符合下列规定：

1 给水水源应优先采用城市给水管网供水；

2 应采用生产、生活、消防分开的给水系统；

3 给水系统应满足地下道路各项用水对水量、水质、水压的要求；

4 寒冷地区的给水、消防管道应有防冻措施。

8.2.5 城市地下道路排水系统的选择应符合下列规定：

1 排水应采取分类集中，采用高水高排、低水低排互不连通的系统就近排放；

2 排水系统的选择应根据污水、废水的性质，并结合室外排水体制确定；

3 冲洗废水、结构渗入水和消防废水应集中合并排放，雨水与污水应分类排放；

4 排水系统宜采用强排措施，并宜在管道出口采取防倒灌措施；

5 城市地下道路敞开段的暴雨重现期不应小于 20 年，集流时间宜为 5min～10min。

8.2.6 城市地下道路的供配电设计应符合国家节能和环保要求及现行的

有关标准规定。供配电设施的构成应简单明确，电能损失小，便于管理和维护，并根据负荷容量和分布，合理选择供电方案，配变电室及变压器宜靠近用电负荷中心。

8.2.7 城市地下道路的电力负荷应分级，根据设施重要程度分为下列三级：

1 应急照明、道路基本照明、主动发光或照明式标志、交通监控设施、环境检测及设备监控设施、通信设施、有线广播设施、视频监控设施、火灾自动报警及消防联动设施、中央控制设施、消防水泵、排烟风机、雨（废）水泵、变电所自用电设施应为一级负荷，其中应急照明、主动发光或照明式标志、交通监控设施、环境检测及设备监控设施、通信设施、有线广播设施、视频监控设施、火灾自动报警及消防联动设施、中央控制设施应为特别重要负荷；

2 设备机房及管理用房内的照明、通风风机、电梯等负荷应为二级负荷；

3 停电后不影响地下道路正常运行的负荷，包括空调设备、检修电源等应为三级负荷。

8.2.8 城市地下道路照明设计应根据设计速度、设计交通量、交汇流、洞外亮度、工程环境及气候条件等因素选择照明设计参数，并应满足地下道路不同运营工况的照明要求。

8.2.9 城市地下道路照明应由入口段照明、过渡段照明、中间段照明、出口段照明、洞外引道段照明、洞口接近段减光设施以及应急照明组成。对双向交通可不设出口段照明。

8.2.10 城市地下道路分合流端照明的平均亮度应比主线基本路段高50％～100％。

8.2.11 城市地下道路照明应选择高效、节能型的光源及灯具，照明功率密度值的确定应符合国家现行标准《建筑照明设计标准》GB 50034和《城市道路照明设计标准》CJJ 45的有关规定。

8.2.12 城市地下道路弱电设计应根据工程环境条件、工程设计、交通状况、设备系统运行方式、运营管理、应急救援等因素确定，并应满足地下道路安全运营的要求。

8.2.13 城市地下道路弱电系统的设计应由交通监控、环境检测及设备监控、火灾自动报警及消防联动、视频监控、通信、有线广播系统、中央控制管理等子系统设计组成。各弱电系统的设计应符合国家现行有关标准规定，并应满足地下道路的监控、防灾和管理要求。

8.2.14 城市地下道路应设置无线通信系统。

8.2.15 城市地下道路的供配电系统和弱电系统的接地和防雷技术设计应符合现行国家标准《建筑物防雷设计规范》GB 50057 和《建筑物电子信息系统防雷技术规范》GB 50343 的规定。

8.2.16 长及特长距离城市地下道路宜设置运营管理中心，中等及短距离城市地下道路可按需要设置监控、应急事件处理管理所。

8.2.17 运营管理中心应设置在城市地下道路引道出入口附近，并应符合日常维护管理及应急处置要求。

8.2.18 运营管理中心应符合交通管理、电力供给、防灾报警、设备监控，以及应急处理和全线信息的集散与交换等的要求。

8.2.19 位置较近的不同城市地下道路宜集中布置运营管理中心，并应符合下列规定：

1 监控系统设备应同时满足多条城市地下道路的总体监控功能、运营管理需求以及可靠性要求；

2 救援线路长度和救援时间应控制在合理范围内，并应满足应急救援要求。

8.2.20 运营管理中心建筑应符合节约用地、布局实用、功能明确、规模合理、与周围环境相协调、独立进出的要求。

8.3 防 灾 设 计

8.3.1 城市地下道路应设置预防火灾、交通事故、水淹、地震、台风等灾害事故的设施。

8.3.2 城市地下道路防灾设计应针对灾害类型，结合地下道路功能、环境条件等因素制定设防标准。防灾系统设计应进行行车安全、灾害报警、交通控制、防灾通风与排烟、安全疏散与救援、防灾供电、应急照明、消防给水与灭火、防淹排水、防灾通信与监控、灾害时的结构保护等措施设计。

8.3.3 城市地下道路防火灾设计，应符合下列规定：

1 同一条城市地下道路内宜按同一时间发生一次火灾考虑。

2 应根据交通功能、预测交通流量、交通组成状况，确定最大火灾热释放功率，并应据此进行火灾通风排烟设计，最大火灾热释放功率可按表 8.3.3 的规定取值。

表 8.3.3 最大火灾热释放功率

车辆类型	小轿车	货车	集装箱车、长途汽车、公共汽车	重型车
火灾热释放功率（MW）	3～5	10～15	20～30	30～100

3 城市地下道路、地下附属设备用房、地面风井、出入口的耐火等级应为一级。地面重要设备用房、运营管理中心耐火等级不应低于二级。其他地面附属设备用房的耐火等级应为二级。

4 地下道路内附属设备用房、管廊、专用疏散通道应与车道孔之间采取防火分隔。

5 城市地下道路承重结构的耐火极限应符合现行国家标准《建筑设计防火规范》GB 50016 的规定。

6 城市地下道路内装修材料除嵌缝材料外，应采用不燃材料。

7 特长城市地下道路应作防灾专项设计。

8.3.4 城市地下道路救援疏散设施设计应根据环境、排烟方式、管养模式等因素，设置疏散救援设施及应急救援站。应急救援站可就近设置，对于长距离地下道路不宜少于一处。

8.3.5 城市地下道路人员安全疏散设计应符合下列规定：

1 一、二、三类通行机动车的双孔地下道路应设置人行横通道或人行疏散通道。人行横通道间距及地下道路通向人行疏散通道的入口间距，宜为 250m～300m。疏散净宽不应小于 2.0m，净高不应小于 2.2m。

2 双层地下道路或人行疏散通道与车道孔不在同层的单层地下道路，宜设置封闭楼梯间，楼梯净宽度不应小于 0.8m，坡度不应大于 60°。当人行疏散通道仅用作安全疏散时，净宽度不应小于 1.2m，净高度不应小于 2.1m。

3 地下道路与人行横通道或人行疏散通道的连通处应采取防火分隔措施。当人行疏散通道兼做救援通道时，宜根据救援流线、救援车辆类型，确定空间尺寸。

4 下滑逃生口可作为辅助疏散设施，滑道净高不应小于 1.5m。

8.3.6 一、二、三类通行机动车的城市地下道路，车辆安全疏散设计应符合下列规定：

1 非水底地下道路应设置车行横通道或车行疏散通道，车行横通道间隔及通向车行疏散通道的入口间距宜为 200m～500m。

2 位于水底的地下道路宜设置车行横通道或车行疏散通道，车行横通道间隔及地下道路通向车行疏散通道的入口间距宜为 500m～1500m。

3 当地下道路内设置横向或半横向排烟设施、自动灭火设施时，车辆疏散通道的间距可根据实际情况确定。

4 车行横通道和车行疏散通道的净宽不应小于 4.0m，净高不应小于地下道路的建筑限界高度。

5 地下道路与车行横通道或车行疏散通道的连接处及地下道路与其

他地下空间连接处，应采取防火分隔措施。

8.3.7 城市地下道路防灾通风设计应符合下列规定：

1 火灾排烟系统应能及时有效控制烟气流动、排除烟气、减少烟气的影响范围。当火灾通风系统与正常通风系统合用时，应具备在火灾工况下的快速转换功能；

2 应根据地下道路长度、服务车型、通行状况等条件选择排烟方式，并应符合下列规定：

1） 长度小于500m且仅限通行非危险化学品等机动车的地下道路可采用自然排烟；

2） 双向通行、人车混行或长距离且易发生交通阻塞的地下道路宜采用重点排烟；

3） 单向通行且交通顺畅的地下道路可根据地下道路长度选择采用纵向通风控制烟气流动或重点排烟；

3 当采用纵向通风排烟时，纵向气流的速度应大于临界风速。

4 当采用重点排烟时，排烟量应根据火灾释热量计算确定，排烟口应设置在地下道路顶部。

8.3.8 城市地下道路的消防给水设计应符合下列规定：

1 消防给水系统应与生产生活给水系统分开设置；

2 消防灭火设施应根据地下道路的功能等级、服务车型、长度、交通量等设置；

3 同一城市地下道路的消防用水量应按同一时间内发生一次火灾考虑；

4 当城市供水管网的水量、水压不能满足消防用水量、水压要求时，应设置消防泵房。

8.3.9 城市地下道路防灾通信设计应符合下列规定：

1 运营管理中心、地下道路区域均应设置消防专用电话、手动报警按钮和对讲电话插孔；

2 地下道路内紧急电话设置间距宜为100m；

3 应设置引入公安、消防无线信号，应满足公安、消防统一调度要求，运营管理中心应设置防灾无线调度通信台。

8.3.10 城市地下道路火灾自动报警设计应符合下列规定：

1 地下道路应设置火灾自动及手动报警系统，报警系统应能实时探测并输出报警，实时联动相关消防设备消灾；

2 消防联动灭火系统应具备良好的灭火、控火功能；

3 在地下道路入口前100m～150m处，应设置发生火灾事故提示车辆禁止进入的报警信号装置。

8.3.11 城市地下道路应设置主动发光或照明式安全疏散指示标志，并应符合下列规定：

1 地下道路车道两侧侧墙上应每隔 50m 设置疏散指示标志，安装净空高度不应大于 1.3m；

2 安全通道、楼梯转角处的墙、柱上应设置疏散指示灯，安装部位距地面高度不应大于 1.0m，间距不应大于 15m；

3 人员安全疏散出口应设置安全出口标志灯，其安装高度距地面不应低于 2.0m；

4 人行横洞及车行横洞处应分别设置人行横洞指示标志及车行横洞指示标志，并应双面显示。

8.3.12 城市地下道路应设置应急照明，并应符合下列规定：

1 除中短距离地下道路，启用应急照明时，洞内亮度不应小于中间段正常亮度的 10％和 0.2cd/m^2；

2 横向人行通道、楼梯间、地面最低平均照度不应小于 5lx；

3 配电室、消防水泵房、防排烟机房以及在发生火灾时仍需工作的房间，其应急照明照度应与正常照明照度值一致。

8.3.13 应急照明及疏散指示标志的供电宜采用集中式供电方式。

8.3.14 应急照明系统应设置 EPS，保证照明中断时间不超过 0.3s。长及特长距离地下道路连续供电时间不宜少于 3h；中等距离地下道路连续供电时间不应少于 1.5h；短距离地下道路连续供电时间不应少于 0.5h。

8.3.15 城市地下道路设置的疏散标志和消防应急照明灯具，除应符合本规范外，还应符合现行国家标准《消防安全标志》GB 13495 和《消防应急照明和疏散指示系统》GB 17945 的规定。

8.3.16 运营管理中心应设置防灾广播控制台。

中华人民共和国行业标准

城市地下道路工程设计规范

CJJ 221－2015

条 文 说 明

目　　次

3 基本规定

3.1 城市地下道路分类

3.1.1 根据服务对象城市地下道路分为机动车专用和人、非及机动车共用类型，当人、非及机动车共用横断面形式时，具体的横断面布置形式多样，可根据实际情况确定。

3.1.2 城市地下道路根据服务车型可分为混行车地下道路和小客车专用地下道路，混行车是指大、小型车混合行驶，即对服务车辆通常不作限制，这与《城市道路工程设计规范》CJJ 37 用词保持一致。由于城市道路交通以小型车为主，同时考虑到工程经济性、安全性以及实施条件制约等因素，越来越多的城市地下道路采用专项技术标准，以小客车为服务对象，形成小客车专用地下道路，将超高的车辆通过地面道路或者周边路网绕行分流。

3.1.3 国内外相关规范对地下道路按长度进行规模分类时，长度是指封闭段长度。多点进出的地下道路封闭段除主线外还包括地下匝道，本规范对多点进出的地下道路规模分类仍按主线的封闭段长度确定。对于长或特长地下道路，若在主线上设置一段敞口段，虽然对通风排烟有一定作用，但对于机电系统、安全疏散、防火分隔、结构保护，给排水消防等防灾系统的其他部分影响不大，所以从整个防灾系统来看，地下道路的长度规模还是应按主线两端洞口的距离确定，还属于长或特长地下道路。

3.2 设 计 原 则

3.2.1 城市地下空间在交通设施、市政设施、商业设施、文化娱乐设施、防灾设施、储存设施、生产设施、教育科研设施等方面均有广泛应用。城市地下空间资源宝贵、开发具有不可逆性，需要协调发展，统一规划。因此，在城市地下道路设计时，应重点处理好与其他地下设施关系，特别是有些省，地下文物非常丰富，文物层厚，应注意保护。同时，合理开发地下空间，做到资源节约化，在城市地下空间资源的综合开发利用中统一协调之间形态关系，使之处于平面上不同的位置和垂直层面上的不同层次，最终形成一个整体性强、与城市形态协调性好、综合性强、社会综合效益最佳的地下空间开发利用形态。

3.2.2 城市地下道路线形设计应对平面、纵断面和横断面进行综合设计，保证前后线形均衡协调。考虑到地下道路行车环境以及行车视距受两侧侧墙等因素影响，城市地下道路线形设计时更应注重对视距的检验，尤其是线形技术标准较低的平曲线和凹曲线路段以及交通状况复杂的路段，例如出入口分合路段端等，要保证足够的行车视距，提高行车安全。

3.2.3 本条强调了地下道路出入口的设置以及与地面道路衔接的交通组织的重要性。不合理的出入口设置和交通组织会使地下道路交通对周边地区路网产生冲击，导致交通瓶颈产生，影响地下道路与周边道路交通功能发挥。地下道路出入口的设置需综合考虑周边地面路网情况，做好出入口的交通组织，最大限度地保证出入口与周边路网的交通顺畅。地下道路出入口的交通组织一般原则有：①与地下道路衔接的外部地面道路，其等级宜与地下道路相同或相近，地下道路也可与等级相差比较大的低等级道路相接，但要采取设置过渡段等措施，保证低等级道路的疏散能力。②最大限度地保证地下道路的交通通畅，发挥地下道路应有的交通功能。③出入口交通组织设计应满足周边地区交通的需求，减少地下道路交通对周边地区的交通冲击，保证地区交通畅通。④出入口处的车道划分遵循车道平衡原则。⑤一对进出匝道，宜采取先出后进的布置方式，如因周边路网设置等条件的限制而采取先进后出的布置方式，则进出口之间的间距应满足最小距离要求，必要时还应设置辅助车道。

3.2.5 城市地下道路路面可采用沥青混凝土路面和水泥混凝土路面，应具有足够的结构强度、稳定性和耐久性，面层还应满足平整、抗滑要求。直接铺设在结构底板上方的沥青混凝土面层应具有与水泥混凝土面板粘结牢固，阻燃性能好、噪声低的性能，并应与水泥混凝土面板之间设置有效的粘结防水层。

此外，城市地下道路路面设计应做好与不同类型的路面衔接过渡。地下道路的路面施工宜采用温拌法，拌合温度界于热拌与冷拌之间，可节省燃油，减少温室气体及沥青烟尘等有害气体产生，应用越来越广泛。

3.2.6 与地面道路相比，地下道路由于空间封闭，易造成洞内空气污染、洞内外亮度差异悬殊、噪声高以及火灾难于控制等一系列严重影响运行安全的问题。完善的地下道路交通设施及附属设施的设计是确保道路正常、安全、有序运营的重要保证，具体包括交通标志标线、交通监控、通风、照明、安全防灾等。

3.2.8 与地面道路不同，城市地下道路通车运营后需要长期开启照明、通风、监控等大量附属设施设备来保障正常运营，因此，城市地下道路总体设计应重视对节能环保的考虑，优先选用高效、低能耗的设备系统，对通风、照明等能耗较大的设备应采取全面节能设计。照明控制宜采用可根据交通流量情况调整的节能控制方式。城市地下道路的给水设计应符合综合利用、节约用水要求。各类水泵宜具备智能控制功能，可根据条件变化自动启停水泵，降低能耗。城市地下道路在设计、施工过程中对废气、噪声、污水以及固体废弃物等应采取全面污染防治设计。废气、噪声、污水以及固体废弃物处置，应符合环境保护要求。

3.2.9 城市地下道路及其地面附属设施景观设计应与周边环境、景观相协调，穿越名胜古迹、风景区时，应保护原有自然状态和重要历史文化遗产。

洞内装饰设计应符合下列要求：特长地下道路洞内装饰设计，宜采取降低行车视觉疲劳的措施；内装饰材料与构造，应具有良好的防火、耐腐蚀、防潮、抗重复风压、耐久性等性能，便于清洗；在正常使用及高温下不得分解出有毒、有害气体。侧墙的装饰材料还应避免眩光。

3.3 设计速度

3.3.1 设计速度是指在气候条件良好，车辆行驶只受道路本身条件影响时，具有中等驾驶技术水平的人员能够安全、舒适驾驶车辆的速度。设计速度是决定道路几何线形的基本依据，如平曲线、竖曲线的半径、超高、视距、车道宽度等技术指标都直接或间接与设计速度相关。

设计速度、功能等级宜与两端接线的地面道路相同，具体设计速度的选择应根据交通功能、通行能力、工程造价、运营成本、施工风险、控制条件以及工程建设性质等因素综合论证确定。

短距离的城市地下道路应采用与两端接线地面道路一致的设计速度，否则需要车辆在短距离范围内改变运行速度，不利于行车安全。此外，距离较短给过渡段和交通标志的设置等也带来了困难。

除短距离的地下道路外，建设条件受限制时，考虑到工程经济性和行车安全，可以采用与两端接线道路不同的设计速度，可降低一个等级，但之间应设置足够长度的过渡段，速度差不宜大于 20km/h。目前，国内外许多已运营的道路隧道，考虑到隧道内行车安全和后期运营成本等原因，设计速度都比衔接道路的设计速度降低一个等级。世界道路协会（PIARC）认为，绝大多数国家的隧道设计速度比所在路段低 10km/h ～ 20km/h，这有利于经济性和安全保障。

但考虑到城市地下交通长远发展需求、建设成本大、建成后再改造或改建难度较大以及使用年限长，同时，为充分发挥地下道路高容量、高速、安全和舒适的特点，需要地下道路必须具备良好的道路几何线形条件和行车条件，因此，地下道路不宜采用较低的设计速度，尤其对于两端接线道路设计速度较低的道路，在隧道路段不应再降低设计速度标准。

地下道路设计速度也不宜过高，过高的设计速度直接关系到地下道路的横断面大小、平纵线形标准、经济合理性以及施工风险和结构安全，将大大增加工程建设难度和造价，同时今后运营费用也将增大，如日本东京湾海底隧道曾做过详细比较，如其他参数相同，仅是车速由 80km/h 提高到 100km/h，其结果照明设备费提高 60%～61%，营运电耗提高 63%～66%。从目前国内外已运营的城市地下道路设计速度来看，一般都不大于 80km/h，见表 1。采用 80km/h 的设计速度能够满足未来一定时间内的交通需求，保证一定的服务水平。

表 1　部分国家城市地下道路设计速度

国家/地区	道路名称	设计速度（km/h）
新加坡	KPE 地下高速公路	70
澳大利亚	悉尼 The Cross City Link	80
澳大利亚	布里斯班 AirPort Link	80
马来西亚	吉隆坡 SMART 地下道路	60
美国	西雅图阿拉斯加大道地下道路	80
瑞士	The Southern Link	70
日本	东京中央环状新宿线	60
法国	A86 西线快速路	70
德国	易北河隧道	80
中国	上海外滩隧道	40
中国	上海外环隧道	80

3.3.2　地下车库联络道具有实现车库资源共享，净化地面交通等功能。在连接地面道路和车库时，地面道路设计车速一般为 30km/h～40km/h（次干路、支路设计车速标准），而地下车库内部限速一般为 5km/h，因此，地下车库联络道的设计速度应介于上述两者之间。

由于地下车库联络道上接入车库的出入口较多，过高运行速度会带来较大的行车安全隐患。此外，在具体布置连接地下车库的车行通道时，通常需要在有限区域空间内将各地块车库串联起来，设计速度过大会造成道路线形展线困难，难以满足工程建设需求。综合考虑行车安全和工程建设可行性等多方面因素，本规范将地下车库联络道的设计速度规定为 20km/h。我国北京金融街、无锡锡东新城高铁商务区以及武汉王家墩商务区等地下车库联络道设计速度都为 20km/h。

当然如果条件允许，接入出入口较少时，经技术论证比较，可以适当提高设计速度，一般不超过 30km/h。

3.3.3　与《城市道路工程设计规范》CJJ 37 第 3.2.3 条规定保持一致。

3.3.4　设计速度对一特定路段而言是一固定值，这一值作为基础参数用于规定一个路段的最低设计标准，但在实际运行中，驾驶人很难自始至终地严格去恪守设计速度这一固定值，也不可能做到以恒定的设计速度行驶，实际车辆运行速度是驾驶人根据道路线形、车辆动力性能、路侧环境状况、交通管理控制以及驾驶人自身预期期望等条件综合确定，并随着这些条件的变化而改变，与道路设计速度没有直接联系。设计速度的选择要与车辆实际运行速度相适应，从而提高道路使用者的行车安全和舒适性。

通过对国内多条城市地下道路的运行速度调研，由于地下道路内横向干扰少，连续流交通，运行速度通常都很高。尤其对于低设计速度的地下道路，其运行速度远高于设计速度，如上海大连路隧道、复兴路隧道等设计速度为 40km/h，但实测数据表明平均运行速度一般都在 60km/h 以上。

道路安全设计的相关理论研究表明当运行速度与设计速度相差较大时，容易造成安全隐患。国内外道路安全评价分析时，普遍采用运行速度协调性来检验道路几何线形设计一致性，通过评价速度的连续性来达到评价道路线形特征是否出现突变的目的。运行速度协调性表现在两个方面：一是运行速度与道路设计速度之间协调，即设计速度与运行速度差值进行评价，见表 2；另一方面是相邻路段间的协调性，对路段进行划分，分别预测各路段运行速度值，计算相邻路段运行速度之差，将差值和预定阈值作比较，评价道路设计一致性水平。根据美国对运行速度与事故统计分析的研究表明，速度一致性评价指标是衡量道路安全性的重要指标，设计速度与运行速度相差大于 20km/h 时，线形协调性差，安全隐患大。

表 2　速度协调性评价标准

设计一致性状态	好	一般	差
设计指标（km/h）	$\lvert v_{85}-v_{设计}\rvert \leqslant 10$	$10 \leqslant \lvert v_{85}-v_{设计}\rvert \leqslant 20$	$\lvert v_{85}-v_{设计}\rvert \geqslant 20$

综上所述城市地下道路采用较低的设计速度容易造成设计速度与实际运行速度相差过大，增大了事故发生概率。建议宜通过调研本地区已运营的比较相似的地下道路的实际运行速度，以此作为确定设计指标取值重要依据。

为避免设计速度与预期运行速度相差较大，不协调，出现设计的线形指标与实际运行速度所需的线形标准相脱节，城市地下道路设计应注意道路实际运行速度，尽可能保证线形指标与实际运行速度相匹配，减少不同路段之间的运行速度相差，保证相邻路段之间的速度协调性。

鉴于当前还缺乏城市地下道路的运行速度预测模型，设计时无法开展城市地下道路运行速度检验。但城市地下道路设计可对道路线形进行“容错性检验”，即在设计速度基础上，分别提高不同速度等级，将其假设为道路实际运行速度，检验设计能否满足不同运行速度的要求。通过检验，对具有一定长度、能够满足较高运行速度的路段可以在未来适当提高运营速度，允许较高的运行速度运行，并将所采用的检验速度值作为运营速度管理依据。对于不同运行速度之间的路段，应设置足够长度过渡段，并通过严格交通工程措施做好提醒警告，保证运营安全，不同路段之间速度级差不超过 20km/h。

3.4 设 计 年 限

3.4.1 地下道路内受自然影响较小、地基强，路面使用寿命比地面道路可以适当延长，因此，城市地下道路的路面结构设计使用年限应至少与城市地面道路的路面结构设计使用年限相同。故比照地面道路路面结构的设计使用年限，本规范对城市地下道路的路面设计使用年限统一为：沥青混凝土路面不小于 15 年，水泥混凝土路面不小于 30 年。

3.5 建 筑 限 界

3.5.1 本条规定了设置及不设置检修道或人行道时的城市地下道路建筑限界。给出了限界中路缘带宽度、安全带宽度、人行道或检修道宽度等最小值规定。

其中，对于小客车专用地下道路，在缘石外露高度选取时，还应考虑失控车辆与缘石碰撞造成的危害，高的路缘石会使高速行驶的汽车一旦驶入将产生飞跃、爆胎甚至翻车等副作用，因此其高度不宜过高，宜取范围的下限值。

3.5.2 城市地下道路建设条件复杂，工程经济成本高，若采用与地面道路相当的技术标准容易影响工程可实施性，地下道路设计应该在充分满足绝大部分车辆出行的需求和行车安全前提下，尽量降低设计净高。采用较低净空，还可以采用单孔双层布置断面，将双向交通布置于同一洞内，这将给工程建设带来很大便利。同时在市区通常限定了大型车的行驶范围，中小型车占绝大部分比例，低净空的地下道路能够满足绝大部分车辆的通行需求。

北京、上海等城市已出现了限高 2.5m、3m、3.2m、3.5m 等道路工程实例。在已运营的地下道路方面，很多也采用了较低设计净高，如上海外滩隧道设计净高为 3.2m，限高为 3.0m；上海复兴东路隧道上层净高仅为 2.6m，限高为 2.4m；北京市正在筹划的两条特长地下道路，其中东二环特长地下道路的设计净高进行了专门技术论证，拟采用 3.2m 最小净高，限高 3.0m；法国 A86 城市地下道路设计净高为 2.55m，限速为 70km/h；马来西亚吉隆坡 SMART 地下道路，设计净高 2.55m，在实际运营中，限速 60km/h，限高 2m。这些已运营的地下道路经验表明通过采取必要的交通工程和管理措施，限定净高，严格控制超限尺寸车辆驶入，可以保证低净空下运营安全。

国外相关技术标准方面，日本从 1994 年提出并开始研究小型车专用道路的课题，2002 年提出了小型车专用道路技术标准，2003 年修订了《道路构造令》，正式发布“小型汽车专用道路技术指标”，其建筑界限净高规定为 3.0m。

本规范通过广泛调研各汽车厂商提供的车辆基本外廓尺寸，统计数据表明，除特殊改装类型的车辆外，小型车高度基本都在 1.8m 以下，部分 SUV 以及一些高级轿车类型高度在 1.8m～2m，总体都在 3m 以下，不含云梯的消防车辆高度也基本在 3m 以下，救护车和警车高度最高也不超过 3.0m。因此，综合考虑以 3m 作为车辆限高值。由于地下道路结构内部空间相对固定，不受雨雪等外部气候条件影响，在 3.0m 基础上主要考虑车辆竖向运动，增加 0.2m，最终将小客车专用地下道路的设计净高最小值规定为 3.2m，能够保证小客车和应急救援车辆的通行。

检修道可以用于保证地下道路管理人员、使用者等与正常车行交通互不干扰的情况下进行紧急事件的处理。检修道应设置一定的高度，可以阻止失控车辆爬上人行道，有利于提高人员步行安全，同时，也是保护地下道路设备的安全限界。但高度也不宜过高，过高则会影响车辆的行车视距，我国公路隧道中设置检修道或人行道时一般高出路面 20cm～40cm。日本在隧道内设置人行道时，将人行道高出路面 1m。本规范采用我国公路隧道的规定，为 20cm～40cm。一般情况下，除其他因素，只考虑设计速度，设计速度越高时，检修道高度宜越高。不同设计速度对应的检修道高度范围可参考《公路隧道设计规范》JTG D70。检修道的设置还应综合考虑检修人员步行安全、满足其下布置管线空间尺寸的要求等多方面因素。

在同孔内布置非机动车和人行道时，建筑限界有两种情况，如本规范图 3.5.1（c）和图 3.5.1（d）：图 3.5.1（c）是指非机动车与行人布置在一起，图中与机动车建筑限界之间间隙表示设置的隔离设施，实际工程中有些采用护栏隔离，也有些采用柱子隔离，具体宽度应根据所采取的隔离设施确定。图 3.5.1（d）是指非机动车与机机动车布置在一起，而行人单独设置。图中机动车、非机动车及行人的建筑限界之间的间隙，表示设置的隔离设施，同样其宽度也应根据所采取的隔离设施确定。

3.5.4 不同净高衔接主要针对两种情况：一种是地下道路与地面道路的衔接采用不同的净空标准，这种情况比较常见；另外一种是地下道路与地下道路之间，如主线隧道采用高的净空，但直接通过匝道与低净空的地下车库联络道等衔接，这种情况也有出现，因此，对于不同净高之间的衔接应严格做好过渡措施，标志引导，充分提供超高车辆分流的条件。

4 横断面

4.1 一般规定

4.1.1 城市地下道路的横断面布置应综合考虑道路功能定位、设计速度、交通量、交通组成、交通设施、地形等因素。由于城市地下道路建设经济成本高、既有地下设施影响制约因素多、施工条件复杂，任何横断面要素的微小变化对工程的经济建设成本和可实施性都具有重要影响，因此，城市地下道路设计时应对横断面总体布置作充分研究，从经济、技术等方面对横断面布置方案进行综合比选，确定最优方案。

城市地下道路的横断面布置还应综合考虑通风、给排水、消防、监控通讯、安全疏散设施及其他附属设施的布置需要。在满足建筑限界情况下，合理利用地下道路空间布置运营设备和安全疏散设施，设施布置应充分利用空间，不得侵入建筑限界，同时还要便于运营维护。车行空间与设备空间之间应保留一定的额外距离，如英国隧道设计对车行空间与设备空间之间的距离控制规定：竖向距离 A 为 0.25m，横向距离 B 为 0.60m，见图 1。

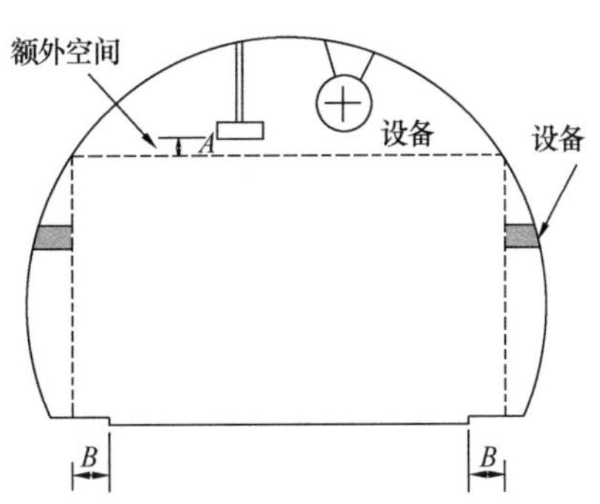

图 1 英国隧道设计中车行空间与设备空间关系

4.1.2 本条规定了城市地下道路横断面与两端接线道路横断面的关系，从行车安全、交通流连续性等来看，两种断面形式宜保持一致性和连续性，但考虑到建设条件、工程造价、施工特点复杂等原因，地下道路内横断面形式在特殊情况下可以适当减低标准。从国内外实际工程经验以及相关规范、研究成果来看，一般建议城市地下道路内的横断面布置应因地制宜，如采用与两端接线道路不同标准，主要针对两种情况：

1）地下道路的横断面相关组成宽度取值适当降低，如路缘带、安全带宽度等。这种情况下应设置足够长度的过渡段，并通过设置预先警告标志等交通工程措施，让驾驶人有个逐渐适应过程。

在《欧洲道路网隧道安全统一规定》（On minimum safety requirements for tunnels in the Trans-European Road Network）中指出当隧道与接线道路两端采用不同的车道数时，车道数变化的起点至洞口距离至少应满足车辆 10s 运行速度的距离，当条件受限制时，采取其他措施保证行车安全。我国《公路隧道设计规范》JTG D 70 规定当隧道的建筑限界宽度小于两端接线道路宽度时，应设有 4s 设计速度行程的过渡段与隧道洞口衔接，以保持隧道洞口内外横断面顺适过渡。

2）在净高方面等也进行了适当降低，直接采用小客车专用标准，将大车从地面分流，如在日本，即使是下穿一条道路的短距离城市地下道路也允许采用局部下穿形成小客车专用通道，大车从地面或周边路网分流，这样可以有效节约了施工周期和成本，见图 2。这种情况下首先应满足交通通行的需求，地面上应具有保证大车能够通行的条件；且在分流前直至通过路口后全过程应设置完善的标志引导系统等，及时指引大车分流，引导其从两侧地面道路或绕行道路通过。

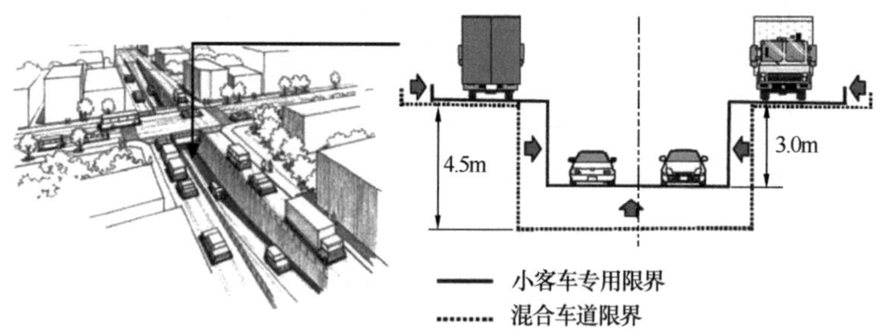

图 2　短距离的小客车专用城市地下道路（日本）

当设计中需要考虑压缩断面，进行经济技术论证时，首先应从经济上论证压缩断面的必要性以及经济节约效益，进行不同方案的工程造价比较。其次，在技术论证上，需要充分结合道路的功能等级、设计速度、服务对象，从行车安全、行车舒适性等方面综合分析，并还应考虑两端接线道路有否改、扩建提升道路等级的可能，压缩断面较大会造成地下道路成为交通拥堵的瓶颈路段。

4.2　横断面布置

4.2.2　根据不同的地形条件，城市地下道路横断面形式可因地制宜确定，同时，地下道路的横断面形式还受施工方法影响，如采用盾构开挖时，目前，现有的盾构机最大直径决定了采用盾构法施工的地下道路横断面的最大尺寸。根据国内外已建设的城市地下道路横断来看，总体分为单层式和双层式两种布置方式。

单层式地下道路是指在同层布置供车辆行驶，设置单层车道板，下部和上部的空间用于提供设备布线、通风孔道和疏散逃生设施的布置，内部空间利用率相对较低，通常采用双孔实现双向交通通行，对城市地下空间侵占较多。

双层式地下道路是指采用上下双层布置供车辆行驶，在同一断面上布置两层车道板，分别满足上下行方向交通通行，利用隧道内行车道的上下空间布置排风道，侧壁空间布设管线和逃生设施，空间利用紧凑，对城市地下空间资源侵占小。从空间利用角度来看，双层式优于单层式，尤其是对于城市地下空间极其有限情况，应紧凑布局，尽量减少占用地下资源。

上海延安东路隧道、大连路隧道、南京长江公路隧道、武汉长江隧道、钱塘江隧道等为单层形式，见图 3；法国 A86 隧道、马来西亚 SMART 隧道、上海外滩隧道等采用双层形式，见图 4 和图 5。上海复兴东路隧道为双孔双层隧道，双层布置同向交通，上层为两条小车专用道、下层为一条大车道和一条应急车道。

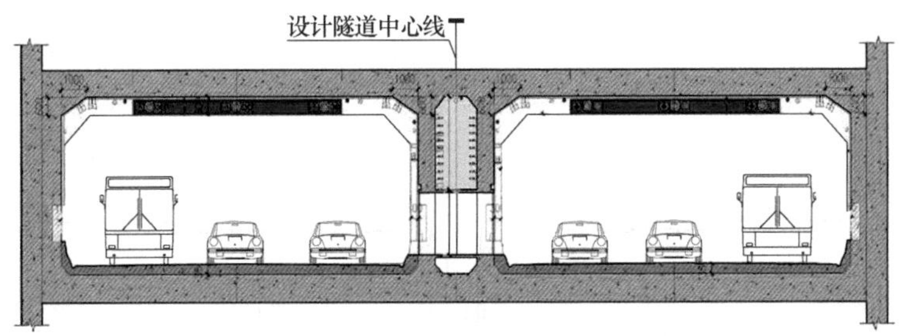

图 3　上海长江隧道横断面布置（明挖段）

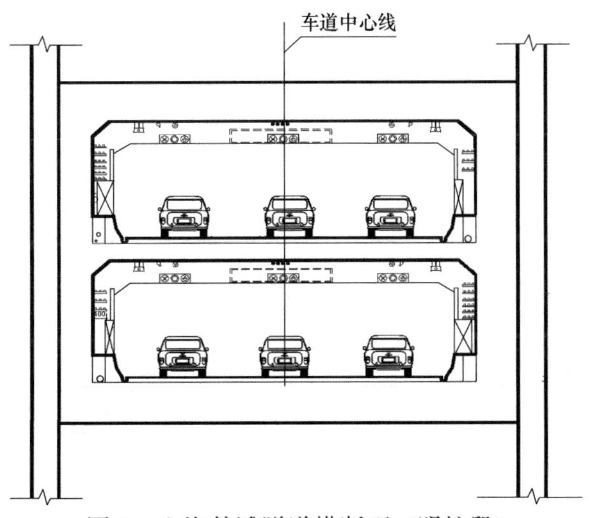

图 4　上海外滩隧道横断面（明挖段）

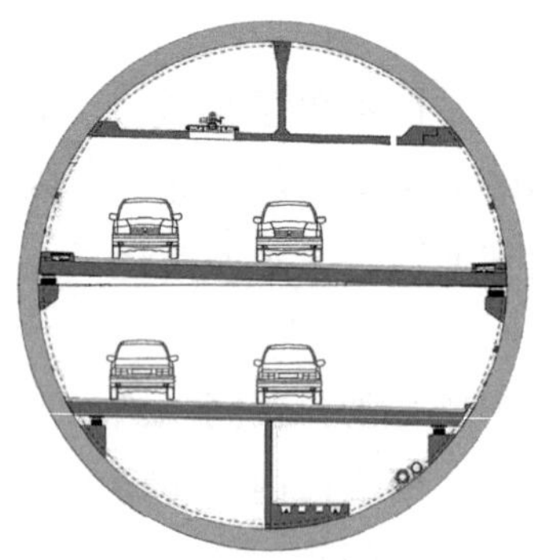

图 5　法国 A86 地下道路横断面

根据空间是否封闭，城市地下道路横断面可分为敞开式和封闭式两种形式。敞开式的地下道路是指交通通行限界全部位于地表以下，顶部打开的形式，其中顶部打开包含两种形式，一种是顶部全部敞开；另外一种是顶部局部敞开。对于单层式地下道路，敞开式和封闭式示意图分别见图 6 和图 7。

敞开式和封闭式地下道路在通风、照明等方面设计存在较大差异。对于顶部局

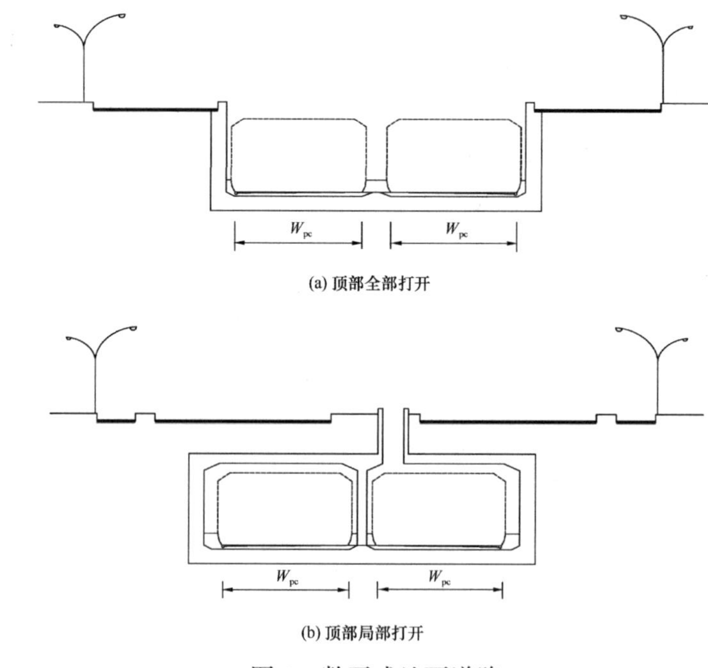

图 6　敞开式地下道路

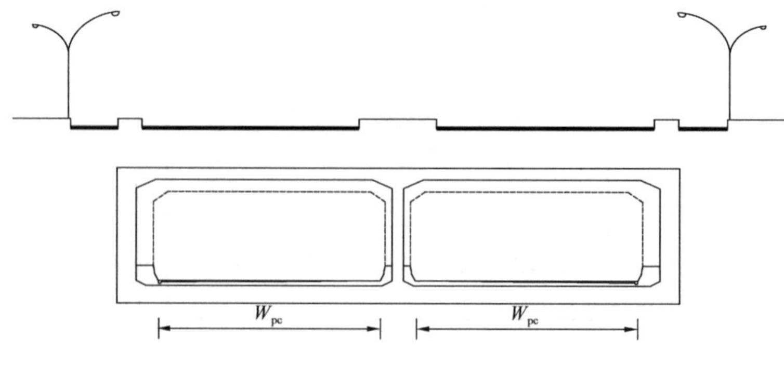

图 7　封闭式地下道路

部打开的地下道路，可利用敞开口作为自然通风口，利用地下道路外风压、内外热压差、交通通风压力进行通风换气，火灾时结合机械系统排烟。合理设置开口的位置和面积，正常运营情况下能够满足污染物的稀释、分散排放的需要。

城市地下道路的横断面布置形式多样，在设计时可从是否要满足大车（如公交）通行、能否便于两端接线路网的交通疏解和地下道路内部空间利用等角度进行各种可能方案比选，合理确定地下道路横断面形式。

4.2.3 为保障地下道路的运营安全，不宜在地下道路同一孔内布置双向交通，地下道路双向交通应尽可能分孔隔离，采用分孔隔离也可节约地下道路的结构跨度，断面更为经济，通风排烟可利用活塞风，降低运营成本和风险。

当受道路红线或障碍物控制导致断面分孔隔离布置确实受限时，对于设计速度大于或等于 50km/h 的短距离地下道路，可在同一通行孔内布置双向交通，但必须采用中央防撞设施（如中央防撞墩等）进行安全隔离，对于中距离以上（含中距离）的地下道路考虑到运营安全和成本，仍应采用分孔隔离双向交通；对于设计速度小于 50km/h 的中低速地下道路，条件困难时可采用包括隔离反光柱、双黄线等中央安全隔离措施进行隔离。当在同一通行孔内布置双向交通时，必须充分考虑运营管理的安全可靠，以及通风、消防逃生等特殊要求。

4.3 横断面组成及宽度

4.3.1 城市地下道路建设经济成本高、受地形以及现有地下设施影响制约因素多、施工条件复杂，横断面对工程建设成本和可实施性具有重要影响。其中车道宽度是影响横断面大小的重要因素，本规范对城市地下道路的车道宽度开展了专题论证，提出了适合城市地下道路的车道宽度标准。

国内外已有较多采用较窄车道宽度的地面和地下道路在运营，如上海外滩隧道，设计速度 40km/h，双层布置，车道宽度为 3m；上海复兴路隧道设计车速 40km/h，双层隧道，其中上层为小型车专用道路，车道宽度为 3m。法国 A86 隧道，设计速度 70km/h，车道宽度为 3.0m，目前，这些道路运行状况良好，没有出现因车道宽度不足而引发的大量交通事故等问题。日本从 1994 年提出并开始研究小型车专用道路的有关课题；2002 年提出了小型车专用道路的技术标准。2003 年，修订了《道路构造令》，正式发布“小型汽车专用道路技术指标”。其中各等级公路单车道宽比标准汽车公路少 0.25m～0.5m，见表 3。小客车专用道路可以有效地减少工程成本，尤其对于在隧道和桥梁路段，同时由于分流了大客、货车，交通流组成单一，运行速度差异小，一定程度上也有利于道路安全。

表3　日本小型车专用道路车道宽度

道路类型与设计速度（km/h）	车道宽度（m）		
	小型车专用	一般普通道路	
高速公路	120	3.5	3.5
	100	3.5	
	80	3.25	
	60	3.0	3.25
城市快速路	80	3.25	3.5
	60	3.0	3.25
其他等级公路	80	3.0	3.5
	60	2.75	3.25
	50		3.0
	40		2.75
其他等级城市道路	60	2.75	3.25
	50		3.0
	40		3.0

由上海市政总院联合同济大学开展的《小客车专用城市地下道路横断面技术标准研究》分别采用理论计算结合实测试验对服务以小客车为服务对象的城市地下道路车道宽度进行了详细研究。在试验时，采用实测轨迹方法，对上海市人民路隧道、新建路隧道以及外滩隧道等多条城市地下道路的车辆运动轨迹进行了研究，通过车载信息采集设备获取地下道路上车辆的行驶速度、横向偏移等信息数据，分析速度与横向偏移之间的关系，得出了车辆在车道上的分布规律，从而得到不同速度条件下，横向安全距离的取值范围。以设计车身宽度与横向偏移值之和作为最小车道宽度的依据，车速小于等于 60km/h 车辆的横向偏移值及车道最小有效宽度取值，见表 4，结果表明有效宽度值都小于 3m，在此基础上考虑一定的安全余量、驾驶人行车舒适性等因素，因此，将服务中小型地下道路的设计速度小于等于 60km/h 的最小车道宽度取值为 3m，这样可以有效地节省地下空间资源。同时，通过驾驶仿真模拟对设计速度 80km/h 小型车专用地下道路的车道宽度也进行了研究，表明在 80km/h 设计速度下的车道宽度也可适当降低至 3.25m 也是可行的。

表4 设计速度小于等于60km/h车道宽度

隧道名称	车道位置	设计车辆宽度①	横向偏移值（车道余宽）②			最小车道宽度③=②+①		
			100%	95%	85%	100%	95%	85%
新建路、人民路隧道（激光测距仪）	左侧车道	1.80	1.02	0.85	0.64	2.82	2.65	2.44
	右侧车道	1.80	0.96	0.70	0.51	2.76	2.50	2.31
新建路、人民路隧道（视频）	左侧车道	1.80	1.05	0.76	0.42	2.85	2.56	2.22
	右侧车道	1.80	0.93	0.71	0.40	2.73	2.51	2.20
外滩（视频）	左侧车道	1.80	1.08	0.84	0.41	2.88	2.64	2.21
	中间车道	1.80	1.05	0.95	0.46	2.85	2.75	2.26
	右侧车道	1.80	1.06	0.63	—	2.86	2.43	—

在建设条件允许下，车道宽度宜满足现行《城市道路工程设计规范》CJJ 37的规定；当在地形地质条件复杂、中心城地区地下障碍物制约因素多情况下，条件受限时，可适当降低车道宽度，但不应小于本规范规定值。

4.3.5 城市地下道路是否设置检修道是应综合考虑隧道横断面形式、工程造价、运营管养模式以及施工工法等综合确定。一般情况下城市地下道路可不设置检修道，其原因有：城市地下道路以圆形或矩形断面形式为主，若设置检修道势必会增大横断面尺寸，从而对工程造价具有很大影响；另外与其管养模式也有关，城市地下道路由于交通量大、内部尾气等环境安全问题都不合适检修人员工作，所以一般通过夜间封闭交通进行集中养护检修，因此，无须设置检修道。但对于穿越山岭等矿山法的城市地下道路，与公路隧道类似，其横断面轮廓主要采用三心圆等形式，形成偏平圆状断面，这样两侧具有很大富余量，但这富余量又不能够为车行所用，为充分利用断面空间位置，所以可用于布置检修道。因此，是否设置检修道根据具体情况综合确定。

4.3.6 城市地下道路不设置检修道时应设置防撞设施，以避免失控车辆对结构以及侧墙内部布设的运营设备系统的破坏，防撞设施应保证一定的高度，其高度示意见图8，目前工程上设置的高度一般在0.5m～1m之间，

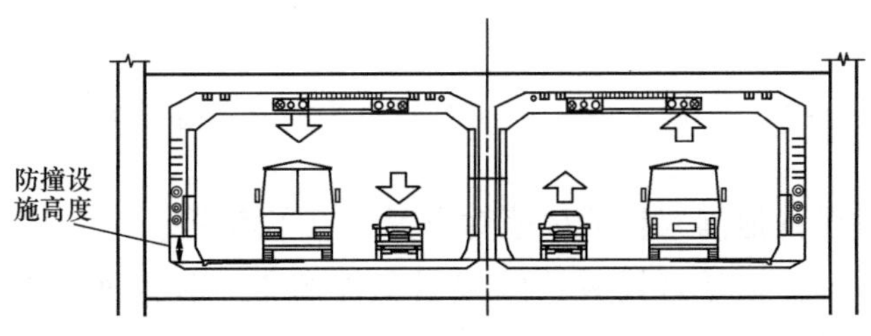

图8 防撞设施及其高度示意图（上海东西通道）

不宜过低或过高。具体设置应满足现行国家标准《城市道路交通设施设计规范》GB 50688 以及现行行业标准《城市桥梁设计规范》CJJ 11 等规定。

4.3.7、4.3.8 目前国内外对设置连续式紧急停车带的规定如下：

1)《城市道路工程设计规范》CJJ 37 规定

对单向小于 3 车道的长和特长隧道，应设置应急车道，当施工方法受到限制的条件下，可采取其他措施。

2)《城市快速路设计规程》CJJ 129 规定

在单向两车道的高架快速路上，应设 2.5m 宽连续或不连续停车带，不连续停车带应在 500m 左右设置一处。

3)《公路工程技术标准》JTG B01 规定

特长和长隧道内右侧侧向宽度小于 2.50m 时，应设置应急车道，应急车道宽度应为 3.50m，长度不应小于 30m，间距不宜大于 750m。

4)《公路隧道设计规范》JTG D70 规定

特长和长隧道应在车行方向的右侧设置应急车道，紧急停车道间距不宜大于 750m，停车带宽度包含右侧宽度取 3.5m，长度取 40m，其中有效长度不得小于 30m。

5) 美国 AASHTO (2004) 道路几何线形设计规定

隧道理想状况是采用与两端接线道路相同的横断面形式，即采用相同路肩宽度（这里路肩可以对应为应急车道），但考虑到隧道的工程造价、施工复杂等原因，建议可适当缩减路肩宽度，其宽度范围在 0m～3.0m 之间，通过权衡工程造价与运营安全，综合确定，同时建议在长隧道内设置港湾式应急车道，见图 9。

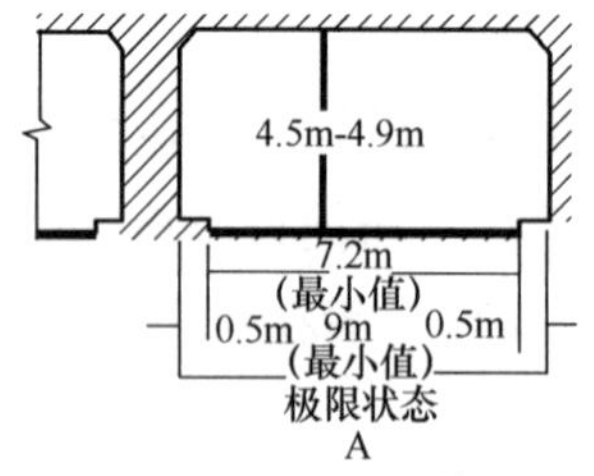

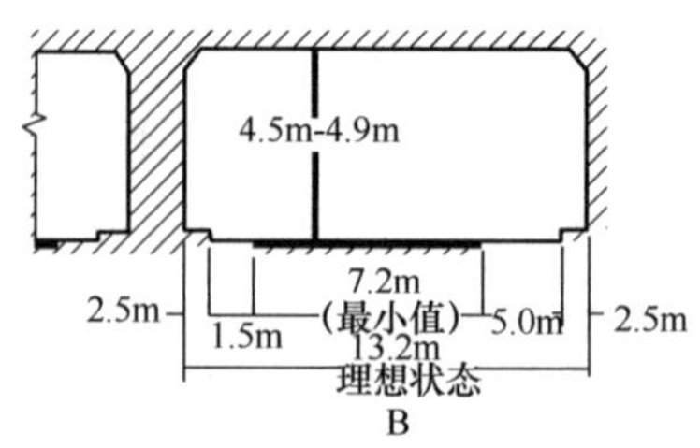

图 9　美国 AASHTO 几何设计中的隧道横断面布置

6) 世界其他国家相关规范对设置应急车道规定

根据是否设置连续式紧急停车带，分为两种宽度，具体设置见表 6。

表 6 世界部分国家对隧道内连续式紧急停车带规定

国名	设计速度（km/h）	连续式紧急停车带宽度（m）	设计速度（km/h）	不设紧急停车带时右侧路缘带宽度（m）
澳大利亚	80～100		80～100	0.25
丹麦	90～120	3.00	90～120	0.50
法国	100	2.00	80～100	1.00 0.3(特殊情况下)
德国	100	2.50	70～100	0.25 1.75(特殊情况下)
日本			80～120 60～80	1.00 0.75
荷兰	120 90	3.95	90 120	1.5(0.8 特殊情况下) 1.0(0.5 特殊情况下)
挪威	80～100	不设连续式应急车道	80～100	0.30
西班牙	90～120	2.50	90～120	1.00
瑞典	70 90 110	2.00 2.00 2.75	70 90 110	2.00 2.00 2.75
瑞士（矩形截面）	80～120	3.00	80～120	1.00
瑞士（圆形截面）		不设连续式紧急停车带	80～120	1.00
英国	110	3.30 2.00	110	1.00

通过上述各国关于隧道内设置连续式紧急停车带的规定对比分析，得出结论如下：①考虑到工程建设成本等因素制约，世界各国普遍认为有条件下隧道横断面应采用与两端接线道路相同形式，但通常认为隧道内应适当缩减宽度，尤其是连续式紧急停车带的设置，需因地制宜、综合论证。②各国对应连续式紧急停车带规定值大多在 2.0m～3.0m 之间，部分国家还大于 3m，如英国、荷兰等；当不设置连续式紧急停车带时，右侧路缘带宽度通常在 0.25m～1.0m 之间。

世界道路协会隧道技术委员会在 1987 年世界道路会议上提出：对于隧道设计，横断面尺寸上任何微小的增加都会引起巨额的工程造价，因此，设计时应重点考虑具有经济性的横断面布置形式，尤其是连续式紧急停车带的宽度设计需要重点详细研究。

总体来说，有条件时尽量设置连续式紧急停车带，但当采用较宽的连续式紧急停车带时具有一定不足：城市地下道路工程造价高，横断面尺寸微小的增加都会带来巨大的工程造价；城市地下道路在布线时受既有地下管线、建筑物桩基等制约因素影响大，同时，还要保证与现有地下设施的最小距离，在很多情况下如果采用较宽的连续式紧急停车带将增加横断面尺寸，影响工程的可实施性；城市地下道路可采用专用标准，大多以服务小型车为主，仍然采用较宽的连续式紧急停车带会造成地下空间资源的浪费。

因此，综合考虑到工程造价、可实施性以及节约地下空间资源等多方面因素，借鉴国外对隧道内的连续式紧急停车带设置，本规范认为城市地下道路连续式紧急停车带的设置宽度和形式应根据设计速度、服务车型对象、设计的预期发挥功能、经济成本以及工程可实施性等方面综合论证确定。

连续式紧急停车带具有多种复合功能，其宽度设计应与其今后预期发挥的功能相关。当要求所设置功能越多时，则宽度设置应越大；如当设置具有安全的紧急停车功能的停车带时，即设计目标是保证车辆是安全停车，且对主线交通没有影响，则应保证足够宽度；如需进一步考虑作为今后应急救援或养护通道等用途，则还需在此基础上进一步考虑预留宽度空间。反之要求停车带的功能只是当事故发生后保证还有一定的空间供主线车辆通行，可适当降低设计标准，采用较窄的紧急停车带即可满足需求。

世界道路协会认为，当车辆紧急停车而不影响主线行车时，紧急停车带宽度确定方法如下：以中小型车为例，车辆设计宽度为 1.75m，在此基础上，还需保证 0.5m 宽度供驾驶人正常开门下车等，因此，紧急停车带宽度为 2.25m。根据此方法，我国标准车辆小客车宽度规定为 1.8m，大型车宽度为 2.5m，当车辆紧急停车而不影响主线行车时，小客车专用地下道路的紧急停车带宽度为 2.3m，实际设计中可取 2.5m，大型车或混合行驶的地下道路紧急停车带宽度为 3.0m。因此，本规范将 2.5m 和 3.0m 作为连续式紧急停车带设置的一般值，在这种情况下发生事故车辆在停车带上紧急停车时不会对主线车辆产生较大影响。

另一方面本规范也给出了最小值的要求，该值确定依据是：当车辆发生故障或事故在停车带紧急停车时，即使占用主线一定的车道宽度，但剩余的路面宽度还能够保证其余车辆在降低速度的情况下能够安全通过，不至于堵塞。同时根据法国、丹麦、瑞典等国家联合开展的欧洲新建或改建道路安全设计标准研究，隧道的侧向宽度对驾驶人行为具有显著影响，当小于 1.5m 时会对主线正常通行能力和行车安全产生较大负面影响。因此，综合考虑，对于小客车专用道路时，连续式紧急停车带最小值为 1.5m，当为混行车时，需适当加宽至 2.0m。

综上所述，本规范将针对城市地下道路的紧急停车带宽度设置分为一般值和最小值，宽度取值范围根据服务车道类型有关，根据具体设计条件以及所设计的停车带预期发挥功能来选择一般值或最小值，条件允许下，宜尽量采用一般值，当条件受限，采用窄宽度的紧急停车带时，还可通过其他工程措施来弥补窄宽度的不足。

4.3.9 城市地下道路当设置连续式紧急停车带困难时，可设置应急停车港湾，故障供车辆等紧急停靠。

应急停车港湾由过渡段和有效长度段组成。过渡段的作用是便于车辆进入应急停车港湾，驶出时可避免直接进入主线，减小对主线的干扰，长度不应小于 5m。有效宽度应能够保证车辆的停靠安全，不应小于 3.0m。有效长度不应小于 30m。

为保证车辆进出应急停车港湾的安全，保证与主线车辆之间具有良好的通视视距，应急停车港湾设置位置不宜设置在曲线内侧等行车视距受影响路段。

在应急停车港湾设置间距上，挪威根据隧道的安全等级，设置不同间距。鉴于目前我国对应急停车港湾的设置缺乏研究以及我国交通状况与国外差异，不能直接参照国外规范标准，建议对应急停车港湾的间距设置仍采用与现有城市道路规范的规定一致，间距为 500m。

但国外的设计理念值得借鉴，应急停车港湾的设置应因地制宜，可根据地下道路功能等级、交通流组成特征，综合考虑通风以及工程造价，确定具体设计参数。其中，间距可不是一个固定值，应综合考虑工程的可实施性和建设条件，避免设置在地质条件差的位置。对于特长、交通量大的城市地下道路适当加密应急停车港湾的设置。多点进出的城市地下道路也可利用变速车道两端，合理布置应急停车港湾。应急停车港湾的设置还受施工工法影响，当施工方法受限时，可不设，但应采取其他措施。

应急停车港湾的利用率总体上利用率不高。我国对应急停车港湾的利用率效果缺乏系统调研，国外有相关研究，见表 7，调研表明应急停车港湾的平均利用率一般在 20%左右，挪威和西班牙的运营经验表明目前仅有 40%故障车辆能够利用应急停车港湾，相对于投资成本来说，成本效益比并不高。此外，地下道路设置应急停车港湾对通风效果也有一定影响。

表 7　国外应急停车港湾利用率统计

隧道名称	小车		大车		合计	
	数量	利用率	数量	利用率	数量	利用率
Chamoise	13(63)	20%	1(6)	17%	14(69)	20%
Frejus	5(41)	12%	11(36)	31%	16(77)	21%
Oslo	68(256)	27%	7(79)	9%	75(335)	22%

应急停车港湾利用率与其位置的设置以及预告、提醒标志设置的合理性有关。在设计时，应合理地确定位置，还应做好预告、提醒，让驾驶人有足够信息获知前方应急停车港湾的位置，增大利用率。

5　平面及纵断面

5.2　平面及纵断面设计

5.2.2　本条规定了城市地下道路的最大纵坡，当前国内外相关规范对地下道路的最大纵坡规定如下：

1)《城市道路工程设计规范》CJJ 37：当隧道长度大于 100m 时，隧道内的道路最大纵坡不宜大于 3.0%；当受条件限制时，经技术、经济论证后最大纵坡可适当加大，但不应大于 5.0%。

2)《公路隧道设计规范》JTG D70：隧道最大纵坡一般不大于 3%，

受地形等条件限制时，高速公路、一级公路中的中、短隧道可适当加大，但不宜大于 4%；短于 100m 隧道纵坡可与隧道外接线道路相同。

3）挪威隧道设计手册：根据交通量确定最大纵坡，见表 8。当设置超车道时，纵坡可在表 8 基础上增加 1%。

表 8 挪威隧道设计的最大纵坡

	双向交通		单向交通	
AADT	0～1500	＞1500	＜15000	＞15000
最大纵坡（%）	8	7	7	6

4）美国隧道设计手册：隧道最大纵坡不宜超过 4%；确实需要可适当提高不宜大于 6%。

5）其他国家隧道最大纵坡规定，见表 9。

表 9 其他国家隧道最大纵坡规定

国家	捷克	丹麦	埃及	芬兰	日本	荷兰	瑞典	土耳其
最大纵坡（%）	3.75	3.20	5.10	7(50km/h) 5(50km/h)	5(60km/h)	4.5(特殊情况为 6%)	＞6	3

各国标准规范对隧道最大纵坡规定差异较大，相比之下我国规范对隧道的最大纵坡规定比较严格。这用于指导城市地下道路设计时存在一定问题，一方面对纵坡限制过小，洞口的路线坡度应与隧道内坡度相同，必须增加展线长度以克服高差，必然会增加路线长度和隧道长度，使工程造价增加；另一方面由于城市地形环境较为苛刻，受既有地面和地下设施影响制约因素多，采用当前的最大纵坡标准往往会使工程无法实施。

相比《公路隧道设计规范》JTG D70，现行行业标准《城市道路工程设计规范》CJJ 37 对隧道最大纵坡适当放宽，一般不超过 3%，当受条件限制，经技术经济论证后最大纵坡可适当加大至 5.0%，以适应城市地下道路建设需求，但是只笼统地给出最大纵坡，没有与道路设计速度相对应，导致不同设计速度都遵循相同的最大纵坡限制值。

现有规范的关于隧道条款规定主要针对传统的穿越江河、山体等障碍物的隧道或下立交等，一般是交通功能等级较高的道路才会采取隧道形式来穿越障碍物，因此，其作为道路上一个节点或路段，此类隧道的设计速度通常较高，从国内外已运营的城市隧道来看，一般大于等于 40km/h。但是随着城市地下道路发展，出现一些新类型地下道路，如地下车库联络道，其作为城市支路网补充，功能等级低，设计速度一般在 20km/h，因此，对于这种低设计速度的地下道路最大纵坡应该进一步放宽。

同时，城市交通中客运交通（中小型）所占比例大，车辆性能好，爬坡能力强，纵坡适当放宽不会对车辆运行速度产生较大影响，从目前上海、北京、广州、南京等城市地下道路都有采用较大纵坡的路段，运营状况良好。

此外，影响隧道最大纵坡确定的另一个因素是车辆尾气排放，纵坡越大，尾气排放量增多，影响隧道内的空气环境和行车安全。但这些可以通过其他措施来弥补，如采取限速，控制车辆运行速度，车辆运行速度下降后，尾气排放也会降低；增加通风设备数量和规模，增加通风量，可降低所要求的有害气体和烟雾的浓度，由此抵消因增大纵坡而增加的烟雾排放对司机视线的影响。

综上所述，结合国内外现有规范对隧道最大纵坡的规定，本规范规定城市地下道路设计速度大于等于 50km/h 的极限纵坡限制值不超过 5%，与《城市道路工程设计规范》CJJ 37 相关规定保持一致。但考虑到其他类型地下道路的建设需求，在满足行车安全等前提下，对于设计速度小于等于 40km/h 的最大纵坡可进一步增大。

当设计中需要考虑增大 1%的纵坡时，在最大纵坡的经济技术论证中，应根据道路类型、等级、地下道路长度，并考虑所在区域的气候海拔、主要车辆类型和交通流组成，地下道路的运营安全水平、安全设施配置标准等因素，进行论证比选。

1）敞开段纵坡较大时，尤其在冰雪天气，对行车安全具有很大影响，因此，需要严格控制敞开段的最大纵坡，并在条件允许的条件下采用一些措施减少路面的积雪结冰。常用的措施可在敞开段加盖顶棚，可以减少积雪；另外可以采用电加热融雪除冰技术，如导电混凝土路面、加热电缆路面或添加融雪剂材料等特殊路面，减轻敞开段的路面结冰；

2）城市地下道路设计应尽量采用较小纵坡，综合考虑各种机动车辆动力性能、道路等级、设计速度以及地形条件确定，当纵坡大于最大纵坡的推荐值时应限制坡长，但不得超过最大纵坡限制值。

除快速路外，当受地形条件或其他特殊情况限制或某些特殊情况，如采用小汽车专用或设置爬坡车道，经技术论证后可在最大值基础上增加1%，但应进行费用与效益的评估论证。

城市地下道路最小纵坡一般情况下与地面道路采用相同标准，即不应小于0.3%。但考虑到城市地下空间一体化开发，城市地下道路与地下建筑设施整体开发合建的情况越来越多，考虑到与建筑基地的协调，同时，地下道路受雨水影响较小，因此，本规范规定当条件受限路段，与地下建筑设施合建的地下道路的最小纵坡可再适当降低，但应严格控制坡长，并且采取措施确保排水畅通。

5.2.5 地下道路标高通常比两端的地面低，为防止周边地面雨水等汇入，通常在地下道路引道两端接地口处设置倒坡，形成排水驼峰。

排水驼峰应根据道路等级、排水重现期、周边地形环境等综合计算确定。一般情况下可参照《城市桥梁设计规范》CJJ 11-2011中对下立交的驼峰高程的规定，即应高于地面0.2m～0.5m左右，但有时受地下道路总体纵断面布置限制等，驼峰高程难以达到上述要求，应在进行综合计算基础上，采取其他措施，如在道路两侧采取截水措施，减少坡底聚水量，加强引道排水。同时，还应提高周边区域的排水能力，以防止周边地面雨水等汇入倒灌地下道路。

5.2.6 由于洞内外行车环境差异，进出洞口的亮度急剧变化，造成驾驶人明暗适应困难，产生视觉障碍，这些因素通常会造成进出洞口成为事故多发路段。在洞内外保持一定距离的线形一致性，自然诱导驾驶人视线，避免出现与驾驶人预期期望冲突的线形对提高洞口段行车安全具有重要作用。本规范借鉴了现有相关标准，将洞内外平面及纵断面线形保持3s行程距离的一致性列入规范之中，有条件情况下应尽量满足。

但各相关规范对洞口内外线形的一致性都没有给出明确解释，导致设计时对“保持一致性”的理解也存在差异。《公路工程技术标准》JTG B01-2014对洞口线形规定为“隧道洞口内外侧不小于3s设计速度行程长度范围内的平纵线形应一致”，没有说明“线形应一致”的含义。《公路隧道设计规范》JTG D70-2004对隧道及洞口线形的规定，与《公路工程技术标准》JTG B01-2014的规定相同。《公路路线设计规范》JTG D20-2006将“平纵线形应一致”修订为“平面线形不应有急骤的方向改变”，没有解释“有急骤的方向改变”含义。《城市道路工程设计规范》CJJ 37-2012规定：“隧道洞口内外侧在不小于3s设计速度的行程长度范围内均应保持一致的平纵线形。当条件困难时，应在洞口内外设置线形诱导和光过渡等保证行车安全的措施。”其中对“均应保持一致”也没有说明解释。如何理解规范中的“线形一致性”，不同角度具有不同的结论，不同理解，对工程规模、环境影响以及行车条件具有很大影响。

结合相关文献资料和实际工程经验，本规范认为城市地下道路的洞口线形设计应最大限度地顺应地形，与周围复杂的环境条件相协调，使总体方案做到最合理，使洞口位置做到最佳选择，有条件情况下尽量采取保持3s行程范围内的一致性，既要保证洞口线形的安全性，同时满足建设要求。“线形应一致”可解释为线形指标不要出现突变，即采用连续线形之间的曲率差异不大，洞内外3s行程的范围的线形标准相差不大，常见的线形突变情况有：①进洞口前连接的平面线形指标过高，甚至是长直线，大纵坡下坡，洞口附近是小半径平面线形和小半径凹型竖曲线；②地下道路内的平面线形指标高、纵坡较大下坡情况，出洞口后连接的平面线形指标过低，且纵坡大、坡差大、凸型竖曲线半径小等；③洞口采用缓和曲线时曲线超高渐变率过急。这些突变情况应在设计中避免。

5.3 停车视距

为了保证行车安全，驾驶人应能够随时看到汽车前面相当远的一段路程，一旦发现前方路面上有障碍物或迎面来车，能及时采取措施，避免相撞，这一必须距离称为行车视距。视距是道路设计中一个重要技术指标，行车视距直接影响行车安全与运行速度，行车视距包括停车视距、会车视距和超车视距，由于地下道路通常采用单向交通形式，因此，本规范主要考虑停车视距。

5.3.1 城市地下道路停车视距与地面道路是否存在差异，能否采用目前《城市道路工程设计规范》CJJ 37中的标准，本规范在编制过程中进行了研究，认为城市地下道路停车视距可以采用《城市道路工程设计规范》CJJ 37中的标准。原因主要有以下几点：

1）从停车视距的定义看，停车视距由反应距离、制动距离及安全距离三部分组成，见式（1），影响停车视距的主要因素为驾驶人反应时间及路面摩擦系数等，若这些因素差异不大，那么停车视距的标准也应该差异不大。

$$S_s=\frac{Vt}{3.6}+\frac{\beta_s V^2}{254\mu_s}+S_a \tag{1}$$

式中：S_s——停车视距（m）；

V——设计速度（km/h）；

μ_s——纵向摩擦系数，取0.4，按路面潮湿状态计算；

t——反应时间（s）；

β_s——安全系数，取1.2；

S_a——制动停止后安全距离（m）。

对于驾驶人反应时间，从当前国外研究以及同济大学对地下道路驾驶人的反应时间相关研究来看，见表10，不考虑驾驶人疲劳等特殊情况，在地面与地下行驶时，驾驶人反应时间差别不大，均值都在1.2s左右，因此，二者反应距离上差别不大。

表10 驾驶人反应时间

文献	均值（s）	标准差（s）	样本量（人）
Sivak et al.（1982）	1.21	0.63	1644
Wortman et al.（1983）	1.3	0.6	839
Chang et al.	1.3	0.74	579
Olson and Sivak（1986）	1.1	0.15	49
Lerner（1995）	1.4	0.4	56

2）《城市道路工程设计规范》CJJ 37中对停车视距已经考虑一定的安全系数，因此，采用《城市道路工程设计规范》CJJ 37给出的停车视距标准能够满足停车需求。

此外，英国隧道设计中认为地下道路内部一般不会直接受到雨水等作用，路面一般比较干燥，有较高的摩阻系数，采用与地面道路相同的停车视距下可能会更安全。美国AASHTO、世界道路协会、澳大利亚等国家隧道设计手册都提及在隧道内应加强对停车视距的检验，也没有专门给出地下道路的停车视距标准。

除了应满足《城市道路工程设计规范》CJJ 37的停车视距标准之外，对于货车比例较大的地下道路还应验算货车的停车视距，尤其是在下坡路段，货车的停车视距应满足现行行业标准《城市道路路线设计规范》CJJ 193的要求。

5.3.2 研究表明城市地下道路进出洞口亮度的急剧变化会造成驾驶人明暗适应困难，是形成事故多发路段的重要原因，明暗适应过程中视觉震荡产生的视觉障碍，会使驾驶人认知反应时间适当延长，因此，在进出洞口应适当增加停车视距，建议进出口停车视距可提高至1.5倍。

5.3.3 本条为强制性条文。城市地下道路封闭的空间构造使得相对于地面道路，行车视距受到道路及环境影响更强烈。在平曲线路段，侧墙是遮挡视线的主要障碍物。在竖曲线路段，对于凸型竖曲线，由于凸曲线的半径是根据满足停车视距的要求反算出，因此，一般来说凸型竖曲线通常能够满足视距要求。但对于凹型竖曲线，由于地下道路存在顶部，顶部会遮挡行车视线，尤其对于小半径的凹型竖曲线或净空较低的小客车专用地下道路，导致顶部对行车视距的影响更明显。从目前已运营的地下道路事故统计资料来看，视距不良路段容易成为地下道路的事故多发点。因此，城市地下道路设计应严格的通过停车视距验算，保证地下道路内部具有足够行车视距，提高行车安全。

车辆在曲线路段行驶的行车视距与视点位置、曲线参数半径、曲线长度、内侧汽车行驶轨迹半径、最大横净距等因素有关，在对具体每个曲线进行视距验算时，可通过计算最大横净距与实际横净距进行比较，当计算的最大横净距大于实际横间距时表明该曲线行车视距不满足要求，反之则满足要求；或根据实际横净距反算求出满足视距要求的平曲线半径与实际曲线半径进行比较。当大于实际曲线半径值时，则表明该曲线行车视距不满足要求。当验算停车视距不足时，可以从增大侧向净宽、增大曲线半径等方面改善行车视距，条件受限，无法通过线形改善视距时，可以采取限速，降低运行速度，保证停车视距。

视点位置是确定停车视距重要参数，国内外技术规范将视点位置大多定为车道的中心线位置，如我国的《公路工程名词术语》JTJ 002－87，《公路工程技术标准》JTG B01－2014，《公路路线设计规范》JTG D20－2006 以及美国 AASHTO (2004) 道路几何线形设计等。本规范综合目前现有相关规范，对于平曲线路段：驾驶者视线高出路面 1.2m（货车取 2.0m)，物高采用 0.10m，内侧车道中心线作为视点位置，当道路弯道向右转时，位于内侧车道视点位置，如图 10 所示，对于不含检修道或人行道时，隧道实际横净距＝车道宽度/2＋侧向净宽；对于含有检修道或人行道时，隧道实际横净距＝车道宽度/2＋路缘带宽度＋检修道或人行道宽度。

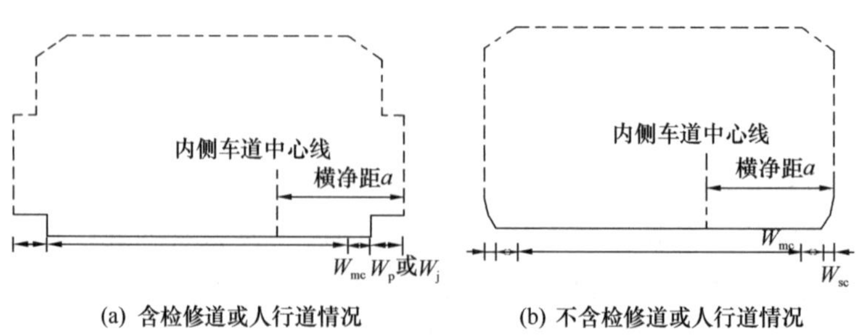

图 10　视距验算时的驾驶者视点位置

平曲线路段的横净距可按表11所列公式计算，详见图11。

表11 平曲线路段最大横净距

不设缓和曲线	停车视距 S_1 小于圆曲线长度 L_c $a=R_1\left(1-\cos\frac{\psi}{2}\right)$	$\psi=S_1\frac{180}{\pi R_1}$
	停车视距 S_1 大于圆曲线长度 L_c $a=R_1\left(1-\cos\frac{\alpha}{2}\right)+\frac{S_1-L_1}{2}\sin\frac{\alpha}{2}$	$L_1=\frac{R_1\pi\alpha}{180}$
设缓和曲线	停车视距 S_1 小于圆曲线长度 L_c $a=R_1\left(1-\cos\frac{\psi}{2}\right)$	$\psi=S_1\frac{180}{\pi R_1}$
	停车视距 S_1 大于圆曲线长度 L_c $a=R_1(1-\cos((\alpha-2\beta)/2))$ $+(L_s-a_m)\sin\left(\frac{\alpha}{2}-\theta\right)$	$a_m=\frac{L_1-S_1}{2}$ $\theta=\arctan\left[\frac{L_s}{\sigma R_1(1+\frac{a_m}{L_s}+\left(\frac{a_m}{L_s}\right)^2)}\right]$
	停车视距 S_1 大于平曲线长度 L $a=R_1(1-\cos((\alpha-2\beta)/2))$ $+L_s\sin\left(\frac{\alpha}{2}-\theta\right)$ $+\frac{1}{2}(S_1-L_1)\sin\left(\frac{\alpha}{2}\right)$	$\theta=\arctan\frac{L_s}{6R_1}$

注：a — 最大横净距（m）；R_1—平曲线内侧汽车行驶轨迹半径（m）；ψ —视距线所对的圆心角（°）；S_1—停车视距（m）；α — 道路中线转角（°）；L_1—曲线内侧汽车行驶轨迹长度（m）；β —回旋线角（°）；L_s —缓和曲线长度（m）；a_m — 汽车计算位置 M 或 N 到缓和曲线起点的距离（m）；θ — 通过汽车计算位置 M（或 N）与平曲线切线的平行线和 M（或 N）至缓和曲线终点间弦线的夹角或平曲线切线与缓和曲线的弦线的夹角。

对于含有缓和曲线的平曲线视距验算，采用解析法计算比较复杂。实际工作中也可以根据图解法画出视距曲线图，采用视距包络线作为平曲线视距的界限，判断圆曲线路段是否满足视距要求。

在竖曲线视距验算时，根据《城市道路路线设计规范》CJJ 193 对目

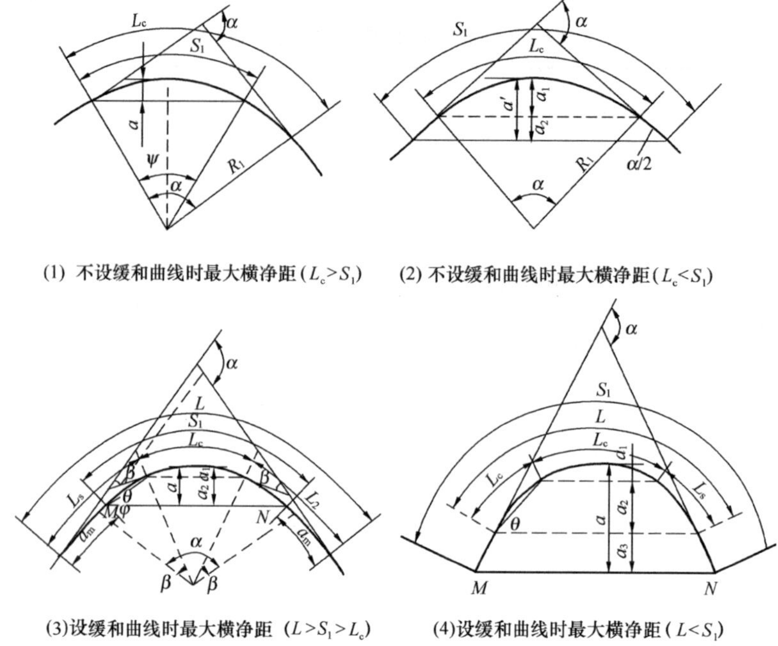

(1) 不设缓和曲线时最大横净距 $(L_c>S_1)$　(2) 不设缓和曲线时最大横净距 $(L_c<S_1)$

(3)设缓和曲线时最大横净距 $(L>S_1>L_c)$　(4)设缓和曲线时最大横净距 $(L<S_1)$

图 11　横净距计算

高的规定，凹形竖曲线目高为 1.9m。当为混合车道，应验算大车停车视距，目高为 2.0m，物高应为 0.1m。

6　出入口

6.1　一 般 规 定

6.1.1　我国快速路运营经验表明主线出入口位置设置、出入口间距直接影响主线运行效率。不合理间距设置容易导致进出主线车辆形成严重交织，从而降低服务水平，造成交通拥堵。地下道路具有类似特征，多点进出的长距离地下道路出入口的设置应统筹考虑，既要考虑到服务所穿越区域的到发交通，又要注重全线整体运行效率。同时，地下道路的出入口位置还应考虑围岩等级及稳定性、地质条件等状况，根据实际状况，可适当调整位置，避免设置在地质条件差的路段。

6.1.2　在我国以及其他许多靠右行驶的国家都将出入口设置在主线右侧，采用“右进右出”模式，符合驾驶人的行驶习惯，方便进出。我国现有规范也都规定出入口应设置在主线的行车道右侧。考虑到交通组织需要、工程造价、施工难度、地下障碍物以及对地下空间的占用等因素，城市地下道路不可避免地存在左侧出入口的情况，尤其对于单管双层式地下道路，为便于施工和工程经济性，通常上下双向交通的出入口层匝道布置在同一位置，当某一方向的出入口设置在右侧时，则另一方向交通的出入口将不可避免设置在左侧。

左侧驶入和驶出不符合我国的驾驶习惯，不利于行车安全。在国内部分高速公路建设中立体交叉也存在左侧出口的情况。从运营效果来看，左侧出口区域容易出现走错路、停车观望、倒车等问题，存在较大安全隐患，易成为事故多发区域。在国外高速公路中也存在着左侧式出口匝道的情况，对左侧式出口匝道的安全性研究比较少，美国南佛罗里达大学曾对这方面集中开展了研究，通过收集 73 个出口匝道的事故统计资料及与之相关道路环境，其中 7 个左侧式出口，进行了详细统计分析，研究表明在同等交通流、道路环境条件下，左侧式出口的事故率、事故严重程度远高于右侧式情况，建议新建的道路应尽量避免设置左侧式出口，对于已运营道路应采取交通安全改善措施，提高运营安全。

本规范提出一般情况下出入口应设置在道路右侧，当条件受限时，可设置左侧入口，但应尽可能避免设置左侧出口，同时，应做好交通组织，通过设置辅助车道以及完善的交通工程措施等手段来提高左入口区域的行车安全。如可设置足够长度的辅助车道，辅助车道的具体要求应符合现行的相关标准要求；增加入口识别视距；增加合流段照明亮度；设置入口警告标志，提醒告知驾驶人前方左侧存在汇流车辆，交通标志宜采用光电式。

6.2 出 入 口 间 距

当前我国北京、上海等大城市快速路交通拥挤现象日益严重，主要原因之一就是快速路出入口匝道间距较小，加之沿线地面商业开发程度高，辅路交通流量大，交织现象严重，降低了快速路通行能力。在相关规范中对快速路的不同类型的出入口设置最小间距作了详细规定。同样，对于多点进出城市地下道路，在规划设计中，出入口位置选择也至关重要，但考虑到在我国已运营的多点进出城市地下道路较少，无法获取不同出入口的设置对实际主线交通运行状况影响情况，因此在建议城市地下道路出入口间距可参考《城市快速路设计规程》CJJ 129 出入口间距规定，本规范在此作了补充，给出了城市地下道路分别在设计速度 50km/h、40km/h 的出入口间距。

6.2.1、6.2.2 确定出入口最小间距的研究方法可分为实测经验法和理论模型法两类两种，目前《城市快速路设计规程》CJJ 129 和《城市道路交叉口规划规范》GB 50647 规定的最小间距都是基于工程实践经验计算法为主。模型法主要是以美国《道路通行能力手册》(HCM) 中相关分析方法为主。

通过模型计算法结合实际运营经验确定 40km/h 和 50km/h 间距。基本计算原理根据前后匝道的类型组合关系，共分为 4 类模式，最小间距长度由加速车道长度、交通标志识别距离、交织长度以及减速车道长度组成，出入口间距应能保证主线交通不受分合流交通干扰，并为分合流交通加减速及换车道提供安全、可靠的路况条件。对于驶入一驶出模式的匝道，主要是满足交织要求，参考《道路通行能力手册》对交织区的分析法方法，采用车辆密度作为交织区服务水平的评价指标，手册规定 12.0[pcu/(km·ln)]～17.0[pcu/(km·ln)]时为 C 级服务水平，密度为 17.0[pcu/(km·ln)]～22.0[pcu/(km·ln)]时为 D 级服务水平。地下道路的饱和度通常较高，但又要保持交织区的交通顺畅，规定以密度 20.0[pcu/(km·ln)]作为控制间距的标准。

本条规定是针对出入口设置在道路主线右侧的情况，但在特殊情况下地下道路还存在左侧进入，形成左进右出组合形式的出入口，这种情况下需要交织的车道数增加，必然导致交织距离增长，其间距应该增大，具体情况建议根据实际预测交通量进行测试分析，给出实际所需的距离，保证长度满足交织要求。

6.2.3 由于地下道路施工复杂，横断面变化会给施工带来困难，尤其是在采用盾构法施工时，不宜频繁变化更改横断面布置。因此，当受到施工工法受制时，地下道路的出入口之间宜将出入口加减速车道直接连接，形成辅助车道，用辅助车道实行加减速功能，避免了横断面的过渡变化带来的施工困难。

本规范中表 6.2.2 给出了出入口间距最短要求，当不满足该距离要求时，应设置辅助车道，但是当出入口间距很短，同时交织流量比较大时，可能即使设置辅助车道后也会不满足要求。因此，建议对于距离小于表 6.2.2 时，设置辅助车道后，还应该进行交织区的通行能力验证，以保证交织需求。

6.2.4 地下车库联络道应在有地块接入侧设置辅助车道，当两侧均有接入地块时，宜采用“主线车道+两侧辅助车道”布置形式；仅有单侧接入地块，宜采用“主线车道+单侧辅助车道”布置形式。

地下车库联络道内部设置出入口与周边地块地下车库连接，与一般的快速路出入口形式具有一定差别，同时，地下车库联络道主线设计速度低，因此，在控制出入口间距时，不适合采用上述 6.2.2 中的出入口间距计算模型。本规范在此借鉴了美国道路接入管理技术，将其按交叉口的接入控制来处理，对于无信号接入口间距研究，国内外相关文献考虑的因素主要包括：停车视距、冲突重叠区、引道视距、安全交叉间距、接入道路的出口道通行能力、驾驶人视觉特征等。接入间距越大，接入道路越少，则安全性及运营效率越高。

本规范从满足接入口停车视距要求、满足对接入口的识别视距要求、满足警告标志设置距离要求、分离右转冲突重叠区域、满足接入道路出口道的通行能力要求等五方面考虑接入间距，基于取最大值以及取整原则，结合现有研究成果，综合确定，设计速度 20km/h，接入口安全间距标准见表 12。

表 12 接入口最小间距

控制要素	最小间距（m）
满足安全停车视距	20
满足接入口识别视距	20
满足交通标志设置距离	31
分离右转冲突重叠区域	30
满足接入道路出口道的通行能力要求	22
接入间距推荐值	30

6.3 分合流端

6.3.1 从目前高速公路、城市快速路运营来看，互通立交出入口区域由于需要分合流，交通运行环境复杂、车辆变换车道频繁、车速变化大，导致该区域通常是事故多发点。当该区域存在小半径平曲线、竖曲线或者平纵组合不良等情况，都会造成行车视距问题，增加行车安全隐患，更容易引发交通事故，因此，应避免在这些可能引起视距不良的路段设置出入口。

6.3.2、6.3.3 为保证驾驶人具有足够时间，在一定的距离前识别前方出口的存在，然后采取正常的变换车道驶离主线，进入减速车道，然后采取正常的减速度减速行驶至匝道，避免驾驶人对出口位置认识过迟而导致匆忙减速或误行倒车等行为发生，这个距离称为“识别视距”。在地下道路上由于合流点也通常是事故多发路段，为了充分保证地下道路的行车安全，本规范还规定了合流入口的识别视距。其目的也是保证主线的车辆能够及时发现匝道汇流进入主线的车辆，防止因车速差异较大，视距不足时，而造成主线车辆停车不及与汇入车辆发生追尾等事故。

本规范规定的识别视距与《公路路线设计规范》JTG D20 中规定的互通立交识别视距定义相同。判断出口时，驾驶人应能够看到分流鼻端标线，故物高应为 0，目高对凸形竖曲线规定为 1.2m，对凹形竖曲线规定为 1.9m；当为混合车道，货车比例较高时，应验算货车停车视距，货车目高规定为 2.0m。因此，在出入口区域当存在半径较小的竖曲线或平曲线时，需要验算出入口的识别视距是否满足。

《公路路线设计规范》JTG D20 中对出口识别视距规定要求较高，在条件受限制时，应大于 1.25 倍停车视距。《城市道路工程设计规范》CJJ 37 考虑到目前立交及进出口间距密，交通运行状态与公路不一致，以及建设条件制约因素多，规定了在互通立交区域范围内主线行车视距宜大于等于 1.25 倍停车视距。本规范综合上述两者取值，考虑到目前由于多点进出的地下道路运营较少，对出入口区域的线形指标还缺乏深入研究，同时，地下道路制约因素也较多，地下道路行车环境、驾驶人视线等都相对较差，为充分保证地下道路的行车安全，本规范将出入口识别视距提高至 2 倍停车视距。由于判断出入口以分合流端的标线为目标，物高为 0，因此，在确定凸形竖曲线半径时，在出入口区域道路主线应尽量采用较高的线形指标。

6.3.4 互通立交区域汇流鼻前，通常匝道与主线应保证一个通视三角区，主线 100m 和匝道 60m，在这三角通视区范围内不应有遮挡视线的障碍物。地下道路由于主线、匝道两侧都存在侧墙，在汇流鼻端很难保证三角通视区，匝道上车辆在汇流前无法获知主线交通运行状况，容易造成随意汇入主线，而造成主线车辆发现不及而发生侧碰、追尾等交通事故发生。阻止匝道上车辆随意或者过早汇入主线，保证其能够有足够时间观察主线车流状况，加速到一定程度后减少与主线的运行速度差，这样才能提高行车安全。因此，本规范规定在匝道与主线间汇入段设置一定长度的隔离设施，保证车辆之间的通视，隔离长度为主线的一倍停车视距值。

隔离方式有标线隔离和物理分隔设施，建议地下道路的合流段采用物理隔离，分隔设施颜色宜醒目，能反光，具体还应符合《城市道路交通设施设计规范》GB 50688 的规定，且注意隔离设施的高度，自身不能影响行车视距。

6.3.5 进入城市地下道路时，光线明暗过渡，驾驶人通常需要一个视觉适应过程，为减少在这段适应过程范围内主线车辆行车受干扰，提高入口附近的行车安全，本规范借鉴了挪威隧道设计手册的规定，认为在这个过渡适应的区域应避免设置合流点，距离为照明设计中的入口段长度与第一过渡段长度之和。

6.4 变速车道

在匝道与主线连接路段，为适应车辆变速行驶需要，而不致影响主线交通所设置的附加车道称为变速车道。变速车道包括减速车道和加速度车道。

地下道路的加减速车道设置还应考虑施工工法，由于横断面变化会给施工带来困难，尤其是在采用盾构法施工时，不宜频繁变化更改横断面布置，此时通常直接设置辅助车道将出入口之间连接，而避免分别设置加减速车道。

本条主要针对当设置加减速车道时需要满足的技术指标。地下道路变速车道也可分为直接式和平行式，直接式是不设平行路段，由主线斜向渐变加宽，形成一条与匝道相连接的附加车道；平行式是指增设一条与主线平行的车道，其特点是车道划分明确，行车容易辨识。当地下道路主线的直行方向交通量较少或匝道与主线速度相差较小时，可采用直接式减速车道；当直行方向交通量较大或匝道与主线速度相差较大时，宜采用平行式，由于地下道路通视特性差，加速车道宜采用平行式汇入主线。

6.4.1 减速车道长度由过渡段长度和减速车道规定长度组成，减速车道规定长度是从确保一条车道宽度的断面起到导流岛端部的长度。日本、美国和西欧等国家，都对减速车道车行状态做了许多不同假设。日本的假定是：车辆首先以该公路平均车速通过减速车道的前端，在三角段进行车道变换并同时利用发动机减速。美国各州公路与交通运输工作者协会（AASHTO）假定是：认为车辆先按主线平均车速由三角段转移车道进入到减速车道，之后再减速，第一次首先采用发动机来减速，第二次再利用制动器来进行减速，车速在到达减速车道终点时，减至匝道平均车速。

本规范计算时采用了AASHTO假设模型，车辆一般先按主线平均速度V_0由三角过渡段转移进入减速车道，然后先采用发动机减速行驶t时间至V_1；最后利用制动器减速到达减速车道终点，车辆减速至匝道平均速度V_2。

1）利用发动机制动减速长度

$$S_1 = V_0 t - \frac{1}{2} a_1 t^2 \tag{2}$$

式中：V_0——初速度（m/s）；

t——发动机制动器作用时间（s），取3s；

a_1——发动机制动减速度（m/s^2）。

参考《城市道路交叉口设计规程》CJJ 152 中推荐的美国 AASHTO 关于平均行驶速度与设计速度关系，主线平均速度 V_0，见表 13。

表 13　设计速度与平均运行速度

设计速度（km/h）	初始运行速度（km/h）
100	80
80	70
60	60
50	50
40	40
30	30
20	20

发动机制动减速度 a_1 计算采用《城市道路交叉口设计规程》CJJ 152 推荐方法，计算如下：

$$a_1=\frac{g}{1+\varepsilon}\left(\mu+\gamma+\frac{RA}{W}V_0^2\right) \tag{3}$$

各参数取值可参考《城市道路交叉口设计规程》CJJ 152。

2）利用制动器制动减速长度

$$S_2=\frac{1}{2a_2}(V_1^2-V_2^2) \tag{4}$$

式中：a_2——制动器制动减速度（m/s^2）；

V_1——用制动器减速前发动机制动后的行驶速度（m/s）；

V_2——匝道起点平均运行速度（m/s），取值可采用美国 AASHTO 推荐值，见表 14。

表 14　匝道设计速度与平均运行速度

匝道设计速度（km/h）	匝道起点的平均运行速度（km/h）
70	60
60	55
50	45
40	40
35	35
30	30
25	25
20	20

制动器制动减速度 a_2 计算为：

$$a_2=\frac{g}{1+\varepsilon}\left(\mu+f+\frac{RA}{W}V_0^2\right) \tag{5}$$

具体参数取值可参考《城市道路交叉口设计规程》CJJ 152，考虑到制动对乘客不舒服感觉，制动器制动减速度 a_2 最大值不超过 2.4m/s² 为宜。

3）减速车道长度

$$S_{减}=S_1+S_2 \tag{6}$$

通过上述公式计算得到不同主线设计速度与对应不同匝道设计速度下的减速车道长度。由于计算方法以及参数参考了《城市道路交叉口设计规程》CJJ 152-2010，因此，城市地下道路减速车道的计算值与《城市道路交叉口设计规程》CJJ 152-2010 基本一致，因此，本规范对城市地下道路的减速车道长度规定与《城市道路交叉口设计规程》相同，见表 15。

表 15　减速车道长度

主线设计速度（km/h）	80	60	50	40	30	20
减速车道长度（m）	80	70	50	30	20	15

加速车道是车辆从匝道进入主线路时，为了减少对主线的影响而设置的过渡车道，不仅为车辆提供加速的场所，也为车辆提供一个与主线车辆合流的机会。加速车道长度设置是否合适在很大程度上决定了入口匝道连接段交通运行质量。加速车道长度设置过短，汇入车辆不能及时找到可插入间隙；或者不得不在加速车道上停车等待，造成后面车辆排队；或者强行进入，诱发交通拥挤和交通事故，降低主线服务水平。如果加速车道设置过长，则会增加工程建设成本。

由于地下道路主线、匝道两侧都存在侧墙，在汇流鼻端无法和地面道路一样保证三角通视区，为保证匝道车辆能够有足够时间观察主线车流状况，同时加速到一定车速，减少与主线的运行速度差异。城市地下道路加速车道长度模型还需要在地面道路变速车道计算模型基础上增加这一过程，总体分解为四个过程：车辆对主线车流的认识感知过程即视距隔离段距离、加速过程、等待合流段长度以及变道过程，即加速车道长度为：

$$S_{加}=\max(S_p,\ S_a)+S_g+S_c \tag{7}$$

式中：S_p——视距隔离段距离（m）；

S_a——加速距离（m）；

S_g——等待合流段长度（m）；

S_c——车辆变道距离（m）。

城市地下道路的加速车道长度首先应满足车辆对主线车流的认识感知

过程保证行车视距，在此基础上考虑到车辆的加速以及汇入过程。

视距隔离段距离 S_p 参见本规范“6.3 分合流端”，加速距离、等待合流段长度计算采用与《城市道路交叉口设计规程》CJJ 152 相同，本规范在此不作重新阐述，最后计算出的加速车道长度如表 16。

表 16　加速车道长度计算值（m）

主线设计速度（km/h）	匝道设计速度（km/h）						
	60	50	40	35	30	25	20
80	180	190	220	—	—	—	—
60	—	120	120	130	140	—	—
50	—	—	100	100	100	100	—
40	—	—	70	70	70	70	70

6.4.4　渐变过渡段长度参考现行行业标准《城市道路交叉口设计规程》CJJ 152，长度计算方法如下：

1）计算方法一

渐变段长度根据车辆横移一个车道所需最短距离，横移时间取 3s，过渡段长度为：

$$L = V_a t \tag{8}$$

式中：V_a——平均行驶速度（km/h）。

2）计算方法二

车辆“S”形行驶轨迹反向曲线计算方法。根据日本《城市道路设计规范宣讲材料》和《高速公路设计要领》，渐变段计算为：

$$L = \sqrt{w(4r - w)} \tag{9}$$

$$r = \frac{V_a^2}{127(u \pm i)} \tag{10}$$

式中：w——变速车道宽度（m），本规范计算取 3.5m；

r——反向曲线半径（m）；

i——超高横坡，取 0；

u——横向力系数，本规范计算取 0.16。

6.5　地下道路与地面道路衔接

6.5.1　本条借鉴了国外隧道设计规范的内容，从行车安全角度规定了城市地下道路出口接地点与地面交叉口的距离。研究表明，地下道路进出口的亮度急剧变化会造成驾驶明暗适应困难，剧烈的明暗过渡会使驾驶人瞳孔面积急剧变化。如果超出了驾驶人视觉适应能力，瞳孔将难以准确聚焦在视网膜上成像，从而产生瞬时盲期，此时若交叉口与地下道路出洞口距离过近，驾驶人不易识别交叉口，从而安全隐患极大。

因此，在交叉口与地下道路出洞口之间应保证足够的距离。对于城市下穿型的地下道路，出地下道路后通常设置一定长度的上坡敞开段，由于受竖曲线影响，车辆在爬升至地面接地点前通常很难对前方路况有详细了解，本条对于此类型的地下道路，规定了接地点与交叉口的距离，以保证驾驶人具有足够距离发现前方交叉口存在，能够有充足的视距发现交叉口车辆运行状况。这个距离根据交叉口类型不同，要求不同，具体规定见表17。对于山岭隧道等不存在敞开段接地点时，该距离可定义为隧道洞口至交叉口的距离。

表 17　地下道路接地点与地面平面交叉口距离

	距离控制要求	备注
无信号控制交叉口	2倍停车视距	当视线条件好、具有明显标志条件下，可以适当降低至1.5倍停车视距
信号控制交叉口	1倍停车视距	—

6.5.2　驾驶人由于受地形道路压抑环境和“黑洞”、“白洞”的影响，当分流端与隧道洞口间距过小，车辆驶出隧道后进入互通前，驾驶人需要对大量道路信息做出判断，极易错过互通出口或在互通出口处犹豫、突然变换车道、急刹车等情况，影响了主线正常行车。此外，出口匝道的影响范围内一般情况下道路环境复杂，车道变换频繁，驾驶行为与基本路段有较大差异，驾驶人驾驶负荷和心理压力大幅度增加。进出隧道洞口与道路出口分流区域都是行车危险、事故多发路段，控制道路的分流端与隧道洞口间距的问题实质就是避免这两种危险区域的叠加。

我国在《公路路线设计规范》JTG D20－2006中提及相关规定：“隧道出口与前方互通式立体交叉的距离，应满足设置出口预告标志的需要；条件受限制时，隧道出口与前方互通式立体交叉减速车道渐变段起点的距离不应小于1000m，否则应在隧道入口前或隧道内设置预告标志”、“互通式立体交叉与前方隧道进口间的距离，应满足设置标志和设置标志以后对洞口判断所需的距离”。但该规定只是笼统地给出一个值，没有给出具体的计算分析方法，很多情况下很难满足1000m的规定要求。国内长安大学研究认为该距离偏高，通过研究认为在高速公路二级服务水平下，隧道出口与互通式立交出口的极限最小间距不宜小于600m，一般值宜大于800m，成果已应用于部分高速公路的设计之中。

从国外设计手册规范要求来看，挪威隧道设计手册对直接式减速车道长度的起点与洞口距离规定应大于一倍停车视距的距离。荷兰在这方面开展了较为详细的研究，对加减速车道起终点与洞口的距离与事故率建立的关系，见图 12。

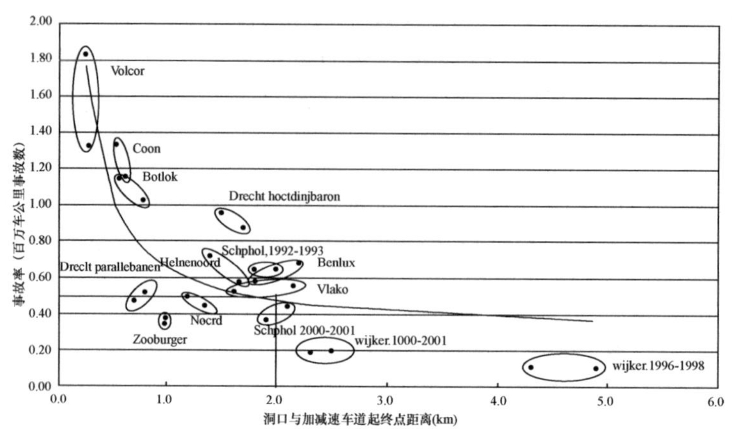

图 12　加减速车道起终点与洞口的距离与事故率的关系

综上所述，该距离与预告标志的设置、光线变化有关，交通量、车辆横移行程等多因素有关。综合考虑行车安全性以及城市道路实际工程特点和建设需求，本规范规定城市地下道路洞口与邻接地面道路出口匝道减速车道渐变段起点的距离应满足设置出口预告标志需要，条件受限时，该距离不应小于 1.5 倍主线停车视距。除需满足最短距离外，还应采取一些安全保障措施，如在地下道路洞内连续设置出口预告标志，提醒驾驶人前方出口匝道，或在地下道路出口与出口匝道之间设置减速振动带，以强化提示前方出口。

6.5.3　本规范 6.5.1 条从保证行车安全角度规定地下道路出洞口与地面交叉口距离，但对于城市区域，该距离还应满足交叉口通行效率和交通组织的需求。《城市快速路设计规程》CJJ 129 中对高架道路匝道与交叉口距离规定：下匝道坡脚至交叉口停车线距离由红灯期间车辆排队长度以及匝道左（右）转和地面道路右（左）转车辆转换车道所需的交织长度两部分组成。规定一般大于 140m，在特殊困难路段不小于 100m。上坡匝道坡脚至交叉口缘石切点处距离一般只要保证横向道路和对向车辆上匝道的交织长度即可，一般采用 50m～100m。

对于地下道路出洞口后，与前方交叉口尤其是信号控制交叉口的距离仍需要考虑排队和交织长度的要求，从对交叉口的交通影响来看，地面下道路出洞口与高架匝道接入地面类似，差异不大。因此，对于地下出洞口接地点与地面道路的交叉口距离可采用快速路规程的规定。

对于重要交叉口，宜接入进行专项的交通组织设计，评价地下道路出入口接入交叉口时，对交叉口的通行能力影响，优化布置接入点。

7 交通设施

7.1 一 般 规 定

7.1.2 城市地下道路的交通标志一般设置在道路前进方向的右侧或上方，但由于城市地下道路空间封闭、设计净高较小，两侧侧墙对标志的遮挡影响比较大，所以，城市地下道路交通标志设置时应注意侧墙对交通标志的可识别性影响，满足道路使用者在动态条件下的视认性要求，考虑在动态条件下发现、判读标志及采取行动所需的时间和前置距离，保证充分的视认距离，设置在驾驶人最容易识别位置。

7.1.3 由于城市地下道路空间相对封闭，传统的靠反光交通标志在地下道路内部使用时间较长后会因空气油污，而失去反光效果。因此，城市地下道路宜采用照明式和主动发光式标志，增加交通标志的可识别性。

其中，照明式又可分为内部照明式和外部照明式。内部照明式又可分为：一是在内部设置灯泡或灯管，做成灯箱形式，这种标志体积相对笨重，且内部灯管易损坏；另外一种采用 LED 光源，这种标志一般体薄量轻，在有限的空间内，便于悬挂，同时亮度衰减慢，便于长期工作。发光式一般是指标志的字体直接发光。但无论采用何种光电标志形式，由于标志本身不能反光，一旦内部电路出故障时，标志功能作用将丧失。因此，城市地下道路交通标志最好是采用发光与被动反光相结合方式，这样既能有效的保证标志的使用效果，又可以提高标志的可靠性。

7.1.4 城市地下道路设计净空小，由于交通标志布设不得侵入地下道路建筑限界内，因此，地下道路的交通标志在尽可能满足现行相关标准的情况下，尺寸可适当调整，对降低尺寸的交通标志，应保证起驾驶人的可读性和可视性。此外，还可以通过增强照明、优化标志版面信息等措施提高标志的可读性和识别性。

设计中可参考在编的国标《城市道路交通标志和标线设置规范》GB 51038，对地下道路内或桥下因建筑限界、结构承载能力限制等特殊情况，需缩小标志版面尺寸时，规定可适当减小文字高度，最小高度不应小于一般值的 0.8 倍，或采用高宽比为 1∶0.75 的窄字体，但不得改变版面各要素之间的相互关系。

7.2 交通标志

7.2.1 为合理引导周边地面道路交通进入地下道路，提高地下道路利用效率，充分发挥地下道路缓解交通功能，城市地下道路除下穿路口的地下通道外，在地面周边路网一定范围内应设置入口指路标志。

下穿路口的地下通道是指下穿一个或连续下穿多个道路交叉口的地下道路，也俗称下立交，这类型地下道路一般距离短，作为主线的一部分，主要解决节点交通，此外通常地面都设有辅道。因此，下穿路口的地下通道专门在周边路网范围内设置入口引导标志的必要性不大。

国标《城市道路交通标志和标线设置规范》GB 51038 对城市快速路的出入口引导提出了详细的规定。但对于地下道路，除了快速路等高等级道路外，地下车库联络道等也需入口引导。因此，本规范在《城市道路交通标志和标线设置规范》GB 51038 基础上，进一步补充规定了这些类型城市地下道路的入口引导标志设置。

对于快速路和主干道，采用与《城市道路交通标志和标线设置规范》GB 51038 一致的规定。

对于地下车库联络道应在入口周边 1km 范围设置引导标志，引导标志应指示方向和距离，设置在周边的主要交叉口范围处。

7.2.2 本条规定了地下道路入口前应设置的交通标志，包括地下道路指示标志，以及根据交通管理需求而设置的限速、限高、限制通行、禁止停车、禁止超车等禁令标志。其中，地下道路指示标志用于指示前方地下道路的名称及长度。考虑到当地下道路照明不足时，在入口前还应设置开车灯警告标志，提醒警告驾驶人在进入道路内部打开前照灯。

对于有限高有要求的地下道路，从国内目前已运营情况来看，大多在入口前连续设置 2 次～3 次超高警告，采用软硬相结合的控制措施，最后一次应为强制性阻止车辆进入措施，如设置硬杆型防撞门架。还有部分地下道路采用 4 次警告措施，例如，上海复兴东路隧道，在浦西、浦东入口处共设置了四级警告：一级警告采用限高标志牌；二级警告采用交通限高标志牌结合硬橡胶条击打方式；三级警告采用红外线超高检测仪，红外线超高检测仪与隧道入口处信号灯联动，当检测仪检测出超高车辆时，入口的红色信号灯亮起，入口检查亭值班人员可引导超高车辆驶离隧道；四级警告为钢结构防撞门架，强制性阻止超高车辆驶入。目前运营来看，基本通过前两级的超高警告可将超高车辆分离，逐级设置超高警告的方法效果比较明显。

地下道路入口设计还应体现道路“容错性”的设计理念，设置绕行通道，各级警告标志之间应保持一段距离，能保证误闯入的超高车辆能够及时分离，当最后被强制性禁止通行后也能通过引导，绕行驶离主线，以不阻碍进入地下道路的正常交通通行。

7.2.6 出口预告标志用于告知驾驶人下一个出口的距离和所能到达目的地，使驾驶人能够提前变换车道，顺利驶出主路。对于多点进出的长距离城市地下道路，在次出口之前应连续设置出口预告标志，且出口预告标志应连续设置。

1、2 《道路交通标志和标线》GB 5768 和《城市道路交通标志和标线设置规范》GB 51038 的出口预报标志规定主要针对高速公路或城市快速路，预告应至少进行 4 级，即在距离减速车道的渐变段起点 2km、1km、500m 和起点处，应分别设置 2km、1km、500m 出口预告标志和出口预告（行动点）标志。

高速公路或城市快速路设计速度相对较高，一般都大于等于 60km/h，但对于一般的城市地下道路设计速度相对较低，且出入口间距较短，因此，上述出口预告标志设置标准不适用于此种情况。

本规范在参考借鉴相关国家标准的基础上，通过设计速度进行界定，当设计速度大于等于 60km/h 的高等级地下道路，出口预告标志的规定与现行国家相关标准一致，具体设计可参考《城市道路交通标志和标线设置规范》GB 51038。补充了设计速度小于 60km/h 的地下道路出口预告标志的设置，规定分别在减速车道的渐变段起点处、前 250m、500m 及 1km 等处布置出口预告标志，具体位置可根据地下道路出口实际情况适当调整，最后在出口分流端还设置出口确认标志。

3 地下车库联络道是一种特殊形式的多点进出型地下道路，出口包括地块车库和地面道路出口两种类型。地下车库联络道的出口预告标志应对前方出口地面道路名称、地块停车库名称、方向、距离进行预告，出口预告标志不宜小于 2 级，并应在出口分流端设置出口确认标志。

其中，对于地面道路出口的引导，可根据地面道路的重要程度，区分引导，对于重要道路的可增加预告级数，如当出口地面道路为快速路或主干路时，可增加至 3 级预告。

7.2.9 线形指标较低的地下道路对驾驶人视线影响较大，建议对线形指标较低的地下匝道、主线等曲线路段应设置线形诱导标志，急弯时可布设急弯警告标志，提醒警告驾驶人。

7.3 交通标线

7.3.1、7.3.2 地下道路进出洞口、急弯等路段通常是事故多发路段，因此，规定在这些路段范围设置实线车道分界线，禁止变换车道和超车。

7.3.5 城市地下道路两侧干扰少，尤其是在进入地下道路的下坡长直线、大半径曲线路段都容易诱发超速；当在高速情况下突然驶入线形指标较低的小半径、急弯、陡坡等路段时极易发生交通事故，因此，本条规定在进入事故易发路段之前通过设置减速振荡标线，采取一定交通措施控制车辆运行速度。

7.4 交通防护设施

城市地下道路防护设施包括两侧防撞侧石、混凝土护栏以及防撞垫、防撞桶等。

7.4.1 城市地下道路一般不设置检修道，内侧车道行驶的车辆与侧墙的侧向距离较小，为防止车辆失控直接与碰撞侧墙，避免对结构造成破坏。同时，侧墙内部都一般布设运营所必需的设备系统，车辆直接碰撞侧墙后也会对内部设备系统造成损害。因此，城市地下道路必须设置防护设施，避免失控车辆与侧墙直接碰撞。从应用来看，当前城市地下道路两侧大多采用混凝土防撞侧石作为防撞设施，具体设置标准可参考国家现行标准。

7.4.2 本条规定在分流端部应设置防撞垫（防撞桶）等防撞设施，防止车辆与分流端部结构发生碰撞。

7.4.3 城市地下道路敞开段通常采用路侧护栏与地面道路分隔，防止地面道路车辆跌入。本条规定了路侧护栏端部应作安全性处理，避免直接暴露，因为，车辆与未经处理的护栏端头碰撞，碰撞角度大、缓冲时间短、加速度大，会对车辆和乘员造成严重危害。护栏端部处理方法较多，一般常用方法有：①采用吸能型端部设计；②护栏端部外展到路侧外；③护栏端部采用埋入式设计；④设置防撞桶。各种方法都有各自适用性，建议在设计时应根据实际情况，考虑工程成本，选取合适的处理方法。

7.5 交通控制及诱导设施

交通信号控制及诱导设施主要包括车道指示器、可变信息标志、可变限速标志以及交通区域控制单位等外场设备。

7.5.2 本条规定了地下道路入口前的交通信号灯设置，红色灯表示地下道路关闭，禁止驶入，绿色灯表示地下道路正常通行，而左转箭头灯则表示在突发情况下，地下道路关闭，车辆驶入对向车道或采取掉头转弯。城市地下道路的信号灯应设置在地下道路入口前的绕行通道或横向连接道前，保证车辆在发现信号灯指示地下道路封闭的信息后能够及时采取措施，通过绕行通道驶出主线，或者采用横向连接道驶入对向车道掉头转弯。该处的横向连接道不是地下道路内部的横向连通道，而是在入口前沟通连接左右幅道路。由于城市道路一般采用整体式路基，因此，横向连接道一般就是中央分隔带的开口段。交通信号灯应显示清晰，并保证视认范围，视认范围应根据车速和车道布置情况确定，不存在盲区。

7.5.3 车道指示器间距约 500m 设置一组，在长地下道路内标志间距以能看到一个接一个为准，在曲线处，应在弯道前设置一组标志。

国外隧道内车道指示器除了绿色箭头灯和红色叉形灯之外还有黄色箭头灯。绿色箭头灯亮时表示本车道准许车辆通行；红色叉形灯亮时表示本车道不准通行，而黄色箭头灯表示前方本车道封闭，提醒驾驶人及时变换车道，让驾驶人有个适应过渡过程，同时也有利于提高车道利用率，见图 13。

正常交通运行状况下，车道指示器也可以关闭不显示任何内容，事故、火灾等突发事件或养护等情况下，需要关闭部分车道时必须开启车道指示器。双面显示的一对绿色箭头灯不能同时显示绿色。

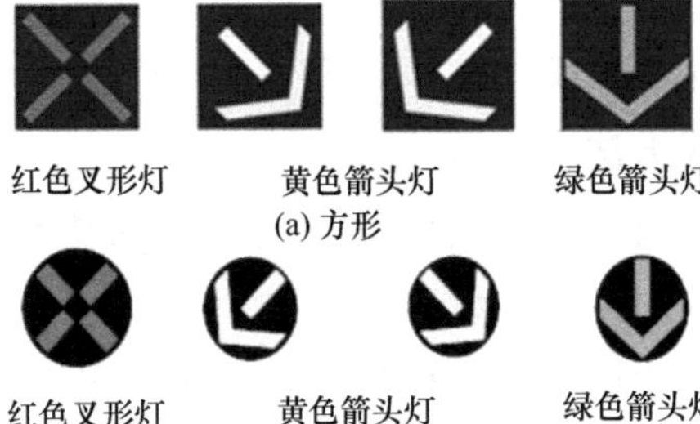

图 13 车道指示器

各种车道指示器的含义可在地下道路入口前可通过静态交通标志或 VMS 为驾驶人解释。

考虑到城市地下道路空间有限，车道指示标志的布设不得侵入地下道路建筑限界内，若条件受限时，可适当缩小车道指示器标志尺寸，但要保证驾驶人的可读性和识别性。

8 安全与运营管理设施

8.2 机电及其他设施

8.2.1 地下道路通风系统应综合考虑道路等级、工程规模、设计交通量、车种构成与有害气体排放量、设计车速、道路平纵线形、环境保护、火灾时烟气控制和运营费用等因素。城市地下道路通风系统设计还可参考《公路隧道通风设计细则》JTG/T D70/2－02 相关规定。

交通量预测是通风系统设计的基础数据之一，每个工程各有不同，如果统一按最大适应交通量进行需风量计算，可能会造成通风系统规模过大。所以，一般来说，有交通量预测量数据的工程，通风设计应以预测交通量为依据，同时校核最大适应交通量下的需风量，评估系统设计余量；没有交通量预测的工程，通风计算可按最大适应交通量。

在采用纵向通风的较短地下道路中，高温段已接近洞口，对行车和设备都不会产生很大影响；而对于特长地下道路，高温段较长，会影响司乘人员的舒适性以及设备的安全运行，因此要采取适宜的降温措施。

8.2.2 1994 年，德国针对自然通风的应用进行了研究，在 RABT 标准中认为长度 350m 的隧道（或不超过 700m）在发生火灾情况下，无需使用应急出口与机械通风设备，即可保证隧道安全性。法国国家公路网的隧道如果超过以下长度，则需要采取火灾烟气控制措施：市区 300m，一般情况下非市区 500m，特殊情况下的非市区 800m～1000m（如果单向 AADT 小于 2000 辆）。英国采用自然通风的隧道长度为 400m，但还需要进行可靠性论证。美国按照 NFPA 的指导手册，长度达到 240m 的隧道可采取自然通风方法。

对于短距离的地下道路，考虑到节能需要，一般可采取自然通风方式。对于一些特殊情况的短距离地下道路，尤其是人车混行时，为保证空气卫生质量，可根据实际情况，采用机械通风方式。

8.2.3 根据 CO 卫生标准，结合目前国内尾气控制的现状（目前我国有很多城市尚有国 I 标准排放汽车的使用），提出城市地下道路通风标准。一般城市地下道路内均采用交通监控设施，交通阻滞长度达到一定程度时可采取交通管制措施控制进入车辆。因此，CO 的浓度以阻滞时间不超过 45min 的卫生条件来确定。此外，各地可根据当地具体的环保要求，适当提高标准。

8.2.5 当地下道路废水无法排入市政污水管网或合流管网，而只能进入市政雨水管网或附近河道时，地下道路内泡沫灭火系统采用的泡沫原液必须为环保型，且经稀释后允许排入河道的液剂。

暴雨重现期的取值参照《建筑给水排水设计规范》GB 50015－2003 下沉式广场、地下车库坡道出入口的取值范围以及《地铁设计规范》GB 50157－2003 的有关规定。重现期的选用应根据地下道路的重要程度、短期积水能引起的后果确定，并与当地市政排水采用的标准一致。

作为地下道路，短期积水引起的后果（人员和财产损失）远比地面道路严重，各地已有不少惨痛的教训。目前在修订的新版《室外排水设计规范》GB 50014 中，已增加了地下道路的暴雨重现期的选用：特大城市为 30 年～50 年，一般城市为 20 年～30 年。考虑到各地情况有所不同，故本标准将暴雨重现期的取值下限采用 20 年，如果是重要区域、特大城市的地下道路，标准应适当提高。当周边地面排水能力无法满足地下道路的排水量，需要采取一定措施，如采取独立的排水系统或者在地下道路入口处增加雨水调蓄池，提前防范雨水进入。

8.2.7 电力负荷分级原则是根据供电可靠性及中断供电在安全、经济上所造成的损失或影响程度进行。

一级负荷中特别重要负荷：指火灾时须继续维持供电的设备。

一级负荷：中断供电将造成人身伤亡、中断供电将造成重大政治影响、中断供电将造成重大经济损失、中断供电将造成公共场所秩序严重混乱的电力负荷。

二级负荷：中断供电将造成较大经济损失、中断供电将造成公共场所秩序混乱、中断供电造成较大政治影响的电力负荷。

三级负荷：不属于一级和二级的其他电力负荷。

8.2.8、8.2.9 环境条件主要是指隧道入口环境对入口加强照明设计的影响，例如：入口光过渡所采用的形式（人工光过渡还是人工与天然光过渡组成的混合光过渡）、隧道入口两侧的植被情况、隧道入口段的坡度及洞口的朝向等因素，目的是综合上述影响环境的条件并结合主要交通指标，从而确定一个比较合理的洞外亮度标准。

工程设计要考虑的内容是：照明光源的确定（光源的形式、发光效率、寿命、再启动时间、舒适度、节能等）、灯具的布置、照明系统接线形式、灯具及管线的安装，防火等问题。

交通状况指单、双向交通、设计车速、设计通行能力、车种比例。

通风方式：通风设计的烟雾浓度标准与照明光源有关，隧道中布置通风设备时，应考虑对照明灯具在相对位置上的影响。

供电条件：应采取可靠的系统接线或设备保证照明电压的偏差值在允许范围之内，满足光源的寿命指标。同时，当部分电源故障瞬间，应从接线形式采取措施，避免出现隧道照明的暗区。

运营管理是指照明设计中的设备选型、安装、线路敷设应有利于维护、保养的需要。

8.2.13 弱电系统工程接口实施主要是为了实现运营管理中心对地下道路内相关机电设备的监控与管理以及对内、对外的通信联系等功能，实现道路一体化统一管理、通信等功能，加强事件处置有效性以及危害抑制性，并可为相关社会资源提供可共享的使用空间、线路通道等。城市地下道路弱电系统设计还应符合《城市道路交通设施设计规范》GB 50688 相关规定。

8.2.16 本条规定了需要设置运营管理中心的地下道路规模条件，对于短距离、规模较小的地下道路可以根据需要以及实施条件设置监控、应急处理管理所。

8.2.17、8.2.18 分别规定了城市地下道路运营管理中心设置的一般原则，应具备的功能以及基本组成部分，管理中心的位置应便于日常维护管理以及在突发事件下应急处置。

8.2.19 本条规定了当多条城市地下道路位置比较接近时，可以对地下道路进行集中布置营管理中心，实现地下道路管理用房、运营设备、管理人员、维修应急车辆等要素的优化资源配置。

以上海市为例，从2007年就开始开展了地下道路集中监控管理的研究，目前有人民路和打浦路两个地下道路群监控中心，每座监控中心都承担3条～4条地下道路的监控和管理职责。其中打浦路监控中心位于于世博园区旁，建成于2010年，负责打浦路隧道、打浦路复线隧道、龙耀路隧道等地下道路的监控运行，并预留了远期其他隧道的接入条件。

集中布置的运营管理中心应该能同时满足多条地下道路的总体监控功能、运营管理以及可靠性要求，还应综合考虑与各地下道路的距离，将救援线路长度和救援时间控制在合理范围内，能够满足迅速应急救援要求。人民路地下道路群运营管理中心为例，采用“五房合一”，管理人民路隧道、银城东路下立交、新建路隧道、延安东路隧道、东西通道共5条地下道路，其中东西通道尚处于设计阶段，合并的运营管理中心与其所监控的各地下道路距离以及应急救援路线，见表18。实践运营表明合并运营管理中心，集中管理，对精简机构，减少人员，节约建设用地，降低运营成本具有重要作用。

表18　上海市人民路地下道路群运营管理中心与所监控的各地下道路

道路名称	应急救援线路	线路距离（m）	预计行车时间（min）
人民路隧道	控制中心—隧道北线入口	35	＜1
银城东路下立交	控制中心—东泰路—银城南路—下立交入口	360	＜3
新建路隧道	控制中心—东泰路—银城南路—银城东路—隧道东线入口	1170	＜5
延安东路隧道	控制中心—东泰路—银城南路—银城东路—世纪大道—隧道北线入口	1378	＜10

8.3 防灾设计

8.3.1 城市地下道路灾害主要类型包括：火灾、水淹、地震及人为破坏爆炸等。其中地下道路交通事故发生频率相对较高，并往往引发火灾，是主要的灾害防范类型。

8.3.2 城市地下道路防灾设计应遵照“预防为主、防救并重、快速疏散”的工作方针，结合城市地下道路功能用途、设计方案、交通组成、环境条件等因素，统筹考虑道路使用者安全、土建结构保护以及交通运营管理等方面要求。

防灾设计包含防、减、救灾三类措施。防灾措施主要以科学设置交通安全设施及合理进行交通组织设计为主；减灾措施包括合理设置消防灭火设施、通风排烟设施、应急照明设施、火灾报警设施、综合监控设施、结构耐火设施以及逃生疏散设施等；救灾措施主要是合理布置救援站，配置应急车位、应急值班用房以及应急物资仓储。

为规范地下道路安全、运营管理系统设计，世界很多国家以及我国《公路隧道交通工程设计规范》JTG/T D71、云南省地方标准南省地方标准《公路隧道消防设计施工管理技术规程》DBJ 53－14－2005及上海地方标准《道路隧道设计规范》DG/T J08－2033都根据长度和交通量两个因素进行地下道路安全等级划分。考虑到国情差别，公路隧道与城市地下道路功能、交通量以及安全要求等不同，同时考虑到全国各地城市地下道路工程的差异较大，在对城市道路安全等级分级研究上还不够成熟。因此，本次规范暂未提出城市地下道路工程安全分类分级标准，以后将进一步研究。

8.3.3 城市地下道路车道孔内一般不能设置防火分隔设施，因此，可将一个车道孔视为一个防火分区。地下道路车道孔发生火灾时，这条车道孔、相邻车道孔均要参与疏散与救援，因而地下道路原则上仅有应对一次火灾的能力。但对于地下车库联络道以及多点进出型较长的城市地下道路，其沿线设置了多对出入口匝道，在这种情况下，有条件时可设置防火卷帘、防火分隔水幕等措施形成多个防火分区。每段隧道行车方向起始端及末端都应有独立的与地面道路衔接的车行入口、出口。然而对地下道路的分段防灾设计的理念仍不成熟，设计中需做专项设计研究。

在城市地下道路防火设计中，应根据地下道路等级、通行车辆构成以及车种比例，确定一个合适的车辆火灾热释放率，作为防灾设计依据。世界各国对车辆火灾热释放功率规定不一，取值见表19。

表 19　各国车辆火灾热释放功率（MW）

车辆类型	英国	澳大利亚	中国	PIARC（1995）	PIARC（1997）	法国（CETU）	美国
小汽车	5	—	3～5	5	—	2.5～8	5
1 辆小型客车	—	2.5	—	—	2.5	—	—
1 辆大型客车	—	5	—	—	5	—	—
2 辆～3 辆客车	—	8	—	—	8	—	—
货车	15	15	—	—	15	15	—
长途汽车/卡车（中等、重型）	20	—	—	—	—	—	—
卡车	—	—	—	20	20～30	—	
巴士	—	20	15～20	20	20	20	20
重型车	30～100	20～30	20～30	—	—	30	20～30
危险品车、重型车（大车）	—	—	—	—	—	—	—
油罐车	—	—	—	100	100～120	200	100

注：资料来源上海市地方标准《道路隧道设计规范》DG/T J08－2033－2008、英国《公路及桥梁设计手册》、澳大利亚《公路隧道火灾安全指南》（2001 版）、美国《公路隧道/桥梁和其他封闭式高速公路防火标准》NEPA520（2004 版）。

8.3.4　地下道路发生事故后，发展迅速，一般来说事故应急响应的最佳时间为 5min ～15min，按一定救援速度，对应地下道路的长度为 2km～4km。对于超过 3km 的特长地下道路，有条件时应 2km～3km 增设一处救援停车场，可设置在地下道路内部或进口附近。

应急救援站可以与运营管理中心合建，也可与附近其他工程共用，或单独建设，设计时应考虑应急车辆停放及应急物资存放。

8.3.5　本条参照了《建筑设计防火规范》GB 50016－2006 第 12.1.7 条。地下道路应设置相应安全疏散设施用于应急情况下的人员逃生疏散。安全疏散是指从一个车道孔疏散至另一个车道孔或安全通道。城市地下道路安全疏散设施包括：横向人行通道（或直接安全口）、人行疏散通道（安全通道）、逃生滑梯、上下层楼梯、至地面楼梯及避难室等。安全疏散设施也可兼做救援使用，兼用时应满足救援车辆的尺寸要求，人行区与车行区宜设置分隔措施。另外有条件情况下还可能设置消防电梯等其他救援设施，图 14 给出了国内外常用的几种典型安全疏散设施设置方式。

地下道路的疏散救援设计不仅要考虑安全疏散还要考虑救援。8.3.5-1

条提出双孔地下道路可以设置人行疏散通道作为安全疏散的一种方式，仅针对司乘人员疏散。而从救援方面考虑，双孔地下道路之间设置横通道，可以有效降低救援的距离。如人行疏散通道兼做救援通道时，要综合考虑救援时间、救援能力、疏散与救援的流线等综合因素。因此，双孔隧道仅设置人行疏散通道，而不设置横通道时，应结合当地消防救援能力设计救援方案，并应消防部门确认。

城市地下道路不宜采用避难室。勃朗峰隧道火灾案例中，当火灾持续时间超过了避难室的安全保护时间时，进入避难室的人员仍然死亡。因

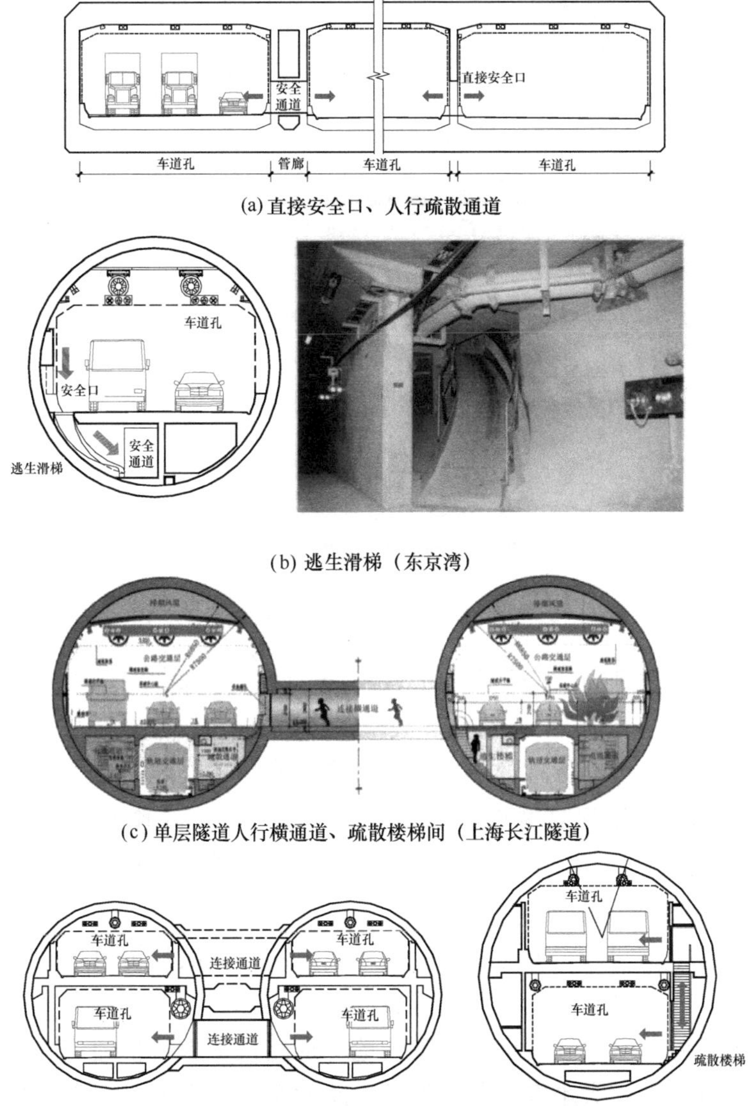

(a) 直接安全口、人行疏散通道

(b) 逃生滑梯（东京湾）

(c) 单层隧道人行横通道、疏散楼梯间（上海长江隧道）

(d) 双层隧道人行横通道、疏散楼梯间

图 14　地下道路安全疏散设施案例（一）

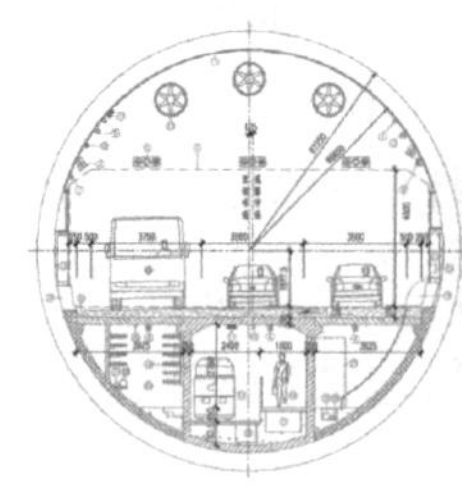

(e) 兼做救援通道的人员疏散通道（南京长江隧道）

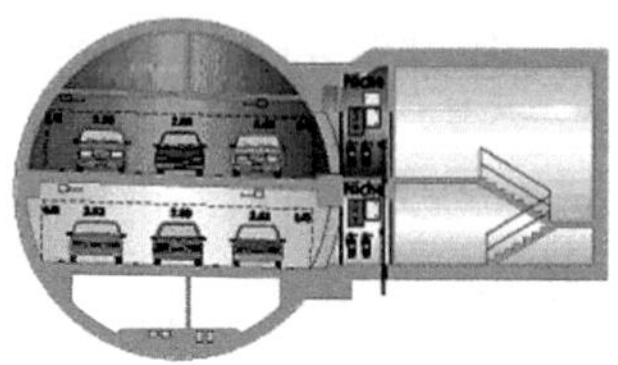
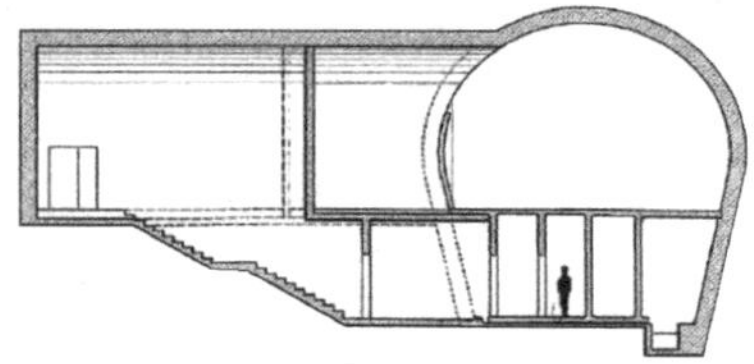

(f) 避难室（左：法国A86隧道，右：勃朗峰隧道）

(g) 至地面的楼梯间（法国A86隧道）

图 14　地下道路安全疏散设施案例（二）

此，设置避难室时，还需和其他纵向空间连接，例如安全通道、新风道等。

双层式地下道路设置上下层疏散楼梯，或单层式地下道路设置向下疏散楼梯时，疏散楼梯总宽度需满足 2.5m～3.0m、内疏散净宽度不小于 2.0m 的要求。特别困难时，向下疏散楼梯疏散高度可根据实际情况适当减小，但不应小于 1.9m。

双孔地下道路中，人行横通道是广泛采用、疏散救援效果较好的疏散设施之一，同时公众对其接受度也较高。但实际工程中，受地质条件、施工风险的影响，水底、盾构法施工的地下道路设置人行横通道、同层人行疏散通道往往有很大难度，若在地下道路的车道孔上方或下方设置人员疏散通道，此时人行横通道间距可适当加大或不设。人行横通道仍作为救援的主要途径时，间距不宜大于 800m，如人员疏散通道作为救援的主要途径时，该通道应该考虑救援的相关要求。工程实施人行横通道确有难度，并设置人员疏散通道确能满足疏散、救援的要求，且有可靠的控烟、消防措施时，可通过专项论证取消横通道。

人员疏散通道设置在车道孔下方时，可通过滑梯或楼梯两种形式进入。下滑逃生口不能作为唯一的疏散方式，仅可作为疏散宽度不足的补充。采用下滑逃生口时，需进行疏散时间的核算。如下部人员疏散通道兼做救援通道时，向上救援口应与向下疏散口分开设置。不同疏散方式下的疏散效率可参考表20。设置在车道范围内的逃生口盖板，应考虑在车辆轮压作用下的安全性。当地下道路设置两种疏散设施时，每种疏散设施应各自有疏散逃生的路径，并不相互干扰。

表20　不同疏散方式下疏散效率

疏散方式	每秒通过人数	宽度（m）
人行横通道、直接安全口	3.0	门宽不小于1.2
疏散楼梯	1.0	楼梯宽度不小于0.8
下滑逃生口（辅助）	0.3	滑梯宽度不小于0.6

8.3.6 位于水底的地下道路设置车行横通道难度较大，且可能会引发较大的施工风险。《建筑设计防火规范》GB 50016对车行横通道的间距可以适当放大到500m～1500m。当设置横向、半横向排烟设施时，烟气控制效果将进一步提高，同时设置自动灭火系统可将火情及时控制，在这种情况下，车行横通道的间距可进一步加大。如上海市地方标准《道路隧道设计规范》DG/T J08－2033－2008中规定：“当同时满足排烟、自动灭火及疏散设施的要求时，该间距不限。”各种类型的地下道路因地质条件、或采用单孔双层式断面形式等往往没有设置车行通道的条件，长大地下道路设置横通道的造价风险也很高，因此应综合确定该间距。

地下道路与其他地下空间、地下道路相连接时，原则上允许相互之间进行车辆的疏散。但当两者同时发生火灾或在连接口部发生火灾时，则不能相互疏散。两条不同类型的地下道路相连接时，车道高度标准一致才可相互疏散。如果其中一条地下道路车辆限高低于另一条，则不能向其疏散，否则可能会影响正常运行，因此，必须做好信息共享、灾情指示、交通指引等相关应急机制与措施，避免在疏散时引起交通混乱，引发次生灾害。

连接口设置的防火分隔措施可采用防火卷帘形式。当连接的两处设施不是同一单位管养时，可考虑设置双道卷帘，卷帘之间间距不小于2m。防火卷帘应具备火灾时先部分关闭防烟，疏散完成后全部关闭的功能。

8.3.7 地下道路的长度、通行车种、通行状况不同可导致不同的火灾损失，因此，需要根据不同情况采取不同的火灾排烟模式，表 21 为国内外部分地下道路所采用的火灾控烟排烟方式。发生阻塞的情况相应会比较严重，需考虑发生阻塞时的排烟措施。地下车库联络道形状更加复杂，因此，应根据不同的形状采用不同的通风、排烟方式。

表 21 国内外隧道、地下道路火灾控烟排烟措施

道路名称	长度（m）	控烟、排烟措施
上海外滩隧道	3300	纵向
南京纬三路隧道	4930	横向
上海虹梅南路隧道	5620	纵向+重点
港珠澳海底隧道	5990	重点
上海长江隧道	8950	重点
日本东京湾隧道	9500	纵向+重点
法意 Mt. Blanc 隧道	11600	横向
瑞士 St. Gotthard 隧道	16918	横向

8.3.8 当城市自来水的供水量能满足地下道路的生产、生活和消防用水的要求，而供水压力不能满足消防用水压力时，应与当地消防及市政部门协商增设消防泵和稳压装置，可不设消防水池。当城市自来水的供水量和供水压力能满足生产生活用水，而不能满足消防用水量的要求时，则应设消防泵、稳压装置和消防水池。

8.3.11 本条规定了城市地下道路内部的安全防灾等应急情况下的标志设置，相比地上道路，这也一般是城市地下道路所特有的。

疏散指示标志应采用光电式，增强识别性。当前我国城市地下道路虽然都设置了完整的安全逃生标志系统设，但在标志识别效果方面还不够理想。通过调研国外城市地下道路的安全逃生标志系统设置，一般在标志的版面、色彩、光电亮度以及设置形式等不同途径提高应急标志的识别性，如在版面布置上设置大比例的图形符号以及或采用与侧墙具有强烈的视觉差异的色彩；采用悬挂式的结构支撑方式，比传统的附着式更便于远距离观察。对于行人横洞、车行横洞等逃生出口处，除布设指示标志外，还在逃生出口处设置 LED 灯等来增强逃生出口的可识别性，在紧急情况下能够及时清晰发现。

疏散指示标志应除指示逃生方向外，还应标识与逃生出口的距离，间距不宜过大，一般在 25m～50m 范围内，光线不良等条件下还应加密设置。

8.3.16 运营管理中心设置防灾广播控制台目的是实现紧急情况下人员疏散、救援广播、参与地下道路火灾自动报警系统的联动广播。

八、建筑与市政工程无障碍通用规范 GB 55019－2021

中华人民共和国国家标准

建筑与市政工程无障碍通用规范

General codes for accessibility of buildings and municipal engineering projects

GB 55019－2021

主编部门：中华人民共和国住房和城乡建设部
批准部门：中华人民共和国住房和城乡建设部
施行日期：2 0 2 2 年 4 月 1 日

目　　次

1 总则

1.0.1 为保障无障碍环境建设中无障碍设施的建设和运行维护，依据国家相关法律法规，制定本规范。

1.0.2 新建、改建和扩建的市政和建筑工程的无障碍设施的建设和运行维护必须执行本规范。

1.0.3 无障碍设施的建设和运行维护应遵循下列基本原则：

1 满足残疾人、老年人等有需求的人使用，消除他们在社会生活上的障碍；

2 保证安全性和便利性，兼顾经济、绿色和美观；

3 保证系统性及无障碍设施之间有效衔接；

4 从设计、选型、验收、调试和运行维护等环节保障无障碍通行设施、无障碍服务设施和无障碍信息交流设施的安全、功能和性能；

5 无障碍信息交流设施的建设与信息技术发展水平相适应；

6 各级文物保护单位根据需要在不破坏文物的前提下进行无障碍设施建设。

1.0.4 工程建设所采用的技术方法和措施是否符合本规范要求，由相关责任主体判定。其中，创新性的技术方法和措施，应进行论证并符合本规范中有关性能的要求。

2 无障碍通行设施

2.1 一般规定

2.1.1 城市开敞空间、建筑场地、建筑内部及其之间应提供连贯的无障碍通行流线。

2.1.2 无障碍通行流线上的标识物、垃圾桶、座椅、灯柱、隔离墩、地灯和地面布线（线槽）等设施均不应妨碍行动障碍者的独立通行。固定在无障碍通道、轮椅坡道、楼梯的墙或柱面上的物体，突出部分大于100mm且底面距地面高度小于2.00m时，其底面距地面高度不应大于600mm，且应保证有效通行净宽。

2.1.3 无障碍通行流线在临近地形险要地段处应设置安全防护设施，必要时应同时设置安全警示线。

2.1.4 无障碍通行设施的地面应坚固、平整、防滑、不积水。

2.2 无障碍通道

2.2.1 无障碍通道上有地面高差时，应设置轮椅坡道或缘石坡道。

2.2.2 无障碍通道的通行净宽不应小于 1.20m，人员密集的公共场所的通行净宽不应小于 1.80m。

2.2.3 无障碍通道上的门洞口应满足轮椅通行，各类检票口、结算口等应设轮椅通道，通行净宽不应小于 900mm。

2.2.4 无障碍通道上有井盖、箅子时，井盖、箅子孔洞的宽度或直径不应大于 13mm，条状孔洞应垂直于通行方向。

2.2.5 自动扶梯、楼梯的下部和其他室内外低矮空间可以进入时，应在净高不大于 2.00m 处采取安全阻挡措施。

2.3 轮 椅 坡 道

2.3.1 轮椅坡道的坡度和坡段提升高度应符合下列规定：

1 横向坡度不应大于 1∶50，纵向坡度不应大于 1∶12，当条件受限且坡段起止点的高差不大于 150mm 时，纵向坡度不应大于 1∶10；

2 每段坡道的提升高度不应大于 750mm。

2.3.2 轮椅坡道的通行净宽不应小于 1.20m。

2.3.3 轮椅坡道的起点、终点和休息平台的通行净宽不应小于坡道的通行净宽，水平长度不应小于 1.50m，门扇开启和物体不应占用此范围空间。

2.3.4 轮椅坡道的高度大于 300mm 且纵向坡度大于 1∶20 时，应在两侧设置扶手，坡道与休息平台的扶手应保持连贯。

2.3.5 设置扶手的轮椅坡道的临空侧应采取安全阻挡措施。

2.4 无障碍出入口

2.4.1 无障碍出入口应为下列 3 种出入口之一：

1 地面坡度不大于 1∶20 的平坡出入口；

2 同时设置台阶和轮椅坡道的出入口；

3 同时设置台阶和升降平台的出入口。

2.4.2 除平坡出入口外，无障碍出入口的门前应设置平台；在门完全开启的状态下，平台的净深度不应小于 1.50m；无障碍出入口的上方应设置雨篷。

2.4.3 设置出入口闸机时，至少有一台开启后的通行净宽不应小于 900mm，或者在紧邻闸机处设置供乘轮椅者通行的出入口，通行净宽不应小于 900mm。

2.6 无障碍电梯和升降平台

2.6.1 无障碍电梯的候梯厅应符合下列规定：

1 电梯门前应设直径不小于 1.50m 的轮椅回转空间，公共建筑的候梯厅深度不应小于 1.80m；

2 呼叫按钮的中心距地面高度应为 0.85m～1.10m，且距内转角处侧墙距离不应小于 400mm，按钮应设置盲文标志；

3 呼叫按钮前应设置提示盲道；

4 应设置电梯运行显示装置和抵达音响。

2.6.2 无障碍电梯的轿厢的规格应依据建筑类型和使用要求选用。满足乘轮椅者使用的最小轿厢规格，深度不应小于 1.40m，宽度不应小于 1.10m。同时满足乘轮椅者使用和容纳担架的轿厢，如采用宽轿厢，深度不应小于 1.50m，宽度不应小于 1.60m；如采用深轿厢，深度不应小于 2.10m，宽度不应小于 1.10m。轿厢内部设施应满足无障碍要求。

2.6.3 无障碍电梯的电梯门应符合下列规定：

1 应为水平滑动式门；

2 新建和扩建建筑的电梯门开启后的通行净宽不应小于 900mm，既有建筑改造或改建的电梯门开启后的通行净宽不应小于 800mm；

3 完全开启时间应保持不小于 3s。

2.6.4 公共建筑内设有电梯时，至少应设置 1 部无障碍电梯。

2.6.5 升降平台应符合下列规定：

1 深度不应小于 1.20m，宽度不应小于 900mm，应设扶手、安全挡板和呼叫控制按钮，呼叫控制按钮的高度应符合本规范第 2.6.1 条的有关规定；

2 应采用防止误入的安全防护措施；

3 传送装置应设置可靠的安全防护装置。

2.7 楼梯和台阶

2.7.1 视觉障碍者主要使用的楼梯和台阶应符合下列规定：

1 距踏步起点和终点 250mm～300mm 处应设置提示盲道，提示盲道的长度应与梯段的宽度相对应；

2 上行和下行的第一阶踏步应在颜色或材质上与平台有明显区别；

3 不应采用无踢面和直角形突缘的踏步；

4 踏步防滑条、警示条等附着物均不应突出踏面。

2.7.2　行动障碍者和视觉障碍者主要使用的三级及三级以上的台阶和楼梯应在两侧设置扶手。

2.8　扶　　手

2.8.1　满足无障碍要求的单层扶手的高度应为 850mm～900mm；设置双层扶手时，上层扶手高度应为 850mm～900mm，下层扶手高度应为 650mm～700mm。

2.8.2　行动障碍者和视觉障碍者主要使用的楼梯、台阶和轮椅坡道的扶手应在全长范围内保持连贯。

2.8.3　行动障碍者和视觉障碍者主要使用的楼梯和台阶、轮椅坡道的扶手起点和终点处应水平延伸，延伸长度不应小于 300mm；扶手末端应向墙面或向下延伸，延伸长度不应小于 100mm。

2.8.4　扶手应固定且安装牢固，形状和截面尺寸应易于抓握，截面的内侧边缘与墙面的净距离不应小于 40mm。

2.8.5　扶手应与背景有明显的颜色或亮度对比。

2.9　无障碍机动车停车位和上/落客区

2.9.1　应将通行方便、路线短的停车位设为无障碍机动车停车位。

2.9.2　无障碍机动车停车位一侧，应设宽度不小于 1.20m 的轮椅通道。轮椅通道与其所服务的停车位不应有高差，和人行通道有高差处应设置缘石坡道，且应与无障碍通道衔接。

2.9.3　无障碍机动车停车位的地面坡度不应大于 1：50。

2.9.4　无障碍机动车停车位的地面应设置停车线、轮椅通道线和无障碍标志，并应设置引导标识。

2.9.5　总停车数在 100 辆以下时应至少设置 1 个无障碍机动车停车位，100 辆以上时应设置不少于总停车数 1%的无障碍机动车停车位；城市广场、公共绿地、城市道路等场所的停车位应设置不少于总停车数 2%的无障碍机动车停车位。

2.9.6　无障碍小汽（客）车上客和落客区的尺寸不应小于 2.40m×7.00m，和人行通道有高差处应设置缘石坡道，且应与无障碍通道衔接。

2.10　缘 石 坡 道

2.10.1　各种路口、出入口和人行横道处，有高差时应设置缘石坡道。

2.10.2　缘石坡道的坡口与车行道之间应无高差。

2.10.3　缘石坡道距坡道下口路缘石 250mm～300mm 处应设置提示盲道，

提示盲道的长度应与缘石坡道的宽度相对应。

2.10.4 缘石坡道的坡度应符合下列规定：

1 全宽式单面坡缘石坡道的坡度不应大于 1∶20；

2 其他形式缘石坡道的正面和侧面的坡度不应大于 1∶12。

2.10.5 缘石坡道的宽度应符合下列规定：

1 全宽式单面坡缘石坡道的坡道宽度应与人行道宽度相同；

2 三面坡缘石坡道的正面坡道宽度不应小于 1.20m；

3 其他形式的缘石坡道的坡口宽度均不应小于 1.50m。

2.10.6 缘石坡道顶端处应留有过渡空间，过渡空间的宽度不应小于 900mm。

2.10.7 缘石坡道上下坡处不应设置雨水箅子。设置阻车桩时，阻车桩的净间距不应小于 900mm。

2.11 盲　　道

2.11.1 盲道的铺设应保证视觉障碍者安全行走和辨别方向。

2.11.2 盲道铺设应避开障碍物，任何设施不得占用盲道。

2.11.3 需要安全警示和提示处应设置提示盲道，其长度应与需安全警示和提示的范围相对应。行进盲道的起点、终点、转弯处，应设置提示盲道，其宽度不应小于 300mm，且不应小于行进盲道的宽度。

2.11.4 盲道应与相邻人行道铺面的颜色或材质形成差异。

4 无障碍信息交流设施

4.0.1 无障碍标识应纳入室内外环境的标识系统，应连续并清楚地指明无障碍设施的位置和方向。

4.0.2 无障碍标志的安装位置和高度应保证从站立和座位的视觉角度都能够看见，并且不应被其他任何物品遮挡。

4.0.3 无障碍设施处均应设置无障碍标识。

4.0.4 对需要安全警示处，应同时提供包括视觉标识和听觉标识的警示标识。

4.0.5 语音信息密集的公共场所和以声音为主要传播手段的公共服务应提供文字信息的辅助服务。

4.0.6 在以视觉信息为主的公共服务中，应提供听觉信息的辅助服务。

4.0.7 公共场所中的网络通信设备部件应符合下列规定：

1 低位电话、低位个人自助终端和低位台面计算机应符合本规范第

3.6.4 条的有关规定；

2 每 1 组公用电话中，应至少设 1 部低位电话，听筒线长度不应小于 600mm；应至少设 1 部电话具备免提对话、音量放大和助听耦合的功能；

3 每 1 组个人自助终端中，应至少设 1 部低位个人自助终端；应至少设 1 部具备视觉和听觉两种信息传递方式的个人自助终端；

4 供公众使用的计算机中，应至少提供 1 台低位台面计算机；应至少提供 1 台具备读屏软件和支持屏幕放大功能的计算机；应至少提供 1 台具备语音输入功能的计算机；支持可替换键盘的计算机不应少于 20%。

4.0.8 过街音响提示装置应符合下列规定：

1 应保证视觉障碍者的通行安全，且有利于辨别方向；

2 应在主要商业街、步行街和视觉障碍者集中区域周边道路的人行横道设置；

3 应结合人行横道信号灯统一设置；

4 应避免产生噪声污染；

5 应设置开关功能。

5 无障碍设施施工验收和维护

5.0.1 工程竣工验收时，建设单位应组织对无障碍设施的系统性进行检查验收。

5.0.2 工程验收时，应对无障碍设施的地面防滑性能、扶手和安全抓杆的受力性能进行验收。

5.0.3 对竣工验收交付使用的无障碍设施应明确维护责任人。

5.0.4 维护责任人应定期对无障碍设施进行检查，确保其符合安全性、功能性和系统性要求。

5.0.5 对安全性、功能性或系统性缺损的无障碍设施，维护责任人应及时进行维护，保证其正常使用。

5.0.6 涉及人身安全的无障碍设施，因突发性事件引起功能缺损或因雨雪等原因造成防滑性能下降，维护责任人应采取应急维护措施。

中华人民共和国国家标准

建筑与市政工程无障碍通用规范

GB 55019－2021

起 草 说 明

目　　次

四、条文说明

本条文说明不具备与规范正文同等的法律效力，仅供使用者作为理解和把握规范规定的参考。

2　无障碍通行设施

2.3　轮 椅 坡 道

2.3.1　本条为功能性和安全性要求。根据近些年实际情况，参考国外标准中的相关要求，本条在现行标准条文基础上进行了调整。

第1款　为了保证轮椅使用中的安全性和适用性，依据主要在建筑室内外使用的手动和电动轮椅的性能指标确定坡度要求。因为通用设计的要求，现在国际上对于轮椅坡道的要求有坡度更缓的趋势。

第2款　每段坡道的提升高度需考虑使用者的体力情况，每提升一定的高度需要设置一个平台提供短暂休息，否则容易造成因体力不支无法操作轮椅的情况，带来安全隐患。例如在轮椅坡道坡度为1∶12时，每段坡道的提升高度不应大于750mm即水平长度不应大于9m，否则应设休息平台。

2.3.2　本条为功能性要求。轮椅坡道需考虑到不同类型轮椅的使用。根据我国的轮椅相关产品标准，最宽的轮椅为普通机动轮椅，其宽度标准为小于或等于1.2m，而经常使用的电动和手动轮椅，其宽度标准为小于或等于780mm。根据近些年实际情况和未来辅具的发展趋势，参考国外标准中的相关要求，本条在现行标准条文基础上进行了调整。本条不适用于客房和住房、居室的套内和户内坡道。

2.3.3　本条为功能性要求。对轮椅坡道的起点、终点和休息平台的通行净宽的要求是为了保证无障碍通行的顺畅。乘轮椅者在进入坡道之前和行驶完成后，需要一段水平行驶用来调整轮椅，平台长度不小于1.50m，可满足乘轮椅者调整方向或者短暂休息。根据近些年实际情况，参考国外标准中的相关要求，本条在现行标准条文基础上进行了调整。本条不适用于客房和住房、居住的套内和户内坡道。

2.3.4　本条为安全性要求。无论什么高度，一般行动上借助扶手会更为安全。但当轮椅坡道的高度不大于300mm或坡度不大于1∶20时，大部分行动障碍者可以不借助扶手通行，考虑到不同的现实情况，不提出必须设置两侧扶手的要求。在条件允许时，鼓励轮椅坡道均设置两侧扶手。本条沿用现行标准条文。

2.3.5 本条为安全性要求，沿用现行标准条文。设置扶手的轮椅坡道的临空侧采取的安全阻挡措施，可为以下做法中的至少一种：

1 坡道面和平台面从扶手外边缘向外扩宽 300mm；

2 坡道和平台边缘设置高度不小于 50mm 的安全挡台；

3 坡道和平台设置距离坡道面和平台面不大于 100mm 的斜向栏杆。

2.7 楼梯和台阶

2.7.1 本条为安全性要求。视觉障碍者主要使用的楼梯和台阶一般位于老年人建筑、医疗建筑、康复建筑等视觉障碍者较多使用的建筑，以及盲人公园、盲人沙滩等服务于较多视觉障碍者的室外空间。根据近些年实际情况，参考国外标准中的相关要求，本条在现行标准条文基础上进行了调整。本条第 1 款和第 2 款的规定是为了提示视觉障碍者所在位置接近有高差变化处。提示盲道的长度应与梯段的宽度相对应指的是以整块提示盲道砖连接覆盖梯段宽度，如梯段宽度为 1.20m，提示盲道砖的宽度为 250mm 时，铺设 4 块盲道砖，提示盲道与梯段两侧边缘间距 100mm。

第 3 款 无踢面楼梯易造成跌绊危险。踏步的前缘如有突出部分，应设计成圆弧形，不应设计成直角形，以防将拐杖头绊落和对鞋面刮碰。

第 4 款 踏步防滑条、警示条等附着物突出踏面易造成跌绊危险。本款要求不包括带防滑、警示功能的成品踏步砖的表面凸起。

2.7.2 本条为安全性要求。行动障碍者和视觉障碍者主要使用的楼梯和台阶一般位于老年人建筑、医疗建筑、康复建筑等行动障碍者和视觉障碍者较多使用的建筑，以及残障人、老年人经常使用的室外空间。本条沿用现行标准条文。

2.10 缘石坡道

2.10.1 本条为功能性要求。高差为行动障碍者的主要障碍，解决高差问题为无障碍通行的重要功能。在各种路口、出入口和人行横道处，存在由于立缘石的设置产生高差的地方，而设置缘石坡道为解决此障碍的主要无障碍设施。本条沿用现行标准条文。

2.10.2 本条为功能性和安全性要求。缘石坡道的坡口与车行道之间做到无高差，便于行动障碍者、推童车者、携带行李者等人士的安全通行。本条规定的“无高差”首先指的是应设计为无高差，在施工时也应在满足相应施工验收标准的基础上尽量避免高差。根据近些年实际情况，参考国外标准中的相关要求，本条在现行标准条文基础上进行了调整。

2.10.3 本条为功能性和安全性要求。在缘石坡道的坡道下口附近设置提示盲道时，提示盲道是设置在缘石坡道上，而不是设置在车行道上（图1）。在我国现行标准中没有明确此要求，本条根据近些年实际情况及参照我国香港、澳门地区标准以及国外标准增加了要求。

提示盲道的长度应与缘石坡道的宽度相对应指的是以整块提示盲道砖连接覆盖缘石坡道通长宽度，如图1所示，三面坡缘石坡道正面坡道宽度为1.2m，提示盲道砖的宽度为250mm时，铺设4块盲道砖，提示盲道与坡道两侧边缘间距100mm。

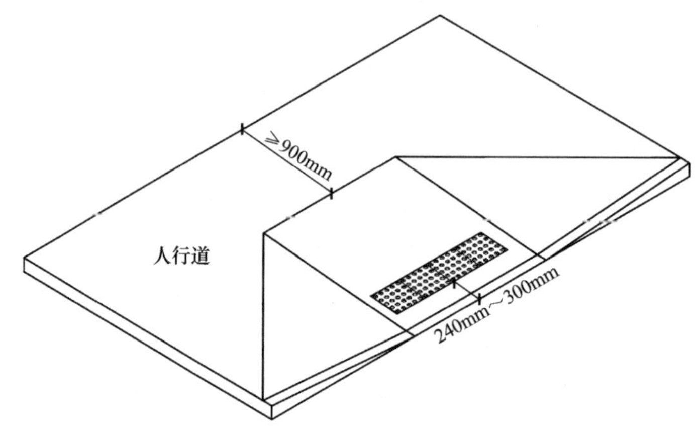

图1　三面坡缘石坡道的提示盲道和顶端过渡空间示意

2.10.4 本条为功能性和安全性要求。缘石坡道的坡度需要满足一定条件，以避免坡道设置过陡造成使用时的安全隐患。由于全宽式单面坡缘石坡道的设置受人行道宽度的影响较小，因此规定全宽式单面坡缘石坡道的坡度不应大于1∶20。本条沿用现行标准条文。

2.10.5 本条为功能性要求。缘石坡道的宽度需要满足一定条件，以保证乘轮椅者和行人的通行。本条沿用现行标准条文。

2.10.6 本条为功能性要求。缘石坡道顶端处需要留有一定的空间（图1），保证包括乘轮椅者在内的行人的滞留及安全通过。在我国现行标准中没有明确此要求，本条根据近些年实际情况及参照我国香港、澳门和国外标准增加了要求。

2.10.7 本条为功能性要求。缘石坡道的设置需要考虑与其他设施的组配问题，如雨水箅子、阻车桩等，避免造成使用者的通行不便或障碍。这个问题在我国城市中比较普遍，造成了比较多的安全问题。根据近些年实际情况，本条在现行标准条文基础上进行了调整。

2.11 盲 道

2.11.1 本条为功能性和安全性要求。为方便视觉障碍者的安全通行，人行道或其他场所的地面常采用铺设盲道的形式，使视觉障碍者通过盲杖触觉及脚感等方式，实现向前行走及辨别方向的目的。我国近些年的无障碍建设比较重视盲道的铺设，但是也产生了很多铺设不合理的情况。本条为关于盲道铺设的原则性要求。在我国现行标准中没有明确此要求，本条根据近些年实际情况增加了要求。

2.11.2 本条为功能性和安全性要求。盲道不仅要达到引导及提示视觉障碍者通行的作用，更要起到保护视觉障碍者通行安全的目的，因此盲道在人行道的设置位置要避开树木（穴）、电线杆、拉线、变电箱等地面及地上部分的障碍物。盲道上也不得设置垃圾桶、消火栓等设施，非机动车的停放位置应避开盲道。本条沿用现行标准条文。

2.11.3 本条为功能性和安全性要求。提示盲道具有警示危险和提示变化的作用，对于视觉障碍者的安全出行非常重要。需要安全警示和提示处包括需提示的门、视觉障碍者主要使用的楼梯和台阶的起止处、站台边缘及其他可能发生人身伤害或者需要提示定位的位置。“其长度应与需安全警示和提示的范围相对应”的含义参考本规范第2.10.3条条文说明。为了便于视觉障碍者能够辨识，提示盲道的宽度要满足一定的要求。本条在现行标准条文基础上进行了调整。

2.11.4 本条为功能性和安全性要求。由于部分视觉障碍者能够辨别光线及色觉的反差，因此盲道的颜色或材质要与相邻人行道的铺面形成差异，便于视觉障碍者的发现及使用。盲道的颜色一般情况下采用中黄色。本条在现行标准条文基础上进行了调整。

九、无障碍设计规范 GB 50763－2012

中华人民共和国国家标准

无障碍设计规范

Codes for acessibility design

GB 50763－2012

主编部门：中华人民共和国住房和城乡建设部
批准部门：中华人民共和国住房和城乡建设部
施行日期：2 0 1 2 年 9 月 1 日

目 次

3 无障碍设施的设计要求

3.1 缘石坡道

3.1.1 缘石坡道应符合下列规定：

1 缘石坡道的坡面应平整、防滑；

2 缘石坡道的坡口与车行道之间宜没有高差；当有高差时，高出车行道的地面不应大于10mm；

3 宜优先选用全宽式单面坡缘石坡道。

3.1.2 缘石坡道的坡度应符合下列规定：

1 全宽式单面坡缘石坡道的坡度不应大于1∶20；

2 三面坡缘石坡道正面及侧面的坡度不应大于1∶12；

3 其他形式的缘石坡道的坡度均不应大于1∶12。

3.1.3 缘石坡道的宽度应符合下列规定：

1 全宽式单面坡缘石坡道的宽度应与人行道宽度相同；

2 三面坡缘石坡道的正面坡道宽度不应小于1.20m；

3 其他形式的缘石坡道的坡口宽度均不应小于1.50m。

3.2 盲道

3.2.1 盲道应符合下列规定：

1 盲道按其使用功能可分为行进盲道和提示盲道；

2 盲道的纹路应凸出路面4mm高；

3 盲道铺设应连续，应避开树木（穴）、电线杆、拉线等障碍物，其他设施不得占用盲道；

4 盲道的颜色宜与相邻的人行道铺面的颜色形成对比，并与周围景观相协调，宜采用中黄色；

5 盲道型材表面应防滑。

3.2.2 行进盲道应符合下列规定：

1 行进盲道应与人行道的走向一致；

2 行进盲道的宽度宜为250mm～500mm；

3 行进盲道宜在距围墙、花台、绿化带250mm～500mm处设置；

4 行进盲道宜在距树池边缘250mm～500mm处设置；如无树池，行进盲道与路缘石上沿在同一水平面时，距路缘石不应小于500mm，行进盲道比路缘石上沿低时，距路缘石不应小于250mm；盲道应避开非机动车停放的位置；

5 行进盲道的触感条规格应符合表 3.2.2 的规定。

表 3.2.2 行进盲道的触感条规格

部位	尺寸要求（mm）
面宽	25
底宽	35
高度	4
中心距	62～75

3.2.3 提示盲道应符合下列规定：

1 行进盲道在起点、终点、转弯处及其他有需要处应设提示盲道，当盲道的宽度不大于 300mm 时，提示盲道的宽度应大于行进盲道的宽度；

2 提示盲道的触感圆点规格应符合表 3.2.3 的规定。

表 3.2.3 提示盲道的触感圆点规格

部位	尺寸要求（mm）
表面直径	25
底面直径	35
圆点高度	4
圆点中心距	50

3.3 无障碍出入口

3.3.1 无障碍出入口包括以下几种类别：

1 平坡出入口；

2 同时设置台阶和轮椅坡道的出入口；

3 同时设置台阶和升降平台的出入口。

3.3.2 无障碍出入口应符合下列规定：

1 出入口的地面应平整、防滑；

2 室外地面滤水箅子的孔洞宽度不应大于 15mm；

3 同时设置台阶和升降平台的出入口宜只应用于受场地限制无法改造坡道的工程，并应符合本规范第 3.7.3 条的有关规定；

4 除平坡出入口外，在门完全开启的状态下，建筑物无障碍出入口的平台的净深度不应小于 1.50m；

5 建筑物无障碍出入口的门厅、过厅如设置两道门，门扇同时开启时两道门的间距不应小于 1.50m；

6 建筑物无障碍出入口的上方应设置雨棚。

3.3.3 无障碍出入口的轮椅坡道及平坡出入口的坡度应符合下列规定：

1 平坡出入口的地面坡度不应大于 1∶20，当场地条件比较好时，不宜大于 1∶30；

2 同时设置台阶和轮椅坡道的出入口，轮椅坡道的坡度应符合本规范第 3.4 节的有关规定。

3.4 轮 椅 坡 道

3.4.1 轮椅坡道宜设计成直线形、直角形或折返形。

3.4.2 轮椅坡道的净宽度不应小于 1.00m，无障碍出入口的轮椅坡道净宽度不应小于 1.20m。

3.4.3 轮椅坡道的高度超过 300mm 且坡度大于 1∶20 时，应在两侧设置扶手，坡道与休息平台的扶手应保持连贯，扶手应符合本规范第 3.8 节的相关规定。

3.4.4 轮椅坡道的最大高度和水平长度应符合表 3.4.4 的规定。

表 3.4.4　轮椅坡道的最大高度和水平长度

坡度	1∶20	1∶16	1∶12	1∶10	1∶8
最大高度（m）	1.20	0.90	0.75	0.60	0.30
水平长度（m）	24.00	14.40	9.00	6.00	2.40

注：其他坡度可用插入法进行计算。

3.4.5 轮椅坡道的坡面应平整、防滑、无反光。

3.4.6 轮椅坡道起点、终点和中间休息平台的水平长度不应小于 1.50m。

3.4.7 轮椅坡道临空侧应设置安全阻挡措施。

3.4.8 轮椅坡道应设置无障碍标志，无障碍标志应符合本规范第 3.16 节的有关规定。

3.5 无障碍通道、门

3.5.1 无障碍通道的宽度应符合下列规定：

1 室内走道不应小于 1.20m，人流较多或较集中的大型公共建筑的室内走道宽度不宜小于 1.80m；

2 室外通道不宜小于 1.50m；

3 检票口、结算口轮椅通道不应小于 900mm。

3.5.2 无障碍通道应符合下列规定：

1 无障碍通道应连续，其地面应平整、防滑、反光小或无反光，并不宜设置厚地毯；

2 无障碍通道上有高差时，应设置轮椅坡道；

3 室外通道上的雨水箅子的孔洞宽度不应大于 15mm；

4 固定在无障碍通道的墙、立柱上的物体或标牌距地面的高度不应小于 2.00m；如小于 2.00m 时，探出部分的宽度不应大于 100mm；如突出部分大于 100mm，则其距地面的高度应小于 600mm；

5 斜向的自动扶梯、楼梯等下部空间可以进入时，应设置安全挡牌。

3.5.3 门的无障碍设计应符合下列规定：

1 不应采用力度大的弹簧门并不宜采用弹簧门、玻璃门；当采用玻璃门时，应有醒目的提示标志；

2 自动门开启后通行净宽度不应小于 1.00m；

3 平开门、推拉门、折叠门开启后的通行净宽度不应小于 800mm，有条件时，不宜小于 900mm；

4 在门扇内外应留有直径不小于 1.50m 的轮椅回转空间；

5 在单扇平开门、推拉门、折叠门的门把手一侧的墙面，应设宽度不小于 400mm 的墙面；

6 平开门、推拉门、折叠门的门扇应设距地 900mm 的把手，宜设视线观察玻璃，并宜在距地 350mm 范围内安装护门板；

7 门槛高度及门内外地面高差不应大于 15mm，并以斜面过渡；

8 无障碍通道上的门扇应便于开关；

9 宜与周围墙面有一定的色彩反差，方便识别。

3.6 无障碍楼梯、台阶

3.6.1 无障碍楼梯应符合下列规定：

1 宜采用直线形楼梯；

2 公共建筑楼梯的踏步宽度不应小于 280mm，踏步高度不应大于 160mm；

3 不应采用无踢面和直角形突缘的踏步；

4 宜在两侧均做扶手；

5 如采用栏杆式楼梯，在栏杆下方宜设置安全阻挡措施；

6 踏面应平整防滑或在踏面前缘设防滑条；

7 距踏步起点和终点 250mm～300mm 宜设提示盲道；

8 踏面和踢面的颜色宜有区分和对比；

9 楼梯上行及下行的第一阶宜在颜色或材质上与平台有明显区别。

3.6.2 台阶的无障碍设计应符合下列规定：

1 公共建筑的室内外台阶踏步宽度不宜小于300mm，踏步高度不宜大于150mm，并不应小于100mm；

2 踏步应防滑；

3 三级及三级以上的台阶应在两侧设置扶手；

4 台阶上行及下行的第一阶宜在颜色或材质上与其他阶有明显区别。

3.7 无障碍电梯、升降平台

3.7.1 无障碍电梯的候梯厅应符合下列规定：

1 候梯厅深度不宜小于1.50m，公共建筑及设置病床梯的候梯厅深度不宜小于1.80m；

2 呼叫按钮高度为0.90m～1.10m；

3 电梯门洞的净宽度不宜小于900mm；

4 电梯出入口处宜设提示盲道；

5 候梯厅应设电梯运行显示装置和抵达音响。

3.7.2 无障碍电梯的轿厢应符合下列规定：

1 轿厢门开启的净宽度不应小于800mm；

2 在轿厢的侧壁上应设高0.90m～1.10m带盲文的选层按钮，盲文宜设置于按钮旁；

3 轿厢的三面壁上应设高850mm～900mm扶手，扶手应符合本规范第3.8节的相关规定；

4 轿厢内应设电梯运行显示装置和报层音响；

5 轿厢正面高900mm处至顶部应安装镜子或采用有镜面效果的材料；

6 轿厢的规格应依据建筑性质和使用要求的不同而选用。最小规格为深度不应小于1.40m，宽度不应小于1.10m；中型规格为深度不应小于1.60m，宽度不应小于1.40m；医疗建筑与老人建筑宜选用病床专用电梯；

7 电梯位置应设无障碍标志，无障碍标志应符合本规范第3.16节的有关规定。

3.7.3 升降平台应符合下列规定：

1 升降平台只适用于场地有限的改造工程；

2 垂直升降平台的深度不应小于1.20m，宽度不应小于900mm，应设扶手、挡板及呼叫控制按钮；

3 垂直升降平台的基坑应采用防止误入的安全防护措施；

4 斜向升降平台宽度不应小于900mm，深度不应小于1.00m，应设扶手和挡板；

5 垂直升降平台的传送装置应有可靠的安全防护装置。

3.8 扶 手

3.8.1 无障碍单层扶手的高度应为 850mm～900mm，无障碍双层扶手的上层扶手高度应为 850mm～900mm，下层扶手高度应为 650mm～700mm。

3.8.2 扶手应保持连贯，靠墙面的扶手的起点和终点处应水平延伸不小于 300mm 的长度。

3.8.3 扶手末端应向内拐到墙面或向下延伸不小于 100mm，栏杆式扶手应向下成弧形或延伸到地面上固定。

3.8.4 扶手内侧与墙面的距离不应小于 40mm。

3.8.5 扶手应安装坚固，形状易于抓握。圆形扶手的直径应为 35mm～50mm，矩形扶手的截面尺寸应为 35mm～50mm。

3.8.6 扶手的材质宜选用防滑、热惰性指标好的材料。

3.14 无障碍机动车停车位

3.14.1 应将通行方便、行走距离路线最短的停车位设为无障碍机动车停车位。

3.14.2 无障碍机动车停车位的地面应平整、防滑、不积水，地面坡度不应大于 1∶50。

3.14.3 无障碍机动车停车位一侧，应设宽度不小于 1.20m 的通道，供乘轮椅者从轮椅通道直接进入人行道和到达无障碍出入口。

3.14.4 无障碍机动车停车位的地面应涂有停车线、轮椅通道线和无障碍标志。

3.16 无障碍标识系统、信息无障碍

3.16.1 无障碍标志应符合下列规定：

1 无障碍标志包括下列几种：

1） 通用的无障碍标志应符合本规范附录 A 的规定；

2） 无障碍设施标志牌符合本规范附录 B 的规定；

3） 带指示方向的无障碍设施标志牌符合本规范附录 C 的规定。

2 无障碍标志应醒目，避免遮挡。

3 无障碍标志应纳入城市环境或建筑内部的引导标志系统，形成完整的系统，清楚地指明无障碍设施的走向及位置。

3.16.2 盲文标志应符合下列规定：

1 盲文标志可分成盲文地图、盲文铭牌、盲文站牌；

2 盲文标志的盲文必须采用国际通用的盲文表示方法。

3.16.3 信息无障碍应符合下列规定：

1 根据需求，因地制宜设置信息无障碍的设备和设施，使人们便捷地获取各类信息；

2 信息无障碍设备和设施位置和布局应合理。

4 城市道路

4.1 实施范围

4.1.1 城市道路无障碍设计的范围应包括：

1 城市各级道路；

2 城镇主要道路；

3 步行街；

4 旅游景点、城市景观带的周边道路。

4.1.2 城市道路、桥梁、隧道、立体交叉中人行系统均应进行无障碍设计，无障碍设施应沿行人通行路径布置。

4.1.3 人行系统中的无障碍设计主要包括人行道、人行横道、人行天桥及地道、公交车站。

4.2 人行道

4.2.1 人行道处缘石坡道设计应符合下列规定：

1 人行道在各种路口、各种出入口位置必须设置缘石坡道；

2 人行横道两端必须设置缘石坡道。

4.2.2 人行道处盲道设置应符合下列规定：

1 城市主要商业街、步行街的人行道应设置盲道；

2 视觉障碍者集中区域周边道路应设置盲道；

3 坡道的上下坡边缘处应设置提示盲道；

4 道路周边场所、建筑等出入口设置的盲道应与道路盲道相衔接。

4.2.3 人行道的轮椅坡道设置应符合下列规定：

1 人行道设置台阶处，应同时设置轮椅坡道；

2 轮椅坡道的设置应避免干扰行人通行及其他设施的使用。

4.2.4 人行道处服务设施设置应符合下列规定：

1 服务设施的设置应为残障人士提供方便；

2 宜为视觉障碍者提供触摸及音响一体化信息服务设施；

3 设置屏幕信息服务设施，宜为听觉障碍者提供屏幕手语及字幕信息服务；

4 低位服务设施的设置，应方便乘轮椅者使用；

5 设置休息座椅时，应设置轮椅停留空间。

4.3 人行横道

4.3.1 人行横道范围内的无障碍设计应符合下列规定：

1 人行横道宽度应满足轮椅通行需求；

2 人行横道安全岛的形式应方便乘轮椅者使用；

3 城市中心区及视觉障碍者集中区域的人行横道，应配置过街音响提示装置。

4.4 人行天桥及地道

4.4.1 盲道的设置应符合下列规定：

1 设置于人行道中的行进盲道应与人行天桥及地道出入口处的提示盲道相连接；

2 人行天桥及地道出入口处应设置提示盲道；

3 距每段台阶与坡道的起点与终点 250mm～500mm 处应设提示盲道，其长度应与坡道、梯道相对应。

4.4.2 人行天桥及地道处坡道与无障碍电梯的选择应符合下列规定：

1 要求满足轮椅通行需求的人行天桥及地道处宜设置坡道，当设置坡道有困难时，应设置无障碍电梯；

2 坡道的净宽度不应小于 2.00m；

3 坡道的坡度不应大于 1∶12；

4 弧线形坡道的坡度，应以弧线内缘的坡度进行计算；

5 坡道的高度每升高 1.50m 时，应设深度不小于 2.00m 的中间平台；

6 坡道的坡面应平整、防滑。

4.4.3 扶手设置应符合下列规定：

1 人行天桥及地道在坡道的两侧应设扶手，扶手宜设上、下两层；

2 在栏杆下方宜设置安全阻挡措施；

3 扶手起点水平段宜安装盲文铭牌。

4.4.4 当人行天桥及地道无法满足轮椅通行需求时，宜考虑地面安全通行。

4.4.5 人行天桥桥下的三角区净空高度小于 2.00m 时，应安装防护设施，并应在防护设施外设置提示盲道。

4.5 公交车站

4.5.1 公交车站处站台设计应符合下列规定：

1 站台有效通行宽度不应小于 1.50m；

2 在车道之间的分隔带设公交车站时应方便乘轮椅者使用。

4.5.2 盲道与盲文信息布置应符合下列规定：

1 站台距路缘石 250mm～500mm 处应设置提示盲道，其长度应与公交车站的长度相对应；

2 当人行道中设有盲道系统时，应与公交车站的盲道相连接；

3 宜设置盲文站牌或语音提示服务设施，盲文站牌的位置、高度、形式与内容应方便视觉障碍者的使用。

4.6 无障碍标识系统

4.6.1 无障碍设施位置不明显时，应设置相应的无障碍标识系统。

4.6.2 无障碍标志牌应沿行人通行路径布置，构成标识引导系统。

4.6.3 无障碍标志牌的布置应与其他交通标志牌相协调。

5 城市广场

5.1 实施范围

5.1.1 城市广场进行无障碍设计的范围应包括下列内容：

1 公共活动广场；

2 交通集散广场。

5.2 实施部位和设计要求

5.2.1 城市广场的公共停车场的停车数在 50 辆以下时应设置不少于 1 个无障碍机动车停车位，100 辆以下时应设置不少于 2 个无障碍机动车停车位，100 辆以上时应设置不少于总停车数 2%的无障碍机动车停车位。

5.2.2 城市广场的地面应平整、防滑、不积水。

5.2.3 城市广场盲道的设置应符合下列规定：

1 设有台阶或坡道时，距每段台阶与坡道的起点与终点 250mm～500mm 处应设提示盲道，其长度应与台阶、坡道相对应，宽度应为

250mm～500mm；

2 人行道中有行进盲道时，应与提示盲道相连接。

5.2.4 城市广场的地面有高差时坡道与无障碍电梯的选择应符合下列规定：

1 设置台阶的同时应设置轮椅坡道；

2 当设置轮椅坡道有困难时，可设置无障碍电梯。

5.2.5 城市广场内的服务设施应同时设置低位服务设施。

5.2.6 男、女公共厕所均应满足本规范第 8.13 节的有关规定。

5.2.7 城市广场的无障碍设施的位置应设置无障碍标志，无障碍标志应符合本规范第 3.16 节的有关规定，带指示方向的无障碍设施标志牌应与无障碍设施标志牌形成引导系统，满足通行的连续性。

中华人民共和国国家标准

无障碍设计规范

GB 50763－2012

条 文 说 明

目　次

3 无障碍设施的设计要求

3.1 缘石坡道

3.1.1 为了方便行动不便的人特别是乘轮椅者通过路口，人行道的路口需要设置缘石坡道，在缘石坡道的类型中，单面坡缘石坡道是一种通行最为便利的缘石坡道，丁字路口的缘石坡道同样适合布置单面坡的缘石坡道。实践表明，当缘石坡道顺着人行道路的方向布置时，采用全宽式单面坡缘石坡道（图 3-1）最为方便。其他类型的缘石坡道，如三面坡缘石坡道（图 3-2）等可根据具体情况有选择性地采用。

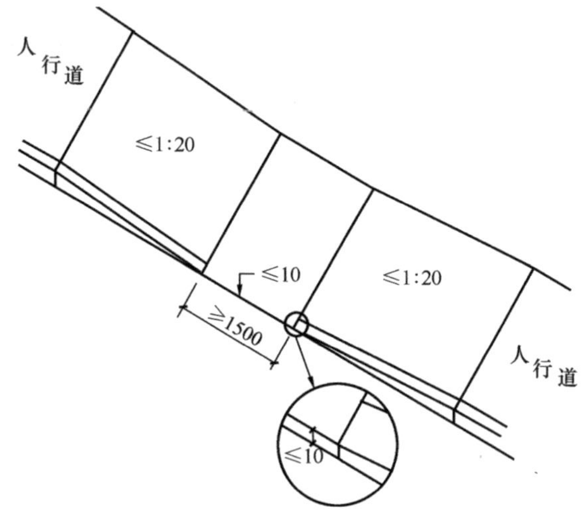

图 3-1 全宽式单面坡缘石坡道

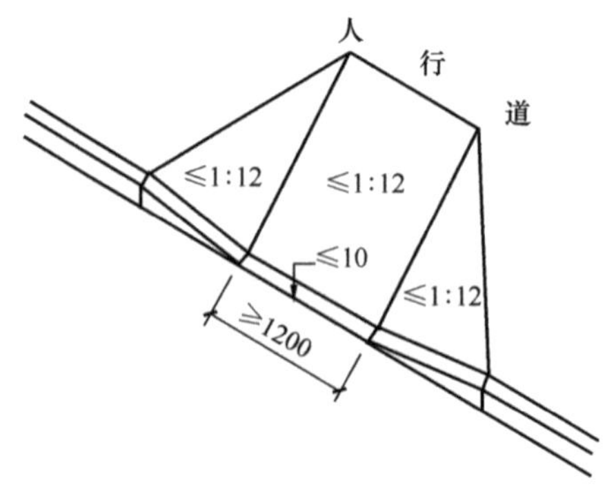

图 3-2 三面坡缘石坡道

3.2 盲　　道

3.2.1 第1款　盲道有两种类型，一种是行进盲道（图3-3），行进盲道应能指引视觉障碍者安全行走和顺利到达无障碍设施的位置，呈条状；另一种是在行进盲道的起点、终点及拐弯处设置的提示盲道（图3-4），提示盲道能告知视觉障碍者前方路线的空间环境将发生变化，呈圆点形。目前以250mm×250mm的成品盲道构件居多。

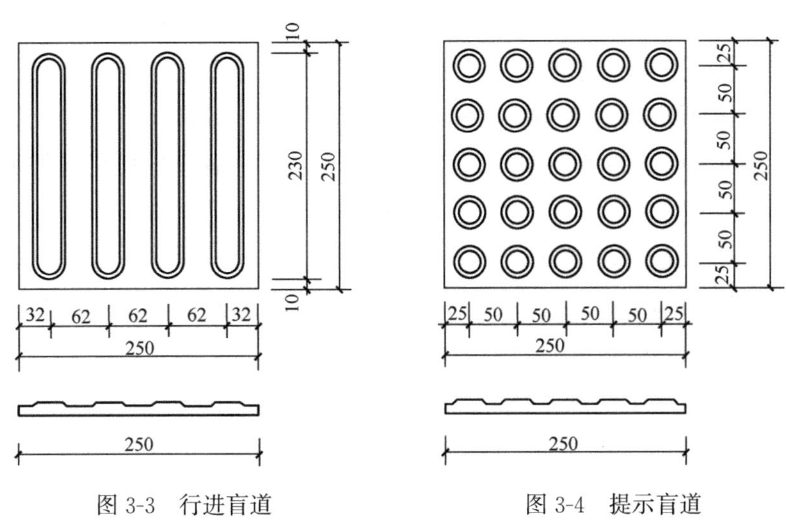

图3-3　行进盲道　　　　图3-4　提示盲道

目前使用较多的盲道材料可分成5类：预制混凝土盲道砖、花岗石盲道板、大理石盲道板、陶瓷类盲道板、橡胶塑料类盲道板、其他材料（不锈钢、聚氯乙烯等）盲道型材。

第3款　盲道不仅引导视觉障碍者行走，还能保护他们的行进安全，因此盲道在人行道的定位很重要，应避开树木（穴）、电线杆、拉线等障碍物，其他设施也不得占用盲道。

第4款　盲道的颜色应与相邻的人行道铺面的颜色形成反差，并与周围景观相协调，宜采用中黄色，因为中黄色比较明亮，更易被发现。

3.4 轮椅坡道

3.4.1 坡道形式的设计，应根据周边情况综合考虑，为了避免乘轮椅者在坡面上重心产生倾斜而发生摔倒的危险，坡道不宜设计成圆形或弧形。

3.4.2 坡道宽度应首先满足疏散的要求，当坡道的宽度不小于1.00m时，能保证一辆轮椅通行；坡道宽度不小于1.20m时，能保证一辆轮椅和一个人侧身通行；坡道宽度不小于1.50m时，能保证一辆轮椅和一个人正面相对通行；坡道宽度不小于1.80m时，能保证两辆轮椅正面相对通行。

3.4.3 当轮椅坡道的高度在300mm及以内时，或者是坡度小于或等于1∶20时，乘轮椅者及其他行动不便的人基本上可以不使用扶手；但当高度超过300mm且坡度大于1∶20时，则行动上需要借助扶手才更为安全，因此这种情况坡道的两侧都需要设置扶手。

3.4.4 轮椅坡道的坡度可按照其提升的最大高度来选用，当坡道所提升的高度小于300mm时，可以选择相对较陡的坡度，但不得小于1∶8。在坡道总提升的高度内也可以分段设置坡道，但中间应设置休息平台，每段坡道的提升高度和坡度的关系可按照表3.4.4执行。在有条件的情况下将坡道做到小于1∶12的坡度，通行将更加安全和舒适。

3.4.5 本条要求坡道的坡面平整、防滑是为了轮椅的行驶顺畅，坡面上不宜加设防滑条或将坡面做成礓蹉形式，因为乘轮椅者行驶在这种坡面上会感到行驶不畅。

3.4.6 轮椅在进入坡道之前和行驶完坡道，进行一段水平行驶，能使乘轮椅者先将轮椅调整好，这样更加安全。轮椅中途要调转角度继续行驶时同样需要有一段水平行驶。

3.4.7 轮椅坡道的侧面临空时，为了防止拐杖头和轮椅前面的小轮滑出，应设置遮挡措施。遮挡措施可以是高度不小于50mm的安全挡台，也可以做与地面空隙不大于100mm的斜向栏杆等。

3.6 无障碍楼梯、台阶

3.6.1 楼梯是楼层之间垂直交通用的建筑部件。

第1款 如采用弧形楼梯，会给行动不便的人带来恐惧感，使其劳累或发生摔倒事故，因此无障碍楼梯宜采用直线形的楼梯。

第3款 踏面的前缘如有突出部分，应设计成圆弧形，不应设计成直角形，以防将拐杖头绊落掉和对鞋面刮碰。

第5款 在栏杆下方设置安全阻挡措施是为了防止拐杖向侧面滑出造成摔伤。遮挡措施可以是高度不小于50mm的安全挡台，也可以做与地面空隙不大于100mm的斜向栏杆等。

第7款 距踏步起点和终点250mm～300mm设置提示盲道是为了提示视觉障碍者所在位置接近有高差变化处。

第8款 楼梯踏步的踏面和梯面的颜色宜有区分和对比，以引起使用者的警觉并利于弱视者辨别。

3.6.2 台阶是在室外或室内的地坪或楼层不同标高处设置的供人行走的建筑部件。

第3款 当台阶比较高时，在其两侧做扶手对于行动不便的人和视力障碍者都很有必要，可以减少他们在心理上的恐惧，并对其行动给予一定的帮助。

3.8 扶　　手

3.8.1 扶手是协助人们通行的重要辅助设施，可以保持身体平衡和协助使用者的行进，避免发生摔倒的危险。扶手安装的位置、高度、牢固性及选用的形式是否合适，将直接影响到使用效果。无障碍楼梯、台阶的扶手高度应自踏步前缘线量起，扶手的高度应同时满足其他规范的要求。

3.8.3 为了避免人们在使用扶手后产生突然感觉手臂滑下扶手的不安，当扶手为靠墙的扶手时，将扶手的末端加以处理，使其明显感觉利于身体稳定。同时也是为了利于行动不便者在刚开始上、下楼梯或坡道时的抓握。

3.8.4 当扶手安装在墙上时，扶手的内侧与墙之间要有一定的距离，便于手在抓握扶手时，有适当的空间，使用时会带来方便。

3.8.5 扶手要安装牢固，应能承受 100kg 以上的重量，否则会成为新的不安全因素。

3.14 无障碍机动车停车位

3.14.1 无论设置在地上或是地下的停车场地，应将通行方便、距离出入口路线最短的停车位安排为无障碍机动车停车位，如有可能宜将无障碍机动车停车位设置在出入口旁。

3.14.3 停车位的一侧或与相邻停车位之间应留有宽 1.20m 以上的轮椅通道，方便肢体障碍者上下车，相邻两个无障碍机动车停车位可共用一个轮椅通道。

4 城市道路

4.4 人行天桥及地道

4.4.1 人行天桥及地道出入口处需设置提示盲道，针对行进规律的变化及时为视觉障碍者提供警示。同时当人行道中有行进盲道时，应将其与人行天桥及人行地道出入口处的提示盲道合理衔接，满足视觉障碍者的连续通行需求。

4.4.2 人行天桥及地道的设计，在场地条件允许的情况下，应尽可能设置坡道或无障碍电梯。当场地条件存在困难时，需要根据规划条件，在进行交通分析时，对行人服务对象的需求进行分析，从道路系统与整体环境要求的高度进行取舍判断。

人行天桥及地道处设置坡道，方便乘轮椅者及全社会各类人士的通行，当设坡道有困难时可设无障碍电梯，构成无障碍环境，完成无障碍通行。无障碍电梯需求量大或条件允许时，也可进行无障碍电梯设置，满足乘轮椅者及全社会各类人士的通行需求，提高乘轮椅者及全社会各类人士的通行质量。

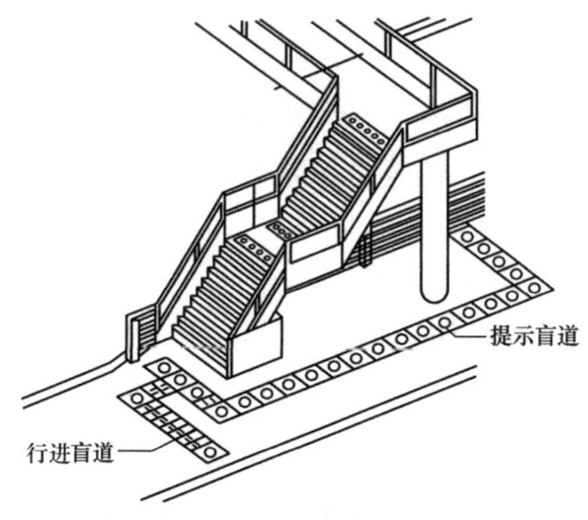

图 4-1　人行天桥提示盲道示意图

人行天桥及地道处的坡道设置，是为了方便乘坐轮椅者能够靠自身力量安全通行。弧线形坡道布置，坡道两侧的长度不同，形成的坡度有差异，因此对坡道的设计提出相应的指标控制要求。

4.4.3　人行天桥和人行地道设扶手，是为了方便行动不便的人通行，未设扶手的人行天桥及地道，曾发生过老年人和行动障碍者摔伤事故，其原因并非技术、经济上的困难，而是未将扶手作为使用功能来重视。在无障碍设计中，扶手同样是重要设施之一。坡道扶手水平段外侧宜设置盲文铭牌，可使视觉障碍者了解自己所在位置及走向，方便其继续行走。

4.4.4　人行天桥及地道处无法满足弱势群体通行需求情况下，可考虑通过地面交通实现弱势群体安全通行的需求，体现无障碍设计的多样化及人性化。

4.4.5　人行天桥桥下的三角区，对于视觉障碍者来说是一个危险区域，容易发生碰撞，因此应在结构边缘设置提示盲道，避免安全隐患。

十、城市桥梁设计规范 CJJ 11－2011（2019年版）

中华人民共和国行业标准

城市桥梁设计规范

Code for design of the municipal bridge

CJJ 11－2011

（2019 年版）

批准部门：中华人民共和国住房和城乡建设部
实施日期：2 0 1 2 年 4 月 1 日

目　次

3 基本规定

3.0.1 桥梁设计应符合城乡规划的要求。应根据道路功能、等级、通行能力及防洪抗灾要求，结合水文、地质、通航、环境等条件进行综合设计。因技术经济上的原因需分期实施时，应保留远期发展余地。

3.0.2 桥梁按其多孔跨径总长或单孔跨径的长度，可分为特大桥、大桥、中桥和小桥等四类，桥梁分类应符合表3.0.2的规定。

表3.0.2 桥梁按总长或跨径分类

桥梁分类	多孔跨径总长 L（m）	单孔跨径 L_o（m）
特大桥	$L>1000$	$L_o>150$
大　桥	$1000\geqslant L\geqslant 100$	$150\geqslant L_o\geqslant 40$
中　桥	$100>L>30$	$40>L_o\geqslant 20$
小　桥	$30\geqslant L\geqslant 8$	$20>L_o\geqslant 5$

注：1 单孔跨径系指标准跨径。梁式桥、板式桥以两桥墩中线之间桥中心线长度或桥墩中线与桥台台背前缘线之间桥中心线长度为标准跨径；拱式桥以净跨径为标准跨径。

2 梁式桥、板式桥的多孔跨径总长为多孔标准跨径的总长；拱式桥为两岸桥台起拱线间的距离；其他形式的桥梁为桥面系的行车道长度。

3.0.3 城市桥梁设计宜采用百年一遇的洪水频率，对特别重要的桥梁可提高到三百年一遇。

城市中防洪标准较低的地区，当按百年一遇或三百年一遇的洪水频率设计，导致桥面高程较高而引起困难时，可按相交河道或排洪沟渠的规划洪水频率设计，但应确保桥梁结构在百年一遇或三百年一遇洪水频率下的安全。

3.0.4 桥梁孔径应按批准的城乡规划中的河道及（或）航道整治规划，结合现状布设。当无规划时，应根据现状按设计洪水流量满足泄洪要求和通航要求布置。不宜过大改变水流的天然状态。

设计洪水流量可按国家现行标准的规定进行分析、计算。

3.0.5 桥梁的桥下净空应符合下列规定：

1 通航河流的桥下净空应按批准的城乡规划的航道等级确定。通航海轮桥梁的通航水位和桥下净空应符合现行行业标准《通航海轮桥梁通航标准》JTJ 311的规定。通航内河轮船桥梁的通航水位和桥下净空应符合现行国家标准《内河通航标准》GB 50139的规定，并应充分考虑河床演变和不同通航水位航迹线的变化。

2 不通航河流的桥下净空应根据计算水位或最高流冰面加安全高度确定。

当河流有形成流冰阻塞的危险或有漂浮物通过时，应按实际调查的数据，在计算水位的基础上，结合当地具体情况酌留一定富余量，作为确定桥下净空的依据。对淤积的河流，桥下净空应适当增加。

在不通航或无流放木筏河流上及通航河流的不通航桥孔内，桥下净空不应小于表3.0.5的规定。

表3.0.5 非通航河流桥下最小净空表

桥梁的部位		高出计算水位（m）	高出最高流冰面（m）
梁底	洪水期无大漂流物	0.50	0.75
	洪水期有大漂流物	1.50	—
	有泥石流	1.00	—
支承垫石顶面		0.25	0.50
拱 脚		0.25	0.25

3 无铰拱的拱脚被设计洪水淹没时，水位不宜超过拱圈高度的2/3，且拱顶底面至计算水位的净高不得小于1.0m。

4 在不通航和无流筏的水库区域内，梁底面或拱顶底面离开水面的高度不应小于计算浪高的0.75倍加0.25m。

5 跨越道路或公路的城市跨线桥梁，桥下净空应分别符合现行行业标准《城市道路设计规范》CJJ 37、《公路工程技术标准》JTG B01的建筑限界规定。跨越城市轨道交通或铁路的桥梁，桥下净空应分别符合现行国家标准《地铁设计规范》GB 50157和《标准轨距铁路建筑限界》GB 146.2的规定。

桥梁墩位布置同时应满足桥下道路或铁路的行车视距和前方交通信息识别的要求，并应按相关规范的规定要求，避开既有的地下构筑物和地下管线。

6 对桥下净空有特殊要求的航道或路段，桥下净空尺度应作专题研究、论证。

3.0.6 桥梁建筑应符合城乡规划的要求。桥梁建筑重点应放在总体布置和主体结构上，结构受力应合理，总体布置应舒展、造型美观，且应与周围环境和景观协调。

3.0.7 桥梁应根据城乡规划、城市环境、市容特点，进行绿化、美化市容和保护环境设计。对特大型和大型桥梁、高架道路桥、大型立交桥梁在工程建设前期应作环境影响评价，工程设计中应作相应的环境保护设计。

3.0.8 桥梁结构的设计基准期应为100年。

3.0.10 桥梁结构应满足下列功能要求：

1 在正常施工和正常使用时，能承受可能出现的各种作用；

2 在正常使用时，具有良好的工作性能；

3 在正常维护下，具有足够的耐久性能；

4 在设计规定的偶然事件发生时和发生后，能保持必需的整体稳定性。

3.0.16 桥梁结构应符合下列规定：

1 构件在制造、运输、安装和使用过程中，应具有规定的强度、刚度、稳定性和耐久性；

2 构件应减小由附加力、局部力和偏心力引起的应力；

3 结构或构件应根据其所处的环境条件进行耐久性设计；采用的材料及其技术性能应符合相关标准的规定；

4 选用的形式应便于制造、施工和养护；

5 桥梁应进行抗震设计。抗震设计应按国家现行标准《中国地震动参数区划图》GB 18306和《城市桥梁抗震设计规范》CJJ 166的规定执行。对已编制地震小区划的城市，应按行政主管部门批准的地震动参数进行抗震设计；

6 当受到城市区域条件限制，需建斜桥、弯桥、坡桥时，应根据其具体特点，作为特殊桥梁进行设计；

7 桥梁基础沉降量应符合现行行业标准《公路桥涵地基与基础设计规范》JTG D63的规定；对外部为超静定体系的桥梁，应控制引起桥梁上部结构附加内力的基础不均匀沉降量，宜在结构设计中预留调节基础不均匀沉降的构造装置或空间；

8 桥梁防撞护栏及人行道栏杆应具有足够的强度，并应与桥梁主体结构可靠连接。防撞护栏的选用应按本规范第6.0.7条和第10.0.8条执行。各级别防撞护栏的技术要求应按国家现行标准《城市道路交通设施设计规范》GB 50688、《公路交通安全设施设计规范》JTG D81执行。

3.0.17 对位于城市快速路、主干路、次干路上的多孔梁（板）桥，宜采用整体连续结构，也可采用连续桥面简支结构。

设计应保证桥梁在使用期间运行通畅，养护维修方便。

3.0.18 桥梁应根据所在道路等级、使用功能、工程规模和不同的桥型结构设置照明、交通信号标志、航运信号标志、航空障碍标志、防雷接地装置以及桥面防水、排水、检修、护栏等附属和安全设施。

3.0.19 桥上或地下通道内的管线敷设应符合下列规定：

1 不得在桥上敷设污水管、压力大于0.4MPa的燃气管和其他可燃、

有毒或腐蚀性的液、气体管。条件许可时，在桥上敷设的电信电缆、热力管、给水管、电压不高于 10kV 配电电缆、压力不大于 0.4MPa 燃气管必须采取有效的安全防护措施。

2　严禁在地下通道内敷设电压高于 10kV 配电电缆、燃气管及其他可燃、有毒或腐蚀性液、气体管。

3.0.20　对特大桥和重要大桥竣工后应进行荷载试验，并应保留作为运行期间监测系统所需要的测点和参数。

3.0.21　桥梁设计必须严格实施质量管理和质量控制，设计文件的组成应符合有关文件编制的规定，对涉及工程质量的构造设计、材料性能和结构耐久性及需特别指明的制作或施工工艺、桥梁运行条件、养护维修等应提出相应的要求。

4　桥位选择

4.0.1　桥位选择应根据城乡规划，近远期交通流向和流量的需要，结合水文、航运、地形、地质、环境及对邻近建筑物和公用设施的影响进行全面分析、综合比较后确定。

4.0.2　特大桥、大桥的桥位应选择在河道顺直、河床稳定、河滩较窄、河槽能通过大部分设计流量且地质良好的河段。桥位不宜选择在河滩、沙洲、古河道、急弯、汇合口、渡口、港口作业区及易形成流冰、流木阻塞的河段以及活动性断层、强岩溶、滑坡、崩塌、地震易液化、泥石流等不良地质的河段。

中小桥桥位宜按道路的走向进行布置。

4.0.3　桥梁纵轴线宜与洪水主流流向正交；当不能正交时，对中小桥宜采用斜交或弯桥。

4.0.4　通航河流上桥梁的桥位选择，除应符合城乡规划，选择在河道顺直、河床稳定、水深充裕、水流条件良好的航段上外，还应符合下列规定：

1　桥梁墩台沿水流方向的轴线，应与最高通航水位的主流方向一致，当为斜交时，其交角不宜大于 5°；当交角大于 5°时，应加大通航孔净宽。对变迁性河流，应考虑河床变迁对通航孔的影响。

2　位于内河航道上的桥梁，尚应符合现行国家标准《内河通航标准》GB 50139 中关于水上过河建筑物选址的要求。

3　通航海轮的桥梁、桥位选择应符合现行行业标准《通航海轮桥梁通航标准》JTJ 311 的规定。

4.0.5　非通航河流上相邻桥梁的间距除应符合洪水水流顺畅，满足城市防洪要求外，尚应根据桥址工程地质条件、既有桥梁结构的状态、与运营干扰等因素来确定。

4.0.6 当桥址处有两个及以上的稳定河槽，或滩地流量占设计流量比例较大，且水流不易引入同一座桥时，可在主河槽、河汊和滩地上分别设桥，不宜采用长大导流堤强行集中水流。桥轴线宜与主河槽的水流流向正交。天然河道不宜改移或截弯取直。

4.0.7 桥位应避开泥石流区。当无法避开时，宜建大跨径桥梁跨过泥石流区。当没有条件建大跨桥时，应避开沉积区，可在流通区跨越。桥位不宜布置在河床的纵坡由陡变缓、断面突然变化及平面上的急弯处。

4.0.8 桥位上空不宜设有架空高压电线，当无法避开时，桥梁主体结构最高点与架空电线之间的最小垂直距离，应符合国家现行标准《城市电力规划规范》GB 50293 和《110～550kV 架空送电线路设计技术规程》DL/T 5092 的规定。

当桥位旁有架空高压电线时，桥边缘与架空电线之间的水平距离应符合国家现行相关标准的规定。

4.0.9 桥位应与燃气输送管道、输油管道，易燃、易爆和有毒气体等危险品工厂、车间、仓库保持一定安全距离。当距离较近时，应设置满足消防、防爆要求的防护设施。

桥位距燃气输送管道、输油管道的安全距离应符合国家现行相关标准的规定。

5 桥面净空

5.0.1 城市桥梁的桥面净空限界、桥面最小净高、机动车车行道宽度、非机动车车行道宽度、中小桥的人行道宽度、路缘带宽度、安全带宽度、分隔带宽度应符合现行行业标准《城市道路设计规范》CJJ37 的规定。

特大桥、大桥的单侧人行道宽度宜采用 2.0m～3.0m。

5.0.2 城市桥梁中的小桥桥面布置形式及净空限界应与道路相同，特大桥、大桥、中桥的桥面布置及净空限界中的车行道及路缘带的宽度应与道路相同，分隔带宽度可适当缩窄，但不应小于现行行业标准《城市道路设计规范》CJJ 37 规定的最小值。

6 桥梁的平面、纵断面和横断面设计

6.0.1 桥梁在平面上宜做成直桥，当特殊情况时可做成弯桥，其线形布

置应符合现行行业标准《城市道路设计规范》CJJ 37 的规定。

6.0.2 对下承式和中承式桥的主梁、主桁或拱肋，悬索桥、斜拉桥的索面及索塔，可设置在人行道或车行道的分隔带上，但必须采取防止车辆直接撞击的防护措施。悬索桥、斜拉桥的索面及索塔亦可设置在人行道或检修道栏杆外侧。

6.0.3 桥面车行道路幅宽度宜与所衔接道路的车行道路幅宽度一致。当道路现状与规划断面相差很大，桥梁按规划车行道布置难度较大时，应按本规范第 3.0.1 条规定分期实施。

当两端道路上设有较宽的分隔带或绿化带时，桥梁可考虑分幅布置（横向组成分离式桥），桥上不宜设置绿化带。特大桥、大桥、中桥的桥面宽度可适当减小，但车行道的宽度应与两端道路车行道有效宽度的总和相等并在引道上设变宽缓和段与两端道路接顺。小桥的机动车道平面线形应与道路保持一致。

6.0.6 桥面最小纵坡不宜小于 0.3%。桥面最大纵坡、坡度长度与竖曲线布设应符合现行行业标准《城市道路设计规范》CJJ 37 的规定。

桥梁纵断面设计时，应考虑到长期荷载作用下的构件挠曲和墩台沉降的影响。

6.0.7 桥梁横断面布置除桥面净空应符合本规范第 5 章规定外，尚应符合下列规定：

1 桥梁人行道临空侧应设置人行道栏杆。

2 对主干路和次干路的桥梁，当两侧无人行道时，应设置保证检修人员及车辆安全的措施。设置检修道时，检修道临空侧应设防撞护栏或人行道栏杆。

3 桥梁上路缘石与护栏的设置要求应符合表 6.0.7 的规定。

表 6.0.7 路缘石与护栏的设置要求

等级	条件	设置要求
一	符合下列设计与环境条件之一时： 1 城市快速路； 2 临空高度大于 6.0m 或水深大于 5.0m； 3 跨越急流、重要道路、铁路、主要航道、轨道交通、水源保护区、人员密集区和人员通道等； 4 特大悬索桥、斜拉桥、拱桥等缆索承重桥梁或跨海大桥	车行道外侧必须设置防撞护栏

续表 6.0.7

等级	条件	设置要求
二	符合下列设计与环境条件之一时： 1 设计速度大于或等于 50km/h 的城市主干路或次干路； 2 临空高度大于 3.0m 小于 6.0m 或水深大于 2.0m 小于 5.0m； 3 跨越道路、桥梁等人工构筑物时； 4 桥面常有积冰、积雪时	车行道外侧宜设置防撞护栏，当仅采用路缘石与人行道分隔时，路缘石高度不得小于 40cm，且人行道宽度不得小于 2m
三	其他有机动车行驶的城市桥梁	可采用路缘石与人行道、检修道分隔，路缘石高度宜取 25cm～35cm

注：路缘石高度不小于 40cm 时宜进行行人防跌落设计。

4 城市快速路上的桥梁应设置中央分隔带防撞护栏。设计速度为 60km/h 的城市主干路上的桥梁应设置中央分隔带防撞护栏或 25cm 以上高路缘石，设置高路缘石时，中央分隔带宽度不得小于 2.0m，路缘石高度宜为 25cm～35cm。

5 防撞护栏应符合本规范第 9.5.2 条规定。

6.0.8 桥面车行道应按现行行业标准《城市道路设计规范》CJJ 37 的规定设置横坡，在快速路和主干路桥上，横坡宜为 2%；在次干路和支路桥上横坡宜为 1.5%～2.0%，人行道上宜设置 1%～2%向车行道的单向横坡。在路缘石或防撞护栏旁应设置足够数量的排水孔。在排水孔之间的纵坡不宜小于 0.3%～0.5%。

7 桥梁引道、引桥

7.0.1 桥梁引道应按现行行业标准《城市道路设计规范》CJJ 37 的规定要求布设；引桥应按本规范的有关要求布设。

7.0.2 桥梁引道的设计应与引桥的设计统一，从安全、经济、美观等方面进行综合比较。

7.0.3 桥梁引道及引桥的布设应遵循下列原则：

1 桥梁引道及引桥与两侧街区交通衔接，并应预留防洪抢险通道。

2 当引道为填土路堤时，宜将城市给水、排水、燃气、热力等地下管道迁移至桥梁填土范围以外或填土影响范围以外布设。

3 位于软土地基上的引道填土路堤最大高度应予以控制。

4 引桥墩台基础设计应分析基础施工及基础沉降对邻近永久性建筑物的影响。

5 在纵坡较大的桥梁引道上，不宜设置平交道口和公共交通车辆的停靠站及工厂、街区出入口。

7.0.4 当引道采用填土路堤，且两侧采用较高挡土墙时，两侧应设置栏杆，其布置可按本规范第6.0.7条有关规定执行。

7.0.5 特大桥、大桥、中桥的桥头应避免分隔带路缘石突变。路缘石在平面上应设置缓和接顺段，折角处应采用平曲线接顺。

7.0.6 当主孔斜交角度较大、引桥较长时，宜根据桥址的地形、地物在引桥与主桥衔接处布设若干个过渡孔，使其后的引桥均按正交布置。

7.0.7 桥台侧墙后端深入桥头锥坡顶点以内的长度不应小于0.75m。

位于城市快速路、主干路和次干路上的桥梁，桥头宜设置搭板，搭板长度不宜小于6m。

7.0.8 桥头锥体及桥台台后5m～10m长度的引道，可采用砂性土等材料填筑。在非严寒地区当无透水性材料时，可就地取土填筑，也可采用土工合成材料或其他轻质材料填筑。

8 立交、高架道路桥梁和地下通道

8.1 一 般 规 定

8.1.1 立交、高架道路桥梁和地下通道应按城市规划和现行行业标准《城市道路设计规范》CJJ 37中的有关规定设置。

8.1.2 立交、高架道路桥梁和地下通道的布设应综合考虑下列因素：

1 宜按规划一次兴建，分期建设时应考虑后期的实施条件；

2 应减少工程占用的土地、房屋拆迁及重要公共设施的搬迁；

3 充分考虑与街区间交通的相互关系；

4 结构形式及建筑造型应与城市景观协调，桥下空间利用应防止可能产生的对交通的干扰，墩台的布置应考虑桥下空间的净空利用，以及转向交通视距等要求；

5 应密切结合地形、地物、地质、地下水情况以及地下工程设施等因素；

6 应密切结合规划及现有的地上、地下管线；

7 应综合分析设计中所采用的立交形式、桥梁结构和施工工艺对周围现有建筑、道路交通以及规划中的新建筑的影响；

8 应根据环境保护的要求，采取工程措施减少工程建设对周围环境的影响。

8.1.3 立交、高架道路桥梁和地下通道的平面、纵断面、横断面设计，应满足下列要求：

1 平面布置应与其相衔接道路的标准相适应，应满足工程所在区域道路行车需要。

2 纵断面设计应与其衔接的道路标准相适应，并应结合当地气候条件、车辆类型及爬坡能力等因素，选用适当的纵坡值。竖曲线最低点不宜设在地下通道暗埋段箱体内，凸曲线应满足行车视距。对混合交通应满足非机动车辆的最大纵坡限制值要求。

3 横断面设计应与其衔接的道路标准相适应。在机动车道与非机动车道之间，可设置分隔带疏导交通。对设有中间分隔带的宽桥，桥梁结构可设计成上下行分离的独立桥梁。

4 立交区段的各种杆、柱、架空线网的布置，应保持该区段的整洁、开阔。当桥面灯杆置于人行道靠缘石处，杆座边缘与车行道路面（路缘石外侧）的净距不应小于0.25m。地下通道引道的杆、柱宜设置在分隔带上或路幅以外。

8.1.4 当立交、高架道路桥梁的下穿道路紧靠柱式墩或薄壁墩台、墙时，所需的安全带宽度应符合下列规定：

1 当道路设计行车速度大于或等于60km/h时，安全带宽度不应小于0.50m;

2 当道路设计行车速度小于60km/h时，安全带宽度不应小于0.25m。

8.1.5 当下穿道路路缘带外侧与柱、墩台、墙之间设有检修道，其宽度大于所需的安全带宽度时，可不再设安全带。

8.1.6 汽车撞击墩台作用的力值和位置可按现行行业标准《公路桥涵设计通用规范》JTG D60的规定取值。对易受汽车撞击的相关部位应采取相应的防撞构造措施，但安全带宽度仍应符合本规范第8.1.4条的规定。

8.1.7 当高架道路桥梁的长度较长时，应考虑每隔一定距离在中央分隔带上设置开启式护栏，设置的最小间距不宜小于2km。

8.2 立交、高架道路桥梁

8.2.1 当立交、高架道路桥梁与桥下道路斜交时，可采用斜交桥的形式跨越。当斜交角度较大时，宜采用加大桥梁跨度，减小斜交角度或斜桥正做的方式，同时应满足桥下道路平面线形、视距及前方交通信息识别的要求。

8.2.2 结构支承体系应满足桥梁上部结构的受力和变形要求；当采用平面曲线整体梁式结构时，其上部结构应具有足够的抗扭刚度。

连续梁桥不宜采用连续的单支点支承形式，简支梁采用双支座支承时支间距不宜过小。正常使用极限状态下，单向受压支座应保持受压状态；承载能力极限状态下，结构应具有足够的抗倾覆性能，且计算分析中应考虑单向受压支座脱空造成的结构支承体系变化。

8.2.3 对纵坡较大的桥梁或独柱支承的匝道桥梁，应分析桥梁向下坡方向累计位移的影响，总体设计时独柱墩连续梁分联长度不宜过长，中墩应采用适宜的结构尺寸，并应保证墩柱具有较大的纵横向抗推刚度。

8.2.4 当立交、高架道路桥梁的跨度小于30m，且桥宽较大时，桥墩可采用柱式桥墩，柱数宜少，视觉应通透、舒适。

8.2.5 当立交、高架道路桥下设置停车场时，不得妨碍桥梁结构的安全，应设置相应的防火设施，并应满足有关消防的安全规定。

8.2.6 当立交、高架道路桥梁跨越城市轨道交通或电气化铁路时，接触网与桥梁结构的最小净距应符合国家现行标准《地铁设计规范》GB 50157和《铁路电力牵引供电设计规范》TB 10009的规定。

8.3 地 下 通 道

8.3.1 采用地下通道方案前，应与立交跨线桥方案作技术、经济、运营等方面的比较。设计时应对建设地点的地形、地质、水文，地上、地下的既有构筑物及规划要求，地下管线，地面交通或铁路运营情况进行详细调查分析。位于铁路运营线下的地下通道，为保证施工期间铁路运营安全，地下通道位置除应按本规范第8.1.1条的规定设置外，还应选在地质条件较好、铁路路基稳定、沉降量小的地段。

8.3.2 地下通道净空应符合本规范第5章的规定。当地下通道中设置机动车道、非机动车道和人行道时，可将非机动车道、人行道和机动车道布置在不同的高程上。

在仅布置机动车道的地下通道内，应在一侧路缘石与墙面之间设置检修道，宽度宜为0.50m～0.75m。当孔内机动车的车行道为四条及以上时，另一侧还应再设置0.50m～0.75m宽的检修道。

9 桥梁细部构造及附属设施

9.1 桥 面 铺 装

9.1.1 桥面铺装的结构形式宜与所衔接的道路路面相协调，可采用沥青混凝土或水泥混凝土材料。

9.1.2 桥面铺装层材料、构造与厚度应符合下列规定：

1 当为快速路、主干路桥梁和次干路上的特大桥、大桥时，桥面铺装宜采用沥青混凝土材料，铺装层厚度不宜小于 80mm，粒料宜与桥头引道上的沥青面层一致。水泥混凝土整平层强度等级不应低于 C30，厚度宜为 70mm～100mm，并应配有钢筋网或焊接钢筋网。

当为次干路、支路时，桥梁沥青混凝土铺装层和水泥混凝土整平层的厚度均不宜小于 60mm。

2 水泥混凝土铺装层的面层厚度不应小于 80mm，混凝土强度等级不应低于 C40，铺装层内应配有钢筋网或焊接钢筋网，钢筋直径不应小于 10mm，间距不宜大于 100mm，必要时可采用纤维混凝土。

9.1.3 钢桥面沥青混凝土铺装结构应根据铺装材料的性能、施工工艺、车辆轮压、桥梁跨径与结构形式、桥面系的构造尺寸以及桥梁纵断面线形、当地的气象与环境条件等因素综合分析后确定。

9.2 桥面与地下通道防水、排水

9.2.1 桥面铺装应设置防水层。

沥青混凝土铺装底面在水泥混凝土整平层之上应设置柔性防水卷材或涂料，防水材料应具有耐热、冷柔、防渗、耐腐、粘结、抗碾压等性能。材料性能技术要求和设计应符合国家现行相关标准的规定。

水泥混凝土铺装可采用刚性防水材料，或底层采用不影响水泥混凝土铺装受力性能的防水涂料等。

9.2.2 圬工桥台台身背墙、拱桥拱圈顶面及侧墙背面应设置防水层。下穿地下通道箱涵等封闭式结构顶板顶面应设置排水横坡，坡度宜为 0.5%～1%，箱体防水应采用自防水，也可在顶板顶面、侧墙外侧设置防水层。

9.2.3 桥面排水设施的设置应符合下列规定：

1 桥面排水设施应适应桥梁结构的变形，细部构造布置应保证桥梁结构的任何部分不受排水设施及泄漏水流的侵蚀；

2 应在行车道较低处设排水口，并可通过排水管将桥面水泄入地面排水系统中；

3 排水管道应采用坚固的、抗腐蚀性能良好的材料制成，管道直径不宜小于150mm；

4 排水管道的间距可根据桥梁汇水面积和桥面纵坡大小确定：

当纵坡大于2%时，桥面设置排水管的截面积不宜小于$60mm^2/m^2$；

当纵坡小于1%时，桥面设置排水管的截面积不宜小于$100mm^2/m^2$；

南方潮湿地区和西北干燥地区可根据暴雨强度适当调整；

5 当中桥、小桥的桥面设有不小于3%纵坡时，桥上可不设排水口，但应在桥头引道上两侧设置雨水口；

6 排水管宜在墩台处接入地面，排水管布置应方便养护，少设连接弯头，且宜采用有清除孔的连接弯头；排水管底部应作散水处理，在使用除冰盐的地区应在墩台受水影响区域涂混凝土保护剂；

7 沥青混凝土铺装在桥跨伸缩缝上坡侧，现浇带与沥青混凝土相接处应设置渗水管；

8 高架桥桥面应设置横坡及不小于0.3%的纵坡；当纵断面为凹形竖曲线时，宜在凹形竖曲线最低点及其前后3m～5m处分别设置排水口。当条件受到限制，桥面为平坡时，应沿主梁纵向设置排水管，排水管纵坡不应小于3%。

9.2.4 地下通道排水应符合下列规定：

1 地下通道内排水应设置独立的排水系统，其出水口必须可靠。排水设计应符合国家现行标准《室外排水设计规范》GB 50014、《城市道路设计规范》CJJ 37的规定。

2 地下通道纵断面设计除应符合本规范第8.1.3条第2款的规定外，应将引道两端的起点处设置倒坡，其高程宜高于地面0.2m～0.5m左右，并应加强引道路面排水，在引道与地下通道接头处的两侧应设一排截水沟。

3 地下通道内路面边沟雨水口间应有不小于0.3%～0.5%的排水纵坡。当较短地下通道内不设置雨水口时，地下通道纵坡不应小于0.5%。引道与地下通道内车行道路面，应设不小于2%的横坡。

地下通道引道段选用的径流系数应考虑坡陡径流增加的因素，其雨水口的设置与选型应适应汇水快而急的特点。

4 当下穿地下通道不能自流排水时，应设置泵站排水，其管渠设计、降雨重现期应大于道路标准。排水泵站应保证地下通道内不积水。

5 采用盲沟排水和兼排雨水的管道和泵站，应保证有效、可靠。

9.3 桥面伸缩装置

9.3.1 桥面伸缩装置，应满足梁端自由伸缩、转角变形及使车辆平稳通过的要求。伸缩装置应根据桥梁长度、结构形式采用经久耐用、防渗、防滑等性能良好，且易于清洁、检修、更换的材料和构造形式。材料及其成品的技术要求应符合国家现行相关标准的规定。

在多跨简支梁间，可采用连续桥面。连续桥面的长度不宜大于100m，连续桥面的构造应完善、牢固和耐用。

9.3.2 对变形量较大的桥面伸缩缝，宜采用梳板式或模数式伸缩装置。伸缩装置应与梁端牢固锚固。

城市快速路、主干路桥梁不得采用浅埋的伸缩装置。

9.3.3 当设计伸缩装置时，应考虑其安装的时间，伸缩量应根据温度变化及混凝土收缩、徐变、受荷转角、梁体纵坡及伸缩装置更换所需的间隙量等因素确定。

对异型桥的伸缩装置，必须检算其纵横向的错位量。

9.3.4 在使用除冰盐地区，对栏杆底座、混凝土铺装以及桥梁伸缩装置以下的盖梁、墩台帽等处，应进行耐久性处理。

9.3.5 地下通道的沉降缝、伸缩缝必须满足防水要求。

9.4 桥梁支座

9.4.1 桥梁支座可按其跨径、结构形式、反力力值、支承处的位移及转角变形值选取不同的支座。

桥梁可选用板式橡胶支座或四氟滑板橡胶支座、盆式橡胶支座和球形钢支座。不宜采用带球冠的板式橡胶支座或坡形板式橡胶支座。

支座的材料、成品等技术要求应符合国家现行相关标准的规定。

9.4.2 支座的设计、安装要求应符合有关标准的规定，且应易于检查、养护、更换，并应有防尘、清洁、防止积水等构造措施。

墩台构造应满足更换支座的要求，在墩台帽顶面与主梁梁底之间应预留顶升主梁更换支座的空间。

支座安装时应预留由于施工期间温度变化、预应力张拉以及混凝土收缩、徐变等因素产生的变形和位移，成桥后的支座状态应符合设计要求。

9.4.3 主梁应在墩、台部位处设置横向限位构造。

9.4.4 对大中跨径的钢桥、弯桥和坡桥等连续体系桥梁，应根据需要设置固定支座或采用墩梁固结，不宜全桥采用活动支座或等厚度的板式橡胶支座。

对中小跨径连续梁桥，梁端宜采用四氟滑板橡胶支座或小型盆式纵向活动支座。

9.5　桥梁栏杆

9.5.1　人行道或安全带临空侧的栏杆高度不应小于1.10m，非机动车道临空侧栏杆高度不应小于1.40m。上述栏杆高度为人行道表面至栏杆扶手顶面的距离。栏杆竖直构件间的最大净间距不得大于110mm，不宜采用有蹬踏面的结构。栏杆结构及底座设计必须安全可靠，其设计荷载应按本规范第10.0.7条取值。

9.5.2　防撞护栏的设计应按现行国家标准《城市道路交通设施设计规范》GB 50688和行业标准《公路交通安全设施设计规范》JTG D81的有关规定进行。

防撞护栏的防撞等级应按本规范第10.0.8条规定选择。

9.5.3　桥梁栏杆及防撞护栏的设计除应满足受力要求以外，其栏杆造型、色调应与周围环境协调。对重要桥梁宜作景观设计。

9.5.4　当桥梁跨越快速路、城市轨道交通、高速公路、铁路干线等重要交通通道时，桥面人行道栏杆上应加设护网，护网高度不应小于2m，护网长度宜为下穿道路的宽度并各向路外延长10m。

10　桥梁上的作用

10.0.1　桥梁设计采用的作用应按永久作用、可变作用、偶然作用分类。除可变作用中的设计汽车荷载与人群荷载外，作用与作用效应组合均应按现行行业标准《公路桥涵设计通用规范》的有关规定执行。

10.0.2　桥梁设计时，汽车荷载的计算图式、荷载等级及其标准值、加载方法和纵横向折减等应符合下列规定：

1　汽车荷载应分为城－A级和城－B级两个等级。

2　汽车荷载应由车道荷载和车辆荷载组成。车道荷载应由均布荷载和集中荷载组成。桥梁结构的整体计算应采用车道荷载，桥梁结构的局部加载、桥台和挡土墙压力等的计算应采用车辆荷载。车道荷载与车辆荷载的作用不得叠加。

3　车道荷载的计算（10.0.2-1）应符合下列规定：

1）城－A级车道荷载的均布荷载标准值（q_k）应为10.5kN/m。集中荷载标准值（P_k）的选取：当桥梁计算跨径小于或等于5m时，P_k＝270kN；当桥梁计算跨径等于或大于50m时，P_k＝360kN；当桥梁计算跨径在5m～50m之间时，P_k值应采用直线内插求得。当计算剪力效应时，上述集中荷载标准值（P_k）应

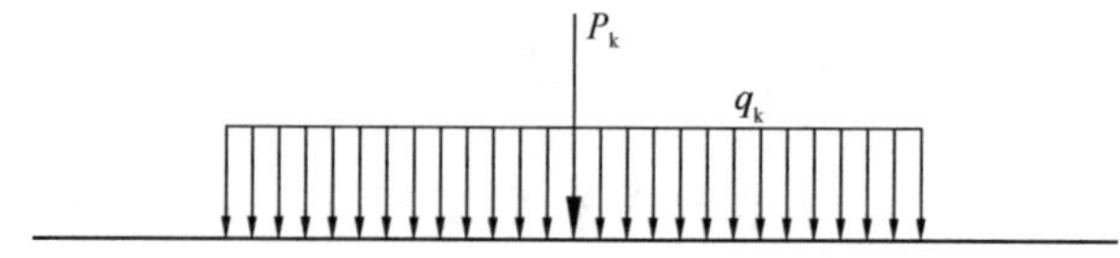

图 10.0.2-1　车道荷载

乘以 1.2 的系数。

2）城一B 级车道荷载的均布荷载标准值（q_k）和集中荷载标准值（P_k）应按城一A 级车道荷载的 75%采用；

3）车道荷载的均布荷载标准值应满布于使结构产生最不利效应的同号影响线上；集中荷载标准值应只作用于相应影响线中一个最大影响线峰值处。

4　车辆荷载的立面、平面布置及标准值应符合下列规定：

1）城一A 级车辆荷载的立面、平面、横桥向布置（图 10.0.2-2）及标准值应符合表 10.0.2 的规定：

车轴编号	1	2	3	4	5
轴重 (kN)	60	140	140	200	160
轮重 (kN)	30	70	70	100	80
总重 (kN)	700				

3.6m　1.2m　6.0m　7.2m
18.0m

(a) 立面布置

0.25m　0.25m　0.25m　0.25m　0.6m　0.6m　1.8m

(b) 平面布置

缘石
1.8m　1.3m　1.8m　0.5m

(c) 横桥向布置

图 10.0.2-2　城一A 级车辆荷载立面、平面、横桥向布置

表 10.0.2 城—A级车辆荷载

车轴编号	单位	1	2	3	4	5
轴重	kN	60	140	140	200	160
轮重	kN	30	70	70	100	80
纵向轴距	m	3.6	1.2	6	7.2	
每组车轮的横向中距	m	1.8	1.8	1.8	1.8	1.8
车轮着地的宽度×长度	m	0.25×0.25	0.6×0.25	0.6×0.25	0.6×0.25	0.6×0.25

2）城—B级车辆荷载的立面、平面布置及标准值应采用现行行业标准《公路桥涵设计通用规范》JTG D60车辆荷载的规定值。

5 车道荷载横向分布系数、多车道的横向折减系数、大跨径桥梁的纵向折减系数、汽车荷载的冲击力、离心力、制动力及车辆荷载在桥台或挡土墙后填土的破坏棱体上引起的土侧压力等均应按现行行业标准《公路桥涵设计通用规范》JTG D60的规定计算。

10.0.3 应根据道路的功能、等级和发展要求等具体情况选用设计汽车荷载。桥梁的设计汽车荷载应根据表10.0.3选用，并应符合下列规定：

表 10.0.3 桥梁设计汽车荷载等级

城市道路等级	快速路	主干路	次干路	支 路
设计汽车荷载等级	城—A级或城—B级	城—A级	城—A级或城—B级	城—B级

1 快速路、次干路上如重型车辆行驶频繁时，设计汽车荷载应选用城—A级汽车荷载；

2 小城市中的支路上如重型车辆较少时，设计汽车荷载采用城—B级车道荷载的效应乘以0.8的折减系数，车辆荷载的效应乘以0.7的折减系数；

3 小型车专用道路，设计汽车荷载可采用城—B级车道荷载的效应乘以0.6的折减系数，车辆荷载的效应乘以0.5的折减系数。

10.0.4 在城市指定路线上行驶的特种平板挂车应根据具体情况按本规范附录A中所列的特种荷载进行验算。对既有桥梁，可根据过桥特重车辆的主要技术指标，按本规范附录A的要求进行验算。

对设计汽车荷载有特殊要求的桥梁，设计汽车荷载标准应根据具体交通特征进行专题论证。

10.0.5 桥梁人行道的设计人群荷载应符合下列规定：

1 人行道板的人群荷载按5kPa或1.5kN的竖向集中力作用在一块构件上，分别计算，取其不利者。

2 梁、桁架、拱及其他大跨结构的人群荷载（W）可采用下列公式计算，且W值在任何情况下不得小于2.4kPa：

当加载长度L<20m时：

$$W=4.5\times\frac{20-w_{p}}{20} \tag{10.0.5-1}$$

当加载长度L≥20m时：

$$W=\left(4.5-2\times\frac{L-20}{80}\right)\left(\frac{20-w_{p}}{20}\right) \tag{10.0.5-2}$$

式中：W——单位面积的人群荷载，(kPa)；

L——加载长度，(m)；

w_{p}——单边人行道宽度，(m)；在专用非机动车桥上为1/2桥宽，大于4m时仍按4m计。

3 检修道上设计人群荷载应按2kPa或1.2kN的竖向集中荷载，作用在短跨小构件上，可分别计算，取其不利者。计算与检修道相连构件，当计入车辆荷载或人群荷载时，可不计检修道上的人群荷载。

4 专用人行桥和人行地道的人群荷载应按现行行业标准《城市人行天桥与人行地道技术规范》CJJ 69的有关规定执行。

10.0.6 桥梁的非机动车道和专用非机动车桥的设计荷载，应符合下列规定：

1 当桥面上非机动车与机动车道间未设置永久性分隔带时，除非机动车道上按本规范第10.0.5条的人群荷载作为设计荷载外，尚应将非机动车道与机动车道合并后的总宽作为机动车道，采用机动车布载，分别计算，取其不利者；

2 桥面上机动车道与非机动车道间设置永久性分隔带的非机动车道和非机动车专用桥，当桥面宽度大于3.50m，除按本规范第10.0.5条的人群荷载作为设计荷载外，尚应采用本规范第10.0.3条规定的小型车专用道路设计汽车荷载（不计冲击）作为设计荷载，分别计算，取其不利者；

3 当桥面宽度小于3.50m，除按本规范第10.0.5条的人群荷载作为设计荷载外，再以一辆人力劳动车（图10.0.6）作为设计荷载分别计算，取其不利者。

10.0.7 作用在桥上人行道栏杆扶手上的竖向荷载应为1.2kN/m；水平荷

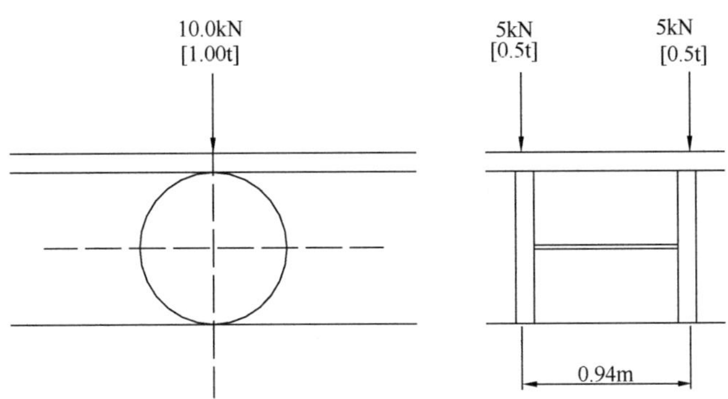

图 10.0.6 一辆人力劳动车荷载图

载应为 2.5kN/m。两者应分别计算，且不应与其他可变作用叠加。立柱柱顶推力应为扶手水平荷载集度与柱间距的乘积。

10.0.8 防撞护栏的防撞等级及相应作用于桥梁护栏上的碰撞荷载大小应按现行国家标准《城市道路交通设施设计规范》GB 50688 和行业标准《公路交通安全设施设计规范》JTG D81 的规定确定。

十一、城市人行天桥与人行地道技术规范 CJJ 69－95

中华人民共和国行业标准

城市人行天桥与人行地道技术规范

Technical specifications of urban
pedestrian overcrossing and underpass

CJJ 69－95

主编单位：北京市市政工程研究院
批准部门：中华人民共和国建设部
施行日期：1 9 9 6 年 9 月 1 日

目 次

2 一般规定

2.1 设计通行能力

2.1.1 天桥与地道的设计通行能力应符合表2.1.1的规定：

表2.1.1 天桥、地道设计通行能力

类别	天桥、地道 [P/(h·m)]	车站、码头的前的天桥、地道 [P/(h·m)]
设计通行能力	2400	1850

注：P/(h·m)为人/(小时·米)，以下同。

2.1.2 天桥与地道设计通行能力的折减系数应符合下列规定：

2.1.2.1 全市性的车站、码头、商场、剧院、影院、体育馆(场)、公园、展览馆及市中心区行人集中的天桥(地道)计算设计通行能力的折减系数为0.75。

2.1.2.2 大商场、商店、公共文化中心及区中心等行人较多的天桥(地道)计算设计通行能力的折减系数为0.8。

2.1.2.3 区域性文化中心地带行人多的天桥(地道)计算设计通行能力折减系数为0.85。

2.2 净 宽

2.2.1 天桥与地道的通道净宽应符合下列规定：

2.2.1.1 天桥与地道的通道净宽，应根据设计年限内高峰小时人流量及设计通行能力计算。

2.2.1.2 天桥桥面净宽不宜小于3m，地道通道净宽不宜小于3.75m。

2.2.2 天桥与地道每端梯道或坡道的净宽之和应大于桥面(地道)的净宽1.2倍以上。梯(坡)道的最小净宽为1.8m。

2.2.3 考虑兼顾自行车推车通过时，一条推车带宽按1m计，天桥或地道净宽按自行车流量计算增加通道净宽，梯(坡)道的最小净宽为2m。

2.2.4 考虑推自行车的梯道，应采用梯道带坡道的布置方式，一条坡道宽度不宜小于0.4m，坡道位置视方便推车流向设置。

2.3 净 高

2.3.1 天桥桥下净高应符合下列规定：

2.3.1.1 天桥桥下为机动车道时，最小净高为4.5m，行驶电车时，最小净高为5.0m。

2.3.1.2 跨铁路的天桥，其桥下净高应符合现行国标《标准轨距铁路建筑限界》的规定。

2.3.1.3 天桥桥下为非机动车道时，最小净高为3.5m，如有从道路两侧的建筑物内驶出的普通汽车需经桥下非机动车道通行时，其最小净高为4.0m。

2.3.1.4 天桥、梯道或坡道下面为人行道时，净高为2.5m，最小净高为2.3m。

2.3.1.5 考虑维修或改建道路可能提高路面标高时，其净高应适当提高。

2.3.2 地道的最小净高应符合下列规定：

2.3.2.1 地道通道的最小净高为2.5m。

2.3.2.2 地道梯道踏步中间位置的最小垂直净高为2.4m，坡道的最小垂直净高为2.5m，极限为2.2m。

2.3.3 天桥桥面净高应符合下列规定：

2.3.3.1 最小净高为2.5m。

2.3.3.2 各级架空电缆与天桥、梯（坡）道面最小垂直距离应符合表2.3.3规定。

表2.3.3 天桥、梯道、坡道与各级电压电力线间最小垂直距离表

最小、垂直距离(m) / 线路电压(kV) / 地区	配电线		送电线			
	1以下	1～10	35	60～110	154～220	330
居民区	6.0	6.5	7.0	7.0	7.5	8.5
非居民区	5.0	5.5	6.0	6.0	6.5	7.5

2.4 设计原则

2.4.1 天桥与地道设计布局应结合城市道路网规划，适应交通的需要，并应考虑由此引起附近范围内人行交通所发生的变化，且对此种变化后的步行交通进行全面规划设计。属于下列情况之一时，可设置天桥或地道。其中机动车交通量应按每小时当量小汽车交通量（辆/时，即pcu/h）计。

2.4.1.1 进入交叉口总人流量达到18000P/h，或交叉口的一个进口横过马路的人流量超过5000P/h，且同时在交叉口一个进口或路段上双向当量小汽车交通量超过1200pcu/h。

2.4.1.2 进入环形交叉口总人流量达18000P/h时，且同时进入环形交叉口的当量小汽车交通量达2000pcu/h时。

2.4.1.3 行人横过市区封闭式道路或快速干道或机动车道宽度大于25m时，可每隔300～400m应设一座。

2.4.1.4 铁路与城市道路相交道口，因列车通过一次阻塞人流超过1000人次或道口关闭时间超过15min时。

2.4.1.5 路段上双向当量小汽车交通量达1200pcu/h，或过街行人超过5000P/h。

2.4.1.6 有特殊需要可设专用过街设施。

2.4.1.7 复杂交叉路口，机动车行车方向复杂，对行人有明显危险处。

2.4.2 天桥或地道的选择应根据城市道路规划，结合地上地下管线、市政公用设施现状、周围环境、工程投资以及建成后的维护条件等因素做方案比较。地震多发地区宜考虑地道方案。

2.4.3 规划天桥与地道应以规划人流量及其主要流向为依据，在考虑自行车过天桥地道时，还应依据自行车流量和流向，因地制宜采取交通管理措施，保障行人交通安全和交通连续性。并做出有利于逐步形成步行系统的总体布局。

2.4.4 天桥与地道在路口的布局应从路口总体交通和建筑艺术等角度统一考虑，以求最大综合效益。

2.4.5 天桥与地道的设置应与公共车辆站点结合，还应有相应的交通管理措施。在天桥和地道附近布置交通护栏、交通岛、各种交通标志、标线、交通信号灯及其他设施。

2.4.6 天桥与地道的布局既要利于提高行人过街安全度，又要提高机动车道的通行能力。地面梯口不应占人行步道的空间，特殊困难处，人行步道至少应保留1.5m宽，应与附近大型公共建筑出入口结合，并在出入口留有人流集散用地。

2.4.7 天桥与地道设计要为文明快速施工创造条件，宜采用预制装配结构，在需要维持地面正常交通时地道应避免大开挖的施工方法。

2.5 构造要求

2.5.2 天桥上部结构，由人群荷载计算的最大竖向挠度，不应超过下列允许值：

梁板式主梁跨中	$L/600$
梁板式主梁悬臂端	$L_1/300$
桁架、拱	$L/800$

注：L 为计算跨径；L_1 为悬臂长度。

2.5.3 天桥主梁结构应设置预拱度，其值采用结构重力和人群荷载所产生的竖向挠度，并应做成圆滑曲线。当结构重力和人群荷载产生的向下挠度不超过跨径的 1/1600 时，可不设预拱度。

2.5.4 为避免共振，减少行人不安全感，天桥上部结构竖向自振频率不应小于 3Hz。

2.5.5 天桥、地道及梯(坡)面的铺装应符合平整、防滑、排水、无噪音、便于养护的要求。

2.5.6 天桥结构应视需要设置伸缩装置以适应结构端部线位移和角位移需要。伸缩装置应选用止水型的。

2.5.7 地道结构，以汽车荷载(不计冲击力)计算的最大挠度不应超过 $L/600$。

注：用平板挂车或履带车荷载验算时，上述允许挠度可增加 20%。

2.6 附属设施

2.6.1 天桥必须设桥下限高的交通标志，并应符合下列要求：

2.6.1.1 限高标志应放置在驾驶人员和行人最容易看到，并能准确判读的醒目位置。

2.6.1.2 限高标志的限高高度，应根据桥下净高、当地通行的车辆种类和交叉情况等因素而定。天桥桥下限高标志数应比设计净高小 0.5m。

2.6.4 当天桥上方的架空线距桥面不足安全距离时，为确保安全，桥上应设置安全防护罩，安全防护罩距桥面的距离不宜小于 2.5m。

2.6.8 天桥或地道结构不得敷设高压电缆、煤气管和其他可燃、易爆、有毒或有腐蚀性液(气)体管道过街。

3 天桥设计

3.1 荷　　载

3.1.1 天桥设计荷载分类应符合表 3.1.1 的规定。

3.1.2 天桥设计，应根据可能同时出现的作用荷载，选择下列荷载组合：

组合Ⅰ：基本可变荷载与永久荷载的一种或几种相组合。

组合Ⅱ：基本可变荷载与永久荷载的一种或几种与其他可变荷载的一种或几种相组合。

组合Ⅲ：基本可变荷载与永久荷载的一种或几种与偶然荷载中的汽车

撞击力相组合。

组合Ⅳ：天桥施工阶段的验算，应根据可能出现的施工荷载(如结构重力、脚手架、材料机具、人群、风力等)进行组合。构件在吊装时，构件重力应乘以动力系数 1.2 或 0.85，并可视构件具体情况做适当增减。

组合Ⅴ：结构重力、1kN/m^2 人群荷载、预应力中的一种或几种与地震力相组合。

表 3.1.1　荷载分类表

<table>
<tr><th>编号</th><th colspan="2">荷载分类</th><th>荷载名称</th></tr>
<tr><td>1</td><td colspan="2" rowspan="5">永久荷载(恒载)</td><td>结构重力</td></tr>
<tr><td>2</td><td>预加应力</td></tr>
<tr><td>3</td><td>混凝土收缩及徐变影响力</td></tr>
<tr><td>4</td><td>基础变位影响力</td></tr>
<tr><td>5</td><td>水的浮力</td></tr>
<tr><td>6</td><td rowspan="3">可变荷载</td><td rowspan="2">基本可变荷载(活载)</td><td rowspan="2">人群</td></tr>
<tr><td>7</td></tr>
<tr><td>8</td><td>其他可变荷载</td><td>风力
雪重力
温度影响力</td></tr>
<tr><td>9</td><td colspan="2" rowspan="2">偶然荷载</td><td>地震力</td></tr>
<tr><td>10</td><td>汽车撞击力</td></tr>
</table>

注：如构件主要为承受某种其他可变荷载而设置，则计算该构件时，所承荷载作为基本可变荷载。

3.1.3　人群设计荷载值及计算式应符合下列规定：

3.1.3.1　人行桥面板及梯(坡)道面板的人群荷载按 5kPa 或 1.5kN 竖向集中力作用在一块构件上计算。

3.1.3.2　梁、桁、拱及其他大跨结构，采用下列公式计算：

当加载长度为 20m 以下(包括 20m)时

$$W=5\cdot\frac{20-B}{20}(\text{kPa}) \tag{3.1.3-1}$$

当加载长度为 21～100m(100m 以上同 100m)时

$$W=\left(5-2\cdot\frac{L-20}{80}\right)\left(\frac{20-B}{20}\right)(\text{kPa}) \tag{3.1.3-2}$$

式中　W——单位面积的人群荷载，kPa；

L——加载长度，m；

B——半桥宽度，m。大于 4m 时仍按 4m 计。

3.1.11 栏杆水平推力

水平荷载为 2.5kN/m，竖向荷载为 1.2kN/m，不与其他活载迭加。

3.1.12 地震力的计算应符合下列规定：

3.1.12.1 天桥的抗震设防，不应低于下线工程的设计烈度，对于跨越特别重要的道路工程，经报请批准后，其设计烈度可比基本烈度提高一度使用。地震力的计算可参照现行的《公路工程抗震设计规范》进行。

3.1.12.2 计算地震力时同时考虑静载与 1.0kN/m^{2}2 人群荷载组合。

3.1.13 汽车撞击力的计算应符合下列规定：

天桥墩柱在有可能被汽车撞击之处，应设置刚性防撞墩，防撞墩宜与天桥墩柱之间保留一定空隙，条件不具备时也可与墩柱浇注为一体。钢筋混凝土防撞墩可参照《高速公路交通安全设施设计及施工技术规范》(JTJ074)设计。

汽车撞击力可按下式估算：

$$P=\frac{W\cdot v}{g\cdot T}(\text{kN}) \tag{3.1.13}$$

式中 W——汽车重力，建议值 150kN；

v——车速，建议值 22.2m/s；

g——重力加速度，9.18m/s^2；

T——撞击时间，建议值 1.0s。

墩柱体上撞击力作用点位于路面以上 1.8m 处。

在快速路、主干道及次干道顺行车方向上，估算撞击力不足 350kN，按 350kN 计；垂直行车方向则按 175kN 计。

3.1.14 有积雪地区须考虑雪荷载，结构顶面承受雪荷载按现行国家标准《建筑结构荷载规范》(GBJ9)"全国基本雪压分布图"进行。

3.2 建筑设计

3.2.6 梯道踏步规格应符合下列规定：

3.2.6.1 梯道踏步最小步宽以 0.30m 为宜，最大步高以 0.15m 为宜，螺旋梯内侧步宽可适当减小。

3.2.6.2 踏步的高宽关系按 $2R+T=0.6$m 的关系式计算，其中 R 为踏步高度，T 为踏步宽度。

3.4 梯(坡)道、平台

3.4.1 梯道坡度不得大于 1∶2。

3.4.2 手推自行车及童车的坡道坡度不宜大于 1∶4。

3.4.3 残疾人坡道设置应符合下列要求：

3.4.3.1 残疾人坡道的设置应以手摇三轮车为主要出行工具，并考虑坐轮椅者、拐杖者、视力残疾者的使用和通行。

3.4.3.2 坡道不宜大于 1∶12，有特殊困难时不应大于 1∶10。

3.4.4 梯道宜设休息平台，每个梯段踏步不应超过 18 级，否则必须加设缓步平台，改向平台深度不应小于桥梯宽度，直梯(坡)平台，其深度不应小于 1.5m；考虑自行车推行时，不应小于 2m。自行车转向平台宜设不小于 1.5m 的转弯半径。

3.4.5 栏杆扶手应符合下列规定：

3.4.5.1 栏杆高度不应小于 1.05m。

3.4.5.2 栏杆应以坚固、耐久的材料制作，并能承受 3.1.11 条规定的水平荷载。

3.4.5.3 栏杆构件间的最大净间距不得大于 14cm，且不宜采用横线条栏杆。

3.4.5.4 考虑残疾人通行时，应在 0.65m 高度处另设扶手，在儿童通行较多处，应在 0.8m 高度处另设扶手。

3.4.5.5 梯宽大于 6m，或冬季有积雪的地方，梯(坡)面有滑跌危险时，梯、坡道中间宜增设栏杆扶手。

3.8 防 水 与 排 水

3.8.1 桥面最小坡度应符合下列要求：

3.8.1.1 天桥桥面应设置纵坡与横坡。

3.8.1.2 天桥桥面最小纵坡不宜小于 0.5%，必要时可设置桥面竖曲线。

3.8.1.3 天桥桥面应根据不同类型铺装设置横坡。横坡可采用双向坡，也可采用单向坡，最小横坡值可采用 1%。

3.8.2 桥面及梯道(或坡道)排水应符合下列要求：

3.8.2.1 桥面排水可设置地漏，导入落水管；落水管可采用隐蔽布置方式。

3.8.2.2 梯道(或坡道)可采用自然排水方式；为防止行人滑跌，踏步面可做 1%～2%的横坡。

3.8.3 桥面防水层应符合下列要求：

天桥桥面铺装层下应设防水层，视当地的气温、雨量、桥梁结构和桥面铺装的形式等具体情况确定防水层做法；采用装配式预制梁板结构时，对结构拼接缝应采取止水措施。

4　地道设计

4.1　荷　　载

4.1.4　预加应力可参照第 3.1.5 条进行计算

4.1.5　土的重力对地道的竖向和水平压力强度，可按下式计算：

竖向压力强度　　$q_v = \gamma h$　　(4.1.5-1)

水平压力强度　　$q_H = \lambda \gamma h$　　(4.1.5-2)

式中　γ——土的重力密度，kN/m^3；

h——计算截面至路面顶的高度；

λ——侧压系数，按下式计算：

$$\lambda = tg^2(45° - \phi/2)$$

ϕ——土的内摩擦角。

4.1.6　混凝土收缩及徐变影响力可参照第 3.1.6 条进行计算。

4.1.7　基础变位影响力可参照第 3.1.7 条进行计算。

4.1.8　水浮力可参照第 3.1.8 条进行计算。

4.1.9　车辆荷载的计算应符合下列要求：

4.1.9.1　车辆荷载引起的竖直土压力

计算地道顶上车辆荷载引起的竖向压力时，车轮或履带按着地面积的边缘向下做 30°角分布。当几个车轮或两履带的压力扩散线相重叠时，则扩散面积以最外边线为准。

4.1.9.2　车辆荷载引起的土侧压力

车辆荷载引起的土侧压力可换算成等代均布土层厚度按第 4.1.5 条土的水平压力强度公式来计算。

4.1.9.3　车辆荷载等级应根据在地道上面的道路使用任务、性质和将来的发展情况参照表 4.1.9 确定。

表 4.1.9　城市桥梁设计车辆荷载等级选用表

城市道路等级 荷载类别	快速路	主干路	次干路	支路
计算荷载和验算荷载	汽车-超 20 级 挂车-120	汽车-20 级 挂车-100 或 汽车-超 20 级 挂车-120	汽车-15 级 挂车-80 或 汽车-20 级 挂车-100	汽车-15 级 挂车-80

注：表列城市道路等级系按“城市道路设计规范的分类划分”执行。小城市中支路根据具体情况也可考虑采用汽车-10 级、履带-50。

汽车、平板挂车、履带车的主要技术指标，参照现行的《公路桥涵设计通用规范》(JTJ021)第2.3.1条及其表2.3.1及第2.3.5条及其表2.3.5的有关规定。

4.1.10 人群荷载可按4kN/m^2计算。

4.1.11 栏杆扶手上的竖向荷载1.2kN/m；水平荷载2.5kN/m。

两者应分别考虑，且不与其他活载叠加。

4.1.12 地震力可参照现行的有关抗震规范的规定计算。

4.4 梯(坡)道、平台与进出口

4.4.1 梯道、手推自行车及童车坡道的坡度应符合下列要求：

4.4.1.1 梯道坡度不应大于1∶2。

4.4.1.2 手推自行车及童车的坡道坡度不应大于1∶4。

4.4.2 残疾人坡道设置条件同3.4.3条。

4.4.3 雨水较多地区和有需要时，可设顶盖。

4.4.4 梯道休息平台的规定同3.4.4条。

4.4.5 扶手高度应符合下列要求：

4.4.5.1 扶手高度自踏步前缘线量起不宜小于0.80m。

4.4.5.2 供轮椅使用的坡道两侧应设高度为0.65m的扶手。

4.4.5.3 增设中间扶手规定同3.4.5.5条。

4.8 防水与给排水

4.8.2.2 地道内地面铺装层应设置横坡，必要时也可同时设置纵坡与横坡，以利排水。最小横坡值宜采用1%。

4.8.2.3 对于进出口未设置雨棚建筑的地道，除地道内铺装层设置纵横坡外，地面铺装两侧应设置排水边沟，并盖以格栅。

4.8.2.4 梯道踏步排水方式同3.8.2.2条。

4.8.3 进出口应有比原地面高出0.15m以上的阻水措施，视当地地面积水情况定。

十二、 城市道路交通设施设计规范 GB 50688－2011（2019 年版）

中华人民共和国国家标准

城市道路交通设施设计规范

Code for design of urban road traffic facility

GB 50688－2011

（2019 年版）

主编部门：上 海 市 城 乡 建 设 和 交 通 委 员 会
批准部门：中华人民共和国住房和城乡建设部
施行日期：２ ０ １ ２ 年 ５ 月 １ 日

目 次

3 交通调查

3.0.1 城市道路交通设施设计应进行交通调查。

3.0.2 交通调查内容应包括所在地区的路网现状、沿线土地利用现状、沿线环境、道路及交通状况、城市规划、路网规划等。调查范围除了设计道路自身外，还应包含对设计道路有影响的周边范围。

3.0.3 新建道路交通设施设计应在调查和资料收集的基础上分析以下情况：

1 项目所在区域社会经济、交通发展、地形、气候气象及项目沿线土地开发利用情况；

2 周边相关道路等级、线形、横断面布置、交通设施配置情况；

3 项目周边主要道路交通特性、交通组织与管理情况；

4 项目在规划道路网中的地位、功能及道路等级；

5 项目预测交通量、交通组织及交通特性。

3.0.4 对改建、扩建道路工程交通设施设计调查内容，除新建工程要求的资料外，还应根据需要补充以下内容：

1 既有道路交通设施情况；

2 既有道路交通状况。

3.0.5 道路交通设施改造工程设计应对既有道路几何条件、交通量、交通组成、交通流特性、交通事故等资料进行综合分析，并对预测交通资料进行分析和判断。

4 总体设计

4.1 一 般 规 定

4.1.1 城市道路交通设施总体设计应符合安全、畅通、环保、可持续发展的总体目标要求。

4.1.2 城市道路交通设施总体设计应与道路主体工程设计相协调，根据道路功能及其在城市路网中的作用，综合考虑设计、施工、维修、营运、管理以及近期与远期等各种因素，准确体现道路工程主体设计的意图。

4.1.3 城市道路交通设施除应保持其各自特性和相对独立外，还应相互匹配、相互协调，使之成为统一、协调、完整的系统工程。

4.2 交通设施分级

4.2.1 城市道路交通设施设计应按等级进行统筹规划、总体设计。

4.2.2 城市道路交通设施等级应分为 A、B、C、D 四级，并应符合下列规定：

1 A 级应设置系统完善的标志、标线、隔离和防护设施；中间带必须连续设置中央分隔防撞护栏和必需的防眩设施；桥梁、高路堤路段以及旁侧有辅路、人行道等撞击后将危及生命和结构物安全的路段必须设置路侧防撞护栏；立体交叉及其周边路网应连续设置指路、禁令等标志；主路及匝道车行道两侧，应连续设置轮廓标；出口分流三角端应有醒目的提示和防撞设施；实施控制的匝道，应设置匝道控制信号灯；交通监控系统应按Ⅱ级设置，中、长、特长隧道应按Ⅰ级设置；

2 B 级应设置完善的标志、标线和必要的隔离和防护设施；路段上应设置中间分隔设施和机动车与非机动车分隔设施；桥梁与高路堤路段有坠落危险时必须设置路侧防撞护栏；立体交叉及其周边地区路网应设置指路、禁令等标志；平面交叉口必须进行交通渠化并设置交通信号灯；交通监控系统应按Ⅲ级设置，特大型桥梁应按Ⅱ级设置，中、长、特长隧道应按Ⅰ级设置；

3 C 级应设置完善的标志、标线和必要的隔离和防护设施；平交路口进口段宜设置中间分隔设施；桥梁与高路堤段有坠落危险时应设置路侧防撞护栏；平面交叉口应进行交通渠化并设置交通信号灯；交通监控系统应按Ⅲ级设置，特大型桥梁应按Ⅱ级设置，中、长、特长隧道应按Ⅰ级设置；

4 D 级应设置较完善的标志、标线；桥梁与高路堤段有坠落危险时应设置路侧防撞护栏；平面交叉口宜进行交通渠化并设置交通信号灯；交通监控系统应按Ⅳ级设置。

4.2.3 城市道路交通设施各等级适用范围应按表 4.2.3 执行。

表 4.2.3　各等级城市道路交通设施适用范围

交通设施等级	适用范围
A	快速路，中、长、特长隧道及特大型桥梁
B	主干路
C	次干路
D	支路

4.3 总体设计要求

4.3.1 总体设计应按照主体工程的技术标准、建设规模及项目交通特性，确定交通设施的技术标准、建设规模与主要技术指标，经协调并确认后执行。

4.3.2 总体设计应划定与主体工程设计之间的界面、接口等，并协调城市道路交通设施各专业的设计界面、接口等，防止设施之间发生冲突。

4.3.3 总体设计应组织各交通设施专业制定交通设施设计方案，并协调各设施间的衔接与配合。

4.3.4 总体设计应根据主体工程设计的道路服务水平和安全性评价结论，优化、完善道路交通设施设计方案。

4.3.5 总体设计应提出发生特殊交通安全或紧急事件情况下的疏散、撤离、抢险、救援等的功能要求。

7 防护设施

7.1 一 般 规 定

7.1.1 防护设施应采用环保材料，便于安装，易于维修。

7.1.2 防护设施不得侵入道路建筑限界，且不应侵入停车视距范围内。

7.1.3 不能提供足够路侧安全净距的快速路路侧，必须设置防撞护栏；当路基整体式断面中间带宽度小于或等于12m时，快速路的中央分隔带必须连续设置防撞护栏。

7.1.4 防护设施宜简洁大方，与道路、桥梁和周围建筑的设计风格统一协调。

7.2 防 撞 护 栏

7.2.1 防撞护栏防护等级分为六级，各等级的碰撞条件与设计防护能量应符合表7.2.1的规定。

表7.2.1 防撞护栏的碰撞条件与设计防护能量

防护等级代码		碰撞条件				设计防护能量(kJ)
路侧护栏	中央分隔带护栏	碰撞车型	车辆质量(t)	碰撞速度(km/h)	碰撞角度(°)	
B	Bm	小客车	1.5	60	20	70
		大客车	10	40	20	

续表 7.2.1

防护等级代码		碰撞条件				设计防护能量(kJ)
路侧护栏	中央分隔带护栏	碰撞车型	车辆质量(t)	碰撞速度(km/h)	碰撞角度(°)	
A	Am	小客车	1.5	100	20	160
		大客车	10	60	20	
SB	SBm	小客车	1.5	100	20	280
		大客车	10	80	20	
SA	SAm	小客车	1.5	100	20	400
		大客车	14	80	20	
SS	SSm	小客车	1.5	100	20	520
		大客车	18	80	20	
HB	HBm	小客车	1.5	100	20	640
		大客车	25	80	20	

注：设计交通量中，大型货车（总质量大于或等于25t）自然数所占比例大于20%时，防撞防栏应符合公路相关技术规范的要求。

7.2.2 在综合分析城市道路线形、设计速度、运行速度、交通量和车辆构成等因素的基础上，当防撞护栏的设计防护能量低于70kJ时，护栏可确定特殊的碰撞条件；当防撞护栏的设计防护能量高于640kJ时，护栏应确定特殊的碰撞条件。

7.2.3 城市道路应根据环境、气候、城市景观及对视距的影响等因素，采用不同防护等级的混凝土护栏、波形梁护栏、金属梁柱式护栏或组合式护栏，并宜符合下列规定：

1 大型车辆所占比例较大的路段，中央分隔带护栏宜采用混凝土护栏；

2 对景观有特殊要求的桥梁或城市道路宜选用金属梁柱式护栏或组合式护栏；

3 钢结构桥梁及需减小桥梁恒载时，宜采用金属梁柱式护栏；

4 当道路弯道、交叉口、出入口等处的防撞护栏影响驾驶员视距时，宜采用通透性较好的金属梁柱式护栏、组合式护栏或波形梁护栏；

5 冬季风雪较大地区，可选用少阻雪的护栏形式。

7.2.3A 防撞护栏的构造形式应采用实车足尺碰撞试验确定，并应满足安全性能要求。

7.2.4 路侧防撞护栏的设置应符合下列规定：

1 快速路路侧防撞护栏防护等级的确定应符合表7.2.4-1的规定；

表 7.2.4-1 快速路路侧防撞护栏防护等级

使用条件	设计速度（km/h）			
	100、80	60	50、40	30、20
一般路段、匝道、通道、涵洞	A	B	B	B
桥头引道、隧道洞口连接线；车辆越出路外可能发生重大事故的路段和匝道	SB	A	B	B
高挡墙、临水临空路段；车辆越出路外可能发生二次事故的路段和匝道	SA	SB	A	B
邻近其他快速路、高速公路、人流密集区域的路段；车辆越出路外可能发生重大二次事故的路段和匝道	SS	SA	SB	A

注：表中 50km/h、40km/h、30km/h 和 20km/h 为匝道设计速度。

2 主干路、次干路与支路特殊路段路侧防撞护栏防护等级的确定应符合表 7.2.4-2 的规定；

表 7.2.4-2 主干路、次干路及支路特殊路段路侧防撞护栏防护等级

使用条件	设计速度（km/h）		
	60	50、40	30、20
不设人行道的涵洞、通道	B	B	—
桥头引道、隧道洞口连接线；车辆越出路外可能发生重大事故的路段和匝道	A	B	B
高挡墙、临水临空路段；车辆越出路外可能发生二次事故的路段和匝道	SB	A	B
邻近快速路、高速公路、人流密集区域的路段；车辆越出路外可能发生重大二次事故的路段和匝道	SA	SB	A

3 邻近饮用水水源保护区、铁路、轨道交通、危险品仓储、高压输电线塔及电站等需要特殊护防的路段，经综合论证应在表 7.2.4-1 或表 7.2.4-2 规定的防护等级基础上提高 1 个及以上等级。

7.2.5 中央分隔带护栏的设置应符合下列规定：

1 快速路中央分隔带护栏的防撞等级应符合表 7.2.5-1 的规定；

表 7.2.5-1 快速路中央分隔带护栏防撞等级的适用条件

使用条件	设计速度（km/h）		
	100	80	60
一般路段	SBm	Am	Bm
小半径弯道、中央分隔带有桥墩及其他构造物等特殊防护路段	SAm	SBm	Am

2 设计速度大于或等于 50km/h 的主干路中央分隔带宜设置防撞护栏。主干路中央分隔带护栏的防撞等级应符合表 7.2.5-2 的规定。

表 7.2.5-2 主干路中央分隔带护栏防撞等级的适用条件

使用条件	设计速度（km/h）
	60、50
一般路段	Bm
小半径弯道、中央分隔带有桥墩及其他构造物等特殊防护路段	Am

7.2.6 活动护栏的设置应符合下列规定：

1 快速路的中央分隔带开口处，应设置活动护栏；

2 活动护栏的防撞等级宜与其所在路段中央分隔带护栏的防撞等级一致；

3 活动护栏应与中央分隔带护栏衔接，并在衔接处做安全性处理。

7.2.7 桥梁防撞护栏的设置应符合下列规定：

1 快速路桥梁车行道外侧应设置防撞护栏，其他等级道路桥梁车行道外侧应采用防撞护栏或高路缘石进行护防，高路缘石的设置要求应符合现行行业标准《城市桥梁设计规范》CJJ 11 的相关规定。

2 快速路桥梁应设置中央分隔带防撞护栏。设计速度为 60km/h 的城市主干路上的桥梁应设置中央分隔带防撞护栏或 25cm 以上高路缘石，设置高路缘石时，中央分隔带宽度不得小于 2.0m，路缘石高度宜为 25cm～35cm。

3 设置防撞护栏时，桥梁防撞护栏防护等级的确定应符合表 7.2.7 的规定。

表 7.2.7 桥梁防撞护栏防护等级

使用条件	设计车速（km/h）			
	100、80	60	50、40	30、20
一般桥梁	SA、SAm	SB、SBm	A、Am	B
跨越高速公路、快速路、轨道交通或饮用水源保护区等路段的桥梁	SS、SSm	SA、SAm	SB、SBm	A

4 因桥梁线形、桥梁高度、桥下水深、车辆构成、交通量或其他不利现场条件等因素易造成更严重碰撞后果的路段应设置桥梁防撞护栏，且经综合论证，可在表 7.2.7 的基础上提高 1 个及以上等级，其中跨越大型饮用水水源一级保护区桥梁、特大悬索桥、斜拉桥等缆索承重桥梁，防护等级宜采用 HB 级别，跨越铁路的桥梁应按照相关铁路行业标准要求设置防撞护栏。

5 快速路的小桥、涵洞、通道应设置与路基段形式相同的防撞护栏。

7.2.8 防撞护栏的起、迄点端部应做安全性处理。

7.2.9 不同防护等级或不同结构形式的防撞护栏之间连接时，应进行过渡段设计，防撞护栏过渡段的防护等级不应低于所连接防撞护栏中较低的防护等级，并应符合下列规定：

1 当桥梁防撞护栏与路基防撞护栏的结构形式不同时，应进行过渡段设计。相邻路基未设护栏时，桥梁防撞护栏应进行端部处理。

2 与隧道洞口位置衔接的路基段或桥梁段防撞护栏应进行过渡段设计。

7.3 防 撞 垫

7.3.1 防撞垫防撞等级应分为三级，各级主要技术指标应符合表 7.3.1 的规定。

表 7.3.1 防撞垫防撞等级

防撞垫类型	防撞等级	碰撞条件				
		碰撞类型	碰撞车型	碰撞质量（t）	碰撞速度（km/h）	碰撞角度（°）
非导向防撞垫	B50	正碰	小客车	1.5	50	0
		斜碰				15
	B65	正碰	小客车	1.5	65	0
		斜碰				15
	B80	正碰	小客车	1.5	80	0
		斜碰				15

续表 7.3.1

<table>
<tr><th rowspan="2">防撞垫类型</th><th rowspan="2">防撞等级</th><th colspan="5">碰撞条件</th></tr>
<tr><th>碰撞类型</th><th>碰撞车型</th><th>碰撞质量(t)</th><th>碰撞速度(km/h)</th><th>碰撞角度(°)</th></tr>
<tr><td rowspan="9">可导向防撞垫</td><td rowspan="3">A50</td><td>正碰</td><td rowspan="3">小客车</td><td rowspan="3">1.5</td><td rowspan="3">50</td><td>0</td></tr>
<tr><td>斜碰</td><td>15</td></tr>
<tr><td>侧碰</td><td>20</td></tr>
<tr><td rowspan="3">A65</td><td>正碰</td><td rowspan="3">小客车</td><td rowspan="3">1.5</td><td rowspan="3">65</td><td>0</td></tr>
<tr><td>斜碰</td><td>15</td></tr>
<tr><td>侧碰</td><td>20</td></tr>
<tr><td rowspan="3">A80</td><td>正碰</td><td rowspan="3">小客车</td><td rowspan="3">1.5</td><td rowspan="3">80</td><td>0</td></tr>
<tr><td>斜碰</td><td>15</td></tr>
<tr><td>侧碰</td><td>20</td></tr>
</table>

7.3.2 快速路主线分流端、匝道出口的护栏端部应设置防撞垫。主干路主线分流端、中央分隔带护栏端部、匝道出口的护栏端部宜设置防撞垫。

7.3.3 快速路与主干路的路侧构造物前端、收费岛前端宜设置防撞垫。

7.3.4 防撞垫的防撞等级应符合表 7.3.4 的规定。

表 7.3.4 防撞垫防撞等级的适用条件

<table>
<tr><th>道路类型</th><th colspan="2">快速路</th><th>快速路、主干路</th></tr>
<tr><td>设计速度(km/h)</td><td>100</td><td>80</td><td>60</td></tr>
<tr><td>主线分流段、匝道出口、收费岛前端</td><td>A80</td><td>A65</td><td>A50</td></tr>
<tr><td>跨线桥桥墩前部、混凝土护栏上游端头、隧道口等路侧固定障碍物前端</td><td>A80、B80</td><td>A65、B65</td><td>A50、B50</td></tr>
</table>

7.4 限界结构防撞设施

7.4.1 在行驶中的车辆容易越出行驶限界，撞击到桥梁墩柱结构、主梁结构、隧道洞口的入口两侧和顶部结构、交通标志支撑结构等，这些限界结构处应设置限界结构防撞设施。

7.4.2 道路的正面限界结构防撞可在路前方设置防撞垫、防撞岛、防撞墩及加强墩柱结构抗撞等防撞设施；侧面限界结构防撞可在路侧设置并加强防撞护栏；顶面限界结构防撞可采取设置防撞结构和警告、限界标志措施等。

7.4.3 路侧设置组合式或混凝土墙式防撞护栏与限界结构位置重叠时，若限界结构自身能够满足防撞要求，可以采取与限界结构组合形成整体限界结构防撞，且迎撞面的截面形状与原防撞护栏一致。

7.4.4 路侧设置波形梁防撞护栏的，当其变形不能够达到保护两侧限界结构的要求时，应加密护栏立柱的柱间距或采用不低于公路 SB 级防撞护栏设施。

7.4.5 道路侧面没有设置防撞护栏的限界结构，正迎撞面宜设置防撞垫、防撞岛、防撞墩等结构防撞型式。

7.4.6 顶面限界防撞可采取主体结构防撞设施、附属保护防撞设施和设置警告标志、限界标志等措施。

7.4.7 限界结构防撞设施设计应按照安全、经济、耐用、便于维修的原则，并做到外观简洁，同时设置警示标记，且与道路、桥梁和周围城市景观、建筑的设计风格统一协调。

7.5 人 行 护 栏

7.5.1 下列位置应设置人行护栏：

1 人行道与一侧地面存在高差，有行人跌落危险的，应设人行护栏；

2 桥梁的人行道外侧，应设置人行护栏；

3 车站、码头、人行天桥和地道的出入口、商业中心等人流汇聚区的车道边，应设置人行护栏；

4 交叉口人行道边及其他需要防止行人穿越机动车道的路边，宜设置人行护栏，但在人行横道处应断开；

5 在非全封闭路段天桥和地道的梯道口附近无公共交通停靠站时宜在道路两侧设人行护栏，护栏的长度宜大于 200m。天桥和地道的梯道口附近有公共交通停靠站时，宜在路中设分隔栏杆，分隔栏杆的净高不宜低于 1.10m。

7.5.2 人行护栏的设计应符合下列规定：

1 道路人行护栏的净高不宜低于 1.10m，并不得低于 0.90m。

2 桥梁临空侧的人行护栏净高不应低于 1.10m，当桥梁临空侧为人非混行道或非机动车道时，护栏的净高不应低于 1.40m。兼具桥梁防撞护栏与人行护栏功能的护栏，应同时满足两者技术要求。

3 人行护栏不宜采用有蹬踏面的结构。有跌落危险处栏杆的垂直杆件间净距不应大于 0.11m；当栏杆结合花盆设置时，必须有防止花盆坠落的措施。

4 人行护栏应以坚固、耐久的材料制作。有跌落危险或一侧有快速机动车通行的人行护栏的结构验算竖向荷载应为 1.2kN/m，水平向外荷载应为 1.0kN/m，两者不同时作用；桥梁、人行天桥上的人行护栏的结构验算竖向荷载应为 1.2kN/m，水平向外荷载应为 2.5kN/m，两者应分别计算，不同时作用，且不与其他可变作用叠加。

5 人行护栏的样式应与桥梁、道路、周围建筑风格协调一致。

6 人行护栏的结构形式应便于安装，易于维修，材料应环保。

7 机动车道两侧的人行护栏上不应安装广告。

7.6 分 隔 设 施

7.6.1 下列位置应设置分隔设施：

1 双向六车道及以上的道路，当无中央分隔带且不设防撞护栏时，应在中间带设分隔栏杆，栏杆净高不宜低于 1.10m；在有行人穿行的断口处，应逐渐降低护栏高度，且不高于 0.70m，降低后的长度不应小于停车视距；断口处应设置分隔柱；

2 双向四车道及以上的道路，机动车道和非机动车道为一幅路设计，应在机动车道和非机动车道之间设置分隔栏杆；

3 非机动车流量达到饱和或机动车有随意在路边停车现象时，机动车道和非机动车道为一幅路断面，宜在机动车道和非机动车道之间设置分隔栏杆；

4 机动车道和非机动车道为共板断面，路口功能区范围宜设非机动车和机动车分隔栏杆；在路口设置时，应避免设置分隔栏杆后妨碍转弯和掉头车辆的行驶；

5 非机动车道和人行道为共板断面，宜在非机动车道和人行道之间设置分隔栏杆；

6 非机动车道高于边侧地面有跌落危险时，应在非机动车道边侧设置分隔栏杆；

7 人行道和绿地之间可根据情况设置分隔栏杆；

8 人行道和停车场、设施带之间，需要进行功能分区的位置可设置分隔栏杆；

9 交叉路口人行道边缘、行人汇聚点的边缘可设置分隔柱。

7.6.2 分隔设施的设计应符合下列规定：

1 分隔设施的高度应根据需要确定；分隔柱的间距宜为 1.3m～1.5m；

2 分隔设施的结构应坚固耐用、便于安装、易于维修，宜为组装式；

3 分隔设施的颜色宜醒目；没有照明设施的地方，分隔设施表面应能反光；

4 分隔栏杆在符合设置的路段应连续设置，不应留有断口。

7.7 隔离栅和防落物网

7.7.1 城市快速路主路及设计速度大于或等于60km/h的匝道两侧应设置隔离栅，但下列情况可不设置隔离栅：

1 路侧有水渠、池塘、河湖、山体等天然屏障时；

2 路基边坡或挡土墙直立坡度大于2：1的路段且道路与相邻地面高度差大于1.8m的。

7.7.2 行人通行的桥梁跨越轨道交通线、铁路干线、设计速度大于或等于60km/h的道路时，人行道外侧应设置防落物网，设置范围应为被跨越道路或轨道交通线、铁路干线的宽度并向两侧各延长10m。

7.7.3 隔离栅和防落物网的设计应符合下列规定：

1 隔离栅的高度不应低于1.8m；

2 防落物网的高度不应低于2.0m；

3 隔离栅和防落物网的网眼不应大于50mm×100mm；

4 隔离栅应与桥梁结构、挡土墙构筑物或山体等连接形成闭合系统；出入口等位置不能形成围合的，应在隔离栅端头处设置禁止行人通行的禁令标志，且应在相对应的中央隔离带设置隔离栅，连续长度宜大于100m。

7.8 防眩设施

7.8.1 城市快速路中央分隔带应设防眩设施，但分隔带宽度大于9m，或双向路面高差大于2m的可不设。

7.8.2 防眩设施的设计应符合下列规定：

1 防眩设施可按道路的气候条件、景观条件、遮光要求选用植物防眩、防眩板、防眩网等形式；

2 防眩板的设计应按部分遮光原理进行，直线路段遮光角不应小于8°，平、竖曲线路段遮光角应为8°～15°，宽度宜为8cm～15cm，离地高度宜为120cm～180cm。

7.8.3 防眩设施的结构设计应符合下列规定：

1 防眩板和防眩网的结构应方便安装和维护；

2 防眩设施的高度、结构形式、设置位置变化时应设置过渡段，过渡段的长度宜为50m；

3 应避免在防眩设施之间留有断口。

8 交通信号灯

8.1 一般规定

8.1.1 交通信号灯应能被道路使用者清晰、准确地识别，应能保障车辆和行人安全通行。

8.1.2 交通信号灯的配置应与道路交通组织相匹配，应有利于行人和非机动车的安全通行，有利于大容量公共交通车辆的通行，有利于提高道路通行效率。

8.1.3 交通信号灯设备应安全可靠，能够长期连续运行。当交通信号灯设备出现故障时，任何情况下均不得出现相互冲突的交通信号。

8.2 信号灯设置

8.2.1 城市道路的平面交叉口设置交通信号灯的条件，应根据路口情况、交通流量以及交通事故率等因素确定。

8.2.2 交通信号灯的视认范围应根据车速和车道布置情况确定。交通信号灯的视认范围内不应存在盲区，不能满足时，应在适当位置增设同类信号灯。

8.2.3 城市道路的特大桥、长大隧道等路段，可根据交通组织要求或设施养护要求设置车道信号灯。可变车道、收费口和检查通道应设置车道信号灯。

8.2.4 全封闭道路中实施控制的匝道，应设置匝道控制信号灯。

8.2.5 行人信号灯应有倒计时显示或者闪烁提示。倒计时或闪烁提示时间应保证行人能安全通过路口。

8.2.6 道路交叉口的交通信号周期不宜大于 180s。

8.2.7 交通信号灯设置倒计时显示时，其颜色应与被计时的信号灯一致。

8.2.8 交通信号灯及其安装支架均不得侵入道路建筑限界。

8.3 交通信号控制系统

8.3.1 交通信号控制系统的建设，应根据城市道路交通流的分布由点控、线控逐步过渡到系统协调控制。

8.3.2 城市主干路交通信号灯宜实施绿波协调控制。

8.3.3 协调控制范围内的各路口交通信号配时参数，应根据交通流量和流向确定，并满足区域协调控制的要求。

8.3.4 交通信号控制系统应设置监控中心。交通信号控制系统应具有下列功能：

1 对各信号灯进行远程监视和控制；

2 对各信号灯配时参数进行远程配置；

3 对各信号灯设备进行故障监测和报警；

4 实施协调控制。

8.3.5 交通信号控制系统宜具备交通信息采集与传输功能。

9 交通监控系统

9.1 一 般 规 定

9.1.1 为提高城市道路交通管理和服务水平，宜设立交通监控系统。

9.1.2 交通监控系统应由监控中心、外场监控设施和信息传输网络等组成，应具备信息采集、分析处理、信息发布和交通控制管理，以及与其他信息系统的信息交换和资源共享等全部或部分功能。

9.1.3 交通监控系统的建设应根据道路等级和城市规模，并结合城市经济发展阶段以及交通量和交通管理需求等因素综合考虑，并应按表 9.1.3 的要求确定。

表 9.1.3 交通监控系统建设要求

城市规模	道路等级			
	城市中、长、特长隧道	城市特大桥梁和城市快速路	主干路和次干路	支路
特大城市	应建设	应建设	应建设	应预留建设条件
大城市	应建设	应建设	宜建设	宜预留建设条件
中等城市	应建设	宜建设	宜预留建设条件	宜预留建设条件
小城市	应建设	—	宜预留建设条件	宜预留建设条件

9.1.4 交通监控系统应根据城市路网的现状、规划和交通管理需求进行统一规划，可根据城市交通状况和建设条件分步分期实施。

9.1.5 交通监控系统配置按道路或路网的性质和监控系统特性划分不同等级，等级分类应符合表 9.1.5 的规定。

表 9.1.5 交通监控系统等级分类

交通监控系统等级	Ⅰ级	Ⅱ级	Ⅲ级	Ⅳ级
适用范围	城市中、长、特长隧道	城市特大桥梁和城市快速路	主干路和次干路	支路

10 服务设施

10.1 一 般 规 定

10.1.1 人行导向设施、人行过街设施、非机动车停车设施、机动车停车设施和公交停靠站等服务设施，应根据规划条件、道路布置情况统一设置。服务设施设置应与景观、环境相协调。

10.1.2 服务设施应与其他交通设施协调布置，避免相互干扰，影响使用。

10.1.3 服务设施的布置应符合无障碍环境设计要求。

10.2 人行导向设施

10.2.1 人行导向设施设置应符合下列规定：

1 人行导向设施和路名牌等应设置在设施带内，并不应占用行人的有效行走空间；

2 人行导向设施和路名牌应统一规划、布置，方便使用。

10.2.2 人行导向设施的设置应符合下列规定：

1 步行街、商业区、比赛场馆、车站、交通枢纽等人流密集区域，以及在道路交叉口和公共交通换乘地点附近，宜设置人行导向设施；路段导向设施的设置间距应为 300m～500m；

2 导向设施应内容明确、易懂，具有良好的可视性、避免遮挡，保持标识面的清晰、整洁；

3 枢纽、广场、比赛场馆和大型建筑物周边道路的人行导向设施，应结合其内部人行系统进行设置；

4 导向设施的设置可结合周边环境艺术化设置，但要易于辨认，清晰、易懂；

5 人行导向设施布置应保证行人通行的连续性和安全性，构成完整的人行导向标识系统；人行导向设施可有路线指示设施和地图导向设施等；

6 路线导向设施应反映1000m范围内的人行过街设施、公共设施、大型办公和居住区的行进方向。地图导向设施应反映附近人行过街设施、公共设施、大型办公和居住区的位置。

10.2.3 路名牌的设置应符合下列规定：

1 城市道路交叉口位置应设置路名牌，两个交叉口间的距离大于300m的路段应在路段范围内设置路名牌；

2 路名牌应设置在道路交叉口或路段的明显位置，不得被遮挡；

3 路名牌应平行于道路方向，版面应含有道路名称、方向，并应有门牌号码。

10.3 人行过街设施

10.3.1 人行过街设施的设置应符合下列规定：

1 道路交叉口均应设置人行过街设施，道路路段应结合道路等级、路段长度及行人过街需求设置人行过街设施；

2 快速路和主干路上人行过街设施的间距宜为300m～500m，次干路上人行过街设施的间距宜为150m～300m；

3 交通枢纽、商业区、大型体育场馆等人流量密集地点，应设置相应的过街设施；

4 城市快速路过街设施应采用立体过街方式。其他城市道路以平面过街方式为主，立体方式为辅，且应优先考虑人行地面过街；

5 人行天桥和地道应与路侧人行系统相连接，形成连续的人行通道；其通行能力须满足该地点行人过街需求；

6 在商业区、交通枢纽等人车密集地点，宜结合建筑物内部人行通道设置连续的立体过街设施，形成地下或空中人行连廊。

10.3.2 平面过街设施的设置应符合下列规定：

1 人行横道应设置在车辆驾驶员容易看清的位置，宜与车行道垂直；

2 信号灯管制路口，应施划人行横道标线，设置相应人行信号灯。无信号管制及让行管制交叉口应施划人行横道标线并设置注意行人的警告标志，并应在人行横道上游机动车道上施划人行横道预告标识线；

3 道路交叉口采用对角过街时，必须设置人行全绿灯相位；

4 人行横道的宽度与过街行人数及信号显示时间相关，顺延主干路的人行横道宽度不宜小于5m；顺延其他等级道路的人行横道宽度不宜小于3m，以1m为单位增减；

5　当路段或路口进出口机动车道大于或等于 6 条或人行横道长度大于 30m 时应设安全岛，安全岛的宽度不宜小于 2m，困难情况不应小于 1.5m；

6　人行安全岛在有中央分隔带时宜采用栏杆诱导式，无分隔带时宜采用斜开式；

7　居民区道路设计宜采用交通宁静措施保障行人安全；可通过设置减速角、减速陇、弯曲路段和环岛等降低车速；

8　与公交站相邻的人行横道，应设置在公交站进车端，并设在公交车停靠范围之外。

10.3.3　道路路段人行横道信号灯根据下列条件设置：

1　双向机动车车道数达到或多于 3 条，或双向机动车高峰小时流量超过 750pcu 及 12h 流量超过 8000pcu 的路段上，当通过人行横道的行人高峰小时流量超过 500 人次时，应设置人行横道信号灯；

2　不具备上述条件但路段设计车速超过 50km/h 时，应设置按钮式行人信号灯；

3　学校、幼儿园、医院、养老院等特殊人群聚集地点及行人事故多发区域等有特殊要求且无人行过街设施的，应设置人行横道线，并设置人行信号灯。

10.4　非机动车停车设施

10.4.1　非机动车停车设施要与人行系统连接，并设置指示标识。

10.4.2　大型公共交通枢纽和重要公共交通车站，应根据非机动车驻车换乘需求，结合自身设计设置非机动车停车场。大型建筑应根据需求设置适当容量的非机动车停车场。

10.4.3　非机动车停车场的规模应根据所服务的公共建筑性质、平均高峰日吸引车次总量，平均停放时间、每日场地有效周转次数以及停车不均衡系数等确定。

10.4.4　非机动车停车需求较小的公交停靠站，可布设路侧停车设施，设置非机动车车架和围栏。若非机动车停车需求大于 30 辆自行车，应设置专门停车场。

10.4.5　非机动车存车架和围栏的设置应与道路、交通组织和市容管理要求相适应，与交通护栏结合设置，方便使用、经济美观。

10.4.6　非机动车存车架和围栏应设置在道路的设施带内，且不应压缩人行道的有效人行通行宽度。存车架的设置应保证非机动车车身放置不超过路缘石外沿。围栏高度不应超过 1.3m。

10.5 机动车停车设施

10.5.1 机动车停车场的设置应符合下列规定：

1 机动车公共停车场的位置和规模要符合城市规划的要求，结合交通组织、区域停车需求、用地条件和道路交通条件等组织；

2 商业区、大型体育场馆、大型建筑等停车需求较大的地点可根据其交通组织设置一定规模的停车场；

3 停车场入口与城市道路连接通道的长度，应满足高峰时段进场车辆排队长度的要求；

4 进出车辆多的停车场宜设置多个收费口，收费口服务能力应满足车辆进出需求；

5 应合理设置停车场内车流线和人行流线，避免交叉，人流量大的停车场人行出入口应分散布置；

6 停车场的内部交通组织应与场地周边交通条件相符合，出入口及停车场内应设置交通标志、标线以指明场内通道和停车车位；

7 停车场内部步行系统应与周边人行通道连接，人行流线宜用标线标识，与机动车流线交叉时，应设交通标志、标线；

8 停车场出入口应有良好的通视条件，并设置交通标志。

10.5.2 路侧停车位的设置应符合下列规定：

1 路侧停车位作为停车场的补充，应合理设置；

2 路侧停车位的设置应避免影响非机动车的正常通行，不应侵占非机动车通行空间；

3 道路交叉口、建筑物出入口及公交站台附近不得设置路侧停车设施；

4 路侧停车应规定车种类型、停放时间，通过标志给予告示；

5 路侧停车位的设置应避免对机动车道内车辆行驶的影响。

10.5.3 出租车停靠站的设置应符合下列规定：

1 交通繁忙、行人流量大、禁止随意停车的地段，应设置出租车停靠站，并根据需求合理确定停靠站规模和形式；

2 应结合人行系统设置，方便乘客；

3 出租车停靠站要配有标识系统；

4 停靠站布置根据道路交通条件可采取直接式或港湾式；

5 需求量大的停靠站，宜预留乘客排队空间，并根据需要设置排队设施。

10.6 公交停靠站

10.6.1 公交停靠站的设置应符合下列规定：

1 公交停靠站应结合城市规划、公交线路组织、沿线公交需求及道路条件等规划设置；

2 设置于道路立交的公交停靠站，停靠站间换乘宜为立体换乘。公交停靠站位于交通枢纽和地铁站附近，应统一设置，方便换乘；

3 道路交叉口附近公交停靠站设置，应方便换乘，并减少对其他交通的影响；

4 快速公交专用车站应满足快速公交运营要求。

10.6.2 公交停靠站台的设置应符合下列规定：

1 站台长度不宜小于2个停车位。当多条公交线路停靠时，车站通行能力应与各条线路最大发车频率的总和相适应。当停车位大于6辆车长或停靠线路多于6条，可分组分区段设置；

2 城市主干路应采用港湾式公交停靠站，车流量大的次干路宜采用港湾式公交停靠站；快速路上设置的公交停靠站应满足现行行业标准《城市快速路设计规程》CJJ 129的规定；

3 常规公交车停靠站站台铺装宽度根据候车人流量确定，一般不应小于2m，条件受限时，不得小于1.5m；快速公交专用站台，双侧停靠的站台宽度不应小于5m，单侧停靠的站台宽度不应小于3m；

4 设置在主路的公交站台应在辅路设置人行过街设施，并根据需要设置主路的人行过街设施；

5 机动车与非机动车混行路段，公交站台处宜在站台外侧设置非机动车道；

6 两条以上公交线路停靠的车站，站台宜设置排队用的人行护栏。

10.6.3 公交停靠站候车亭的设置应符合下列规定：

1 候车亭的设计应安全、实用、经济、美观，便于乘客遮阳、避雨雪，与周围景观相协调。亭内宜设置座椅、靠架，方便乘客使用；

2 候车亭进车端应有良好视线，候车亭尺寸应根据需求设计并与站台相协调；

3 站牌设置要便于公交司乘人员及乘客的观察和寻找，根据是否设置候车亭进行布置；

4 站台分组分区段设置时，站牌应设在相应区段内。

十三、城市道路交通标志和标线设置规范 GB 51038－2015

中华人民共和国国家标准

城市道路交通标志和标线设置规范

Code for layout of urban road traffic signs and markings

GB 51038－2015

主编部门：中 华 人 民 共 和 国 公 安 部

中华人民共和国住房和城乡建设部

批准部门：中华人民共和国住房和城乡建设部

实施日期：2 0 1 5 年 1 2 月 1 日

目　次

3 基本规定

3.1 设置原则

3.1.1 各类城市道路都应设置交通标志和标线。

3.1.2 交通标志和标线应根据道路条件、交通流条件、交通环境、道路使用者的需求及交通管理的需要进行设置，并应与周边的设施环境和景观条件相协调。当设置条件发生变化时，应及时增减、调换、更新交通标志和标线。

3.1.3 交通标志和标线的设置应立足道路交通有序、安全、畅通的原则，符合国家现行有关标准的规定，并保持清晰、醒目、准确。交通标志不应被行道树、广告、灯箱等设施遮挡，且不应遮挡信号灯或其他交通标志。

3.1.4 交通标志和标线应根据情况配合使用，其传递的信息应相互协调，同时应与交通管理措施、设施相协调。

3.1.5 道路短期施工、养护期间设置临时交通标志和标线与道路上已有的交通标志和标线发生信息冲突时，应在临时设置的交通标志上说明原因、理由和有效期等内容。长期施工、养护期间宜清除或覆盖原有的交通标志和标线，并应设置作业区交通标志和标线，保障道路通行安全。

3.1.6 道路施工、养护和体育赛事等大型活动期间设置的临时性交通标志和标线，应在工程和活动结束后及时撤除，恢复正常交通状态下的交通标志和标线设置。

3.1.7 新建和改建道路时，交通标志和标线应同步进行设计、施工和验收。

3.1.8 交通标志和标线的养护、管理应有专门机构负责。应定期开展排查，发现交通标志和标线损毁、灭失的，应及时修复；需增加交通标志和标线，应及时设置。

3.1.9 交通标志和标线的材料选择应符合国家现行相关标准的要求。

3.2 设置流程

3.2.1 交通标志和标线设计前应开展资料调查和分析工作，新建道路调查的资料应包括下列内容：

1 道路周边的用地性质；

2 道路功能和等级、红线宽度、沿线交叉口及出入口等；

3 道路有关的设计成果及资料；

4 预测交通量和交通组成；

5 公交线路及停靠站方案；

6 沿途所经过的道路名、地点名和主要设施；

7 交通管理措施；

8 周边道路设施状况。

3.2.2 改建道路还应增加调查下列资料：

1 现有道路交通设施状况；

2 各路段的交通量、交通特性和交通管理措施；

3 沿线的公交线路及站点设置情况；

4 道路及沿线交通事故情况。

3.2.3 交通标志和标线的设计应包括下列内容：

1 交通标志的设置位置、内容、种类；版面和尺寸设计；支撑方式、标志板、支撑件、连接件、基础；强度、稳定性验算；视认角度验算及视认环境评价；材料及施工工艺要求等。

2 交通标线的设置位置、内容、种类；文字、图形和尺寸；材料及施工工艺要求等。

3.2.4 交通标志和标线应按设计、施工工艺要求进行施工。

3.2.5 交通标志和标线施工竣工后应进行验收。验收应符合施工图、相关标准及本标准有关验收规定的要求。验收合格后方可投入使用。

4 交通标志的基本要求

4.1 一般规定

4.1.1 交通标志按其作用应分为主标志和辅助标志两大类，其中主标志包括禁令标志、警告标志、指路标志、指示标志、旅游区标志、作业区标志、告示标志；辅助标志应附设在主标志下。

4.1.2 标志版面的颜色、含义及图形应符合表 4.1.2-1、4.1.2-2 的规定，并应符合国家现行标准《道路交通标志和标线　第 2 部分：道路交通标志》GB 5768.2 的有关规定。

表 4.1.2-1 标志版面颜色、含义及适用范围

颜色	含义	适用范围
红色	禁止、停止、危险	禁令标志的边框、底色、斜杠，叉形符号和警告性线形诱导标的底色等
黄色(荧光黄色)	警告	警告标志的底色
蓝色	指示、指路	指示标志的底色、干路和支路的指路标志的底色
绿色	快速路指路	城市快速路指路标志底色
棕色	旅游区及景点指引	旅游区指引和旅游项目标志的底色
黑色	警告、禁令等	标志的文字、图形符号和部分标志的边框
白色	警告、禁令等	标志的底色、文字和图形符号以及部分标志的边框
橙色(荧光橙色)	警告、指示	道路作业区的警告、指路标志
荧光黄绿色	警告	注意行人、注意儿童的警告标志

表 4.1.2-2 交通标志版面颜色及图形

序号	类型		名称		版面颜色及图形示例
1	指示标志	与行驶方向相关的指示标志	车辆行驶方向	直行、向左（向右）转弯	
				直行和向左（直行和向右）转弯、向左和向右转弯	
				靠右侧（左侧）道路行驶	
2			立体交叉直行和左转（直行和右转）行驶		
			环岛行驶		
3			单行路		

续表 4.1.2-2

<table>
<tr><th>序号</th><th colspan="2">类型</th><th colspan="2">名称</th><th>版面颜色及图形示例</th></tr>
<tr><td>4</td><td rowspan="11">指示标志</td><td rowspan="2">指导驾驶人驾驶行为的指示标志</td><td colspan="2">鸣喇叭</td><td></td></tr>
<tr><td>5</td><td colspan="2">最低限速</td><td>50</td></tr>
<tr><td rowspan="4">6</td><td rowspan="9">与车道使用目的相关的指示标志</td><td rowspan="4">车道行驶方向</td><td>左转、右转、直行</td><td></td></tr>
<tr><td>直行和左转合用、直行和右转合用</td><td></td></tr>
<tr><td>掉头、掉头和左转合用</td><td></td></tr>
<tr><td>分向行驶车道</td><td></td></tr>
<tr><td rowspan="4">7</td><td rowspan="4">专用道路和车道</td><td>机动车行驶、机动车车道</td><td></td></tr>
<tr><td>非机动车行驶、非机动车车道</td><td></td></tr>
<tr><td>公交专用车道、快速公交专用车道</td><td>快速公交</td></tr>
<tr><td>多乘员车辆专用车道</td><td>3+</td></tr>
</table>

续表 4.1.2-2

<table>
<tr><th>序号</th><th colspan="2">类型</th><th colspan="2">名称</th><th>版面颜色及图形示例</th></tr>
<tr><td>8</td><td rowspan="4">指示标志</td><td rowspan="4">与道路路权相关的指示标志</td><td colspan="2">人行横道</td><td></td></tr>
<tr><td>9</td><td colspan="2">步行</td><td></td></tr>
<tr><td>10</td><td colspan="2">允许掉头</td><td></td></tr>
<tr><td>11</td><td colspan="2">停车位</td><td></td></tr>
<tr><td>13</td><td rowspan="8">禁令标志</td><td rowspan="3">与道路优先权相关的禁令标志</td><td colspan="2">停车让行</td><td></td></tr>
<tr><td>14</td><td colspan="2">减速让行</td><td></td></tr>
<tr><td>15</td><td colspan="2">会车让行</td><td></td></tr>
<tr><td>16</td><td rowspan="5">与道路通行权相关的禁令标志</td><td colspan="2">禁止通行</td><td></td></tr>
<tr><td>17</td><td colspan="2">禁止驶入</td><td></td></tr>
<tr><td rowspan="3">18</td><td rowspan="3">禁止各类或某类机动车驶入</td><td>禁止机动车驶入</td><td></td></tr>
<tr><td>禁止载货汽车驶入</td><td></td></tr>
<tr><td>禁止电动三轮车驶入</td><td></td></tr>
</table>

续表 4.1.2-2

序号	类型		名称		版面颜色及图形示例
18	禁令标志	与道路通行权相关的禁令标志	禁止各类或某类机动车驶入	禁止大型客车驶入	
				禁止小型客车驶入	
				禁止挂车、半挂车驶入	
				禁止拖拉机驶入	
				禁止三轮汽车、低速货车驶入	
				禁止摩托车驶入	
				禁止某两种车驶入标志	
				禁止运输危险物品车辆驶入	
19			禁止各类或某类非机动车、行人进入	禁止非机动车进入	
				禁止畜力车进入	
				禁止人力客运三轮车进入	

续表 4.1.2-2

序号	类型		名称		版面颜色及图形示例
19	禁令标志	与道路通行权相关的禁令标志	禁止各类或某类非机动车、行人进入	禁止人力货运三轮车进入	
				禁止人力车进入	
				禁止某两种非机动车进入	
				禁止行人进入	
				禁止行人和非机动车进入	
20		与某方向通行权相关的禁令标志	禁止车辆向某方向通行	禁止向左（或向右）转弯	 
				禁止直行	
				禁止向左向右转弯	
				禁止直行和向左转弯（或直行和向右转弯）	 
21			禁止掉头		
22		与交通管理相关的禁令标志	禁止超车、解除禁止超车		 

续表 4.1.2-2

序号	类型			名称	版面颜色及图形示例
23	禁令标志	与交通管理相关的禁令标志		禁止停车	
				禁止长时停车	
24				禁止鸣喇叭	
25				禁止非机动车骑行	
				禁止非机动车骑行上坡	
				禁止非机动车骑行下坡	
26		与限制相关的禁令标志		限制速度	40
				解除限制速度	40
27			区域禁止及解除	区域限制速度、区域限制速度解除	30 区域；30 区域
				区域禁止长时停车、区域禁止长时停车解除	区域；区域
				区域禁止停车、区域禁止停车解除	区域；区域

续表 4.1.2-2

序号	类型		名称	版面颜色及图形示例
28	禁令标志	与限制相关的禁令标志	限制宽度	
			限制高度	
29			限制质量	
			限制轴重	
30		与停车检查相关的禁令标志	停车检查	
31			海关	
32	警告标志	与平面交叉相关的警告标志	交叉口	
33			注意信号灯	

续表 4.1.2-2

序号	类型		名称		版面颜色及图形示例
34	警告标志	与平面交叉相关的警告标志	铁路道口	有人看守铁路道口	
				无人看守铁路道口	
				叉形符号	
35			注意分离式道路		
36		与道路平面线形相关的警告标志	急弯路		
37			反弯路		
38			连续弯路		
39		与道路纵断面线形相关的警告标志	陡坡		
40			连续下坡		
41			驼峰桥		

续表 4.1.2-2

序号	类型		名称	版面颜色及图形示例
42	警告标志	与道路横断面相关的警告标志	窄路	
			窄桥	
43		与交通流状况相关的警告标志	双向交通	
			注意障碍物	
			注意潮汐车道	
			注意合流	
			施工	
44		与可能出现危险状况相关的警告标志	注意行人	
45			注意儿童	
46			注意非机动车	
47			注意残疾人	

续表 4.1.2-2

序号	类型		名称	版面颜色及图形示例
48	警告标志	与可能出现危险状况相关的警告标志	傍山险路	
49			堤坝路	
50			渡口	
51			事故易发路段	
52			慢行	
53			注意危险	
54		与建议安全措施相关的警告标志	建议速度	
55			注意保持车距	
56	干路和支路指路标志	路径指引标志	交叉口预告	
57			交叉口告知	

续表 4.1.2-2

<table>
<tr><th>序号</th><th colspan="2">类型</th><th colspan="2">名称</th><th>版面颜色及图形示例</th></tr>
<tr><td rowspan="3">58</td><td rowspan="8">干路和支路指路标志</td><td rowspan="3">路径指引标志</td><td rowspan="3">确认</td><td>路名牌</td><td>123 南 西土城路 193 北 192 220</td></tr>
<tr><td>街道名称</td><td>新街口外大街　杏坛路</td></tr>
<tr><td>地点方向</td><td>北京路</td></tr>
<tr><td>59</td><td rowspan="4">地点指引标志</td><td colspan="2">地点距离</td><td>徐家汇 1km</td></tr>
<tr><td>60</td><td colspan="2">著名地点</td><td>徐家汇</td></tr>
<tr><td>61</td><td colspan="2">分界</td><td>任城区</td></tr>
<tr><td>62</td><td colspan="2">地点识别</td><td></td></tr>
<tr><td>63</td><td rowspan="3">沿线设施指引标志</td><td colspan="2">停车场（区）</td><td>P　P</td></tr>
<tr><td>64</td><td colspan="2">人行天桥、人行地下通道</td><td></td></tr>
<tr><td>65</td><td colspan="2">残疾人专用设施</td><td></td></tr>
</table>

续表 4.1.2-2

序号	类型			名称	版面颜色及图形示例
66	干路和支路指路标志	沿线设施指引标志		观景台	
67				应急避难设施	
68		道路其他信息指引标志		绕行	
69				此路不通	
70				车道数变少	
71				车道数增加	
72				交通监控设备	
73				线形诱导标	
74	快速路指路标志	路径指引标志	入口指引	入口预告	

续表 4.1.2-2

序号	类型		名称		版面颜色及图形示例
75	快速路指路标志	路径指引标志	入口指引	入口处地点、方向	↖莘庄立交　中环路↗
76	快速路指路标志	路径指引标志	入口指引	入口	沪闵高架路 莘庄立交方向 入口↑　沪闵高架路 入口
77	快速路指路标志	路径指引标志	行车确认	地点距离	秀沿路 500m 秀浦路 1.5km 上南路 3km　秀沿路 500m 秀浦路 1.5km 上南路 3km
78	快速路指路标志	路径指引标志	行车确认	路名	北翟快速路
79	快速路指路标志	路径指引标志	出口指引	出口预告	南北高架路 复兴路 北京路 2km↗　南北高架路 复兴路 北京路 1km↗　南北高架路 复兴路 北京路 500m↗　南北高架路 复兴路 北京路↗
80	快速路指路标志	路径指引标志	出口指引	下一出口预告	下一出口 江苏路 3km
81	快速路指路标志	路径指引标志	出口指引	出口	罗山路↗
				出口地点与方向	南北高架路 复兴路方向↑　南北高架路 北京路方向↗

续表 4.1.2-2

序号	类型		名称	版面颜色及图形示例
82	快速路指路标志	沿线信息指引标志*	起点	三环快速
83			终点预告、终点提示及终点	三环快速 2km 三环快速 1km 三环快速 500m 终点200m 减速慢行 三环快速
84			交通信息	1620 kHz 道路交通信息
85			里程牌、百米牌	46 沪翔快速 8 46
86			停车领卡	停车领卡
87			车距确认	追尾危险 保持车距 车距确认 前方 200m 0m 50m 100m
88			特殊天气建议速度	50km/h

续表 4.1.2-2

序号	类型			名称	版面颜色及图形示例
89	快速路指路标志	沿线信息指引标志*	快速路车道指路	车速专用	
				车型专用	
				车种专用	
				功能专用	
				方向专用	
				组合专用	
90		沿线设施指引标志	收费站预告及收费站	不设不停车收费车道	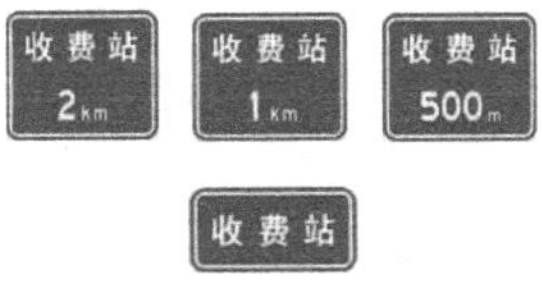
				设不停车收费车道	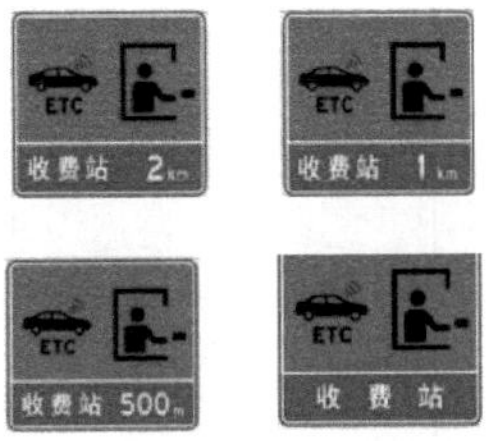

续表 4.1.2-2

序号	类型		名称		版面颜色及图形示例
91	快速路指路标志	沿线设施指引标志	电子不停车收费（ETC）车道指标		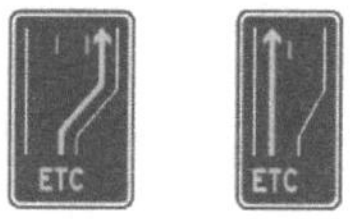
92			计重收费		
93			加油站		
94			紧急停车带		
95	作业区标志		施工		
			道路封闭		
			车道封闭	左道封闭	
				右道封闭	
				中间道封闭	

续表 4.1.2-2

序号	类型	名称		版面颜色及图形示例
95	作业区标志	改道	向左改道	
			向右改道	
		施工绕行		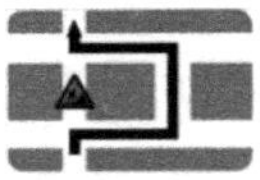
96	辅助标志	表示时间		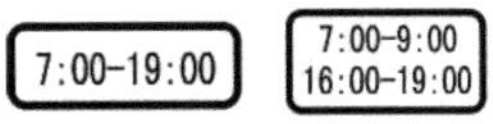 7:00-19:00；7:00-9:00 16:00-19:00
		表示车辆种类		 除公共汽车外；货 车 拖拉机；除进沿线单位车辆外
		表示方向		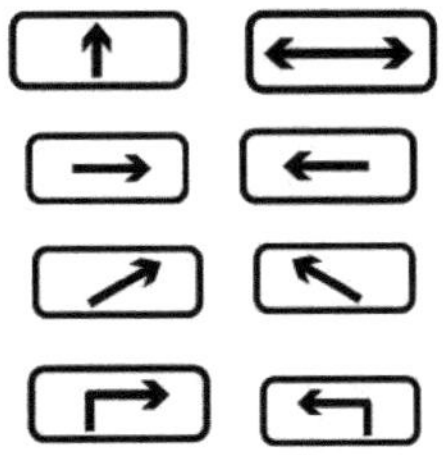
		表示区域或距离		 200m；100m；50m 50m；100m；二环路区域内；200m
		表示警告、禁令理由		 学校；海关；事故；教练路线
		组合		 100m 7:30－18:30

续表 4.1.2-2

序号	类型	名称		版面颜色及图形示例
97	告示标志	路外设施		
		行车安全提醒		
98	旅游区标志	旅游区指引	距离	
			方向	
		旅游符号		

注："＊"快速路沿线信息指引标志中的著名地点、分界、车道数变少及增加，以及交通监控设备标志的版面颜色、图形、设置条件及方法，应符合本规范第 9 章对应节、条的规定。

4.1.3 交通标志是交通信号的一种，不应传递与道路交通无关的信息。

4.1.4 交通标志的设置应整体布局，做到信息连贯一致，不得出现信息不足、不当或过载的现象。

4.1.5 交通标志的设置应满足道路使用者在动态条件下的视认性及发现、判读标志及采取行动所需的前置距离要求。

4.1.6 各类交通标志及支撑结构的任何部分不得侵入道路建筑限界以内。

4.2 标志版面布置

4.2.1 交通标志的版面布置应信息明确、无歧义、简洁美观。

4.2.2 同类标志宜采用同一类型的标志版面。设置于同一门架式、悬臂式等支撑结构上的同类标志，宜采用同一高度和边框尺寸。

4.2.3 当禁令、指示标志套用于无边框的白色底板上时，为必须遵守标志；但禁令标志中的停车让行、减速让行标志不得套用于无边框的白色底板上。对事故多发路段，以及标志视认条件受道路行驶环境影响较大路段设置的警告标志，宜采用套用于无边框的荧光黄色底板上的版面。

4.2.4 同一版面中的禁令或指示标志的数量不应多于4种；快速路、隧道、特大桥路段的入口处，同一版面中的禁令或指示标志的数量不应多于6种。同一版面中禁止某种车辆转弯或禁止直行的禁令标志，不应多于2种，若禁止的车辆多于2种，则应增设辅助标志。

4.2.5 禁令、指示、警告标志版面上附加图形和文字时，应符合下列规定：

1 禁令标志版面上不得附加文字，禁止转弯等禁令标志附加图形时，箭头位置应保持不变；

2 车辆行驶指示标志版面上可附加箭头图形，专用道路指示标志版面上可附加时间，但附加箭头图形和时间时原指示标志的车辆图形大小应保持不变，位置可适当移动；

3 除车辆行驶和专用道路指示标志外，其他指示标志版面上不宜附加图形和文字；当必须附加图形和文字时，原指示标志图形在版面中位置和大小应保持不变；

4 警告标志不得附加图形和文字。

4.2.6 指路标志版面中的信息含义（图4.2.6），应符合下列规定：

1 标识在箭头外的信息，应为交叉口及各相交道路所能通达的道路或地点名称；

2 箭头杆中可标识横向道路路名信息，也可同时标识当前行驶道路与横向道路路名信息，标识横向道路时宜为前方最近交叉口横向道路路名

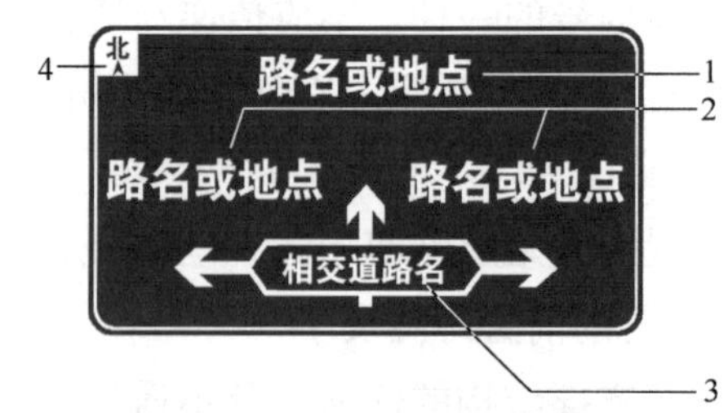

图 4.2.6 指路标志版面信息含义

1—前方通达的道路或地点；2—左、右方向通达的道路或地点；

3—前方交叉道路；4—地理方向信息

信息，路名字高宜为 0.5h～0.7h；

3 可在标志版面上标识地理方向信息，地理方向信息中的方向箭头可根据道路实际方向调整旋转，但其表示方向的文字不应旋转；当标志设置在行驶方向右侧时可在其版面左上角标识地理方向信息，设置在行驶方向左侧时可在其版面右侧上角标识地理方向信息；当版面为复杂交叉口图形时，可视版面布置情况在左下角或右下角标识地理方向信息；

4 标志版面上的路名、地名应使用标准名称；

5 标志版面各方向指引信息的选取，应符合本规范第 8.1 节和第 9.1 节的规定。

4.2.7 指路标志版面中各方向指引的目的地信息数量及布置（图 4.2.7），应符合下列规定：

1 同一块指路标志的版面中，各方向指引的目的地信息数量之和不宜超过 6 个，同一方向指引的信息数量不应超过 2 个；

图 4.2.7 指路标志版面信息数量及布置

2 同一方向表示 2 个信息时，宜在一行或两行内按由近到远顺序，由左至右或由上至下排列；

3 前方通达地点或道路名称信息应标识在竖向箭头的上方；

4 左、右方向通达地点或道路信息可在横向箭头上方或上下方标识，也可标识在箭头指向的外侧；当左右方向通达地点或道路为单一信息时，横向箭头外侧信息可竖向书写；

5 一个城市指路标志版面信息排列顺序及布置方式，应协调一致。

4.2.8 指路标志中的文字应使用规范汉字，可根据需要与其他文字并用。城市重要的旅游区、重要的国际性活动场所，可采用中、英文或汉字与少数民族文字对照形式。汉字应排在其他文字上方，少数民族地区可根据当地规定调整文字位置。

4.2.9 指路标志上使用的箭头应符合下列规定：

1 指示车道的用途时，箭头应向下并应指向该车道的中心位置；

2 指示车辆前进方向时，箭头应向上；

3 指示出口方向时，箭头应倾斜向上，并应反映出口方向的角度；

4 指示互通立体交叉匝道轮廓的图形标志，以及设置在干路和支路上的预告指引快速路入口的平面交叉图形标志，宜采用曲线箭头（图 4.2.9）；

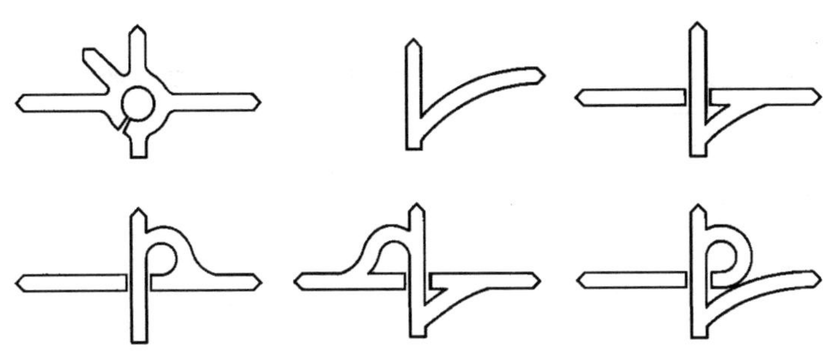

图 4.2.9 曲线箭头

5 上下排列向上、向左、向右的 3 个方向指示时，应从上至下按向上、向左和向右的顺序排列，并且指向上、左的箭头应放在左侧，指向右的箭头应放在右侧；左右排列向上、向左和向右的 3 个方向指示时，应从左至右按向左、向上、向右的顺序排列；

6 箭头宜放在主要标志文字的下方，或文字一侧的适当位置。

4.2.10 当指路标志中的距离小于 1km 时，宜以 m 为单位，并宜采用 50m 的倍数值；当指路标志中的距离大于或等于 1km 并小于 3km 时应以 km 为单位，并宜采用 0.1km 的倍数值；当指路标志中的距离大于或等于 3km 时应以 km 为单位，并宜采用 1km 的倍数值。整个城市指路标志版面中的距离表示方法宜统一。

4.2.11 旅游标志中应放置代表景点特征的图形。

4.2.12 各类标志版面尺寸和字符大小应根据设计速度按表 4.2.12-1 选取。也可根据路段的运行速度（V_{85}）进行调整，应符合下列规定：

1 指路标志的版面尺寸应与字符数量、图形符号、其他文字和版面美化等因素相协调；版面设计时，其他文字与汉字高度关系宜符合表 4.2.12-2 要求；

2 高度不同的两个设计要素相邻，可按低的高度值选择间距和行距；

3 隧道内或桥下因建筑限界、结构承载能力限制等特殊情况，当需缩小标志版面尺寸时，可适当减小文字高度，但最小高度不应小于一般值的 0.8 倍，或采用高宽比为 1∶0.75 的窄字体，但不得改变版面各要素之间的相互关系；

4 设置在城市狭窄道路、分隔带内等处的警告、禁令、指示标志，当采用柱式标志支撑结构设置空间受限制时，可采用最小值。三角形警告标志的最小边长不应小于 0.6m；圆形禁令标志的最小直径不应小于 0.5m；三角形禁令标志的最小边长不应小于 0.6m；八角形禁令标志对角线长度不应小于 0.5m；指示标志的最小直径（或短边边长）不应小于 0.5m。

表 4.2.12-1 标志版面尺寸、文字高度与设计速度的关系

设计速度（km/h）		100	80	60、50、40	30、20
警告标志	三角形边长（m）	1.30	1.10	0.90	0.70
	叉形标志宽度（m）	—	—	1.20	0.90
禁令标志	圆形标志外径（m）	1.20	1.00	0.80	0.60
	三角形标志边长（减速让行）（m）	—	—	0.90	0.70
	八角形标志外径（停车让行）（m）	—	—	0.80	0.60
	长方形标志边长（区域限制、解除）（m×m）	—	—	1.20×1.70	0.90×1.30
指示标志	圆形标志外径（m）	1.20	1.00	0.80	0.60
	正方形标志边长（m）	1.20	1.00	0.80	0.60
	长方形标志边长（m×m）	1.90×1.40	1.60×1.20	1.40×1.00	—
	单行线标志边长（m×m）	1.20×60	1.00×50	0.80×0.40	0.60×0.30
	会车先行标志边长（m×m）	—	—	0.80	0.60
指路标志	汉字高度（m）	0.65、0.60	0.60、0.55、0.50	0.50、0.45、0.40、0.35	0.30、0.25
	道路编号标志中的字母标识符、数字及出口编号标识中的数字高度（m）	0.45、0.40	0.40、0.35	0.30、0.25	0.20、0.15

表 4.2.12-2 其他文字与汉字高度的关系

其他文字		与汉字高度 h 的关系
英文、拼音或少数民族文字高	大写	$1/2h$
	小写	$1/3h$
阿拉伯数字	字高	h
	字宽	$1/2h$～$4/5h$
	笔画粗	$1/6h$～$1/5h$
公里符号高	k	$1/2h$
	m	$2/5h$

4.2.13 可变信息标志版面应符合现行国家标准《道路交通标志和标线 第2部分：道路交通标志》GB 5768.2 的规定。文字的字体、字高等应保证视认性，并应符合本规范表 4.2.12-1、表 4.2.12-2 的规定。可变信息标志不应显示与交通无关信息。

4.2.14 当采用其他指示、禁令、警告标志时，除应执行现行国家标准《道路交通标志和标线 第1部分：总则》GB 5768.1 中的建议程序外，还应符合下列要求：

1 应符合现行国家标准《道路交通标志和标线 第2部分：道路交通标志的规定》GB 5768.2 的规定；

2 标志内容宜采用图形方式，并应辅以文字说明；

3 文字类禁令标志应为白底、红圈、红杠、黑文字，形状为圆形或矩形；

4 文字类警告标志应为黄底、黑边、黑文字，形状为三角形或矩形。

4.3 标志的设置位置与数量

4.3.1 交通标志应设置在车辆行进方向上易于看到的地方，并宜设置在车辆前进方向的右侧或车行道上方。当路段单向车道数大于4条、道路交通量大、大车比例高时，宜分别在车辆前进方向左、右两侧设置相同的交通标志。

4.3.2 标志的设置位置应符合下列规定：

1 警告标志的前置距离可根据道路的设计速度和条件类型按表 4.3.2 确定，也可按所处路段的道路管理行车速度或运行速度，以及道路具体条件进行适当调整；

2 禁令、指示标志应设置在禁止、限制或遵循路段的开始位置，部分禁令、指示标志开始路段的交叉口前还宜设置相应的提前预告标志，使被限制车辆能提前了解相关信息；

3 指路标志及其他标志设置位置，应符合本规范对各个标志设置的具体规定。

表 4.3.2 **警告标志前置距离** (m)

速度（km/h）	减速到下列速度（km/h）									
	条件 A*	条件 B**								
	0	10	20	30	40	50	60	70	80	90
40	※	※	※	※	—	—	—	—	—	—
50	※	※	※	※	※	—	—	—	—	—
60	30	※	※	※	※	—	—	—	—	—
70	50	40	30	※	※	※	※	—	—	—
80	80	60	55	50	40	30	※	※	—	—
90	110	90	80	70	60	40	※	※	※	—
100	130	120	115	110	100	90	70	60	40	※

注：* 道路使用者有可能停车后通过警告地点。

** 道路使用者应减速后通过警告地点。

※ 不提出具体建议值，可视具体条件确定。

4.3.3 标志设置位置除满足前置距离和视认性要求外，还应符合下列要求：

1 不得影响道路的停车视距和妨碍交通安全；

2 不宜紧靠沿街建筑物的门窗前及车辆出入口前；

3 与沿街建筑物宜保持 1m 以上的侧向距离；

4 快速路标志之间间距不宜小于 100m，其他道路在路段上的标志最小间距不宜小于 30m，当不能满足最小设置距离时，应采用互不遮挡的支撑结构形式；

5 不得被上跨道路结构、照明设施、监控设施、广告构筑物以及树木等遮挡；

6 不应影响其他交通设施。

4.3.4 不同种类的标志不宜并列设置，当受条件限制需并列设置时，应符合下列规定：

1 安装在同一支撑结构上标志不应超过 4 个，并应按禁令、指示、警告的顺序，先上后下、先左后右排列；

2 同类标志的设置顺序，应按提示信息的重要程度排列；

3 停车让行标志、减速让行标志、会车让行标志、解除限制速度标志、解除禁止超车标志应单独设置；当条件限制需并列设置时，同一支撑结构上标志不应超过 2 个；

4 当指路标志和分向行驶车道标志需并列设置时，应按分向行驶车道标志、指路标志顺序从左至右排列。

4.3.5 辅助标志应设置在被说明的主标志下缘，当需要两种以上内容的辅助标志对主标志进行说明时，可采用组合形式，但组合的内容不宜多于 3 种。

4.3.6 主、辅标志及支撑结构的竖向及横向最小净空应符合下列规定：

1 位于路面上方的各类标志，其标志板及支撑结构下缘至路面的高度应大于该道路规定的净空高度。标志板及支撑结构下缘至路面的最小净空高度应大于表 4.3.6 要求；

表 4.3.6 路面上方标志及支撑结构下缘距离路面的最小净高

道路种类	行驶车辆类型	最小净高 H（m）
机动车道	各种机动车	4.5
	小客车	3.5
非机动车道	自行车、三轮车	2.5
人行道	行人	2.5

2 位于路侧的各类标志板边缘及标志支撑结构边缘至车行道路面边缘的侧向距离，应大于或等于 0.25m；

3 位于路侧的柱式标志板下缘距路面的高度宜为 1.5m～2.5m；当设置在小客车比例较大的道路时，标志板下缘距路面的高度可根据实际情况减小，但不宜小于 1.2m；当设置在人行道、非机动车道的路侧时，标志板下缘距路面的高度应大于 1.8m。

4.3.7 标志的安装应视实际情况调整其俯仰角度，使其版面垂直于行车方向，并应符合下列要求：

1 标志安装应减少对驾驶员的眩光影响；

2 标志安装角度宜根据设置位置，道路的平、竖曲线线形进行调整；

3 路侧标志宜与车道中心线垂直或与垂线成一定角度［图 4.3.7 (a)］，其中禁令和指示标志宜为 0°～10°，特殊情况下可增大，但最大不应超过 45°；指路和警告标志宜为 0°～10°；

4 车行道上方的标志板面应与车道中心线垂直，板面宜向下倾斜 0°～15°［图 4.3.7（b)］。

4.3.8 可变信息标志设置应根据路网交通管理需要进行，设置位置应符

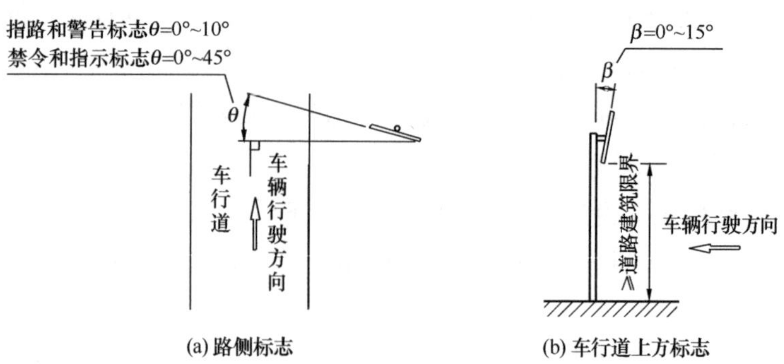

图 4.3.7　标志安装角度

合下列规定：

1　有进行交通实时控制需求的路段上适当位置；

2　快速路、高架道路入口及出入口前的适当位置；

3　长度大于 500m 的隧道入口前适当位置；

4　潮汐车道起点和可变导向车道前；

5　需进行停车诱导的停车场站的入口前，以及相邻交叉口进口前适当位置；

6　有其他特殊要求的路段。

4.4　标志间的匹配设置

4.4.1　交通标志间的匹配设置应符合交通法规和国家现行有关标准的要求，并应协调、合理、适当。

4.4.2　禁令标志与警告标志匹配设置时，必须设置禁令标志，警告标志应根据实际情况与管理需要设置。

4.4.3　指示标志与警告标志匹配设置时，必须设置指示标志，警告标志应根据实际情况与管理需要设置。

4.4.4　禁令标志与指示标志的匹配设置应符合下列规定：

1　含义和作用相同时，必须设置指示标志，相同含义的禁令标志可根据实际情况与管理需要设置；

2　含义和作用互为对应时，必须设置禁令标志，对应含义的指示标志和配合指示行车方向标志，可根据实际情况与管理需要设置；

3　禁令标志套置于指示标志上时，应在必要位置另行设置相应的禁令标志。

4.4.5　禁令、指示标志与指路标志的匹配设置中，当禁令、指示标志套置于指路标志版面上时，应在必要位置另行设置相应禁令、指示标志。

4.5　标志支撑方式

4.5.1　标志的支撑方式应根据交通量、车型构成、车道数、沿线构造物分布、风荷载大小，以及路侧条件等因素按表 4.5.1 确定。

表 4.5.1　标志支撑方式及适用条件

支撑方式		适用条件
柱式	单柱式	警告、禁令、指示及小型尺寸指路标志
	双柱式	大、中型长方形的指示或指路标志
悬臂式		1　道路较宽、交通量较大、外侧车道车辆阻挡内侧车道车辆视线； 2　视距或视线受到限制
门架式		1　同向三车道以上的多车道道路需分别指示各车道去向； 2　交通量较大、外侧车道车辆阻挡内侧车道车辆视线； 3　互通式立交间隔距离较近、标志设置密集； 4　受空间限制，柱式、悬臂式安装有困难； 5　隧道、匝道入口处，以及出口匝道在行车方向的左侧
附着式		1　支撑件设置有困难； 2　采用附着式设置更为合理

4.5.2　当标志与交通信号灯结合布置更为合理时，标志与交通信号灯的支撑结构宜一并设计，或将标志附着安装在交通信号灯的支撑结构上。

4.6　材 料 要 求

4.6.1　标志版面反光材料及照明应采用环保节能材料，并应符合下列规定：

1　标志版面在白天和夜间的颜色应满足现行国家标准《道路交通标志和标线　第 1 部分：总则》GB 5768.1 的规定。

2　标志应采用逆反射材料制作版面，也可根据地形、观测角度、日照等情况增加主动发光式或外部照明设备。

3　逆反射材料的逆反射性能应符合现行国家标准《道路交通反光膜》GB/T 18833 的规定，使用中当其性能不能满足该规范最低要求时应及时更换。

4　快速路、主干路标志应采用Ⅲ类～Ⅴ类反光膜；次干路及以下等级道路的标志可在Ⅰ类～Ⅳ类的反光膜中选择。

5　在下列情况下设置的禁令、指示、警告标志，宜采用Ⅴ类反光膜：

1）快速路小半径曲线及立交小半径匝道路段；

2）交通较为复杂、视距不良、观察角过大的交叉口或路段；

3）通行大型车辆为主的道路。

6 位于行车道上方标志版面的逆反射性能，宜比路侧标志提高一个等级。当采用Ⅴ类反光膜也无法保证视认时，宜增加标志照明系统。

7 隧道内指示紧急电话、消防设备、人行横洞、行车横洞、紧急停车带、疏散等标志，应采用主动发光或照明式标志，其他标志宜采用主动发光或照明式标志。

8 主动发光标志和照明式标志在夜间均应具有 150m 以上的视认距离，其材料及制作要求应符合现行国家标准《道路交通标志和标线　第 2 部分：道路交通标志》GB 5768.2 的规定，并宜使用透光型反光材料制作。

4.6.2 标志底板可采用铝合金板、挤压成型的铝合金型材、薄钢板、合成树脂类板等板材制作，板材相关指标及制作应符合现行国家标准《道路交通标志板及支撑件》GB/T 23827 的规定。在保证视认性前提下，标志板可分块制作，现场拼装。

4.6.3 可变信息标志板采用的材料及显示方式，应根据标志类型、显示内容、控制方式、环保节能、经济性等要求确定。

4.6.4 支撑结构材料应符合下列规定：

1 标志支撑件可选用钢管、型钢、八角形钢柱或钢桁架，也可根据需要采用铝合金型材、合成材料、钢筋混凝土等材料制作；

2 标志基础应采用的水泥混凝土强度等级应大于或等于 C25。

4.7 标志结构设计

4.7.1 标志结构设计应符合下列规定：

1 版面尺寸及支撑方式确定后，应对同一支撑结构类型的标志进行合理归类分组，减少不同版面及支撑结构的规格类型。

2 风荷载计算中的设计风速，应采用标志所在地区距离平坦空旷地面 10m 高，50 年一遇，10min 的计算平均最大风速。对缺乏风速观测资料的地区，可按全国各气象台站的基本风速和风压值的有关数据，并经实地调查核实后采用，但不得小于 22m/s。

3 应按承载能力极限状态和正常使用极限状态进行结构设计，并应满足构造和工艺方面要求。

4 标志结构的重要性系数可按下列两个等级选用：

1）位于快速路、主干路上的悬臂式、门架式标志，结构重要性系数 $\gamma_0=1.0$；

2）位于快速路、主干路上的其他类型标志，以及位于其他等级城市道路上的标志，结构重要性系数 $\gamma_0=0.95$。

5　标志结构的荷载组合与计算、极限状态设计、地基基础设计等，应符合现行标准《钢结构设计规范》GB 50017、《城市桥梁设计规范》CJJ 11 和《公路桥涵地基与基础设计规范》JTG D63 的规定。

4.7.2　标志板设计应符合下列规定：

1　标志板应由底板、反光材料、滑槽、支撑件紧固件组成，外部或内部照明标志还应包括其照明系统与结构；标志的外形应美观，并采用统一的形式，各组成部件应牢固、防腐、耐用，紧固件应通用；

2　标志底板的厚度应符合强度要求，其最小厚度宜符合表 4.7.2 的要求，当标志底板面积大于或等于 $9m^2$ 时，宜采用挤压成型或压边的铝合金板拼接制作；

表 4.7.2　标志板最小厚度

标志名称	标志类别	铝合金板（mm）	合成树脂板（mm）
指示标志	小型	1.5	3.0
	大型	2.0	4.0
禁令标志	小型	1.5	3.0
	大型	2.0	4.0
警告标志	小型	1.5	3.0
	大型	2.0	4.0
指路标志	小型	2.0～3.0	4.0
	大型	3.0～3.5	5.0
辅助标志		1.5	1.5

注：1　标志板面面积大于或等于 $9m^2$ 时应视为大型标志板。

2　指示、禁令、警告标志包括多标志同一版面布置的情况。

3　标志板宜选用型铝、型钢等滑槽加固。

4.7.3　标志支撑设计应符合下列规定：

1　标志支撑件中采用的所有钢制部件均应采用热浸镀锌或其他防腐工艺处理，钢管顶端应封闭；各种支撑件的断面尺寸、连接部件等均应根据标志板面的大小、所设置地点的受风力及支撑方式由计算确定；

2　标志支撑件的基础宜采用刚性扩大基础，当刚性基础过大或基础设置处土质不良时，可采用桩基础；基础的金属预埋件必须进行除锈处理；基础的埋设深度和构造尺寸应由计算确定；

3　标志板与支撑件应采用适当的连接方式，连接部件的设计应安装方便、连接牢固、保持板面平整。

5 指示标志

5.1 一 般 规 定

5.1.1 当道路交通需采用交通标志指示道路使用者交通行为时，应设置指示标志。各种指示标志的分类与选用应符合本规范表 4.1.2-2 的规定。

5.1.2 指示标志应向道路使用者传达交通组织信息，指示道路使用者应按交通管理措施安全、合法、合理地使用道路。

5.1.3 指示标志附加图形和文字应符合本规范第 4.2.5 条的规定。当有时间、车种、车速等限制时，应在标志下方采用辅助标志补充说明。

5.1.4 城市道路不宜使用路口优先通行标志和会车先行标志，因特殊需要使用时，应符合现行国家标准《道路交通标志和标线》GB 5768 相关规定。

5.2 车辆行驶方向标志

5.2.1 下列情况应设置车辆行驶方向标志：

1 当交叉口某方向路段交通量超过其通行能力，需实行分流，组织车辆按箭头指示方向行驶时；

2 由于道路设计、交通组织或道路维修等原因，要求车辆只能按箭头指示方向行驶时；

3 一些大型或畸形平面交叉口需要控制车辆转弯时；

4 在一些平面交叉口或出入口，某些方向的交通流容易错误行驶，需设置相应的指示标志时。

5.2.2 直行标志和转弯标志应设置于需要控制车辆行驶方向的交叉口或路段前 30m～90m 处。

5.2.3 靠某路侧行驶标志应设置于交叉口出口道中央分隔带端部，或需车辆靠某路侧行驶的道路入口分隔带端部处。

5.2.4 允许车辆左转且当不允许掉头行驶时，应设置向左转弯标志，并应设置禁止掉头禁令标志。

5.2.5 当指示车辆行驶方向标志有时间、车种等特殊规定时，应采用辅助标志说明。

5.2.6 靠某路侧行驶标志设置在中央分隔带端部时，宜与另一侧禁止驶入标志结合设置。

5.2.7 当禁令标志作为附加图形设置于指示标志上方时，还应另在适当位置单独设置相应的禁令标志。

5.3 立体交叉行驶路线、环岛行驶标志

5.3.1 下列情况应设置立体交叉行驶路线标志：

1 下游有简易立体交叉，需对直行及转向行驶路径提前预告时；

2 道路使用者容易对立体交叉行驶路线感到迷惑，不易分辨行驶方向时。

5.3.2 当下游为环岛交叉，需对环岛行车规则提前预告时，应设置环岛行驶标志。

5.3.3 立体交叉行驶路线标志宜结合指路标志或出入口标志，设置于立交上游适当位置。

5.3.4 环岛行驶标志应设置于环岛交叉口进口导流岛上或环岛中心面向来车方向的适当位置处。

5.3.5 对于大型立交或快速路枢纽互通立交，应设置指路标志系统，可不设置立体交叉行驶路线标志。

5.3.6 环岛行驶标志不应代替指路标志，当指路标志已明确传达环岛各路口地点方向信息，可不设置环岛行驶标志。

5.4 单行路标志

5.4.1 当需指示道路为单向行驶道路时，应设置单行路标志。

5.4.2 在无信号灯控制的交叉口处，单行路标志应设置在交叉口单行道出口处，版面应面对来车方向，并应与直行和向左转弯、直行和向右转弯指示标志及禁止机动车驶入、停车让行禁令标志等配合使用。

5.4.3 当单行路标志有时间、车种等规定时，应结合辅助标志说明或附加图形设置。

5.4.4 若遇当前行驶道路路段单向车道数大于或等于 2 条或单行路标志不易被发现的情况，宜在进入交叉口前适当位置对单行路进行预告。

5.4.5 到达单行路交叉口前 1～2 个交叉口，宜设置绕行指路标志，对下游单行路路名、单行方向及车辆绕行方案进行预告。

5.5 鸣喇叭标志

5.5.1 在双向行驶且无中间隔离设施的道路上，下列情况应设置鸣喇叭标志：

1 当道路圆曲线半径小于或等于表 5.5.1-1 中规定，停车视距小于表 5.5.1-1 中规定的曲线路段，驾驶人受道路线形影响，无法辨别对向有车驶来时；

表 5.5.1-1　安全行驶的圆曲线最小半径和停车视距

设计速度（km/h）	60	50	40	30	20
圆曲线极限值半径（m）	150	100	70	40	20
停车视距（m）	70	60	40	30	20

2　坡度大于表 5.5.1-2 的上陡坡且视距低于表 5.5.1-1 规定的路段；

表 5.5.1-2　设置鸣喇叭标志的纵坡坡度值

设计速度（km/h）		60	50	40	30	20
上坡纵坡坡度（%）	海拔<3000m	6	6	7	7	7
	海拔≥3000m～<4000m	5	5	6	7	7
	海拔≥4000m～<5000m	4	4	5	6	7
	海拔≥5000m	4	4	4	5	6

3　双向行驶的隧道出、入口前光线、视距不良的路段。

5.5.2　鸣喇叭标志应设置在急弯陡坡视距不良、隧道等路段的起点处。

5.5.3　鸣喇叭标志可与相关警告标志配合使用。

5.6　最低限速标志

5.6.1　下列情况应设置最低限速标志：

1　在快速路或对车速要求较高的其他道路上，需要限制慢速车辆进入时；

2　需对不同车型和车速的交通流进行分流，提高高等级道路通行能力和安全性时。

5.6.2　最低限速标志应设置在快速路或其他需限制最低速度路段的起点，以及互通式立交和路段入口渐变段终点。

5.6.3　最低限速标志应和最高限速标志一起使用，最高限速标志和最低限速标志应分别按自上至下或自左至右布置。

5.6.4　最低限速标志所示数值宜为最高限速标志数值的 1/2～3/4，且宜低于最高限速标志所示数值 30km/h 及以上。

5.6.5　在安全敏感路段，宜采用辅助标志告知限速原因、路段长度等信息。

5.7　车道行驶方向标志

5.7.1　下列情况应设置车道行驶方向标志：

1　当交叉口某方向进口交通流量较大、转弯车辆较多或渠化车道数大于或等于 4 条车道时；

2 当交叉口渠化车道布置不够充分、不规则或地面导向箭头易被积雪遮埋时。

5.7.2 在交叉口前设置车道行驶方向标志时，应符合下列规定：

1 车道行驶方向标志应设置在导向车道前适当位置，并不应与指路标志之间互相遮挡；

2 除分向行驶车道标志以外的车道行驶方向标志，均应设置在所指示车道中心上方；

3 分向行驶车道标志宜采用悬臂式，设置于指路标志下游或与指路标志并列设置；

4 当渠化车道多级变化，交通流量较大时，宜在指路标志上游适当位置增设分向行驶车道标志。

5.7.3 路段上的车道行驶方向标志宜设置在导向车道变化的起点位置，并应采用门架结构逐车道分设。

5.7.4 车道行驶方向标志所指方向应与车道布置方式及地面箭头标线一致。

5.7.5 车道行驶方向标志不得代替指路标志，当指路标志已明确反映车道布置及各方向去向、地点路径，可不设置车道行驶方向标志。

5.7.6 当交叉口车道管理措施情况复杂时，可在版面中组合禁令、辅助等标志，对特殊车道的使用时间、车种、车速等情况进行限制。

5.7.7 当车道行驶方向根据管理要求可变时，应设置可变的车道行驶方向标志。

5.7.8 当遇快速路或主要干道多车道逐级分合流情况时，车道行驶方向标志宜重复设置。

5.7.9 当道路车道数大于6条时，宜采用分向行驶车道标志，并应采用悬臂式结构在道路两侧同时设置。

5.7.10 若遇交叉口进口道仅有一条左转车道且不禁止掉头时，左转和掉头合用车道标志，可由左转车道标志替代；若交叉口进口道有多条左转车道且部分左转车道禁止掉头时，宜在不禁止掉头的左转车道上设置左转和掉头合用车道标志。

5.7.11 车道行驶方向标志版面中车道分隔线宜反映地面标线实际情况，距离交叉口较近时可采用实线分隔。

5.8 专用道路和车道标志

5.8.1 当道路或车道为某类指定车辆专用时，必须设置专用道路或车道标志。

5.8.2 机动车行驶标志、机动车车道标志，宜设置在专供机动车行驶道路、车道的起点及入口前的道路或车道上方。

5.8.3 非机动车行驶标志、非机动车车道标志，宜设置在专供非机动车行驶道路、车道的起点及入口前的道路或车道上方。

5.8.4 公交专用车道标志应设置在专供公交线路行驶的车道起点及入口前的车道上方。

5.8.5 快速公交专用车道标志应设置在专供快速公交行驶车道的起点及入口前的车道上方。

5.8.6 多乘员车辆专用车道标志应设置在专供多乘员车辆专用车道的起点及入口前的车道上方。

5.8.7 当机动车行驶标志与非机动车行驶标志同时设置于道路机非分隔带起点及入口处时，或者机动车行驶标志附加靠左侧行驶箭头与非机动车附加靠右侧行驶箭头的标志同时设置于道路机非分隔带起点及入口处时，且机非分隔带宽度满足设置标志要求时，宜同杆设置。

5.8.8 不同的专用道路和车道相邻且无分隔带时，其标志可并列布置在同一块标志版上，并宜设置在分道通行道路入口前位置。

5.8.9 专用车道标志宜采用悬臂或门架方式安装，版面上箭头应正对车道，当交叉口间隔距离较长时，宜在路段中重复设置专用车道标志。

5.8.10 当多乘员车辆专用车道标志有人数规定时，可在标志右上角表示。

5.8.11 某单一车种的车道应配合设置路面文字标记和车种专用车道线，两者不应矛盾。

5.8.12 根据交通管理特殊要求，需规定其他道路使用者专用道路或车道时，可按本节要求进行设置。

5.9 人行横道标志

5.9.1 无信号灯控制的人行横道两端应设置人行横道标志。

5.9.2 有信号灯控制的人行过街横道可设人行横道标志。

5.9.3 人行横道标志应设置在人行横道两端适当位置，面向来车方向。

5.9.4 人行横道标志应与人行横道线配合使用。

5.9.5 当人行横道位置不易被驾驶员发现时，有信号灯控制的人行横道处应设置人行横道标志。

5.10 步 行 标 志

5.10.1 当道路或路段为步行街时，应在步行街起终两端设置步行标志。

5.10.2 步行标志应设置在步行街的两端起点位置。

5.10.3 当步行标志有时间规定时，应采用辅助标志说明。

5.11 允许掉头标志

5.11.1 因交通组织或管理需要，设有掉头车道或掉头点的路段或交叉口前，应设置允许掉头标志。

5.11.2 允许掉头标志应设置在允许机动车掉头路段前的适当位置或允许掉头交叉口端口位置。

5.11.3 允许掉头标志应面对来车方向，与地面标线配合设置，标志设置不得干扰其他车道车辆的正常运行。

5.11.4 当允许掉头标志有时间、车种等特殊规定，或预告前方掉头的距离时，应采用辅助标志说明。

5.12 停车位标志

5.12.1 停车位标志的设置应符合下列规定：

1 对允许机动车停放的区域或通道，应设置停车位标志；

2 对允许机动车在特定时段停放的区域或通道，应设置限时段停车位标志；

3 对允许机动车在规定时长内停放的区域或通道，应设置限时长停车位标志；

4 对仅允许残疾人驾驶车辆停放的区域或通道，应设置残疾人专用停车位标志；

5 对仅允许校车停放的区域或通道，应设置校车专用停车位标志；

6 对仅允许出租车停放的区域或通道，应设置出租车专用停车位标志；

7 对仅允许非机动车停放的区域或通道，应设置非机动车专用停车位标志；

8 对仅允许公交车停放的区域或通道，应设置公交车专用停车位标志；

9 对仅允许单位或个人专属车辆停放区域或通道，应设置专属停车位标志。

5.12.2 校车专用停车位标志宜和注意儿童警告标志配合使用。

5.12.3 对停车方式有特殊需求时，可采用表示特殊要求的停车位标志（图 5.12.3）。

5.12.4 停车位标志应设置在允许车辆停放的区域或通道起点的适当位置，应配合停车位标线使用，不得矛盾。

(a) 按标志箭头指示方向停放

(b) 可占用部分人行道边缘停放

图 5.12.3 特殊要求停车位标志

6 禁令标志

6.1 一般规定

6.1.1 道路交通需采用交通标志对道路使用者的行为进行禁止、限制及相应解除时，应设置禁令标志。各种禁令标志的分类与选用应符合本规范表 4.1.2-2 的规定。

6.1.2 与道路优先权、通行权、某方向通行权相关的标志应在每个道路交叉口设置；与交通管理、限制、停车、检查相关的标志应在所需要的特定地点设置；区域禁止及解除标志应在禁止、限制的出入口处设置；限速大于或等于 60km/h，且长度大于 5km 的路段，禁令标志宜重复设置。

6.1.3 禁令标志所设位置，应便于相关道路使用者观察前方路况，并易于转变行驶或行走方向。

6.1.4 对于车辆如未提前绕行则无法通行的禁令标志设置的路段，应在进入禁令路段的交叉口前或适当位置设置相应的（指路）预告或绕行标志，提示被限制车辆提前绕道行驶。

6.1.5 两个或两个以上禁令标志并设时，应按对道路安全影响的大小程度，依次由上至下，由左至右排列。

6.2 停车让行、减速让行标志

6.2.1 道路等级、车速相差较大的非信号控制交叉口，视距不足、容易发生交通事故时，在次要道路交叉口前应设置停车让行标志；交叉口视距良好、在危险情况下驾驶员能够从容控制停车时，可设置减速让行标志。

6.2.2 减速让行标志设置应符合下列规定：

1 快速路入口匝道后未设加速车道或加速车道长度不足时，或先入后出的匝道之间间距不满足规范要求时，应设置减速让行标志；

2 无信号控制的环形交叉口的进口道处，宜设置减速让行标志；

3 信号控制的交叉口，设置专用右转车道且有渠化岛分隔时，在出口道合流点处，宜设置减速让行标志。

6.2.3 无人看守的铁路道口，车辆进出频繁的沿街单位、宾馆、饭店、路外停车场等出入口，应设置停车让行标志。

6.2.4 停车让行标志应设置在人行横道前、铁路道口前或单位等出入口处的道路右侧、停车让行标线齐平或上游的适当位置。

6.2.5 减速让行标志应设置在交叉口让行道路进口道、专用右转车道出口道合流点或快速路合流点的道路右侧，减速让行标线齐平或上游的适当位置。

6.2.6 停车让行标志、减速让行标志应配合设置停车让行、减速让行标线。

6.3 会车让行标志

6.3.1 下列情况下应设置会车让行标志：

1 道路宽不足2车道及其他会车有困难的狭窄路段；

2 根据交通管理要求只能开放一条车道作双向通行的道路。

6.3.2 会车让行标志应设置在让行路段起始位置。

6.3.3 会车让行标志宜与窄路、窄桥、施工等警告标志配合使用。

6.4 禁止通行标志

6.4.1 对禁止一切车辆和行人通行的道路，应设置禁止通行标志。

6.4.2 禁止通行标志设置应符合下列规定：

1 应设置在禁止通行路段入口处的显著位置；

2 在某一区域内禁止一切车辆和行人通行时，应在进入该区域道路的每个入口处设置，禁行范围内可重复设置。

6.4.3 当禁止通行标志有时间或其他规定时，应采用辅助标志说明。

6.5 禁止驶入标志

6.5.1 对不允许一切车辆驶入的道路，应设置禁止驶入标志。

6.5.2 禁止驶入标志设置应符合按下列规定：

1 应设在禁止驶入路段入口处的显著位置，根据需要可以重复设置；

2 在某一区域内禁止车辆驶入时，应在进入该区域道路的每个入口处设置，禁行范围内可重复设置。

6.5.3 当禁止驶入标志有时间、车种、轴重、质量等规定时，应采用辅助标志说明。

6.6 禁止各类或某类机动车驶入标志

6.6.1 禁止各类或某类机动车驶入的道路，应设置禁止各类或某类机动车驶入标志。

6.6.2 禁止各类或某类机动车驶入标志应按下列方法设置：

1 应设置在禁止各类或某类机动车驶入道路入口处的显著位置，并可根据需要重复设置；

2 在某一区域内禁止各类或某类车辆驶入时，应在进入该区域道路的每个入口处设置，禁行范围内宜重复设置；

3 在禁止某两种车辆通行的路段入口处，应设置禁止某两种车辆驶入标志。

6.6.3 禁止各类或某类机动车驶入标志的一块标志版上，最多只能出现两种车型图案，需禁止三种或三种以上车辆通行，应增加相应的禁令标志。

6.6.4 当禁止各类或某类机动车驶入标志有时间、车种、轴重、质量等规定时，应采用辅助标志说明。

6.6.5 禁止各类或某类机动车驶入标志可作为图形附加在指示或指路标志上。

6.7 禁止各类或某类非机动车、行人进入标志

6.7.1 禁止各类或某类非机动车、行人进入的道路，应设置禁止各类或某类非机动车、行人进入标志。

6.7.2 禁止各类或某类非机动车、行人进入标志设置应符合下列规定：

1 应设置在禁止各类或某类非机动车、行人进入道路入口处的明显位置，并可根据需要重复设置；

2 在某一区域内禁止各类或某类非机动车、行人进入时，应在进入该区域道路的每个入口处设置，禁行范围内可重复设置；

3 在禁止某两种非机动车或同时禁止行人和非机动车进入的路段入口处，应设置禁止某两种非机动车进入标志或禁止行人和非机动车进入标志。

6.7.3 禁止各类或某类非机动车、行人进入标志的一块标志版面上，最多只能出现两种非机动车图案，需禁止三种或三种以上非机动车进入时，应增加相应的禁令标志。

6.7.4 当禁止各类或某类非机动车、行人进入标志有时间等规定时，应采用辅助标志说明。

6.8 禁止车辆向某方向通行标志

6.8.1 禁止各类或某类车辆向某方向通行时，必须设置禁止车辆向某方向通行标志。

6.8.2 禁止车辆向某方向通行标志，应设置在禁止车辆向某方向通行的交叉口之前适当位置，需要时可重复设置。

6.8.3 当禁止车辆左转，但又允许掉头行驶时，应同时设置掉头指示标志。

6.8.4 当禁止某类车辆向某一方向通行时，可在禁止某方向通行的标志版面上附加被禁止某类车辆的图形，附加图形时宜符合本规范第 4.2.5 条规定。

6.8.5 当禁止两种或两种以上车辆时，禁止车辆向某方向通行标志宜采用辅助标志说明。

6.8.6 当禁止车辆向某方向通行标志有时间、车种、轴重、质量等规定时，应采用辅助标志说明。

6.8.7 当禁止车辆向某方向通行标志作为附加图形设置于指路标志或指示标志上时，还应另在适当位置单独设置相应的禁止车辆向某方向通行标志。

6.9 禁止掉头标志

6.9.1 在交叉口或路段掉头，对其他车辆严重影响，可能引发交通事故或交通拥堵时，应设置禁止掉头标志。

6.9.2 禁止掉头标志设置应符合下列规定：

1 应设置在禁止机动车掉头路段的起点和交叉口前中央分隔带适当位置或车道上方，必要时可重复设置；

2 对已有禁止向左转弯（或禁止直行和向左转弯）标志，可不再设置禁止掉头标志；在允许机动车左转，但禁止车辆掉头的路口，必须设置禁止掉头标志。

6.9.3 当禁止掉头标志设置时，宜配合施划禁止掉头标线。

6.9.4 当禁止掉头标志有时间、车种、轴重、质量等规定时，应采用辅助标志说明。

6.9.5 当禁止掉头标志作为附加图形设置于指示标志或指路标志上时，还应另在适当位置单独设置禁止掉头标志。

6.10 禁止超车、解除禁止超车标志

6.10.1 下列情况应设置禁业超车标志、解除禁止超车标志：

1 双向2车道的长大隧道、桥梁，交通流量较大的道路路段，窄桥、弯道、陡坡等超车容易引起危险的路段；

2 圆曲线半径或超车视距小于表6.10.1所列数值的路段。

表6.10.1 禁止超车的最小圆曲线半径及超车视距

设计速度（km/h）	60	50	40	30	20
圆曲线半径（m）	300	200	150	85	40
超车视距（m）	250	200	150	100	70

6.10.2 禁止超车标志、解除禁止超车标志应按下列方法设置：

1 在禁止超车路段的起点应设置禁止超车标志，终点应设置解除禁止超车标志，若终点为交叉口，可不设解除禁止超车标志；

2 当禁止超车路段较长时，应重复设置禁止超车标志，其间隔宜为500m；

3 当禁止超车区间与多条道路相交叉时，应在每个交叉口的出口处右侧设置。

6.10.3 禁止超车标志可与傍山险路、陡坡、连续下坡、窄路、窄桥、驼峰桥、施工、事故易发路段、注意危险等警告标志配合使用。

6.10.4 已施划有禁止跨越对向或同向车行道分界线的路段，可不设禁止超车标志；当交通标线易被积雪覆盖时，应设置禁止超车标志。

6.11 禁止停车、禁止长时停车标志

6.11.1 对不允许一切车辆停、放的路段，应设置禁止停车标志。

6.11.2 对车辆长时停放易引起道路交通拥阻或影响车辆通行，但允许车辆临时停靠，完成上下客、装卸货等需要的地点，应设置禁止长时停车标志。

6.11.3 禁止停车或禁止长时停车标志应设置在不允许停车或不允许长时停车的地点或路段起点处。禁止停车路段较长时，应重复设置，其间隔宜为100m。

6.11.4 当禁止停车、禁止长时停车标志有时间、车种、范围、轴重、质量等规定时，应采用辅助标志说明。可在禁止停车、禁止长时停车标志版面上加白色箭头表示禁止停车范围。

6.11.5 禁止停车、禁止长时停车标志宜与禁止停车标线、禁止长时停车

标线配合设置，也可单独设置。

6.12 禁止鸣喇叭标志

6.12.1 禁止鸣喇叭标志设置应符合下列规定：

1 医院、学校等声环境敏感区周边的道路，宜设置禁止鸣喇叭标志；

2 在城市划定的禁鸣区域的入口处，应设置禁止鸣喇叭标志；

3 根据交通管理和环境要求，需要禁止车辆鸣喇叭的路段或区域，应设置禁止鸣喇叭标志。

6.12.2 禁止鸣喇叭标志设置方法应符合下列规定：

1 应设在禁鸣路段的起点位置；

2 在某一区域内禁止鸣喇叭时，应在进入该区域道路的每个入口处设置；

3 当禁鸣区范围较长时，应重复设置。

6.12.3 当禁止鸣喇叭标志有时间、范围等规定时，应采用辅助标志说明。

6.13 禁止非机动车骑行标志

6.13.1 对设有非机动车推行坡道的人行地道、人行天桥、人行道，应设置禁止非机动车骑行标志。

6.13.2 对纵坡坡长大于表 6.13.2 中限制值的道路等，以及已设置陡坡标志的机非混行道路，应设置禁止非机动车骑行上坡（或下坡）标志。

表 6.13.2 禁止非机动车骑行上坡（或下坡）标志设置的最大坡长条件

坡度（%）	限制坡长（m）	
	自行车	三轮车
2.5	300	150
3	200	100
3.5	150	—

6.13.3 其他非机动车骑行容易引起交通事故的地点，应设置禁止非机动车骑行标志。

6.13.4 禁止非机动车骑行标志应设在禁止非机动车骑行的路段起点处，或设有非机动车推行坡道的人行天桥、人行地道、人行道入口处。

6.13.5 禁止非机动车骑行标志有范围等规定时，应采用辅助标志说明。

6.14 限制速度、解除限制速度标志

6.14.1 下列情况应设置限制速度标志：

1 城市快速路主路、出入口匝道、立交转向匝道起点处，快速路入口加速车道后的适当位置，较长的桥梁、隧道入口处；

2 学校、幼儿园、医院、养老院等行人较多的路段因车速较快，道路交通事故隐患较高时；

3 急弯、陡坡、连续下坡等道路技术指标低于规范规定极限值的路段，路面损坏、积水等路况较差或险要路段；

4 其他因交通管理或环境保护要求，对车辆行驶最高速度需要进行控制的路段。

6.14.2 在限制速度路段的终点应设置解除限速标志，或新限制速度值标志。

6.14.3 根据需要，下列情况可设置可变限速标志：

1 受雾、横风等天气变化影响较大的路段；

2 超载超限检测站预检后需要进行车辆引导时；

3 学校上学、放学等时段性要求限速时；

4 为减缓交通拥堵，采用速度自适应控制调整手段时。

6.14.4 限制速度标志设置应符合下列规定：

1 应设置在需要限制车辆行驶速度路段的起点处；

2 应根据道路交通条件的变化，在限制速度变化值的起点处分别设置；

3 在经过交叉口或其他需要提醒驾驶者的地方可重复设置。

6.14.5 解除限制速度标志设置应符合下列规定：

1 连续设置限制速度标志的路段，可仅在限速路段终点设置一块解除限制速度标志，其解除值为最末一块限速标志的限速值；

2 当解除限制速度的地点距离前方交通信号控制交叉口较近时，可不设该标志，但宜在上游限制速度标志处同时设置辅助标志说明限制速度的长度。

6.14.6 限制速度值应以道路的设计速度值为基础根据道路功能、设计速度、运行速度、法定速度、道路环境、历史事故等因素综合论证确定，并应同时符合下列规定：

1 最高限制速度值可取设计速度值，也可适当提高。当设计速度值大于60km/h时，限制速度值可提高10km/h～20km/h；当设计速度值小于或等于60km/h时，限制速度值可提高5km/h～10km/h；最高限速值高于道路设计速度的路段时，路段各项技术指标应符合最高限速值对应的设计速度的技术要求；

2 以限速区内部分代表断面的运行速度（V_{85}）值为基础，可取其上下 5km/h～10km/h 范围内的值；

3 根据设计速度值和运行速度（V_{85}）值确定的最高限制速度值的差值超过 20km/h 时，应进一步分析、观测、调整；

4 长大桥隧的最高限制速度值不宜高于设计速度；

5 限制速度值应为 5km/h 的整数倍；

6 可变限速标志显示的数值应小于固定的限速标志的限速值；

7 当相关因素发生较大变化时，宜对限制速度值进行评估，并应根据需要对限制速度值进行调整。

6.14.7 限制速度起终点间的道路路段最小长度宜符合表 6.14.7 的规定。

表 6.14.7 限速区最小长度

限速值（km/h）	30	40	50	60	70	80	90	100
限速区最小长度（km）	0.3	0.4	0.5	0.6	0.7	0.8	0.9	2.0

注：学校区限制速度值为 40km/h 及以下时，限速区最小长度为 0.2km。

6.14.8 限制速度标志可与警告标志配合使用；限制速度标志可与最低限速标志配合使用。

6.14.9 当限制速度、解除限制速度标志有车种、距离等规定时，应采用辅助标志说明。

6.14.10 可变限速标志和固定的限速标志宜设置在同一地点。

6.15 区域禁止、区域解除标志

6.15.1 在某区域内需要限制速度、禁止停车、禁止长时停车时，应设置相应的区域禁止和解除标志。

6.15.2 区域禁止标志应设在禁止区域的所有入口处，区域解除标志应设在禁止区域的所有出口处。

6.16 限制宽度、限制高度标志

6.16.1 当允许通行的车辆装载宽度有特殊限制时，应设置限制宽度标志。

6.16.2 当机动车道路建筑限界净高小于 4.5m，非机动车道路建筑限界净高小于 2.5m 时，必须设置限制高度标志。

6.16.3 限制宽度或限制高度标志，应设在限制通行车辆宽度或高度的路段或地点前。

6.16.4 当每个机动车车道上方的净空相差 0.1m 以上，且净高均小于 4.5m 时，必须在每个车道上方设置限制高度标志。

6.16.5 除限制路段或地点外，应在上游交叉口提前设置限制宽度、限制高度标志，并可设置相应的指路标志提示，使车辆能够提前绕道行驶。

6.16.6 在道路建筑限界净高受限制的地方，易发生车辆碰撞事故，且碰撞可能危及结构安全时，应设置立面标记和限高警示横梁。

6.17 限制质量、限制轴重标志

6.17.1 道路、桥梁、隧道等应设置限制质量或限制轴重标志。

6.17.2 限制质量、限制轴重标志应设置在需要限制车辆质量或轴重的道路、桥梁、隧道（涵洞）两端。

6.17.3 在设置限制质量或限制轴重标志地点上游道路交叉口，宜单独或结合一般指路标志设置限制质量或限制轴重标志，给出相应提示信息，使车辆能够提前绕道行驶。

6.18 停车检查标志

6.18.1 在机动车停车受检的固定地点，应设置停车检查标志。

6.18.2 停车检查标志应设置在机动车检查站或地点前路侧。

6.18.3 停车检查标志的设置，应配合施划交通标线或设置减速设施。

6.18.4 当停车检查标志有检查事项或车种等规定时，应采用辅助标志说明。

6.19 海 关 标 志

6.19.1 海关检查站或地点应设置海关标志。

6.19.2 海关标志应设置在海关检查站或地点前路侧。

7 警告标志

7.1 一 般 规 定

7.1.1 当道路交通需采用交通标志警告道路使用者前方有危险，需谨慎行动时，应设置警告标志。各种警告标志的分类与选用应符合本规范表 4.1.2-2 的规定。

7.1.2 警告标志应设置在易发生危险的路段、容易造成道路使用者错觉而放松警惕的路段，以及同一位置连续发生同类事故的路段。

7.1.3 警告标志到危险地点起点的距离应根据道路设计速度或道路管理行车速度按本规范表 4.3.2 的规定取值。所在位置不具备设置条件时，警告标志可适当移位。

7.1.4 警告标志不应过量使用，并应符合下列要求：

1 当同一地点需设置2个以上警告标志时，可设置其中最需要的一个。当需将2个以上的警告标志并列设置时，应将提醒道路使用者危险主因的标志设置在上部或左侧；

2 次干路及次干路以上等级的道路可根据需要设置有关告示标志或线形诱导标志；

3 内容受季节影响或为临时性内容的警告标志，当设置条件发生变化时，应及时取消或覆盖版面。

7.2 交叉口标志

7.2.1 下列情况应设置交叉口标志：

1 受绿化、建筑物等影响，交叉口相交道路之间由停车视距构成的通视三角区不能保证时；

2 受道路纵坡、路面超高等影响而辨识困难，或其他不易被发现的交叉口；

3 畸形或错位交叉口，以及不易判别交叉口形状的路口。

7.2.2 对已设置相应设施或标志时，下列情况可不设交叉口标志：

1 交叉口设有信号控制时；

2 交叉口设有指示转弯、禁止转弯、停车让行、减速让行、指路、路口预告和告知、地点、方向等与交叉口相关的禁令、指示或指路标志，并且标志容易被看到时；

3 交叉口视线良好，易于观察相交道路来车时；

4 交叉口相交道路的交通流互不干扰，或交通量极小，路段速度较低时；

5 T形或Y形交叉口，被交通分隔岛渠化后改变形状或走向时。

7.2.3 交叉口标志应设置在平面交叉口之前适当位置。距交叉口停车线或路口缘石圆直切点的距离，应按本规范表4.3.2的规定取值。

7.2.4 应根据实际道路交叉的形式选用适当的交叉口标志。

7.2.5 当设置T形或Y形交叉口标志时，应配合设置线形诱导标志；当设置环形交叉口标志时，应配合设置环岛行驶指示标志。

7.2.6 受线形限制或障碍物阻挡时，交叉口标志应设置在面对来车的路口的正面。

7.2.7 交叉口标志可根据道路形状设置图案，并应符合警告标志板面设置的相关规定。

7.3 注意信号灯标志

7.3.1 下列情况应设置注意信号灯标志：

1 视线不良，或其他原因使驾驶员不易发现前方为信号灯控制的路口；

2 一般不设信号灯地区的信号灯路口，或较长路段内不设信号灯之后遇到的第一个信号灯路口，快速路驶入干路或支路时遇到的第一个信号灯控制的路口；

3 因临时交通管制或其他特殊情况设置活动信号灯的路口。

7.3.2 注意信号灯标志至交叉口停车线的距离，应按本规范表4.3.2的规定取值。

7.4 铁路道口标志

7.4.1 当道路与有人看守的铁路平面交叉时，应设置有人看守铁路道口标志。

7.4.2 当道路与无人看守的铁路平面交叉时，应设置无人看守铁路道口标志。

7.4.3 铁路道口标志应设置在铁路道口前适当位置；当视线不良，不易被道路使用者发现时，宜在道路两侧对称设置。

7.4.4 道路与有人看守的铁路平面交叉时，有人看守铁路道口标志至铁路道口的距离，应按本规范表4.3.2的规定取值。

7.4.5 道路与无人看守的铁路平面交叉时，除按本规范表4.3.2规定的距离设置无人看守铁路道口标志外，还应在道口设置停车让行标志，并应施划相配套的铁路平交道口标线、停车让行标线。

7.4.6 当无人看守铁路道口前未设铁路平交道口标线时，应在无人看守铁路道口标志前，至少增设一块无人看守铁路道口标志，其预告距离应采用辅助标志说明。

7.4.7 在无人看守铁路道口，当有两股或两股以上的铁路与道路平面交叉时，应在无人看守铁路道口标志上端配合设置叉形符号。叉形符号交叉点到三角形警告标志顶点的距离宜为40cm，叉形符号不应单独使用。

7.5 注意分离式道路标志

7.5.1 当交叉口横向道路左右幅分离距离较宽，车辆驶入交叉口易发生错向行驶时，应设置注意分离式道路标志。

7.5.2 注意分离式道路标志至交叉口停车线的距离，应按本规范表4.3.2

的规定取值。

7.6 急弯路标志

7.6.1 下列情况应设置急弯路标志：

1 圆曲线半径小于或等于本规范表 5.5.1-1 中规定值，且停车视距小于该表中规定值时；

2 路线转角大于或等于 45°时，圆曲线半径大于本规范表 5.5.1-1 中规定值，但小于或等于表 7.6.1 规定值。

表 7.6.1 设置急转弯路标志的圆曲线半径一般值

设计速度（km/h）	60	50	40	30	20
圆曲线半径一般值（m）	300	200	150	85	40

7.6.2 当长直线并连续下坡路段衔接的急弯路，其线形指标符合本规范第 7.6.1 条设置条件时，必须设置急弯路标志。

7.6.3 急弯路标志应设置在弯道平曲线与直线段的切点之前，标志至切点的距离应按本规范表 4.3.2 的规定取值，并不得进入上游路段的圆曲线内。

7.6.4 急弯路标志可与限制速度禁令标志或建议速度标志联合使用，也可与说明急弯半径值的辅助标志配合使用。

7.6.5 当设置急弯路标志时，应在圆曲线内侧按设计要求加宽车道，并应在弯道上施划车行道边缘线和禁止跨越对向车行道分界线。

7.6.6 当急弯路段路侧有高路堤、河流湖泊、悬崖等危险情况时，除应设置急弯路标志外，弯道外侧车道边缘应设置防撞护栏，并应加设线形诱导标和路边轮廓标，视距不良时应设置反光镜。

7.7 反弯路标志

7.7.1 下列情况应设置反弯路标志：

1 两相邻反向圆曲线半径符合本规范第 7.6.1 条规定，且两圆曲线间的距离小于表 7.7.1 规定值时；

表 7.7.1 相邻曲线之间最小直线长度

设计速度（km/h）	60	50	40	30	20
两反向圆曲线间距离（m）	120	100	80	60	40

2 圆曲线半径大于本规范表 5.5.1-1 中规定值，但视距小于该表规定值时。

7.7.2 当长直线并连续下坡路段衔接的反弯路，其线形指标符合本规范第7.7.1条设置条件时，必须设置反弯路标志。

7.7.3 反弯路标志应设置在反向曲线的两端起点之前，标志至平曲线起点的距离应按本规范表4.3.2的规定取值，但不得进入上游路段的圆曲线内。

7.7.4 反弯路标志可与限制速度禁令标志或与建议速度警告标志联合使用。

7.7.5 当设置反弯路标志时，应在圆曲线内侧按设计要求加宽车道，并应在弯道上施划车行道边缘线和中心实线。

7.7.6 弯道外侧车道边缘宜设置线形诱导标和路边轮廓标，视距不良时应设置反光镜，当路侧有高路堤、河流湖泊、悬崖等危险情况时，应设置防撞护栏。

7.8 连续弯路标志

7.8.1 下列情况应设置连续弯路标志：

1 当连续有3个及以上反向平曲线，有2个及以上圆曲线半径符合本规范第7.6.1条规定，且各圆曲线间直线段距离均小于本规范表7.7.1的规定值时；

2 圆曲线半径大于本规范表5.5.1-1中规定值，但视距小于该表规定值时。

7.8.2 长直线并连续下坡路段衔接的连续弯路，其线形指标符合本规范第7.8.1条设置条件时，必须设置连续弯路标志。

7.8.3 连续弯路标志应设置在连续弯道的两端起点之前，标志至平曲线起点的距离应按本规范表4.3.2的规定取值，但不得进入上游的圆曲线内。

7.8.4 当弯路总长度大于500m时，应重复设置连续弯路标志，并宜在标志下附设辅助标志，标明其作用和距离。

7.8.5 连续弯路标志可与限制速度禁令标志或与建议速度警告标志配合使用，也可与说明连续弯路长度的辅助标志配合使用。

7.8.6 当设置连续弯路标志时，应在圆曲线内侧按设计要求加宽车道，并应在弯道上施划车行道边缘线和中心实线。

7.8.7 弯道外侧车道边缘宜设置线形诱导标或路边轮廓标，视距不良时应设置反光镜，路侧有高路堤、河流湖泊、悬崖等危险情况时，应设置防撞护栏。

7.9　陡坡标志

7.9.1　下列情况应设置陡坡标志：

1　纵坡大于表 7.9.1 规定值时；

表 7.9.1　设置上陡坡或下陡坡标志的坡度值

<table>
<tr><td colspan="3">设计速度（km/h）</td><td>100</td><td>80</td><td>60</td><td>40</td><td>30</td><td>20</td></tr>
<tr><td rowspan="5">纵坡坡度</td><td rowspan="4">上坡</td><td>海拔＜3000m</td><td rowspan="4">4</td><td>5</td><td>6</td><td>7</td><td>7</td><td>7</td></tr>
<tr><td>3000m≤海拔＜4000m</td><td>4</td><td>5</td><td>6</td><td>7</td><td>7</td></tr>
<tr><td>4000m≤海拔＜5000m</td><td>4</td><td>4</td><td>5</td><td>6</td><td>7</td></tr>
<tr><td>海拔≥5000m</td><td>4</td><td>4</td><td>4</td><td>5</td><td>6</td></tr>
<tr><td>下坡</td><td>—</td><td>4</td><td>5</td><td>6</td><td>7</td><td>7</td><td>7</td></tr>
</table>

2　纵坡小于表 7.9.1 规定值，但经常发生制动失效事故的下坡路段，或存在其他不利的地形、环境气候条件等因素，路面防滑性能较差等情况，可能危及上、下坡安全时。

7.9.2　陡坡标志应设置在下陡坡的坡顶、上陡坡坡脚前，标志至下陡坡坡顶、上陡坡坡脚起点的距离，应按本规范表 4.3.2 的规定取值。

7.9.3　陡坡标志可采用辅助标志说明陡坡的坡度和坡长，也可将坡度值标示在警告标志图上。

7.9.4　陡坡标志可配合设置限制速度禁令标志或禁止超车禁令标志。

7.9.5　双向行驶的陡坡道设置陡坡标志时，宜配合施划车行道中心实线或设置中央分隔设施。

7.10　连续下坡标志

7.10.1　下列情况应设置连续下坡标志：

1　连续两个或两个以上纵坡坡度大于或等于表 7.9.1 规定值，且连续下坡长度超过 3km 时；

2　在纵坡坡度小于表 7.9.1 规定值，但经常发生制动失效事故的连续下坡路段。

7.10.2　连续下坡标志应设置在陡坡的坡顶之前，标志至坡顶距离应按本规范表 4.3.2 的规定取值。

7.10.3　当连续下坡总长大于 3km 时，应以辅助标志说明连续下坡的坡长，并应在下坡路段每隔 3km 重复设置。

7.10.4　连续下坡标志可配合设置限制速度禁令标志或禁止超车禁令标志。

7.10.5 双向行驶的连续下坡道路设置连续下坡标志时，宜配合施划车行道中心实线或设置中央分隔设施。

7.10.6 在连续下坡的变坡点处，可根据需要增设下陡坡标志。

7.11 驼峰桥标志

7.11.1 在拱度较大且影响视距的驼峰桥之前，应设置驼峰桥标志。

7.11.2 驼峰桥标志至驼峰桥起点距离，应按本规范表 4.3.2 的规定取值。

7.11.3 驼峰桥标志可配合设置限制速度禁令标志或禁止超车禁令标志。

7.11.4 双向行驶的驼峰桥设置驼峰桥标志时，宜配合施划车行道中心实线或设置中央分隔等设施。

7.12 窄路、窄桥标志

7.12.1 下列情况应设置窄路标志、窄桥标志：

1 当双向 2 车道的路面宽度缩减为 6m 以下的路段前方，应设置窄路标志；

2 当桥面净宽比两端路面宽度变窄，且桥面净宽小于 6m 的桥梁前方，应设置窄桥标志。

7.12.2 窄路标志的设置应符合下列规定：

1 两侧路面宽度同时减少时，应设置两侧变窄标志；

2 右侧路面宽度减少时，应设置右侧变窄标志；

3 左侧路面宽度减少时，应设置左侧变窄标志。

7.12.3 窄路标志（或窄桥标志）至道路（或桥面）缩窄过渡段地点距离，应按本规范表 4.3.2 的规定取值。

7.12.4 可在窄路标志（或窄桥标志）的下方设置辅助标志说明窄路（或窄桥）的长度，也可与建议速度标志联合使用。

7.12.5 当窄路路段（或桥面）为单车道双向通行时，一端应配合设置会车让行禁令标志。

7.12.6 设置窄路标志（或窄桥标志）的路段宜同时施划车行道宽度渐变段标线，或设置路边轮廓标。

7.13 双向交通标志

7.13.1 下列情况应设置双向交通标志：

1 由双向分离行驶进入临时性或永久性双向不分离行驶的路段；

2 由单向行驶进入双向行驶的路段。

7.13.2　标志距双向行驶过渡段起点距离，应按本规范表 4.3.2 的规定取值，并可在驶入双向行驶路段前适当位置重复设置。

7.14　注意障碍物标志

7.14.1　下列情况应设置注意障碍物标志：

1　前方有不能移走的障碍物时；

2　路段上同向行驶的车道之间局部有分隔带或障碍物需向左或向右绕行时。

7.14.2　标志距障碍物距离按本规范表 4.3.2 的规定取值，也可设在障碍物或交通岛端部醒目位置。

7.14.3　应根据道路上障碍物的位置、车辆绕行方向，设置左侧（右侧）绕行、左右绕行警告标志。

7.14.4　障碍物端部应配合设置线形诱导标指路标志。

7.15　注意潮汐车道标志

7.15.1　当道路中央一条或一条以上车道布置为潮汐车道时，应设置注意道路潮汐车道标志。

7.15.2　潮汐车道路段起点处，应设置注意前方潮汐车道标志。

7.15.3　横向道路进入潮汐车道路段的交叉口入口前，宜设置注意横向道路潮汐车道标志，该标志距交叉口停车线或路口缘石圆直切点的距离，应按本规范表 4.3.2 的规定取值。

7.15.4　应在潮汐车道路段起点的上游方向，至少增设一块注意前方潮汐车道标志，并宜附加辅助标志，预告至下游潮汐车道路段起点的距离。

7.15.5　在潮汐车道入口处应设置车道信号灯，必要时可设置可变车道行驶方向指示标志。在潮汐车道路段的适当位置，可设置可变车道行驶方向标志，也可设置车道信号灯。

7.16　注意合流标志

7.16.1　快速路交通流同向合流时，应设置注意合流标志。其他等级城市道路可根据需要设置注意合流标志。

7.16.2　注意合流标志至合流点距离应按本规范表 4.3.2 的规定取值，当不能满足前置距离的要求时，可采用增大尺寸的注意合流标志。

7.16.3　当合流点在道路右侧时，可在道路右侧设置注意右侧合流标志。

7.16.4　当合流点在道路左侧时，应在道路左侧连续设置两个注意左侧合流标志，前后间距宜为 100m。

7.16.5 设置注意合流标志时，应同时设置出入口标线和导流线。

7.17 施 工 标 志

7.17.1 在施工路段之前，应设置施工标志。

7.17.2 施工标志至施工路段起点的距离，应按本规范表 4.3.2 的规定取值。

7.17.3 施工标志设置时应配合设置施工区标志，必要时还应在施工范围两端设置限制速度禁令标志。

7.17.4 道路施工作业完成后，施工标志应随之取消。

7.18 注意行人标志

7.18.1 视线不良，不易被道路使用者发现的人行横道线上游，应设置注意行人标志。

7.18.2 遇下列情况可不设置注意行人标志：

1 已设置信号灯的人行横道线处；

2 已设置交叉口警告标志的路口；

3 城市中心区过街人流众多的繁华街道处。

7.18.3 注意行人标志距人行横道线或行人密集点的距离，应按本规范表 4.3.2 的规定取值。

7.18.4 设置注意行人标志时，下游人行横道线的两端必须设置人行横道标志。

7.18.5 注意行人标志和注意儿童标志不应设置在同一地点。

7.18.6 注意行人标志版底色宜采用荧光黄绿色。

7.19 注意儿童标志

7.19.1 在道路沿线经常有儿童活动或出入场所路段上游，应设置注意儿童标志。

7.19.2 遇下列情况可不设置注意儿童标志：

1 已设置信号灯的人行横道线处；

2 已设置交叉口警告标志的路口。

7.19.3 注意儿童标志距儿童集中活动或出入点的距离，应按本规范表 4.3.2 的规定取值。

7.19.4 宜根据实际情况，在有儿童活动或出入场所出入口前警告标志上游方向，增设一处注意儿童标志，并应附加辅助标志预告到前方危险地点的距离。

7.19.5 在路段中设置人行横道线时，除了按规定设置注意儿童标志外，应在人行横道线的两端设置人行横道指示标志。

7.19.6 注意儿童标志和注意行人标志不应设置在同一地点。

7.19.7 注意儿童标志版底色宜采用荧光黄绿色。

7.20 注意非机动车标志

7.20.1 非机动车在路边出入活动，横穿道路较多，易发生交通事故时，应设置注意非机动车标志。

7.20.2 遇下列情况可不设置注意非机动车标志：

1 已设置信号灯的路口；

2 已设置交叉口警告标志，或停车让行、减速让行等其他表示交叉口的警告标志的路口。

7.20.3 注意非机动车标志距非机动车干扰或出入点的距离，应按本规范表4.3.2的规定取值。

7.21 注意残疾人标志

7.21.1 在经常有残疾人活动、出入场所路段两端，应设置注意残疾人标志。

7.21.2 遇下列情况可不设置注意残疾人标志：

1 已设置信号灯的人行横道线处；

2 已设置交叉口警告标志，或停车让行、减速让行、禁止转弯等其他表示交叉口的禁令标志的路口；

3 机动车道和人行道相互分离并连续设置防护设施的场合，可不设置注意残疾人标志。

7.21.3 注意残疾人标志至残疾人出入点的距离，应按本规范表4.3.2的规定取值。

7.21.4 根据实际情况，在残疾人活动、出入场所前所设警告标志上游方向，宜增设一处注意残疾人标志，并宜附加辅助标志预告到前方危险地点的距离。

7.21.5 注意残疾人标志和注意行人标志不应设置在同一地点。

7.21.6 注意残疾人标志版底色宜采用荧光黄绿色。

7.22 傍山险路标志

7.22.1 道路外侧存在陡峭悬崖、深沟、高边坡、高挡墙等危险情况的路段，应设置傍山险路标志。

7.22.2 傍山险路标志距傍山险路路段起点的距离，应按本规范表 4.3.2 的规定取值。

7.22.3 傍山险路标志使用时应根据傍山险路的不同朝向，选择不同的图形。

7.22.4 当设置傍山险路标志时，应同时设置禁止超车或限制速度标志，并应在路段外侧施划车行道边缘线或设置路边轮廓标等。

7.22.5 当设置傍山险路标志时，宜采用辅助标志说明路段长度、特点等。

7.23 堤坝路标志

7.23.1 路侧有水库、湖泊、河流等险要路段处，当未设置路侧安全防护设施时，应设置堤坝路标志。

7.23.2 堤坝路标志距水库、湖泊、河流等堤坝道路起点的距离，应按本规范表 4.3.2 的规定取值。

7.23.3 设置堤坝路标志时应根据水库、湖泊、河流等位于堤坝路的不同位置（左侧或右侧），选择不同的图形。

7.23.4 当设置堤坝路标志时，应同时设置禁止超车或限制速度标志，并应在路段外侧施划车行道边缘线或设置路边轮廓标等。

7.23.5 当设置堤坝路标志时，宜采用辅助说明标志说明路段长度等。

7.24 渡 口 标 志

7.24.1 对渡口道路等级低，线形差，从引道到渡船跳板的距离短，坡度大的路段，应设渡口标志。

7.24.2 渡口标志距车辆渡口的距离，应按本规范表 4.3.2 的规定取值。

7.25 事故易发路段标志

7.25.1 车速较快、视距不好等易产生交通事故的地点，应设置事故易发路段标志。

7.25.2 事故易发路段标志应设在交通事故易发路段之前，标志至交通事故易发路段起点的距离，应按本规范表 4.3.2 的规定取值。

7.25.3 当设置事故易发路段标志时，宜配合设置限制速度禁令标志或禁止超车禁令标志。

7.25.4 当设置事故易发路段标志时，宜采用辅助说明标志对危险因素进行简要说明。

7.25.5 事故易发路段标志属阶段性应急措施警告标志，一旦该路段的事故易发问题获得解决，可撤销事故易发路段标志。

7.26 慢 行 标 志

7.26.1 下列条件应设置慢行标志：

1 当道路前方由于各种原因易发生交通事故，或路面损坏，或道路急弯、陡坡和视距不良等，造成道路不能平稳、正常通行时；

2 在前方因某些特殊需要减速慢行时。

7.26.2 慢行标志距危险路段或特殊路段起点的距离，应按本规范表 4.3.2 的规定取值。

7.26.3 当设置慢行标志时，宜采用辅助标志告知其原因。

7.26.4 慢行标志属临时性应急措施警告标志，一旦上述路段的突发性事件获得解决，即应撤销慢行标志。

7.26.5 当设置慢行标志时，宜设置相应的警告标志将前方道路存在的危险告知道路使用者。

7.27 注意危险标志

7.27.1 在本规范所列警告标志未能包括的其他危险路段前，应设置注意危险标志。

7.27.2 注意危险标志距危险路段起点的距离应按本规范表 4.3.2 的规定取值。

7.27.3 注意危险标志不宜设置在已设置了其他警告标志的同一地点。

7.27.4 注意危险标志不宜单独使用，其下应设置辅助标志，说明危险原因。

7.27.5 注意危险标志属临时性应急措施，一旦上述路段的危险状况获得解决，注意危险标志即应拆除。

7.28 建议速度标志

7.28.1 弯道、出口、匝道前的适当位置，宜设置建议速度标志。

7.28.2 建议速度标志距需减速路段起点的距离，应按本规范表 4.3.2 的规定取值。

7.28.3 快速路出口处设置的建议速度标志，应设置在减速车道的适当位置。

7.28.4 建议速度标志不宜单独使用，宜与其他警告标志联合使用或附加辅助标志。

7.29 注意保持车距标志

7.29.1 注意保持车距标志的设置应符合下列规定：

1 视距不良、车辆间速度差过大的长陡坡等路段之前；

2 有车流交织的路段前；

3 视距变差的路段前；

4 不易感觉到车速变化的路段前；

5 有高速和低速车道并行的多车道道路上，容易出现流量集中变化的路段前。

7.29.2 注意保持车距标志与经常发生车辆追尾事故路段起点的距离，应按本规范表 4.3.2 的规定取值。

7.29.3 设置注意保持车距标志时，可同时设辅助标志。

8 干路和支路指路标志

8.1 一般规定

8.1.1 城市主干路、次干路及支路应设置指路标志。各种指路标志的分类与选用应符合本规范表 4.1.2-2 的规定。

8.1.2 指路标志的设置应按下列步骤进行：

1 指路标志信息分层应根据路网内主要道路、交通结点以及重要地区等信息，按本规范表 8.1.5 的规定进行信息分层；

2 交叉口路径指引标志的布设，应根据交叉口各交叉道路的等级，按本规范第 8.1.3 条的规定设置，并应按本规范第 8.1.4 条、第 8.1.6 条、第 8.1.7 条的规定选取适当版面类型与信息，设计交叉口预告、交叉口告知及交叉口确认标志的版面；

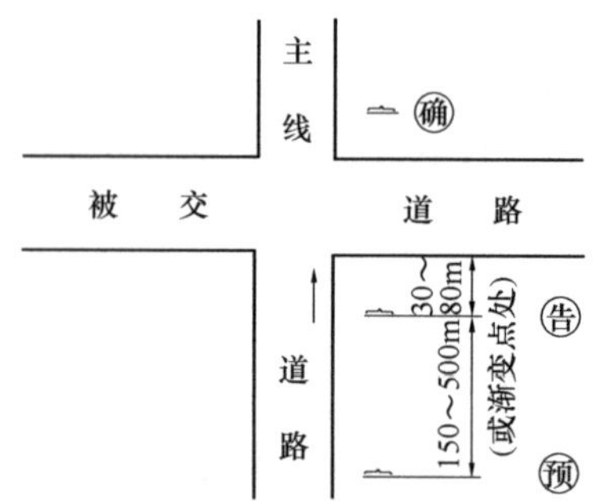

图 8.1.3 交叉口路径指引标志的设置

3 地点指引、沿线设施指引、其他道路信息指引标志的布设，应针对道路沿线信息存在的需要设置相应标志；

4 指路标志与其他交通标志的版面组合，应便于识认，不产生歧义。

8.1.3 交叉口路径指引标志的设置（图 8.1.3）宜符合表 8.1.3 的规定。

表 8.1.3 交叉口路径指引标志的设置

主线道路＼被交道路	主干路	次干路	支路
主干路	（预）、告、确	（预）、告、确	告、确
次干路	（预）、告、确	（预）、告、确	告、确
支路	告、确	告、确	告、确

注：1 “预”为交叉口预告标志；“告”为交叉口告知标志；“确”为确认标志，包括路名牌标志、街道名称标志、地点方向标志等；（ ）为可根据需要设置的标志。

2 如条件限制，可降低路径指引标志的配置要求，但应设置必要的交叉口告知标志。

8.1.4 交叉口路径指引标志中的预告、告知标志的版面类型及适用情况应符合下列要求：

1 按设置的道路等级，交叉口预告、告知标志的版面设计可按表 8.1.4-1 分为 3 类；Ⅰ类版面指示前进方向 2 个目的地信息（近信息、远信息）；Ⅱ类版面指示前进方向 1 个目的地信息（近信息）；Ⅲ类版面仅指示前方相交道路路名；

表 8.1.4-1 交叉口预告、告知标志版面分类

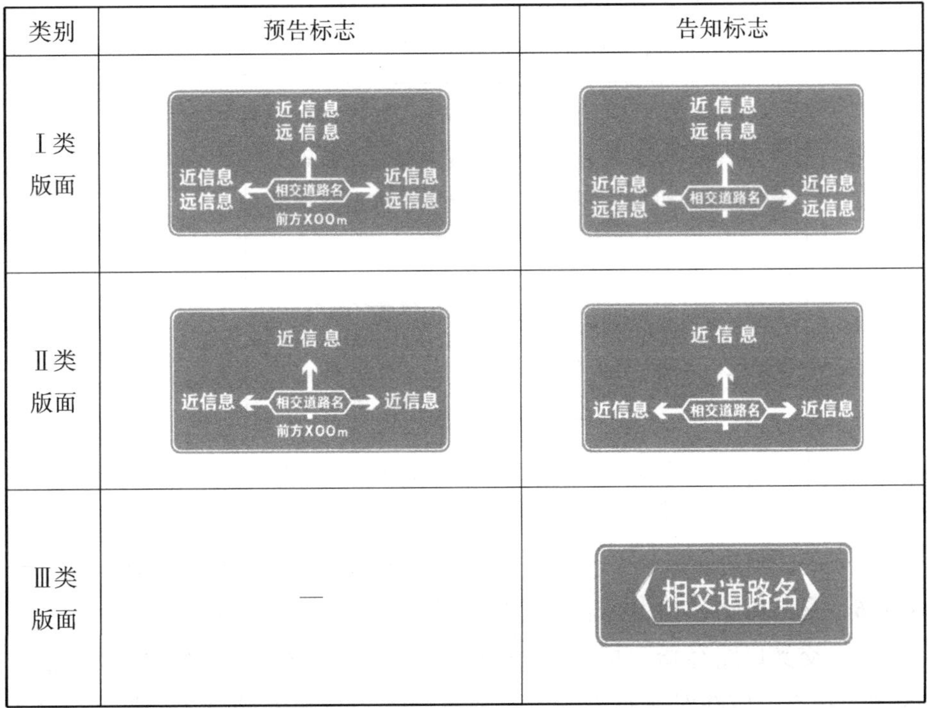

类别	预告标志	告知标志
Ⅰ类版面	近信息 远信息 / 近信息 远信息 / 相交道路名 / 近信息 远信息 / 前方X00m	近信息 远信息 / 近信息 远信息 / 相交道路名 / 近信息 远信息
Ⅱ类版面	近信息 / 近信息 / 相交道路名 / 近信息 / 前方X00m	近信息 / 近信息 / 相交道路名 / 近信息
Ⅲ类版面	—	相交道路名

2 各级道路交叉口预告、告知标志版面类型，宜按表 8.1.4-2 选用。

表 8.1.4-2 交叉口预告、告知标志版面类型的选用

主线道路＼被交道路	主干路		次干路		支路	
交叉口信控条件	信控	非信控	信控	非信控	信控	非信控
主干路	Ⅰ、(Ⅱ)	Ⅰ、(Ⅱ)	Ⅰ、(Ⅱ)	Ⅰ、(Ⅱ)	Ⅱ、(Ⅲ)	(Ⅱ)、Ⅲ
次干路	(Ⅰ)、Ⅱ	(Ⅰ)、Ⅱ	(Ⅰ)、Ⅱ	(Ⅰ)、Ⅱ	Ⅱ、(Ⅲ)	(Ⅱ)、Ⅲ
支路	Ⅱ、(Ⅲ)	(Ⅱ)、Ⅲ	(Ⅱ)、Ⅲ	(Ⅱ)、Ⅲ	(Ⅱ)、Ⅲ	Ⅲ

注：表中不带括号的类型为优先选择类型；带括号的类型适用于条件限制或特殊需求情况下选择的版面类型。

8.1.5 指路标志指示信息应根据信息的重要程度、道路的服务对象和功能按表 8.1.5 进行分层。

表 8.1.5 城市道路标志信息分层表

信息类型	A层信息	B层信息	C层信息
路线名称信息	高速公路、国道、快速路	省道、主干路	次干路、支路
地区名称信息	重要地区含城市中心区、市政府、大学城区、大型商业区、城市休闲娱乐中心区、著名地区等	主要地区含大学、重要商业区、大型文化广场、中型商业区、主要生活居住区等	一般地区含重要街道、一般生活居住区等
交通枢纽信息	飞机场、特等或一等火车站	二等或三等火车站、长途汽车总站、轮渡码头、大型环岛、大型立交桥、特大桥梁	重要路口
文体、旅游信息	国家级旅游景区、自然保护区、大型文体设施	省、市级旅游景点、自然保护区、博物馆、文体场馆	县（区）级旅游景点、博物馆、纪念馆、文体中心
重要地物信息	国家级产业基地、大型城市标志性建筑	省、市级产业基地、市级文体场馆、科技园	县（区）级产业基地和企业，县级文化中心

8.1.6 交叉口路径指引标志版面信息的选取，应符合下列规定：

1 交叉口路径指引标志上的信息层级，根据相交道路的等级、服务区域的特点，应在对交通流的流向和流量综合分析的基础上，按表 8.1.6 选取；

表 8.1.6 交叉口预告、告知标志信息要素选择配置表

标志所在位置 道路等级	主线道路	被交道路		
		主干路	次干路	支路
主干路	(A层)、B层、C层	(A层)、B层、C层	(A层)、B层、C层	(B层)、C层
次干路	(A层)、B层、C层	(A层)、B层、C层	(A层)、B层、C层	(B层)、C层
支路	(B层)、C层	(A层)、B层、C层	(A层)、B层、C层	(B层)、C层

注：1 表中不带括号的信息为优先选择的信息；带括号的信息适用于无优先信息时，可根据需要作为选择的信息。

2 当接近首选信息所指示的地点时，该信息作为第一个信息。如需选取第二个，则仍按本表的顺序筛选。

2 当同一方向有同层多类信息时，应按由上至下的顺序对本规范表8.1.5的信息类型加以选择；

3 当同一方向有同层同类多个信息时，宜按由近到远的顺序加以选择；

4 当同一方向有多个C层信息时，应综合考虑交通吸引量等因素选取相对更为重要的信息；

5 当同一方向有多层同类优选信息时，应选择距当前所在地最近的信息；

6 当同一方向有多层多类优选信息时，应按由上至下的顺序优先选择表8.1.5的信息类型，而后对于同一信息类别再选择最近的信息；

7 同一块指路标志版面中目的地信息的数量及排列顺序，应符合本规范第4.2.7条的规定。

8.1.7 交叉口路径指引标志版面信息中近、远信息的选取，应符合下列规定：

1 Ⅰ、Ⅱ类路径指引标志中，近信息为指示行驶方向上（A层）、B层、C层信息中距离当前所在地最近的信息；

2 近信息宜选择下游临近的主要道路，可是主干路、次干路，也可选择相对较为重要的支路，并应保证信息指引的承接及连续；

3 Ⅰ类路径指引标志中，指示行驶前进方向的较高层信息作为远信息；

4 当指示远信息沿线存在可进出的快速路、重要交通性主干路、对外交通枢纽等（A层）、B层信息时，应以距当前所在地最近的上述地区或道路名称作为基准点，当临近基准点时，再按选取下一个（A层）、B层信息作为新的基准点；

5 近信息应根据标志所在位置依次更换，远信息在一定路段内应保持相对固定。

8.1.8 干路或支路指路标志版面中的距离应指其与基准点的距离，与基准点距离的确定应符合下列规定：

1 指示信息为干路或支路，所指示道路与当前道路直接相交时，应以交叉口作为基准点，但若通过其他道路相连，则应以连接道路与所指示道路的交叉口作为基准点；

2 当指示信息为地区信息时，应以距离该地区主要出入口或外围大门最近的交叉口作为基准点；

3 当指示信息为旅游景区、交通枢纽等较大型重要地物时，应以距其建筑物本身或外围大门最近的交叉口作为基准点；

4 版面中距离数值的取值，应符合本规范第4.2.10条的规定。

8.1.9 其他标志套用于指路标志上时，应符合下列规定：

1 禁令标志套用于指路标志上时，不得替代相应的禁令标志；

2 限高、限重禁令标志可结合特殊的道路信息套用于路径指引标志中，但不宜单独放置在箭头杆图形中；

3 对禁止某车种通行的禁令标志，可套用于路径指引标志中；提示交叉口下游路段的交通管理信息应套置在箭头杆图形中；提示所通达道路的交通管理信息应套置于该道路名称旁；

4 对套用于路径指引标志中禁止某方向通行的禁令标志图案，宜布置在竖向箭头杆的下端；

5 当禁令标志需与时间等辅助标志配合使用时，不宜套用在路径指引标志中；

6 地点指引标志、旅游区标志可套用于路径指引标志中。

8.2 交叉口预告标志

8.2.1 交叉口预告标志的设置条件，应符合本规范第8.1.3条规定。

8.2.2 交叉口预告标志宜设在交叉口告知标志上游150m～500m处（图8.1.3），并宜设置于道路行车方向的右上方，版面应面对来车方向。若条件受限，可向交叉口适当前移，但距交叉口停车线不应少于100m，且不应遮挡其他交通标志。

8.2.3 交叉口预告标志宜采用图案形式，对畸形或多岔交叉口应通过图案体现交叉口的形状。

8.3 交叉口告知标志

8.3.1 交叉口告知标志的设置条件，应符合本规范第 8.1.3 条规定。

8.3.2 交叉口告知标志宜设置在距离交叉口停车线 30m～80m 处，宜设置于道路行车方向的右上方，版面应面对来车方向。

8.3.3 当连续设置的第Ⅰ（或Ⅱ）类交叉口告知标志中，插入第Ⅲ类告知标志时，则被插入的第Ⅰ（或Ⅱ）类交叉口告知标志间传递的路径信息应连续，且不应出现该处第Ⅲ类告知标志中的路径信息。

8.4 路名牌标志

8.4.1 城市道路均应设置路名牌标志。

8.4.2 路名牌标志应设置在交叉口进口道人行道边，标志版面应与行车方向平行；机非分隔带或主辅分隔带宜增设路名牌标志。

8.5 街道名称标志

8.5.1 城市道路宜设置街道名称标志。

8.5.2 街道名称标志宜设置在交叉口下游 30m～100m 处，位于车行道右侧，版面应面对来车方向；当两个交叉口间距较大时，可重复设置。

8.5.3 街道名称标志版面中的文字，应按自左至右或自上至下的方式排列，文字排列应保证路名易于识认。

8.6 地点方向标志

8.6.1 在设置有主、辅路断面的城市干路，当主路与辅路前方通达不同的地点、道路时，应设置地点方向标志。

8.6.2 地点方向标志应设置在道路通达方向分岔起始点的主、辅路分隔带中，版面应面对来车方向。

8.6.3 当地点方向标志采用路侧柱式支撑方式，并位于低处设置时，版面中的箭头宜采用斜向下方向；当地点方向标志采用悬臂式支撑方式，标志位于高处设置时，版面中的箭头宜采用斜向上方向。

8.7 地点距离标志

8.7.1 指示前方所要经过的城市重要地区、旅游景点、重要交通枢纽和距离，可设置地点距离标志。

8.7.2 地点距离标志应设置在通往城市重要地区、旅游景点、重要交通枢纽的上游路段，版面应面对来车方向。

8.8 著名地点标志

8.8.1 当道路经过路径指引标志信息中所选取的远端重要地点或地区（A类、B类）时，宜设置著名地点标志。

8.8.2 著名地点标志应设置在沿线重要地点或地区的边缘处，版面应面对来车方向。

8.8.3 著名地点标志中的地点或地区名称信息，应与路径指引标志版面中选取的信息一致。

8.8.4 当著名地点标志用于快速路时，应采用绿底、白图形、白边边框、绿色衬边。

8.9 分 界 标 志

8.9.1 在行政区的分界处可设置分界标志。

8.9.2 分界标志应设在行政区的分界处，版面应面对进入该行政区的来车方向；若行政区的分界位于路段中，版面可与行车方向平行，并可标识相邻两区名称。

8.9.3 当分界标志用于快速路时，应采用绿底、白图形、白边边框、绿色衬边。

8.10 地点识别标志

8.10.1 在飞机场、火车站、轮渡码头等重要地点、场所的附近，宜设置地点识别标志。地点识别标志中的图形，应按现行国家标准《道路交通标志和标线　第1部分：总则》GB 5768.1规定的图形选用。

8.10.2 地点识别标志应在道路经过标识地点的出入口处设置，版面应面对来车方向。

8.10.3 除在标识地点处设置地点识别标志之外，宜在周边1～3个次干路以上交叉口增设地点识别标志，并应配合设置方向或距离辅助标志。

8.10.4 地点识别标志可套用于路径指引标志中。

8.10.5 地点识别标志可采用文字版面。

8.11 停车场标志

8.11.1 社会停车场均应设置停车场标志。

8.11.2 停车场标志应设置在停车场入口道路附近。

8.11.3 除停车场入口附近设置停车场标志之外，宜在周边1～3个交叉口增设停车场标志，并应配合设置方向或距离辅助标志。

8.12 人行天桥、人行地下通道标志

8.12.1 人行天桥和人行地下通道处，均宜设置人行天桥标志和人行地下通道标志。

8.12.2 人行天桥标志和人行地下通道标志应设置在天桥或地下通道入口处。若通道入口不易找寻，应增设人行天桥标志和人行地下通道标志，并应附加辅助标志指示其入口方向或距离。

8.13 残疾人专用设施标志

8.13.1 设有残疾人专用设施处，均应设置残疾人专用设施标志。

8.13.2 残疾人专用设施标志应设在残疾人设施附近适当位置。若设施不易找寻，应增设残疾人专用设施标志，并应附加方向或距离辅助标志。

8.14 观景台标志

8.14.1 停车观景地带的两侧宜设置观景台标志。

8.14.2 观景台标志应设置在路侧可供道路使用者停车观景地带的两侧。必要时，可在观景地带周边1～2个次干路以上交叉口增设观景台标志，并应附加方向或距离辅助标志。

8.15 应急避难设施（场所）标志

8.15.1 应急避难场所、隧道等设施的疏散通道以及其他应急避难设施处，均应设置应急避难设施标志。

8.15.2 应急避难设施标志应设置在应急避难场所、隧道等设施的疏散通道以及其他应急避难设施的出入口处，并应在周边100m～500m范围内增设应急避难设施标志，并应附加方向或距离辅助标志。

8.16 绕 行 标 志

8.16.1 实施交通管制的路段或路口上游，应设置绕行标志。根据需要可在绕行标志上套用禁令，并应标识行车路线。

8.16.2 绕行标志应设置于车辆需绕行的起始路口前，并应满足车辆选择相应进口车道的变道行驶距离。

8.16.3 根据需要，绕行标志中可标注道路名称标识。

8.17 此路不通标志

8.17.1 断头路上游应设置此路不通标志。

8.17.2 此路不通标志应设置于断头路交叉口，并应在交叉口上游与指路标志配合使用。

8.18 车道数变少标志

8.18.1 当同一路段中下游道路标准断面行驶车道数量变少，存在车辆合流需求时，应设置车道数减少标志。当交叉口出口道因交通渠化而减少车道数时，不应设置车道数减少标志。

8.18.2 车道数变少标志应设置在车道变化点上游50m～100m处。

8.18.3 车道数变少标志用于快速路时，应采用绿底、白图形、白边边框、绿色衬边。

8.19 车道数增加标志

8.19.1 当同一路段中下游道路标准断面行驶车道数量增加，存在车辆分流需求时，应设置车道数增加标志。交叉口进口道因交通渠化而增加车道数时，不应设置车道数增加标志。

8.19.2 车道数增加标志应设置在车道数量增加断面上游50m～100m处。

8.20 交通监控设备标志

8.20.1 对已设置图像采集等监控设备的路段，可设置交通监控设备标志。

8.20.2 交通监控设备标志宜设置在图像采集等监控设备上游50m～200m范围内。

8.21 线形诱导标

8.21.1 当前方路段存在易发生事故的小半径弯道、出现非常规的路中隔离设置，以及视线不好的T型交叉口等情况时，应设置线形诱导标。

8.21.2 线形诱导标的设置方法，应符合下列规定：

1 设置于干路或支路上易发生事故的弯道、视线不好的T型交叉口等处，应采用横向蓝底白图形；

2 设置于快速路时，应采用绿底、白图形、白边边框、绿色衬边；

3 设置于非常规的路中隔离设施端部、渠化设施的端部、桥头等，应采用竖向红底白图形；

4 设置于易发生事故的弯道时，偏角小于或等于7°的曲线路段，可在曲线中点位置设一块线形诱导标；当受空间和条件限制，应提前设置，并应采用辅助标志告知距离；

5 对偏角大于 7°、曲线较长的弯道，可根据需要设置若干块线形诱导标，并应保证道路使用者在曲线内连续看到不少于 3 块线形诱导标。

8.21.3 双车道道路可并设两个方向的线形诱导标。

8.21.4 设置线形诱导标后，可不再设置道路平面线形警告标志。

9 快速路指路标志

9.1 一 般 规 定

9.1.1 城市快速路必须设置快速路指路标志，快速路指路标志的分类与选用应符合本规范表 4.1.2-2 的规定。

9.1.2 快速路指路标志设置应符合下列规定：

1 快速路指路标志设置应具系统性，快速路进出口之间的指路标志应按一定顺序布设，传达信息应连贯、一致；

2 快速路入口指引宜按入口预告标志→入口处地点、方向标志→入口标志→地点距离标志顺序设置；

3 快速路出口指引宜按出口预告标志→出口标志和下一出口预告标志→出口处地点、方向标志顺序设置；

4 对于单向 3 条及以上车道的出口密集的快速路路段，宜分车道提示方向信息，并应采用路面文字标记以辅助提示。

9.1.3 快速路出入口距离数值的确定应符合下列规定：

1 快速路指路标志所预告距离数值，指路标志设置点与下游指示点的间距，并应符合下列要求：

1）当存在多条路径时，应采用习惯路径计算距离，所选取的习惯路径应统一；

2）距离数值应符合本规范第 4.2.10 条规定。

2 当预告距离的指路标志设置位置受到影响无法设置时，指路标志可适当移位，并应符合下列要求：

1）指路标志与出口减速车道渐变段起点间距小于或等于 3km 时，指路标志设置位置的允许偏差宜为±50m；

2）指路标志与出口减速车道渐变段起点间距大于 3km 时，指路标志设置位置的允许偏差宜为±250m。

3 设置在干路和支路上的快速路入口预告标志中指示的距离，应以快速路连接线辅路上的快速路入口作为起算点。

9.1.4 设置在快速路主路和匝道上的各类标志不得互相影响。

9.1.5 快速路指路标志字符应符合下列规定：

1 快速路指路标志汉字高度应根据设计速度相应选取，并应符合本规范表 4.2.12-1 的规定；

2 快速路指路标志的阿拉伯数字和其他文字的高度等要求应符合本规范表 4.2.12-2 的规定。

9.1.6 快速路指路标志的颜色应符合下列规定：

1 快速路上的指路标志应采用绿底、白字、白边框、绿色衬边；

2 下列情况应采用白底、绿字：

1) 下游到达的道路路名为快速路，需要区分路名信息和方向信息时；

2) 交通信息、停车领卡等标志，需要区分图形内容与文字内容时。

3 单独设置在干路或支路上的快速路指路标志，应采用快速路指路标志相同颜色；

4 若快速路路名作为专有名词，被标识在干路或支路上的指路标志版面上时，快速路路名也应采用绿底、白字、白边框。

9.1.7 快速路指路标志的版面信息应包括道路名称信息、目的地名称信息、地理方向信息和距离信息（图 9.1.7），各类信息反映的内容应符合下列要求：

图 9.1.7 快速路指路标志信息

1 道路名称信息为反映前方将要驶入的道路名称信息；

2 目的地名称信息为反映前方所到达的地区、地点名称或横向道路、出口路名等信息；

3 地理方向信息为反映路线总体走向的地理方向信息；

4 距离信息应为反映标志所在位置到起算点的距离。

9.1.8 道路名称信息应当选择下游将要驶入的道路名称作为道路名称信息，并应符合下列要求：

1 当道路名称信息用于快速路入口或者对快速路入口进行预告时，应选择当前或所预告的快速路道路名称；

2 在互通式立交出口前，需预告其出口所到达的主路道路名称时，应选择该出口将驶入的横向道路名称作为道路名称信息；

3 当道路名称信息为快速路路名，且与目的地名称信息同时设置于一块版面上时，快速路道路名称信息应采用白底绿字的反色。

9.1.9 目的地名称信息的选取应符合下列要求：

1 目的地名称信息的选取应结合相交道路等级、服务区域特点、交通流量特性等因素综合考虑，并应符合本规范第8.1.5条的规定；

2 当快速路与各类道路相交并设置出口时，宜按表9.1.9选取信息层次；

表9.1.9 目的地名称选取

主线道路	被交道路		
	快速路	主干路	次干路、支路
快速路	A层（B层）	（A层）B层	（B层）C层

注：不带括号的信息为首选信息，带括号的信息用于无首选信息或根据需要作为第二信息。

3 当同一方向有同层次多类信息时，应依次优先选用重要地名、交通枢纽信息、国家级旅游景区、重要公共设施等地点名称，并应确保选用的信息在出口后至指引地连续。当同一方向有同层次同类别多个信息时，宜按由近到远的顺序进行选择，对重要信息也可同时指引。

9.1.10 行驶方向指引信息、地理方向信息的选取应符合下列规定：

1 在车辆的行驶方向较明确，不易引起误解的路段，可选取路线总体走向作为行驶方向指引信息；

2 对驾驶人容易产生行驶方向迷惑的路段，宜选择具有代表意义的下游远程目的地作为行驶方向指引信息；

3 带有地理方向信息内容的标志可单独设置，也可结合快速路指路标志进行设置。当与快速路指路标志结合设置时，宜在版面中增加东、南、西、北等地理方向信息，设置在标志左上或右上角处，所增加的内容不得影响其他指路信息的表达。

9.1.11 快速路可变信息标志的设置应符合下列规定：

1 当对车速、车种、行驶条件等进行动态管理时，应设置相应的警告、禁令、指示可变信息标志；

2 当对出入口匝道发布开放或关闭、拥堵或畅通等信息时，快速路入口标志、入口预告标志、出口标志、出口预告标志的局部或全部版面，宜采用可变信息标志；

3 当在路段上反映下游连续出口、立体交叉或复杂路段的路况时，宜采用可变的图形和文字标志；

4 当在路段上实时发布交通管理信息、交通安全告示、下游路况、事故或临时作业等信息时，应采用文字可变信息标志；

5 当在出口预告标志中，预告出口开放或关闭、拥堵或畅通等信息时，应至少进行 2 级预告，即在 0m 出口预告标志和 500m 出口预告标志中增设相关可变信息；

6 当对快速路入口开放或关闭、拥堵或畅通等信息的预告时，宜进行 1 级预告，即在连接线交叉口的入口预告标志中增设相关可变信息。

9.2 入口预告标志

9.2.1 应在快速路入口附近的干路、支路或交叉口处设置入口预告标志。

9.2.2 入口预告标志应按预告距离由远及近，依次分为邻近路网交叉口预告、500m 和 200m 入口预告、连接线交叉口预告。邻近路网交叉口预告距离应根据行驶至快速路入口的实际距离确定。入口预告标志设置方法应符合下列要求：

1 在快速路入口周边 2km 范围内的主干路或交通性次干路交叉口，且不少于 2 个主要交叉口处，应单独设置入口预告标志；

2 在快速路周边 2km～5km 范围内的主干路或交通性次干路交叉口，宜结合干路和支路上的指路标志设置入口预告标志；

3 在快速路周边 5km～10km 范围内的主干路，可根据路网交通特点、管理需要设置入口预告标志；

4 在距离快速路入口连接线交叉口 500m 处，应设置 500m 入口预告标志，在其 200m 处，宜设置 200m 入口预告标志；

5 在快速路入口连接线交叉口停车线前 30m～80m 适当位置，应设置入口预告标志。

9.2.3 入口预告标志宜将快速路当前所在地最近的 A 层信息作为方向，并应采用箭头来指示行驶方向。入口预告标志的目的地名称信息数量不宜超过 4 个，单个方向的地点名称信息数量不宜超过 2 个，两个不同方向的信息之间可用白色线进行分隔。

9.2.4 单独设置的入口预告标志版面颜色应与快速路标志一致，采用绿底、白字、白边框、绿色衬边。

9.3 入口处地点、方向标志

9.3.1 当快速路入口至快速路主路合流之前有多级分流时，应在分流位置设置地点、方向标志，分别指示快速路两个行驶方向。

9.3.2 入口处地点、方向标志应设置在入口连接线匝道多级分流的分岔点端部。

9.3.3 入口处地点、方向标志版面内容应与入口预告标志中的目的地名称信息、地理方向信息相对应。

9.4 入口标志

9.4.1 在快速路入口，需告知前方快速路道路名称信息时，应设置入口标志。

9.4.2 入口标志宜采用门架支撑结构形式，并应结合经过合理选取的快速路交通管理信息，一并设置于快速路入口端部。

9.4.3 入口标志版面内容应与入口预告标志中所传达的信息一致。条件允许时，宜增加目的地名称信息与地理方向信息。

9.5 地点距离标志

9.5.1 当需在快速路上，提供车辆在当前路网或行驶道路中相对位置信息，并预告快速路前方所要经过的重要出口、立交、地点的名称和距离时，应设置地点距离标志。

9.5.2 地点距离标志宜设置于互通式立体交叉加速车道的渐变段终点以后 1km 以上路段的合适位置处。

9.5.3 两互通式立体交叉之间设置地点距离标志时，应符合下列要求：

1 当互通式立体交叉间距小于或等于 2km 时，可设置地点距离标志；

2 当间距大于 2km 小于或等于 10km 时，应设置地点距离标志；

3 当间距大于 10km 时，可重复设置地点距离标志。

9.5.4 地点距离标志的信息应与入口指引标志、出口指引标志信息配套，重复设置的地点距离标志信息应一致。

9.5.5 地点距离标志宜设置三行地点距离信息，地点信息由近及远按自上而下的顺序排列，并应符合下列要求：

1 第一行的地点为近目的地，应选用经由下游第一个互通式立体交叉（或出口）可到达的目的地信息；当出口间距较小，地点距离标志与下一出口预告标志并设于同一杆件时，宜选择再下游第二个出口作为第一行近程目的地；

2 第三行的地点为远目的地，应在一定距离内保持相对固定。宜选择绕城环线、快速路终点、重要立交节点等 A 层信息作为远目的地，当接近该目的地时，再按照类似原则选取下一个 A 层信息作为新的远程目的地；

3 第二行的地点为中间远目的地，宜选择第一行与第三行之间的最近的其他A层或B层信息（无A层信息时）；

4 若指引信息少于二行内容时，宜更换成出口预告标志的表述方式。

9.5.6 地点距离标志中目的地信息应选用重要地名、交通枢纽信息、国家级旅游景区、重要公共设施等地点名称。

9.6 路名标志

9.6.1 当快速路主路上需提示、确认当前行驶的快速路名称并作行车确认时，宜设置路名标志。

9.6.2 路名标志应设置在快速路互通式立体交叉加速车道的渐变段终点。

9.6.3 当两个互通式立体交叉间距大于5km时，路名标志可在主线适当距离加密设置。

9.6.4 路名标志宜采用单柱式结构形式，可结合地理方向标志、限速标志或辅助标志一并设置。

9.7 出口预告标志

9.7.1 在快速路上需对下游出口名称、方向、距离进行预告，使驾驶人提前判别前方出口，安全、顺利地完成驾驶行为改变时，应设置出口预告标志。

9.7.2 快速路出口预告应至少进行4级预告，即在距离快速路减速车道的渐变段起点2km、1km、500m和0m处，应分别设置2km、1km、500m、0m出口预告标志。

9.7.3 当互通式立体交叉出口间距大于或等于3km时，宜增设3km快速路出口预告标志；当出口间距小于2km时，快速路出口预告标志的设置方法应符合本规范第9.24.2条的规定。

9.7.4 对于互通式立体交叉、曲线匝道等情况较为复杂的出口，宜在500m或1km的快速路出口预告标志位置处设置图形指路标志。

9.7.5 设置图形指路标志位置处，相应的快速路出口预告标志宜重复设置。图形指路标志也可采用可变信息标志形式，发布下游匝道、路段的实时交通信息。

9.7.6 简易互通立体交叉的出口预告标志所预告的出口名称，宜选择出口主要服务的地区、地点信息或第一条主次干路路名等单一信息。

9.7.7 当遇枢纽互通立体交叉，进入出口匝道后仍需二次分流时，出口名称宜选择二行信息。第一行信息为出口所连接道路的名称信息，第二行信息为出口后可到达的邻近一至两个地点、道路名称信息。

9.7.8 在指示重要出口信息时，可在出口标志下方增加出口位置或出口车道信息。所增加的出口车道及位置信息，底色应为黄色或荧光黄色，文字、箭头为黑色（图 9.7.8）。

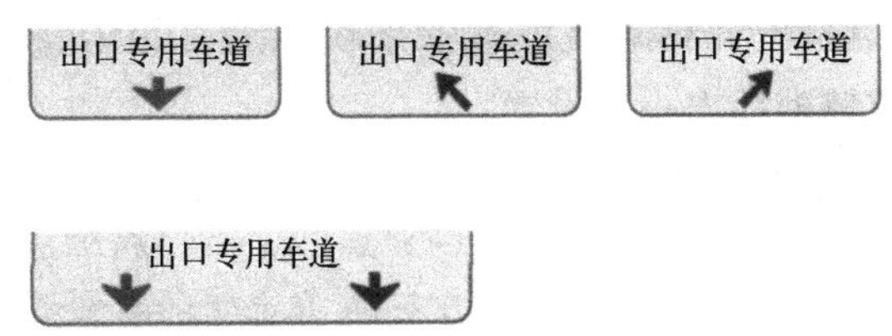

图 9.7.8　出口标志下方可增加出口位置或出口车道信息

9.8　下一出口预告标志

9.8.1　在快速路主路上，需向驾驶人提供快速路下游出口的名称、方向、距离等相关信息时，应设置下一出口预告标志。

9.8.2　下一出口预告标志应采用双悬臂式或门架式支撑结构，结合当前出口标志，设置在出口分岔点处。

9.8.3　在互通式立体交叉间距大于或等于 3km 且小于 5km 时，可在加速车道渐变段终点 1km 以上、容易被驾驶人识别辨认的适当位置重复设置下一出口预告标志。

9.9　出 口 标 志

9.9.1　当需告知快速路出口起点，或划分快速路主路与出口匝道范围时，应设置出口标志。

9.9.2　出口标志应设置在快速路出口分岔点端部，并宜结合下一出口预告标志一并设置。当符合下列情况下时，出口标志宜采用门架形式，设置于出口端部导流标线起点的上方：

1　主路车道数大于或等于 4 条的立交出口；

2　主路分流口；

3　端部导流标线长度大于 50m 的出口。

9.9.3　出口标志指示内容应与出口预告标志中所传达的信息连续、一致，版面布设可与出口减速车道渐变段终点出口预告标志一致。

9.9.4　对于大型互通式立体交叉，出口匝道需二级分流的情况，可采用出口地点、方向标志或专用车道标志代替出口标志。出口地点、方向标志或专用车道标志信息，应与出口预告标志信息对应。

9.10　出口地点、方向标志

9.10.1　当互通式立体交叉出口匝道有二级分流，需预告或指示出口匝道二级分流的两个不同行驶方向的相关信息时，应设置出口地点、方向标志。

9.10.2 出口地点、方向标志应设置在出口匝道二级分岔点端部上方，宜采用双悬式支撑结构。

9.10.3 当出口匝道车道数大于或等于2条，且出口匝道二级分岔点与主路出口匝道分岔点之间间距小于160m或视线较差时，应采用出口地点、方向标志或专用车道标志替代出口标志。如有必要，出口处地点、方向标志和专用车道标志可在两分岔点之间增设一组。

9.11 起点标志

9.11.1 在快速路主路起点处应设置起点标志。

9.11.2 起点标志应设置在快速路主路起点，宜设置在快速路主路与辅路分岔点端部门架结构上。

9.11.3 当快速路起点已设有入口标志时，不应重复设置起点标志。

9.12 终点预告、终点提示及终点标志

9.12.1 当在快速路终点前一定距离，需预告快速路终点时，应设置终点预告标志和终点提示标志。

9.12.2 在快速路终点，需区别快速路与其他等级道路时，应设置终点标志。

9.12.3 终点预告标志应分别设置在距离快速路终点2km、1km和500m处，并应符合下列要求：

1 若快速路终点距离上一互通式立体交叉出口小于2km、大于1km时，应在上一出口的出口标志处增设终点预告标志；

2 若快速路终点距离上一互通式立体交叉出口小于或等于1km时，应在上一出口的出口标志处和500m出口预告标志处分别增设终点预告标志；

3 结合上一出口所设置的终点预告标志所预告的距离，宜按实际取值。

9.12.4 终点提示标志应设置在距离快速路终点200m处。终点提示标志版面应为黄底、黑色边框、黑色文字。

9.12.5 终点标志应设置在快速路终点处。

9.12.6 将快速路终点所连接的道路或交叉口作为出口，按出口指引标志设置体系进行指引时，可不设置终点预告标志、终点提示标志和终点标志。

9.12.7 当快速路终点与车速相差不大的匝道或主干路相连时，可不设置终点预告标志和终点提示标志；当快速路终点与其他快速路或高速公路直接相连时，不应设置终点预告标志、终点提示标志。

9.12.8 由于道路分期建设或其他施工进度原因，造成快速路路段上出现临时终点时，应以临时终点为准，设置终点预告和终点标志。

9.13 交通信息标志

9.13.1 当需指示城市交通信息广播的频率时，应设置交通信息标志。

9.13.2 交通信息标志应设置在快速路指路标志较少处，或利用指路标志门架空余位置进行设置。

9.13.3 交通信息标志不得影响其他快速路标志的正常设置。

9.14 里程牌、百米牌标志

9.14.1 快速路宜设置里程牌和百米牌。

9.14.2 里程牌宜采用单柱式或附着式的形式，每整公里设置一处，设置于快速路路侧。

9.14.3 百米牌应为直径10cm的圆形标志，百米数字字高宜为5cm，公里数高宜为1.8cm。设在快速路两侧各里程牌之间，每隔100m设置一块，可附设于路侧护栏等设施上。

9.14.4 当快速路设计桩号与养护管理桩号不同时，里程牌和百米牌示例桩号应以养护管理桩号为准，并应设置在相应的养护管理桩号断面位置。

9.15 停车领卡标志

9.15.1 当快速路为收费路段，需提示前方停车领卡、减速慢行时，应设置停车领卡标志。

9.15.2 在进入收费站入口一侧适当位置应设置停车领卡标志，并宜设置在收费广场入口渐变段起点。

9.15.3 当已设有较完善的收费站预告标志和收费站标志，且标志间距较密时，可不设置停车领卡标志。

9.16 车距确认标志

9.16.1 在快速路相邻进出口间距大于5km、道路线形顺畅的路段，宜设置车距确认标志。

9.16.2 车距确认标志设置方法，应符合下列要求：

1 应自上游向下游按追尾危险保持车距、车距确认、距离的顺序进行设置（图 9.16.2）；可在间隔 200m 后再设置一组车距确认标志；

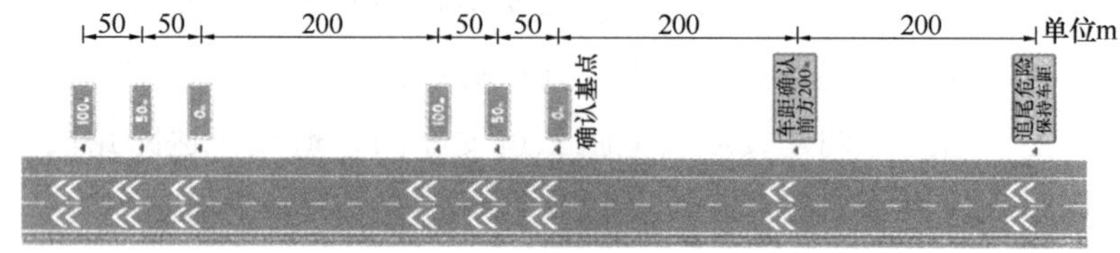

图 9.16.2　车距确认标志的设置

2　宜设置在快速路起点或由匝道进入快速路后 1km 以内的适当位置。

9.16.3　车距确认标志不得影响快速路指路标志的设置。

9.17　特殊天气建议速度标志

9.17.1　当雨、雪、雾等造成视距不良的特殊天气较为频繁，且特殊天气发生时对交通安全影响较大时，快速路应设置特殊天气建议速度标志。

9.17.2　特殊天气建议速度标志应设置在快速路起终点，或特殊天气时事故频发路段起终点两侧适当位置。

9.17.3　特殊天气建议速度标志应与白色半圆状车距确认标线配合使用。

9.18　快速路车道指路标志

9.18.1　快速路车道指路标志的设置应符合下列规定：

1　当需规定不同车道的行驶速度限速范围时，应设置车速专用车道指路标志；

2　当需规定不同车型的车辆行驶车道时，应设置车型专用车道指路标志；

3　当需规定不同车种的车辆行驶车道时，应设置车种专用车道指路标志；

4　当需规定不同功能的车辆行驶车道时，应设置功能专用车道指路标志；

5　当需规定不同车道的行驶方向时，应设置方向专用车道指路标志。

9.18.2　快速路宜根据交通组织与管理要求、道路功能及车辆组成特点，选择按车速、车型、车种或功能划分。必要时可将车速分别与车型、车种、功能进行组合，形成组合车道指路标志。

9.18.3　划分车速、车型、车种、功能的快速路车道指路标志应设置在快速路起点后 1km 以内适当位置，或在快速路入口匝道加速车道渐变段终点处设置。

9.18.4　当方向专用车道指路标志在用于多车道出口、复杂立交前或长距离交织路段时，应设置在减速车道或交织段起点，并应根据交织段长度可在交织段中间或断面发生变化处进行增设。

9.18.5 当方向专用车道指路标志用于主路分流时，应设置在主路分流集散车道渐变段起点，并应在集散车道断面变化的适当位置增设。

9.18.6 快速路车道指路标志对车道的车种和车速的划分，应结合设计速度、交通流量及车种比例等因素综合确定。

9.18.7 车速专用车道指路标志中车道的最低限速应符合道路管理运营要求，对已设置车速专用车道指路标志的起点或入口，可不单独设置限速标志。

9.18.8 功能专用车道指路标志应对每条车道使用功能进行规定，不得遗漏车道。当设有紧急停车带时，应对紧急停车带予以文字说明。

9.18.9 方向专用车道指路标志应根据交通流量合理设置。当需对部分车道设置方向专用指路车道指路标志时，其他车道也宜采用方向专用车道指路标志进行指示。当出现车道增减时应增设方向专用车道指路标志，不同位置的方向专用车道指路标志所传达的信息应连续一致。

9.18.10 可设置地面文字标线对车道指路标志配合使用，车道指路标志应与地面标线和地面文字统一，不得矛盾。

9.18.11 快速路车道指路标志的箭头应垂直向下，并应符合本规范第4.2.9条的规定。同一方向专用车道指路标志上，可指示2条方向和功能相同的车道，但不应同时指示2条不同方向和功能的车道，也不得指示3条及以上相同方向和功能的车道。

9.19 收费站预告及收费站标志

9.19.1 在进入快速路收费站前，应设置收费站预告及收费站标志，并应标注预告收费站位置、距离、收费方式等信息。

9.19.2 在距离快速路收费广场渐变段起点2km、1km、500m及渐变段起点处，应设置相应收费站预告标志与收费站标志。

9.19.3 对设有电子不停车收费车道的收费站，应采用带有不停车收费预告标志的收费站预告标志与收费站标志。

9.19.4 收费站预告及收费站标志宜结合限速标志、停车领卡标志进行设置。

9.19.5 当收费站位于快速路终点时，应在前2km、1km、500m设置收费站预告标志，同时应设置快速路终点预告标志，并在收费广场渐变段起点处设置收费站和快速路终点标志。

9.20 电子不停车收费（ETC）车道指示标志

9.20.1 当进入收费广场前，需对电子不停车收费车道位置进行预告时，应设置电子不停车收费（ETC）车道指示标志。

9.20.2 电子不停车收费（ETC）车道指示标志应设在收费广场渐变段前300m处。

9.20.3 电子不停车收费（ETC）车道指示标志版面中宜指示收费车道数量，当收费车道数量超过5条时，应以5车道表示，并应用黄色箭头表示ETC车辆的行驶方向。

9.21 计重收费标志

9.21.1 当需预告快速路收费站为计重收费站时，应设置计重收费标志。

9.21.2 计重收费标志应设置在采用计重收费的收费站前适当位置，可结合收费站标志一并设置。

9.22 加油站标志

9.22.1 当需指示当前位置为加油站入口时，应设置加油站标志。

9.22.2 加油站标志应设在地面快速路加油站入口分岔点位置。

9.22.3 当已将加油站出口按照快速路出口指引标志体系进行预告时，可不设置加油站标志。

9.23 紧急停车带标志

9.23.1 当需预告快速路路侧紧急停车带时，应设置紧急停车带标志。

9.23.2 紧急停车带标志应设置在快速路路侧紧急停车带起点。

9.24 特殊情况下指路标志的设置

9.24.1 环线快速路与射线快速路衔接处指路标志的设置，应符合下列规定：

1 设置环线立交标志应符合立交总体方案设计中对环线及射线道路功能的定位，交通标志设置应符合总体设计意图；

2 对于环线交通功能明显强于射线的立交，应将环线转向交通作为主线进行指引；立交出口端部靠主线一侧标志宜采用下一出口预告标志；

3 对环线交通功能和射线交通功能都很强的立交，应将环线转向交通和射线方向均按主路标准进行指引；对此类立交交通标志宜按主线分流方式进行设计，同时指引前方主线名称及方向；

4　1km、500m 出口预告标志处宜增设图形形式标志；

5　环线转角节点按常规立交设计时，应按普通快速路指路系统进行设置。

9.24.2　对于间距较近的互通式立交指路标志的设置与调整，应符合下列规定：

1　当进出口间距小于 2km 时，可取消 2km 出口预告标志，并应在上游互通式立交主线入口加速车道渐变段终点位置设置出口预告标志，预告距离宜采用实际值。

2　当进出口间距小于 1km 且大于 0.5km 时，应在上游互通式立交主线出口减速车道渐变段起点和 500m 出口预告标志，增设第二个互通式立交的出口预告标志，预告距离宜采用实际值。同时，在上游互通式立交主线入口加速车道渐变段终点后的适当位置设置当前出口预告标志。

3　当进出口间距小于 0.5km 时，宜将前后两个出口合并为同一出口进行指引。出口预告标志应同时预告前后两个出口，并应在上游出口分岔点，按出口地点、方向标志方式设置。

4　当进出口间距小于 0.5km，且前后出口方向较多，不能将前后两个出口合并同时指引时，宜在上游互通式立交主线减速车道渐变段起点出口预告标志、500m 出口预告标志和 1km 出口预告标志处，并列设置第二个互通式立交的出口预告标志，预告距离宜采用实际值。同时，在上游互通式立交主线入口加速车道渐变段终点后的适当位置，应设置当前出口预告标志；并应在上游互通式立交主线入口匝道内，设置下游互通式立交出口预告标志。

9.24.3　左出或连续分流（或连续合流）路段交通标志的设置应符合下列规定：

1　对于左侧出口，宜设置图形指路标志，图形标志应指出主线行驶方向和出口靠路侧位置；宜增设出口预告标志或方向专用车道标志，宜增加预告距离。

2　在连续分流（或连续合流）路段，应根据交通流量和车道功能设置方向专用车道标志；在车道功能或车道数变化处，宜增设方向专用车道标志，且前后方向专用车道标志信息应连续一致。

3　左出和连续分流（或连续合流）路段的标志与标线应统一，宜增设地面文字作补充说明。

9.24.4　特殊构造物限制下交通标志的设置应符合下列规定：

1　在满足标志功能，且标志位置误差范围允许的情况下，宜将标志移出大型桥梁、隧道等路段；

2 隧道内的标志不应对交通净空，以及通风、监控等设施产生影响，条件限制时可适当调整标志版面，版面调整应符合本规范第 4.2.12 条的规定；

3 当出口预告标志位于隧道内时，宜采用内部或外部照明。

11 交通标线的基本要求

11.1 一 般 规 定

11.1.1 城市道路交通标线应由施划或安装于城市道路上的各种线条、箭头、文字、图案及立面标记、突起路标和轮廓标等交通安全设施所构成。

11.1.2 交通标线设置应符合下列要求：

1 应符合道路设计要求，充分体现道路总体设计的意图；

2 应与交通实际运行特点相适应，有利于道路交通的有序、安全与畅通；

3 宜与交通标志设置配合使用，相互协调，相互补充，也可单独使用；

4 应遵循适当设置的原则，不得出现传递信息过量或不足的情况；

5 应与周边其他交通设施表达的信息相匹配，传递的交通信息不得相互矛盾；

6 应保证交通标线在使用期间的可视性，及时对交通标线进行维护。

11.1.3 交通标线位于水泥混凝土路面的接缝处，可偏向接缝一侧，偏移宽度不宜大于所施划标线的宽度。

11.1.4 交通标线施划后，机动车道宽度应满足现行行业标准《城市道路工程设计规范》CJJ 37 的规定以及总体设计的要求，除加宽情况外，一条机动车道宽度不得大于 3.75m。

11.1.5 次干路及以上等级的城市道路应设置交通标线，支路及其他城市道路宜设置交通标线。

11.1.6 在城市道路的路段、交叉口、收费广场、作业区等区域，应根据需要设置指示标线、禁止标线、警告标线及其他标线。

11.2 交通标线的基本要素

11.2.1 传达禁止、限制、警告等信息应采用黄色交通标线；传达重要的提示信息应采用白色交通标线；在作业区应采用橙色交通标线；为表达一些特殊意义也可采用红色、蓝色、黑色交通标线。

11.2.2 交通标线的形式、颜色应符合表 11.2.2 的规定，并应符合国家现行标准《道路交通标志和标线 第3部分：道路交通标线》GB 5768.3的有关规定。

表 11.2.2 交通标线的图例及含义

编号	类型	标线名称	图例（除标明单位外，缺省单位为cm）	含 义
1	指示标线	可跨越对向车行道分界线	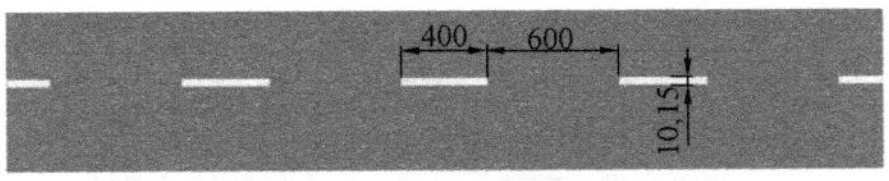	允许车辆短时越线行驶
2	指示标线	可跨越同向车行道分界线	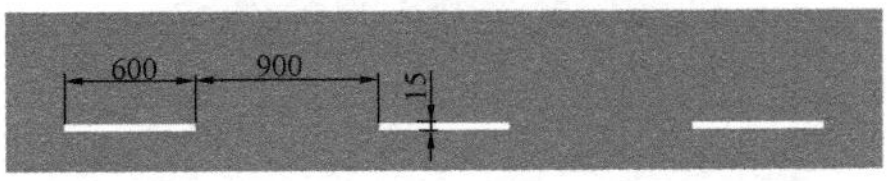	设计速度不小于60km/h路段，允许车辆短时越线行驶
3	指示标线	可跨越同向车行道分界线	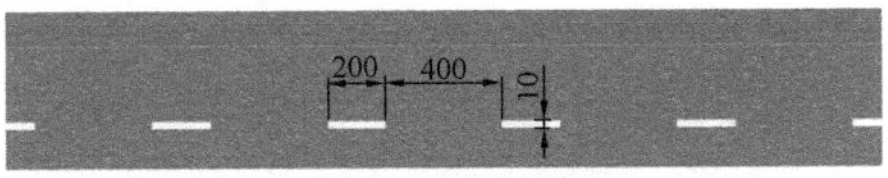	设计速度小于60km/h路段，允许车辆短时越线行驶
4	指示标线	潮汐车道线	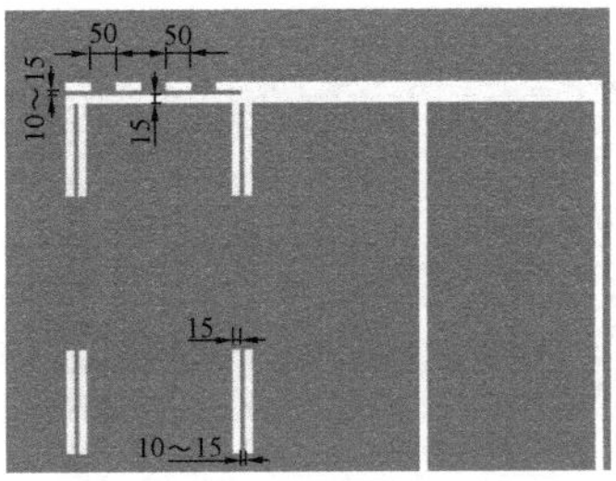	车道行驶方向可随交通管理需要进行变换
5	指示标线	车行道边缘线	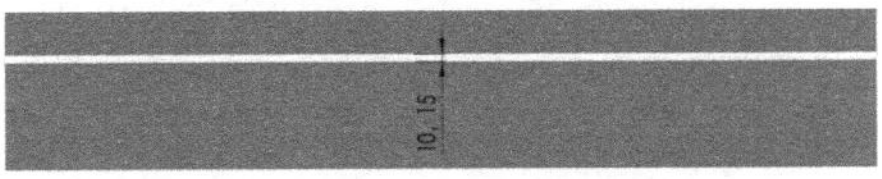	禁止车辆跨越车行道边缘行驶或机非分界
6	指示标线	车行道边缘线	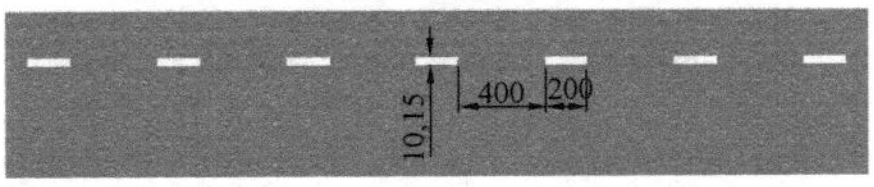	允许车辆跨越车行道边缘行驶
7	指示标线	车行道边缘线	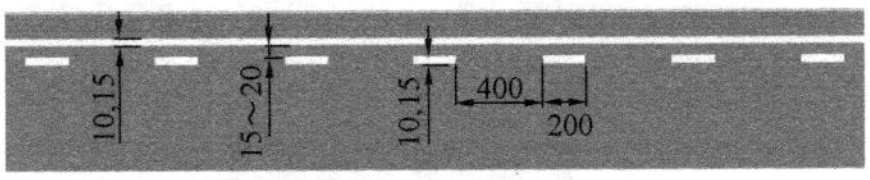	禁止实线侧车辆越线行驶，允许虚线侧车辆越线行驶
8	指示标线	车行道边缘线	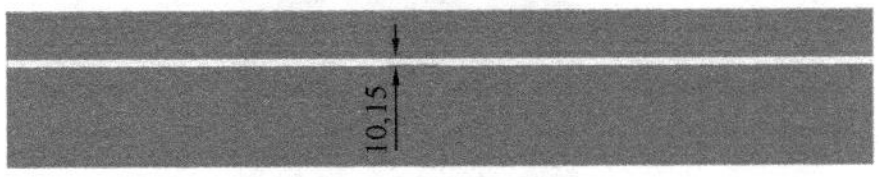	禁止车辆跨越车行道边缘行驶或机非分界

续表 11.2.2

编号	类型	标线名称	图例（除标明单位外，缺省单位为 cm）	含义
9	指示标线	左弯待转区线	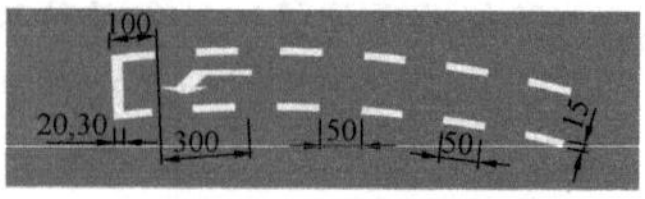 100; 20,30; 300; 50; 50; 15	车辆在指示时段进入左弯待转区等待左转的位置
10		直行待行区线	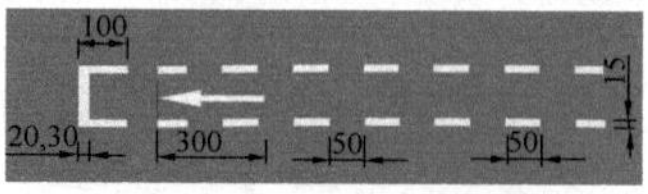 100; 20,30; 300; 50; 50; 15	车辆在指示时段进入直行待行区等待直行的位置
11		路口导向线	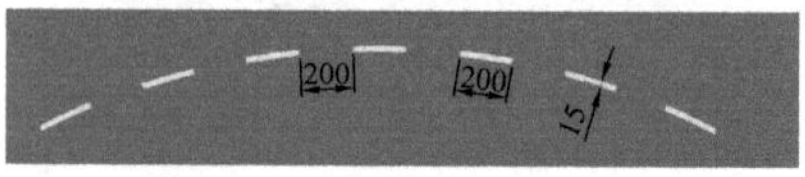 200; 200; 15	连接对向车道分界线
12			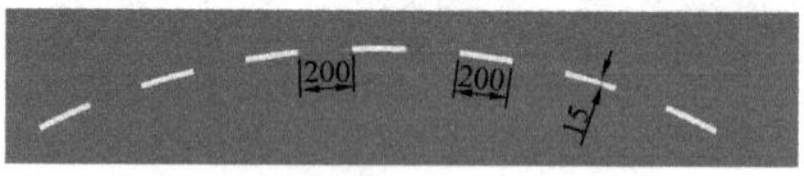 200; 200; 15	连接同向车道分界线
13		导向车道线	10,15	指示交叉口驶入车辆按导向方向行驶
14		可变导向车道线	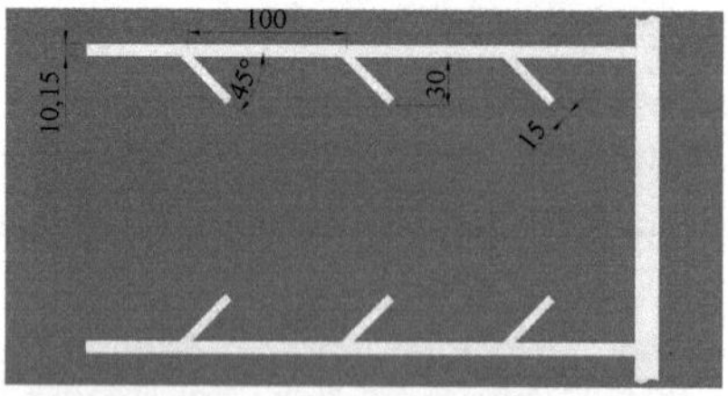 100; 10,15; 45°; 30; 15	指示交叉口驶入车辆的导向方向可随需要变化
15		人行横道线	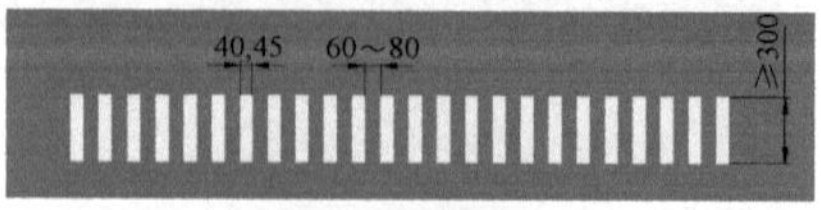 40,45; 60～80; ≥300	一定条件下允许行人横穿道路
16		人行横道预告标识线	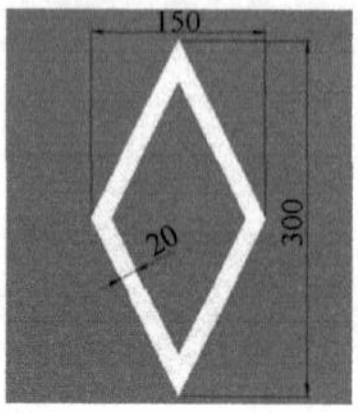 150; 20; 300	无信号灯控制路段设置人行横道线时，应在人行横道线上游设置预告标识

续表 11.2.2

编号	类型	标线名称	图例（除标明单位外，缺省单位为 cm）	含 义
17	指示标线	行人左右分道的人行横道线箭头	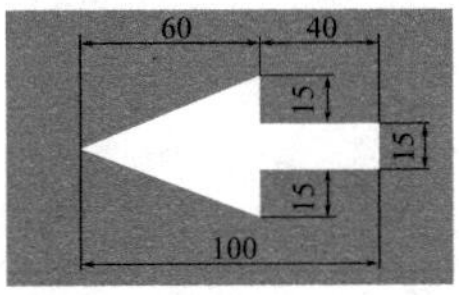 60 40 15 15 15 100	在行人过街交通量特别大交叉口，指示行人在人行横道线上靠右侧分道过街
18		白色折线车距确认线	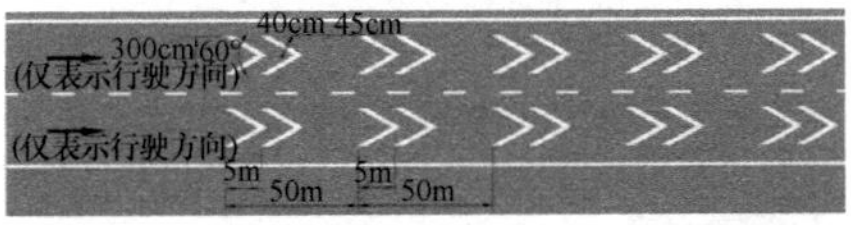 300cm 60° 40cm 45cm (仅表示行驶方向) (仅表示行驶方向) 5m 50m 5m 50m	设置于较长直线等路段，提示保持安全行车距离
19		白色半圆状距确认线	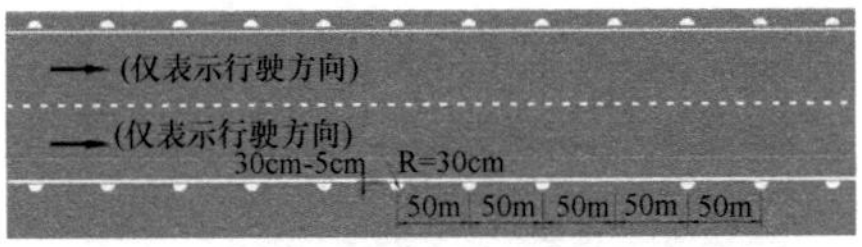 (仅表示行驶方向) (仅表示行驶方向) 30cm-5cm R=30cm 50m 50m 50m 50m 50m	设置于气象条件复杂的路段，提示保持安全行车距离
20		道路入口标线	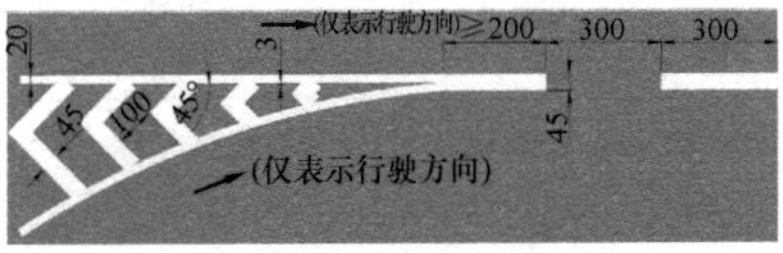 20 3 (仅表示行驶方向)≥200 300 300 45 100 45° 45 (仅表示行驶方向)	在道路入口处设置，用于引导驶入车辆的行驶轨迹
21		道路出口标线	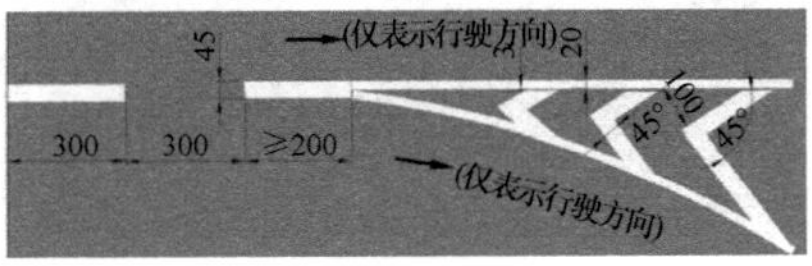 45 (仅表示行驶方向) 20 100 45° 45° 300 300 ≥200 (仅表示行驶方向)	在道路出口处设置，用于引导驶出车辆的行驶轨迹
22		垂直式机动车停车位标线	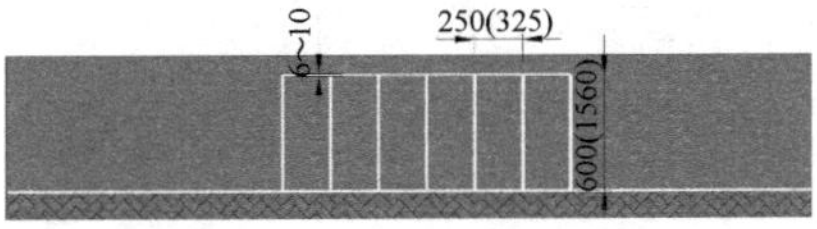 6～10 250(325) 600(1560)	机动车辆只能在标识的停车位内停放
23		平行式机动车停车位标线	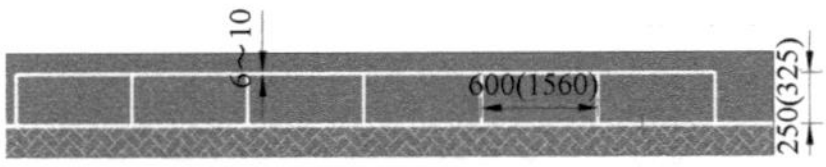 6～10 600(1560) 250(325)	机动车辆只能在标识的停车位内停放
24		倾斜式机动车停车位标线	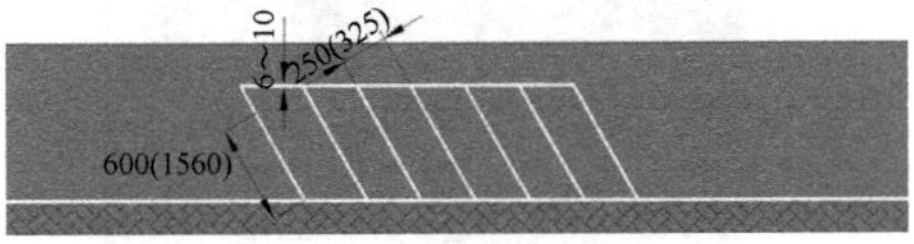 6～10 250(325) 600(1560)	

续表 11.2.2

编号	类型	标线名称	图例（除标明单位外，缺省单位为 cm）	含　义
25	指示标线	垂直式机动车限时停车位标线	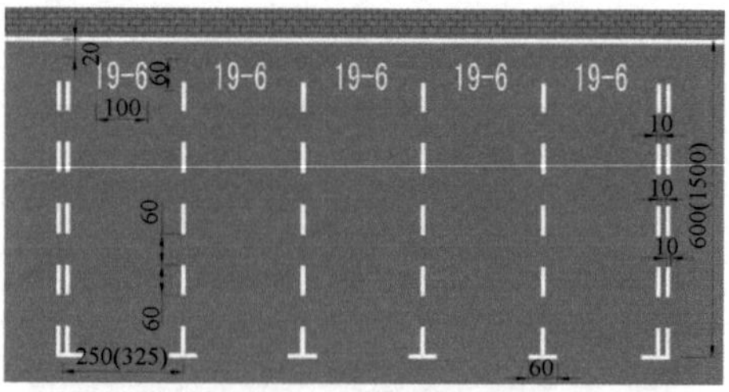	机动车辆只能在标识的停车位内在限定时段停放
26		平行式机动车限时停车位标线	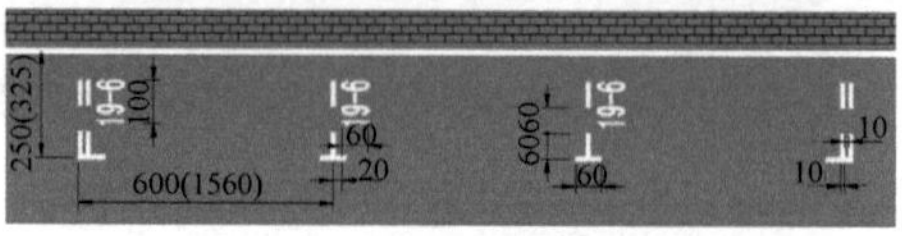	
27		倾斜式机动车限时停车位标线	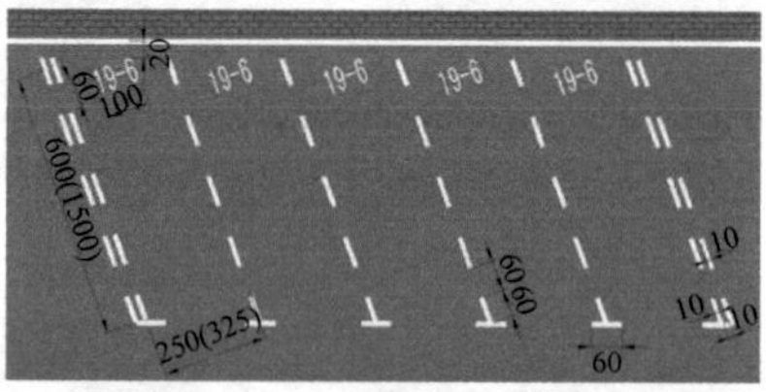	
28		出租车专用待客停车位标线	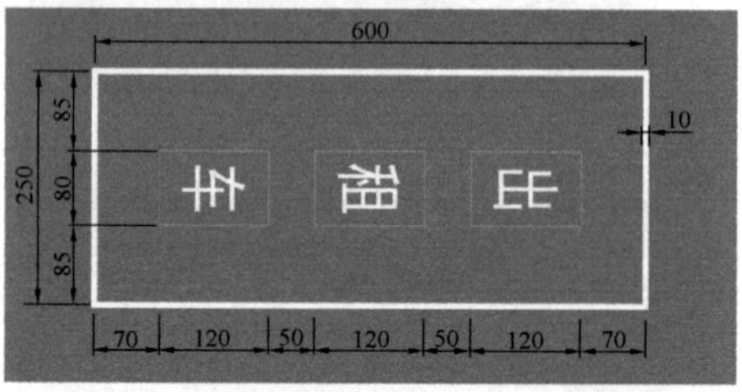	出租车专用待客停车位
29		出租车专用上下客停车位标线	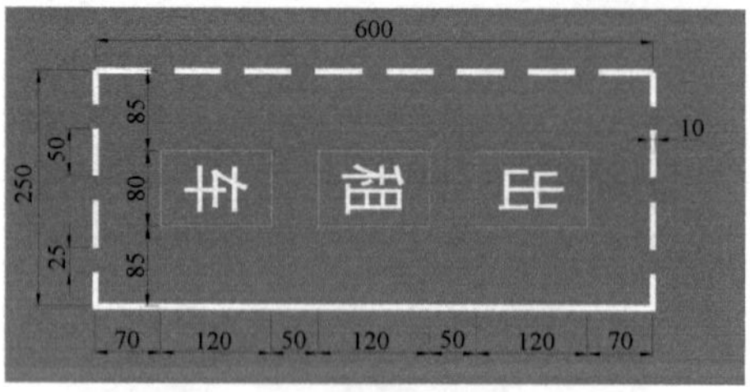	出租车专用上下客车位
30		残疾人专用停车位标线	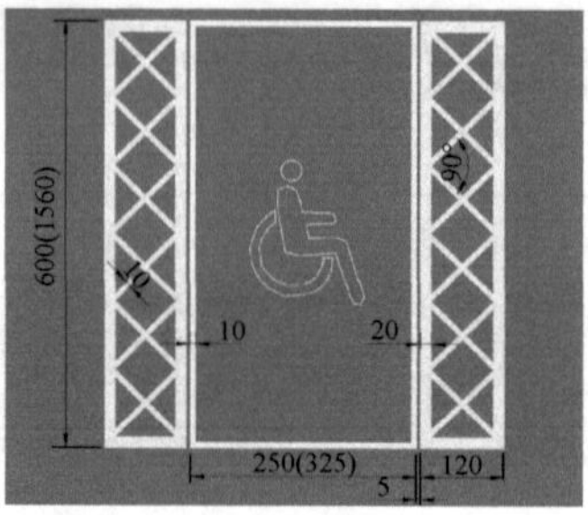	残疾人专用车辆或载有残疾人车辆的停车位，白色表示收费停车位；黄色网格线为残疾人上下车区域，禁止车辆停放在其上

续表 11.2.2

编号	类型	标线名称	图例（除标明单位外，缺省单位为 cm）	含　义
31	指示标线	非机动车停车位标线		非机动车专用停车位
32		港湾式停靠站标线		专设的港湾式机动车停靠站
33			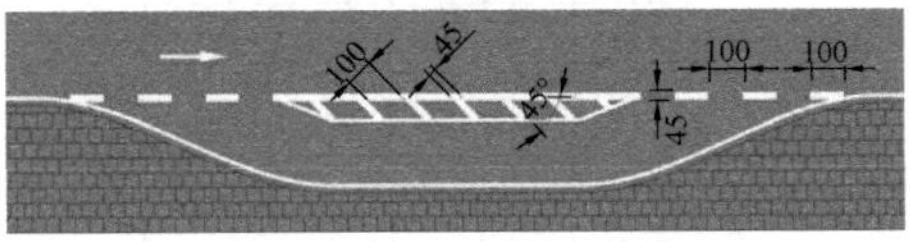	停靠站较宽时，专设的港湾式机动车停靠站
34		车种专用港湾式停靠站标线	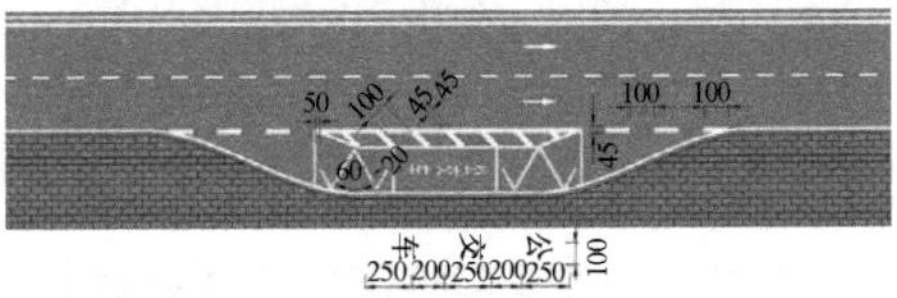	车种专设的港湾式停靠站
35		路边式停靠站标线	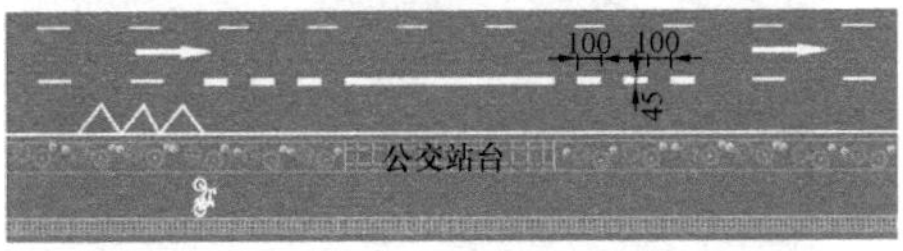	路边式停靠站
36		导向箭头	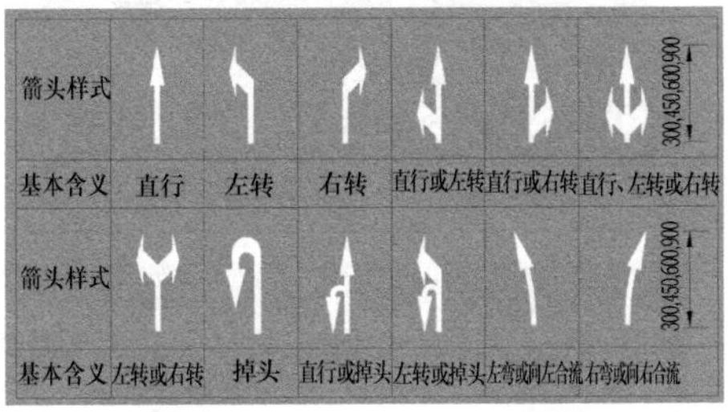	指示车辆行驶方向
37		路面限速标记	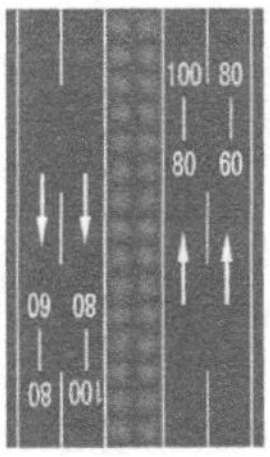 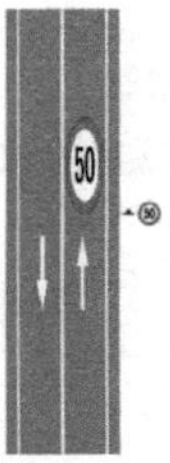	提示驾驶人限速行驶

续表 11.2.2

编号	类型	标线名称	图例（除标明单位外，缺省单位为 cm）	含义
38	指示标线	非机动车道路面标记		表示该车道为非机动车道
39		残疾人专用停车位路面标记	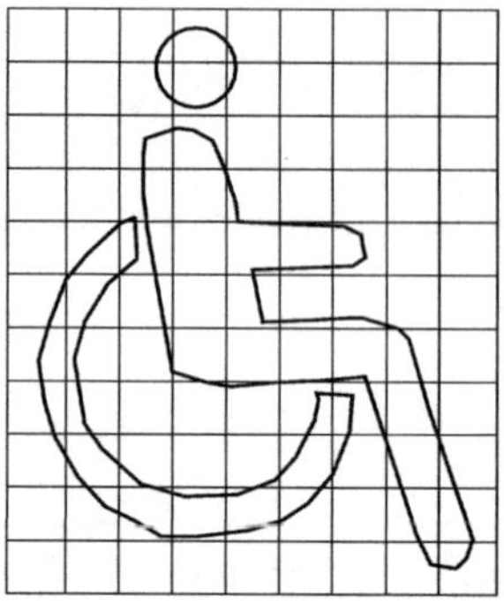	表示残疾人专用车或载有残疾人的车辆专用停车位
40		注意前方路面状况标记	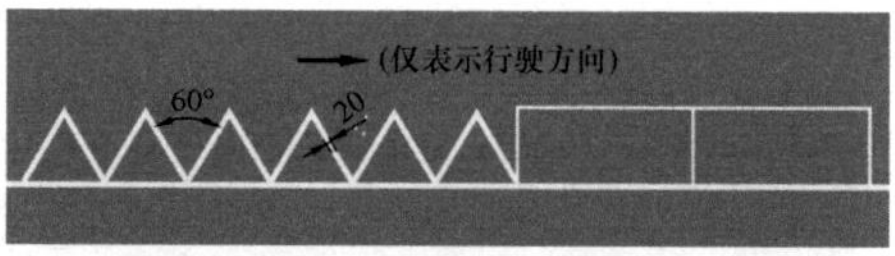	提示驾驶人注意前方路面状况发生变化
41		减速丘标线	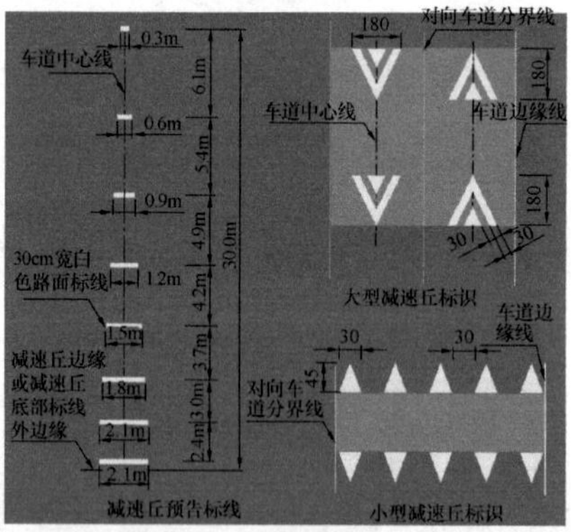	提示车辆驾驶人减速行驶
42	禁止标线	禁止跨越对向车行道分界线	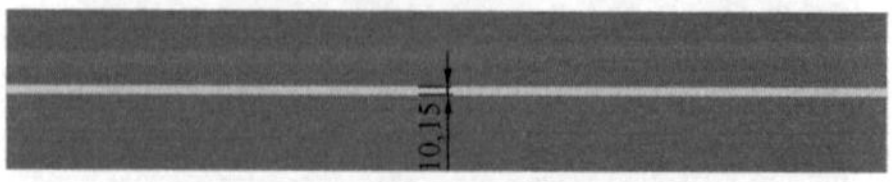	禁止对向车辆越线或压线行驶
43			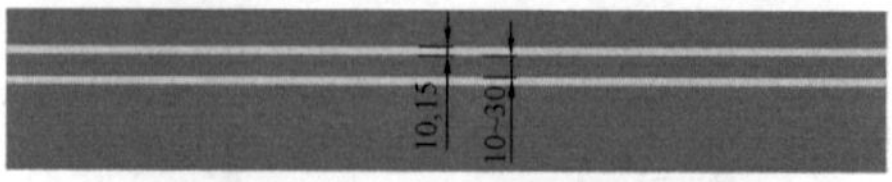	
44			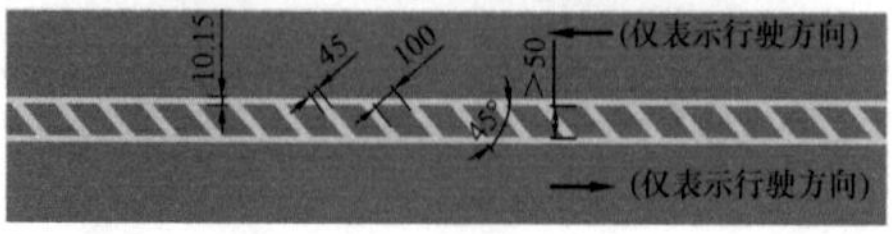	

续表 11.2.2

编号	类型	标线名称	图例（除标明单位外，缺省单位为 cm）	含　义
45	禁止标线	禁止跨越对向车行道分界线	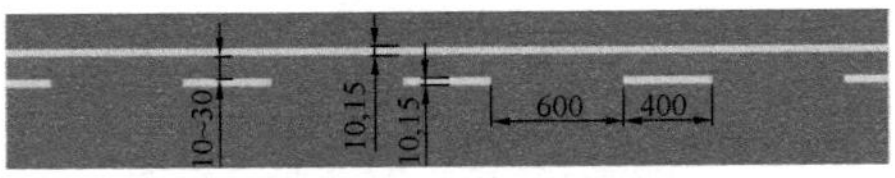 10~30；10,15；10,15；600；400	禁止实线侧车辆越线行驶，允许虚线侧车辆越线行驶
46		禁止跨越同向车行道分界线	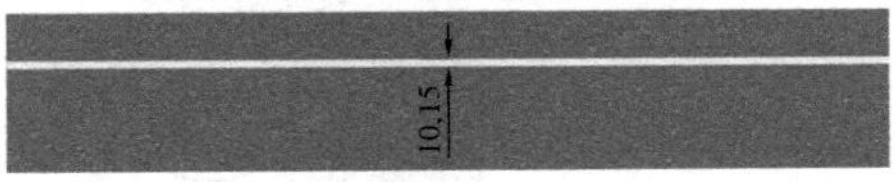 10,15	禁止车辆变换车道
47			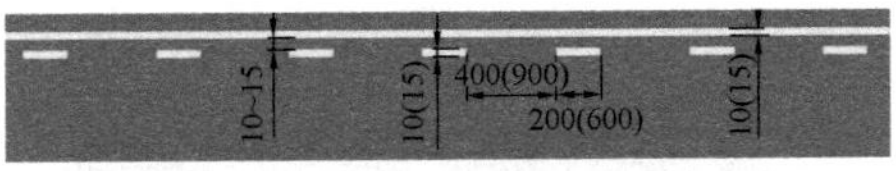 10~15；10(15)；400(900)；200(600)；10(15)	禁止实线侧车辆变换车道，允许虚线侧车辆变换车道
48		禁止长时停车线	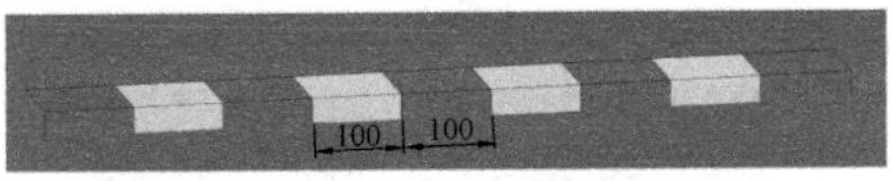 100；100	禁止路边长时停车，允许临时停车
49		禁止停车线		禁止路边停车
50		停止线	20,30,40	车辆让行，等候放行等情况下的停车位置
51		停车让行线	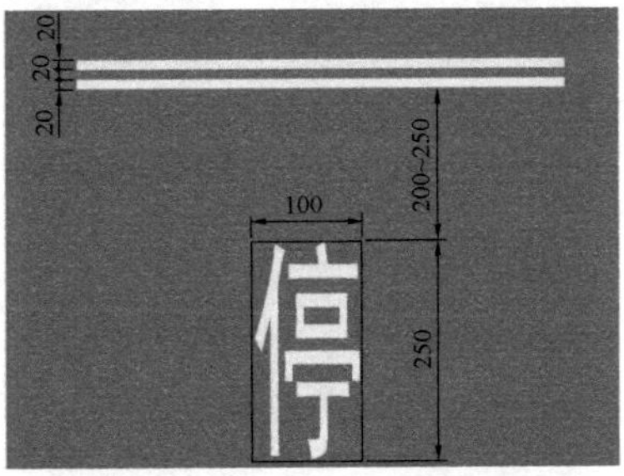 20；20；20；200~250；100；250；停	车辆在交叉口停车让交叉道路车辆先行
52		减速让行线	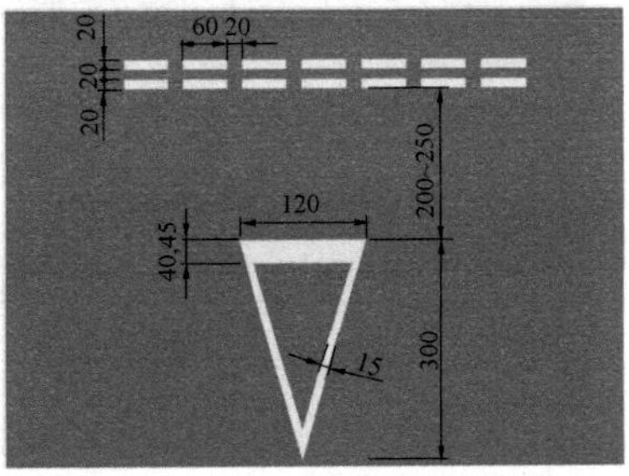 20；20；20；60；20；200~250；120；40,45；15；300	车辆在此路口应减速让交叉道路车辆先行

续表 11.2.2

编号	类型	标线名称	图例（除标明单位外，缺省单位为 cm）	含　义
53	禁止标线	非机动车禁驶区线	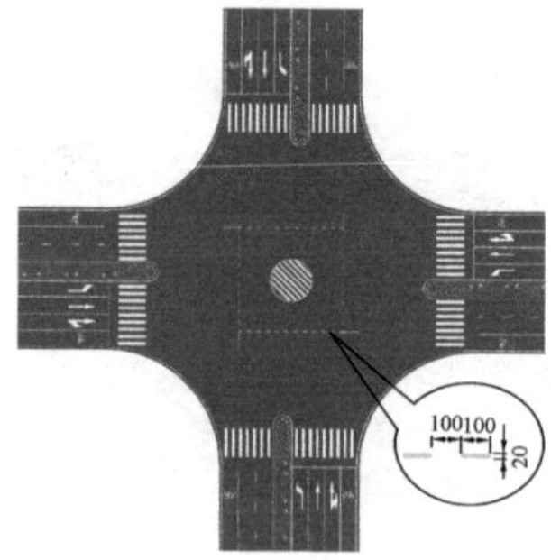	告示非机动车使用者在交叉口禁止驶入的范围
54		导流线	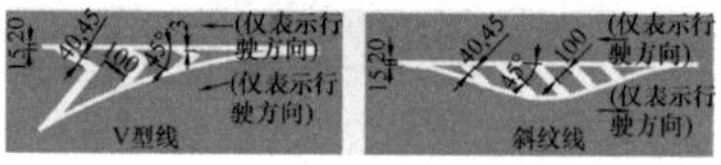	车辆需要按规定的路线行驶，不得压线或越线行驶
55		中心圈	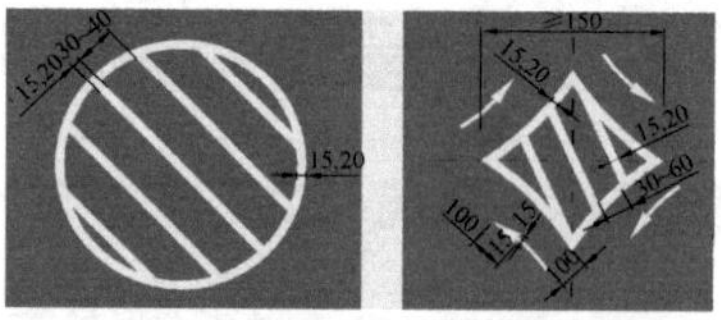	设在交叉口的中心，指示车辆不得压线行驶
56		网状线	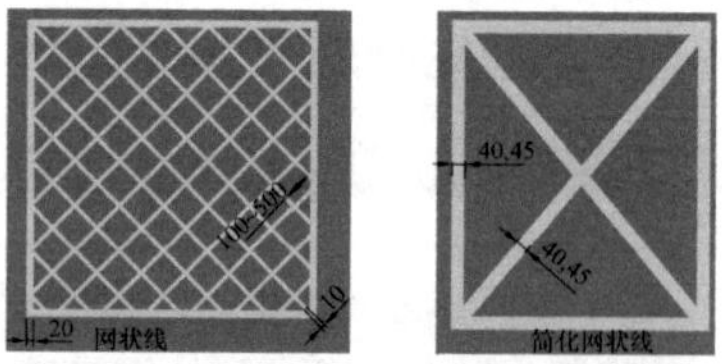	禁止车辆以任何原因在该区域停车
57		公交专用车道线	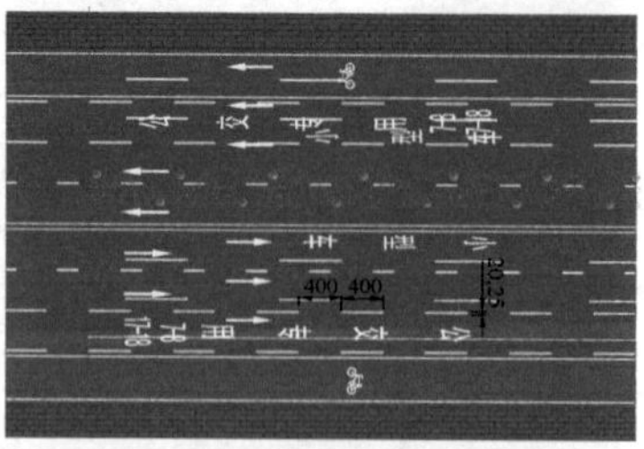	除公交车外，其他车辆及行人在规定时段内不得进入该车道
58		小型车专用车道线	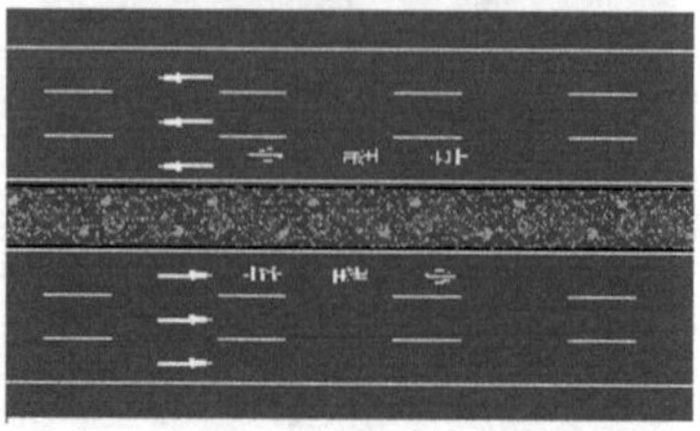	仅小型车可在该车道内行驶

续表 11.2.2

编号	类型	标线名称	图例（除标明单位外，缺省单位为 cm）	含 义
59	禁止标线	大型车道线	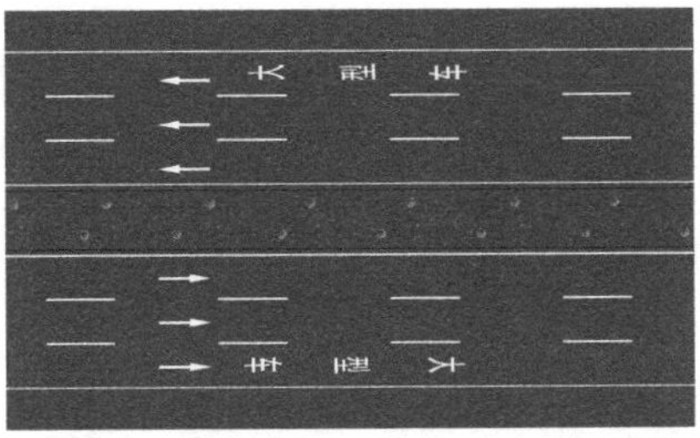 大型车	大型车应在该车道内行驶
60	禁止标线	多乘员车辆专用车道线	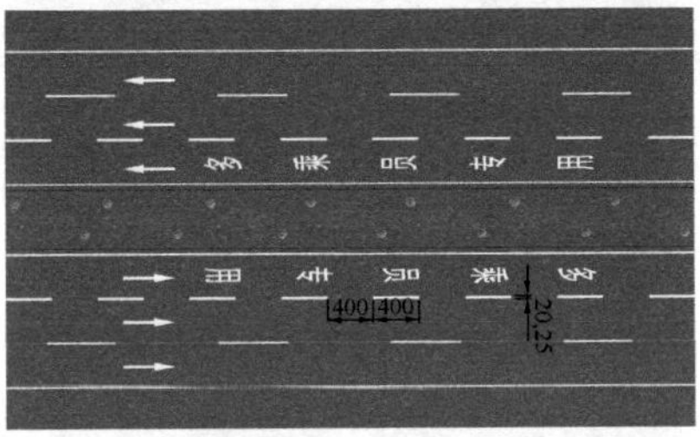 多乘员专用 400 400 20,25	该车行道为多个乘车人的多成员车辆专用车道，未达到规定乘客数车辆不得入内行驶
61	禁止标线	非机动车道线	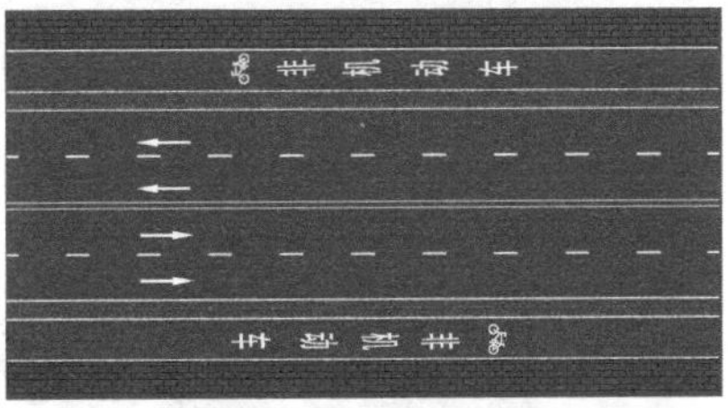 非机动车	除特殊点段外，该车道为非机动车道，机动车不得进入
62	禁止标线	禁止掉头（转弯）标记	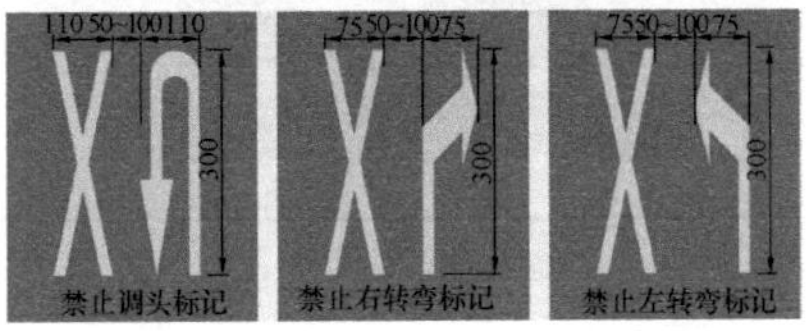 110 50~100 110　300　禁止调头标记 75 50~100 75　300　禁止右转弯标记 75 50~100 75　300　禁止左转弯标记	分别表示该车道禁止车辆掉头、禁止右转、禁止左转
63	警告标线	铁路平交道口标线	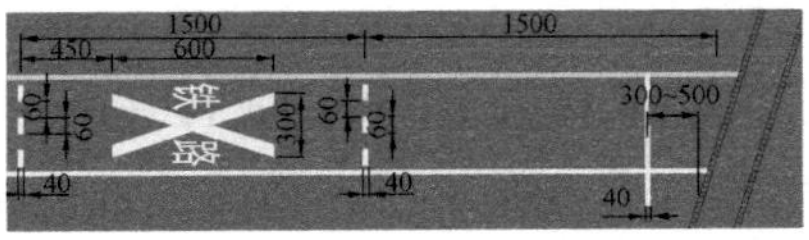 1500　600　450　60　60　300　60　60　40　40　1500　300~500　40　铁路	提示前方有铁路平交道口，警告车辆驾驶人应在停车线处停车
64	警告标线	收费广场减速标线	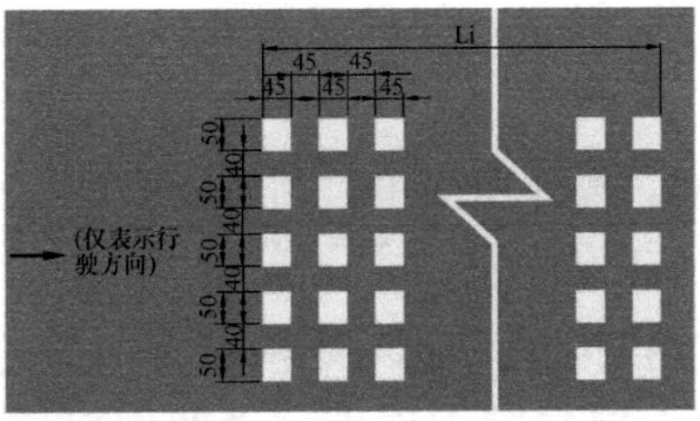 Li　45　45　45　45　45　50　40　50　40　50　40　50　40　50 （仅表示行驶方向）	设置在收费广场及前部适当位置，警告车辆驾驶人前方应减速慢行

续表 11.2.2

编号	类型	标线名称	图例（除标明单位外，缺省单位为 cm）	含 义
65	警告标线	车行道横向减速标线	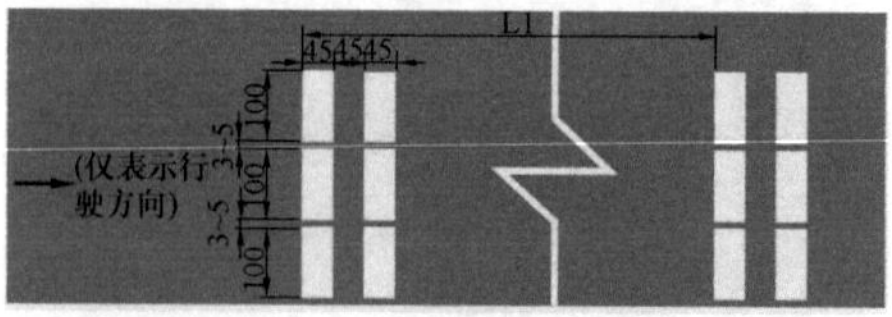 L1 45 45 45 100 3~5 100 3~5 100 (仅表示行驶方向)	横向布置于机动车道内，警告车辆驾驶人前方应减速慢行
66		车行道纵向减速标线	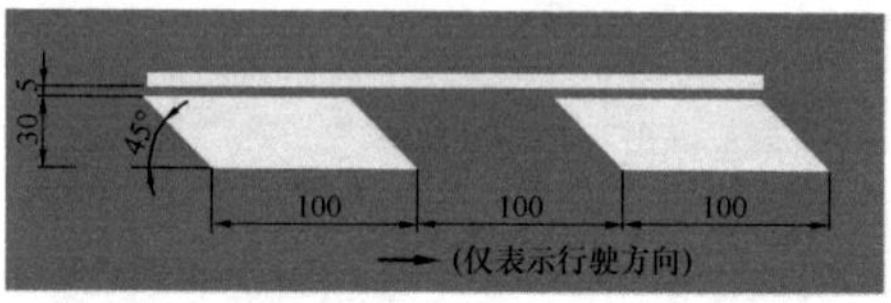 5 30 45° 100 100 100 (仅表示行驶方向)	纵向布置于同向车道分界线侧，警告车辆驾驶人前方应减速慢行
67		车行道纵向减速标线渐变段	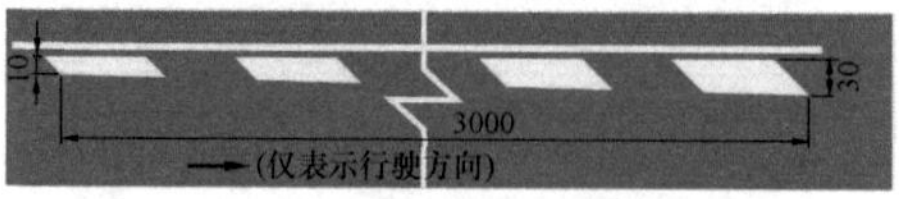 10 30 3000 (仅表示行驶方向)	纵向布置于同向车道分界线侧，警告车辆驾驶人前方应减速慢行
68		立面标记	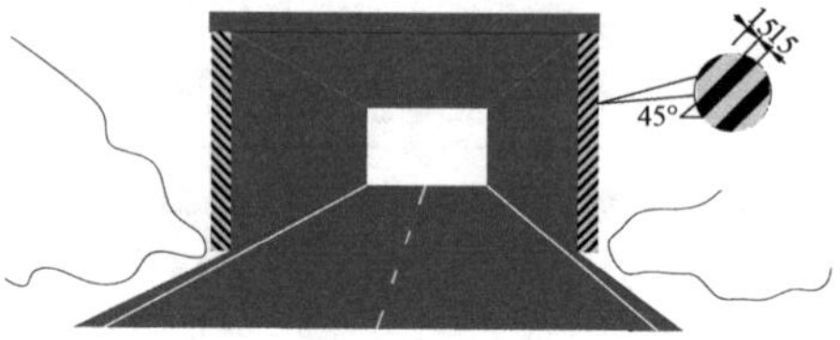 15 15 45°	提醒驾驶人注意，在车行道或近旁有高出路面的构造物

11.3 交通标线的材料要求

11.3.1 用于施划道路交通标线的涂料，应符合下列要求：

1 应具有抗滑性能，不宜低于所在道路路面的抗滑要求；

2 应具有耐磨性能，保证正常的使用寿命；

3 应具有可视性，具备良好的反射能力，白天、夜间及雨天视认性符合要求；

4 干燥时间应短，操作应简单，利于施工；

5 应具有良好的环保性能。

11.3.2 在规定的使用期限内，标线不应出现明显的变色。道路交通标线颜色的色度性能应符合现行国家标准《道路交通标线质量要求和检测方法》GB/T 16311 的规定。

11.3.3 城市快速路、主干路应采用反光标线，次干路、支路及其他城市道路可根据需要采用反光标线。白色反光标线的亮度因数应大于或等于 0.35，黄色反光标线的亮度因数应大于或等于 0.27。在多雨地区易积水路段和人机非混行路段，宜采用水下反光标线材料或附加突起路标。

11.3.4 新施划标线的初始逆反射亮度系数应符合现行国家标准《新划路面标线初始逆反射亮度系数及测试方法》GB/T 21383 的规定，白色反光标线的逆反射亮度系数不应低于 150mcd・m^{-2}・lx^{-1}，黄色反光标线的逆反射亮度系数不应低于 100mcd・m^{-2}・lx^{-1}。

11.3.5 标线在正常使用期间，反射标线的逆反射系数应满足夜间水下视认要求，白色反光标线的逆反射亮度系数不应低于 80mcd・m^{-2}・lx^{-1}，黄色反光标线的逆反射亮度系数不应低于 50mcd・m^{-2}・lx^{-1}。

11.3.6 标线的厚度根据其种类、设置位置及施工工艺，应符合表 11.3.6 要求。

表 11.3.6 标线的厚度要求（mm）

序号	标线种类		标线厚度	备注
1	溶剂型		0.3～0.8	湿膜
2	热熔型	普通型	0.7～2.5	干膜
3		突起型	3.0～7.0	干膜。若有基线，基线厚度为 1～2
4	双组份		0.4～2.5	干膜
5	水性		0.3～0.8	湿膜
6	树脂防滑型		4.0～5.0	骨材粒径 2.0～3.3
7	预成型标线带标线		0.3～2.5	干膜

11.3.7 标线应使用抗滑材料，抗滑值应不小于 45BPN。

11.3.8 道路预成形标线带的性能应符合现行国家标准《道路预成形标线带》GB/T 24717 的要求，路面标线用玻璃珠的性能应符合现行国家标准《路面标线用玻璃珠》GB/T 24722 的要求。

11.4 交通标线的其他要求

11.4.1 交通标线设置的停车视距、会车视距、超车视距的取值应满足表 11.4.1 的规定。

表 11.4.1 视距要求值

设计速度(km/h)	停车视距 M_1(m)	会车视距 M_2(m)	超车视距 M_3(m)
100	160	320	—
80	110	220	550
60	70	140	350
50	60	120	325
40	40	80	200
30	30	60	150
20	20	40	100

注：表中没有包括的速度的视距值，可用内插法求算。

12 指示标线

12.1 一 般 规 定

12.1.1 指示道路上机动车、非机动车、行人等通行的位置和方向，应设置指示标线。

12.1.2 指示标线的类型应符合表 12.1.2 的规定。

表 12.1.2 指示标线的类型

序号	分类	标线名称
1	纵向标线	可跨越对向车行道分界线、可跨越同向车行道分界线、潮汐车道线、车行道边缘线、待行区线、路口导向线、导向车道线
2	横向标线	人行横道线、车距确认线
3	其他标线	道路出入口标线、停车位标线、停靠站标线、导向箭头、路面文字标记、路面图形标记、减速丘标线

12.2 可跨越对向车行道分界线

12.2.1 用于分隔对向行驶的交通流，在允许车辆越线或转弯的路段，可跨越对向车行道分界线的设置应符合下列规定：

1 对双向 2 车道，车行道总宽度大于或等于 6m 的无中央分隔带道路，在满足超车视距且交通量较小的一般平直路段，宜设置可跨越对向车行道分界线；

2　对宽度大于或等于 5m 的双向非机动车专用车道，应设置可跨越对向车行道分界线。

12.2.2　可跨越对向车行道分界线应采用黄色虚线，线宽宜为 15cm，交通流量非常小等特殊情况线宽可采用 10cm，线段及间隔长度应分别为 4m 和 6m。

12.3　可跨越同向车行道分界线

12.3.1　对同向行驶有 2 条及以上机动车道，在准许车辆越线变换车道行驶的路段，应设置可跨越同向车行道分界线。

12.3.2　可跨越同向车行道分界线应采用白色虚线，当设计速度大于或等于 60km/h，线段及间隔长度应分别为 6m 和 9m，线宽应为 15cm；当设计速度小于 60km/h，线段及间隔长度应分别为 2m 和 4m，线宽应为 10cm，交通流量非常小等特殊情况线宽可采用 8cm。

12.3.3　在满足超车视距的加宽路段，可跨越同向车行道分界线应设置在车行道加宽后的位置。

12.4　潮汐车道线

12.4.1　对双向行驶的无中央分隔带的道路，双向交通量随时间变化有较为明显的潮汐性，根据交通管理需要，对中间若干个车道进行行驶方向变换，必须设置潮汐车道线。

12.4.2　当车道数为偶数时，可将一个方向最内侧车道设为潮汐车道或将两个方向的最内侧车道都设为潮汐车道。当车道数为奇数时，可将中间车道设置为潮汐车道。

12.4.3　潮汐车道线应设置于潮汐车道两侧。

12.4.4　潮汐车道线应采用双黄虚线，线宽应为 15cm，线段与间隔长度应与同一路段的可跨越同向车行道分界线一致，两条黄色虚线的间距宜为 10cm～15cm。

12.4.5　潮汐车道线应配合设置车道信号灯或可变的车道行驶方向标志、注意潮汐车道标志等。潮汐车道线可配合设置相应的物理隔离设施。

12.4.6　潮汐车道线在交叉口出入端应设置停止线，应采用白色虚实线，长度应为潮汐车道的宽度，线宽均应为 15cm，线间距宜为 10cm～15cm，虚线的线段及间隔长度均应为 0.5m，虚线应设置在交叉口中心一侧。

12.5　车行道边缘线

12.5.1　车行道边缘线的设置应符合下列规定：

1 在机动车道的边缘或用以划分同向机动车道与非机动车道的分界处，指示禁止车辆跨越车行道或机非分界，应设置车行道边缘白色实线；

2 指示车辆可临时跨越，应设置车行道边缘白色虚线；

3 指示车辆单侧可临时跨越，应设置车行道边缘白色虚实线；

4 在机动车道与对向非机动车道的分界处，应设置车行道边缘黄色实线。

12.5.2 车行道边缘白色实线、车行道边缘黄色实线设置应符合下列规定：

1 设计速度大于或等于 50km/h，单向 2 车道及以上的道路，在下列情况下应设置车行道边缘白色实线：

1）除出入口、交叉口及允许路边停车的特殊路段外，机动车道外侧边缘；

2）有永久性物理设施分隔对向交通流，机动车道内侧边缘。

2 设计速度大于或等于 50km/h，单向 2 车道及以上的道路，有活动性护栏等可移动隔离设施分隔对向交通流，在机动车道内侧边缘，可设置车行道边缘白色实线，也可设置车行道边缘黄色实线。

3 设计速度小于 50km/h，单向 2 车道及以上机动车道两侧有引导视线的连续固定构筑物时，可不设置车行道边缘白色实线。

4 双向 3 车道及以下道路或机非双向混行、宽度小于 10m 的一块板断面时，可不设车行道边缘白色实线。但在下列情况下应设置车行道边缘白色实线：

1）道路的窄桥及其上下游路段；

2）采用设计极限指标的曲线段及其上下游路段；

3）交通流发生合流或分流的路段；

4）路面宽度发生变化的路段；

5）路侧障碍物距车行道较近的路段；

6）经常出现大雾等影响安全行车天气的路段。

12.5.3 在出入口、交叉口及允许路边停车的特殊路段，可设置车行道边缘白色虚线；相邻出入口间距小于或等于 100m，可连续设置车行道边缘白色虚线。

12.5.4 公交车站临近路段、允许路边停车路段，可设置车行道边缘白色虚实线。

12.5.5 车行道边缘线线宽应为 10cm 或 15cm；设计速度大于或等于 60km/h，线宽应为 15cm；设计速度小于 60km/h，线宽应为 10cm。虚线的线段及间隔长度应分别为 2m 和 4m。虚实线的虚线与实线间距宜为 15cm～20cm，虚线应设置于允许车辆跨越的车道一侧。

12.5.6 在交叉口的进口道，车行道边缘线宜和停止线连接，在交叉口的出口道，车行道边缘线宜和同向车道分界线设置起点保持一致。

12.5.7 车行道边缘线白色虚线及白色虚实线中的虚线格应大于或等于 3 个。

12.6 待行区线

12.6.1 交叉口范围较大且左转车辆较多，左转车辆在直行时段进入待转区等待左转，应设置左弯待转区线。交叉口范围较大且直行车道及车辆较多，直行车辆在横向道路左转时进入待行区等待直行，应设置直行待行区线。

12.6.2 待行区线应由白色虚线、停止线和导向箭头三部分组成；白色虚线线宽应为 15cm，线段及间隔长度均应为 0.5m；停止线线宽宜为 20cm 或 30cm；导向箭头长应为 3m，宜在待行区起始位置及停止线前各施划一组，待行区较长时可重复设置，较短时可仅设置一组（图 12.6.2）。

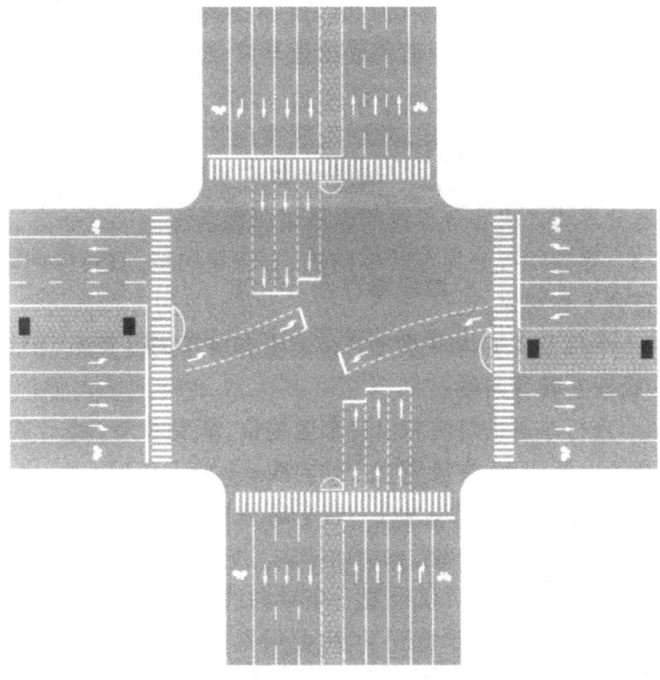

图 12.6.2 待行区线设置示例（cm）

12.6.3 待行区内可同时施划箭头和文字，颜色均应为白色，文字字高应为 150cm，字宽应为 100cm，间距应为 50cm，文字应在待行区内居中布置。直行待行区应与可变电子信息牌配合使用。

12.6.4 待行区应设置于专用车道前端，伸入交叉口，在有条件的地点，可设置多条待行车道，但不得超过对应出口道车道数。

12.6.5 对设置左弯待转区线的信号相位分配，应先放行本方向直行，后放行本方向左转。对设置直行待行区线的信号相位分配，应先放行横向道路左转，后放行本方向直行。

12.6.6 待行区线的设置不得相互交叉及影响其他方向车辆的正常行驶。

12.7 路口导向线

12.7.1 当平面交叉口范围较大、形状不规则或交通组织复杂，车辆寻找出口车道困难或交通流交织严重时，应设置路口导向线。

12.7.2 路口导向线应采用虚线，线宽应为 15cm，线段及间隔长度均应为 2m。连接对向车行道分界线应采用黄色虚线，连接同向车行道分界线或机非分界线的应采用白色虚线。

12.7.3 导向线可分为左转导向线、右转导向线、直行导向线，设置应符合下列规定：

1 平面交叉口相交角小于 70°或左转车辆寻找出口车道困难，应设置左转导向线；

2 直行车道进口道和出口车道错位，渐变率大于设计速度规定的交叉口渐变率，宜设置直行导向线；

3 右转转动角度较大或右转车辆易与非机动车、路缘石发生冲突，宜设置右转导向线。

12.7.4 路口导向线可仅设置一条导向线布置于导向车道一侧，车道方向识别特别困难情况下，也可设置两条导向线布置于导向车道两侧；当有多条导向车道时，可设置多条导向线。

12.8 导向车道线

12.8.1 当交叉口进口道为 2 车道及以上，指示车辆按导向方向行驶时，应设置导向车道线；当部分进口车道的行驶方向随需要可变时，应设置可变导向车道线。

12.8.2 导向车道线应为白色实线，设计速度大于或等于 60km/h，线宽应为 15cm，设计速度小于 60km/h，线宽应为 10cm。导向车道线设置时应在导向车道内配合设置两组导向箭头。

12.8.3 导向车道线的长度应根据交叉口车辆排队长度、几何线形、交叉口间距、交通管理措施等因素，宜为 30m～70m 之间。

12.8.4 可变导向车道线应沿导向车道两侧的白色实线内侧各施划一组朝向停止线的白色短直线，白色短直线线间距应为1m，线宽应为15cm，和导向车道的白色实线夹角应为45°，可变导向车道线长度应不小于其他导向车道线的设置长度。可变导向车道内不应设置导向箭头。

12.8.5 可变导向车道线应配合设置可变的车道行驶方向标志，告知可变车道行驶方向，告知信息宜与动态信息联动，无动态信息时，应与静态标志配合使用。

12.9 人行横道线

12.9.1 无过街人行天桥或地道等其他过街设施，下列情况应设置人行横道线：

1 道路交叉口；

2 次干路及支路上大型公共建筑、卖场超市、学校、幼儿园、医院、养老院、地铁站出口等行人横过道路较为集中的路段；

3 路侧有出入口或人流集中区域，高峰小时横穿道路人流量大、集中的位置；

4 按照道路等级和所处城市区位对人行横道有设置要求，需要设置人行过街通道的路段。

12.9.2 路段中人行横道线的设置应符合下列规定：

1 有天桥或地道等其他人行过街设施的前后100m范围内，不宜设置人行横道线；

2 主干路、次干路上公交站台前后30m范围内，不宜设置人行横道线；

3 100m范围内不宜设两处人行横道线；

4 在视距受限制的路段、急弯、陡坡等危险路段和车行道宽度渐变的视距不良路段，不应设置人行横道线；

5 当特殊条件需设置人行横道线时，必须配合设置人行横道警告标志。

12.9.3 下列情况下，宜设置斜穿交叉口的人行横道线：

1 城市核心商业区，人流量大，交叉口斜向穿越需求较大；

2 交叉口一个直行信号灯无法使本方向等候人流全部横穿过路口。

12.9.4 人行横道线应采用一组白色平行粗实线，线宽宜为40cm或45cm，线间隔宜为60cm，最大不应超过80cm。人行横道线宽度应大于或等于3m，应以1m为一级加宽。

12.9.5 人行横道线的设置宽度、形式、位置应符合下列规定：

1 应根据行人流量、行人年龄段分布、道路宽度、车流量、车辆速度、视距等多种因素，确定人行横道线的设置宽度及形式；

2 人行横道线位置宜靠近交叉口设置，选择人行横穿的最短距离。根据几个方向人行横道的连续性，与路侧人行道上的无障碍坡道出口相对，两端应避开电线杆、灯杆、广告牌、树木、草坪灯、人行护栏等影响行人正常行走的设施；

3 行人过街交通量特别大的路口，可并列设置两道人行横道线，使斑马线虚实段相互交错，并在人行横道线的端头分别设置方向箭头指示行人靠右分道过街，箭头总长应为 100cm，三角部分长应为 60cm，宽应为 45cm，直线部分长应为 40cm，宽应为 15cm；

4 除斜穿交叉口的人行横道线外，人行横道线的条纹应与道路中心线平行；

5 当无信号控制的路段设置人行横道时，应在人行横道线前配合设置停止线和人行横道预告标识，并应配合设置人行横道标志，也可增设注意行人标志；人行横道预告标识应为白色菱形图案，纵向长度应为 3m，横向长度应为 1.5m，线宽应为 20cm；白色菱形图案应在人行横道线前 30m～50m 设置第一组，间隔 10m～20m 重复设置一组；

6 当人行横道线长度大于 16m 时，应在分隔带或对向车道分界线处设置安全岛；安全岛长度不应小于人行横道线宽度，安全岛宽度不应小于 2m，困难情况下不应小于 1.5m；安全岛宜增设弹性交通柱及安全防护等设施；

7 在干道上车速较快，防止行人直穿中央分隔带引起交通事故，或空间条件受限，安全岛宽度不足，桥墩及其他构筑物遮挡驾驶人视线等情况下，安全岛两侧人行横道可错位设置。

12.9.6 当设置斜穿交叉口的人行横道线时，必须设置人行全绿灯相位，各方向人流全部放行穿越交叉口，所有方向机动车辆必须全部停止等待。

12.9.7 斜穿交叉口的人行横道线和其他人行横道线应配合设置。

12.10 车距确认标线

12.10.1 较长直线段、易发生追尾事故路段以及其他需要路段，宜设置白色折线车距确认标线；气象条件复杂，影响安全行车的路段两侧，可设置白色半圆状车距确认标线。

12.10.2 白色折线车距确认标线，应设置于每个车道中间，标线总宽应为 3m，线宽应为 40cm 或 45cm，折线夹角应为 60°，尖角应指向车辆前进方向。从确认基点 0m 开始应设置第一道标线，间隔 5m 应设置第二道标线，两道为一组，以后间隔 50m 应重复设置一组，应共设置 3 组或 5 组。符合设置条件的长路段，可重复设置。

12.10.3 白色半圆状车距确认标线，应连续设置于车行道边缘线两侧，半圆半径应为 30cm，设置间隔应为 50m，半圆距车行道边缘线应为 3cm～5cm。

12.10.4 车距确认标线应与车距确认标志配合使用。

12.11 道路出入口标线

12.11.1 机动车辆驶入或驶出主路，应设置道路出入口标线。

12.11.2 道路出入口标线应由三角地带标线和纵向标线两部分组成。三角地带标线应为白色实线，由外围线和内部填充线组成，外围线和内部填充线夹角应为 45°；外围线线宽应为 20cm；内部填充线应为 V 形线，线间距应为 100cm，线宽应为 45cm，V 形线的顶端迎向车流上游。纵向标线应由白色实线及虚线组成，线宽应为 45cm，连接三角地带的实线长度应大于或等于 2m，虚线的线段及间隔长度均应为 3m。

12.11.3 快速路的出入口前后主路车道数不变时，出入口处的三角地带标线长度与纵向标线的实线段长度之和宜占整个出入口段总长度的 1/3～1/2，主路的入口前应设置两道及以上向左合流导向箭头，设置间隔宜为 30m～50m（图 12.11.3-1）。主路的出口应在分流点起点及上游 30m～50m 处各设置一道直行或右转导向箭头，分流点后在减速车道内设置两道及以上右转导向箭头，设置间隔宜为 30m～50m（图 12.11.3-2）。在匝道上分合流时，可仅设置三角地带标线。

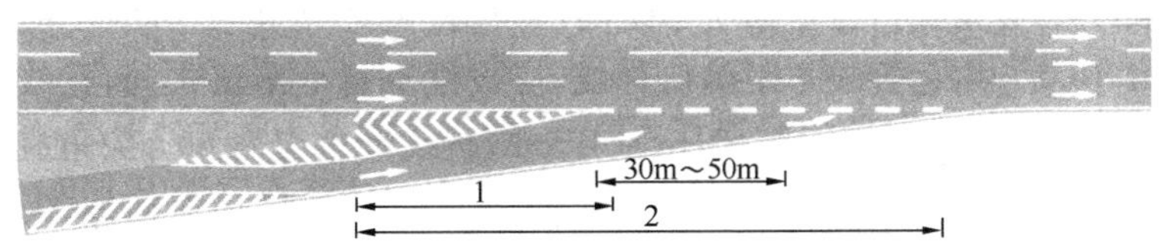

图 12.11.3-1 道路入口标线设置示例（cm）

1—三角地带标线长度与纵向标线的实线段长度之和；2—入口段总长

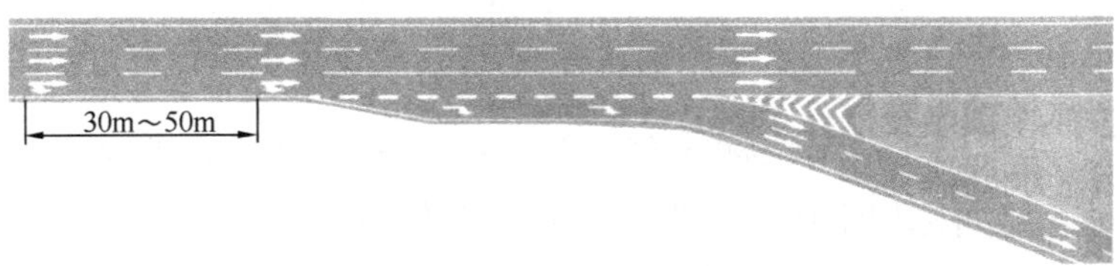

图 12.11.3-2 道路出口标线设置示例

12.11.4 合流后主路增加车道，纵向标线应改为同向车行道分界线。分流后主路减少车道，纵向标线长度宜为100m～300m。

12.11.5 在辅路上，应根据车流流量、视角、车速等，合理配合设置减速让行线。

12.11.6 出口可配合设置路面文字标记。

12.12 停车位标线

12.12.1 在停车场或不影响正常交通运营及其他设施正常使用的路侧空地、车行道边缘或道路中适当位置，可设置机动车停车位标线；可根据需要设置专属停车位。在公共汽车站、加油站、消防队、变压器、消防水井等地点前后30m范围内不应设置机动车停车位标线。对需在限定的时段停放，其他时段禁止停放的地方，应设置机动车限时停车位。

12.12.2 在出租车需等待客人的地点，可设置出租车专用待客停车位标线；仅允许出租车短时停车上下客，可设置出租车专用上下客停车位标线。

12.12.3 在停车场或不影响正常交通运营及其他设施正常使用的路侧空地、人行道或道路中适当位置，可设置非机动车停车位标线。非机动车停车位设置应避开无障碍设施。

12.12.4 出租车、非机动车及机动车的停车位标线应采用白色，专属机动车的停车位标线应采用黄色。

12.12.5 机动车停车位标线宽度宜为6cm～10cm。大中型车辆宜采用长15.6m、宽3.25m车位尺寸；小型车辆宜采用长6m、宽2.5m车位尺寸，极限宽度不应小于2m。机动车限时停车位标线应为虚线边框，虚线的线段及间隔长度均应为60cm，线宽应为10cm，数字高度应为60cm，虚线应和限时停车标志配合使用。

12.12.6 出租车专用待客停车位标线应为实线边框，出租车专用上下客停车位标线应为虚线边框；线宽应为10cm，每个车位长度应为6m、宽度应为2.5m；边框内附加“出租车”文字，字高应为120cm、字宽应为80cm、字间距应为50cm，文字沿出租车行驶方向应由远及近纵向排列。

12.12.7 非机动车停车位标线宜由标示停车区域边缘的边线和划于其中的非机动车路面标记组成。已设置非机动车停车标志的，可不施划非机动车路面标记。非机动车停车位标线宽度应为10cm，每个停车区段长度不宜大于20m，宽度宜为1.8m～2.0m。非机动车停车位标线应包围非机动车停车架等设施。

12.12.8 机动车停车位标线可布置为平行式、倾斜式、垂直式；可根据需要在停车位标线内布置附加箭头，箭头朝向应为车头方向（图 12.12.8）。

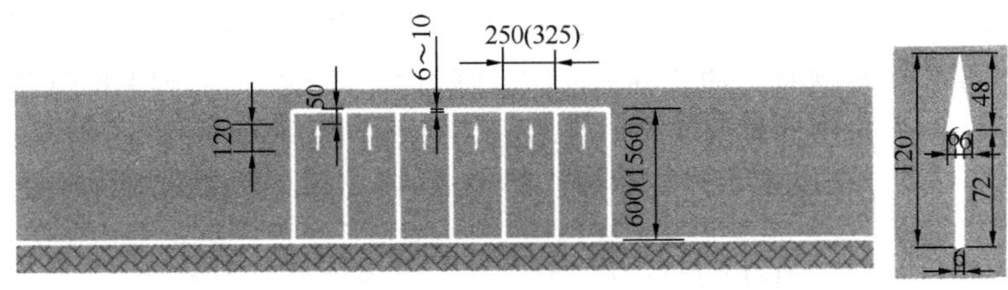

图 12.12.8 固定停车方向停车位标线设置示例（cm）

12.12.9 设置在路侧的停车位，宜在停车位标线上游路面上设置两组及以上注意前方路面状况标记。

12.12.10 当需设置校车、救护车、消防车等的专属停车位时，应在停车位内标注对应的专属车辆的文字。

12.12.11 残疾人专用停车位标线，应在停车位标线内布置残疾人专用停车位路面标记，在两侧设置黄色网格线；黄色网格线应由外围线和内部填充线两部分组成，外围线线宽应为 20cm，外围线长度应与停车位标线长度相同，外围线宽度应为 120cm，内部填充线线宽应为 10cm，和外围线夹角应为 45°。

12.12.12 路边停车位标线应配合路边停车位标志共同使用。有停放规定时，应设置辅助标志说明停放时间、时长、车种、收费等情况。路边停车位标志宜采用内部照明标志。

12.13 停靠站标线

12.13.1 允许车辆在路边停靠，应设置停靠站标线，其设置应满足下列规定：

1 机动车直行流量大，停靠车辆多，有用地条件时，宜设置港湾式停靠站；

2 直行流量小，停靠车辆较少，无用地条件时，可设置路边式停靠站。

12.13.2 港湾式停靠站应采用横断面宽度变化方式布置。停靠站标线线宽应由渐变段的白色虚线、站台段的白色实线（或白色填充线）两部分组成；所有线宽应均为 45cm，白色虚线的线段与间隔长应均为 1m，站台段长度宜大于或等于 30m，渐变段长度宜大于或等于 15m。大型车辆站台段车道宽度宜 3m～4m，小型车辆站台段车道宽度宜 2m～3m，应采用白色实线；站台段车道过宽时，超过部分应采用白色填充线，白色填充线和白色实线的角度应为45°。港湾式停靠站设置在非机动车道外侧时，应在停靠站上游非机动车道内设置注意前方路面状况标记。

12.13.3 路边式停靠站应在上游位置设置注意前方路面状况标记。当设置于机动车道外侧时，应由进出停靠站的白色虚线、站台段的白色实线两部分组成，线宽应均为45cm，白色虚线的线段与间隔长应均为1m，站台段的白色实线长度宜大于或等于15m，白色虚线长度宜大于或等于15m。当设置于非机动车道外侧时，应沿机动车道边缘线，在停靠站上下游设置白色虚实线，上下游虚实线的长度均宜大于或等于15m，虚实线的虚线线宽15cm、线段与间隔长应均为1m，停靠站上游的虚线位于实线左侧，停靠站下游的虚线位于实线右侧。

12.13.4 当专用于消防车、校车、公交车等专属车辆停靠时，应标注停靠车辆类型的文字，并以黄色实折线填充停靠站前后两端的区域，折线线宽应为20cm、夹角的角度应为60°；同时应配合设置相应的专用停车位标志。

12.14 导向箭头

12.14.1 下列情况应设置导向箭头：

1 交叉口进口道车道数大于或等于2条的进口道；

2 交叉口进口道车道数为1条，需规定车道行驶方向的进口道；

3 单行道的交叉口进口道；

4 在车道数增加或缩减的路段上游车道；

5 设有专用车道的交叉口进口道和出口道；

6 在畸形、复杂交叉口的进口道和出口道；

7 在道路出口的分流处及道路入口的合流处；

8 路段中禁止变化车道前。

12.14.2 下列情况宜设置导向箭头：

1 交叉口间距较短的出口道；

2 交叉口出口道为单向行驶的出口道；

3 基本路段过长的路段车道。

12.14.3 导向箭头指示方向应包括：直行，直行或左转，左转，右转，直行或右转，掉头，直行或掉头，左转或掉头，左转或右转，左弯或向左合流，右弯或向右合流，直行、左转或右转。车辆的行驶方向应遵循导向箭头的指示；导向箭头指示方向应与禁止标志相匹配。

12.14.4 导向箭头的颜色应采用白色。按尺寸大小，导向箭头长度可分为3.0m、4.5m、6.0m、9.0m四种类型，不同道路等级及设计速度，导向箭头的大小及导向箭头重复设置次数应满足表 12.14.4 的规定。

表 12.14.4 导向箭头的大小及设置次数

道路等级	快速路		连续流匝道、主干路、次干路、支路	
设计速度（km/h）	100	80、60	60、50、40*	40、30、20
导向箭头长（m）	9	6	4.5	3
重复设置次数	≥3	≥3	≥3	≥2

注：40* 指连续流匝道的设计速度。

12.14.5 交叉口进口道应设置两组及以上导向箭头，第一组在距停止线 1m～5m 处设置，第二组在导向车道的起始位置设置、箭头起始端与导向车道线起始端平齐，第三组在距第二组箭头上游 30m～50m 处设置，并可按 30m～50m 间隔增设。导向箭头指示方向应与导向车道允许行驶方向保持一致，箭头间隔距离应包含下一组箭头本身长度。

12.14.6 路段中前方道路状况改变时，导向箭头宜连续设置 2 组及以上，第一组应设置在路况变化起点处上游的 3m～5m，第二组应设置在距离第一组上游 30m～50m 处，根据路况的复杂性和路径选择的重要性，可增设组数，设置间距应为 30m～50m。

12.14.7 道路出入口附近的导向箭头设置，应符合本规范第 12.14.4 条的规定。

12.14.8 当导向箭头与路面指路文字标记同时设置时，路面文字标记应设置在箭头上游 3m～5m 处。

12.14.9 对采用极限标准设计的平纵线形的道路路段中或者视距不良禁止变换车道的路段中，在禁止变换车道前的 30m～50m 应设置一组导向箭头。

12.15 路面文字标记

12.15.1 当利用路面文字信息指定车行道的前进方向、提示出入口信息、限制车道行驶车辆类型、限制车道行驶速度、逆光路段和大车干扰等导致对交通标志视认有困难时，应设置路面文字标记。

12.15.2 路面文字标记的高度、宽度、间隔应符合表 12.15.2 的规定，字体应采用黑体。

表 12.15.2　路面文字标记规格

设计速度（km/h）	字高（cm）		字宽（cm）		净间距（cm）		
	汉字	字母、数字	汉字	字母、数字	汉字（纵向）	汉字（横向）	字母、数字（横向）
100	450～600	420	150～200	80	300～400	—	20
50、60、80	300～400	280	100～150	50	150～200	20	10
40、30、20	150～200	140	50～70	25	100～150	20	8

12.15.3　路面文字标记排列方向应符合下列规定：

1　快速路，沿车辆行驶方向应由近及远纵向排列；

2　其余等级的城市道路，沿车辆行驶方向应由远及近纵向排列；

3　数字标记应沿车辆行驶方向从左至右横向排列。

12.15.4　路面文字标记宜多次重复设置。指路信息的路面文字标记设置次数不宜小于 3 次，宜与导向箭头组合使用。

12.15.5　路面限速标记应设置于限制车辆最高行驶速度或最低行驶速度车道起点和其他适当位置。最高限速值数字的颜色应采用黄色，可单独使用；最低限速值数字的颜色应采用白色，并与最高限速值数字同时使用。

12.15.6　在易发生事故的地点，可将最高限速的标志版面图形施划于路面作为路面限速提示标记，长短轴之比应为 2.5∶1 的椭圆，长轴与行车方向应平行。该标记应为反光标记且应与限制速度标志配合使用，并应采用抗滑标线材料。

12.16　路面图形标记

12.16.1　当需利用路面图形标记传递某种特定的交通信息，应设置路面图形标记，其设置应符合下列规定：

1　交叉口进口道、出口道或长路段中非机动车需明确行驶路权，以及设置非机动车专用道时，在非机动车道内应设置非机动车道路面标记；

2　当需设置残疾人专用停车位时，应设置残疾人专用停车位路面标记；

3　在不易发现前方路面状况发生变化的路段，需提醒驾驶人员可设置注意前方路面状况标记；

4　在仅供公交车专门使用的车道，可设置公交专用道路面图形标记。

12.16.2　设置于车道或停车位内的路面图形标记宽度，应为车道或停车位宽度的一半，应采用四舍五入取 10cm 的整数倍。

12.16.3　当非机动车道宽度大于或等于 1.5m 时，非机动车道路面标记应设置于非机动车专用道起点、交叉口进口道、出口道或路段适当位置。

12.16.4 残疾人专用停车位路面标记，应设置于残疾人专用停车位内。

12.16.5 注意前方路面状况标记应为白色实折线，线宽应为20cm，顶角应为60°，设置高度和设置范围根据实际需要确定。

12.16.6 需显著标记非机动专用车道路权，当出口间距过近、陡坡、急弯、合流等需特别提醒驾驶员注意时，可设置彩色沥青路面。

12.17 减速丘标线

12.17.1 在设置减速丘路段，应在减速丘前设置减速丘标线。

12.17.2 大型减速丘标线应由设置于减速丘上游路段的减速丘预告标线和设置于减速丘上的减速丘标识组成；减速丘预告标线应由8道白色实线组成，线宽应为30cm，从减速丘往上游方向横向长度应依次为2.4m、2.1m、1.8m、1.5m、1.2m、0.9m、0.6m、0.3m，纵向间距应依次为2.4m、3.0m、3.7m、4.2m、4.9m、5.4m、6.1m；减速丘标识应由2个白色V形线组成，V形线高度和宽度均应为1.8m，V形尖端应指向行车方向。

12.17.3 小型减速丘标线应由设置于减速丘上游路段的减速丘预告标线和设置于减速丘边缘的2组小型减速丘标识组成；减速丘预告标线应按本规范第12.17.2条的要求设置；小型减速丘标识应由白色三角标识组成，三角标识宽度应为30cm，高度应为45cm，间隔应为30cm，设置宽度应与减速丘长度相同。

12.17.4 大型减速丘和人行道联合设置时，可不设减速丘标识上的标记部分，但应标示出减速丘的边缘。

13 禁止标线

13.1 一 般 规 定

13.1.1 当严格禁止道路使用者某些交通行为时，应设置禁止标线。

13.1.2 禁止标线的类型应符合表13.1.2的规定。

表13.1.2 禁止标线类型

序号	设置方式	禁止标线名称
1	纵向设置	禁止跨越对向车行道分界线、禁止跨越同向车行道分界线、禁止停车线

续表 13.1.2

序号	设置方式	禁止标线名称
2	横向设置	停止线、停车让行线、减速让行线
3	其他	非机动车禁驶区标线、导流线、中心圈、网状线、专用车道线、禁止掉头（转弯）线

13.2 禁止跨越对向车行道分界线

13.2.1 在无中央分隔带的道路上，当禁止车辆跨越对向分界线行驶，应设置单黄实线或双黄实线；仅允许一个方向车辆跨越对向分界线行驶，应设置黄色虚实线。

13.2.2 对双向 2～3 车道的城市次干路或支路，下列情况应设置单黄实线：

1 两个方向超车视距均不满足要求的路段；

2 人行横道线、铁路道口或其他相交道路前一定范围内；

3 学校附近、大型桥梁及大型隧道路段；

4 其他受道路几何条件、天气、交通量影响或其他交通管理控制的要求，需禁止双方向跨越对向分界线行驶的路段。

13.2.3 对双向大于或等于 4 车道的城市主干路或次干路，没有设置中央分隔带，除交叉口、允许车辆左转弯或掉头的路段外，均应连续设置双黄实线。

13.2.4 下列情况应设置黄色虚实线：

1 双向 2 车道道路，单侧视距受限的平竖曲线路段、有其他危险需实行单侧禁止超车的路段、交通管理仅允许单向车辆超车或左转弯的路段；

2 双向 3 车道道路，允许单车道方向一侧跨越超车或左转弯的路段；

3 已设置双黄实线的路段或交叉口处，允许单侧车辆左转或掉头的位置。

13.2.5 禁止跨越对向车行道分界线的颜色应为黄色。设计速度小于 60km/h 时，线宽应为 10cm；设计速度大于或等于 60km/h 时，线宽应为 15cm。黄色虚实线中虚线线段及间隔长应分别为 4m 和 6m。双黄实线和黄色虚实线，标线线间距宜为 10cm～30cm；当双黄实线间距大于 50cm 时，两条黄实线间应填充黄色斜线，黄色斜线填充线线宽应为 45cm，间隔应为 100cm，倾斜角度应为 45°，斜线方向应为顺两侧行车方向。

13.2.6 禁止跨越对向车行道分界线应设置于对向车行道分界处，在交叉口或路段开口处应与停止线相接。

13.2.7 禁止跨越对向车行道分界线相互间搭接应符合下列规定：

1 当单黄实线与双黄实线搭接时，应设置搭接渐变段。当双黄线的净距小于或等于 50cm 时，渐变段长度（L）取值宜为 3m～10m；当双黄线的净距大于 50cm，渐变段长度（L）、停车视距（M_1）、路宽缩减终点标线延长距离（D）的取值应按本规范第 14.2 节的相关规定（图 13.2.7）；

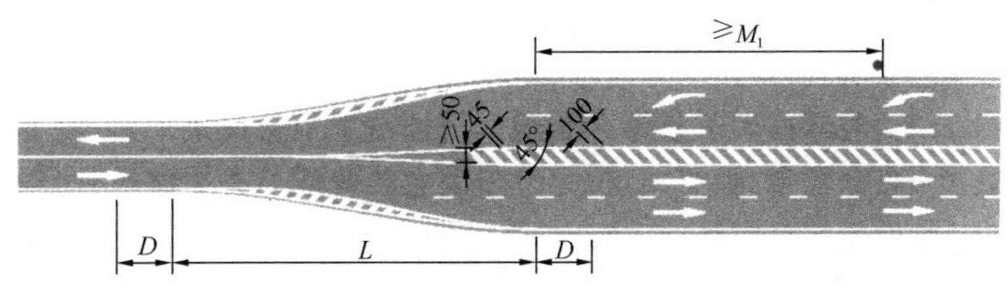

图 13.2.7 单黄实线与双黄实线搭接设置示例（cm）

2 当黄色虚实线与单黄实（虚）线搭接时，黄色虚实线的实线应与单黄实（虚）线相接；

3 当黄色虚实线与双黄实线搭接时，两根黄色（虚）实线应分别相接；

4 当双黄线与中央分隔带搭接时，应进行过渡处理；当双黄线间距大于 50cm 时，应采用黄色斜线或其他设施填充两条黄实线间的部分，渐变段长度（L）的取值应按本规范第 14.2 节的相关规定。

13.2.8 禁止跨越对向车行道分界线的设置范围应满足下列规定：

1 对不满足双向超车视距（M_3）的路段，单黄实线应在满足双向超车视距（M_3）路段的两端各延长 20m；

2 对设人行横道路段或道路交叉口处，单黄实线的长度应不小于 30m；铁路道口处单黄实线长度应不小于 60m；

3 对不满足单向超车视距（M_3）的路段，黄色虚实线应在不满足单向超车视距（M_3）路段的两端各延长 20m，虚线应施划于满足超车视距的一侧。

13.2.9 对易发生交通安全事故的路段，应采用振动标线。

13.3 禁止跨越同向车行道分界线

13.3.1 对不允许车辆变换车道或短时越线行驶的路段，应设置白色实线；对仅允许一侧车辆变换车道或短时越线行驶的路段，应设置白色虚实线。

13.3.2 下列情况，应设置白色实线：

1 经常出现强侧向风的大型桥梁路段、宽度窄于路基的长大隧道路段；

2 爬坡车道、车行道宽度渐变段、视距不良弯道、急弯陡坡段、接近人行横道线的路段、交叉口进口道；

3 其他需要禁止变换车道的路段。

13.3.3 白色虚实线的设置应符合下列规定：

1 对快速路分合流点距离较近而设置辅助车道的路段，宜设置白色虚实线（图13.3.3）；

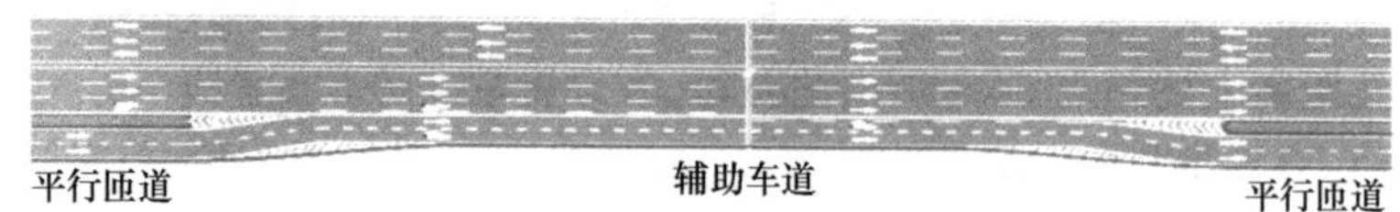

图13.3.3 快速路辅助车道段白色虚实线设置示例

2 对快速路出口或沿线单位出入口距离交叉口停止线较近，用于限制车辆随意变换车道，可设置白色虚实线；

3 对单向大于或等于4车道交通干路的基本路段，其中间车道分界线根据交通组织需要可分段设置白色虚实线；

4 其他路段根据交通组织需求，可设置白色虚实线。

13.3.4 禁止跨越同向车行道分界线的颜色应为白色。当设计速度大于或等于60km/h时，线宽应为15cm，白色虚实线中虚线的线段及间隔长应分别为6m和9m；当设计速度小于60km/h时，线宽应为10cm，白色虚实线中虚线的线段及间隔长应分别为2m和4m。白色虚实线的两标线间距应为10cm～15cm。

13.3.5 白色实线及白色虚实线中的实线应设置在同向车行道分界线上，白色虚实线中的虚线应设置于允许变道或借道超车行驶方向一侧。

13.3.6 白色实线的设置范围应为不允许车辆越线行驶路段及前后适当长度的路段。

13.4 禁止停车线

13.4.1 对不允许路边停车的区域，应设置禁止停车线。对不允许路边长时停车，但正常情况下允许装卸货物或上下人员等的临时停车区域，应设置禁止长时停车线。

13.4.2 禁止停车线的设置应符合下列规定：

1 因停车可能严重干扰交通运行或引发交通安全事故的区域，应设置禁止停车线；

2 交通繁忙的主干路出入口、交叉口及其相邻路段，宜设置禁止停车线；

3 铁路道口、急弯路段、陡坡路段、宽度较窄的桥梁（隧道）以及距离上述地点 50m 以内的路段，宜设置禁止停车线；

4 消防队（站）、急救站门前、加油站出入口、消防栓、公交停靠站以及距离上述地点 30m 以内的路段，宜设置禁止停车线。

13.4.3 禁止长时停车线的设置应符合下列规定：

1 可能堵塞消防通道、干扰交通正常运行时，宜设置禁止长时停车线；

2 主干路等交通繁忙道路，宜设置禁止长时停车线；

3 支路及交通量较少的次干路沿线、大型单位或小区出入口前后，可设置禁止长时停车线。

13.4.4 禁止停车线、禁止长时停车线的颜色应为黄色。禁止停车线应为实线，禁止长时停车线应为虚线。线宽应为 15cm 或与缘石宽度相同；虚线线段长应为 100cm，间隔应为 100cm。

13.4.5 禁止停车线、禁止长时停车线宜施划于道路缘石立面及顶面，无路缘石的道路可施划于距路面边缘 30cm 的路面上，无路缘侧石的机动车专用道亦可设置在路缘带平石位置，线宽应为 15cm。

13.4.6 对法律、法规有明确规定禁止停车的道路及区域，可不重复设置禁止停车线；对设置有禁止停车标志的道路，可不设置禁止停车线。

13.4.7 禁止停车线宜配合“禁止停车”路面文字、禁止停车标志或禁止长时停车标志一并使用；经常被积雪、积冰覆盖的地方，应配合设置禁止停车标志或禁止长时停车标志，并可根据需要在辅助标志上标明禁止路边停车的时间、区间或车种。

13.5 停 止 线

13.5.1 停止线的设置应符合下列规定：

1 人行横道线前，应设置停止线；

2 交叉口待行区的前端，应设置停止线；

3 铁路平交道口前，应设置停止线；

4 其他需要车辆停止的位置，应设置停止线；

5 设置有让行线的交叉口进口道可不设停止线。

13.5.2 停止线应为白色实线，线宽可根据道路等级、交通量、行驶速度的不同选用 20cm、30cm 或 40cm。

13.5.3 停止线的设置位置应符合下列规定：

1 应设置在有利于驾驶者观察路况的位置；

2 当设有人行横道时，停止线应距人行横道线 1m～3m，单向两条及以上车道的道路，停止线距人行横道线宜采用 3m；

3 当无人行横道时，停止线宜设在距横向道路路缘延长线后 3m～10m 处。

13.5.4 对双向行驶的交叉口，停止线应与对向车行道分界线连接；对单向行驶的交叉口，停止线应横跨整个路面；对仅机动车单向行驶的交叉口，停止线应横跨整个行车道。停止线宜与车行道中心线垂直。当停止线对横向道路左转弯机动车正常通行有影响时，可适当后移或部分车道的停止线适当后移，后移距离宜为 1m～3m。

13.6 让 行 线

13.6.1 对车辆在此处停车让干道车辆先行时，应设置停车让行线。对车辆在此处减速确认安全后通行时，应设置减速让行线。

13.6.2 对无信号灯交叉口或路段，停车让行线的设置应符合下列规定：

1 支路与次干路以上等级道路相交，支路进口道应设置停车让行线；

2 两条次干路相交，流量较少道路的进口道应设置停车让行线；

3 两条支路相交，流量较少道路的进口道宜设置停车让行线；

4 干路沿线出入口前宜设置停车让行线。

13.6.3 对无信号灯交叉口或路段，减速让行线的设置，应符合下列规定：

1 环形交叉口所有进口道应设置减速让行线；

2 当主路交通无专用加速车道、加速车道长度不足或视距不足时，在入口前应设置减速让行线；

3 对行人或非机动车横穿流量较大的区域，在机动车道上宜设置减速让行线。

13.6.4 停车让行线应由两条平行白色实线和一个白色“停”字组成，白色实线宽度应为 20cm，间距应为 20cm，“停”字宽应为 100cm，高应为 250cm，距离白色实线应为 2m～2.5m。

13.6.5 减速让行线应由两条平行的白色虚线和一个白色倒三角形组成，虚线线段及间隔长应分别为 60cm 和 20cm，线宽应为 20cm，线间距应为 20cm；倒三角形底宽应为 120cm，高应为 300cm，距离白色虚线应为 2m～2.5m。底线宽应为 40cm 或 45cm，腰线宽应为 15cm。

13.6.6 让行线的设置位置应符合下列规定：

1 应设置在有利于驾驶者观察路况的位置；

2 当设有人行横道时，让行线应距人行横道线 1m～3m；

3 当无人行横道时，让行线宜设在距横向道路路缘延长线后 3m～10m 处；

4 环形交叉口处的减速让行线宜设在距环岛 2m 处，并宜垂直于行车道。

13.6.7 对双向行驶的交叉口，让行线的长度应与对向车行道分界线连接；对单向行驶的交叉口，让行线的长度应横跨整个路面；对仅机动车单向行驶的交叉口，让行线的长度应横跨整个车行道。

13.6.8 停车让行线应与停车让行标志配合使用，减速让行线应与减速让行标志配合使用。

13.7 非机动车禁驶区标线

13.7.1 非机动车使用者在交叉口不允许驶入的范围，应设置非机动车禁驶区标线。

13.7.2 非机动车禁驶区标线的设置应符合下列规定：

1 无专用左转弯相位信号控制的较大交叉口，宜设置非机动车禁驶区标线；

2 其他需要规范非机动车行驶轨迹的交叉口，可设置非机动车禁驶区标线。

13.7.3 非机动车禁驶区标线应由禁驶区边界线和停止线两部分组成，禁驶区边界线应为黄色虚线，宽度应为 20cm，线段长应为 100cm，间隔应为 100cm；停止线应为黄色实线，宽度应为 20cm，长度不应小于相应非机动车道宽度。

13.7.4 非机动车禁驶区标线的设置范围应符合下列规定：

1 当进口道无专用右转车道时，非机动车禁驶区边界线宜和导向车道线的外侧线对齐；

2 当进口道有专用右转车道时，非机动车禁驶区边界线宜和右转车道导向车道线的内侧线对齐；

13.7.5 T 形交叉路口可设置扇形非机动车禁驶区标线（图 13.7.5）。

13.8 导 流 线

13.8.1 导流线的设置应符合下列规定：

1 机动车道过宽或不规则交叉口，应设置导流线；

2 互通立交或上下匝道的出入口，应设置导流线；

3 交通行驶条件比较复杂的交叉口，宜设置导流线；

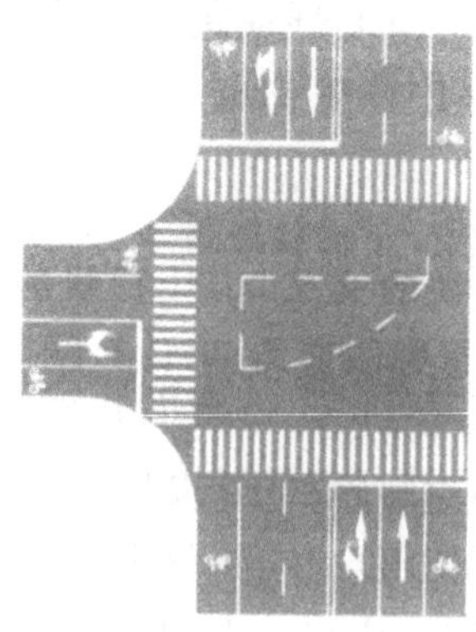

图 13.7.5　T形交叉口非机动车禁驶区标线设置示例

4　其他需要规范车辆行驶轨迹的特殊地点，可设置导流线。

13.8.2　用来连接对向车道分界线的导流线应采用黄色实线，其他情况应采用白色实线。

13.8.3　导流线的型式可分为单实线、V形线和斜纹线三种，外围线宽应为15cm或20cm，内部填充线宽应为40cm或45cm，间隔应为100cm，倾斜角应为45°，方向应顺两侧行车方向。

13.8.4　导流线的设置应根据交叉口的形式、交通流量和流向轨迹情况进行布置，导流线的外围线应与相接的道路边缘线、车行道分界线顺畅连接。

13.8.5　在交通分流或合流处的导流线，内部填充线应为V形线，V形线的顶端应面向车流方向。当其他场合导流线的外围线一侧与机动车道相邻，或两侧与对向行驶机动车道相邻时，内部填充线应为斜纹线。

13.9　中　心　圈

13.9.1　中心圈的设置应符合下列规定：

1　交通行驶条件比较复杂的交叉口，宜设置中心圈；

2　不规则交叉口或交叉口处车道过宽，可设置中心圈；

3　其他需要规范车辆行驶轨迹的特殊地点，可设置中心圈。

13.9.2　中心圈应由外围线和内部填充线组成，应采用白色实线，线宽应均为15cm或20cm；外围线的形状可采用圆形或菱形，圆形中心圈的内部填充线间距应为30cm～40cm，菱形中心圈的内部填充线间距应为30cm～60cm。

13.9.3　中心圈宜设在交叉口的中心，其直径及形状应根据交叉口大小确定，圆形中心圈的直径不应小于1.2m，菱形中心圈的对角线长度不应小于1.5m，并不得侵入左转弯车辆最小半径控制的行车轨迹。

13.10 网 状 线

13.10.1 对任何情况下不允许停车的区域，应设置网状线，并应符合下列规定：

1 消防队、公安机关等特殊单位出入口前，应设置网状线；

2 大型商业中心、停车场、重要单位在干路的出入口前，宜设置网状线；

3 其他临时停车易造成堵塞的交叉口内，可设置网状线。

13.10.2 对交通量较小的交叉口或其他出入口处，可设置简化网状线。

13.10.3 网状线应由外围线和内部网格填充线组成，应采用黄色实线，外围线宽应为 20cm，内部网格填充线与外边框夹角应为 45°，线宽应为 10cm，网格间隔应为 100cm～500cm。简化网状线的型式应在外围方框中加叉，线宽应均为 40cm 或 45cm，最大边长不应大于 12m。

13.10.4 网状线可根据实际需要设置在一条或多条车道中，非机动车道内可不施划网状线。

13.11 车种专用车道线

13.11.1 车种专用车道线的设置应符合下列规定：

1 除公交车外，其他类型车辆及行人不允许进入该车道，应设置公交专用车道线；

2 除小型车外，其他类型车辆及行人不允许进入该车道，应设置小型车专用车道线；

3 对规定大型车需在该车道内行驶时，应设置大型车道线；

4 对仅允许多个乘车人的多乘员车辆行驶，未载乘客或乘员数未达规定的车辆不允许入内行驶时，应设置多乘员车辆专用车道线；

5 对专供非机动车行驶，除特殊地点外，机动车不允许进入该车道，应设置非机动车道线。

13.11.2 公交专用车道线的设置应符合下列规定：

1 未设置物理分隔的快速公交（BRT）车道应设置快速公交（BRT）专用车道线；

2 对公交车辆较多且单向两车道及以上的路段或交叉口，宜设置公交专用车道线，也可根据高峰时间设置分时公交专用车道线。

13.11.3 小型车专用车道线、大型车道线、多乘员车辆专用车道线的设置应符合下列规定：

1 在车道宽度较小或小型车流量较大的路段，可设置小型车专用车道线；

2 在大型车流量较大的路段，可设置大型车道线；

3 对单向大于 2 车道路段，可设置多乘员车辆专用车道线，也可根据高峰时间设置分时多乘员车辆专用车道线。

13.11.4 非机动车道线的设置应符合下列规定：

1 非机动车道与人行道无明显分隔的人非共板道路，宜设置非机动车道线；

2 非机动车流量较大，机非共板且非机动车道宽度大于 1.5m 的路段或交叉口，可设置非机动车道线。

13.11.5 公交专用车道线应由黄色虚线和白色文字组成；黄色虚线的线段长应为 400cm，间隔应为 400cm，线宽应为 20cm 或 25cm；白色文字应为公交专用或 BRT 专用；分时专用车道，可在文字下加标专用时间；汉字及数字字高、高宽比例、排列方式应按本规范第 12.15 节的规定。公交专用车道线每经过一个交叉口，应重复设置，路段距离较长可在中间适当位置重复设置。当公交专用车道与非机动车道临近设置，且无机非隔离带时，应配合设置机非分界线。

13.11.6 小型车专用车道线、大型车道线应分别在车行道内施划“小型车”、“大型车”的白色文字；汉字及数字字高、高宽比例、排列方式应按本规范第 12.15 节的规定。

13.11.7 多乘员车辆专用车道线应由白色虚线和白色文字组成；白色虚线的线段长应为 400cm，间隔应为 400cm，线宽应为 20cm 或 25cm；白色文字应为多乘员专用；分时专用车道可在文字下加标专用时间；汉字及数字字高、高宽比例、排列方式应按本规范第 12.15 节的规定。

13.11.8 非机动车道线可在非机动车行道内施划非机动车道路面标记，还可同时在非机动车行道内施划“非机动车”的白色文字；汉字及数字字高、字宽及排列方式应按本规范第 12.15 节的规定，非机动车路面标记应按本规范 12.16 节的规定。

13.11.9 公交专用车道线应与公交专用车道标志配合设置。多乘员车辆专用车道线应与多乘员车辆专用车道标志配合设置。

13.12 禁止掉头（转弯）标记

13.12.1 不允许车辆在路段、交叉口掉头，应设置禁止掉头标记。不允许车辆在路段、交叉口左转，可设置禁止左转标记。不允许车辆在路段、交叉口右转，可设置禁止右转标记。

13.12.2 禁止掉头（转弯）标记的设置应符合下列规定：

1 受道路几何条件或交通的限制，车辆掉头（转弯）易引起交通阻塞或事故的路段或交叉口处，应设置禁止掉头（转弯）标记；

2 相交道路为单行道，交叉口处宜设置禁止左转标记或禁止右转标记；

3 设置有多个左转车道时，除最内侧左转车道外，其余左转车道应设置禁止掉头标记。

13.12.3 禁止掉头（转弯）标记应由黄色的导向箭头和黄色的叉形标记组合而成，叉形标记位于导向箭头的左侧，两者之间间隔应为 50cm～100cm；叉形标记和导向箭头宽度及长度相同，长度均应为 300cm，掉头箭头宽应为 110cm，左转箭头及右转箭头宽应为 75cm。

13.12.4 禁止掉头（转弯）标记应设置于不允许车辆掉头（转弯）交叉口进口道或路段区间，设置次数应为 2 次。

13.12.5 对限时禁止掉头（转弯）车道应在禁止掉头（转弯）标记下附加禁止掉头（转弯）时间段的黄色文字，黄色文字尺寸应按本规范第 12.15 节的规定。

13.12.6 禁止掉头（转弯）标记应与禁止掉头（转弯）标志配合设置。

14 警告标线

14.1 一 般 规 定

14.1.1 当警示道路使用者注意道路通行规则时，应设置警告标线。

14.1.2 警告标线的类型应符合表 14.1.2 的规定。

表 14.1.2 警告标线类型

序号	设置方式	标线名称
1	纵向设置	路面（车行道）宽度渐变段标线、接近障碍物标线、铁路平交道口标线、纵向减速标线
2	横向设置	横向减速标线
3	其他	立面标记和实体标记

14.2 路面（车行道）宽度渐变段标线

14.2.1 路面宽度变化或车道数变化的路段，应设置路面（车行道）宽度渐变段标线。

14.2.2 无隔离设施分隔对向交通流时，路面（车行道）宽度渐变段标线应由对向车道分界线和车行道边缘线组成；有隔离设施分隔对向交通流时，路面（车行道）宽度渐变段标线应由内侧和外侧车行道边缘线组成；标线颜色及线宽应与标准段一致。

14.2.3 路面（车行道）宽度渐变段标线应沿道路纵向布置（图14.2.3）；其长度应包括停车视距（M_1）、渐变段长度（L）、路宽缩减终点标线延长距离（D）三部分；M_1 的取值应符合本规范第11.4.1条的规定，速度不小于60km/h的道路 D 取值应为40m，其他情况应为20m；L 的最小取值应符合表14.2.3的规定。

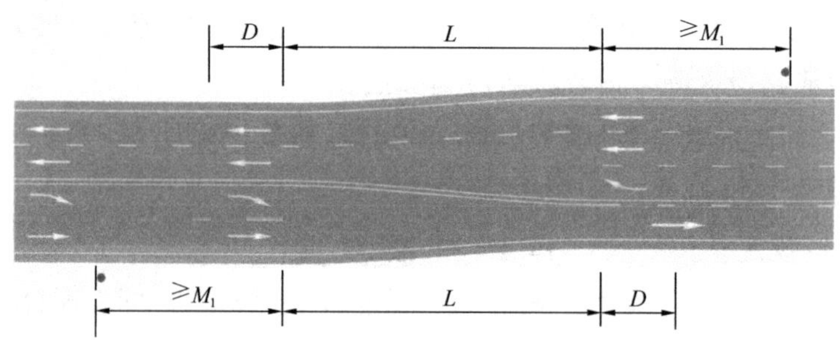

图14.2.3 路面（车行道）宽度渐变段标线示例

表14.2.3 渐变段长度（L）最小值

速度（km/h）	最小长度（m）	速度（km/h）	最小长度（m）
20	20	60	40
30	25	70	70
40	30	80	85
50	35	＞80	100

14.2.4 路面（车行道）宽度渐变段标线可采用平行粗实线进行填充，线宽应为45cm，间隔应为100cm，倾斜角度应为45°，方向应顺两侧行车方向。

14.2.5 路面（车行道）宽度渐变段标线应与窄路标志、窄桥标志、车道数变少等标志配合使用。

14.3 接近障碍物标线

14.3.1 在指示路面有固定障碍物、警告车辆驾驶者谨慎行车、引导交通流避开障碍物的区域，应设置接近障碍物标线。

14.3.2 下列情况下，应设置接近障碍物标线：

1 对向或同向车道分界线处有桥墩、安全岛、分隔带端头、渠化岛、标志基座、灯座及其他可能对行车安全构成威胁的障碍物前；

2 收费岛迎车流方向前。

14.3.3 接近障碍物标线应由外围线和填充线组成；颜色应根据障碍物所在位置，与对向车道分界线或同向车道分界线的颜色一致，应分别采用黄色或白色实线；外围线宽度宜与相接的对向车行道分界线或同向车行道分界线相同，宜直接连接；对向车道分界线的填充线应为倾斜平行粗实线，同向车道分界线的填充线应为V形线，线宽应为45cm，间隔应为100cm，倾斜度应为45°，方向应顺两侧行车方向。

14.3.4 路段接近障碍物标线应沿道路纵向布置（图14.3.4-1和图14.3.4-2）；其长度应由渐变段长度（L）、路宽缩减终点标线延长距离（D）组成，L、D的取值按本规范第14.2.3条的规定。标线距离实体障碍物应为30cm～60cm。

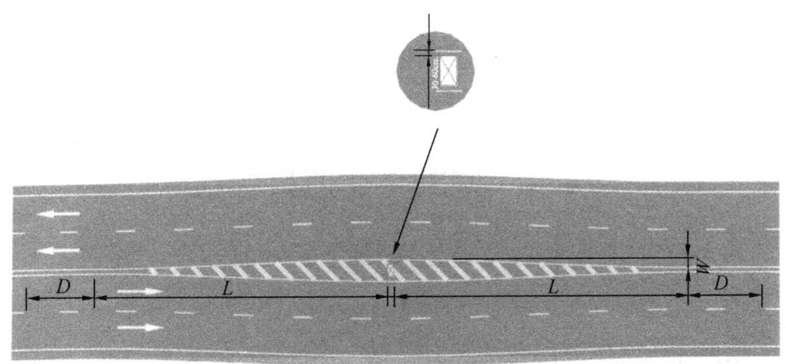

图14.3.4-1 接近道路中心障碍物标线设置示例（cm）

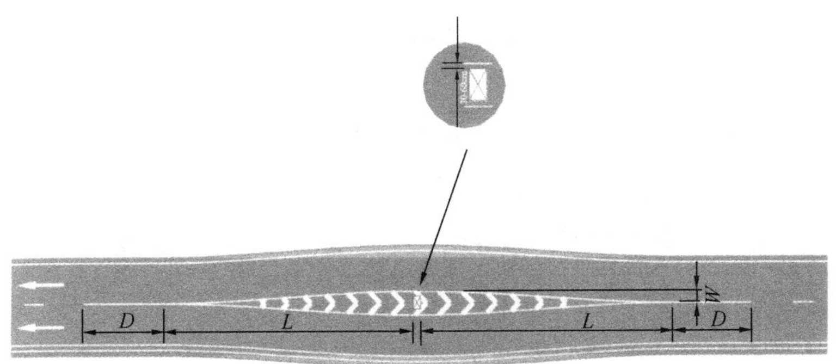

图14.3.4-2 接近车行道中障碍物标线设置示例（cm）

14.3.5 收费岛头接近障碍物标线应沿道路纵向布置（图14.3.5）；对向车行道分界线的接近障碍物标线的填充线应为斜纹线；同向车行道分界处的填充线应为V形线，标线应划在迎车方向。接近障碍物标线长应

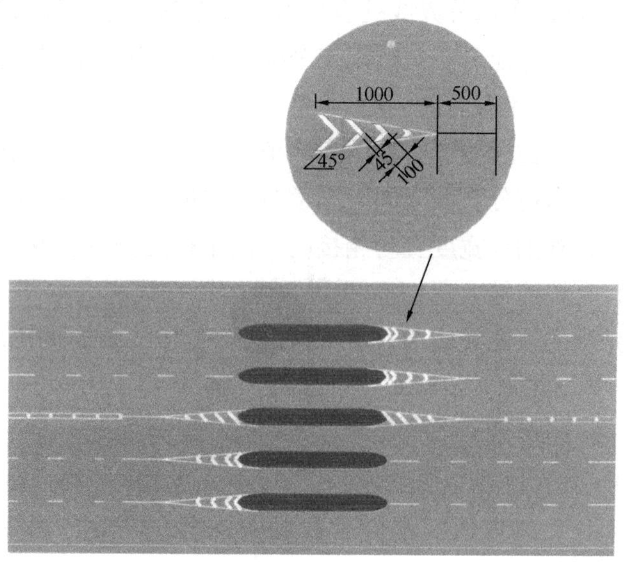

图 14.3.5　收费岛路面标线设置示例（cm）

为 15m。

14.3.6　接近障碍物标线宜与线形诱导标志、注意危险标志等配合设置。

14.4　铁路平交道口标线

14.4.1　无人看守或有人看守的铁路平交道口前，应设置铁路平交道口标线。

14.4.2　铁路平交道口标线宜由交叉线、铁路路面文字标记、横向虚线、禁止跨越对向车行道分界线、停止线（或停车让行线）五部分组成，线条及路面文字标记设置应符合下列规定：

1　交叉线应为白色反光标线，线宽应为 40cm，长应为 600cm，宽应为 300cm；

2　铁路路面文字标记，应为白色反光线，自左至右标写于交叉线的左右部位，单个字高应为 200cm，宽应为 70cm；

3　横向虚线应为白色反光线，线宽应为 40cm，线段长应为 60cm，间隔应为 60cm；横向虚线共有 2 道，间距应为 15m，第一道距离铁路道口应为 15m；

4　禁止跨越对向车行道分界线应为黄色反光线，应与路段禁止跨越对向车行道分界线宽度一致，长度应大于 30m；

5　停止线应为白色反光线，线宽应为 40cm；停车让行线应由两条平行白色实线和一个白色“停”字组成，白色实线宽度应为 20cm，间隔应为 20cm，“停”字宽应为 100cm，高应为 250cm。有人看守的铁路平交道口前应采用停止线，无人看守的铁路平交道口前应采用停车让行线。

14.4.3 无人看守的铁路平交道口标线应在铁路道口前 3m～5m 应设置停车让行线（图 14.4.3）。

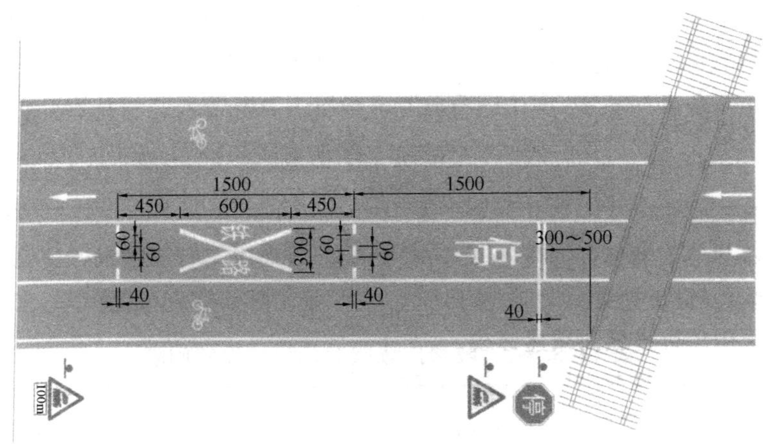

图 14.4.3 无人看守的铁路平交道口标线设置示例（cm）

14.4.4 有人看守的铁路平交道口标线应在铁路前 3m～5m 设置停止线。在道路视线良好、其他交通设施设置完备时，可仅设置禁止跨越对向车行道分界线、交叉线和停止线。

14.4.5 铁路平交道口标线应与铁路道口警告标志及停车让行标志配合设置，有关设施的设置应符合现行国家标准《工业企业厂内铁路、道路运输安全规程》GB 4389 的规定。

14.5 减速标线

14.5.1 在收费站及超限超载检测站前，应设置收费广场减速标线。路段某一区间的机动车车行道内，警告车辆驾驶者前方减速慢行应设置车行道减速标线，可采用车行道横向减速标线或车行道纵向减速标线。

14.5.2 车行道减速标线的设置应符合下列规定：

1 圆曲线半径小于现行行业标准《城市道路路线设计规范》CJJ 193 中的设超高圆曲线最小半径的一般值，且纵坡大于 3.5% 的下坡路段应设置车行道减速标线，符合上述条件之一的路段宜设置车行道减速标线；

2 事故多发地点前、隧道洞口前、长下坡路段应设置车行道减速标线；

3 相邻两路段运行速度差大于 20km/h，在减速过渡路段宜设置车行道减速标线；

4 其他需要减速的路段或出入口前，可设置车行道减速标线。

14.5.3 当设计速度小于 60km/h 时，宜采用车行道横向减速标线；当设计速度大于或等于 60km/h，且大型车混入率较低时，宜采用车行道纵向减速标线。

14.5.4 收费广场减速标线应由一组垂直于行车方向的白色反光虚线组成，根据设置位置的不同，应分别采用单虚线、双虚线和三虚线，线宽应为 45cm，虚线的线段与间隔长应分别为 50cm 和 40cm，双虚线或三虚线的虚线间隔应为 45cm。收费广场第一道减速标线应设置于距广场中心线 50m 处，其余标线设置间隔及虚线条数应符合表 14.5.4-1 的规定。根据主线设计速度的不同，收费广场减速标线设置道数宜为 5 道～12 道，并应符合表 14.5.4-2 的规定。

表 14.5.4-1 收费广场减速标线的设置间隔

减速标线	第二道	第三道	第四道	第五道	第六道	第七道	第八道	第九道	第十道	第十道以上
间隔（m）	$L_1=5$	$L_2=9$	$L_3=13$	$L_4=17$	$L_5=20$	$L_6=23$	$L_7=26$	$L_8=28$	$L_9=30$	32
虚线条数	1	1	2	2	2	2	3	3	3	3

表 14.5.4-2 收费广场减速标线的设置道数

设计速度（km/h）	100	80	60	50	40
设置道数（次）	12	9	7	6	5

14.5.5 车行道横向减速标线应由一组垂直于车行道的白色标线组成，线宽、线间距、虚线的线段与间隔长均与收费广场减速标线相同，第一道设置于限制速度路段的起点，其余车行道横向减速标线应由第一道横向减速标线向上游排布，设置间隔及标线条数应符合表 14.5.5-1 的规定。根据设计速度的不同，减速标线设置道数宜为 3 道～9 道，并应符合表 14.5.5-2 的规定。

表 14.5.5-1 车行道横向减速标线的设置间隔

减速标线	第二道	第三道	第四道	第五道	第六道	第七道	第七道以上
间隔（m）	$L_1=17$	$L_2=20$	$L_3=23$	$L_4=26$	$L_5=28$	$L_6=30$	32
虚线条数	2	2	2	2	2	3	3

表 14.5.5-2 车行道横向减速标线的设置道数

设计速度（km/h）	100	80	60	50	40
设置道数（次）	9	7	5	4	3

14.5.6 车行道纵向减速标线应由一组平行于车行道分界线的菱形块虚线组成。菱形块倾斜度应为45°，方向应顺行车方向；菱形块虚线线宽应为30cm，线段与间隔长应均为100cm，与车行道分界线间距应为5cm；在车行道纵向减速标线的起始位置，应设置30m的渐变段，菱形块虚线宽度应由10cm变宽为30cm。

14.5.7 收费广场减速标线应采用振动标线，高度宜为6mm，并应与警告标志或限速标志配合。

14.5.8 车行道减速标线可采用振动标线，高度宜小于或等于4mm，宜与限速标志配合使用。

14.6 立面标记

14.6.1 立面标记设置应符合下列规定：

1 在靠近道路建筑限界的跨线桥等的墩柱立面、隧道洞口端墙立面，应设置立面标记；

2 桥梁或隧道净高受限制时，在其立面及前部限高龙门架上，应设置立面标记；

3 靠近道路建筑限界的其他市政设施构造物立面上，宜设置立面标记。

14.6.2 立面标记应由多组黄黑相间的倾斜线条组成，斜线倾角应为45°，线宽及间距应均为15cm，设置于交通标志立柱等构造物的立面标记可与其同宽，设置时应把向下倾斜的一边朝向车行道。立面标记设置高度应涂至距路面2.5m以上。

14.6.3 立面标记应与限高标志配合使用；在上游适当位置前应配合设置限制高度标志，并应告知超高车辆的绕行方式。

14.6.4 立面标记宜采用Ⅳ类、Ⅴ类反光材料制作；当设计速度大于等于60km/h时，可采用Ⅴ类，当设计速度小于60km/h时，可采用Ⅳ类，可直接粘贴于构造物表面。

14.7 实体标记

14.7.1 在道路限界范围内的上跨桥梁的桥墩、分隔物、收费岛、人行道安全岛或导流岛、灯座、标志基座及其他可能对行车安全构成威胁的立体实物表面上，应设置实体标记。

14.7.2 实体标记标线应由多组黄黑相间的倾斜线条组成，线宽及间距应均为15cm，应由实体中间以45°角向两边施划，向下倾斜的一边朝向车行道。

14.7.3 实体标记宜设置于道路建筑限界范围内的构造物实体表面上，设置高度应涂至距路面 2.5m 以上。

14.7.4 车行道分隔物面对行车方向的端头，宜设置实体标记。

14.7.5 实体标记宜采用Ⅳ类、Ⅴ类反光材料制作，设置应按本规范第 14.6.4 条的规定。

15 其他标线

15.1 一 般 规 定

15.1.1 突起路标应固定于路面上，可配合标线使用或替代标线单独使用。

15.1.2 轮廓标应沿道路两侧边缘设置，指示道路前进方向或边缘轮廓，应具有逆反射性能或主动发光性能。

15.1.3 弹性交通柱应设置在道路上，并预告危险区间的出现，起到引导、防护和隔离作用，宜和路面标线配合使用。

15.1.4 作业区应包括道路施工、养护等作业时所形成的作业路段，以及受作业区影响的相关路段。根据作业区在作业期间特殊的通行状况，应设置作业区标线，并应和作业区标志配合使用。

15.2 突 起 路 标

15.2.1 突起路标可在快速路或其他等级道路上用来标记对向车道分界线、同向车道分界线、车行道边缘线；也可用来标记弯道、进出口匝道、导流标线、道路宽度变化、路面障碍物等危险路段。

15.2.2 下列情况下，应在车行道边缘线的外侧设置突起路标：

1 长隧道内；

2 互通立交匝道出入口路段。

15.2.3 下列情况下，宜设置突起路标：

1 隧道内车行道分界线上；

2 路缘石高度超过 30cm 的路段的车行道边缘线外侧；

3 采用水泥混凝土路面的主干路及快速路的车行道分界线上；

4 多雨地区和易积水路段；

5 在夜间照明不足的机非混行区域。

15.2.4 下列情况下，可设置突起路标：

1 减速标线上；

2 渠化标线及小半径平曲线，以及道路宽度渐变段、路面障碍物等危险路段。

15.2.5 突起路标与标线配合使用时，应采用主动发光型或定向反光型，其颜色应与标线颜色一致，主动发光型突起路标应常亮或频闪同步；和对向车道分界线配合使用及隧道内的突起路标应采用双面的主动发光型或定向反光型。

15.2.6 突起路标与同向车行道分界线（虚线）配合使用时，应设置在标线的空挡中。突起路标与车行道边缘线（实线）以及与对向车道分界线（双黄实线）配合使用时，应设置在车行道边缘线的外侧或双黄实线的中间，其间隔应与在同向车道分界线中的突起路标设置的间隔保持一致。

15.2.7 突起路标与进出口匝道标线、导流标线、路面（车行道）宽度渐变段标线、路面障碍物标线等配合使用时，应根据实际线形进行布设，应保证夜间轮廓分明，清晰可见，设置间距宜为 3m～6m，也可依据实际情况适当加密。

15.2.8 当突起路标单独作为车行道分界线使用时，在线段上的布设间距宜为 1.0m～1.2m，也可依据实际情况适当加密，壳体颜色应与所要替代的标线颜色一致，突起路标应具有要求的抗滑性能。

15.2.9 突起路标单独用作减速标线时，其布设间隔宜为 30cm～50cm，同时应具有要求的抗滑性能。

15.2.10 在经常下雪的道路上设置突起路标时，应采用带有装甲的防除雪突起路标。

15.2.11 除特殊要求外，突起路标高度应为 10mm～25mm。

15.2.12 突起路标的形状可采用圆形或圆角的梯形，不应采用锐角的方形或矩形。

15.2.13 突起路标的安装应牢固可靠，根据情况可采用嵌入式、铆钉式或粘贴式。

15.2.14 突起路标的其他性能应满足现行国家标准《突起路标》GB/T 24725 的要求。

15.3 轮 廓 标

15.3.1 在快速路以及互通立交、服务区、停车场的连接匝道或连接道路，应连续设置轮廓标。

15.3.2 主干路及以下等级道路的小半径及视距不良路段，连续急弯陡坡路段，以及车道数或车道宽度有变化的路段，宜设置轮廓标。

15.3.3 按行车方向，轮廓标宜在道路左右两侧对称布置；在道路的左侧应安装配置黄色反射体的轮廓标，右侧应安装配置白色反射体的轮廓标。

15.3.4 直线路段轮廓标设置间隔应为50m，曲线段轮廓标的设置间隔应符合现行国家标准《城市道路交通设施设计规范》GB 50688的规定，应按表15.3.4的规定选用，也可适当加密。曲线段两端外路段轮廓标应适当延伸设置，并应分段逐渐加大设置间隔。

表15.3.4 曲线段轮廓标的设置间隔 S（m）

曲线半径 R	30以下	30～89	90～179	180～274	275～374	375～999	1000～1999	2000及以上
设置间隔 S	4	8	12	16	24	32	40	48

15.3.5 路基宽度变化、车道数量有变化及其他危险的路段，在本规范表15.3.4的基础上可适当加密轮廓标的间隔。

15.3.6 轮廓标的设置高度（指反射体的中心距路面的高度）应控制在60cm～80cm，标准设置高度宜为70cm，积雪较厚及其他特殊需求的路段进行论证后可采用其他高度。轮廓标设置高度在一定路段内宜保持一致。

15.3.7 安装轮廓标，反射体应面向交通流，其表面法向应与道路中心线成0°～25°的角度。

15.3.8 附着于波形梁护栏、混凝土护栏、隧道侧墙、桥梁护栏上的轮廓标，由反射体、支架和连接件组成；反射体可由反光片或反光膜制作，反光等级应为Ⅳ类或Ⅴ类。

15.3.9 对无护栏的路段可设置柱式轮廓标，应由柱体、反射体组成，柱体应为白色，应埋置于路基中；反射体规格应为18cm×4cm，反射体要求应符合本规范第15.3.7条的规定。

15.3.10 在气候恶劣、线形条件复杂、交通条件复杂的路段或隧道内，应设置反光性能高、反射体尺寸大的轮廓标，还可根据情况设置太阳能轮廓标、LED轮廓标、隧道光电轮廓标、荧光黄绿大角度反光膜等新型轮廓标。

15.3.11 轮廓标的其他性能应满足现行国家标准《轮廓标》GB/T 24970的要求。

15.4 弹性交通柱

15.4.1 弹性交通柱的设置应符合下列规定：

1 快速路的主线和集散车道间，如果没有设置分隔带，应连续设置弹性交通柱；

2 为方便行人过街，在没有设置中央分隔带的道路中间设置了独立安全岛，应在安全岛边缘设置弹性交通柱；

3 主干路如果没有设置中央分隔带，为分隔对向车辆，可连续设置弹性交通柱；

4 快速路及互通立交匝道的分流、合流端部，可连续设置弹性交通柱；

5 在临时分隔道路、分隔危险区、收费口等其他需要设置临时分隔的区域，宜连续设置弹性交通柱。

15.4.2 弹性交通柱的设置高度宜控制在60cm～100cm，标准高度应为70cm，积雪较厚等特殊路段经论证后可采用其他高度，且设置高度前后宜保持一致。

15.4.3 弹性交通柱的设置间隔宜为2m～4m，在危险的路段上可适当加密间隔；在中央分隔带安全岛的设置间隔宜为1m～2m。

15.4.4 按行车方向，道路的左侧宜安装黄色反光材料的弹性交通柱，右侧宜安装白色反光材料的弹性交通柱。

15.4.5 弹性交通柱应由底座、柱体、反射器或反光膜组成；底座应采用内膨胀锚固技术或高强度黏胶技术固定于路面或隔离带上，临时分隔道路可采用吸附式；柱体应采用高弹性、耐候性、能承受车辆冲撞的工程塑料，柱体颜色应为红色；反射器或反光膜应为白色或黄色。

15.4.6 弹性交通柱的其他性能应满足现行国家标准《弹性交通柱》GB/T 24972的要求。

十四、城市工程管线综合规划规范 GB 50289－2016

中华人民共和国国家标准

城市工程管线综合规划规范

Code for urban engineering pipelines comprehensive planning

GB 50289－2016

主编部门：中华人民共和国住房和城乡建设部
批准部门：中华人民共和国住房和城乡建设部
施行日期：2 0 1 6 年 1 2 月 1 日

目 次

3 基本规定

3.0.1 城市工程管线综合规划的主要内容应包括：协调各工程管线布局；确定工程管线的敷设方式；确定工程管线敷设的排列顺序和位置，确定相邻工程管线的水平间距、交叉工程管线的垂直间距；确定地下敷设的工程管线控制高程和覆土深度等。

3.0.2 城市工程管线综合规划应能够指导各工程管线的工程设计，并应满足工程管线的施工、运行和维护的要求。

3.0.3 城市工程管线宜地下敷设，当架空敷设可能危及人身财产安全或对城市景观造成严重影响时应采取直埋、保护管、管沟或综合管廊等方式地下敷设。

3.0.4 工程管线的平面位置和竖向位置均应采用城市统一的坐标系统和高程系统。

3.0.5 工程管线综合规划应符合下列规定：

1 工程管线应按城市规划道路网布置；

2 各工程管线应结合用地规划优化布局；

3 工程管线综合规划应充分利用现状管线及线位；

4 工程管线应避开地震断裂带、沉陷区以及滑坡危险地带等不良地质条件区。

3.0.6 区域工程管线应避开城市建成区，且应与城市空间布局和交通廊道相协调，在城市用地规划中控制管线廊道。

3.0.7 编制工程管线综合规划时，应减少管线在道路交叉口处交叉。当工程管线竖向位置发生矛盾时，宜按下列规定处理：

1 压力管线宜避让重力流管线；

2 易弯曲管线宜避让不易弯曲管线；

3 分支管线宜避让主干管线；

4 小管径管线宜避让大管径管线；

5 临时管线宜避让永久管线。

4 地下敷设

4.1 直埋、保护管及管沟敷设

4.1.1 严寒或寒冷地区给水、排水、再生水、直埋电力及湿燃气等工程管线应根据土壤冰冻深度确定管线覆土深度；非直埋电力、通信、热力及天燃气等工程管线以及严寒或寒冷地区以外地区的工程管线应根据土壤性质和地面承受荷载的大小确定管线的覆土深度。

工程管线的最小覆土深度应符合表4.1.1的规定。当受条件限制不能满足要求时，可采取安全措施减少其最小覆土深度。

表4.1.1　工程管线的最小覆土深度（m）

<table>
<tr><td colspan="2" rowspan="2">管线名称</td><td rowspan="2">给水管线</td><td rowspan="2">排水管线</td><td rowspan="2">再生水管线</td><td colspan="2">电力管线</td><td colspan="2">通信管线</td><td rowspan="2">直埋热力管线</td><td rowspan="2">燃气管线</td><td rowspan="2">管沟</td></tr>
<tr><td>直埋</td><td>保护管</td><td>直埋及塑料、混凝土保护管</td><td>钢保护管</td></tr>
<tr><td rowspan="2">最小覆土深度</td><td>非机动车道（含人行道）</td><td>0.60</td><td>0.60</td><td>0.60</td><td>0.70</td><td>0.50</td><td>0.60</td><td>0.50</td><td>0.70</td><td>0.60</td><td>—</td></tr>
<tr><td>机动车道</td><td>0.70</td><td>0.70</td><td>0.70</td><td>1.00</td><td>0.50</td><td>0.90</td><td>0.60</td><td>1.00</td><td>0.90</td><td>0.50</td></tr>
</table>

注：聚乙烯给水管线机动车道下的覆土深度不宜小于1.00m。

4.1.2　工程管线应根据道路的规划横断面布置在人行道或非机动车道下面。位置受限制时，可布置在机动车道或绿化带下面。

4.1.3　工程管线在道路下面的规划位置宜相对固定，分支线少、埋深大、检修周期短和损坏时对建筑物基础安全有影响的工程管线应远离建筑物。工程管线从道路红线向道路中心线方向平行布置的次序宜为：电力、通信、给水（配水）、燃气（配气）、热力、燃气（输气）、给水（输水）、再生水、污水、雨水。

4.1.4　工程管线在庭院内由建筑线向外方向平行布置的顺序，应根据工程管线的性质和埋设深度确定，其布置次序宜为：电力、通信、污水、雨水、给水、燃气、热力、再生水。

4.1.5　沿城市道路规划的工程管线应与道路中心线平行，其主干线应靠近分支管线多的一侧。工程管线不宜从道路一侧转到另一侧。

道路红线宽度超过40m的城市干道宜两侧布置配水、配气、通信、电力和排水管线。

4.1.6　各种工程管线不应在垂直方向上重叠敷设。

4.1.7　沿铁路、公路敷设的工程管线应与铁路、公路线路平行。工程管线与铁路、公路交叉时宜采用垂直交叉方式布置；受条件限制时，其交叉角宜大于60°。

4.1.9　工程管线之间及其与建（构）筑物之间的最小水平净距应符合本规范表4.1.9的规定。当受道路宽度、断面以及现状工程管线位置等因素

表 4.1.9 工程管线之间及其与建（构）筑物之间的最小水平净距（m）

序号	管线及建(构)筑物名称			1	2		3	4	5					6	7		8		9	10	11	12			13	14	15
				建(构)筑物	给水管线		污水、雨水管线	再生水管线	燃气管线					直埋热力管线	电力管线		通信管线		管沟	乔木	灌木	地上杆柱			道路侧石边缘	有轨电车钢轨	铁路钢轨(或坡脚)
					$d\leqslant$200mm	$d>$200mm			低压	中压		次高压			直埋	保护管	直埋	管道、通道				通信照明及<10kV	高压铁塔基础边				
										B	A	B	A										≤35kV	>35kV			
1	建(构)筑物			—	1.0	3.0	2.5	1.0	0.7	1.0	1.5	5.0	13.5	3.0	0.6		1.0	1.5	0.5	—		—			—	—	—
2	给水管线	$d\leqslant$200mm		1.0	—		1.0	0.5	0.5			1.0	1.5	1.5	0.5		1.0		1.5	1.5	1.0	0.5	3.0		1.5	2.0	5.0
		$d>$200mm		3.0			1.5																				
3	污水、雨水管线			2.5	1.0	1.5	—	0.5	1.0	1.2		1.5	2.0	1.5	0.5		1.0		1.5	1.5	1.0	0.5	1.5		1.5	2.0	5.0
4	再生水管线			1.0	0.5		0.5	—	0.5			1.0	1.5	1.0	0.5		1.0		1.5	1.0		0.5	3.0		1.5	2.0	5.0
5	燃气管线	低压	$P<$0.01MPa	0.7	0.5		1.0	0.5	$DN\leqslant$300mm 0.4 $DN>$300mm 0.5					1.0	0.5	1.0	0.5	1.0	1.0	0.75		1.0	1.0	2.0	1.5	2.0	5.0
		中压 B	0.01MPa≤$P\leqslant$0.2MPa	1.0			1.2												1.5								
		中压 A	0.2MPa<$P\leqslant$0.4MPa	1.5																							
		次高压 B	0.4MPa<$P\leqslant$0.8MPa	5.0	1.0		1.5	1.0						1.5	1.0		1.0		2.0	1.2				5.0	2.5		
		次高压 A	0.8MPa<$P\leqslant$1.6MPa	13.5	1.5		2.0	1.5						2.0	1.5		1.5		4.0								

续表 4.1.9

序号	管线及建（构）筑物名称		1	2		3	4	5					6	7		8		9	10	11	12			13	14	15
			建（构）筑物	给水管线		污水、雨水管线	再生水管线	燃气管线					直埋热力管线	电力管线		通信管线		管沟	乔木	灌木	地上杆柱			道路侧石边缘	有轨电车钢轨	铁路钢轨（或坡脚）
				$d\leqslant$200mm	$d>$200mm			低压	中压		次高压			直埋	保护管	直埋	管道、通道				通信照明及<10kV	高压铁塔基础边				
									B	A	B	A										≤35kV	>35kV			
6	直埋热力管线		3.0	1.5		1.5	1.0	1.0			1.5	2.0	—	2.0		1.0		1.5	1.5		1.0	(3.0 >330kV 5.0)		1.5	2.0	5.0
7	电力管线	直埋	0.6	0.5		0.5	0.5	0.5			1.0	1.5	2.0	0.25	0.1	<35kV 0.5 ≥35kV 2.0		1.0	0.7		1.0	2.0		1.5	2.0	10.0（非电气化3.0）
		保护管						1.0						0.1	0.1											
8	通信管线	直埋	1.0	1.0		1.0	1.0	0.5			1.0	1.5	1.0	<35kV 0.5 ≥35kV 2.0		0.5		1.0	1.5	1.0	0.5	0.5	2.5	1.5	2.0	2.0
		管道、通道	1.5					1.0																		
9	管沟		0.5	1.5		1.5	1.5	1.0	1.5		2.0	4.0	1.5	1.0		1.0		—	1.5	1.0	1.0	3.0		1.5	2.0	5.0
10	乔木		—	1.5		1.5	1.0	0.75			1.2		1.5	0.7		1.5		1.5	—		—	—		0.5	—	—
11	灌木			1.0		1.0										1.0		1.0								

续表 4.1.9

<table>
<tr><td rowspan="4">序号</td><td colspan="3" rowspan="4">管线及建(构)筑物名称</td><td>1</td><td colspan="2">2</td><td>3</td><td>4</td><td colspan="5">5</td><td>6</td><td colspan="2">7</td><td colspan="2">8</td><td>9</td><td>10</td><td>11</td><td colspan="3">12</td><td>13</td><td>14</td><td>15</td></tr>
<tr><td rowspan="3">建(构)筑物</td><td colspan="2">给水管线</td><td rowspan="3">污水、雨水管线</td><td rowspan="3">再生水管线</td><td colspan="5">燃气管线</td><td rowspan="3">直埋热力管线</td><td colspan="2">电力管线</td><td colspan="2">通信管线</td><td rowspan="3">管沟</td><td rowspan="3">乔木</td><td rowspan="3">灌木</td><td colspan="3">地上杆柱</td><td rowspan="3">道路侧石边缘</td><td rowspan="3">有轨电车钢轨</td><td rowspan="3">铁路钢轨(或坡脚)</td></tr>
<tr><td rowspan="2">$d\leqslant$ 200 mm</td><td rowspan="2">$d>$ 200 mm</td><td rowspan="2">低压</td><td colspan="2">中压</td><td colspan="2">次高压</td><td rowspan="2">直埋</td><td rowspan="2">保护管</td><td rowspan="2">直埋</td><td rowspan="2">管道、通道</td><td rowspan="2">通信照明及<10 kV</td><td colspan="2">高压铁塔基础边</td></tr>
<tr><td>B</td><td>A</td><td>B</td><td>A</td><td>≤35 kV</td><td>>35 kV</td></tr>
<tr><td rowspan="3">12</td><td rowspan="3">地上杆柱</td><td colspan="2">通信照明及<10kV</td><td rowspan="3">—</td><td colspan="2">0.5</td><td>0.5</td><td>0.5</td><td colspan="5">1.0</td><td>1.0</td><td colspan="2">1.0</td><td colspan="2">0.5</td><td>1.0</td><td colspan="2">—</td><td colspan="3" rowspan="3">—</td><td rowspan="3">0.5</td><td rowspan="3">—</td><td rowspan="3">—</td></tr>
<tr><td rowspan="2">高压塔基础边</td><td>≤35kV</td><td colspan="2" rowspan="2">3.0</td><td rowspan="2">1.5</td><td rowspan="2">3.0</td><td colspan="5">1.0</td><td rowspan="2">3.0(>330 kV 5.0)</td><td colspan="2" rowspan="2">2.0</td><td colspan="2">0.5</td><td rowspan="2">3.0</td><td colspan="2" rowspan="2">—</td></tr>
<tr><td>>35kV</td><td colspan="3">2.0</td><td colspan="2">5.0</td><td colspan="2">2.5</td></tr>
<tr><td>13</td><td colspan="3">道路侧石边缘</td><td>—</td><td colspan="2">1.5</td><td>1.5</td><td>1.5</td><td colspan="3">1.5</td><td colspan="2">2.5</td><td>1.5</td><td colspan="2">1.5</td><td colspan="2">1.5</td><td>1.5</td><td colspan="2">0.5</td><td colspan="3">0.5</td><td>—</td><td>—</td><td>—</td></tr>
<tr><td>14</td><td colspan="3">有轨电车钢轨</td><td>—</td><td colspan="2">2.0</td><td>2.0</td><td>2.0</td><td colspan="5">2.0</td><td>2.0</td><td colspan="2">2.0</td><td colspan="2">2.0</td><td>2.0</td><td colspan="2">—</td><td colspan="3">—</td><td>—</td><td>—</td><td>—</td></tr>
<tr><td>15</td><td colspan="3">铁路钢轨(或坡脚)</td><td>—</td><td colspan="2">5.0</td><td>5.0</td><td>5.0</td><td colspan="5">5.0</td><td>5.0</td><td colspan="2">10.0(非电气化3.0)</td><td colspan="2">2.0</td><td>3.0</td><td colspan="2">—</td><td colspan="3">—</td><td>—</td><td>—</td><td>—</td></tr>
</table>

注：1　地上杆柱与建(构)筑物最小水平净距应符合本规范表 5.0.8 的规定；
2　管线距建筑物距离，除次高压燃气管道为其至外墙面外均为其至建筑物基础，当次高压燃气管道采取有效的安全防护措施或增加管壁厚度时，管道距建筑物外墙面不应小于 3.0m；
3　地下燃气管线与铁塔基础边的水平净距，还应符合现行国家标准《城镇燃气设计规范》GB 50028 地下燃气管线和交流电力线接地体净距的规定；
4　燃气管线采用聚乙烯管材时，燃气管线与热力管线的最小水平净距应按现行行业标准《聚乙烯燃气管道工程技术规程》CJJ 63 执行；
5　直埋蒸汽管道与乔木最小水平间距为 2.0m。

限制难以满足要求时，应根据实际情况采取安全措施后减少其最小水平净距。大于 1.6MPa 的燃气管线与其他管线的水平净距应按现行国家标准《城镇燃气设计规范》GB 50028 执行。

4.1.10 工程管线与综合管廊最小水平净距应按现行国家标准《城市综合管廊工程技术规范》GB 50838 执行。

4.1.11 对于埋深大于建(构)筑物基础的工程管线，其与建(构)筑物之间的最小水平距离，应按下式计算，并折算成水平净距后与表 4.1.9 的数值比较，采用较大值。

$$L = \frac{(H-h)}{\tan\alpha} + \frac{B}{2} \tag{4.1.11}$$

式中：L——管线中心至建(构)筑物基础边水平距离(m)；

H——管线敷设深度(m)；

h——建(构)筑物基础底砌置深度(m)；

B——沟槽开挖宽度(m)；

α——土壤内摩擦角(°)。

4.1.12 当工程管线交叉敷设时，管线自地表面向下的排列顺序宜为：通信、电力、燃气、热力、给水、再生水、雨水、污水。给水、再生水和排水管线应按自上而下的顺序敷设。

4.1.13 工程管线交叉点高程应根据排水等重力流管线的高程确定。

4.1.14 工程管线交叉时的最小垂直净距，应符合本规范表 4.1.14 的规定。当受现状工程管线等因素限制难以满足要求时，应根据实际情况采取安全措施后减少其最小垂直净距。

表 4.1.14 工程管线交叉时的最小垂直净距(m)

序号	管线名称		给水管线	污水、雨水管线	热力管线	燃气管线	通信管线		电力管线		再生水管线
							直埋	保护管及通道	直埋	保护管	
1	给水管线		0.15								
2	污水、雨水管线		0.40	0.15							
3	热力管线		0.15	0.15	0.15						
4	燃气管线		0.15	0.15	0.15	0.15					
5	通信管线	直埋	0.50	0.50	0.25	0.50	0.25	0.25			
		保护管、通道	0.15	0.15	0.25	0.15	0.25	0.25			

续表 4.1.14

序号	管线名称		给水管线	污水、雨水管线	热力管线	燃气管线	通信管线		电力管线		再生水管线
							直埋	保护管及通道	直埋	保护管	
6	电力管线	直埋	0.50*	0.50*	0.50*	0.50*	0.50*	0.50*	0.50*	0.25	
		保护管	0.25	0.25	0.25	0.15	0.25	0.25	0.25	0.25	
7	再生水管线		0.50	0.40	0.15	0.15	0.15	0.15	0.50*	0.25	0.15
8	管沟		0.15	0.15	0.15	0.15	0.25	0.25	0.50*	0.25	0.15
9	涵洞(基底)		0.15	0.15	0.15	0.15	0.25	0.25	0.50*	0.25	0.15
10	电车(轨底)		1.00	1.00	1.00	1.00	1.00	1.00	1.00	1.00	1.00
11	铁路(轨底)		1.00	1.20	1.20	1.20	1.50	1.50	1.00	1.00	1.00

注：1 * 用隔板分隔时不得小于 0.25m；

2 燃气管线采用聚乙烯管材时，燃气管线与热力管线的最小垂直净距应按现行行业标准《聚乙烯燃气管道工程技术规程》CJJ 63 执行；

3 铁路为时速大于等于 200km/h 客运专线时，铁路（轨底）与其他管线最小垂直净距为 1.50m。

4.2 综合管廊敷设

4.2.1 当遇下列情况之一时，工程管线宜采用综合管廊敷设。

1 交通流量大或地下管线密集的城市道路以及配合地铁、地下道路、城市地下综合体等工程建设地段；

2 高强度集中开发区域、重要的公共空间；

3 道路宽度难以满足直埋或架空敷设多种管线的路段；

4 道路与铁路或河流的交叉处或管线复杂的道路交叉口；

5 不宜开挖路面的地段。

4.2.2 综合管廊内可敷设电力、通信、给水、热力、再生水、天然气、污水、雨水管线等城市工程管线。

4.2.3 干线综合管廊宜设置在机动车道、道路绿化带下，支线综合管廊宜设置在绿化带、人行道或非机动车道下。综合管廊覆土深度应根据道路施工、行车荷载、其他地下管线、绿化种植以及设计冰冻深度等因素综合确定。

5 架空敷设

5.0.1 沿城市道路架空敷设的工程管线，其线位应根据规划道路的横断面确定，并不应影响道路交通、居民安全以及工程管线的正常运行。

5.0.2 架空敷设的工程管线应与相关规划结合，节约用地并减小对城市景观的影响。

5.0.3 架空线线杆宜设置在人行道上距路缘石不大于 1.0m 的位置，有分隔带的道路，架空线线杆可布置在分隔带内，并应满足道路建筑限界要求。

5.0.4 架空电力线与架空通信线宜分别架设在道路两侧。

5.0.5 架空电力线及通信线同杆架设应符合下列规定：

1 高压电力线可采用多回线同杆架设；

2 中、低压配电线可同杆架设；

3 高压与中、低压配电线同杆架设时，应进行绝缘配合的论证；

4 中、低压电力线与通信线同杆架设应采取绝缘、屏蔽等安全措施。

5.0.6 架空金属管线与架空输电线、电气化铁路的馈电线交叉时，应采取接地保护措施。

5.0.7 工程管线跨越河流时，宜采用管道桥或利用交通桥梁进行架设，并应符合下列规定：

1 利用交通桥梁跨越河流的燃气管线压力不应大于 0.4MPa；

2 工程管线利用桥梁跨越河流时，其规划设计应与桥梁设计相结合。

5.0.8 架空管线之间及其与建（构）筑物之间的最小水平净距应符合表 5.0.8 的规定。

表 5.0.8 架空管线之间及其与建（构）筑物之间的最小水平净距（m）

名称		建（构）筑物（凸出部分）	通信线	电力线	燃气管道	其他管道
电力线	3kV 以下边导线	1.0	1.0	2.5	1.5	1.5
	3kV～10kV 边导线	1.5	2.0	2.5	2.0	2.0
	35kV～66kV 边导线	3.0	4.0	5.0	4.0	4.0
	110kV 边导线	4.0	4.0	5.0	4.0	4.0
	220kV 边导线	5.0	5.0	7.0	5.0	5.0
	330kV 边导线	6.0	6.0	9.0	6.0	6.0
	500kV 边导线	8.5	8.0	13.0	7.5	6.5
	750kV 边导线	11.0	10.0	16.0	9.5	9.5
通信线		2.0	—	—	—	—

注：架空电力线与其他管线及建（构）筑物的最小水平净距为最大计算风偏情况下的净距。

5.0.9 架空管线之间及其与建（构）筑物之间的最小垂直净距应符合表5.0.9的规定。

表5.0.9 架空管线之间及其与建（构）筑物之间的最小垂直净距（m）

名称		建(构)筑物	地面	公路	电车道(路面)	铁路(轨顶)		通信线	燃气管道 $P\leqslant1.6$MPa	其他管道
						标准轨	电气轨			
电力线	3kV以下	3.0	6.0	6.0	9.0	7.5	11.5	1.0	1.5	1.5
	3kV～10kV	3.0	6.5	7.0	9.0	7.5	11.5	2.0	3.0	2.0
	35kV	4.0	7.0	7.0	10.0	7.5	11.5	3.0	4.0	3.0
	66kV	5.0	7.0	7.0	10.0	7.5	11.5	3.0	4.0	3.0
	110kV	5.0	7.0	7.0	10.0	7.5	11.5	3.0	4.0	3.0
	220kV	6.0	7.5	8.0	11.0	8.5	12.5	4.0	5.0	4.0
	330kV	7.0	8.5	9.0	12.0	9.5	13.5	5.0	6.0	5.0
	500kV	9.0	14.0	14.0	16.0	14.0	16.0	8.5	7.5	6.5
	750kV	11.5	19.5	19.5	21.5	19.5	21.5	12.0	9.5	8.5
通信线		1.5	(4.5) 5.5	(3.0) 5.5	9.0	7.5	11.5	0.6	1.5	1.0
燃气管道 $P\leqslant1.6$MPa		0.6	5.5	5.5	9.0	6.0	10.5	1.5	0.3	0.3
其他管道		0.6	4.5	4.5	9.0	6.0	10.5	1.0	0.3	0.25

注：1 架空电力线及架空通信线与建（构）物及其他管线的最小垂直净距为最大计算弧垂情况下的净距；

2 括号内为特指与道路平行，但不跨越道路时的高度。

5.0.10 高压架空电力线路规划走廊宽度可按表5.0.10确定。

表5.0.10 高压架空电力线路规划走廊宽度

（单杆单回或单杆多回）

线路电压等级（kV）	走廊宽度（m）
1000（750）	90～110
500	60～75
330	35～45
220	30～40
66，110	15～25
35	15～20

5.0.11 架空燃气管线敷设除应符合本规范外，还应符合现行国家标准《城镇燃气设计规范》GB 50028 的规定。

5.0.12 架空电力线敷设除应符合本规范外，还应符合现行国家标准《66kV 及以下架空电力线路设计规范》GB 50061 及《110kV～750kV 架空输电线路设计规范》GB 50545 的规定。

中华人民共和国国家标准

城市工程管线综合规划规范

GB 50289－2016

条 文 说 明

目 次

3 基本规定

3.0.1 本条是对工程管线综合规划主要内容做出说明，工程管线规划既要满足城市建设与发展中工业生产与人民生活的需要，又要结合城市特点因地制宜，合理规划。

3.0.2 本条是工程管线综合规划的基本原则，在特殊环境中的工程管线综合规划，如旧城区改造、历史街区改造等，必须采取可行的安全措施，才可以适当缩小最小水平净距和最小垂直净距以及最小覆土深度等参数。

3.0.3 城市工程管线采用地下敷设安全性相对较高，而且不会影响城市景观，但考虑经济因素和地区差异，地下敷设作为引导性要求，只是对于架空敷设可能危及人身财产安全或对城市景观要求高的地区，工程管线严格要求采用地下敷设。

3.0.4 采用城市统一的坐标系统和高程系统是为了避免工程管线在平面位置和竖向高程上系统之间的混乱和互不衔接。某些工厂厂区内或相对独立地区为了本身设计和施工的需要常自设坐标系统，但要取得不同坐标系统换算关系，保证在与城市工程管线系统连接处采用统一的坐标系统和高程系统，避免互不衔接问题。

3.0.5 本条对工程管线综合规划提出了一般要求：

1 工程管线按规划道路网布置，避免规划道路网与现状道路网不一致情况下工程管线的再次迁移或对用地的影响。

2 工程管线布局还要结合用地规划，综合优化各专业管线需求，既便于用户使用又节省地下空间。

3 对于原有管线满足不了要求需要改造的工程管线，应通过原线位抽换管线，充分利用地下空间。

4 工程管线在地震断裂带、沉陷区、滑坡危险地带等不良地质条件地区敷设时，随着地段地质的变化，可能会引起工程管线断裂等破坏事故，造成损失，引起危险事故发生。确实无法避开的工程管线，应采取安全措施并制定应急预案。

3.0.6 输水管线、输气管线、输油管线、电力高压走廊等需要规划专用管廊，对城市用地分隔较大，并且占用较多的城市建设用地，应与铁路、高速公路等城市对外交通廊道结合，将这些管线统一考虑规划管线廊道，与城市布局相协调。本条目的是为减少工程管线对城市的影响，节约用地，同时又有利于对区域工程管线用地的控制。输油、输气管线与其他管线间距应按现行国家标准《输油管道工程设计规范》GB 50253、《输气管道工程设计规范》GB 50251 等规定进行控制。

3.0.7 本条为工程管线交叉时的基本避让原则。

1 压力管线与重力流管线交叉发生冲突时，压力管线容易调整管线高程，以解决交叉时的矛盾。

2 给水、热力、燃气等工程管线多使用易弯曲材质管道，可以通过一些弯曲方法来调整管线高程和坐标，从而解决工程管线交叉矛盾。

3 主干管径较大，调整主干管线的弯曲度较难，另外过多地调整主干线的弯曲度将增加系统阻力，需提高输送压力，增加运行费用。

4 地下敷设

4.1 直埋、保护管及管沟敷设

4.1.1 确定地下工程管线覆土深度一般考虑下列因素：

1 保证工程管线在荷载作用下不损坏，正常运行；

2 在严寒、寒冷地区，保证管道内介质不冻结；

3 满足竖向规划要求。

我国地域广阔，各地区气候差异较大，严寒、寒冷地区土壤冰冻线较深，给水、排水、再生水、直埋电力、湿燃气等工程管线属深埋一类。热力、干燃气、非直埋电力、通信等工程管线不受冰冻影响，属浅埋一类。严寒、寒冷地区以外的地区冬季土壤不冰冻或者冰冻深度只有几十厘米，覆土深度不受此影响。

表 4.1.1 中管沟包括电力、通信和热力管沟等，其在人行道下最小覆土深度根据各地实际情况和相关标准要求确定。如盖板上需要地面铺装时应为 0.20m，盖板上需要种植时应加大覆土深度，在南方一些城市，也有盖板直接作为人行道路面的。

4.1.2 本条规定是为了减少工程管线在施工或日常维修时与城市道路交通相互影响，节省工程投资和日常维修费用。我国大多数城市在工程管线综合规划时，都考虑首先将工程管线敷设在人行道或非机动车道下面。当受道路断面限制，没有位置时，可将管线布置在车行道下面。在一些新规划区，由于绿化带较宽，可以在绿化带下敷设工程管线，但应注意在管线埋设深度和位置上与绿化相协调。

4.1.3、4.1.4 规定工程管线在城市道路、居住区综合布置时的排列次序所遵循的原则是为工程管线综合规划提供方便，为科学规划管理提供依据。需要说明的是并不是所有的城市路段和小区中都有这些种类的工程管线，如缺少某种管线时，在执行规范中各工程管线要按规定的次序去掉缺少的管线后依次排列。在本规范第4.1.3条中，将给水管道分为输水管道和配水管道，燃气管道分为输气管道和配气管道，是因其城市工程管线中承担的功能不同，管道有较大差别，在平面布置中的与其他管线的排列顺序有差别。

4.1.5 主干线靠近分支管线多的一侧是为了节省管线，减少交叉。

过去我国城市道路上的工程管线多为单侧敷设，随着城市道路的加宽，道路两侧建筑量的增大，工程管线承担负荷的增多，单侧敷设工程管线势必增加工程管线在道路横向上的破路次数，随之带来支管线增加、支管线与主干线交叉增加。近几年各城市在拓宽城市道路的同时，通常将配水、配气、通信、电力和排水管线等沿道路两侧各规划建设一条，既便于连接用户和支管，也利于分期建设。道路下同时有综合管廊的，可根据综合管廊内敷设管线情况确定单侧还是双侧敷设直埋或保护管敷设的管线。

4.1.6 各专业工程管线权属单位不同，重叠敷设影响管线检修及运行安全。调研中发现，历史文化街区、旧城区等由于道路狭窄以及宽窄不一等特殊性，将工程管线引入这些地区，不能完全避免管线的重叠敷设，但要尽可能减少重叠的长度，并采取加套管、斜交等技术措施保证管线安全，利于维护。

4.1.7 工程管线与铁路、公路平行有利于高效利用土地，也便于管线的定位，交叉角的规定是为减少管线交叉长度。

4.1.9 本条是从城市建设中各工程管线综合规划统筹安排的角度，在分析和研究大量专业规范数据的基础上并兼顾工程管线、井、闸等构筑物尺寸来规定其合理的最小净距数据，对于受到各种制约条件限制，无法满足最小净距要求的情况，应采取相应措施，如增加管材强度、加设保护管、适当安装截断闸阀及增加管理措施等。

根据现行行业标准《城市道路绿化规划与设计规范》CJJ 75的规定，对于当遇到特殊情况，树木与管线净距不能达到本规范表4.1.9规定的标准时，其绿化树木根茎中心至地下管线（除热力、燃气外）外缘的最小距离可采用本规范表4.1.9的规定。

4.1.10 现行国家标准《城市综合管廊工程技术规范》GB 50838规定了综合管廊与相邻地下构筑物和地下管线间的最小净距应根据地质条件和相邻构筑物性质确定，且不得小于表1规定的数值。管廊与地下管线水平最小净距的规定基于：明挖施工时为防止泥土塌方对沟槽进行支护所需最小净距。暗挖施工时为防止泥土挤压而影响相邻的管线或构筑物安全所需最小净距。

表 1 综合管廊与地下管线和地下构筑物的最小净距（m）

施工方法 相邻情况	明挖施工	非开挖施工
综合管廊与地下构筑物水平	1.0	综合管廊外径
综合管廊与地下管线平行	1.0	综合管廊外径
综合管廊与地下管线交叉穿越	0.5	1.0

4.1.11 对于埋深大于建（构）筑物基础的工程管线，还应计算其与建（构）筑物之间的最小水平距离。

土壤的内摩擦角应以地质勘测数据为准，正常密实度情况下的土壤内摩擦角可参考以下数值：黏性土 30°；砂类土 30°～35°；粗砂、卵砾石 35°～40°；碎石类土 40°～45°；碎石 45°～50°。

4.1.12 本条所提出的顺序为一般的顺序，规划时还应根据具体情况确定。但给水、再生水和排水管道交叉时，上下顺序应严格按规定执行。

4.1.13 本条规定为管线竖向规划时确定各管线高程的基础。

4.1.14 本条规定在综合各专业设计规范基础上进行了修订。

4.2 综合管廊敷设

4.2.1 本条规定了适合规划建设综合管廊的几种情况。

4.2.2 从国内外工程建设实例看，各种城市工程管线均可敷设在综合管廊内，但重力流管道是否进入综合管廊应根据经济技术比较后确定。燃气为天然气时，燃气管线可敷设在综合管廊内，但必须采取有效的安全保护措施。

4.2.3 综合管廊规划位置确定主要考虑对地下空间的集约利用及综合管廊的施工运行维护要求。设置在绿化带下利于人员出入口、吊装口和通风口等建设与使用，设置在机动车道下，可以在其他断面下敷设直埋管线。

5 架空敷设

5.0.1 架空线路规划线位要避免对城市交通和居民安全的影响，并满足工程管线的运行和维护需要，同时也要与道路分隔带、绿化带、行道树等协调，避免造成相互影响。

5.0.2 架空敷设的工程管线与城市用地、交通、绿化和景观等规划相协调，既能集约用地又尽可能减少对景观的影响。

5.0.3 本条规定是为了减少架空线线杆对道路通行的影响。

5.0.4 电力架空杆线与通信架空杆线分别架设在道路两侧可以避免相互影响。

5.0.5 高压电力线指电压为35kV及以上，中压配电电压为10kV、20kV，低压配电电压为380/220V。一般情况下，高压线路尽量不与中、低压配电线路同杆架设。在线路路径确有困难不得不同杆架设时，应进行绝缘配合的计算，以充分考虑架设条件及安全因素。

5.0.6 本条为强制性条文。金属管线易导电，一旦输电线及电气化铁路的馈电线断线，触及金属管线上，会扩大事故范围，引起更大的事故，所以要求架空金属管线与架空输电线、电气化铁路的馈电线交叉时，架空金属管线应采取接地保护措施，保护人身和财产安全。

5.0.7 本条是对工程管线跨越河流时，采用管道桥或利用交通桥梁进行架设的要求。

5.0.8 本条为强制条文。本规范表5.0.8规定了架空管线之间及其与建（构）筑物之间的最小水平净距，以保障架空管线施工及运营安全。

5.0.9 本条为强制条文。本规范表5.0.9规定了架空管线之间及其与建（构）筑物之间的最小垂直净距，以保障架空管线施工及运营安全。

5.0.10 各城市可结合本规范表5.0.10的规定和当地实际情况确定。

5.0.11 《城镇燃气设计规范》GB 50028对于架空敷设的燃气管线有相应规定。

5.0.12 《66kV及以下架空电力线路设计规范》GB 50061和《110kV～750kV架空输电线路设计规范》GB 50545对于架空电力线有相应规定。